文獻通考

〔宋〕馬端臨 著
上海師範大學古籍研究所
華東師範大學古籍研究所 點校

第五册

宗廟 王禮

中華書局

社門。

匠人營國，左祖右社。疏曰：「左右前後者，據王宮所居處中而言之。」

周人明堂，度九尺之筵，東西九筵，南北七筵，堂崇一筵。五室，凡室二筵。室中度以几，堂上度以筵，宮中度以尋，野度以步，涂度以軌。廟門容大，扃七个；闈門容小，扃參个。注並見明堂門。

小宗伯辨廟祧之昭穆。祧，遷主所藏之廟。自始祖之後，父曰昭，子曰穆。疏曰：「祭法注，『祧之言超，超然上去意』，以其遠廟爲祧，故云上去意也。周以文、武爲二祧，文王第稱穆，武王第稱昭，當文、武後，穆之木主入文王祧，昭之木主入武王祧，故云『遷主所藏之廟』曰祧也。云『自始祖之後，父曰昭，子曰穆』者，周以后稷廟爲始祖，特立廟不毁，即從不窋已後爲數，不窋父爲昭，鞠子爲穆。從此以後，皆父爲昭，子爲穆，至文王十四世，文王第稱穆也。諸侯無二祧，謂始封太祖廟爲祧。故聘禮云『不腆先君之祧』，是太祖爲祧也。」春官。

朱子曰：「昭，如字。」或問：「昭穆之『昭』，世讀爲『韶』，今從本字，何也？」曰：「昭之爲言明也，以其南面而鄉明也。其讀爲『韶』，先儒以爲晉避諱而改之。然禮書亦有作『佋』字者，則假借而通用耳。」曰：「其爲向明，何也？」曰：「凡廟主在本廟之室中，皆東向，及其祫於太廟之室中，則唯太祖東向自如，而爲最尊之位，群昭之入乎此者，皆列於北牖下而南向，群穆之入乎此者，皆列於南牖下而北向。南向者取其向明，故謂之昭；北向者取其深遠，故謂之穆。蓋群廟之列，則左爲昭，右爲穆；祫祭之位，則北爲昭，而南爲穆也。」

天子七廟，三昭三穆與太祖之廟而七。此周制。七者，太祖及文王、武王之祧與親廟四。太祖，后稷。疏曰：「周所以七者，以文王、武王受命，其廟不毁，以爲二祧，并始祖后稷及高祖以下親廟四，故爲七也。若王肅則以爲天子七廟者，謂高祖之父及高祖之祖廟爲二祧，并始祖及親廟四爲七，故聖證論肅難鄭云：『周之文、武，受命之王，不遷之廟，權禮所施，非常廟之數。殷之三宗，宗其德而存其廟，亦不以爲數。凡七廟者，皆不稱周室。禮器云有以多爲貴者，天子七廟。孫卿云，有天下者，事七世。又云自上以下〔三〕，降殺以兩，今使天子、諸侯立廟，並親廟四而止，則君臣同制，尊卑不別。禮，名位不同，禮亦異數，况其君臣乎？穀梁傳曰，天子七廟，諸侯五。家語云，子羔問尊卑立廟制，孔子云，禮，天子立七廟，諸侯立五廟，大夫立三廟。又云，遠廟爲祧，有二祧焉。』又儒者難鄭云：『祭法遠廟爲祧，鄭注周禮云，遷主所藏，曰祧，違經正文。鄭又云，先公之遷主，藏於后稷之廟，先王之遷主，藏於文、武之廟，便有三祧，何得祭法云有二祧？』難鄭之義，凡有數條，大略如此，不能具載。鄭必以爲天子七廟唯周制者。馬昭難王義云：『按喪服小記，王者立四廟。』又引禮緯：『夏無太祖，宗禹而已，則五廟。殷人祖契而宗湯，則六廟。周祖后稷宗文王、武王，則七廟。自夏及周少不減五，多不過七。』禮器云『周旅酬六尸』，一人發爵，則周七尸，七廟明矣。今使文、武不在七數，既不同祭，又不享嘗，豈禮也哉？故漢侍中盧植説云：『二祧，謂文、武。』曾子問當七廟無虚主。禮器天子七廟，堂九尺。王制七廟。盧植云：皆據周言也。穀梁傳『天子七廟』。尹更始説『天子七廟，據周也』。漢書韋玄成四十八人議，皆云周以后稷始封，文、武受命。石渠論、白虎通云『周以后稷、文、武特七廟』。又張融謹按周禮守祧職奄八人，女祧每廟二人。自太祖以下與文、武及親廟四用七人，姜嫄用一人，適盡。若除文、武，則奄少二人。曾子問孔子説周事而云『七廟無虚主』，若王肅數高祖之父，高祖之祖廟與文、武而九，主當有九，孔子何云『七廟無虚主』乎？故云以周禮、孔子之言爲本，穀梁及小記爲枝葉，韋玄成石渠論、白虎通爲證驗，七廟斥言〔四〕，玄説爲長，是融申鄭之意。且天子七廟者，有其人則七，無其人則五，若諸侯廟制，雖有其人，不得過五，則此天子諸侯七、五之異也。王肅云『君臣同制，尊卑不別』，其義非也。」

天下有王，分地建國，置都立邑，設廟、祧、壇、墠而祭之，乃爲親疏多少之數。是故王立七廟，一壇一墠。曰考廟，曰王考廟，曰皇考廟，曰顯考廟，曰祖考廟，皆月祭之。遠廟爲祧，有二祧，享嘗乃止。去祧爲壇，去壇爲墠。壇、墠有禱焉祭之，無禱乃止。去墠爲鬼。建國，封諸侯也。置都立邑，爲卿、大夫之采地，及賜士有功者之地。廟之言貌也。宗廟者，先祖之尊貌也。祧之言超也，超，上去意也。封土曰壇，除地曰墠。書曰：「三壇同墠。」王、皇，皆君也。顯，明也。祖，始也。名先人以君、明、始者，所以尊本之意也。天子遷廟之主，以昭穆合藏於二祧之中。諸侯無祧，藏於祖考之廟中。聘禮曰「不腆先君之祧」，是謂始祖廟也。享嘗，謂四時之祭。天子諸侯爲壇、墠祈禱，謂後遷在祧者也〔五〕。既事，則反其主於祧。鬼亦在祧，顧遠之於無事，祫乃祭之爾。春秋「文公二年秋，大事於太廟」。傳曰「毁廟之主，陳於太祖；未毁廟之主，皆升，合食於太祖」是也。魯煬公者，伯禽之子也，至昭公、定公久已爲鬼，而季氏禱之，而立其宮，則鬼之主在祧明矣。唯天子、諸侯有主，禘祫。大夫有祖考者，亦鬼其百世，不禘祫，無主爾。其無祖考者，庶士以下鬼其考、王考，官師鬼其皇考，大夫、適士鬼其顯考而已。大夫祖考，謂別子也。凡鬼者，薦而不祭。王制曰：大夫有田則祭，無田則薦。適士，上士也。官師，中士、下士。庶士，府史之屬。此適士云顯考無廟，非也，當爲「皇考」字之誤。疏曰：「『王立七廟』者：親四，始祖一，文、武不遷，合爲七廟也。『一壇一墠』者，七廟之外，又立壇、墠各一也。起土爲壇，除地曰墠。近者起土，遠親除地，示將去然也。曰『考廟』者，父廟曰考。考，成也，謂父有成德之美也。曰『王考廟』者，祖廟也。王，君也，君考者，言祖有君成之德也，祖尊於父，故加君名也。曰『皇考廟』者，曾祖也。皇，大也，君也，曾祖轉尊，又加大君之稱也。曰『顯考廟』者，高祖也。顯，明，高祖居四廟最上，故以高祖目之。曰『祖考廟』者，祖始也〔六〕。此廟爲王家之始，故云祖考也。計其祖考之廟，當在二祧、壇墠之上，應合在後始陳。今在此言之者，因皇考、顯考同皆月祭之故，此先言之也。『皆月祭之』者，此之五廟，則並同月月祭之也。『遠廟爲祧』者，遠廟，謂文、武廟也。文、武並在應遷之例，故云遠廟也，特爲功德而留，故謂爲祧。祧之言超也，言其超然上去也。『有二祧』者，有文、武二廟不遷，故云『有二祧』焉。『享嘗乃止』者，享嘗，四時祭祀，文、武特留，故不得月祭，但四時祭而已。『去祧爲壇』者，謂高祖之父也，若是昭行，寄藏武王祧；若是穆行，即寄藏文王祧，不得四時而祭之，若有四時之祈禱，則出就壇受祭也。『去壇爲墠』者，謂高祖之祖也，不得在壇，若有祈禱，則出就墠受祭也。高祖之父，既初寄在祧而不得於祧中受祭，故曰『去祧』也。高祖之祖，經在壇而今不得祭，故云『去壇』也。『壇墠有禱焉祭之』者，在壇墠者不得享嘗，應有祈禱，於壇墠乃祭也。『無禱乃止』者，若無所祈禱，則不得祭也。『去墠曰鬼』者，若又有從壇遷來墠者，則此前在墠者，遷入於石函爲鬼，雖有祈禱亦不得及〔七〕，唯禘祫乃出。」

晉張融評曰：「孝經：『爲之宗廟，以鬼享之。』公羊：『毁廟之主藏乎太祖，五年而再殷祭。』無去祧爲壇，去壇爲墠，去墠爲鬼之制。祭法所言，皆衰世之法。」

朱子曰：「王制、祭法廟制不同，以周制言之，恐王制爲是。」

楊氏曰：「愚按祭法與王制不同。王制天子七廟，三昭三穆，與太祖之廟而七；祭法則序四親廟，二祧、太祖，以辨昭穆。王制諸侯五廟，二昭二穆與太祖之廟而五；祭法則云三親廟月祭，高、太二廟享嘗，以見隆殺。王制大夫三廟，一昭一穆與太祖之廟而三；祭法但有三親廟，而高、太無廟，有二壇，以爲請禱之祭而已。王制士一廟；祭法則分適士二廟，官師一廟。又祭法有考、王考、皇考、顯考、祖考之稱，王制則無之。祭法有壇，有墠，或二壇無墠，或一壇無墠，王制則無之。大抵王制略而祭法詳。又按『三壇同墠』之説，出於金縢，乃是因有所禱而後爲之，非於宗廟之外預爲壇、墠，以待他日之有禱也。孝經『爲之宗廟，以鬼享之』，非去墠而爲鬼也，如晉張融之説，則祭法所言難以盡信。」

陳氏禮書曰：「廟，所以象生之有朝也；寢，所以象生之有寢也。建之觀門之内，不敢遠其親也。位之觀門之左，不忍死其親也。家語曰天子七廟，諸侯五廟，自虞至周之所不變也。是故虞書禋於六宗，以見太祖。周官守祧八人，以兼姜嫄之宫，則虞、周七廟可知矣。伊尹言七世之廟，商禮也。禮記、荀卿、穀梁皆言天子七廟，不特周制也，則自虞至周七廟又可知矣。然存親立廟，親親之至恩；祖功宗德，尊尊之大義。古之人，思其人而愛其樹，尊其人則敬其位，況廟乎？法施於民則祀之，以勞定國則祀之，況祖宗乎？於是禮以義起，而商之三宗，周之文、武，漢之孝文、孝武，唐之神堯、文皇，其廟皆在三昭三穆之外，歷世不毀，此所謂不遷之廟，非謂祧也。鄭康成之徒以喪服小記言王者立四廟，則謂周制七廟，文、武爲二祧，親廟四而已，則文、武不遷之廟在七廟內，是臆説也。王肅聖證論曰禮自上以下，降殺以兩，使天子、諸侯皆親廟四，則是君臣同等，尊卑不別也。又王祭殤五，而下及無親之孫，上不及無親之祖，不亦詭哉？王舜中、劉歆論之於漢，韓退之論之於唐，皆與肅同，蓋理之所在者，無異致也。」又曰：「父昭子穆而有常數者，禮也；祖功宗德而無定法者，義也。故周於三昭三穆之外，而有文、武之廟；魯於二昭二穆之外，而有魯公之世室。觀春秋傳稱襄王致文、武胙於齊侯，史記稱顯王致文、武胙於秦孝公，方是時，文、武固已遠矣，襄王、顯王猶且祀之，則其廟不毀可知矣。家語、左傳稱孔子在陳，聞魯廟火，曰：『其桓、僖乎？』以爲桓、僖親盡，無大功德，而魯不毀，故天災之。其言雖涉於怪，而理或有焉。若然，則魯公之室在所不毀可知矣。王舜中、劉歆、王肅、韓退之之徒，皆謂天子祖功宗德之廟不在七世之列。特鄭康成以周禮守祧有八人，小記王者立四廟，則謂周制七廟，文、武爲二祧，親廟四而已。是不知周公制禮之時，文、武尚爲近廟，其所以宗之之禮，特起於後代也。果所以宗之者在七廟內，使繼世祖先間有豐功盛德，不下文、武，復在可宗之列，則親廟又益殺乎？理必不然。祭法曰『遠廟爲祧』，則『祧』者，兆也。天子以五世、六世之祖爲祧，所謂有二祧是也。諸侯以始祖爲祧，所謂先君之祧是也。鄭氏以祧爲超去之超，誤矣。既曰超矣，又以文、武爲不毀之祧，何邪？明堂位曰：『魯公之廟，文世室，武公之廟，武世室。』然武公之於魯，徇宣王立庶之非，以階魯國攻殺之禍，而豐功懿德，不著於世，自武至閔，其廟已在可遷之列。春秋成公六年二月，立武宮。昭公十五年，有事於武宮。左氏曰：季文子『以鞌之戰立武宮』[八]。公羊：『曰武宮者何？武公之宮也。立者何？立者不宜立也[九]。』蓋武宮立於成公之時，歷襄及昭，積世不毁，故記史得以大之，欲以比周之文、武也。」

朱子論古今廟制曰：「王制天子七廟，三昭三穆與太祖之廟而七，諸侯、大夫、士降殺以兩。而祭法又有適士二廟、官師一廟之文。大抵士無太祖而皆及其祖考也。顏師古曰：「父爲昭，子爲穆，孫復爲昭。昭，明也。穆，美也。後以晉室諱『昭』，故學者改『昭』爲『韶』。」其制皆在中門外之左[一〇]，外爲都宮，内各有寢廟，别有門垣。太祖在北，左昭右穆，以次而南，晉博士孫毓議。天子太祖百世不遷。一昭一穆爲宗，亦百世不遷。宗，亦曰世室，亦曰祧。鄭注周禮守祧曰：「宗，亦曰祧，亦曰世室。」周禮有守祧之官。鄭氏曰：「遠廟爲祧，周爲文、武之廟，遷主藏焉。」又曰：「遷主所藏曰祧，先公之遷主，藏於太祖后稷之廟，先王之遷主，藏於文、武之廟，群穆於文、群昭於武。」明堂位有文世室、武世室。鄭氏曰：「世室者，不毁之名。」二昭二穆爲四親廟，高祖以上親盡，則毁而遞遷。昭常爲昭，穆常爲穆。昭之二廟，親盡則毁，而遷其主於昭之宗，曾祖遷於昭之二，新入廟者祔於昭之三，而高祖及祖在穆如故。穆廟親盡放此。新死者如當爲昭，則祔於昭之近廟，而自近廟遷其祖於昭之次廟，而於主祭者爲曾祖。自次廟遷其高祖於昭之世室，蓋於主祭者爲五世，而親盡故也。其穆之兩廟，如故不動，其次廟於主祭者爲高祖，其近廟於主祭者爲祖也。主祭者没，則祔於穆之近廟，而遞遷其上放此。凡毁廟遷主，改塗易檐[一一]，示有所遷，非盡毁也。見穀梁傳及注。諸侯則無二宗，大夫又無二廟，其遷毁之次，則與天子同。傳，毁廟之主，藏於太祖[一二]。儀禮所謂以其班祔，檀弓所謂祔於祖父者也。曲禮云「君子抱孫不抱子」，此言孫可以爲王父尸，子不可以爲父尸。鄭玄云，以孫與祖，昭穆同也。周制自后稷爲太祖，不窋爲昭，鞠爲穆，以下十二世至太王復爲穆，十三世至王季復爲昭，十四世至文王又爲穆，十五世至武王復爲昭，故書稱文王爲穆考，詩稱武王爲昭考。而左氏傳曰：「泰伯、虞仲，太王之昭也；虢仲、虢叔，王季之穆也。」又曰：「管、蔡、魯、衛，文之昭也；邘、晉、應、韓，武之穆也。」蓋其次序一定，百世不易，雖文王在右，武王在左，嫌於倒置，而諸廟別有所謂門垣〔一三〕，足以各全其尊。初不以左右爲尊卑。三代之制，其詳雖不得聞，然其大略不過如此。漢承秦敝，不能深考古制，諸帝之廟，各在一處，不容合爲都宮，以序昭穆。韋玄成傳云「宗廟異處，昭穆不序」。但考周制，先公廟在岐，文王在豐，武王在鎬，則都宮之制亦不得爲，與漢亦無甚異。未詳其說。貢禹、韋玄成、匡衡之徒，雖欲正之，而終不能盡合古制，旋亦廢罷。後漢明帝又欲遵儉自抑，遺詔毋起寢廟，但藏其主於光武廟中更衣別室〔一四〕。其後，章帝又復如之，後世遂不敢加，而公私之廟，皆爲同堂異室之制。見後漢明帝紀。祭祀志又云：其後積多無別，而顯宗但爲陵寢之號。自是以來，更歷魏、晉下及隋、唐，其間非無奉先思孝之君，據經守禮之臣，而皆不能有所裁正其弊，至使太祖之位下同孫子〔一五〕，而更僻處於一隅，既無以見其爲七廟之尊，群廟之神，則又上厭祖考，而不得自爲一廟之主。以人情而論之，則生居九重，窮極壯麗，而没祭一室，不過尋丈之間，甚或無地以容鼎俎，而陰損其數，孝子順孫之心，於此宜亦有所不安矣。肆我神祖，始獨慨然深詔儒臣討論舊典，蓋將以遠迹三代之隆，一正千古之繆，甚盛舉也。不幸未及營表，世莫得聞。秉筆之士，又復不能特書其事以詔萬世〔一六〕。今獨其見於陸氏之文者爲可考耳〔一七〕。然其所論昭穆之說，亦未有定論。圖説在後。獨原廟之制，外爲都宮，而各爲寢廟門垣，乃爲近古，但其禮本不經，儀亦非古，故儒者得以議之。如李清臣所謂略於七廟之室而爲祠於佛老之側，不爲木主而爲之象，不爲禘祫烝嘗之祀而行一酌奠之禮。楊時所謂舍二帝三王之正禮，而從一繆妄之叔孫通者，其言皆是也。然不知其所以致此，則由於宗廟不立，而人心有所不安也。不議復此，而徒欲廢彼，亦安得爲至當之論哉。」又曰：「今公私之廟，皆爲同堂異室，以西爲上之制，而無左昭右穆之次，一有遞遷，則群室皆遷，而新死者當入於其禰之故室矣。此乃禮之大節，與古不同，而爲禮者猶執祔於祖父之文，似無意義。然欲遂變而祔於禰廟，則又非愛禮存羊之意。竊意與其依違帝制而均不免爲失禮，曷若獻議於朝，盡復公私之廟皆爲左昭右穆之制，而一洗其繆之爲快乎。」

又論漢同堂異室廟及原廟曰：「五峰胡仁仲論漢文帝之短喪，其失不在文帝，而景帝當任其責。予於不起寢廟之詔，則以爲明帝固不得爲無失，然使章帝有魏顆之孝，其群臣有宋仲幾、楚子囊之忠，則於此必有處矣。況以一時之亂命，而壞千古之彝制，其事體之輕重，又非如三子之所正者而已邪？然古今諸儒未有斥其非者，而徒知論惠帝、叔孫通作原廟之罪。夫原廟誠不當作，要必復古宗廟之制，然後可得而議爾。」或曰：「周公祀文王、武王於洛邑，非原廟邪？」曰：「此固禮之變也。然設於別都而不設於京師及所幸郡國，又不聞其以果獻之，褻禮施焉，則亦與漢異矣。」又語録曰：「如今士、大夫家都要理會古禮，今天下有二件極大底事恁地循襲：其一，是天地同祭於南郊；其一是太祖不特立廟，與諸祖同一廟。」又曰：「天地合祭於南郊，及太祖不別立廟室，千五六百年無人整理。」

韋玄成王者五廟圖

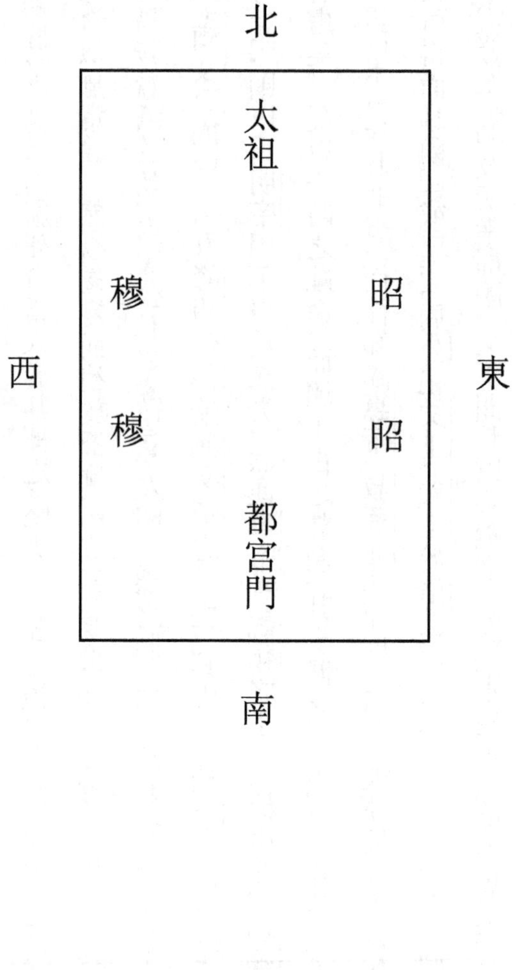

廟制圖

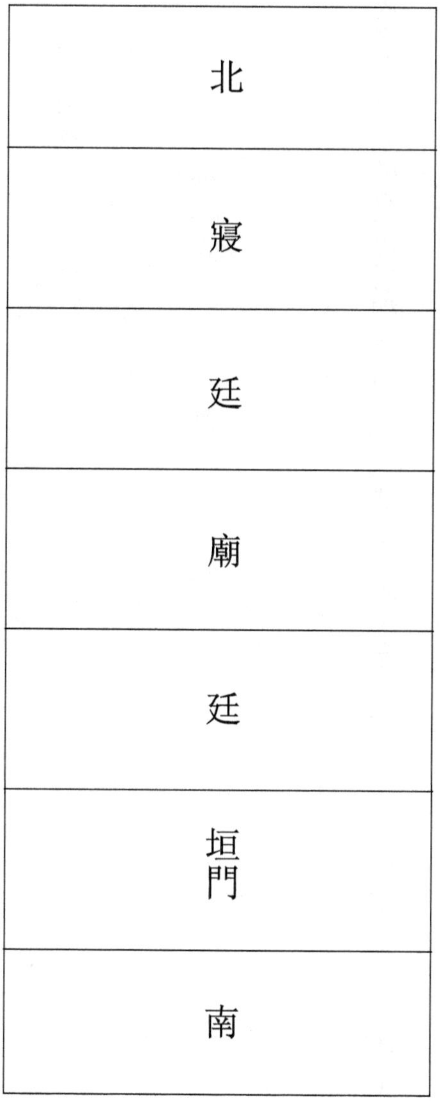

王者始受命，諸侯始封之君，皆爲太祖。以下五世而迭毁，毁廟之主藏於太祖，五年而再殷祭〔一八〕。

韋玄成等周廟圖

太祖（后稷）

昭（武王世室）　穆（文王世室）

昭　穆

昭　穆

周之所以七廟者，以后稷始封，文王、武王受命而王，是以三廟不毁，與親廟四而七。

劉歆宗無數圖

昭	太祖	穆
武世室	后稷	文世室
昭		穆
昭		穆
昭		穆

七者，其正法數可常數者。宗，不在此數中。宗，變也，苟有功德則宗之，不可預爲設數，故殷有三宗，周公舉之以勸成王，由是言之，宗，無數也。

朱子曰：「劉歆說文、武爲宗，不在七廟數中，此說是。」

又曰：「商之三宗，若不是別立廟，只是親廟時，何不胡亂將三箇來立，如何恰限取祖甲、太戊、高宗爲之？那箇祖有功，宗有德，天下後世自有公論，不以揀擇爲嫌，所以名之曰幽、厲，雖孝子慈孫，百世不能改。那箇好底，自是合當宗祀，如何毀得？如今若道三宗只是親廟，則是少了一箇親廟了。」

周世數圖

稷 不窋 公劉 皇僕 毀隃 高圉 公叔 王季
武王 康王 穆王 懿王 夷王 宣王
鞠 慶節 差弗 公非 亞圉 太王 文王
成王 昭王 共王 孝王 厲王 幽王

周七廟圖

稷 高圉以上藏主 公叔公季 亞圉古公 文王時
稷 亞圉以上藏主 公叔王季 太王文王 武王時
稷 公叔以上藏主 王季武王 太王文王 成王時
稷 太王以上藏主 王季武王 文王成王 康王時
稷 王季以上藏主 武康 文成 昭王時
稷 文世室 武康 成昭 穆王時
稷 武世室 文世室 康穆 成昭 共王時
稷 武世室 文成 康穆 昭共 懿王時
稷 武康 文成 穆懿 昭共 孝王時
稷 武康 文成昭 穆懿 共孝 夷王時
稷 武康穆 文成昭 懿夷 共孝 厲王時
稷 武康穆 文成昭共 懿夷 孝厲 宣王時
稷 武康 文成 穆懿昭共 夷宣 孝厲 幽王時

周九廟圖

武王時	稷	公非以上藏主	高圉	亞圉	公叔	太王	王季	文王
成王時	稷	高圉以上藏主	公叔	亞圉	王季	太王	武王	文王
康王時	稷	亞圉以上藏主	公叔	太王	王季	文王	武王	成王
昭王時	稷	公叔以上藏主	王季	太王	武王	文王	康王	成王
穆王時	稷	太王以上藏主	王季	文王	武王	成王	康王	昭王
共王時	稷	王季以上藏主	武	文	康	成	穆	昭
懿王時	稷	文世室	武	成	康	昭	穆	共
孝王時	稷	武世室 文世室	康	成	穆	昭	懿	共
夷王時	稷	武 文成	康	昭	穆	共	懿	孝
厲王時	稷	武康 文成	穆	昭	懿	共	夷	孝
宣王時	稷	武康 文成昭	穆	共	懿	孝	夷	厲
幽王時	稷	武康穆 文成昭	懿	共	夷	孝	宣	厲

朱子曰：「韋玄成、劉歆廟數不同，班固以歆説爲是。今亦未能決其是非，姑兩存之。至於遷毁之序，則昭常爲昭，穆常爲穆。假令新死者當祔昭廟，則毁其高祖之廟，而祔其主於左祧，遷其祖之主於高祖之故廟，而祔新死者於祖之故廟。即當祔於穆者，其序亦然。蓋祔昭，則群昭皆動，而穆不移；祔穆，則群穆皆移，而昭不動。故虞之明日祔於祖父，蓋將代居其處，故爲之祭，以告新舊

之神也。今以周室世次爲圖如右，所謂高祖以上親盡當毁，虞之明日祔於祖父者也。元豐議禮，何洵直、張璪以此爲説，而陸佃非之，曰：『昭穆者，父子之號。昭以明下爲義，穆以恭上爲義。方其爲父則稱昭，取其昭以明下也；方其爲子則稱穆，取其穆以恭上也，豈可膠哉？壇立於右，墠立於左，以周制言之，則太王親盡，去右壇而爲墠；王季親盡，去左祧而爲壇，左右遷徙無嫌。』又曰：『顯考、王考廟與左祧爲昭，皇考、考廟與右祧爲穆。如曰成王之世，武王爲昭、文王爲穆，則武不入考廟而入王考廟矣。』此皆爲説之誤，殊不知昭穆本以廟之居東居西、主之向南向北而得名，初不爲父子之號也。必曰父子之號，則穆之子又安得復爲昭哉？壇墠之左右，亦出先儒一時之説，禮經非有明文也。政使果然，亦爲去廟之後，主藏夾室而有禱之祭，且壇墠又皆一而已。昭不可以越壇而徑墠，穆不可以有壇而無墠，故迭進而無嫌，非若廟之有昭穆，而可以各由其序而遞遷也。又況昭穆之分，自始封以下，入廟之時便有定次，後雖百世不復移易，而其尊卑則不以是而可紊也。故成王之世，文王爲穆而不害其尊於武，武王爲昭而不害其卑於文，非謂之昭即爲王考，謂之穆即爲考廟也。且必如佃説，新死者必入穆廟，而自其父以上穆遷於昭，昭遷於穆，祔一神而六廟皆爲之動，則其祔也又何不直祔於父，而必隔越一世以祔於其所未應入之廟乎？佃又言曰：『假令甲於上世之次爲穆，今合堂同食，實屬父行。乙於上世之次爲昭，今合堂同食，實屬子行。則甲宜爲昭，乙宜爲穆，豈可遠引千歲以來世次，覆令甲爲右穆，乙爲左昭，以紊父子之序乎？』此亦不曉前説之過也，蓋昭穆之次既定，則其子孫亦以爲序，禮所謂昭與昭齒，穆與穆齒。傳所謂『太王之昭，王季之穆，文之昭，武之穆』者是也。如必以父爲昭而子爲穆，則太伯、虞仲乃太王之父，而文王反爲管、蔡、魯、衛之子矣，而可乎哉？且一昭穆也，既有上世之次，又有今世之次，則所以序其子孫者，無乃更易不定而徒爲紛紛乎？曰：『然則廟之遷次如圖可以見矣，子孫之序如佃所駁，得無真有難處者邪？』曰：『古人坐次或以西方爲上，或以南方爲上，未必以左爲尊也，且又安知不如時祫之位乎？』」周大祫及時祫圖，見於祫祭禮。

守祧掌守先王、先公之廟祧。注、疏見下守藏條。若將祭祀，其廟則有司修除之，其祧則守祧黝堊之。黝，於糾反，鄭音幽。堊，烏路反，或烏洛反〔一九〕，本或作惡，同。　廟，祭此廟也。祧，祭遷主。有司，宗伯也。修除、黝堊互言之，有司恒主修除，守祧恒主黝堊。鄭司農云：「黝，讀爲幽，黑也；堊，白也。」爾雅曰：「地謂之黝，墻謂之堊。」疏曰：「凡廟舊皆修除黝堊。祭，更修除黝堊，示新之敬也。今將祭而云修除，知祭此廟也。遷主藏於祧。」春官。

隸僕掌五寢之埽除糞洒之事。五寢，五廟之寢也。周天子七廟，唯祧無寢。詩云「寢廟繹繹」，相連貌也。前曰廟，後曰寢。汜埽曰埽。埽席前曰拚。洒，灑也。鄭司農云：「洒當爲灑。」拚，方問反。疏曰：「必須寢者，祭在廟，薦在寢。」祭祀，修寢。於廟祭寢，或有事焉。月令：「凡新物，先薦寢廟。」疏曰：「薦，只在寢，不在廟。連廟言者，欲見是廟之寢，非生人之寢故也〔二〇〕。」夏官。

傳：山節、藻棁、復廟、重檐、刮楹、達鄉、反坫、出尊、崇坫康圭、疏屏，天子之廟飾也。棁，專悅反。復，音福。重，直龍反〔二一〕。檐，以占反。刮，古八反。鄉，許亮反。坫，丁念反。康，音抗，又如字。疏，音疎。　山節，刻欂盧爲山也。藻棁，畫侏儒柱爲藻文也。復廟，重屋也。重檐，重承壁材也。刮，刮摩也。鄉，牖屬，謂夾户窗也，每室八窗爲四達。反坫，反爵之坫也。出尊，當尊南也，唯兩君爲好，既獻，反爵於其上，禮君尊於兩楹之間。崇，高也。康，讀爲亢龍之亢，又爲高坫，亢所受圭，奠於上焉。屏，謂之樹，今桴思也，刻之爲雲氣蟲獸，如今闕上爲之矣。欂，音博。又皮麥反。一旁各反。徐薄歷反。字林平碧反。好，呼報反。桴，音浮。疏曰：「山節，謂欂盧刻爲山形，則今之斗拱也。藻棁者，謂侏儒柱畫爲藻文，梁上短柱也。復廟者，上下重屋也。重檐，重承壁材也，謂就外檐下壁，復安板檐，以辟風雨之灑壁，故云重檐，重承壁材。刮楹者，刮，摩也；楹，柱也，以密石摩柱。達鄉者，達，通也，鄉，謂窗牖也，每室四户八窗，窗户皆相對，以牖户通達，故曰達鄉也。反坫者，兩君相見反爵之坫也，築土爲之，在兩楹間，近南，人君飲酒，既獻，反爵於坫上，故謂之反坫也。出尊者，尊在兩楹間，坫在尊南，故云出尊。崇坫康圭者，崇，高也；亢，舉也，爲高坫受賓之圭舉於其上也。疏屏者，疏，刻也；屏，樹也，謂刻於屏樹爲雲氣蟲獸也。天子之廟飾也，自『山節』以下〔三二〕，皆天子廟飾也。屏，謂之樹。釋宫云漢時謂屏爲桴思，故云。今桴思，解者以爲天子外屏，人臣至屏，俯伏思念其事。按匠人注云『城隅爲角，桴思也。漢時東闕桴思災』。以此諸文參之，則桴思，小樓也，故城隅、闕上皆有之。然則屏上亦爲屋，以覆屏墻，故稱屏曰桴思。」侏，音朱。明堂位。

清廟茅屋。以茅飾屋，著儉也。清廟，肅然清静之稱。疏曰：「明堂位曰，山節、藻棁、復廟、重檐、刮楹、達鄉、反坫、出尊、崇坫康圭、疏屏，天子之廟飾也，其飾備物盡文，不應以茅爲覆。得有茅者，杜云以茅飾屋，著儉也。以茅飾之而已，非謂多用其茅總爲覆蓋，猶童子垂髦及蔽膝之屬，示其存古耳。詩頌清廟者，祀文王之歌，故鄭玄以文王解之。言天德清明，文王象焉，故稱清廟。此則廣指諸廟〔三三〕，非獨文王，故以清静解之。」昭其儉也。示儉。春秋桓公二年左氏傳。

右宗廟制度。

措之廟，立之主，曰帝。疏曰：「主，用木。五經異義云：『主狀正方，穿中央達四方，天子長尺二寸，諸侯長一尺。』曰帝者，天神曰帝，今號此主同於天神，故題稱帝云，文帝、武帝之類也。」藍田吕氏曰：「考之禮經未見有以帝名者，惟易稱帝乙，亦不知其何帝。獨司馬遷史記載夏、殷之王皆以帝名，疑殷人祔廟稱帝，遷據世本而言，當有所考。至周有謚，始不名帝。」曲禮下。

孔子曰：「當七

廟五廟無虛主。虛主者，唯天子崩，諸侯薨，與去其國，與祫祭於祖，爲無主耳。吾聞諸老聃曰，天子崩，國君薨，則祝取群廟之主而藏諸祖廟，禮也。卒哭成事，而后主各反其廟。老聃，古壽考者之號，與孔子同時。藏諸主於祖廟，象有凶事者聚也。卒哭成事，先祔之祭名也。疏曰：「卒哭，主各反其廟者，爲明日祔時須以新死者祔祭於祖，故祖主先反廟也。」君去其國，太宰取群廟之主以從，禮也。鬼神依人者也。祫祭於祖，則祝迎四廟之主，主出廟入廟，必蹕。蹕，止行者。疏曰：「主，天子一尺二寸，諸侯一尺。出廟者，謂出己廟而往太祖廟；入廟者，謂從太祖廟而反還己廟。若在廟院之外〔二四〕，當主出入之時，必須蹕止行人；若主入太祖廟，則不須蹕也，似壓於尊者。若有喪及去國，無蹕禮也〔二五〕。」曾子問曰：「喪有二孤，廟有二主，禮歟？」怪時有之。孔子曰：「天無二日，土無二王。嘗禘郊社，尊無二上，未知其爲禮也。昔者，齊桓公亟舉兵，作僞主以行，及反，藏諸祖廟，廟有二主，自桓公始也。」疏曰：「亟，數也；僞，假也。言作假主以行，而反藏於祖廟，故有二主也。舉兵，謂南伐楚，北伐山戎，西伐白狄，故謂之數舉兵也。」昭公十八年，宋、衛、陳、鄭災。左氏曰：「鄭子産使祝史徙主祏於周廟，告於先君。」祏，廟主石函〔二六〕。周廟，厲王廟也。有火災，故合群主於祖廟，易救護。疏曰：「每廟木主皆以石函盛之，當祭則出之，事畢則納於函，藏於廟之北壁之內，所以辟火災也。文二年傳云鄭祖厲王，故知鄭之周廟是厲王廟也。」

右主。

禮曰：君子抱孫不抱子。此言孫可以爲王父尸，子不可以爲父尸。以孫與祖，昭穆同也。疏曰：「凡稱『禮曰』者，皆舊禮語也。曾子問云，祭成喪者必有尸，尸必以孫。孫幼則使人抱之，無孫則取於同姓可也。是有抱孫之法也。言無孫取於同姓可者，謂無服內之孫，取服外同姓也。天子至士皆有尸，特牲是士禮，少牢是大夫禮，並皆有尸。又祭統云『君執圭瓚祼尸』，是諸侯有尸也。又守祧職云『若將祭祀，則各以其服授尸』，是天子有尸也。天子以下宗廟之祭，皆用同姓之嫡，故祭統云『祭之道，孫爲王父尸，所使爲尸者，於祭者爲子行，父北面而事之』。注云，子行，猶子列也，祭祖則用孫列，皆取於同姓之適孫也。天子諸侯之祭，朝事延尸於户外，是以有北面事尸之禮也。雖取孫列，用卿、大夫爲之。鄭注特牲禮，大夫、士以孫之倫爲尸是也，言倫，明非己孫。皇侃用崔靈恩義，以大夫用己孫爲尸，非也。」曲禮上。楊氏曰：特牲饋食「筮尸」。疏曰：「大夫、士以孫之倫爲尸，皆取無爵者，無問成人與幼，皆得爲之。若天子、諸侯，雖用孫之倫，取卿、大夫有爵者爲之，故鳧鷖祭尸之詩，皆言『公尸』。」又春秋宣公八年壬午『猶繹』，公羊子何休注曰：『禮，天子以卿爲尸，諸侯以大夫爲尸，卿大夫以下以孫爲尸。』又鳧鷖詩『公尸來燕來寧』。」疏曰：「其尸以卿、大夫爲之。」

孫爲王父尸，所使爲尸者，於祭者子行也。子行，猶子列也。祭祖則用孫列，皆取於同姓之適孫也。祭統。

爲人子者，祭祀不爲尸。尊者之處，爲其失子之道，然則尸卜筮無父者。疏曰：「尸代尊者之處，人子不爲也。」曲禮上。

曾子問曰：「祭必有尸乎？」孔子曰：「祭成喪者必有尸，尸必以孫〔二七〕。孫幼則使人抱之，無孫則取於同姓可也。」疏曰：「以其成人，威儀既備，有爲人父之道，不可無尸。」詳見宗廟祭殤條。

舉斝角，詔妥尸。古者尸無事則立，有事而后坐也。尸，神象也。祝，將命也。妥，他果反。妥，安坐也。尸始入，舉奠斝，若奠角。將祭之，祝則詔主人拜安尸使之坐〔二八〕，尸即至尊之坐，或時不自安，則以拜安之也。天子奠斝，諸侯奠角。古，謂夏時也。郊特牲。

夏立尸而卒祭，夏禮，尸有事乃坐。殷坐尸，無事猶坐。周坐尸。詔侑武方，其禮亦然，其道一也。侑，音又。武，音無。言此亦周所因於殷也。武，當爲「無」，聲之誤也。方，猶常也。告尸行節，勸尸飲食無常，若孝子之爲也，孝子就養無方。養，羊讓反。周旅酬六尸。」使之相酌也。后稷之尸，發爵不受旅。疏見祫祭九獻條。君迎牲而不迎尸，見宗廟篇下祭禮禮器總義。

朱子曰：「神主之位東向，尸在神主之北。」又曰：「古人用尸，本與死者是一氣，又以生人精神去交感他，那精神是會附著他歆享。」又曰：「古人立尸，必隔一位，孫可以爲祖尸，子不可以爲父尸，以昭穆不可亂也。」或問：「古人合祭時，每位有尸否？」曰：「固是。周家旅酬六尸，是每位各有尸也。古者，主人獻尸，尸酢主人。開元禮猶如此，每位一獻畢，則尸便酢主人，主人受酢已，又獻第二位，不知是甚時、緣甚事後廢了，到本朝都把這樣禮數併省了。」又曰：「古人不用尸則有陰厭，書儀中所謂闔門垂簾是也，欲使神靈厭飫之也。」又曰：「杜佑説，上古時中國與夷狄一般，後世聖人改之，有未盡者，尸其一也。蓋今蠻夷洞中亦有此，但擇美丈夫爲之，不問族類。」事見杜佑理道要訣末篇。

楊氏曰：「愚按曲禮，孫爲王父尸。疏云新喪虞祭之時，男女各立尸，故士虞禮云男，男尸；女，女尸，至祔祭之後，止用男之一尸，以其祔祭漸吉故也。凡吉祭祗用一尸，故祭統云設同几是也。又按司几筵『每敦一几』注云『周禮雖合葬及同時在殯，皆異几，體實不同。祭於廟同几，精氣合』故也。」

右尸。

守祧掌守先王先公之廟祧，其遺衣服藏焉。廟，謂太祖之廟及三昭三穆。遷主所藏曰祧。先公之遷主藏於后稷之廟，先王之遷主藏於文、武之廟。遺衣服，大斂之餘也。疏曰：「按士喪禮云，小斂十九稱不必盡服，則小斂亦有餘衣，必知據大斂之餘者。小斂之餘，至大斂更用之，大斂餘，乃留之。」若將祭祀，則各以其服授尸。尸，當服卒者之上服，以象生時。疏曰：「既言卒者上服，則先王之尸服衮冕，先公之尸服鷩冕也。若然士爵弁以助祭，祭宗廟服玄端。而士虞、特牲尸不服爵弁者，爵弁是助祭諸侯廟中乃服之。士尸還在士廟，故尸還服玄端，爲上服也。曾子問云，尸弁冕而出，卿、大夫皆下之。注云，弁冕者，君之先祖或有爲大夫士者，則是先君之先祖爲士，尸服卒者上服，不服玄端而服爵弁者，爵弁本以助祭在君廟，君先祖雖爲士，今爲尸，還在君廟中，故服爵弁，不服玄端。」既祭，則藏其隋，與其服。隋，許恚反。劉相恚反。玄謂隋，尸所祭肺脊、黍稷之屬，藏之以依神。疏曰：「按特牲禮注云，肺祭，刌肺是其隋者。彼不言脊，似誤。所以誤有脊者，特牲禮云『佐食舉肺脊以授尸，尸授振祭，嚌之』，是以於此誤有脊。但彼是尸食而舉者，故有脊，此隋祭不合有也。」春官。

小史掌邦國之志，奠繫世，辨昭穆。若有事，則詔王之忌諱。鄭司農云：「志，謂記也。春秋傳所謂周志，國語所謂鄭書之屬是也。史官主書，故韓宣子聘於魯觀書太史氏。繫世謂帝繫、世本之屬是也。小史主定之，瞽矇諷誦之。先王死日爲忌，名爲諱。故書『奠』爲『帝』。」杜子春云：「帝當爲『奠』，讀爲定。」玄謂王有事，祈祭於其廟。疏曰：「云『奠繫世』者，謂定帝繫、世本。云『辨昭穆』者，帝繫、世本之中〔二九〕皆有昭穆親疏，故須辨之。天子謂之帝繫，諸侯謂之世本。按瞽矇注云『奠繫世』，謂帝繫，諸侯、卿、大夫世本之屬也。云先王死日爲忌，名爲諱者，告王當避此二事也。」

天府掌祖廟之守藏與其禁令。祖廟，始祖后稷之廟，其寶物世傳守之，若魯寶玉大弓者。疏曰：「所守藏者，即下文『玉鎮』以下是也。禁令謂『禁守不得使人妄入之』等也。若魯寶玉大弓者，按春秋定八年盜竊寶玉大弓〔三〇〕，公羊傳云『寶者何，璋判白，弓繡質』，是世傳守者也。」凡國之玉鎮大寶器藏焉。若有大祭，則出而陳之，既事，藏之。玉鎮，大寶器。玉瑞，玉器之美者。禘祫陳之，以華國也。上春，釁寶鎮及寶器。上春，孟春也。釁，謂殺牲以血釁之。疏曰：「殺牲取血釁之，若月令上春釁龜筴等也。」若遷寶，則奉之。奉，猶送也。疏曰：「此遷寶，謂王者遷都，若平王東遷，則寶亦遷天府，奉送之於彼新廟之天府，藏之如故也。」同上。

傳，桓公二年，取郜大鼎于宋，納于太廟。左氏曰非禮也，臧哀伯諫，不聽。襄公六年，齊侯滅萊，獻萊宗器于襄宮。

右宗廟守藏。

校勘記

〔一〕鄭玄按　「鄭玄」原作「鄭元」，清人避清聖祖玄燁諱改，今改回。本考各卷並同。下文「韋玄成」、「玄端」、「玄菟」等均同。

〔二〕禮緯元命包云　按下文「天子五廟」，禮記正義卷一二王制孔穎達疏謂鄭玄據「禮緯稽命徵及鉤命決之説」，元命包爲春秋緯篇目，此處有誤。

〔三〕自上以下　「以」原作「而」，據禮記正義卷一二王制孔穎達疏改。

〔四〕七廟斥言　「斥言」原脱，據禮記正義卷一二王制孔穎達疏補。

〔五〕謂後遷在祧者也　「者」字原脱，據元本、慎本、馮本及禮記正義卷四六祭法孔穎達疏補。

〔六〕曰祖考廟者祖始也　「祖始」二字原倒，據元本、慎本、馮本及禮記正義卷四六祭法孔穎達疏乙正。

〔七〕雖有祈禱亦不得及　「得」字原脱，據禮記正義卷四六祭法孔穎達疏補。

〔八〕以鞌之戰立武宫　「戰」，春秋左傳正義卷二六成公經六年二月條孔穎達疏作「功」。

〔九〕武公之宫也立者何立者不宜立也　「之宫」和「立者何」五字原脱，據春秋公羊傳注疏卷一七成公六年二月條補。

〔一〇〕其制皆在中門外之左　「外」字原脱，據通典卷四七禮七、朱文公文集卷六九禘祫議補。

〔一一〕改塗易檐　「檐」，朱文公文集卷六九禘祫議作「穆」。

〔一二〕傳毁廟之主藏於太祖　「傳」原訛「但」，據朱文公文集卷六九禘祫議改。

〔一三〕而諸廟别有所謂門垣　「諸廟」二字原脱，據朱文公文集卷六九禘祫議補。

〔一四〕但藏其主於光武廟中更衣别室　後漢書卷二明帝紀作「藏其主於光烈皇后更衣别室」。

〔一五〕至使太祖之位下同孫子　「孫子」二字原倒，據朱文公文集卷六九禘祫議乙正。

〔一六〕特書其事以詔萬世　「其事」二字原脱，據朱文公文集卷六九禘祫議補。

〔一七〕今獨其見於陸氏之文者爲可考耳　「其」原訛「具」，據朱文公文集卷六九禘祫議改。

〔一八〕五年而再殷祭　「殷」，朱文公文集卷六九禘祫議作「殷」。

〔一九〕烏洛反　「反」字原脱，據周禮注疏卷二一守祧鄭氏注補。

〔二〇〕非生人之寢故也　「故」字原脱，據周禮注疏卷三一隸僕賈公彦疏補。

〔二一〕重直龍反　「直龍反」原作「平聲」，據禮記正義卷三一明堂位孔穎達疏改。

〔二二〕自山節以下　「自」上原衍「考」字，據禮記正義卷三一明堂位孔穎達疏删。

〔二三〕此則廣指諸廟　「諸廟」原脱，據春秋左傳正義卷五桓公傳二年夏四月條孔穎達疏補。

〔二四〕廟院之外　「院」原作「門」，據禮記正義卷一八曾子問改。

〔二五〕若有喪及去國無蹕禮也　「禮」字原脱，據禮記正義卷一八曾子問補。

〔二六〕廟主石函　「函」原訛作「亟」，據元本、慎本、馮本、局本及春秋左傳正義卷四八昭公傳十八年夏五月條杜氏注改。下同。

〔二七〕尸必以孫　「必」字原脱，據禮記正義卷一九曾子問補。

〔二八〕安尸使之坐　「安尸」，禮記正義卷二六郊特牲鄭氏注作「妥尸」。

〔二九〕帝繫世本之中　「中」原訛「上」，據周禮注疏卷二六小史賈公彦疏改。

〔三〇〕盜竊寶玉大弓　此句原脱，據周禮注疏卷二〇天府賈公彦疏補。

卷九十二　宗廟考二

天子宗廟

秦二世元年，下詔增始皇寢廟犧牲及山川百祀之禮。令群臣議尊始皇廟。群臣皆頓首言曰：「古者天子七廟，諸侯五、大夫三，雖萬世世不軼毁。今始皇爲極廟，四海之内皆獻貢職，增犧牲，禮咸備，毋以加。先王廟或在西雍，今岐州雍縣。或在咸陽。天子儀當獨奉酌祠始皇廟。自襄公以下軼毁。」所置凡七廟，群臣以禮進祠，以尊始皇廟爲帝者祖廟。

漢高祖十年秋七月，太上皇帝崩，葬萬年。八月，令諸侯王皆立太上皇廟於國都。

班固贊曰：漢帝本系，出自唐帝。降及於周，在秦作劉。涉魏而東，遂爲豐公。豐公，蓋太上皇父。其遷日淺，墳墓在豐鮮焉。及高祖即位，置祠祀官，則有秦、晉、梁、荆之巫，應劭曰：「先人所在之國，悉致祠巫祝，博求神靈之意也。」文穎曰：「巫，掌神之位次者也。范氏世仕於晉〔一〕，故祠祀有晉巫。范會支庶，留秦爲劉氏，故有秦巫。劉氏隨魏都大梁，故有梁巫。後徙豐，豐屬荆，故有荆巫也。」世祠天地，綴之以祀，豈不信哉！綴，言不絶也。

按：漢高帝承秦之敝，禮制隳廢，既即天子位，而七廟未嘗立。至太上皇崩，始詔郡國立廟，而皇祖以上無聞焉。班史高紀贊始有豐公之名，且言致祠祀有秦、晉、荆、梁之巫。觀注家所言，則是自晉而秦，自秦而梁，自梁而荆，似各有祖廟，各有巫以主其祀事。然郊祀志言梁巫祠天地、天社、天水、房中、堂上之屬；晉巫祠五帝、東君、雲中君、巫社、巫祠、族人炊之屬；秦巫祠杜主、巫保、族纍之屬〔二〕；荆巫祠堂下、巫先、司命、施糜之屬。注見雜祠門。則諸巫所掌者，乃祀典神祇之祠，非祖廟也。所謂「世祠天地，綴之以祀」者，豈是以諸祖配諸神而祠之，而各處有巫主其事邪？不可得而詳也。

惠帝即位，令郡國諸侯王立高廟〔三〕。

四年，帝爲東朝長樂宫，孟康曰：「朝太后於長樂宫。」及間往，師古曰：「非大朝時，中間小謁見。」數蹕煩民，師古曰：「妨其往來也。」作複道，方築武庫南。如淳曰：「作複道，方始築武庫南也。」師古曰：「複音方目反。」叔孫通奏事〔四〕，因請間，師古曰：「請空隙之時，不欲對衆言之。」曰：「陛下何自築複道高帝寢，衣冠月出游高廟？服虔曰：「持高廟中衣，月旦以游於衆廟，已而復之。」應劭曰：「月旦出高帝衣冠，備法駕，名曰游衣冠。」如淳曰：「高祖之衣冠藏在宫中之寢，三月出游，其道正值今之所作複道下，故言乘宗廟道上行也。」晉灼曰：「黄圖，高廟在長安城門街東，寢在桂宫北。服言衣藏於廟中，如言宫中，皆非也。」師古曰：「諸家之說皆未允也，謂從高帝陵寢出衣冠，游於高廟，每月一爲之，漢制則然。而後之學者不曉其意，謂以月出之時而夜游衣冠，失之遠也。」子孫奈何乘宗廟道上行哉！」惠帝懼，曰：「急壞之。」通曰：「人主無過舉。今已作，百姓皆知之矣。願陛下爲原廟原，重也。先已有廟，今更立之，故云重也。渭北，衣冠月出游之，益廣宗廟，大孝之本。」上乃詔有司立原廟。

致堂胡氏曰：「天子七廟，致其誠敬足矣，而又作原廟，云益廣大孝之本，則通之妄也。其言曰『人主無過舉』，有七廟又作原廟，非過舉乎？且衣冠出游，於禮何據？中庸記宗廟之禮，陳其宗器，設其裳衣，非他所也，謂廟中也；非他時也，謂祭祀之時也。今以死者衣冠月出游之，於禮褻矣。然則通所以諫帝者，無一而當，則不若帝以數蹕煩民，而築複道之爲是也。使後世有致隆於原廟而簡於太廟者，則通説啟之矣。」

楊氏曰：「叔孫通既諫漢惠帝作複道，又請以複道爲原廟，益廣大孝之本。以一時率爾之言，立千萬世不易之制，其言欲益廣大孝之本，不知宗廟之輕，自此始也。夫宗廟之禮貴乎嚴而不欲其褻，人主事宗廟之心欲其專不欲其分。既有宗廟，又有原廟，則事死如事生，事亡如事存之心有所分矣。宗廟之體極乎嚴，原廟之體幾乎褻。人情常憚於嚴而安於褻，則藏祀之禮反移於原廟，故宗廟之禮雖重而反爲虚文矣。如李清臣所謂略於七廟之室，而祠於佛老之側，窮土木之巧，殫金碧之彩，作於盛暑累月而後成，費以十鉅萬，禮官不議而有司不言；及其成也，不爲木主而爲之象，不爲禘祫烝嘗之祀而行一酌之奠之禮。又楊時所謂舍二帝三王之正禮而從一繆妄之，叔孫通是也。抑又有大不安於心者，聖明相繼，仁孝愛敬之至，通乎神明，而宗廟之禮未嘗親祀，祗遣大臣攝行時享，夫豈仁聖之本心哉！蓋既有宗廟，又有原廟，則心分而不專，末既有所重，則本必有所輕，其勢然也。」

先公曰：「成周之制，不惟鎬京有廟，岐周、洛邑皆有焉。于周受命，自召祖命，是岐周有廟也。蓋岐是周之所起，有舊廟在焉。周公城洛邑祀文王，是洛邑有廟也。蓋營洛而特爲廟焉。先王立廟未有無故者，亦未嘗立兩廟於京師。」

五年，帝思高祖之志樂沛，以沛宮爲高祖廟，高祖所教歌兒百二十人皆令爲吹樂，後有闕，輒補之。

漢舊儀：高廟蓋地六頃三十畝四步，堂上東西五十步，南北三十步。祠日立九旗，堂下撞千石鐘十枚，聲聞百里。寢廟者象生，有衣冠、履帶、几杖，起居日四上食，卧床帷帳。原宗廟者，朝廷行大禮封拜，諸侯王酎金。原宗廟在北城外，游衣冠，嘗百果。

文帝四年，作顧成廟。服虔曰：「廟在長安城南，文帝作。」應劭曰：「文帝自爲廟，制度卑狹，若顧望而成，猶文王靈臺不日成之，故曰顧成。」如淳曰：「身存而爲廟，若尚書之顧命也。景帝廟號德陽，武帝廟號龍淵，昭帝廟號徘徊，宣帝廟號樂游，元帝廟號長壽，成帝廟號陽池。」

景帝元年冬十月，詔曰：「蓋聞古者祖有功、宗有德，師古曰：「祖，始也，始受命也。宗，尊也，有德可尊。」制禮樂各有由。歌者，所以發德也；舞者，所以明功也。高廟酎，張晏曰：「正月旦作酒，八月成，名曰酎。酎之言純也。至武帝時，因八月嘗酎會諸侯廟中，出金助祭，所謂酎金也。」師古曰：「酎，三重釀，醇酒也，味厚，故以之薦宗廟。酎，音直救反〔五〕。」奏武德、文始、五行之舞。孟康曰：「武德，高祖所作也。文始，舜舞也。五行，周舞也。武德者，其舞人執干戚。文始舞執羽籥。五行舞，冠冕衣服法五行色。」見禮樂志。孝惠廟酎，奏文始、五行之舞。孝文皇帝臨天下，通關梁，不異遠方；張晏曰：「孝文十二年，除關不用傳，令遠近若一。」除誹謗，去肉刑，賞賜長老，收恤孤獨，以遂群生；遂，成也，達也。減耆欲，不受獻，耆，音嗜。罪人不帑，蘇林曰：「刑不及妻子。」師古曰：「帑，與孥同。」不誅亡罪，不私其利也；除宮刑，出美人，重絶人之世也。朕既不敏，弗能勝識。師古曰：「敏，材智速疾也。勝識，盡知之。」此皆上世之所不及，而孝文皇帝親行之。師古曰：「上世，謂古昔帝王。」德厚侔天地，利澤施四海，靡不獲福。明象乎日月，而廟樂不稱，朕甚懼焉。其爲孝文皇帝廟爲昭德之舞，以明休德。然後祖宗之功德，施於萬世，永永無窮，朕甚嘉之。其丞相、列侯、中二千石、禮官具禮儀奏。」丞相臣嘉等奏曰：申屠嘉。「陛下永思孝道，立昭德之舞以明孝文皇帝之盛德，皆臣嘉等愚所不及。臣謹議：世功莫大於高皇帝，德莫盛於孝文皇帝。高皇帝廟宜爲帝者太祖之廟，孝文皇帝廟宜爲帝者太宗之廟。天子宜世世獻祖宗之廟。郡國諸侯宜各爲孝文皇帝立太宗之廟。諸侯王列侯使者侍祠天子所獻祖宗之廟。張晏曰：「王及列侯歲時遣使詣京師侍祠助祭。」如淳曰：「若光武廟在章陵，南陽太守稱使者往祭是也。不使侯王祭者，諸侯不得祖天子。凡臨祭宗廟皆爲侍祭。」師古曰：「張說是也。既云天子所獻祖宗之廟，非謂郡國之廟也。」請宣布天下。」制曰「可」。中元四年春三月，起德陽宮。臣瓚曰：「是景帝廟也。帝自作之，諱不言廟，故言宮。」

武帝建元六年春二月，遼東高廟災。夏四月，高園便殿火。師古曰：「凡言便殿、便室、便坐者，皆非正大之處，所以就便安也。園者，於陵上作之，既有正寢以象平生正殿，又立便殿爲休息閑宴之處耳。說者不曉其意，乃解云便殿、便室皆是正名，斯大惑矣。尋石建、韋玄成、孔光等傳，其義可知。便，讀如本字。」上素服五日。

董仲舒對曰：「春秋之道，舉往以明來。按春秋，魯定公、哀公時，季氏之惡已熟，而孔子之聖方盛，夫以盛聖而易熟惡，季孫雖重，魯君雖輕，其勢可成也。故定公二年兩觀災，哀公三年桓宮、釐宮災，四年亳社災。兩觀、桓、釐廟亳社四者皆不當立，天皆燔其不當立者，以示魯欲其去亂臣，而用聖人也。今高廟不當居遼東，高園殿不當居陵旁，於禮亦不當立，與魯所災同。天災若語陛下，視親戚貴屬在諸侯遠正最甚者，忍而誅之，如吾燔遼東高廟，迺可；視近臣在國中處旁仄及貴而不正者，忍而誅之，如吾燔高園殿，乃可云爾。在外而不正者，雖貴如高廟，猶災燔之，況諸侯乎？在內而不正者，雖貴如高園殿，猶燔災之，況大臣乎？此天意也。」

西山真氏曰：「仲舒對策言天人相與之際，以爲天心仁愛人君，而欲止其亂。又謂人君所爲美惡之極，與天地流通而往來相應。此皆藥石之至言也。至火災之對，則傅會甚矣。況又導人主以誅殺，與前所謂尚德不尚刑者，何其自相戾邪？夫親戚之驕僭，近臣之專横，夫豈無道以裁制之，豈必誅殺而後快哉！史稱仲舒居家推説其意，草藁未上，主父偃竊其書奏焉〔六〕。上召視諸儒，仲舒弟子呂步舒不知其師書，以爲大愚，於是下仲舒吏，當死。詔赦之。仲舒遂不敢復言災異。其後淮南、衡山反，上思仲舒前言，使呂步舒持斧鉞治淮南獄，以春秋誼顓斷於外，不請，既還事，上皆是之。史又言淮南、衡山、江都謀反迹見，公卿尋端治之，竟其黨與坐死者數萬人。夫謀反不過數人，而坐死者若是其衆，豈非仲舒前言有以發帝之忍心與。」

按：高廟不當居遼東，高園殿不當居陵旁，此正論也。春秋桓宮、僖宮災，孔子在陳聞火，曰：「其桓、僖乎？」公羊傳亦謂毁廟不當復立，故災。若引是爲對，革正宗廟之重複褻慢不如禮者，以明尊無二上之義，則不至流傳。玄成之時樂因循而憚改作以來，衆議之紛紛矣，今捨所當言而他及其非所宜，何哉？

宣帝本始二年，詔曰：「朕以眇身奉承祖宗，夙夜惟念孝武皇帝躬履仁義，選明將，討不服，匈奴遠遁，平氏、羌、昆明、南越，百蠻鄉風，款塞來享；建太學，修郊祀，定正朔，協音律；封泰山，塞宣房，符瑞應，寶鼎出，白麟獲。功德茂盛，不能盡宣，而廟樂未稱，其議奏。」有司奏請宜加尊號。六月庚午，尊孝武廟爲世宗廟，奏盛德、文始、五行之舞。應劭曰：「宣帝復采昭德之舞爲盛德舞，以尊世宗廟也。諸帝廟皆常奏文始、四時、五行舞也。」天子世世獻。武帝巡狩所幸之郡國，皆立廟。

時詔列侯、二千石、博士議，群臣大議庭中，皆曰宜如詔書。長信少府夏侯勝獨曰：「武帝雖有攘四夷廣土斥境之功，然多殺士衆，竭民財力，奢泰無度，天下虛耗，百姓流離，物故者半。蝗蟲大起，赤地數千里，或人民相食，畜積至今未復。亡德澤於民，不宜爲立廟樂。」公卿共難勝曰：「此詔書也。」勝曰：「詔書不可用也。人臣之誼，宜直言正論，非苟阿意順指。議已出口，雖死不悔。」於是丞相義、御史大夫廣明劾奏勝非議詔書，毁先帝，不道，及丞相長史黄霸阿縱勝，不舉劾，俱下獄。有司遂請尊孝武廟爲世宗廟，奏盛德、文始、五行之舞，天下世世獻納〔七〕，以明盛德。武帝巡狩所幸郡國，凡四十九，皆立廟，如高祖、太宗焉。

元帝永光四年十月，罷祖宗廟在郡國者。

五年，毁太上皇、孝惠皇帝寢廟園〔八〕。

建昭元年，罷孝文太后、孝昭太后寢園。

時祖宗廟在郡國六十八，合百六十七所。師古曰：「六十八者，郡國之數也。百六十七所，宗廟之數也。」而京師自高祖下至宣帝，與太上皇、悼皇考各自居陵旁立廟，師古曰：「悼皇考者，宣帝之父，即史皇孫。」并爲百七十六。又園中各有寢、便殿。如淳曰：「黄圖：高廟有便殿，是中央正殿也。」師古曰：「如説非也，凡言便殿、便室者，皆非正大之處。寢者，陵上正殿，若平生露寢矣。便殿者，寢側之便殿耳。」日祭於寢，月祭於廟，時祭於便殿。寢日四上食，廟歲二十五祠。如淳曰：「月祭朔望，加臘月爲二十五〔九〕。」晉灼曰：「漢儀注宗廟一歲十二祠。五月嘗麥。六月、七月三伏〔一〇〕、立秋貙婁又嘗粢，八月先夕饋飧，皆一太牢，酎祭用九太牢。十月嘗稱，又飲蒸，二太牢。十一月嘗，十二月臘，二太牢。又每月一太牢，如閏加一祀，與此上十二爲二十五祠。」便殿，歲四祠。又月一游衣冠。而昭靈后、武哀王、昭哀后、孝文太后、孝昭太后、衛思后、戾太子、戾后各有寢園，與諸帝合，凡三十所。一歲祠，上食二萬四千四百五十五，用衛士四萬五千一百二十九人，祝宰樂人萬二千一百四十七人，養犧牲卒不在數中。

至元帝時，貢禹奏言：「古者，天子七廟，今孝惠、孝景廟皆親盡，宜毀。及郡國廟不應古禮，宜正定。」天子是其議，未及施行而禹卒。永光四年，乃下詔先議罷郡國廟，曰：「朕聞明王之御世也，遭時爲法，因事制宜。往者，天下初平，遠方未賓，因嘗所親，以立宗廟。師古曰：「親謂親臨幸處也。」蓋建威銷萌，一民之至權也。師古曰：「銷遏逆亂，使不得萌生。」今賴天地之靈，宗廟之福〔一一〕，四方同軌，蠻貊貢職，師古曰：「同軌，言車轍皆同，示教化齊也〔一二〕。」久遵而不定，令疏遠卑賤共承尊祀，殆非皇天祖宗之意，朕甚懼焉。傳不云乎『吾不與祭，如不祭』。其與將軍、列侯、中二千石、二千石、諸大夫、博士、議郎議。」丞相玄成、御史大夫鄭弘、太子太傅嚴彭祖、少府歐陽地餘、諫大夫尹更始等七十人皆曰：「臣聞祭，非自外至者也，繇中出，生於心也。故唯聖人爲能享帝，孝子爲能享親。立廟京師之居，躬親承事，四海之內各以其職來助祭，尊親之大義，五帝、三王所共，不易之道也。詩云：『有來雍雍，至止肅肅。相維辟公，天子穆穆。』春秋之義，父不祭於支庶之宅，君不祭於臣僕之家，王不祭於下土諸侯。臣等愚以爲宗廟在郡國，宜無修，臣請勿復修。」奏可。因罷昭靈后、武哀王、昭哀后、衛思后、戾太子、戾后園，皆不奉祠，裁置吏卒守焉。罷郡國廟後月餘，復下詔曰：「蓋聞明王制禮，立親廟四，祖宗之廟萬世不毁，所以明尊祖敬宗，著親親也。朕獲承祖宗之重，惟大禮未備，戰栗恐懼，不敢自顓，其與將軍、列侯、中二千石、二千石、諸大夫、博士議。」玄成等四十四人奏議曰：「禮，王者始受命，諸侯始封之君，皆爲太祖。以下五廟而迭毁。迭，互也。親盡則毁，故云迭也。毁廟之主藏乎太祖，五年而再殷祭，言一禘一祫也。祫祭者，毁廟與未毁廟之主皆合食於太祖，父爲昭，子爲穆，孫復爲昭，古之正禮也。祭義曰：『王者禘其祖自出，以其祖配之，而立四廟〔一三〕。』言始受命而王，祭天以其祖配，而不爲立廟，親盡也。立親廟四，親親也。親盡而迭毁，親疏之殺，示有終也。周之所以七廟者，以后稷始封，文王、武王受命而王，是以三廟不毁，與親廟四而七。非有后稷始封，文、武受命之功者，皆當親盡而毁。成王承二聖之業，制禮作樂，功德茂盛，廟猶不世，以行爲謚而已。謂之成王，則是以行表謚也。禮，廟在大門之内，不敢遠親也。臣愚以爲高帝受命定天下，宜爲帝者太祖之廟，世世不毁，承後屬盡者宜毁。今宗廟異處，昭穆不序，宜入就太祖廟而序昭穆如禮。太上皇、孝惠、孝文、孝景廟皆親盡宜毁，皇考廟親未盡，如故。」悼皇考於元帝祖也。大司馬車騎將軍許嘉等二十九人以爲孝文皇帝除誹謗，去肉刑，躬節儉，不受獻，罪人不孥，不私其利〔一四〕，出美人，重絶人類，賓賜長老，收恤孤獨，德厚侔天地，利澤施四海，宜爲帝者太宗之廟。廷尉忠以爲孝武皇帝改正朔，易服色，攘四夷，宜爲世宗之廟〔一五〕。諫大夫更始等十八人以爲皇考廟上序於昭穆，非正禮，宜毁。於是上重其事，重，難也。依違者一年，乃下詔曰：「蓋聞王者祖有功而宗有德，尊尊之大義也；存親廟四，親親之至恩也。高皇帝爲天下誅暴除亂，受命而帝，功莫大焉。孝文皇帝國爲代王，諸吕作亂，海内摇動，然群臣黎庶靡不壹意，北面而歸心，猶謙辭固讓而後即位，削亂秦之迹，興三代之風，是以百姓晏然，咸獲嘉福，德莫盛焉。高皇帝爲漢太祖，孝文皇帝爲太宗，世世承祀，傳之無窮，朕甚樂之。孝宣皇帝爲孝昭皇帝後，於義壹體。師古曰：「壹體，謂俱爲昭也。禮，孫與祖俱爲昭。宣帝之於昭帝爲從孫，故云於義壹體。」孝景皇帝廟及皇考廟皆親盡，其正禮儀。」玄成等奏曰：「祖宗之廟世世不毁，繼祖以下五廟而迭毁。今高皇帝爲太祖，孝文皇帝爲太宗，孝景皇帝爲昭，孝武皇帝爲穆，孝昭皇帝與孝宣皇帝俱爲昭。皇考廟親未盡。太上、孝惠廟皆親盡，宜毁。太上廟主宜瘞園，孝惠皇帝爲穆，主遷於太祖廟，寢園皆無復修。」奏可。議者又以爲清廟之詩言交神之禮無不清静，今衣冠出游，有車騎之衆，風雨之氣，非所謂清静也。「祭不欲數，數則瀆，瀆則不敬」。宜復古禮，四時祭於廟，諸寢園日月間祀皆可勿復修。間，音工莧反。上亦不改也。明年，玄成復言：「古者制禮，别尊卑貴賤，國君之母非適不得配食，則薦於寢，身没而已。陛下躬至孝，承天心，建祖宗，定迭毁，序昭穆，大禮既定，孝文太后、孝昭太后寢祠園宜如禮勿復修。」奏可。

五年夏，復戾園。秋，復太上皇寢廟園、原廟，文穎曰：「高祖已有廟，在長安，惠帝更於渭北作廟，謂之原廟。」昭靈后、武哀王、昭哀后、衛思后園。師古曰：「昭靈后，高祖母。武哀王，高祖兄。昭哀后，高祖姊。衛思后，戾太子母也。」

竟寧元年三月，復孝惠皇帝寢園、孝文太后、孝昭太后寢園。

罷郡國廟及當毁廟後歲餘，韋玄成薨，匡衡爲丞相。上寢疾，夢祖宗譴罷郡國廟，上少弟楚孝王亦夢焉。上詔問衡，意欲復之，衡深言不可。上疾久不平，衡惶恐，禱高祖、孝文、孝武廟曰：「嗣曾孫皇帝恭承洪業，夙夜不敢康寧，思育休烈，以章祖宗之盛功。故動作接神，必因古聖之經。往者，有司以爲前因所幸而立廟，將以繫海内之心，非爲尊祖嚴親也。今賴宗廟之靈〔一六〕，六合之内莫不附親，廟宜一居京師，天子親奉，郡國廟可止毋修。皇帝袛肅舊禮，尊重神明，即告於祖宗而不敢失。今皇帝有疾不豫，乃夢祖宗見戒以廟，楚王夢亦有其序。皇帝悼懼，即詔臣衡復修立。謹按上世帝王承祖禰之大禮，皆不敢不自親。郡國吏卑賤，不可使獨承。又祭祀之義以民爲本，間者歲數不登，百姓困乏，郡國廟無以修立。禮，凶年則歲事不舉，以祖禰之意爲不樂，是以不敢復。如誠非禮義之中，違祖宗之心，咎盡在臣衡，當受其殃，大被其疾，隊在溝瀆之中。皇帝至孝肅慎，宜蒙佑福。唯高皇帝、孝文皇帝、孝武皇帝省察，右饗皇帝之孝，開賜皇帝眉壽亡疆，令所疾日瘳，平復反常，永保宗廟，天下幸甚。」又告謝毀廟曰：「往者，大臣以爲在昔帝王承祖宗之休典，取象於天地，天序五行，人親五屬。師古曰：「五屬，謂同族之五服，斬縗、齊縗、大功、小功、緦麻也。」天子奉天，故率其意而尊其制。是以禘嘗之序，靡有過五。受命之君躬接於天，萬世不墮。繼列以下，五廟而遷，墮，毀也。音火規反。上陳太祖，間歲而祫，其道應天，故福禄永終。太上皇非受命而屬盡，義則當遷。又以爲孝莫大於嚴父，故父之所尊，子不敢不承；父之所異，子不敢同。禮，公子不得爲母伸，爲後則於子祭，於孫止，李奇曰：「不得伸，尊其父也。公子去其所生而爲大宗後，尚得私祭其母，爲孫則止，不得祭公子母也，明繼祖不復顧其私祖母也。」尊祖嚴父之義也。寢日四上食，園廟間祠，皆可亡修。間，工莧反。皇帝思慕悼懼，未敢盡從。惟念高皇帝聖德茂盛，受命溥將，欽若稽古，承順天心。師古曰：「溥，廣也。將，大也。欽，敬也。若，善也。稽，考也。」子孫本支，陳錫亡疆。師古曰：「詩大雅文王之篇曰：『陳錫載周，侯文王孫子。文王孫子，本支百世。』陳，敷也。載，始也。本，本宗也。支，支子也。言子孫承受敷錫初始之福，故得永久無窮竟也。是之謂陳錫亡疆也。」誠以爲遷廟合祭，久長之策，高皇帝之意，廼敢不聽？即以令日遷太上、孝惠廟，孝文太后、孝昭太后寢，將以昭祖宗之德，順天人之序，定亡窮之業。今皇帝未受茲福，乃有不能共職之疾。皇帝願復修立承祀，臣衡等咸以爲禮不得。於禮不合也。如不合高皇帝、孝惠皇帝、孝文皇帝、孝武皇帝、孝昭皇帝、孝宣皇帝、太上皇、孝文太后、孝昭太后之意，罪盡在臣衡等，當受其咎。今皇帝尚未平，詔中朝臣具復毁廟之文。臣衡中朝臣咸復以爲天子之祀義有所斷，禮有所承，違統背制，不可以奉先祖，皇天不祐，鬼神不享。六藝所載，皆言不當，無所依緣，以作其文。事如失指，罪廼在臣衡，當深受其殃。皇帝宜厚蒙祉福，嘉氣日興，疾病平復，永保宗廟，與天亡極，群生百神，有所歸息。」諸廟皆同文。久之，上疾連年，遂盡復諸所罷寢廟園，皆修祀如故。初，上定迭毁禮，獨尊孝文廟爲太宗，而孝武廟親未盡，故未毁。上於是乃復申明之，曰：「孝宣皇帝尊孝武廟曰世宗，損益之禮不敢有與焉。他皆如舊制。」唯郡國廟遂廢云。

容齋洪氏隨筆曰：「按匡衡平生佞諛，專附石顯以取大位，而此一節獨據經守禮，其禱廟之文殆與金縢之祝册相似，而不爲後世所稱述，漢史又不書於本傳，憎而知其善可也。」

五月，帝崩。毁太上皇、孝惠、孝景皇帝廟。罷孝文、孝昭太后、昭靈后、武哀王、昭哀后寢園。

帝既崩，匡衡奏言：「前以上體不平，故復諸所罷祠〔一七〕，卒不蒙福。按衛思后、戾太子、戾后園親未盡，師古曰：「言不當毁也。」孝惠、孝景帝廟親盡，宜毁。及太上皇、孝文、孝昭太后、昭靈后、昭哀后、武哀王祠，請悉罷，勿奉。」奏可。

成帝河平元年，復太上皇寢廟園。

初，高后時患臣下妄非議先帝宗廟寢園官，故定著令，敢有擅議者棄市。至元帝改制，蠲除此令。成帝時，以無繼嗣，故復太上皇寢廟園，世世奉祠。昭靈后、武哀王、昭哀后并食於太上寢廟如故，又復擅議宗廟之令。

按：太上皇親盡也，以高帝之父而不毁。悼皇考私親也，以宣帝之父而不毁。雖非禮之正，猶云可也。至武哀王則高帝之兄，昭哀后則高帝之姊，見師古注文。自當各有後裔奉其墳墓祭祀。今乃立寢園與諸帝同，而使天子世世祠之，不經尤甚矣。高帝之姊而稱后，於義尤不通。

哀帝即位，丞相孔光、大司空何武奏言：「永光五年制書，高皇帝爲漢太祖，孝文皇帝爲太宗。建昭五年制書，孝武皇帝爲世宗。損益之禮，不敢有與。臣愚以爲迭毁之次，當以時定，非令所爲擅議宗廟之意也。臣請與群臣雜議。」奏可。

於是，光禄勳彭宣、詹事滿昌、博士左咸等五十三人皆以爲繼祖宗以下，五廟而迭毁，後雖有賢君，猶不得與祖宗並列。子孫雖欲褒大顯揚而立之，鬼神不享也。孝武皇帝雖有功烈，親盡宜毁。太僕王舜、中壘校尉劉歆議曰：「漢興，冒頓始彊，破東胡，禽月氏，氏，讀曰支。并其土地，地廣兵强，爲中國害。南越尉佗總百粤，自稱帝。故中國雖平，猶有四夷之患，且無寧歲。一方有急，三面救之，是天下皆動而被其害也。孝文皇帝厚以貨賂，與結和親，猶侵暴無已。甚者，興師十餘萬衆，近屯京師及四邊，歲發屯備虜，其爲患久矣，非一世之漸也。諸侯郡守連匈奴及百粵以爲逆者非一人也。匈奴所殺郡守都尉，略取人民，不可勝數。孝武皇帝愍中國罷勞無安寧之時，乃遣大將軍、驃騎、伏波、樓船之屬，南滅百粵，起七郡；北攘匈奴，降昆邪十萬之衆，置五屬國，起朔方，以奪其肥饒之地；東伐朝鮮，起玄菟、樂浪，以斷匈奴之左臂；西伐大宛，並三十六國，結烏孫，起敦煌、酒泉、張掖，以鬲婼羌，裂匈奴之右肩。師古曰：「婼，而遮反。」單于孤特，遠遁於幕北。四垂無事，斥地遠境，起十餘郡。師古曰：「斥，開也。遠，廣也。」功業既定，廼封丞相爲富民侯，以大安天下，富實百姓，其規橅可見。師古曰：「橅，讀曰模。」又招集天下賢俊，與協心同謀，興制度，改正朔，易服色，立天地之祠，建封禪，殊官號，存周後，定諸侯之制，永無逆爭之心，至今累世賴之。單于守藩，百蠻服從，萬世之基也，中興之功未有高焉者也。高帝建大業，爲太祖；孝文皇帝德至厚也，爲文太宗；孝武皇帝功至著也，爲武世宗；此孝宣帝所以發德音也。禮記王制及春秋穀梁傳，天子七廟，諸侯五，大夫三，士二。天子七日而殯，七月而葬；諸侯五日而殯，五月而葬；此喪事尊卑之序也，與廟數相應。其文曰：『天子三昭三穆，與太祖之廟而七；諸侯二昭二穆，與太祖之廟而五。』故德厚者流光，德薄者流卑。流，謂流風餘福。春秋左氏傳曰：『名位不同，禮亦異數。』自上以下，降殺以兩，禮也。七者，其正法數，可常數者也。宗不在此數中。宗，變也。師古曰：「言非常數，故云變也。」苟有功德則宗之，不可預爲設數。故於殷，太甲爲太宗，太戊曰中宗，武丁曰高宗。師古曰：「太甲，湯之孫，太丁之子也。太戊，太庚之子，雍己之弟也。武丁，小乙之子。」周公爲無逸之戒，舉殷三宗以勸成王。由是言之，宗無數也，然則所以勸帝者之功德博矣。以七廟言之，孝武皇帝未宜毀；以所宗言之，則不可謂無功德。禮記祀典曰：『夫聖王之制祀也，功施於民則祀之，以勞定國則祀之，能救大災則祀之。』竊觀孝武皇帝功德皆兼而有焉。凡在於異姓，猶將特祀之，況於先祖？或說天子五廟無見文，又說中宗、高宗者，宗其道而毀其廟。名與實異，非尊德貴功之意也。詩云：『蔽芾甘棠，勿剪勿伐，召伯所茇。』思其人猶愛其樹，況宗其道而毀其廟乎？迭毀之禮自有常法，無殊功異德，固以親疏相推及。至祖宗之序，多少之數，經傳無明文，至尊至重，難以疑文虛說定也。孝宣皇帝舉公卿之議，用衆儒之謀，既以爲世宗之廟，建之萬世，宣布天下。臣愚以爲孝武皇帝功烈如彼，孝宣皇帝崇立之如此，不宜毀。」上覽其議而從之。制曰：「太僕舜、中壘校尉歆議可。」歆又以爲「禮，去事有殺，師古曰：「去，除也。殺，漸也。去，音邱呂反。殺，音所例反。其下並同也。」故春秋外傳曰：『日祭，月祀，時享，歲貢，終王。』祖禰則日祭，曾高則月祀，二祧則時享，壇墠則歲貢。張晏曰：「去祧爲壇。墠，掃地而祭也。」師古曰：「祧，是遠祖也。築土爲壇，除地爲墠。祧，他堯反。墠，音善。」大禘則終王。服虔曰：「蠻夷，終王乃入助祭，各以其珍貢，以共大禘之祭也。」師古曰：「每一王終，新王即位，乃來助祭。」德盛而游廣，親親之殺也。如淳曰：「游亦流也。」彌遠則彌尊，故禘爲重矣。孫居王父之處，正昭穆，則孫常與祖相代，此遷廟之殺也。聖人於其祖，出於情矣，禮無所不順，故無毀廟。晉灼曰：「以情推子，以子況祖，得人心，禮何所違，故無毀棄不禘之主也。謂下三廟廢而爲虛者也。」自貢禹建迭毀之議，惠、景及太上寢園廢而爲虛，師古曰：「虛讀曰墟。」失禮意矣。」

致堂胡氏曰：「斷大論者以仲尼爲據，則無失矣。書曰『天子七廟』，歆謂七廟是也，而以七爲正法，以宗爲變，不可常數，則不知何所據而云然也？祖考所當事者，人之至情也。或三廟，或五廟，或七廟，禮之隆殺也。有功德則宗之，無則莫之宗焉。是爲人子孫得選擇祖考，於情則逆，於禮則違，曾是以爲孝乎？」

平帝元始四年，尊孝宣廟爲中宗，孝元廟爲高宗，天子世世獻祭。

時王莽爲安漢公，欲諂太皇太后，以斬郅支功奉尊元帝廟爲高宗，太后晏駕後，當以禮配食云。及莽改號太后爲新室文母，絕之於漢，不令得體元帝。墮壞孝元廟，更爲文母太后起廟。獨置孝元廟故殿以爲文母篡食堂，既成，名曰長壽宮。以太后在，故未謂之廟。莽置酒長壽宮請太后。既至，見孝元廟廢徹塗地，太后驚泣曰：「此漢家宗廟，皆有神靈，與何治而壞之！且使鬼神無知，又何用廟爲？如令有知，我乃人之妃妾，豈宜辱帝之堂以陳饋食哉！」飲酒不樂而罷。

漢兵起，莽惡高廟神靈，遣虎賁武士入高廟拔劍四面提擊，斧壞户牖，桃湯赭鞭，鞭灑屋壁。令輕車校尉居其中。

光武帝建武二年正月，立高廟於雒陽，四時祫祀，高祖爲太祖，文帝爲太宗，武帝爲世宗，如舊。餘帝四時春以正月，夏以四月，秋以七月，冬以十月及臘，一歲五祀。三年正月，立親廟雒陽，祀父南頓君以上至春陵節侯。時寇賊未夷，方務征伐，祀儀未設。至十九年，盜賊討除，戎事差息，於是五官中郎將張純與太僕朱浮奏言：「禮，爲人後者則爲之子，既事大宗，大宗謂元帝。則降其私親。今禘祫高廟，陳序昭穆，而舂陵四世君臣並列，以卑厕尊，不合禮意。昔高帝以自受命不由太上，宣帝以孫後祖不敢私親，故爲父立廟，獨群臣侍祠。臣愚謂宜除今親廟，以則二帝舊典。願下有司博採其議。」詔下公卿。大司徒戴涉、大司空竇融議：「宜以宣、元、成、哀、平五帝四世代今親廟。宣、元皇帝尊爲祖父，可親奉祠，成帝以下有司行事，別爲南頓君立皇考廟。其祭上至舂陵節侯，群臣奉祠，以明尊尊之敬，親親之恩。」時議有異，不著。上可涉等議，詔曰：「以宗廟處所未定，且祫祭高廟。其成、哀、平且祠祭長安故高廟。其南陽舂陵歲時各且因故園廟祭祀。園廟去太守治所遠者，在所令長行太守事侍祠。惟孝宣帝有功德，其上尊號曰中宗。」於是雒陽高廟四時加祭孝、宣、孝、元凡五帝。其西廟成、哀、平三帝主，四時祭於故高廟。東廟京兆尹侍祠，冠衣車服如太常祠陵廟之禮。南頓君以上至節侯，皆就園廟。南頓君稱皇考廟，鉅鹿都尉稱皇祖考廟，鬱林太守稱皇曾祖考廟，節侯稱皇高祖考廟，在所郡縣侍祠。

明帝即位，以光武帝撥亂中興，更爲起廟，號曰世祖廟。以元帝於光武爲穆，故雖非宗，不毁也。後遂爲常。

東漢制：高廟，令一人，六百石，守廟，掌案行掃除。無丞。世祖廟，令一人，六百石，如高廟。

漢儀：帝之主九寸，前方後圓，圍一尺；后主七寸，圍九寸。木用栗。

永平三年十月，烝祭光武廟。初奏文始、五行、武德之舞。明帝臨終遺詔，遵儉無起寢廟，藏主於光烈皇后更衣別室。志云光武廟更衣。孝章即位，有司奏言：「孝明皇帝聖德淳茂，功烈光於四海，仁風行於千載，而深執謙謙，無起寢廟，掃地而祭，除日祀之法，省送終之禮，遂藏主於光烈皇后更衣別室。臣以爲更衣在中門之外，處所殊別，宜尊廟曰顯宗，其四時禘祫於光武之堂，間祀悉還更衣，共進武德之舞，如孝文皇帝祫祭高廟故事。」制曰：「可。」

續漢書：五年再殷祭，三年一祫，五年一禘。父爲昭，南向；子爲穆，北向。禘以夏四月，祫以冬十月。禘之爲言諦，諦審昭穆尊卑之義。祫者，合也。冬十月五穀成，故骨肉合飲食於祖廟，謂之殷祭。四時正祭外，有五月嘗麥，三伏立秋嘗粢盛酎，十月嘗稻等，謂之間祀，即各於更衣之殿。更衣者，非正處也。園中有寢，有便殿。寢者，陵上正殿。便殿，寢側之別殿，即更衣也。

章帝臨崩，遺詔無起寢廟，如先帝故事。和帝即位，不敢違，上尊號曰肅宗。後帝承尊，皆藏主於世祖廟，積多無別，是後顯宗但爲陵寢之號。

殤帝生三百餘日而崩，鄧太后攝政，以尚嬰孩，故不列於廟，就陵寢祭之而已。安帝以讒害大臣，廢太子，及崩，無上宗之奏。後以自建武以來無毀者，故遂常祭，因以其陵號稱恭宗。

冲、質二帝皆小崩，梁太后攝政，以殤帝故事，就陵寢祭。凡祠廟訖，三公分祭之。

梁太后臨朝，以殤帝幼崩，廟次宜在順帝下。太常馬訪奏宜如詔書。諫議大夫呂勃以爲應依昭穆之序，先殤帝，後順帝。詔下公卿。大鴻臚周舉議曰：「春秋魯閔公無子，庶兄僖公代立，其子文公遂躋僖公於閔上。孔子譏之，書曰：『有事於太廟，躋僖公。』傳曰：『逆祀也。』及定公正其序，經曰：『從祀先公』，爲萬世法也。今殤帝在先，於秩爲父，順帝在後，於親爲子，先後之義不可改，昭穆之序不可亂。呂勃議是也。」太后從之。遂下詔曰：「孝殤皇帝雖不永休祚，而即位踰年，君臣禮成。孝安皇帝承襲統業，而前世遂令恭陵在康陵上，先後相逾，失其次序，非所以奉宗廟之重，垂無窮之制。昔定公追正順祀，春秋善之。其令恭陵次康陵，憲陵次恭陵，以序親秩，爲萬世法。」

靈帝時，京都四時所祭，高廟五主，世祖廟七主，少帝三陵，追尊后三陵，凡牲用十八太牢，皆有副倅。故高廟三主親毀之後，亦但殷祭之歲奉祠。

獻帝即位，初平中，相國董卓、左中郎將蔡邕等以和帝以下功德無殊而有過差，不應爲宗，及餘非宗者追尊三后，皆奏毀之。四時所祭，高廟一祖二宗，及近帝四，凡七廟。

時有司奏議宗廟迭毀。左中郎將蔡邕議曰：「漢承亡秦滅學之後〔一八〕，宗廟之制不用周禮。每帝即世，輒立一廟，不止於七，不列昭穆，不定迭毀。孝元帝時，丞相匡衡、御史大夫貢禹始建大議，請依典禮。孝文、孝武、孝宣皆以功德茂盛，爲宗不毀。孝宣尊崇孝武，廟稱世宗。中正大臣夏侯勝等猶執異議〔一九〕，不應爲宗。至孝成皇帝議猶不定。太僕王舜、中壘校尉劉歆據不可毀〔二〇〕，上從其議。古人據正重順，不敢私其君父，如此其至也。後遭王莽之亂，光武皇帝受命中興，廟稱世祖。孝明皇帝政參文、宣，廟稱顯宗。孝章皇帝至孝烝烝，仁恩博大，廟稱肅宗。比方前世，得禮之宜。自此以下〔二一〕，政事多釁，權移臣下，嗣帝殷勤，各欲褒崇至親而已〔二二〕，臣下懦弱，莫能執夏侯之直〔二三〕。今聖朝遵古復禮，以求厥中，誠合事宜。孝元皇帝世在第八，光武皇帝世在第九，故以元帝爲考廟，尊而奉之。孝明遵述，亦不敢毀。孝和以下，穆宗、恭宗、敬宗、威宗之號皆宜省去〔二四〕。五年而再殷祭，祫食於太祖，以遵先典。」議遂施行。

按：西都郊祀之制，因秦五畤未嘗有祭天之禮；東都宗廟之制，代代稱宗，未嘗有祧遷之法。此二失者，因循既久，不能革正。然郊天之禮，至王莽而後定；七廟之法，至董卓而後定。蓋權姦擅國，意所欲行，不復依違顧忌，故反能矯累代之失。然禮雖稍正，而國且亡矣，可勝慨哉！

又按：蔡邕所定高祖廟一祖、二宗及近帝四爲七廟。其説似矣。但以和、安、順、桓四帝功德無殊，而有過差，奏毁之，則所謂近帝四者，乃光武、明帝、章帝、靈帝也。按古之所謂天子七廟者，自太祖及祖功宗德之後，其下四世，則當代人主之高、曾、祖、父也。此四代者，不以有功而存，不以有過而廢。今以獻帝言之，靈其父也，桓其祖也，安其曾祖也，和其高祖也。今捨其高、曾、祖三世，而以其父上繼五世之祖，於義何所當乎？當時此議雖一出董卓，帝無所預。然東漢自和帝而後，皇統屢絶，安帝以清河王之子入繼和帝，順、桓二帝以河間王之孫入繼安帝，靈帝以河間王之曾孫入繼桓帝。至靈帝方有親子爲獻帝，是則獻帝之所謂父者親父，所謂高祖、曾祖、及祖者，乃所繼之大宗也。自安、順以來，既入嗣大位，即以非禮崇其私親之父母，而昧兩統二父之義，往往於大宗與私親陰有厚薄，伯喈豈亦習聞時指，陰有諂附邪？不然，何所祧毁者皆所嗣之大宗，而竟以靈帝上繼章帝，初不問其世次之懸隔，是豈得爲知禮者乎？

魏文帝受禪，追尊大父曰大皇帝諱嵩，後漢太尉大長秋騰養子也。考曰武皇帝。以洛京宗廟未成，乃祠武帝於建始殿，親執饋奠，如家人禮。

晉志曰：「禮，將營宫室，宗廟爲先。庶人無廟，則祭於寢，帝者行之，非禮甚矣！」

明帝太和三年，追尊高祖大長秋曰高皇，夫人吳氏曰高皇后，並在鄴廟。廟之所祠〔二五〕，則文帝之高祖處士、沛國譙人曹萌。曾祖高皇、萌之子騰。祖大皇帝共一廟，考太祖武皇帝特一廟，百代不毁，所祠止於親廟四室。其年十一月，洛京廟成，則以親盡遷處士主，置園邑，使宗正曹恪持節迎高祖以下神主，共一廟，猶爲四室而已。

景初元年六月，群公更奏定七廟之制，曰：「武皇帝肇造洪業，爲魏太祖。文帝繼天革命，爲魏高祖。上集成大命，宜爲魏烈祖。於太祖廟北爲二祧，其左爲文帝廟，號曰高祖，昭祧；其右擬明帝，號曰烈祖，穆祧。其明帝時見在，造廟及稱祖，當時之制，非前代舊規也。三祖之廟，萬世不毁。其餘四廟，親盡迭遷，一如周后稷、文、武廟祧之禮。」

吳孫權不立七廟，以父堅嘗爲長沙太守，乃於臨湘縣立堅廟。依後漢奉南頓故事，令太守奉祠。後又尊堅廟曰始祖廟，而不在京師。於建業立兄長沙桓王廟。子亮立，明年，於宫東立權廟曰太祖廟，既不在宫南，又無昭穆之制。

晉武帝受禪，追尊皇祖宣王爲宣皇帝，伯考景王爲景皇帝，考文王爲文皇帝。

太始二年，有司奏置七廟。帝重其役，詔宜權立一廟。於是群臣議奏：「上古清廟一宫，尊遠神祇。逮至周室，制爲七廟，以辨宗祧。聖旨深宏，遠迹上世，敦崇唐、虞，舍七廟之繁華，遵一宫之遠旨。舜承堯禪，受終於文祖，遂陟帝位，蓋三十載，月正元日，又格於文祖〔二六〕，此則虞氏不改唐廟，因仍舊宫。可依有虞氏故事，即用魏廟。」奏可。於是追祭征西將軍、豫章府君、潁川府君、京兆府君，與宣皇帝、景皇帝、文皇帝爲三昭三穆。是時宣皇未升，太祖虛位，所以祠六世，與景帝爲七廟。其禮則據王肅説也。七月，又詔曰：「前奏就魏舊廟，誠亦有準。然祇奉神明〔二七〕，情猶未安，宜更營造。」於是改創宗廟。

廟制：於中門外之左，通爲屋，四阿。殿制：堂高三尺，隨見廟數爲室，代滿備遷毁。

神主尺二寸，后主一尺與尺二寸中間。木以栗。

六年〔二八〕，因廟陷，當改創，群臣議奏曰：「古者七廟異所，自宜如禮。」又曰：「古雖七廟，自近代以來皆一廟七室〔二九〕，於禮無廢，於情爲叙，亦隨時之宜。」至十年，乃更改築於宣陽門内〔三〇〕，窮極壯麗，然坎位之制猶如初耳。

武帝崩，遷征西。六世祖。惠帝崩，遷豫章。五世祖。

元帝既即位，上繼武帝，於元爲禰，如漢光武上繼元帝故事也。時西京湮没，江左建廟，皆更新造。尋以登懷帝之主，又遷潁川，四世祖。位雖七室，其實五世，蓋從刁協議，以兄弟爲世數故也。

時宗廟始建，舊儀多闕，或以惠、懷二帝應各爲世，則潁川世數過七，宜在迭毁。事下太常。賀循以爲：禮，兄弟不相爲後，不得以承代爲世。殷之盤庚不序陽甲，漢之光武不繼成帝，别立廟寢，使臣下祭之。此前代之明典，而承繼之著義也。惠帝無後，懷帝承統，弟不後兄，則懷帝自上繼世祖，不繼惠帝，當同殷之陽甲，漢之成帝。議者以聖德冲遠，未便改舊。諸如此禮，通所未論。是以惠帝尚在太廟，而懷帝復入，數則盈八。盈八之理，由惠帝不出，非上祖宜遷也。下世既升，上世乃遷，遷毁對代，不得相通，未有下升一世而上毁二世者也。惠、懷二帝俱繼世祖，兄弟旁親，同爲一世，而上毁亦爲一世。今以惠帝之崩已毀豫章，懷帝之入復毀潁川，如此則一世再遷，祖位横析，求之古義，未見此例。惠帝宜出，尚未輕論，況可輕毀一祖而無義例乎？潁川既無可毀之理，則見神之數居然自八，此蓋有由而然，非謂數之常也。既有八神，則不得不於七室之外權安一位也。至尊於惠、懷俱是兄弟，自上後世祖，不繼二帝，則二帝之神行應别出，不爲廟中恒有八室也。又武帝初成太廟時，正神止七，而楊元后之神亦權立一室。永熙元年，告世祖謚於太廟八室，此是苟有八神，不拘於七之舊例也。又議者以景帝俱已在廟，惠、懷一例。景帝盛德元功，王基之本，義著祖宗，百世不毀，故所以特在本廟，且亦世代尚近，數得相容，安神而已，無逼上祖，如王氏昭穆既滿，終應别廟也。以今方之，既輕重義異，又七廟七世之親；昭穆，父子位也。若當兄弟旁滿，輒毀上祖，則祖位空懸，世數不足，何取於三昭三穆與太祖之廟然後成七哉！今七廟之義，出於王氏。從禰已上至於高祖，親廟四世，高祖已上復有五世六世無服之祖〔三二〕，故爲三昭三穆并太祖而七也。故世祖定郊廟禮，京兆、潁川曾、高之親，豫章五世，征西六世，以應此義。今至尊繼統，亦宜有五、六世之祖，豫章六世，潁川五世，俱不應毀。今既云豫章先毀，又當重毀潁川，此爲廟中之親惟從高祖已下，無復高祖以上二世之祖，於王氏之義，三昭三穆廢闕其二，甚非宗廟之本所據承，又違世祖祭征西、豫章之意，於一王定禮，所闕不少。時尚書僕射刁協與循異議，循答義深備，辭多不載，竟從循議焉。

於時百度草創，舊禮未備，三祖毀主權居側室〔三三〕。至太興三年正月乙卯，詔曰：「吾雖上繼世祖，然於懷、愍皇帝皆北面稱臣。今祠太廟，不親執觴酌，而令有司行事，於情禮不安。可依禮更處。」

太常華恒言〔三三〕：「今聖上繼武皇帝，宜準漢世祖故事，不親觴爵。」又曰：「今上承繼武帝，而廟之昭穆，四世而已。前太常賀循、博士傅純，並以爲惠、懷及愍宜別立廟。然臣愚謂廟室當以容主爲限〔三四〕，無拘常數。殷世有二祖三宗，若拘七室，則當祭禰而已。推此論之，宜還復豫章、潁川以全七廟之禮。」驃騎長史温嶠議：「凡言兄弟不相入廟，既非禮文。且光武奮劍振起，不策名於孝平，務神其事，以應九世之讖。又古不共廟，故別立焉。今上以策名而言，殊於光武之事，躬奉烝嘗，於經既正〔三五〕，於情又安矣。太常恒欲還二府君以全七世，嶠謂是宜。」驃騎將軍王導從嶠議。嶠又曰：「其非子者，可直言皇帝敢告某皇帝。又若以一帝爲一世，則不祭禰，反不及庶人。」帝從嶠議，悉施用之。於是乃更定制，還復豫章、潁川於昭穆之位，以同惠帝嗣武故事，而惠、懷、愍三帝自從春秋尊卑之義，在廟不替也。

元帝崩，豫章復遷。然元帝神位猶在愍帝之下，故有坎室者十也。

明帝崩，潁川又遷，猶十室也。於時續廣太廟，故三遷主並還西儲，名之曰祧，以準遠廟。

成帝崩，康帝承統，以兄弟一世，故不遷京兆，始十一室也。

穆帝永和二年，有司奏：「十月殷祭，京兆府君當遷祧室。昔征西、豫章、潁川三府君毁主，中興之初，權居天府，在廟門之西。咸康中，太常馮懷表續奉還於西儲夾室〔三六〕，謂之爲祧，疑亦非禮。今京兆遷入，是爲四世遠祖，長在太祖之上。昔周室太祖世遠，故遷有所歸。今晉廟宣皇爲主，而四祖居之〔三七〕，是屈祖就孫也。殷祫在上，是代太祖也。」領司徒蔡謨議：「四府君宜改築別室，若未展者，當入就太廟之室。人莫敢卑其祖，文、武不先不窋。殷祭之日，征西東面，處宣皇之上。其後遷廟之主，藏於征西之祧，祭薦不絕。」護軍將軍馮懷議：「禮，無廟者爲壇以祭，可立別室藏之，至殷禘則祭於壇也。」輔國將軍譙王司馬無忌等議：「禘，諸儒謂太王、王季遷主，藏於文、武之祧。如此，府君遷主，宜在宣帝廟中。然今無寢室，宜變通而改築。又殷祫太廟，征西東面。」尚書郎孫綽與無忌議同，曰：「太祖雖位始九五，而道以從暢，替人爵之尊，篤天倫之道，所以成教本而光百代也。」尚書郎徐禪議：「禮，去祧爲壇，去壇爲墠，歲祫則祭之。今四祖遷主可藏之石室，有禱則祭於壇墠。」又遣禪至會稽，訪處士虞喜。喜答曰：「漢世韋玄成等以毀主瘞於園，魏朝議者云應埋兩階之間。且神主本在太廟，若今側室而祭，則不如永藏。又四君無追號之禮，益明應毀而無祭。」是時簡文爲撫軍將軍，與尚書郎劉邵等奏：「四祖同居西祧，藏主石室，禘祫乃祭，如先朝舊儀。」時陳留范宣兄子問此禮，宣答曰：「舜廟所以祭，皆是庶人，其後世遠而不毀，不居舜廟上，不序昭穆。今四君號猶依本，非以功德致祀也。若依虞主之瘞，則猶藏子孫之所；若依夏主之埋，則又非本廟之階。宜思其變，別築一室，親未盡則禘祫處宣帝之上，親盡則無緣下就子孫之列。」其後太常劉遐等同蔡謨議。博士張憑議〔三八〕：「或疑陳於太祖者，皆其後之毀主，憑按古義無別前後之文也。禹不先鯀則遷主居太祖之上，亦何疑也。」於是京兆遷入西儲，同謂之祧，如前三祖遷主之禮，故正室猶十一也。

穆帝崩，哀帝、海西並爲兄弟，無所登除。

簡文帝上繼元皇帝，世秩登進，於是潁川、京兆二主復還昭穆之位。至簡文崩，潁川又遷。

按：漢光武既即帝位，以昭穆當爲元帝後，遂祀昭、宣、元於太廟，躬執祭禮。而別祀成、哀以下於長安，使有司行事。此禮之變也。然其時漢已爲王莽所篡，光武起自匹夫，誅王莽，夷群盜，以取天下，雖曰中興，事同創業。又其祖長沙定王與武帝同出，景帝則於元、成服屬已爲疏遠。先儒胡致堂謂雖遠祖高帝而不紹，元帝自帝其舂陵侯以下四親而祠之，於義亦未爲大失者，此也。則成、哀而下，行既非尊，屬又已遠，姑不廢其祀可矣。至於晉元帝以琅邪王而事惠、懷、愍，簡文以會稽王而事成帝以下諸君，君臣之義非一日矣。一旦入繼大統，即以漢世祖爲比，遽欲自尊，而於其所嘗事之君於行爲侄者，即擯之而不親祀，此何禮邪？況又取已祧之遠祖復入廟還昭穆之位，則所以嚴事宗廟者，不幾有同兒戲乎！

孝武帝太元十二年，始改作太廟殿，正室十四間，東西儲各一間，合十六間。棟高八丈四尺。備法駕遷神主於行廟，征西至京兆四主及太孫各用其位之儀服。四主不從帝者儀，是與太康異也。及孝武崩，京兆又遷，如穆帝之世四祧故事。

校勘記

〔一〕范氏世仕於晉　「仕」原訛「事」，據漢書卷一下高帝紀文穎注改。

〔二〕秦巫祠杜主巫保族纍之屬　「杜」原訛「社」，據馮本、漢書卷二五上郊祀志上改。

〔三〕令郡國諸侯王立高廟　「郡國」，漢書卷二惠帝紀作「郡」。

〔四〕叔孫通奏事　「奏事」二字原脱，據漢書卷四三酈陸朱劉叔孫傳補。

〔五〕酎音直救反　「救」原訛「枚」，據馮本、漢書卷五景帝紀師古注改。

〔六〕主父偃竊其書奏焉　「竊」原訛「窮」，據漢書卷五六董仲舒傳改。

〔七〕天下世世獻納　「下」原訛「子」，據漢書卷七五眭兩夏侯京翼李傳改。

〔八〕寢廟園　「廟園」二字原倒，據漢書卷九元帝紀乙正。

〔九〕加臘月爲二十五　「月」字原脱，據漢書卷七三韋賢傳如淳注補。

〔一〇〕六月七月三伏　「七」原訛「十」，據元本、慎本、馮本及漢書卷七三韋賢傳晉灼注改。

〔一一〕宗廟之福　「宗廟」原作「祖宗」，據漢書卷七三韋賢傳改。

〔一二〕示教化齊也　「教化」，漢書卷七三韋賢傳作「法制」。

〔一三〕祭義曰王者禘其祖自出以其祖配之而立四廟　按此語見禮記喪服小記而非祭義，此處有誤。

〔一四〕不私其利　「私」原訛「思」，據元本、慎本、馮本及漢書卷七三韋賢傳改。

〔一五〕宜爲世宗之廟　「宗」原作「祖」，據元本、慎本、馮本及漢書卷七三韋賢傳改。

〔一六〕今賴宗廟之靈　「宗廟」原作「祖宗」，據漢書卷七三韋賢傳改。

〔一七〕故復諸所罷祠　「諸」字原脱，據漢書卷七三韋賢傳及西漢會要卷一三補。

〔一八〕漢承亡秦滅學之後　「亡」字原脱，據後漢書志第九祭祀下劉昭注、通典卷四七禮七補。

〔一九〕夏侯勝等猶執異議　「等」字原脱，據後漢書志第九祭祀下劉昭注、通典卷四七禮七補。

〔二〇〕中壘校尉劉歆據不可毁　「據」下原衍「經傳義處」四字，後人臆增，今據後漢書志第九祭祀下劉昭注、通典卷四七禮七删。

〔二一〕自此以下　「自」字原脱，據後漢書志第九祭祀下劉昭注、通典卷四七禮七補。

〔二二〕各欲褒崇至親而已　「已」字原脱，據馮本及後漢書志第九祭祀下劉昭注、通典卷四七禮七補。

〔二三〕莫能執夏侯之直　「能」原作「敢」，據後漢書志第九祭祀下劉昭注、通典卷四七禮七改。

〔二四〕穆宗恭宗敬宗威宗之號皆宜省去　「恭宗敬宗」四字原脱，據後漢書志第九祭祀下劉昭注、通典卷四七禮七及盧文弨群書拾補補。

〔二五〕廟之所祠　「廟」字原脱，據晉書卷一九禮九補。

〔二六〕又格於文祖　「文」字原脱，據晉書卷一九禮上、宋書卷一六禮志三及通典卷四七禮七補。

〔二七〕然祇奉神明　「神」字原脱，「明」下原衍「主」字，據晉書卷一九禮上、宋書卷一六禮志三補删。

〔二八〕六年　按晉書卷三武帝紀、唐會要卷一七廟災變、通典卷五一禮一一記載：太廟之壞在太康八年正月。

〔二九〕皆一廟七室　「一」字原脱，據馮本、晉書卷一九禮上、宋書卷一六禮志三補。

〔三〇〕宣陽門内　「内」原作「外」，據晉書卷一九禮上、宋書卷一六禮志三改。

〔三一〕高祖已上復有五世六世無服之祖　「有」字原脱，據晉書卷六八賀循傳補。

〔三二〕三祖毁主權居側室　「三祖」二字原脱，據晉書卷一九禮上、通典卷四七禮七補。

〔三三〕華恒　「華」字原脱，據宋書卷一六禮志三、通典卷四八禮八補。

〔三四〕廟室當以容主爲限　「容」原訛「客」，據元本、慎本、晉書卷一九禮上、宋書卷一六禮志三及通典卷四八禮八改。

〔三五〕於經既正　「經」原訛「繼」，據晉書卷一九禮上、宋書卷一六禮志三改。

〔三六〕太常馮懷表續奉還於西儲夾室　「續」下原衍「太廟」二字，據晉書卷一九禮上、宋書卷一六禮志三改。

〔三七〕而四祖居之　「祖」原訛「廟」，據晉書卷一九禮上、宋書卷一六禮志三改。

〔三八〕博士張憑議　「張憑議」三字原脱，據晉書卷一九禮上、宋書卷一六禮志三補。

卷九十三　宗廟考三

天子宗廟

宋武帝即尊位，祠七代爲七廟。永初初〔一〕，追尊皇考晉陵郡功曹翹，即武帝父。晉陵，本郡。爲孝穆皇帝〔二〕，皇妣趙氏爲穆皇后。三年，孝懿蕭皇后崩，又祔廟。高祖崩，神主升廟，猶從昭穆之序〔三〕，如魏、晉之制，虛太祖之位。

文帝元嘉初，追尊所生胡婕妤爲章皇太后，立廟於太廟西。其後，孝武昭太后、明帝宣太后並祔章太后廟。

齊高帝追尊父爲宣皇帝，右軍將軍承之。母爲昭皇后，七廟。蕭子顯曰：「晉用王肅之議，以文、景爲共代，上至征西，其實六也。尋此意非以兄弟爲後，當以立主之義，可容於七室。及楊元后崩，征西之廟不毁，則知不以元后爲代數。廟有七室，數盈八主。晉太常賀循立議：以後弟不繼兄，故代必限七，主無定數。宋臺初立五廟，以臧后爲代室，就禮而求，亦親廟四矣。若據伊尹之言，必及七代，則子昭孫穆，不列婦人。若依鄭玄之說，廟有親稱，妻者言齊，豈或濫享，且閟宮之德，用七非數，楊元之祀〔四〕，晉八無傷。今謂之七廟，而止唯六祀〔五〕，使受命之君，流光之典不足。若謂太祖未登〔六〕，則昭穆之數何繼？斯故禮官所宜詳也。」梁武帝受禪，遷神主於太廟，爲三昭三穆，凡六廟。追尊皇考爲文皇帝，丹陽尹順之。皇妣爲獻皇后〔七〕。廟號太祖。

皇祖以上皆不追尊。擬祖遷於上而太祖之廟不毀，與六親廟爲七〔八〕，皆同一堂，共庭而別室〔九〕。

陳依梁制，七廟如禮。初，文帝入嗣，而皇考始興昭烈王廟在始興國，謂之東廟。天嘉中，徙神主祔於梁之小廟，改曰國廟，祭用天子儀。

後魏之先，居於漠北，鑿石爲祖宗之廟於烏洛侯國西北。

明元帝永興四年，立太祖道武帝廟於白登山，歲一祭，具太牢，帝親奉，無常月。又於白登西太祖舊遊之處立昭成、獻明、太祖廟，常以九月、十月之交帝親祭，牲用馬、牛、羊。又親行貙劉之禮。

孝文太和三年六月〔一〇〕，親謁七廟。時群官議曰：「大魏舊事，多不親謁，今陛下孝誠發中，思親執祀，謹按舊章，集爲親拜之儀。」制可。

十五年四月，改營太廟。詔曰：「祖有功，宗有德，後者不得擅祖宗之名，居二祧之廟。今述遵先志，宜制祖宗之號。烈祖有創業之功，代祖有開拓之德，宜爲祖宗，百代不遷。而遠祖平文，功未多於昭成，然廟號爲太祖；道武建業之勳，高於平文，廟號爲烈祖，比功校似爲未允德〔一一〕。朕今奉尊道武爲太祖，與顯祖爲二祧〔一二〕，餘皆以次而遷。平文既遷，廟唯有六，如今七廟，一則無主。唯當朕躬此事，亦臣子所難言。朕以不德，忝承洪緒，若宗廟之靈，獲全首領以没於地，爲昭穆之次，心願畢矣。必不可先設，可垂文示後。」司空長樂王穆亮等奏言：「升平之會，事在於今。推功考德，實如明旨。但七廟之祀，備行日久，無宜闕一，虛有所待。臣等愚謂，依先尊祀，可垂文示後。理衷如此，不敢進言。」八月，詔郡國有時果可薦者，並送京師，以供廟享。其白登、崞山、鷄鳴山廟〔一三〕，唯遣有司行事。十一月，釋禫祭太和廟。帝衮冕，與祭者朝服。丁卯，遷廟之神主於太廟，百官陪從。奉神主於齋車，至新廟。有司升神主於太廟，諸侯王牧守〔一四〕，蕃附等各以其職來祭。十六年十月詔〔一五〕：「先王制禮，經綸萬代。白登廟者，有爲而興，昭穆不次。故太祖有三層之宇〔一六〕，已降無方丈之室。又常用季秋，躬駕虔祀。今授衣之月，享祭明堂；立冬之始，奉烝太廟。若復齋白登，便爲一月再駕。緬詳二理，謂宜省一。可廢東山之祀，成此二享之敬。可敕有司，但命內典神者，攝行祭事。獻明、道武各有廟稱，可具依舊式。」自太宗諸帝，昔無殿宇，因停之。

十九年，遷都洛邑。二月，詔曰：「太和廟已就，神儀靈主，宜時奉寧。可剋五月〔一七〕，奉遷於廟。其出金墉之儀，一准出代都太和之式。入新廟之典，可依近至金墉之軌。其威儀鹵簿，如出代廟。百官奉遷，宜可省之。但令朝官四品以上，侍官五品以上及宗室奉迎〔一八〕。

北齊文宣帝受禪，置六廟。獻武以下不毀，以上則遞毀，並同廟而別室。既而遷神主於太廟，文襄、文宣並太祖之子。文宣初疑其昭穆之次，欲別立廟，衆議不同，至二年秋，始祔太廟。五祭同梁制。」

後周閔帝受禪而告宗廟，追尊皇祖爲德皇帝，名肱，生泰。父文王爲文皇帝，廟號太祖。太師周國公，名泰。擬祖以上三廟遞遷，至太祖不毀，其下相承置二昭二穆爲五焉〔一九〕。明帝崩，廟號世宗〔二〇〕。武帝崩，廟號高祖。並爲祧廟不毀。

隋文帝受命，遣兼太保宇文善奉策詣同州，告皇考桓王廟，兼用女巫，同家人禮。追尊號爲武元皇帝，大司空名忠。皇妣爲元明皇后，迎神歸於京師。改立左宗廟。未言始祖，又無受命之祧。自高祖以下，置四親廟，同殿異室。一、皇高祖太原府君廟，二、皇曾祖康王廟，三、皇祖獻王廟，四、皇考太祖武元皇帝廟。擬祖遷於上，而太祖之廟不毁。

煬帝立七廟，太祖、高祖各一殿〔二二〕，准周文、武二祧與始祖爲三，餘並分室而祭。始祖及二祧之外從迭毁之法〔二三〕。時禮部侍郎許善心等議：「按周制自太祖以下，各别立廟，至於禘祫，皆食於太祖。是以前漢亦隨處而立。後漢光武新平寇亂，務從省約，乃總立一堂，而群主異室。自此以來，因循不變，請立七廟。」詔可。既營洛邑，後，有司奏請於東京建立宗廟。帝謂祕書監柳䛒曰：「今始祖及二祧已具，今後子孫處朕何所〔二三〕？」又下詔准議别立高祖之廟，屬有行役，復寢。

唐高祖武德元年，追尊高祖曰宣簡公，曾祖曰懿王，祖曰景皇帝，考曰元皇帝，立四廟於長安通義里，備法駕迎四世，祔於太廟。

太宗貞觀九年，高祖崩，增修太廟。中書侍郎岑文本議曰：「祖鄭玄者則陳四廟之制，述王肅者則引七廟之文，貴賤混而莫辨，是非紛而不定。春秋穀梁傳及禮記王制、祭法、禮器，孔子家語並云：『天子七廟，諸侯五廟，大夫三廟，士一廟。』尚書咸有一德曰：『七世之廟，可以觀德。』至於孫卿、孔安國、劉歆、班彪父子、孔晁〔二四〕、虞喜〔二五〕、干寶之徒，商較今古，咸以爲然。故其文曰：『天子三昭三穆，與太祖之廟而七。』是以晉、宋、齊、梁皆依斯義，立親廟六，豈非有國之茂典〔二六〕，不刊之休烈乎？然若使違群經之正説，從累代之疑議，背子雍之篤論，遵康成之舊學，則天子之禮，下逼於人臣，諸侯之制，上僭於王者，非所謂尊卑有序，名位不同者也。臣等參詳，請依晉、宋故事，立親廟六，其祖宗之制，式遵舊典。」制從之。於是增修太廟，始崇弘農府君及高祖神主，并舊四室爲六室。

太宗崩，遷弘農府君神主於夾室，太宗神主祔太廟。

初，有司請依典禮，上欲留神主於内寢，旦夕申如在之敬。有詔停祔廟。英國公李勣等請曰：「竊以祖功宗德，帝王之明典，武穆文昭，嚴配之洪訓，愛敬之至，率由茲道。禮有節文，事經列聖，苟違斯義，家國貽耻。況逾月之外，須申大祫，下管登歌，發揚雅頌，郊天配帝，光華勳烈，如停祔禮，諸美咸棄。伏願取法前王，垂訓翼子。」乃許焉。

高宗崩，神主祔太廟，又遷宣皇帝神主於夾室。

武太后垂拱四年，於東都立高祖、太宗、高宗三廟，四時享祀，如京廟之制。别立崇先廟以享武氏祖考。

武氏革命稱帝，改唐西京太廟爲享德廟，四時惟享高祖以下三室，餘四室閉其門，廢享祀之禮。又於東都改制太廟爲七室，祔武氏七代神主。又改西京崇先廟爲崇尊廟，其享祀如太廟之儀。

中宗神龍元年，改享德廟依舊爲京太廟，遷武氏七廟神主於西京崇恩廟〔二七〕。東都太廟以景皇帝爲太祖，廟崇六室。

時太常博士張齊賢建議曰：「始封之君，謂之太祖。太祖之廟，百代不遷。商之玄王，周之后稷是也。但商自玄王以後，十有四代，至湯而有天下。周自后稷以後，十有七代，至武王而有天下。其間代數既遠，遷廟親廟皆出太祖之後〔二八〕，故得合食有序，尊卑不差。其後漢高受命，無始封祖，即以高祖皇帝爲太祖。魏武創業，文帝受命，亦以武帝爲太祖。晉宣創業，武帝受命，亦以宣帝爲太祖。

宇文氏以文皇帝爲太祖〔二九〕。隋室以武元皇帝爲太祖。國家景皇帝始封唐公，實爲太祖。中間代數既近，列在三昭三穆之內，故皇家太廟，唯有六室。其弘農府君、宣、光二帝，尊於太祖，親盡則遷，不在昭穆合食之數。奉敕：七室以下，依舊號尊崇。續又奉敕：既立七廟，須尊崇始祖，速令詳定者。伏尋禮經，始祖即太祖，太祖之外，更無始祖。後周太祖之外〔三〇〕，以周文王爲始祖，不合禮經。或有引白虎通義云后稷爲始祖，文王爲太祖，武王爲太宗，及鄭玄注詩雍序〔三一〕，云太祖謂文王以爲說者。其義不然。何者？彼以禮王者祖有功而宗有德，周人祖文王而宗武王，故謂文王爲太祖耳〔三二〕，非祫祭群主合食之太祖。今議者或有欲立涼武昭王爲始祖者，殊爲不可。何者？昔在商、周，稷、卨始封，湯、武之興，祚由稷、卨，故以爲太祖，即皇家之景帝是也。涼武昭王勳業未廣，後主失守，國土不傳，景皇始封，實本明命。今乃捨封唐之盛烈，崇西涼之遠構，求之前古，實乖典禮。魏氏不以曹參爲太祖，晉氏不以殷王卬爲太祖，宋氏不以楚元王爲太祖，齊、梁不以蕭何爲太祖，陳、隋不以胡公、楊震爲太祖，則皇家安可以涼武昭王爲太祖乎？漢之東京，大議郊祀多以周郊后稷，漢當郊堯。唯杜林議獨以爲周室之興，祚由后稷，漢業特起，功不緣堯。祖宗故事，所宜因循。竟從林議。又傳稱欲知天上事問長人，以其近之。武德、貞觀之時，去涼武昭王蓋亦近於今矣。當時不立者，不可立故也。今既年代寖遠，方復立之，實恐景皇失職而震怒，武昭虛位而不答，非社稷之福也。請准敕加太廟爲七室，享宣皇帝以備七代，其始祖不合別有尊崇。」太常博士劉承慶議曰：「夫太祖以功建，昭穆以親崇，有功百代而不遷，親盡七葉而當毀。或以太祖代淺，廟數非備，更於昭穆之上，遠立合遷之君，曲從七廟之文，深乖迭毀之制。景皇帝濬德基唐，代數猶近，號雖崇於太祖，親尚列於昭穆〔三三〕，且臨六室之位，未申七代之尊。是知太廟當六，未合有七。故先朝唯有宣、光、景、元、神堯、文武六代親廟。太帝登遐，神主升祔於廟室，以宣皇帝代數當滿，准禮復遷。今止有光皇帝以下六代親廟，非是天子之廟數不當有七，本由太祖有遠近之異，故初建有多少之殊。宣皇既非始祖，又廟無祖宗之號，親盡既遷，其廟不合重立。恐違王制之文，不合先朝之旨。光崇六室，不虧古義。」

時有制令宰臣更加詳定，禮部尚書祝欽明等奏言：「張齊賢以始同太祖〔三四〕，不合更祖昭王；劉承慶以王制三昭三穆，不合重崇宣帝。臣等商量，請依張齊賢以景皇帝爲太祖，依劉承慶尊崇六室。」制從之。

睿宗即位，廢武氏崇恩廟。

玄宗開元五年，太廟四室壞，上素服避正殿。時上將幸東都，以問宋璟、蘇頲，對曰：「陛下三年之制未終，遽爾行幸，恐未契天心，災異爲戒，願益停車駕。」又問姚崇，對曰：「太廟屋材皆苻堅時物，歲久朽腐而壞，適與行期相會，何足異也。且王家以四海爲家，陛下以關中不稔幸東都，百官供擬已備，不可失信。但應遷神主於太極殿，更修太廟，如期自行耳。」上大喜，從之。右散騎常侍褚無量上言：「隋文帝富有天下，遷都之日豈取苻氏舊材以立太廟乎？此特諛臣之言耳，願陛下克謹天戒，納忠諫，遠諂諛。」上弗聽。

開元十年，制創立太廟九室：獻祖、懿祖、太祖、世祖、高祖、太宗、高宗〔三五〕、中宗、睿宗。

先時，以孝敬皇帝爲義宗，祔於廟，由是爲七室，而京太廟亦七室。中宗崩，中書令姚元之、吏部尚書宋璟以謂：「義宗追尊之帝，不宜列昭穆。而其葬在洛州，請立别廟於東都，而有司時享。其京廟神主，藏於夾室。」由是祔中宗，而光皇帝不遷，遂爲七室矣。睿宗崩，博士陳貞節、蘇獻等議曰：「古者，兄弟不相爲後，殷之盤庚不序於陽甲，漢之光武不嗣於孝成。而晉懷帝亦繼世祖，而不繼惠帝。蓋兄弟相代，昭穆位同。至其當遷，不可兼毁二廟。荀卿子曰『有天下者事七世』，謂從禰以上也。若傍容兄弟，上毁祖考，則天子有不得事七世者矣。孝和皇帝有中興之功而無後，宜如殷之陽甲，出爲别廟，祔睿宗以繼高宗。」於是立中宗廟於太廟之西。開元十一年〔三六〕，詔宣皇帝復祔於正室，謚爲獻祖，並謚光皇帝爲懿祖，又以中宗還祔太廟。於是太廟爲九室。

致堂胡氏曰：「范祖禹有言，書云『七世之廟，可以觀德』。則天子七廟，自古而然也。其祖宗有功德，而其廟不毁，則無世數，商之三宗，周之文、武是也。然則三昭三穆之外，猶足以祖有功而宗有德矣。明皇始爲九廟，何所取乎？夫先覺君子，皆以漢儒『祖有功宗有德』之論爲非，曰子孫於祖考無選擇而事之之義，是故天子七廟而已矣。有祧焉，不患其數盈也。有禘焉，不患其乏饗也。今既以九廟爲非，而有功德之廟不毁，則九亦安足以盡之？文、武固造周者，以功而論，則成、康身致太平，刑措不用，亦豈可毁邪？是故宗廟之禮，由子孫不忘而建，不忘者，仁也。或七廟，或五廟，或三廟者，禮也。其有功德無功德，非子孫所當祔祧而隆殺之也。名之曰幽、厲，非子孫所當回隱而遷改之也。一斷以先王之禮，無敢損益於其間，是則禮之盡也。七世之廟可以觀德者，吉凶善惡皆以是觀之云耳。」

代宗崩，禮儀使顏真卿議：「太祖、高祖、太宗皆不毁，而世祖元皇帝當遷。」於是遷元皇帝而祔代宗。

德宗建中元年三月，禮儀使上言：「東都太廟闕木主，請造以祔。」初，武后於東都立高祖、太宗、高宗三廟。至中宗以後，兩京太廟四時並饗。至德亂後〔三七〕，木主多亡闕未祔。於是議者紛然，而大旨有三：其一曰，必存其廟，遍立群主時享之；其二曰，建廟立主，存而不祭，若皇輿時巡，則就饗焉；其三曰，存其廟，瘞其主，駕或東幸，則飾齋車奉京師群廟之主以往。議皆不決而罷。貞元十五年四月，膳部郎中歸崇敬上疏曰：東都太廟，不合置木主。謹按典禮，虞主用桑，練主用栗，重作栗主，則埋桑主。所以神無二主，猶天無二日，土無二王。今東都太廟，是則天皇后所建，以置武氏木主。中宗去其主而存其廟，蓋將以備行幸遷都之所也〔三八〕。且殷人屢遷，前八後五，其後遷都一十三度，不可每都別立神主也。議者或云：東都神主，已曾虔奉而禮之，豈可一朝廢之乎？且虞祭則立桑主而虔祀〔三九〕，練祭則立栗主而埋桑主，豈桑主不曾虔祀而乃埋之？又所闕之主，不可更作，作之不時，非禮也。

天寶末，兩都傾陷，神主亡失。肅宗既克復，但建廟作主於上都，其東都太廟毁爲軍營，九室神主失亡。大曆間，始於人間得之，遂寓於太微宫，不復祔饗。自建中至於會昌，議者不一，或以爲東、西二京宜皆有廟，而舊主當瘞，虚其廟以俟，巡幸則載主而行。或謂宜藏神主於夾室。或曰周豐、洛有廟者，因遷都乃立廟爾。今東都不因遷而立廟，非也。又曰，古者載主以行者，惟新遷一室之主耳，未有載群廟之主者也。至武宗時，悉廢群議，詔有司擇日修東都廟。已而武宗崩，宣宗竟以太微神主祔東都廟焉。

德宗崩，禮儀使杜黄裳議：「高宗在三昭三穆外，當遷。」於是遷高宗而祔德宗，蓋以中、睿爲昭穆矣。

順宗崩，當遷中宗，而有司疑之，以爲則天革命，中宗中興之主也。博士王涇、史官蔣武皆以爲中宗得失在己，非漢光武、晉元帝之比，不得爲中興不遷之君。由是遷中宗而祔順宗。

文宗開成五年，禮儀使奏：「謹按天子七廟，祖功宗德，不在其中。國朝制度，太廟九室。伏以太祖景皇帝受封於唐〔四〇〕，高祖、太宗，創業受命，有功之主，百代不遷。今文宗皇帝升祔有時，代宗皇帝是親盡之祖，禮合祧遷，每至禘祫〔四一〕，合食如常。」敕旨敬依典禮。

自憲宗、穆宗、敬宗、文宗四世祔廟，睿、玄、肅、代以次遷。至武宗崩，德宗以次當遷，而於世次爲高祖。禮官始覺其非，以謂兄弟不相爲後，不得爲昭穆，乃議復祔代宗。而議者言：「已祧之主不得復入太廟。」禮官曰：「昔晉元、明之世已遷豫章、潁川，後皆復祔，此故事也。」議者又言：「廟室有定數，而無後之主，當置别廟。」禮官曰：「晉武帝時，景、文同廟，廟雖六代，其實七主。至元帝、明帝廟皆十室，故賀循曰：『廟以容主爲限，而無常數也。』」於是復祔代宗，而以敬宗、文宗、武宗同爲一代。初，玄宗之復祔獻祖也，詔曰：「使親而不盡，遠而不祧。」蓋其率意而言爾，非本於禮也。而後之爲説者，乃遷就其事，以謂三昭三穆與太祖，祖功宗德，三廟不遷爲九廟者，周制也。及敬、文、武三宗爲一代，故終唐之世，常爲九代十一室焉。

武宗會昌五年七月，中書門下奏：「孟州汜水縣武牢關是太宗擒王世充、竇建德之地，關城東峰有高祖、太宗像，在一堂之内。伏以山河如舊，城壘猶存，威靈皆畏於軒臺，風雲疑還於豐、沛，誠宜百代嚴奉，萬邦所瞻。西漢故事，祖宗所嘗行幸，皆令郡國立廟。今緣定覺寺例合毀拆，望取寺中大殿材木，於東峰改造一殿，四面兼置垣墻，伏望號爲昭武廟，以昭聖祖武功之盛。興功日，望令差東都分司郎官一人薦告。至畢功日，別差使展敬。」制可。（王者大勳，備於率土，宗社之典，敬而不私，郡國立廟，非古也。）

僖宗中和元年，黃巢犯闕，僖宗避狄於成都。夏四月，有司請享太祖已下十一室。詔公卿議之。太常卿牛蕘與儒者議其事。或曰：「王者巡狩，以遷廟主行。如無遷廟之主，則祝史奉幣帛皮珪告於祖禰〔四二〕，遂奉以出，載於齋車，每舍奠焉。今非巡狩，是失守宗廟〔四三〕，則當罷宗廟之事。」蕘疑之。將作監王儉〔四四〕、太子賓客李匡乂、虞部員外郎袁皓建議異同。及左丞崔厚爲太常卿〔四五〕，遂議立行廟。以玄宗幸蜀時道宮玄元殿之前，架幄幕爲十一室。又無神主，題神版位而行事。達禮者非之。明年，乃特造神主祔於行廟。

梁太祖開平元年初受禪，立四廟於京師。

後唐莊宗同光二年，太常禮院奏：「國家興建之初，已於北都置廟，今剋復天下，遷都洛陽，却復本朝宗廟。按禮無二廟之文，其北都宗廟請廢。」從之。

閔帝應順元年，中書門下奏：「太常以太行山陵畢祔廟。今太廟見享七室：高祖、太宗、懿宗、昭宗、獻祖、太祖、莊宗，太行升祔，禮合祧遷獻祖，請下尚書省集議〔四六〕。」從之。

時議者以懿祖賜姓於懿宗，以支庶繫太宗例，宜以懿祖爲始祖〔四七〕，次昭宗可也，不必祖神堯而宗太宗。若依漢光武，則宜於代州立獻祖而下親廟，其唐廟依舊禮行之可也。而議謚者忘咸通之懿宗，又稱懿祖，父子俱懿，於理可乎？將朱耶三世與唐室四廟連叙昭穆，非禮也。議祧者不知受氏於唐懿宗而祧之，今又及獻祖。以禮論之，始祧昭宗，次祧獻祖可也〔四八〕，而懿祖如唐景皇帝，豈可祧乎？

晉高祖天福二年，中書門下奏：「皇帝到京，未立宗廟，所司請立高祖以下四親廟。其始祖一廟，未敢輕議，令都省百官集議。」御史中丞張昭遠議曰〔四九〕：「臣讀十四代史書，見二千年故事，觀諸家宗廟都無始祖之稱，唯殷、周二代以稷、契爲太祖。禮記曰：『天子七廟，三昭、三穆，與太祖之廟而七。』鄭玄注云：『此周制也。七者，太祖后稷及文王、武王與四親廟。』又曰：『殷人六廟，契及成湯與二昭、二穆也。夏后氏立五廟，不立太祖，唯禹與二昭、二穆而已。』據王制鄭玄所釋，即殷、周以稷、契爲太祖，夏后氏無太祖，亦無追謚之廟。自殷、周已來，時更十代，皆於親廟之中，以有功者爲太祖，無追崇始祖之例。具引今古，即恐詞繁，事要證明，須陳梗概。漢以高祖父太上皇無社稷功，不立廟號，高帝自爲高祖。魏以曹公相漢，垂三十年，始封於魏，故爲太祖。晉以宣王輔魏有功，立爲高祖，以景帝始封於晉，故爲太祖。宋氏先世，官閥卑微，雖追崇帝號，劉裕自爲高祖。南齊高帝之父，位至右將軍，生無封爵，不得爲太祖，高帝自爲太祖。梁武帝父順之，佐佑齊室，封侯，位至領軍、丹陽尹，雖不受封於梁，亦爲太祖。陳武帝父文讚，生無名位，以武帝有功梁室，贈侍中，封義興公，及武帝即位，亦追爲太祖。周閔帝以父泰相西魏，經營王業，始封於周，故爲太祖。隋文帝父忠〔五〇〕，輔周室有大功，始封於隋，故爲太祖。唐高祖神堯祖父虎爲周八柱國，隋代追封唐公，故爲太祖。唐末梁室朱氏有帝位，亦立四廟，朱氏先世無名位，雖追册四廟，不立太祖，朱公自爲太祖。此則前代追册太祖不出親廟之成例也。王者祖有功而宗有德，漢、魏之制，非有功德不得立爲祖宗，殷、周受命，以稷、契有大功於唐、虞之際，故追尊爲太祖。自秦、漢之後，其禮不然，雖祖有功，仍須親廟。今亦粗言往例，以取證明。秦稱造父之後，不以造父爲始祖。漢稱唐堯、劉累之後，不以堯、累爲始祖。魏稱曹參之後，不以參爲始祖。晉稱趙將司馬卬之後，不以卬爲始祖。宋稱漢楚元王之後，不以元王爲始祖。齊、梁皆稱蕭何之後，不以蕭何爲始祖。陳稱太邱長陳實之後，不以實爲始祖。元魏稱李陵之後，不以陵爲始祖。後周稱神農之後，不以神農爲始祖。隋稱楊震之後，不以震爲始祖。唐稱皋陶、老子之後，不以皋陶、老子爲始祖。唯唐高宗則天武后臨朝，革唐稱周，便立七廟，仍追册周文王姬昌爲始祖，此蓋當時附麗之徒，不諳故實，武立姬廟，乖越已甚，曲臺之人，到今嗤誚。臣遠觀秦、漢，下至周、隋，禮樂衣冠，聲明文物，未有如唐室之盛。武德議廟之初，英才間出，如温、魏、顔、虞通今古，封、蕭、薛、杜達禮儀，制度憲章，必有師法。夫追先王、先母之儀，起於周代，據史記及禮經云：『武王纘太王、王季、文王之緒，一戎衣而有天下，尊爲天子，宗廟享之。周公成文、武之德，追王太王、王季，祀先公以天子之禮。』又曰：『郊祀后稷以配天。』據此言之，周武雖祀七世，追爲王號者，但四世而已。故自東漢以來，有國之初，多崇四廟，從周制也。况殷因夏禮，漢習秦儀，無勞博訪之文，宜約已成之制。請依隋、唐有國之初，創立四廟，推四世之中名位高者爲太祖。謹議以聞。」敕：「宜令尚書省集議聞奏。」乃倣唐朝舊例，追尊四廟。

天福十二年，時漢高祖已即位，尚仍天福之號。太常博士段顒奏：「請立高、曾、祖、禰四廟，更上追遠祖光武皇帝爲百代不遷之廟，居東向之位。」吏部尚書竇貞固等議〔五二〕：「古者，四親廟之外，祖功宗德不拘定數。今除四親廟外，更請追尊高皇帝、光武皇帝，共立六廟。」從之。

按：後唐、晉、漢皆出於夷狄者也，莊宗、明宗既捨其祖而祖唐之祖矣，及敬塘、知遠崛起而登帝位，俱欲以華胄自詭，故於四親之外，必求所謂始祖者而祖之。張昭之言，議正而詞偉矣。至漢初，則段顒、竇正固之徒，曲爲諂附，乃至上祖高、光，以爲六廟。然史所載出自沙陀部之說，固不可掩也，竟何益哉？

周太祖廣順元年，有司議立四親廟。從之。

宋太祖皇帝建隆元年，有司請立宗廟，詔下其議。兵部尚書張昭等奏：「謹按堯、舜、禹皆立五廟，蓋二昭、二穆與其始祖。商建六廟，蓋昭穆之外，祀契與湯。周立七廟，蓋親廟之外，祀太祖及文、武。漢初立廟，悉不如禮。魏、晉始復七廟之制，江左相承不改。然七廟之中，猶虛太祖之室，隋文但立高、曾、祖、禰四廟而已。唐因隋制，立四親廟。梁氏而下，不易其法。稽古之道，斯爲折衷。伏請追尊高、曾四代號謚，崇建廟室。」奏可。判太常寺竇儼奏議：皇高祖文安府君請上尊號曰文獻皇帝，廟號僖祖，陵號欽陵；皇曾祖中丞府君請上尊謚曰惠元皇帝，廟號順祖，陵號康陵；皇祖驍衛府君請上尊號曰簡恭皇帝，廟號翼祖，陵號定陵；皇考周龍捷左廂都指揮使、太尉府君請上尊謚曰昭武皇帝，廟號宣祖，陵曰安陵；皇高祖妣崔氏，請上尊謚曰文懿皇后；皇曾祖妣桑氏請上尊號曰惠明皇后；皇祖妣京兆郡太夫人劉氏，請上尊號曰簡穆皇后。詔從之。九月丙午，上御崇元殿，備禮册四親廟，奉安神主，行上謚之禮。

二年，祔明憲皇后杜氏神主於宣祖室。

太宗太平興國二年正月，有司言：「按唐制，長安太廟凡九廟，同殿異室。其制：二十一間皆四柱，東西夾室各一，前後面各三階，東西各三側階〔五三〕。國朝太廟四室，室三間。今太祖升祔，共成五室，請依長安之制，東西留夾室外，餘十間分爲五室，室二間。」從之。四月己卯，奉神主祔廟，以孝明皇后王氏配，仍置尊號册寶於室内。

真宗咸平元年三月，詔議太祖廟號。禮官請與太宗合祭，同位異坐，太祖位仍稱孝子。從之。

判太常禮院李宗訥等言：「伏見僖祖稱曾高祖，太祖稱伯；文懿、惠明、簡穆、昭憲皇后並稱祖妣，孝明、孝惠、孝章皇后並稱伯妣。按爾雅有考妣、王父母、曾祖王父母、高祖王父母及世父之别。以此觀之，唯父母得稱考妣。今請僖祖止稱廟號，順祖而下，即依爾雅之文。」事下尚書省集官議定，户部尚書張齊賢等上言：「王制曰『天子七廟』，謂三昭三穆並太祖之廟而七。前代或有兄弟繼及，亦移昭穆之列，是以漢書『爲人後者爲之子』，所以尊本祖而重正統也。又禮云：『天子絶期喪。』安得宗廟中有伯氏之稱乎？其唐朝及五代有稱者，蓋禮官之失，非正典也。請自今有事於太廟，則太祖並諸祖室，稱孝孫、孝曾孫嗣皇帝；太宗室，稱孝子嗣皇帝。其爾雅『考妣』、『王父』之文，本不謂宗廟言也。歷代既無所取，於今亦不可行。」詔禮官別加詳定。禮官言：「按春秋左氏傳文公二年：『躋魯僖公。』正義云：『禮，父子異昭穆，兄弟昭穆同。』此明閔、僖弟兄繼統，同爲一代。又魯隱、桓繼及，皆當穆位。江都集禮：『晉建武中，惠、懷二主兄弟同位異坐。』尚書盤庚有商及王，史記云陽甲至小乙兄弟四人相承，故不稱嗣子而曰及王，明不繼兄之統也。唐中宗、睿宗皆處昭位，敬宗[五三]、文宗、武宗昭穆同爲一世。伏請僖祖室止稱廟號，后曰祖妣；順祖室曰高祖，后曰高祖妣；翼祖室曰曾祖，后曰曾祖妣，祝文皆稱孝曾孫；宣祖室曰皇祖考[五四]，后曰皇祖妣，祝文稱孝孫。太祖室曰皇伯考妣，太宗室曰皇考妣。每大祭，太祖、太宗昭穆同位，祝文並稱孝子。其別廟稱謂，亦請依此。」詔都省復集兩制丞、郎參議以聞。既而都省上議：「伏以古者，祖有功，宗有德，皆先有其實而後正其名。今太祖受命開基，太宗纘承大寶，則百世不祧之廟矣。豈有祖宗之廟已分二世，昭穆之位翻同一代？如臣等前議引漢書云，禮爲人後者爲之子，以正父子之道，以定昭穆之義，則至公而無疑也；必若同爲一代，則是太宗不得自爲世數也。不得自爲世數，則何以得爲宗乎？不得爲宗，則何以得爲百世不祧之主乎？」又云：「春秋正義，禮『子父異昭穆，兄弟昭穆同』，亦不言昭穆不可異，此又不可爲證也。今若序爲六世，以一昭一穆言之，則上無毀廟之嫌，下有善繼之美，於禮爲大順，於時爲合宜，何嫌而謂不可乎？」翰林學士宋湜等又言：「三代而下，兄弟相繼則多，昭穆異位未之見也。況古之鴻儒賀循、溫嶠之徒，議其事者衆甚。今詳都省所議，皇帝於太祖廟室稱孝孫，臣竊疑焉，欲望重下有司審加詳定。」詔令禮官再討典故。禮官言：「按禮記祭統曰：『祭有昭穆者，所以别父子遠近長幼親疏之序而無亂也。』公羊傳公孫嬰齊爲兄歸父之後，春秋謂之仲嬰齊。何休云：『弟無後兄之義，爲亂昭穆之序，失父子之親，故不言仲孫，明不以子爲父孫。』晉賀循議兄弟不合繼位昭穆云：『商人六廟，親廟四並契、湯而六，比有兄弟四人相襲爲君者，便當上毁四廟乎？如此，四世之親盡，無復祖禰之神矣。』又商紀成湯爲君合十二代，而正代唯六。易乾鑿度曰：『商帝乙六世王也。』以此言之，明兄弟不爲正代也。温嶠議兄弟相繼、藏主夾室之事云〔五五〕：『若以一帝爲一世，則當不得祭於禰，乃不及庶人之祭也。』夫兄弟同世，於恩既順，於義無否。玄宗朝禘祫儀云，布昭穆之座於户外，皇伯考中宗，皇考睿宗，並坐於南厢北向，同列穆位。又唐郊祀録，德宗朝祝文以中宗爲高伯祖。續曲臺禮祫祭圖，中宗、睿宗俱列昭位。晉王導、荀崧等議『大宗無子，則立支子』，又曰『爲人後者爲之子』，無兄弟相爲之文。所以舍至親取遠屬者〔五六〕，蓋以兄弟一體，無父子之道故也。竊以七廟之制，百王是尊。至於祖有功，宗有德，則百世不遷之廟也；父爲昭，子爲穆，則萬世不刊之典也。今議者引漢書曰：『爲人後者爲之子。』殊不知弟不爲兄後，子不爲父孫，春秋之深旨也。父謂之昭，子謂之穆，禮記之明文也。又按太宗饗祀太祖二十有二年，稱曰『孝弟』，此不易之制，又安可追改乎？唐玄宗謂中宗爲皇伯考，德宗謂中宗爲高伯祖，則伯氏之稱復何不可？臣等參議：自今合祭日，太祖、太宗依典禮同位異坐，皇帝於太祖仍舊稱孝子〔五七〕。」奏可。

景德元年，詔有司詳定明德皇太后李氏升祔之禮。上議曰：「唐睿宗昭成、肅明二后，先天之始，惟以昭成配享；開元之末，又以肅明遷祔。恭惟懿德皇后久從升祔，雖先後有殊，在尊親一貫，請同祔太宗室，以先後次之。」詔尚書省集官詳議，咸如禮官之請，乃並祔太廟。

三年，龍圖閣待制陳彭年言：「按漢書高平侯魏洪坐酎宗廟騎至司馬門，削爵一級。此則騎不過廟司馬門之明文也。伏見太廟別有偏門及東門，祀官入齋宮，去殿庭尚遠，其後廟雖有一門，每遇禘祫，神主由之出入；兼又齋宮正與殿門相對，數步而已，祀官皆乘馬而入，實非恭恪。望自今中書門下行事許乘馬入太廟東門，自餘並不得乘入。庶彰寅奉，以廣孝思。」詔：「祀官遇雨許乘馬入東門，導從止門外，餘如所請。」

大中祥符元年六月，以將封禪，詔有司議加上太祖、太宗尊謚，後又詔太廟六室各奉上「尊謚」二字。中書門下請加僖祖謚曰文獻睿和皇帝，順祖曰惠元睿明皇帝，翼祖曰簡恭睿德皇帝，宣祖曰昭武睿聖皇帝，太祖曰啓運立極英武睿文神德聖功至明大孝皇帝，太宗曰至仁應道神功聖德文武睿烈大明廣孝皇帝。遣宰相王旦等奉上册寶。

三年十二月，詔曰：「朕以親祀后祇，昭告祖考，詳觀定儀，有所未安，入廟則步武正門，至庭則迴班東向，且躬申祇見，禮尚尊虔，當罄寅恭，庶申誠慤。自今謁廟，朕當由東偏門入，至殿庭不得令百官迴班。」

仁宗嘉祐時，集賢校理邵必言：「周禮小宗伯之職，『凡王之會同軍旅甸役之禱祠〔五八〕，肄儀爲位。』鄭氏注云『若今時肄司徒府』〔五九〕。今習宮廟儀而啓室登殿，拜則小挹，奠則虛爵，樂舉柷敔，舞備行綴，慢褻神靈，莫斯爲甚，夫習儀者，本以防失禮而瀆神也，奈何天子未行親祠，而有司先瀆之。宜習於尚書省以比漢司徒府。」下禮院兩制定而從之。

嘉祐八年六月〔六〇〕，時英宗已即位。仁宗將祔廟，修奉太廟使蔡襄上八室圖，廣廟室并夾室爲十八間。神主奉安齊殿，數月而成。舊廟室前楹狹隘，每禘祫，陳序昭穆，南北不相對；左右祭器填委，不中儀式。嘉祐親祫，增築土階，張幄帟，乃可行禮。宗正丞趙觀請廣檐陛如親祫時，凡二丈七尺。初，禮院請增廟室，孫抃等以爲：「七世之廟，據父子而言，兄弟則昭穆同，不得以世數之。商祖丁之子陽甲、盤庚、小辛、小乙皆有天下，廟有始祖、有太祖、有太宗、有中宗，若以一君爲一世，則小乙之祭不及其父。故晉之廟十一室而六世，唐之廟十一室而九世，中宗、睿宗之於高宗，恭宗、文宗、武宗之於穆宗，同居穆位。國朝太祖之室，太宗稱孝弟，真宗稱孝子，大行稱孝孫。而禘祫圖：太祖、太宗同居昭位，南向；真宗居穆位，北向。蓋先朝稽用古禮，著之祀典，大行神主祔廟，請增爲八室，以備天子事七世之禮。」龍圖閣直學士盧士宗、天章閣待制司馬光以爲：「太祖以上之主，雖屬尊於太祖，親盡則遷。故漢元之世，太上廟主瘞於寢園；魏明之世，處士廟主遷於園邑；晉武祔廟，遷征西府君；惠帝祔廟，遷豫章府君。自是以下，大抵過六世則遷。蓋太祖未正東向，故止祀三昭三穆；已正東向，則並昭穆爲七世〔六一〕。唐初祀四世，太宗增祀六世。及太宗祔廟，則遷弘農府君，高宗祔廟，又遷宣皇帝，皆祀六世，前世成法也。明皇立九室祀八世，事不經見。若以太祖、太宗爲一世，則大行祔廟，僖祖親盡當遷夾室，祀三昭三穆，於先王典禮及近世之制，無不符合。」復詔抃議曰：「自唐至周，廟制不同，而皆七世。王制三昭三穆與太祖。

自周以上，所謂太祖，非始受命之王，特始封之君而已。今僖祖雖非始封之君，要爲立廟之祖，方廟數未過七世之時，遂毁其廟，遷其主，考三代之禮，亦未嘗有如此者也。漢、魏及唐一時之議，恐未合先王制禮之意。」乃存僖祖之室以備七室。禮院定用。學士范鎮請置殿藏册寶，在太廟神門外。凡神御殿者，古之原廟。天聖初，禮儀院言：正月朝拜啓聖院，神御在諒闇請差輔臣酌獻。知制誥張師德奉安太祖、太宗御容於鴻慶宫。迎景靈宫真宗御容，奉安於西京應天院，曲赦西京。自是多以宰相若近臣爲禮儀使。入内都知押班、御藥管勾、儀衛先迎御容至文德或會慶、長春殿，宿齋奉辭；輔臣、宗室前導，既而酌獻。出則百官辭於近郊。景靈舊晉邸，真宗所生，修萬壽殿，名曰「奉真」。二年，奉安塑像，又建殿於上清太平宫，奉安御容。改玉清昭應宫集靈殿爲安聖殿，奉安玉石像。出御容奉安洪福院。四年，出御容奉安鴻慶宫。五年，天章閣迎御容奉安慈孝寺崇真殿，御飛白書額，太后塑像侍側，外無知者。明年手詔宣示，皆真宗神御也。八年，啓聖院太宗神御爲永隆殿；迎天章閣太祖御容奉安於太平興國寺開先殿。九年，永安縣建會聖宫奉安三聖。明道二年，慈孝寺莊獻神御爲彰德殿、景靈宫莊懿神御爲廣孝殿，奉安御容，恭謝禮成。迎龍圖閣太宗御容奉安壽寧堂景福殿，真宗御容奉安福聖殿。景祐二年，改長寧宫爲廣聖宫，前殿有道家天神之像，後起觀閣奉真宗神御。占宫城西北隅普安院元德、莊穆神御爲重徽殿。四年，萬壽觀修莊、惠真容殿，名曰「廣愛」；禮賓使白仲達、入内東頭供奉官蘇紹榮，奉安太祖御容於揚州建隆寺，即南征駐蹕之地。景德中，置殿繪御容而其制卑陋，會占者言東南有王氣，乃別構殿，易以塑像，爲章武殿。是歲，開先殿火。康定初，鴻慶宫神御殿又火。罷修神御，即舊基構齋殿，每醮則旋設三聖位，舊像瘞宫側。慶曆六年，重修開先殿，御飛白書榜，迎天章閣太祖御容奉安。七年，鴻慶宫復修三聖神御，曲赦南京。八年，自萬壽觀奉宣祖、太祖、太宗御容於睦親宅，真宗御容於天章閣。皇祐五年，會靈觀火，權奉三聖於景靈宫。滁州通判王靖請滁、并、澶三州建殿以奉神御，即芳林園。命工寫三聖御容，車駕詣萬壽觀辭。翼日，奉太祖於滁州天慶觀端命殿、太宗於并州資聖院統平殿、真宗於澶州開福院信武殿，各以輔臣爲迎奉使、副，具儀仗導至近郊，内臣管勾奉安，百官辭觀門外。帝謂輔臣曰：「并州言四月二十二日奉安太宗御容，仍以平晉記來上，蓋紀太平興國四年征討之事。是時，車駕亦以四月二十二日至太原城下，何其異也。」葺重徽隆福殿，奉安明德、元德、章穆皇后。至和元年，重修開先殿，奉神御於天章閣萬壽觀延聖殿，神御帳損，權徙别殿。二年，帳成，奉安真宗金像天章閣。迎太祖、孝明皇后御容奉安開先殿，數日又迎太宗、元德皇后御容奉安永隆殿。

諫官范鎮言：「并州素無火災，自建神御殿未幾而輒焚，天意若曰祖宗御容非郡國所宜奉安者。近聞下并州復加崇建，是徒事土木，重困民力，非所以答天意也。自并州平七十七年，故城父老不入新城，宜寬其賦輸，緩其徭役，以除其患，使河東之民不忘太宗之德，則陛下孝思，豈特建一神御殿比哉？」

歐陽修言神御非人臣私家之禮。下兩制、臺諫、禮官議，以爲「漢用春秋之義，罷郡國廟。今睦親、廣親宅所建神御，不合典禮，宜悉罷」。帝以廣親置已久，唯罷修睦親神御。

校勘記

〔一〕永初初　「初」字原脱，據宋書卷三武帝紀下、卷一六禮三、卷四一后妃傳及南史卷一一后妃上補。

〔二〕孝穆皇帝　「穆」字原脱，據宋書卷三武帝紀下、卷一六禮三、卷四一后妃傳及南史卷一一后妃上補。

〔三〕猶從昭穆之序　「從」字原脱，據宋書卷一六禮三補。

〔四〕楊元之祀　「楊」原訛「開」，據南齊書卷九禮上、通典卷四七禮七改。

〔五〕謂之七廟而止唯六祀　「止」，南齊書卷九禮上作「上」，義長。

〔六〕若謂太祖未登　「未」原訛「齊」，據南齊書卷九禮上改。

〔七〕皇妣爲獻皇后　「獻」原訛「德」，據梁書卷二武帝紀中、卷七張皇后傳改。

〔八〕與六親廟爲七　「六」字原脱，據隋書卷七禮儀二補。

〔九〕共庭而別室　「室」原作「堂」，據隋書卷七禮儀二改。

〔一〇〕孝文太和三年六月　「三年六月」，魏書卷一〇八之一禮志一作「六年十一月」。

〔一一〕比功校似爲未允德　「功」和「德」二字原脱，據魏書卷一〇八之一禮志一補。

〔一二〕朕今奉尊道武爲太祖與顯祖爲二祧　「尊」原訛「遵」，「與」字原脱，據魏書卷一〇八之一禮志一及通典卷四七禮七改、補。

〔一三〕其白登崞山鷄鳴山廟　「崞」字原脱，據魏書卷一〇八之一禮志一補。

〔一四〕諸侯王牧守　「侯王」，魏書卷一〇八之一禮志一、通典卷四七禮七作「王侯」。

〔一五〕十六年十月詔　「十六年」三字原脱，據魏書卷一〇八之一禮志一補。

〔一六〕故太祖有三層之宇　「故」字原脱，據魏書卷一〇八之一禮志一補。

〔一七〕可剋五月　「五月」，魏書卷一〇八之一禮志一作「三月三日己巳」。

〔一八〕侍官五品以上及宗室奉迎　「及」字原脱，據魏書卷一〇八之一禮志一補。

〔一九〕其下相承置二昭二穆焉五焉　「二昭」二字原脱，據隋書卷七禮儀二補。

〔二〇〕世宗　「世」原訛「代」，據周書卷四明帝紀、隋書卷七禮儀二改。

〔二一〕太祖高祖各一殿　「高祖」二字原脱，據隋書卷七禮儀二補。

〔二二〕始祖及二祧之外從迭毁之法　「祖」和「二」二字原脱，據隋書卷七禮儀二補。

〔二三〕令後子孫處朕何所　「朕」字原脱，據隋書卷七禮儀二補。

〔二四〕孔晁　「晁」原作「昆」，據愼本、馮本及唐會要卷一二廟制度、通典卷四七禮七改。

〔二五〕虞喜　「喜」原作「憙」，據晉書卷九一儒林傳、唐會要卷一二廟制度、通典卷四七禮七及册府卷五八五掌禮部改。

〔二六〕豈非有國之茂典　「非」字原脱，據舊唐書卷二五禮儀五、唐會要卷一二廟制度、文苑英華卷七六三宗廟補。

〔二七〕遷武氏七廟神主於西京崇恩廟　「神主」二字原脱，據元本、馮本、舊唐書卷二五禮儀五、新唐書卷四中宗紀、通典卷四七禮七補。

〔二八〕親廟皆出太祖之後　「廟」字原脱，據舊唐書卷二五禮儀五、唐會要卷一二廟制度、通典卷四七禮七及文苑英華卷七六三宗廟補。

〔二九〕宇文氏以文皇帝爲太祖　「氏」字原脱，據舊唐書卷二五禮儀五、唐會要卷一二廟制度補。

〔三〇〕後周太祖之外　「後周」，舊唐書卷二五禮儀五作「周朝」。
〔三一〕鄭玄注詩雍序　「雍」字原脱，據舊唐書卷二五禮儀五、唐會要卷一二廟制度及文苑英華卷七六三宗廟補。
〔三二〕故謂文王爲太祖耳　「故」原作「以」，據舊唐書卷二五禮儀五、唐會要卷一二廟制度改。
〔三三〕親尚列於昭穆　「列」原訛「烈」，據舊唐書卷二五禮儀五、唐會要卷一二廟制度改。
〔三四〕張齊賢以始同太祖　新舊唐書合鈔卷二九禮志在「始」下有「祖」字，疑是。
〔三五〕高宗　二字原脱，據通典卷四七禮七補。
〔三六〕開元十一年　「一」字原脱，據舊唐書卷八玄宗上、卷二五禮儀五及新唐書卷五玄宗紀補。
〔三七〕至德亂後　「德」下原衍「宗」字，據元本、慎本、馮本及舊唐書卷二六禮儀六删。
〔三八〕行幸還都之所也　「所」原作「制」，據舊唐書卷二六禮儀六改。
〔三九〕且虞祭則立桑主而虔祀　「且」字原脱，據舊唐書卷二六禮儀六補。
〔四〇〕太祖景皇帝受封於唐　「祖」原訛「廟」，據舊唐書卷二五禮儀五改。
〔四一〕每至禘祫　「禘」原訛「祔」，據舊唐書卷二五禮儀五改。
〔四二〕告於祖禰　「禰」原作「廟」，據舊唐書卷二五禮儀五及唐會要卷一六廟議下改。
〔四三〕是失守宗廟　按舊唐書卷二五禮儀五、唐會要卷一六廟議下在此句下還有「夫失守宗廟」五字，疑此處有脱文。
〔四四〕王儉　「儉」原訛「檢」，據舊唐書卷二五禮儀五、唐會要卷一六廟議下改。
〔四五〕左丞崔厚爲太常卿　「丞」原作「承」，據馮本及舊唐書卷二五禮儀五、唐會要卷一六廟議下改。
〔四六〕請下尚書省集議　「請」字原脱，據舊五代史卷一四二禮志上、五代會要卷二廟議補。

〔四七〕懿祖爲始祖　「祖」字原脱，據舊五代史卷一四二禮志上、五代會要卷二廟議及册府卷五九四掌禮部補。

〔四八〕次祧獻祖可也　「獻」原訛「懿」，據舊五代史卷一四二禮志上、五代會要卷二廟議改。

〔四九〕張昭遠議曰　「遠」字原脱，據舊五代史卷一四二禮志上、宋史卷二六三張昭遠傳補。

〔五〇〕隋文帝父忠　「父忠」二字原脱，據舊五代史卷一四二、册府卷五九四掌禮部補。

〔五一〕竇貞固等議　「貞」原作「正」，據舊五代史卷一四二禮志上、宋史卷二六二竇貞固傳及五代會要卷二廟議改。

〔五二〕東西各三側階　「三」，宋史卷一〇六禮九作「二」。

〔五三〕敬宗　「敬」原訛「恭」，據宋史卷一〇六禮九、宋會要禮一五之五二改。下同。

〔五四〕翼祖室曰曾祖后曰曾祖妣祝文皆稱孝曾孫宣祖室曰皇祖考　自「曾祖」至「宣祖室曰」共十八字原脱，據宋史卷一〇六禮九補。

〔五五〕藏主夾室之事云　「夾」字原脱，據宋史卷一〇六禮九、宋會要禮一五之二六補。

〔五六〕所以舍至親取遠屬者　「以」字原脱，據宋史卷一〇六禮九、宋會要禮一五之二七補。

〔五七〕皇帝於太祖仍舊稱孝子　「皇帝於」三字原脱，據宋史卷一〇六禮九、宋會要禮一五之二七補。

〔五八〕凡王之會同軍旅甸役之禱祠　「軍旅」和下「之」字原脱，據周禮注疏卷一九小宗伯補。

〔五九〕若今時肆司徒府　「肆」下原衍「儀」字，據周禮注疏卷一九小宗伯鄭氏注删。

〔六〇〕嘉祐八年六月　「八」原訛「七」，據宋會要禮一五之三四、長編卷一九八嘉祐八年六月戊寅條及玉海卷九七嘉祐八室圖改。

〔六一〕則並昭穆爲七世　「則」原訛「明」，據元本、慎本、馮本及宋史卷一〇六禮九改。

卷九十四　宗廟考四

天子宗廟

英宗治平初，景靈宮西園作仁宗神御殿，曰「孝嚴」，別殿曰「寧真」，齋殿曰「迎釐」。景靈西門曰「廣祐」。明年奉安，次日太后酌獻、大臣分獻天興諸殿，特支在京諸軍班錢。

初，真宗大中祥符五年，以聖祖臨降作景靈宮。至天聖元年二月，詔修宮之萬壽殿以奉真宗皇帝。殿成，榜曰「奉真」。明道二年，又建廣孝殿，十月二十九日，奉安章懿皇后神御，儀衛迎導祭告皆如天聖二年奉真殿禮。治平元年三月，又詔就宮之西園建殿，以奉仁宗皇帝。八月殿成，榜曰「孝嚴」。二年四月十七日，奉安御容，帝親行酌獻，命大臣分詣諸神御代行禮。翌日，皇太后酌獻，皇后、大長公主以下内外命婦陪位於庭。詔每歲下元朝謁如奉真殿儀。九月，詔名齋殿曰「迎釐」。十二月，名宮之西門曰「廣祐」〔一〕。凡七十年間，神御在宮者四，其他寓諸寺觀者十一所。元豐五年，神宗皇帝始就景靈宮作十一殿，在京宮觀寺院神御悉皆迎奉入内，盡合帝后而奉以時王之禮。元祐元年，作宣光殿。後改爲徽音殿。紹聖二年，作顯承殿。元符三年，作西宮，以顯承殿爲館御之首，易名曰「大明」。又作坤元殿、重光殿。政和四年，作柔儀殿，山殿曰「靈娭」〔二〕。於是兩宮合爲前殿九，後殿八，山殿十六，閣一，鐘樓一，碑樓四，經閣一，齋殿三，神厨二，道院一。東宮：正南門曰景靈宮門，門内有東西横門。其北曰天興殿門，門内曰天興殿，以奉聖祖九天司命天尊太帝玉石像，刻真宗皇帝聖容侍立，大中祥符五年作。及奉僖祖皇帝、順祖皇帝、翼祖皇帝版位。元豐五年祔。東、西廊門曰左右正元殿，後門曰「保寧」，以奉元天大聖后像，大中祥符五年作。及文懿皇后、惠明皇后、簡穆皇后、孝惠皇后、孝章皇后、淑德皇后、章懷皇后版位。元豐五年祔。閣上奉聖祖及六僊官。大中祥符五年作。自西横門西出，凡前後殿各三，曰天元殿，以奉宣祖皇帝，山殿曰來寧；其後曰太始殿，以奉昭憲皇后，山殿曰宴娭；次西曰皇武殿，以奉太祖皇帝，山殿曰靈游；其後曰儷極殿，以奉孝明皇后，山殿曰凝神；又西曰大定殿，以奉太宗皇帝，山殿曰天遊；其後曰輝德殿，以奉懿德皇后、明德皇后、元德皇后，山殿曰冷風。自東横門東出，凡前後殿各三，曰熙文殿，以奉真宗皇帝，山殿曰大虚；其後曰衍慶殿，以奉孝穆皇后、章獻明肅皇后、章懿皇后，山殿曰丹臺；次西曰美成殿，以奉仁宗皇帝，山殿曰晨霄；其後曰繼仁殿，以奉慈聖光獻皇后，山殿曰靈崑；又西曰治隆殿，以奉英宗皇帝，山殿曰昭清；其後曰徽音殿，以奉宣仁聖烈皇后，山殿曰寧真。齋殿，在天興殿之東，曰明福，西曰迎釐。神厨、道院皆在宮之西南。西宮：正南門曰燕昌門，其北曰大明殿門，門内曰大明殿，以奉神宗皇帝，山殿曰靈德。其後曰坤元殿，以奉欽聖憲肅皇后、欽成皇后、欽慈皇后，山殿曰顯光。其西曰世德門，其北曰重光殿門，門内曰重光殿以奉哲宗皇帝，山殿曰靈臺。其後曰柔儀殿，以奉昭懷皇后，山殿曰靈娭。齋宮，在宮之東偏正南曰昭德門，門内曰潔誠殿。神厨，正宮之東南。殿、閣、齋宮及廊廡，共爲屋二千三百二十區。凡累朝文臣執政官、武臣節度使以上，並圖形於兩廡。

元豐時，修定儀注所言：「先王之制，設廟於前，以象生之有朝；設寢於後，以象生之有寢。廟以藏木主，列昭穆之序；寢有衣冠几杖，象平生之居。先儒謂薦其血毛，腥其俎，爲薦上古之食；退而合享，體其犬豕牛羊，爲薦今世之食。儀禮曰『燕養饋羞，湯沐之饌如他日』者。鄭氏云『孝子不忍一日廢其事親之禮』故也。後世因之，故方其薦上古之食於廟，則時王之制有所不行；薦今世之饌於寢，則先王之禮有所不用。有唐追尊老氏，立太清宮於西都，凡將郊祀必先朝焉，歲四孟月，亦先薦焉。天寶詔曰：『我祖澹然常在，爲道之宗既殊，有盡之期須依事生之禮以祭。』用質明乃尚陰之義，故改以卯。初，冕服策祝非事生之謂，故停而不用。章聖皇帝席厚德之流光，推璿源之自出，乃崇琳館以事聖祖，雖採太清之儀，實兼原廟之制。聖聖纂承，益昭前烈。然而如在之容或寓於浮圖之祠，朝拜之日尚因於道家之禮。至於儀物，雜以古今，義或未稱，時亦有待。陛下純孝自天，至誠繼志，肆宏屋宇，哀合僊聖，規模恢廓，咸出睿畫，旬歲之間，其功大就。將期落成之始，聿嚴親饗之事。爰敕有司議其典式，伏按原廟雖出於近世，餘意乃祖乎先王。夫孝子之於親，事亡如事其生，思之欲見其人，齋三日必見其所爲齋者。不敢以生事之，故有廟焉，示不忘古，所以神之也。不敢以亡事之，故有寢焉，以象其平生，所以親之也。多方以求之，而其肸蠁如在左右，故曰唯孝子爲能饗親。陛下比詔禮官講明太廟之禮斷之以古，其非先王之法者去而弗用，則今日設原廟之禮宜酌今制，猶前日之詔意也。周官四時之祭，春曰祠，夏曰禴，秋曰嘗，冬曰烝，皆於首時，蓋君子感時物之變而思其親，得疏數之中者也。伏請以四孟月吉朝獻景靈宫，天子常服行事，薦聖祖殿以素饌，神御殿以膳羞，器服儀物悉從今制，登降薦獻參酌朝謁之儀，凡古之事一切不違，以合先王事亡如存之義。緣饗儀注，乞下本所詳定。」從之。

時祖宗帝后神御皆寓於宫觀寺院，在京師者十有五。神宗作景靈宫，而在京寺觀神御悉迎奉入内，所存者惟萬壽觀延聖、廣愛、寧華三殿焉。後又詔宗室宫院有祖宗御容，遣内侍奉迎藏於天章閣。自是臣庶之家，凡有御容悉取藏禁中。

治平四年，神宗已即位。英宗皇帝將祔廟，太常禮院請以神主祔於太廟第八室，僖祖皇帝、文懿皇后神主依唐故事祧藏於西夾室，自仁宗而上至順祖〔三〕，以次升遷，請下兩制以上參議。翰林學士承旨張方平等議：「同堂八室，廟制已定，僖祖當祧，合於典禮。」九月奉安八室帝后神主，奏告太廟，祧藏僖祖皇帝、文懿皇后神主於西夾室，祔英宗於太廟，罷僖祖諱及文懿皇后忌日。

熙寧五年，中書門下言：「本朝自僖祖以上世次不可得而知，則僖祖有廟，與商周契稷疑無以異〔四〕。今毁其廟而藏主於夾室，替祖考之尊而下祔於子孫〔五〕，殆非所以順祖宗孝心、事亡如存之義。請以所奏付之兩制詳議，而擇取其當者。」時王安石爲相，不主祧遷之議，故復有此請。乃復奉僖祖於太廟，遷順祖神主藏於夾室。

翰林學士元絳、知制誥王益柔陳繹曾布、直舍人院許將張琥上議曰：「自古受命之王，既以功德饗有天下，皆推其本統以尊事其祖。故商周以契稷爲始祖者，皆以承其本統，而非以有功與封國爲重輕也。諸儒以契、稷有功於唐、虞之際，故謂之祖有功，若必以有功而爲祖，則夏后氏不郊鯀矣。今太祖受命之初，立親廟，自僖祖以上世次既不可得而知，則僖祖之爲始祖無疑矣。倘謂僖祖不當比契、稷爲始祖，是使天下之人不復知尊祖，而子孫得以有功加其祖考也。傳曰：『毁廟之主，陳於太祖；未毁廟之主，皆升合食於太祖。』今遷僖祖之主而藏於太祖之室，則是僖祖、順祖、翼祖、宣祖祫祭之日，皆降而合食也。情文不順，無甚於此。請以僖祖之廟爲太祖，則合於先王之禮意。」翰林學士韓維議曰：「昔先王既有天下，迹其基業之所由起，奉以爲太祖，所以推功美重本始也。故子夏序詩，稱文、武之功起於后稷。後世有天下者，皆特起無所因〔六〕，故遂爲一代太祖。太祖皇帝孝友仁聖，睿知神武，兵不血刃，坐清大亂，子孫遵業，萬世蒙澤，功德卓然，爲宋太祖無可議者。僖祖雖於太祖爲高祖，然仰迹功業，未見其有所因，上尋世系，又不知其所以始，若以所事契、稷奉之，竊恐於古無考，而於今亦有所未安。今之廟室與古殊制，古者每廟異宮，今祖宗同處一堂，而西夾室在順祖之右，考之尊卑之次，似亦無嫌。」

天章閣待制孫固請：「特爲僖祖立室，由太祖而上親盡迭毁之主皆藏之。當禘祫之時，以僖祖權居東向之位，太祖順昭穆之列而從之，取毁廟之主而合食，則僖祖之尊自有所申。以僖祖立廟爲非，則周人别廟姜嫄不可謂非禮。」祕閣校理王介請：「依周官守祧之制，創祧廟以奉僖祖，庶不下祔子孫夾室〔七〕，以替遠祖之尊。」

議既上，帝頗以韓維之説爲是，而王安石以維言夾室在右爲尊，與固言禘祫僖祖居東向之説爲非理，帝亦然。又問前代郊配與宗祀明堂之禮，安石以尊僖祖爲始祖，則郊祀當以配天，若宗祀明堂，則太祖、太宗當迭配帝；又疑明堂以英宗配天，與僖祖爲非始祖之説〔八〕。遂下禮官詳定。

同判太常寺兼禮儀事張師顔、同知禮院張裕梁燾等議曰〔九〕：「昔者商、周之興，本於契、稷，故奉之爲太祖。後世受命之君，功業特起，不因前代，則親廟迭毁，身自爲祖。鄭康成云『夏五廟無太祖，自禹與二昭二穆而已』，唐張薦云『夏后以禹始封，遂爲不遷之祖』，是也。若始封世近，上有親廟，則擬祖上遷，而太祖不毁。魏祖武帝則處士迭毁〔一〇〕，唐祖景帝則洪農迭毁，此前世祖其始封之君，以法契、稷之明例也。唐韓愈有言：『事異商、周，禮從而變。』晉瑯琊王德文曰：『七廟之義，自由德厚流光，饗祀及遠，非是爲太祖申尊祖之祀。』其説是也。禮，天子七廟，而太祖之遠近不可以必，故但云三昭三穆與太祖之廟而七，未嘗言親廟之首必爲始祖也。國家治平四年〔一一〕，以僖祖親盡而祧之，奉景祐之詔，以太祖皇帝爲帝者之祖，是合於禮矣。國初，張昭、任澈之徒不能遠推隆極之制，因緣近比請建四廟，遂使天子之禮下同諸侯。若使廟數備六，則更當上推兩世，而僖祖次在第三，亦未可謂之始祖也。謹按建隆四年親郊，崇配不及僖祖。開國以來，大祭虚其東向，斯乃祖宗已行之意也。請略倣周官守祧之制，築别廟以藏僖祖神主，大祭之歲，祀於其室。太祖則一依舊制〔一二〕，虚東向之位。郊配之禮，則仍其舊。」

同知太常禮院蘇棁請：「即景靈聖祖之宫祔安僖祖，即與唐祔獻、懿二祖於興聖、德明廟〔一三〕，禮意無異。」同判太常寺兼禮儀事周孟陽〔一四〕、同知太常禮院宋充國〔一五〕、禮院檢詳文字楊傑議：「玉牒帝系自僖祖而上，世次莫知，則僖祖爲始祖無疑，宜以僖祖配感生帝。其舊制以祖宗配侑並無更易〔一六〕，人情禮意莫不爲順。」同判太常寺兼禮儀事章衡請：「尊僖祖爲始祖，而次祧順祖，以合子爲父屈之義。推僖祖侑感生之祀，而罷宣祖配位，以合祖以孫尊之義，餘且如舊制。」帝以群議紛紜，不能決。而馮京欲以太祖正東向之位，安石力主元絳等初議，遂從之。帝問：「配天孰從？」安石曰：「宣祖見配感生帝，欲改以僖祖配。」帝然之。於是請奉僖祖神主爲太廟始祖，遷順祖神主藏之夾室，孟春祀感生帝，以僖祖配。詔下太常禮院詳定儀注。安石本議欲以僖祖配天，帝不許，故更以配感生帝。

元豐元年，詳定郊廟禮文所言：「古者父子異宮，祖禰異廟，今之廟制，與古不侔。」遂圖上八廟異宮之制，以始祖居中，分昭穆爲左右。自北而南，僖祖爲始祖；翼祖、太祖、太宗、仁宗爲穆，在右；宣祖、真宗、英宗爲昭〔一七〕，在左。皆南面北上。詔詳定本朝可行典禮，陸佃、張璪所議昭穆之位各不同。佃、璪詳議見朱子論古今廟制條下。詔俟廟制成日取旨。

晦庵嘗言太祖昭穆廟制一事，千五六百年無人整理，且以爲神宗嘗討論舊典，將復古制，而惜其未及營建。愚以爲後王之失禮者，豈獨廟制一事？而廟制之説，自漢以來，諸儒講究非不詳明，而卒不能復古制者，蓋有由矣。如天子七廟，三昭三穆並太祖之廟而七。太祖百世不遷一昭、一穆，爲宗亦如之，餘則親盡迭毁。其制：則外爲都宫，内各有寢廟，别有門垣。太祖在北，東向。左昭、右穆以次而南。夫人而能知之也。然此乃殷、周之制，殷以契爲太祖，而成、湯及三宗則爲有功德不毁之廟。周以稷爲太祖，而文、武則爲有功德不毁之廟。其餘則親盡而毁。夫契、稷皆有大功於生民，以此受封，傳世至於湯武，受命興王，推其所自，本於稷、契，故奉之以爲太祖，舉無異詞。若後之有天下者，則皆功業特起，不因前代，然既即帝位，必以天子之禮事其祖考。如漢之太公，晉之征西、豫章，唐之宣懿、景元，宋之僖、順、翼、宣，皆帝者之祖宗，享七廟之嚴奉可也。若推以爲太祖而比之稷、契，則固不侔矣。是以韋玄成、劉歆諸人講論廟制備矣，而終不能復殷、周之制者，蓋太祖之位未定故也。古之祫祭，蓋奉太祖與毁廟、未毁廟之主而合祀之。其制則太祖東向，左昭、右穆以次爲位而祭之。然唐世以景帝爲太祖，唐公李丙高祖父。當中、睿間，則景帝世近，在三昭三穆之内，故禘祫則虚東向之位，而太祖列於昭穆。至代宗以後，景帝方居第一室，禘祫得以正位。然獻、懿二祖景帝之祖父。親盡已毁，而禘祫則合祭。故當時建議者請景帝禘祫之時暫居昭穆，屈己以奉祖宗，而以獻祖東向。然則唐世之祫祭，如太祖東嚮之位，其始也虚之，其末也則景、獻二帝迭處之矣。然祭祀乃一時之禮，虚其位可也。迭處其位亦可也。宗廟有百世之規，既立太祖之廟，不可復虚，既入太祖之廟，不可復遷。姑以熙寧之事言之，當時以僖祖爲太祖，而自翼祖以下至英宗爲三昭三穆是矣。然僖祖本無功德，非宋所以興，而肇造區夏光啟後裔者，藝祖、太宗也。今僖祖爲百世不遷之太祖，而藝祖、太宗則親盡而毁之，可乎？藉曰以二祖同文、武世室亦百世不毁，然周之文、武，其功德未嘗居后稷之右，今以僖祖爲太祖，而藝祖、太宗僅同世室，終不足以厭人心。蓋宋太祖之廟非藝祖不足以當之，而神宗之世纔及五代，以藝祖爲太祖則七廟未可立也。漢以來崛起而有天下者，必合以天子之禮事其祖考，於是尊爲始祖，或推以配天，固不容論其功業之有無也。逮其傳世既久，子孫相承，則自當以建邦啟土創業垂統者爲太祖，而創業者所祖之祖，固未可以言百世不遷矣。蓋後世太祖之位，隨世而遷，太祖之議，世各異論，不能如殷契、周稷之定於有天下之初，而後世子孫竟無以易也。然則歷代所以不能復殷、周七廟之制者，非不知古禮也，正以追尊之祖無一人可以擬稷、契者，是以太祖之議難決，而太祖之位未定故耳。

三年，詳定禮文所言：「古者宗廟爲石室以藏主，謂之宗祏。夫婦一體，同几共牢。一室之中，有左主、右主之別，正廟之主，各藏廟室西壁之中；遷廟之主，藏於太祖太室北壁之中，其埳去地六尺一寸。今太廟藏主之室，帝后異處，遷主仍藏西夾室，求之於禮，有所未合。請新廟既成，並遵古制。」從之。

六年，詔太祖孝惠皇后、孝章皇后，太宗淑德皇后，真宗章懷皇后，自別廟升祔太廟。詳見后妃廟門。

哲宗元祐元年，禮部太常寺言：「有天下者事七世，嘉祐詔書定七世八室之制。今神宗皇帝崇祔有日，僖祖皇帝爲始祖，萬世不遷，翼祖皇帝在七世之外，於世次當祧。先皇帝神主祔於太廟第八室。翼祖皇帝、簡穆皇后劉氏神主，依唐故事祧藏於西夾室，置西壁石室中，列於順祖皇帝、惠明皇后之次。自英宗皇帝上至宣祖皇帝以次升遷，其祧藏之主，每遇祫享，即如典禮。」從之。

紹聖元年，祔宣仁聖烈皇后神主於太廟。

元符三年五月，時徽宗已即位。禮部太常寺言：「晉成帝時，宗廟十室，至康帝以成帝之弟承統，不遷京兆府君，始增一室爲十一室，合於温嶠等諸儒全七世之議。考之歷代，於禮爲宜。今哲宗升祔，宜如晉成帝故事，於太廟殿增一室，候廟成日，神主祔第九室。」詔下侍從、祕書省長貳參議，乃權祔於太廟夾室。

權知開封府吴居厚等議曰：「以兄弟爲世，則親親之恩未盡，而廟食已毀，宜如禮部太常寺所請太廟增一室。」翰林學士承旨蔡京議曰：「哲宗嗣神宗皇帝大統，父子相承，自當爲世。今若不祧遠祖，不以哲宗爲世，則三昭四穆與太祖之廟而八。宜深考載籍，遷祔如禮。」吏部侍郎陸佃、黄裳，刑部侍郎郭知章，中書舍人曾肇，樞密都承旨范純禮議曰：「國朝自僖祖而下始備七世，故英宗祔廟則遷順祖，神宗祔廟則遷翼祖，今哲宗皇帝於神宗父子也，如禮官所議，更增一室，則廟中當有八世。况唐文宗即位則遷肅宗，以敬宗爲一世，故事不遠。將來哲宗皇帝祔廟，當以神宗爲昭，上遷宣祖，以合古三昭三穆之義。」詔如禮官所議。先是，李清臣爲禮部尚書，首建增室之議，侍郎趙挺之等和之。會清臣爲門下侍郎，論者多從其議，惟曾肇等議異，而蔡京別議與肇同。二議既上，清臣辯説甚力，帝訖從之。

六月，禮部請用太廟東夾室一間奉安哲宗神主〔一八〕，詔依所請。太常寺言：「若就東夾室奉安，不唯廟室不正，兼狹隘不可容奉神之物，請依八室制度，增建一室，依舊存立夾室。」詔依初旨，權行奉安。太常少卿孫傑又言：「今先帝神主，措之夾室，即是不得祔於正廟，與前詔增建一室之義不同。昨用嘉祐故事，專置使修奉，而修奉之使乃請以夾室奉安神主，亦與元置使之意相違。請如太常前議，增建一室。」尚書省言：「先皇帝祔享太廟，增室在東，與祖宗並列。今廟室未備，行禮有期，若告遷神主更修廟室，則期日迫趣，功力不及。故須權宜及時升祔，隨即增修豈爲簡薄，比之前代修廟室不及權宜設幄行事者，不爲不至。」詔速依初旨奉行。

八月癸亥，帝自集英殿導哲宗神主至宣德門外奉祠，有司奉神主，翰林學士承旨蔡京題謚號，行祔享之祭，權祔於太廟夾室。

詔特置景靈西宮，奉安神宗皇帝於顯承殿，爲館寓之首，昭示萬世尊異之意。建哲宗皇帝神御殿於西，以東偏爲齋殿。

右正言陳瓘言：「近修建景靈西宮，拆移元豐庫、大理寺、軍器監、鸞儀司等處，以其地奉安神考、哲宗神御。然可得而議者有五事焉。夫國之神位，左宗廟，右社稷，今廟據社位，不合經旨，此其可議一也。刑獄之地，必有殺氣，今乃擇此以建宮廟，此其可議者二也。西宮之地，雖云只移官舍不動民居，而一寺、一庫、一監、一司移於他處，遷此就彼，亦有居民，此其可議者三也。昔者奉安祖宗帝后神御，散於寺觀之内，神考合集諸殿會於一宮，今乃析而爲二，歲時酌獻，鑾輿分詣，禮既繁矣，事神則難，此其可議者四也。顯承殿奉安以來，一祖五宗神靈協會既久，何用遷徙，宗廟重事，豈宜輕動，此其可議者五也。望別行詳議。」

瓘又言：「陛下所以不敢輕改前議者，謂神考素有修西宮之意，蔡京親聞先訓，而實録備載其語，故不可以不恭依也。以臣觀之，此乃蔡京矯誣神考之訓，無足信者。元豐中，神考於治隆殿後留基以待宣仁，後因御史有請，宣仁以其地爲神考廟宫。而紹聖大臣反謂宣仁輕蔑神考，裁損廟制，於是重建顯承殿以爲奉安之地。當哲宗之時，蔡京最用事，凡可以毁宣仁者，無所不至，豈有親聞神考之言可以證元祐之失，而乃隱忍不聞於哲宗者乎？臣是以知其爲矯誣也。」不從。

詔仁宗、神考廟永祀不祧。

詔曰：「蓋聞有天下者事七世，則迭毁之制有常，祖有功而宗有德，則不遷之廟非一。伏以藝祖應天順人，肇造區夏；太宗受命繼代，底定寰宇；真宗以聖繼聖，撫全盛之運，故仁祖並尊爲百世不祧之廟。恭惟仁宗皇帝躬天地之度，以仁爲治，在位四十二年，利澤施於四海，蚤定大策，授英宗以神器，功隆德厚，孰可擬議！英宗皇帝享祚日淺，未究施設。神宗皇帝以聖神不世出之資，慨然大有爲於天下，政令法度莫不革而新之，功業盛大，謙抑不居，而廟祏之制，未議尊崇。宜令禮官稽參故事，考定仁祖、神考廟制，詳議以聞。」

十一月，權太常少卿盛次仲等言：「仁宗、神考請如聖詔，尊崇廟祏，永祀不祧，與天無極。」於是三省表請付外施行，有詔恭依。

崇寧二年，詔祧宣祖，以哲宗神主祔太廟第八室。

詔曰：「欽惟哲宗實繼神考，傳序正統，十有六年。升祔之初，朕方恭默，乃增一室於七世之外，遂成四穆於三昭之間。考禮與書，曾靡有合。比閲近疏，特詔從臣並與禮官，博盡衆見，列奏來上，援據甚明。謂本朝自僖祖至仁宗始備七世，當英宗祔廟上祧順祖，暨神考祔廟又祧翼祖，則哲宗祔廟父子相承自當爲世。祧遷之序，典禮可稽，覽之惕然，敢不敬聽。其合行事件，令禮部、太常寺詳議聞奏。」

十二月，禮部太常寺言：「祧遷之序，當祧宣祖昭武睿聖皇帝、昭憲皇后杜氏神主藏於西夾室，居翼祖簡恭睿德皇帝、簡穆皇后劉氏石室之次。當遷之主，每遇祫享，即依典禮。其祧遷祭告，興工擇日，學士院撰祝文，望依故事。」詔恭依。

三年，詔增太廟爲十室，復翼祖、宣祖廟。

詔曰：「朕惟有天下者事七世，古之道也。乃者，有司以哲宗皇帝嗣承神考，父子相繼自當爲世，故上祧宣祖於夾室，據經合禮，已依所奏。去古既遠，禮文殘闕，諸儒之説不同。鄭氏謂：『太祖及文、武不祧之廟與親廟四並而爲七』，是不祧之宗，在七廟之内。王氏謂：『非太祖而不毁，不爲常數』，是不祧之宗，在七廟之外。惟我祖考功隆德大，萬世不祧者，今已五宗，則七廟當祧者二宗而已。遷毁之禮，近及祖考，殆非先王尊祖奉先之意。禮以義起，稱情爲本，可令有司集議典禮以聞。」禮官言：「先王之禮〔一九〕，廟止於七，後王以義起禮，乃有增至九廟者。詳酌典故，當自朝廷。」禮部尚書徐鐸又言：「唐之獻祖、中宗、代宗與本朝僖祖皆嘗祧而復。今存宣祖於當祧之際〔二〇〕，復翼祖於已祧之後，以備九廟，禮無不稱。」

九月，詔曰：「有天下者事七世，古之道也。惟我治朝，祖功宗德，聖賢之君六七作，休烈之盛軼於古，先尊爲不祧者至於五宗，遷毁之禮近及祖考。永惟景祐欽崇之詔，已行而不敢踰；暨我元符尊奉之文，既隆而不可殺，雖欲如古莫可得也。博考諸儒之説，詳求列辟之宜，顧守經無以見其全，而適時當必通其變，爰稽衆議，肇作尋倫。惟恩以稱情而爲宜，則禮以義起而無愧，是用酌鄭氏四親之論，取王肅九廟之規，參合二家之言著爲一代之典，自我作古，垂之將來，庶安宗廟之靈，以永邦家之福。其合行典禮，令禮部、太常寺詳議聞奏。」

十月，詔曰：「仰惟翼祖在天，毓璿源而濬發；安陵有衍，粲皇武於始基。然循七世八室之規，則數踰於古；遵四廟五宗之法，則禮未應遷。是用仰奉二祧之靈，復還列聖之次，雖豐不昵，雖遠當隆，豈惟稽三代之徽猷，蓋亦用本朝之故事。其已祧翼祖、當祧宣祖廟並復。」

四年三月，詔以復翼祖、宣祖廟，增太廟殿爲十室。尋以吏部侍郎王寧爲修奉使。六月，九廟奉禮畢，宰臣蔡京率百官拜表稱賀。

五年，三省言：「西京會聖宮諸陵，旦望節日薦獻如景靈宮令式。會聖宮制度朴素，宜加修飾，凡陳設器皿之類，並三年一易，違者以違制論。」從之。

高宗建炎二年十月，上幸揚州奉太廟神主於壽寧寺。景靈宮神御，奉安於温州。

建炎以來朝野雜記：郡國廟，國朝惟祖宗所嘗幸則有之。建炎初，虜圍西京急，留守孫昭遠遣其將王仔奉啓運宮神御間道走揚州，後遷於福州；而永安軍會聖宮、揚州章武殿之御容，則遷於温州天慶觀。紹興十三年，復奉温州神御還臨安，奉安於萬壽觀之後殿，惟啓運留福州，以守臣提舉。成都府新繁縣御容殿者，始在重光寺藥師院〔二〕。雍熙間，僧道輝畫太祖皇帝御容於佛屋之後壁。

熙寧六年，趙清獻爲成都守，請建殿奉安，神宗不許，但令設板屋欄楣，以扃護之。元豐七年，走馬承受趙選者更具奏，得旨修建殿宇，創置門鑰，宦官監守，朝謁以時。紹興元年，終南山上清太平宫道士呰全真等復持太宗、真宗御容，自岐下抵宣撫使張忠獻，忠獻即遣使奉安於太祖之側。四年，宣撫副使吴武安玠更自武興送仁宗、英宗、神宗御容至殿奉安。二十七年，楊文安椿爲兵部侍郎，言於朝有旨别加營繕，始更爲殿門外向〔三〕，二十九年乃成。時，王時亨知府事，請賜宫額及殿名。不報。淳熙中，胡長文入蜀，始議即府之聖壽寺創殿以奉御容，殿宇甚華，供奉之物亦寖備，乃復乞宫額於朝。先是長文創雄邊軍數千人，列營府治之側。又言石室學宫聚川峽之士，而每遇科舉皆歸試其鄉，乞爲之别立解額。事未行，議者因謂今蜀已有太學及殿前司，獨欠景靈宫爾，繇是格不下。今春秋以府通判朝謁，用素饌，道士讀祝文猶如終南之禮云。

三年，上幸杭州，太廟神主并奉安於温州，祭享皆差官攝事。

紹興五年，司封郎中林待聘言：「原廟在郡有漢故事，而太廟神主禮宜在都。今新邑未奠，宜考古師載主之義，遷之行闕，以彰聖孝。」於是就臨安府建太廟，上行款謁之禮。

十三年，有司請擇爽塏之地，倣景靈宫舊規隨宜建置，俟告成有日，迎還列聖睟容奉安新廟，庶幾四孟躬行獻禮。乃詔度地築宫爲三殿，聖祖居前，宣祖至徽宗居中，元天太聖后及昭、憲而下二十一后居後。七月，新宫成，上親詣行禮。十月，遣官自温州奉迎神御至，上乃詣天章閣西殿告還徽宗及顯恭、顯肅二后神御并奉安焉。

掌宫内侍七人，道士十人，吏卒二百七十六人。上元結燈樓〔二三〕，寒食設鞦韆，七夕設摩睺羅簾幙，歲時一易。歲用酌獻二百四十羊〔二四〕。凡帝后忌辰，通用僧道四七人作法事。十八年，增建道院。後又以韓世忠賜第增築天興殿五楹、中殿七楹、後殿十有七楹，齋殿、進食殿皆備。遇孟享，皇帝齋於内殿，行事官齋於本司。其日質明，皇帝先詣聖祖位前，三上香、進茶、三進酒；次詣宣祖位前，又次詣太祖、太宗至於徽宗位前，並如上儀。次日，皇帝詣元天大聖后，次詣昭憲皇后至顯肅皇后位前，行禮並如前殿、後殿之儀。

自渡江後，行在靡有定所，神御奉安他州，朝獻則遣官分詣。至紹興十二年，和議成，駐蹕臨安，始備太廟原廟之制。

建炎以來朝野雜記：自休兵後，太廟創册寶殿〔二五〕，凡帝后寶册洎郊廟金玉禮器皆藏焉。始特令太常寺官一員季點〔二六〕，然第省閲文歷而已。乾道五年春，因有盗竊禮器者，中書門下始奏令每季取索赤歷點檢足備，用印封鎖，具有無損失申省。二月己丑降旨。慶元五年夏，太常寺奏太廟遺失皇后金寶二，命大理寺治之。六月庚寅降旨。既而廟之衛卒赴有司自首，坐獄死。蓋故事册寶，以中人領其工作，及盗去鑿而售之，中乃鐵胎也，繇是事敗。自後朝廷益謹其事，月以察官、禮官、中官各一員檢視，謂之點寶。禮器中瑶爵、玉瓚二事絶佳，人間所未見。其他圭璧〔二七〕，大抵多水漿色也。册寶中惟昭慈、聖憲皇后謚册以象牙，餘皆珉玉。又有徽宗皇帝謚寶，玉色尤温粹。

十五年，詔倣東都舊制，創欽先孝思殿於崇政殿之東，凡朔望節序生辰，上皆親酌獻行香，用家人禮。

建炎以來朝野雜記：國朝宗廟之制，太廟以奉神主，一歲五享，朔祭而月薦新。五享以宗室諸王，朔祭以太常卿行事景靈宮，以奉塑像。歲四孟享，上親行之。帝后大忌，則宰相率百官行香，僧、道士作法事，而后妃六宮，亦皆繼往天章閣以奉畫像。時節朔望，帝后生辰日皆徧薦之，内臣行事。欽先孝思殿亦奉神御，上日焚香。而諸陵之上宫，亦有御容，時節酌獻，如天章閣。每歲寒食及十月朔，宗室、内人各往朝拜。春秋二仲，太常行園陵。季秋，監察御史檢視太廟之祭以俎豆，景靈宫用牙盤，而天章閣等以常饌，用家人之禮云。迄今不改。

十六年，太常寺言：「契勘在京廟制，每室東設户，西設牖，西墻作祏室，藏祖宗帝后神主。又有東西夾室，其夾室止設户。見今行在太廟，係隨宜修蓋，未曾安設祏室。今既創行修蓋，即合體倣在京廟制同殿異室修蓋，及將殿東西作兩夾室，其兩夾室止設户。十一室，即依廟制設户牖，其殿南北深七丈，每室於西壁從北以南一丈二尺，作厚墻，隨宜安設祏室。其西夾室亦合設祏室，藏順祖室神主。」詔從之，乃廣太廟。

工部侍郎兼太常少卿王普言：「謹案春秋公羊説，曰『主藏廟室西壁中，以備火災』。左氏説，曰『主祏於宗廟』，言廟有祏室，以藏神主。漢儀藏主於西墻壁埳中，去地六尺一寸，蓋埳即祏室也，非特備災，亦神道尚幽之義。然則古者廟必有主，主必有祏。鄭原繁曰『先君威公命我先人典司宗祏』，此諸侯廟主之祏也。衛孔悝使宰反祏於西圃，此大夫廟主之祏也。開寶通禮别廟時享孝明、孝惠皇后，享日，宮闈令入室開埳，奉出神主置於座。政和五禮時享別廟儀，享日，祠祭官贊奉神主，宮闈令於祏室内奉惠恭皇后神主於神幄，啓匱設於座，至送神樂止，祠祭官贊奉神主入祏室，宮闈令納神主於匱，捧入祏室。然則本朝故事，別廟后主亦有祏室，自藝祖至徽宗未之有改也。昨紹興五年，祖宗后神主至自温州始建太廟，才爲屋五間，後稍增至七間，皆有殿而無室，但置神主并匱於案上，以帳幬之，每遇祭享，則就案啓匱而薦獻於前，其草創如此。十二年，祔懿節皇后，乃建別廟，亦如太廟之草創也。十六年，新造禮器告成，詔增籩、豆、簠、簋之數，悉依典禮。而太廟殿上迫狹不能容之，於是始作新廟，凡十三間。除東西夾室之外，爲十一室，各開户牖，安祏室於西墉，略倣京師廟制。惟別廟一位，祭器不多，遂且仍舊，以至於今，此有司因循之過也。兹追册皇后將祔於懿節之次，既修別廟，分爲二室，當各置祏室，如累朝故事。」詔從之。

董芬、王普議：當以藝祖爲太祖，正東向之位。事見禘祫門。

建炎以來朝野雜記：太廟自仁宗以來，皆祀七世。崇寧初，蔡京秉政，始取王肅説，謂二祧在七世之外，乃建九廟，奉翼祖、宣祖，咸歸本室焉。然王莽已營九廟，唐明皇又用之，非始於蔡京也。紹興中，徽宗祔廟，以與哲宗同爲一世，故無所祧及升祔。欽宗始祧翼祖，高宗與欽宗同爲一世，亦不祧，由是淳熙末年，太廟祀九世十二室。及阜陵復土，趙子直爲政，遂祧僖、宣二祖而祔孝宗。時朱元晦在經筵，獨以九廟爲正，子直不從，元晦議遂格。及光宗祔廟復不祧。今又祀九世矣。

紹熙五年閏十月，時寧宗已即位。詔別建四祖殿於太廟大殿之西，奉祧主僖、順、翼、宣四祖神主，歲令禮官薦獻。

宋朝自太祖追王僖、順、翼、宣四祖以來，每遇禘祫，祖宗以昭穆相對，而虛東鄉之位。王安石用事，以爲僖祖以上世次不可知，則僖祖之有廟與后稷疑無以異。當時諸儒韓絳輩辯之，不從。時程頤爲布衣，爲人言亦以安石之言爲是。熙寧八年夏，禘於太廟，以僖祖東嚮，自是無敢議者。紹興後，董弅、王普、尤袤俱請正太祖東嚮之位，未克行。先是，英宗祔廟已祧順祖，至欽宗祔廟又祧翼祖，及高宗升祔，遂爲九世十二室。至是孝宗將升祔，趙汝愚當國，欲併祧僖、宣二祖，事下侍從、臺諫、禮官議。於是吏部尚書鄭僑等請祧二祖，而正太祖東嚮之位。諸儒如樓鑰、陳傅良輩，皆以爲可。詔從之。

僑等尋又奏請立僖祖別廟，以順、懿、宣三祖祔藏。時朱熹在講筵，獨入議狀，條其不可者四，大略云：「准吏部尚書牒，集議四祖祧主宜有所歸者。今詳群議雖多，而皆有可疑。若曰藏之夾室，則是以祖宗之主下藏於子孫之夾室，至於祫祭，設幄於夾室之前，則亦不得謂之祫。欲別立一廟，則喪事即遠，有毀無立。欲藏之天興殿，則宗廟原廟不可相雜。議者皆知其不安，特以其心急欲尊奉太祖三年一祫時暫東嚮之故，不知其實無益於太祖之尊，而徒使僖祖、太祖兩廟威靈，相與争校强弱於冥冥之中。併使四祖之神疑於受擯，徬徨躑躅，莫知所歸，令人痛傷，不能自已。今但以太祖當日追尊帝號之令而默推之，則知今日太祖在天之靈，必有所不忍而不敢當矣。又况僖祖祧主遷於治平不過數年，神宗皇帝復奉以爲始祖，已爲得禮之正而合於人心，所謂『有其舉之，莫敢廢者』乎。」又言：「當以僖祖爲始祖，如周之后稷，太祖如周之文王，太宗如周之武王與仁祖之廟，皆萬世不祧；仁宗爲昭，英宗爲穆，與真宗主並藏西夾室；神宗爲昭，哲宗爲穆，徽宗爲昭，欽宗爲穆，高宗爲昭，孝宗爲穆，而高宗之廟，亦萬世不祧。若未能然，則奉僖祖居第一室，太祖居第二室，太宗居第三室。太祖、太宗仍共爲一世，自真宗以下至於孝宗，凡九世十二室。」貼黄云：「續蒐訪得元祐大儒程頤之説，以爲太祖以上有僖、順、翼、宣。先嘗以僖祧之矣，介甫議『以爲不當祧，順以下祧可也』。或難以僖祖無功業。或謂靈芝無根，醴泉無源，物豈有無本而生者，今日天下基本，蓋出於此人，安得爲無功業？故朝廷復立僖祖廟爲得禮。安石所見終是高於世俗之儒。熹竊詳頤之議論素與王安石不同，至論此事則深服之，足以見義理人心之所同，固有不約而合者。又司馬光、韓維之徒皆是大賢，人所敬信，其議偶不出此，而安石乃以變亂穿鑿得罪於公議，故欲堅守二賢之説，並安石所當取者而盡廢之，今以程頤之説考之，則是非可判矣。」

議既上，召對。上於榻後取文書一卷，曰：「此卿所奏廟議也，可細陳其説。」熹先以所論畫爲圖本，貼説詳盡，至是出以奏陳，久之，上再三稱善，且曰：「僖祖自不當祧，高宗即位時不曾祧，壽皇即位亦不曾祧，太上即位亦又不曾祧，今日豈可容易？可於榻前撰數語，俟徑批出施行。」熹方懲内批之弊，因乞降出劄子再令臣僚集議，上亦然。熹既退，即進擬詔意，以上意諭廟堂，則聞已毁四祖廟而遷之矣。

時汝愚既以王安石之論爲非，異議之徒懼其軋己，藉以求勝，事竟不行。熹時已得罪，遺汝愚書曰：「相公以宗子入輔王室，而無故輕納鄙人之妄議，毁拆祖宗之廟以快其私，其不祥亦甚矣。欲望神靈降歆，垂休錫羡，以永國祚於無窮，其可得乎！」時太廟殿已爲十二室，故孝宗既升祔，而東室尚虚。熹以爲非所以祝延壽康之意，深不然之，因自劾不堪言語侍從之選，乞追奪待制。章再上，詔次對之職除授已久，與廟議初不相關，不許。及光宗祔廟，遂復爲九世十二室云。蓋自昌陵祔廟，踰二百年而後正太祖之位，自是年冬，始而别建一殿以奉祧主於大殿之西隅，歲命禮官薦獻焉。今謂四祖殿者是也。

按太祖東向之位，或以爲僖祖當居之，或以爲藝祖當居之，自熙寧以來議者不一矣。蓋自治平四年，英宗已祔廟，張安道等以爲宜遵七世之制，合祧僖祖，詔從其說。熙寧初，王介甫當國，每事務欲紛更，遂主議以爲僖祖宋之太祖，不當祧。而韓持國輩争之，以爲太祖合屬之昌陵。諸賢争之愈力，而介甫持之愈固，遂幾至欲廢藝祖配天之祀，以奉僖祖。蓋其務排衆議，好異遂非，與行新法等固無怪也。然愚嘗考之張安道建隨世祧遷之議，韓持國執藝祖當居東向之説，論則正矣。而揆之當時則未可。蓋古之所謂天子七廟者，三昭三穆與太祖之廟而七，三昭三穆則自父祖而上六世，太祖則始封受命以有功德而萬世不祧遷者，本非第七世之祖也。今神宗之世，而獨祧僖祖，則順、翼、宣、太、祖、宗共一世。真、仁、英猶七世也，是將祧僖祖而以順祖爲太祖乎？不可也。僖、順俱無功德，非商契、周稷之倫，今當時之議，其欲祧僖祖者，特以其已在七世之外，其不祧順祖者，特欲以備天子七廟之數，然不知親盡而祧者，昭穆也；萬世不祧者，太祖也。今以三昭三穆言，則僖、順皆已在祧遷之數，以萬世不祧言，則二祖俱未足以當之，是姑以當祧之祖而權居太祖之位耳。若不以順祖爲太祖，則所謂七世者，乃四昭、三穆矣。非所謂三昭、三穆與太祖之廟而七也。若必曰虛太祖之位而只祀三昭三穆，則當併僖、順二祖而祧之。又否，則姑如唐人九廟之制，且未議祧遷，雖於禮經不合，而不害其近厚。今獨祧僖祖，則順祖隱然居太祖之位矣，此其未可一也。如藝祖之合居東向，爲萬世不祧之太祖，其説固不可易，然神宗之時，上距藝祖纔四代五廟耳，若遽以爲太祖，則僖、順以下四帝皆合祧，而天子之廟下同於諸侯矣，此其未可者二也。諸賢之説，大概只以爲不可近捨創業之藝祖，而遠取追尊之僖祖，介甫務欲異衆，則必欲以其所以尊藝祖者尊僖祖，而於當時事體皆未嘗審訂。若以前二節者反復推之，則尊僖祖者固失矣，而遽尊藝祖者亦未爲得也。至寧宗之初年，則不然矣，自藝祖創業以來已及八世十二廟，則僖、順、翼、宣之當祧無可疑者，於此時奉藝祖正東向之位，爲萬世不祧之祖，更無拘礙，而董弅、王普等所言乃至當之論矣。二人議見禘祫門。晦庵獨以伊川曾是介甫之説，而猶欲力主僖祖之議，則幾於膠柱鼓瑟而不適於時，黨同伐異而不當於理，愚固未敢以爲然也。

天子宗廟之制，見於經傳甚明，歷代諸儒因經傳所載而推明之，其説亦甚備，然終不能依古制立廟者，其説有二：一則太祖之議難決，二則昭穆之位太拘。太祖之議難決，愚既詳言之於前段者矣，若昭穆之位太拘，則請得而備言之。蓋諸儒言廟制者，莫詳明於晦庵之説，既爲之説，又爲之圖，說及圖，俱見周廟制下。覽者一見可決矣。其大概謂太祖在北，左昭右穆以次而南，太祖百世不遷，以下六廟親盡則毀而遞遷。昭常爲昭，穆常爲穆，祔昭則群昭皆動，而穆不移。祔穆則群穆皆移，而昭不動。且引書「穆考文王」，詩「率見昭考」及左傳「文之昭也，武之穆也」以爲證。蓋文爲穆，則文之孫及玄孫皆穆，其子與曾孫皆昭也；武爲昭，則武之孫及玄孫皆昭，其子與曾孫皆穆也。既創此六廟之後，其新陟王之升祔者，昭入於昭，穆入於穆，截然不可紊，此立廟之制也。然愚以爲此制也，必繼世以有天下者，皆父死子立而後可，若兄終弟及則其序紊矣。姑以晦庵之圖考之，其圖自武王至於幽王，皆定六廟三昭三穆之位，然自懿王之前，皆父傳之子，則其序未嘗紊也。懿王崩，孝王以共王之弟、懿王之叔繼懿王而立，故晦庵廟圖宣王之世，則以穆、懿、夷爲昭，共、孝、厲爲穆。夫穆王於世次昭也，共王爲穆王之子，於世次穆也，懿王爲穆王之孫，則繼穆王而爲昭是也，孝王爲共王之弟，而以繼共王爲穆，雖於世次不紊，然以弟而據孫之廟矣。至夷王爲懿王之子，世次當穆，而圖反居昭，厲王爲夷王之子，世次當昭，而圖反居穆，則一孝王立，而夷、厲之昭穆遂至於易位，於是晦庵亦無以處此，不過即其繼立之先後以爲昭穆，而不能自守其初說矣。又況宣王之世，三昭三穆爲六代，則所祀合始於昭王，今因孝王厠其間，而其第六世祖昭王，雖未當祧而已在三昭三穆之外，則雖名爲六廟，而所祀止於五世矣。然此所言者，昭穆祧遷之紊亂不過一代而已。前乎周者爲商，商武丁之時，所謂六廟者，祖丁、南庚、陽甲、盤庚、小辛、小乙是也。然南庚者，祖丁兄子，陽甲、盤庚、小辛、小乙又皆祖丁子也。姑以祖丁爲昭言之，則南庚至小乙皆祖丁子屬，俱當爲穆，是一昭五穆。而武丁所祀上不及曾祖，未當祧，而祧者四世矣。後乎周者爲唐，唐懿宗之時，所謂六廟者，憲宗、穆宗、敬宗、文宗、武宗、宣宗是也。然穆宗、宣宗皆憲宗之子，敬宗、文宗、武宗又皆穆宗之子，姑以憲宗爲昭言之，則穆、宣爲穆，敬、文、武爲昭，是四昭二穆，而懿宗所祀上不及高祖，未當祧，而祧者三世矣。蓋至此則不特昭穆之位偏枯，而祧遷之法亦復紊亂。若必欲祀及六世，則武丁之時，除太祖之外，必創十廟；懿宗之時，除太祖之外，必創九廟而後可。且繼世嗣位者，既不能必其爲弟、爲子，而創立宗廟之時，亦安能預定後王之入廟者，或穆多昭少如殷之時，或昭多穆少如唐之時哉。則立廟之制，必合於將升祔之時，旋行營創，屬乎昭者，於太祖廟之左建之，屬乎穆者，於太祖廟之右建之方爲合宜，而預立六廟，定爲三昭三穆以次遞遷之說，不可行矣。又必如晦庵之說，外爲都宫，内則各有廟，有寢，有門，有垣，則其制甚大，且必在國中門之左，則其地亦有限。昭穆之位既已截然，則武丁之時，雖五穆而不可侵昭之地，而昭之地多虛。懿宗之時，雖四昭而不可居穆之位，而穆之位半闕。易世之後，又不知其爲昭、爲穆者何如？而已創之廟，其世代之近者，既未可祧遷，如武丁之時，小乙父也，南庚、陽甲、盤庚、小辛，皆伯父也；祖丁祖也，祖辛、沃甲皆伯祖也；祖乙曾祖也；河亶高祖也；外壬、仲丁高伯祖也；太戊五世祖也，雍己五世伯祖也，小甲六世祖也。若以祀及六世言之，是此十五廟，皆未合祧遷，亦不止十廟而已。其昭穆之不順者，又不可升祔，則必須逐代旋行位置營建而後可。而其地又拘於中門之内太祖廟之左右，創造煩擾，非所以寧神明，對偶偏枯，又無以聳觀視，似反不如漢代之每帝建廟，各在一所，東都以來之同堂異室，共爲一廟之混成也。愚故曰七廟之制，諸儒皆能言之，而歷代俱不能如其制而建造者，以昭穆之位太拘故也。

有天下者，必推其祖以配天，既立宗廟，必推其祖爲太祖，禮也。自孝經有「郊祀配天，明堂配帝」之説，祭法有禘郊祖宗之説，鄭氏注以爲禘郊即郊也，鄭氏以禘爲祀天於圜丘，然圜丘亦郊也。祖宗即明堂也。於是後之有天下者，配天配帝必各以一祖，推其創業之祖，以擬文王以爲未足也，而必求其祖之可以擬后稷者，而推以配天焉。夫文王受命作周者也，漢之高帝、唐之神堯、宋之藝祖，庶乎其可擬矣；曹孟德、司馬仲達以下諸人，逞其姦雄詐力，取人之天下國家以遺其子孫，上視文王奚啻瓦釜之與黃鍾，然其爲肇造區夏，光啓王業，事迹則同，爲子孫者，雖以之擬文王可也，獨擬后稷之祖，則歷代多未有以處。於是或取之遥遥華胄，如曹魏之祖帝舜，宇文周之祖神農，周武氏之祖文王是也。此三聖人者，其功德固可配天矣，而非魏與二周之祖也。是以當時議之，後代哂之以爲不類。至於唐既以神堯擬文王矣，而求其所以擬后稷者，則屬之景帝。宋既以藝祖擬文王矣，而求其所以擬后稷者，則屬之僖祖。夫景、僖二帝雖唐、宋之始祖，然其在當時則無功業之庸夫也。上視周室僅可比不窋之流，而以后稷尊之，過矣。是以不特後世議其非，而當時固嘩然以爲不可，蓋無以厭服人心故也。夫知其祖之未足以厭服人心，而推崇尊大之意未慊也，於是獻議者始爲導諛附會之説以中之。老聃亦人耳，道家者流，假託其名以行其教，遂至推而尊之，列坐上帝之右，而爲其徒習其教者，則曰此天帝也，非復周之柱下史也。而聃姓適同乎唐，乃推聃以爲始祖，尊之曰玄元皇帝，蓋雖祖聃，而其意謂吾祖固天之貴神也。於是崇建太清宫，每禘祫並於玄元皇帝前設位序正，是蓋以玄元爲太祖，擬周之后稷，而其祖宗則俱爲昭穆矣。至宋大中祥符間，天書封禪之事競興，遂復效唐人之爲，推所謂司命保生天尊大帝以爲聖祖，建立景靈宮，聖祖殿居中，而僖祖以下各立一殿，分置左右，是蓋以聖祖爲太祖，擬周之后稷，而祖宗則俱爲昭穆矣。晦庵嘗言：景靈之建，外爲都宮，而內各爲寢廟，門垣乃爲近古，蓋以其規制宏壯，每帝各居一殿，不如太廟之共處一堂，稍類古人立廟之制，而足以稱天子所以嚴奉祖宗之意，是則然矣。然不知所謂聖祖者，果有功德之可稱如后稷，譜系之可尋如稷之於文、武、成康乎？祭法言虞、夏、商、周禘郊祖宗之制，鄭氏注謂「有虞氏以上尚德，禘郊祖宗配用有德者而已〔二八〕，自夏以下稍用其姓氏之先後爲次」〔二九〕。項平甫亦言，此經作祭法者已於篇末自解其意，先序帝嚳、堯、舜、鯀、禹之功，次序黄帝、顓頊、契、冥、湯、文、武之功，以爲此皆有功烈於民者，故聖王祀之，非此族也不在祀典，則其意蓋謂郊禘祖宗皆擇有功烈者祀之耳。而後之有天下者，欲稽此以祀其祖先，則固與其説大異矣。愚嘗因是而究論之，虞、夏、商之事遠矣，周人郊祀后稷，宗祀明堂，此後世所取法也。以詩考之，言后稷配郊者，爲生民、思文；言文王配明堂者，爲我將。我將之詩，其所稱頌者受命興周而已。而生民、思文二詩，則皆言教民播種樹藝五穀之事。然則文王有功於興周，而后稷則有功於天下萬世者也。傳曰，烈山氏之子柱爲稷，自夏以上祀之；周棄亦爲稷，自商以來祀之。夫社，五土之神；稷，五穀之神，皆地之異名也。古之聖人能建天地所不及之功，則其道可以擬天地，故後世祀之，推以配天地。棄自商祀以爲稷，則周爲諸侯之時，固已配食地祇矣。周有天下，棄開國之祖也，文王受命禮合配天，而實棄之子孫也。周公制禮作樂，既舉嚴父配天之禮以祀文王矣，而棄之祀仍商之舊列於社稷，是尊禰而卑祖也，故復創爲明堂之禮，而以是二聖人者各配一祀焉。晦庵亦言，古惟郊祀、明堂之祀，周公以義起。自秦以來，文王配天之禮廢矣，而稷之祀至今未嘗廢，蓋稷之配食地祇，周未興而已然，周已亡而不替，所謂有功烈於民者，祀之萬世如一日也，後之有天下者，豈復有此祖也哉！而必欲效周之禮，推其遠祖上擬后稷，或本無譜系可考而强附會於古之帝王，如曹魏、二周之祖舜、神農與文王是也。或姑推其上世之遠祖而不問其人品功德之何如，如唐之景帝、宋之僖祖是也。又否則推而神之，託之天帝之杳冥，如唐之玄元、宋之聖祖是也。而上視周家祀后稷之意，則不類甚矣。曷若只推其創業之祖，上擬文王郊祀明堂俱以配侑，而上世之祖既未有可以擬后稷者，則不必一遵周人之制可也。

校勘記

〔一〕名宫之西門曰廣祐　按此句之下，宋史卷一〇九禮一二、宋會要禮一三之三有「四年，建英德殿奉英宗神御」之句。疑此處脱漏。

〔二〕作柔儀殿山殿曰靈娭　「山殿曰靈娭」五字原脱，據宋史卷一〇九禮一二補。

〔三〕自仁宗而上至順祖　「至」字原脱，據宋史卷一〇六禮九、宋會要禮一五之三六補。

〔四〕契稷疑無以異　「契稷」原倒，據宋史卷一〇六禮九、宋會要禮一五之二七乙正。
〔五〕下祔於子孫　「祔」原訛「祧」，據宋史卷一〇六禮九、宋會要禮一五之二七改。
〔六〕後世有天下者皆特起無所因　「皆」字原脱，據宋會要禮一五之三八補。
〔七〕庶不下祔子孫夾室　「祔」原訛「祧」，據宋史卷一〇六禮九、宋會要禮一五之四一改。
〔八〕與僖祖爲非始祖之説　「非」字原脱，據宋史一〇六禮九補。
〔九〕張裕梁燾等議曰　「張裕梁燾」，宋會要禮一五之四三作「張公裕梁燾」。
〔一〇〕魏祖武帝則處士迭毁　此句下宋會要禮一五之四三有「晉祖宣帝則征西迭毁」之句，疑此處有脱文。
〔一一〕治平四年　四字原脱，據宋會要禮一五之四四補。
〔一二〕太祖則一依舊制　「祖」原訛「廟」，據宋會要禮一五之四五改。
〔一三〕德明廟　「德明」二字原倒，據舊唐書卷二六禮儀六、唐會要卷一三禘祫上、宋會要禮一五之四六乙正。
〔一四〕同判太常寺兼禮儀事周孟陽　「太常寺兼」四字原脱，據宋會要禮一五之四六補。
〔一五〕同知太常禮院宋充國　「同」字原脱，據宋會要禮一五之四六補。
〔一六〕其舊制以祖宗配侑並無更易　宋會要禮一五之四八在「以」下有「宣祖配侑請停其禮，自餘祀享明堂」十四字，疑此處有脱文。
〔一七〕英宗爲昭　「英宗」二字原脱，據宋史卷一〇六禮九補。
〔一八〕太廟東夾室一間奉安哲宗神主　「夾」字原脱，據馮本、宋史卷一〇六禮九、宋會要禮一五之五三補。
〔一九〕先王之禮　宋史卷一〇六禮九「禮」作「制」。

〔二〇〕今存宣祖於當祧之際　「今」原訛「令」，據元本、慎本、馮本及宋史卷一〇六禮九改。

〔二一〕重光寺藥師院　「重光寺」，建炎以來朝野雜記甲集卷二郊廟郡國祖宗神御作「崇光寺」。

〔二二〕始更爲殿門外向　「向」原爲「門」，據建炎以來朝野雜記甲集卷二郊廟郡國祖宗神御改。

〔二三〕上元結燈樓　「樓」字原脱，據建炎以來朝野雜記甲集卷二郊廟今景靈宫補。

〔二四〕歲用酌獻二百四十羊　「用」原訛「時」，據建炎以來朝野雜記甲集卷二郊廟今景靈宫改。

〔二五〕太廟創册寶殿　「廟」原訛「祖」，據建炎以來朝野雜記乙集卷四典禮太廟點寶事始改。

〔二六〕始特令太常寺官一員季點　「特」原訛「時」，據建炎以來朝野雜記乙集卷四典禮太廟點寶事始改。

〔二七〕珪璧　「璧」原訛「壁」，據建炎以來朝野雜記乙集卷四典禮太廟點寶事始改。

〔二八〕配用有德者而已　「者」字原脱，據禮記正義卷四六祭法鄭氏注補。

〔二九〕稍用其姓氏之先後爲次　禮記正義卷四六祭法阮元校勘記改「氏」爲「代」。

卷九十五　宗廟考五

后妃廟　私親廟 祔廟

周禮大司樂：乃奏夷則，歌小吕，舞大濩，以享先妣。

鄭氏注曰：「先妣，姜嫄也。姜嫄履大人迹，感神靈而生后稷，是周之先母也。周立廟，自后稷爲始祖，姜嫄無所妃，是以特立廟而祭之，謂之『閟宫』。閟，神之。」

漢高祖五年即皇帝位，追尊先媪曰昭靈夫人。漢儀注：昭靈夫人陵廟在陳留小黄。

宣帝元康元年立皇考廟，益奉明園户爲奉明縣。奉明園即皇考史皇孫葬地。

帝初即位，下詔曰：「故皇太子在湖，未有號謚。歲時祠，其議謚，置園邑。」有司奏請：「禮『爲人後者，爲之子也』，故降其父母不得祭，尊祖之義也。陛下爲孝昭帝後〔一〕，承祖宗之祀，制禮不踰閑。謹行視孝昭帝所爲故皇太子起位在湖，史良娣冢在博望苑北，親史皇孫位在廣明郭北。謚法曰『謚者，行之迹也』，愚以爲親謚宜曰悼，母曰悼后，比諸侯王園，置奉邑三百家。故皇太子謚曰戾，置奉邑二百家。史良娣曰戾夫人，置守冢三十家。園置長丞，周衛奉守如法。」以湖閿鄉邪里聚爲戾園。閿，古「闅」字，從門中旻。建安中正作闅。師古曰：「旻，舉目使人也。旻，許密反。」長安白亭東爲戾后園，廣明成鄉爲悼園。

皆改葬焉〔二〕。後八歲，有司復言：「禮『父爲士，子爲天子，祭以天子』。悼園宜稱尊號曰皇考，立廟，因園爲寢，以時薦享焉。益奉園民滿千六百家，以爲奉明縣。尊戾夫人曰戾后，置園奉邑〔三〕，及益戾園各滿三百家。」

致堂胡氏曰：「禮曰爲人後者，爲其父母降，不敢貳專也〔四〕。故既名其所後爲父母〔五〕，則不得名其所生曰父母矣。而禮有爲其父母降，是猶以父母名之，何也？此所謂不以辭害意也。立言者顧不可曰爲其伯父伯母若叔父叔母降〔六〕，故假曰父母，以明當降之義。降，則不可名之曰父母矣。」宣帝初，有司奏請戾太子及悼后之謚，首言爲人後者云云，後言故太子謚曰戾云云，「首尾皆是也，而中有稱親之言則非也。詔書問故太子，未及史皇孫〔七〕，雖包含意指，有司直對太子、良娣之謚可也。而前據經義，後上戾名，中特稱親爲史皇孫以中帝意，豈非姦説乎？夫親，深言之則非父不可當，若曰文王之爲世子，有父之親是也；泛言之，則所厚者皆可以稱，若曰親者無失其爲親是也。有司之言果何從歟？若避曰考，故以親言，是疏之也。知其不可稱考，而姑曰親，以包舉之，是不正名，亦疏之也。以其不得於言，知其不契於理，既爲伯父母、叔父母之後而父母之，則當降所生父母，而伯父母叔父母之，昭昭然矣」。

先公曰：「愚按胡氏之説辯則辯矣，而施之宣帝之世則不可，愚將徐徐詰之。胡氏曰『敢問宣帝而欲稱其所生之父母也將爲伯父乎，爲叔父乎』？於所後父爲兄則伯父也，於所後父爲弟則叔父也，而宣帝則有所後祖，無所後父者也。昭帝崩亡嗣，宣帝以兄孫爲叔祖後者也，不得其所後之父而父之，則何以稱其所生之父乎？先是，昌邑王以兄子入繼，則考昭帝可也，典喪可也。昭帝葬矣，易月之制終矣，昌邑廢矣，宣帝始以兄孫入繼。當時惟言嗣孝昭皇帝後而已，則未知其爲子乎，爲孫乎！必也升一等而考昭帝，則又將降一等而兄史皇孫矣，可不可乎？有司未有所處，姑緣其所生父直稱之曰皇考而已。故曰胡氏辯則辯矣，施之宣帝之世則不可，當俟通儒而質之。」

元帝永光五年，韋玄成言：「古者制禮，別尊卑貴賤，國君之母非適不得配食，則薦於寢，身没而已。陛下躬至孝，承天心，建祖宗，定迭毁，序昭穆，大禮既定，孝文太后、孝昭太后寢祠園宜如禮勿復修。」奏可。孝文太后薄氏葬南陵，孝昭太后趙氏葬雲陵，各有園廟。

帝寢疾，匡衡告謝毁廟曰：「孝莫大於嚴父，故父之所尊子不可以不承，父之所異子不敢同。禮，公子不得爲母信，讀曰申。爲後則於子祭，於孫止，李奇曰：「不得信，尊其父也。公子去其所而爲大宗後，尚得私祭其母，爲孫則止，不得祭公子母也，明繼祖不復顧其私祖母也。」尊祖嚴父之義也。」

哀帝建平元年，追尊定陶共王爲共皇帝，置寢廟京師，序昭穆儀如孝元帝。言如天子之儀，爲廟京師也。徙定陶王景爲信都王。不復爲定陶王立後者，哀帝自以己爲後故。

郎中令泠褒、黄門郎段猶等復奏言：「定陶共皇太后、共皇后皆不宜復引定陶藩國之名以冠大號，車馬衣服宜皆稱皇之意，置吏二千石以下各供厥職。又宜爲共皇立廟京師。」上復下其議，群下多順指言：「母以子貴，宜立尊號，以厚孝道。」唯丞相光、大司馬喜、大司空丹以爲不可。丹曰：「聖王制禮取法於天地尊卑者，所以正天地之位不可亂也。今定陶共皇太后、共皇后以定陶共爲號者，母從子、妻從夫之義也。欲立官置吏，車服與太皇、太后並，非所以明尊無二上之義也。定陶共皇號謚已前定義不得復改。禮：『父爲士，子爲天子，祭以天子，其尸服以士服。』子無爵父之義，尊父母也。爲人後者爲之子，故爲所後服斬縗三年，而降其父母期，明尊本祖而重正統也。孝成皇帝聖恩深遠，故爲共王立後，奉承祭祀，令共皇長爲一國太祖，萬世不毁，恩義已備。陛下既繼體先帝，特重大宗，承宗廟天地社稷之祀，義不可復奉定陶共皇祭入其廟。今欲立廟於京師而使臣下祭之，是無主也。又親盡當毁，空去一國太祖不墮之祀而就無主，當毁不正之禮，非所以尊厚共皇也。」丹由是寖不合上意。

平帝元始中，大司馬王莽奏：「本始元年，丞相義等議，蔡義也。謚孝宣皇帝親曰悼園，置邑三百家，至元康元年，丞相相等奏，魏相也。父爲士，子爲天子，祭以天子，悼園宜稱尊號曰『皇考』，立廟，益故奉園民滿千六百家，以爲縣。臣愚以爲皇考廟本不當立，累世奉之，非是。又孝文太后南陵、孝昭太后雲陵園，雖前以禮不復修，陵名未正。謹與大司徒晏等百四十七人議，皆曰孝宣皇帝以兄孫繼統爲孝昭皇帝後，以數，故孝元世以孝景皇帝及皇考廟親未盡，不毁。此兩統貳父，違於禮制。案義奏親謚曰『悼』，裁置奉邑，皆應經義。相奏悼園稱『皇考』，立廟，益民爲縣，違離祖統，乖繆本義。父爲士，子爲天子，祭以天子者，乃謂若虞舜、夏禹、殷湯、周文、漢之高祖受命而王者也。非謂繼祖統爲後者也。臣請皇高祖考廟奉明園毁勿修，罷南陵、雲陵爲縣。」奏可。

光武帝建武三年，立親廟雒陽。祀父南頓君以上至舂陵節侯。

十九年，五官中郎將張純與太僕朱浮奏言：「禮，爲人後者則爲之子，既事大宗，大宗，謂元帝。則降其私親。今禘祫高廟，陳叙昭穆，而舂陵四世君臣並列，以卑厠尊，不合禮意。昔高祖以自受命，不由太上，宣帝以孫後祖，不敢私親，故爲父立廟，獨群臣侍祠。臣愚謂宜除今親廟，以則二帝舊典，願下有司博採其議。」詔下公卿。大司徒戴涉、大司空竇融議：「宜以宣、元、成、哀、平五帝四世代今親廟，宣、元皇帝尊爲祖父，可親奉祠，成帝以下有司行事，别爲南頓君立皇考廟，其祭上至舂陵節侯，群臣奉祠。以明尊尊之敬，親親之恩。」詔可。其南陽舂陵歲時各且因故園廟祭祀。園廟去太守治所遠者，在所令長行太守事侍祠。南頓君稱皇考廟，鉅鹿都尉稱皇祖考廟，鬱林太守稱皇曾祖考廟，節侯稱皇高祖考廟，在所郡縣侍祠。

致堂胡氏曰：西漢自「孝成而後，三世無嗣。王莽篡時，漢祚既絶，光武掃平禍亂，奮然崛起，雖祖高祖，而帝四親，非與哀朝尊崇藩統同事，於義未有大不可者。然一聞純等建議，斷然從之，曾無留難，章陵四祠，蔑有異等，彼何所爲而然邪？寡恩之譖，既不聞於當年，失禮之議，又不生於後代，以是較之，宣、哀過舉益明，而禮所載爲人後者爲其父母降而不得祭，豈可違而不守哉」。

中元元年，帝使司空告祠高廟〔八〕，以吕氏王諸吕，賊三王幾危社稷，不宜配食。上薄太后尊號曰高皇后，配食地祇。遷吕太后廟主於園〔九〕，四時上祭。

和帝追尊其母梁貴人曰恭懷皇后，陵以竇后配食章帝，恭懷皇后别就陵寢祭之。

安帝以清河孝王子即位，建光元年，追尊其祖母宋貴人曰敬隱后，陵曰敬北陵，亦就陵寢祭，太常領，如西陵。追尊父清河孝王曰孝德皇，母曰孝德后，清河嗣王奉祭而已。

順帝即位，追尊其母曰恭愍后，陵曰恭北陵，就陵寢祭如敬北陵。

桓帝以河間孝王孫蠡吾侯即位，梁太后詔追尊河間孝王爲孝穆皇〔一〇〕，夫人曰孝穆后，廟曰清廟，陵曰樂成陵；蠡吾先侯曰孝崇皇，廟曰烈廟，陵曰博陵。皆置令、丞，王因奉祀。

靈帝以河間孝王曾孫解瀆侯即位〔一一〕，竇太后詔追尊皇祖淑爲孝元皇，夫人夏氏曰孝元后，陵曰敦陵〔一二〕，廟曰靖廟；皇考長爲孝仁皇，夫人董氏爲慎園貴人〔一三〕，陵曰慎陵〔一四〕，廟曰奂廟。

獻帝即位，相國董卓奏恭懷、敬隱、恭愍三皇后和帝生母，安帝祖母，順帝母。並非正嫡，不合稱后，皆奏毀之。

魏文帝甄后賜死，故不列廟。明帝即位，有司奏請追謚曰文昭皇后。使司空王朗持節奉策告祠於陵。三公又奏曰：「自古周人歸祖后稷〔一五〕，又特立廟以祀姜嫄。今文昭皇后於後嗣聖德至化，豈有量哉！夫以皇家世妃之尊，神靈遷化，而無寢廟以承享祀，非以報顯德，昭孝敬也。稽之古制，宜依周禮，別立寢廟。」奏可。

太和元年二月，立廟於鄴。四月，洛邑初營宗廟，掘地得玉璽，方一寸九分，其文曰：「天子羨思慈親。」明帝爲之改容，以太牢告廟。至景初元年十二月己未，有司又奏文昭皇后立廟京師，永傳享祀，樂舞與祖廟同，廢在鄴廟。

明帝太和三年，詔曰：「禮，王后無嗣，擇見支子以繼大宗，則當纂正統而奉公義，何得復顧私親哉！漢宣繼昭帝後，加悼考以皇號。哀帝以外藩援立，而董宏等稱引亡秦，惑誤朝議，遂尊恭皇，立廟京師。又寵藩妾，使比長信，僭差無禮，人神弗佑。罪師丹忠正之諫，致丁、傅焚如之禍。自是之後，相踵行之。其令公卿有司深以前世爲戒，後嗣萬一有由諸侯入奉大統，則當明爲人後之義；敢爲佞邪導諛君上，妄建非正之號，謂考爲皇，稱妣爲后，則股肱大臣誅之無赦。其書之金策，藏之宗廟。」是後高貴、常道援立，皆不外尊。及愍帝建興四年，司徒梁芬議追尊之禮，帝既不從，而右僕射索綝丑林反。等亦稱引魏制以爲不可，故追贈吴王爲太保而已。

晉武帝既改創宗廟，追尊景帝夫人夏侯氏爲景懷皇后。任茂議以爲夏侯初嬪之時，未有王業。帝不從。時已尊景王夫人羊氏爲景后矣。

太康元年，靈壽公主修麗祔於太廟，周、漢未有其準。魏明帝則別立平原主廟，晉又異魏也〔一六〕。惠帝世，愍懷太子、太子二子〔一七〕、哀太孫臧、沖太孫尚並祔廟。元帝時，懷帝殤太子又祔廟，號爲陰室四殤。

懷帝初，又策謚武帝後宮楊氏曰武悼皇后〔一八〕，改葬峻陽陵側，別祠弘訓宮，不列於廟。

成帝咸康時，作武悼后神主祔於廟，配享世祖。

元帝太興二年，有詔琅邪恭王宜稱皇考。賀循議云：「禮典之義，子不敢以己爵加其父號。」帝又從之。

元帝爲琅邪王，妃虞氏永嘉時薨，帝爲晉王追尊爲王后。有司奏請王后應別立廟。令曰：「今宗廟未成，不宜更興作，便修飾陵上屋以爲廟。」太興三年，追謚皇后祔於太廟。

明帝生母豫章君荀氏，成帝時薨，贈豫章郡君，別立廟於京都。

孝武太元十九年，詔追尊鄭太后，簡文帝母，元帝後宮。尚書令王珣奏下禮官詳正。按太常臣允等議：「以春秋之義，母以子貴，故仲子、成風咸稱夫人。經云『考仲子之宮』，明不配食也，且漢文詔二太后並繫子號，宜遠準春秋考宮之義，近著二漢不配之典。尊號既正，宜改築新廟。顯崇尊稱，則罔極之情伸；別建寢廟，則嚴禰之道著；繫子爲稱兼明貴之所由，一舉而三義，以允固哲，王之高致。」可，如允議，追尊會稽太妃爲簡文皇太后。

燕主慕容垂尊母蘭氏爲文昭皇后，欲遷文明段后，以蘭后配享太祖。博士董謐、劉詳議，以爲堯母爲帝嚳妃，位第三，不以貴陵姜嫄，明聖之道以至公爲先，文昭后宜別立廟。垂不從，卒遷段后，以蘭后代之。又以景昭可足渾后傾覆社稷，追廢之，尊烈祖昭儀段氏爲景德皇后，配享烈祖。

崔鴻曰：齊桓公命諸侯毋以妾爲妻。夫之於妻，猶不可以妾代之，况子而易其母乎？春秋所稱「母以子貴」者，君母既没，得以妾母爲小君也。至於享祀宗廟，則成風終不得配莊公也。昔文姜得罪於桓公，春秋不之廢。可足渾氏雖有罪於前朝，然小君之禮成矣。垂以私憾廢之，又立兄妾之無子者，皆非禮也。

宋孝武大明二年，有司奏：皇代殷祭，無事於章太后。博士孫武議：「祭統曰『有事於太廟，則群昭群穆咸在，不失其倫』。殷祀，是合太祖而序昭穆。章太后既屈於上，不列正廟〔一九〕。若迎主入太廟，既不敢配列於正序，又未聞於昭穆之外別立爲位。

章太后廟四時享薦，雖不於孫止，若太廟禘祫，獨祭別宮，與四時烝嘗不異，則非禘大祭之義，又無取於祫合食之文。謂不宜與太廟同殷祭之禮也。」詔曰：「章皇太后追尊極號，禮同七廟，豈容獨闕殷薦，隔茲盛祀。閟宮遥祫既行，有周、魏、晉從享，式範無替。宜述附前典，以宣情敬。」博士王燮之議〔二〇〕：「按禘祫小廟〔二一〕，禮無正文，求之情例，如有可准。推尋祫之爲名，雖在合食，而祭典之重，於此爲大〔二二〕。夫以孝享親，尊愛罔極。因殷薦於太祖，亦致盛祀於小廟。譬有事於尊者，可以及卑。故魏高堂隆所謂『猶以祫故而祭之』也〔二三〕。是以魏之文思、晉之宣后，雖不並序於太廟，而猶均禘於姜嫄，其意如此。又徐邈所引四殤不祫，就而祭之，以爲別享之例，斯其證矣。愚謂章太后廟，亦宜殷薦。」從之。

七年，立宣貴妃廟。時有司奏：「故宣貴妃既加殊禮，未詳應立廟不？」虞龢議曰：「婚義云『后立六宮』，后之有三妃，猶天子之有三公也。三公既尊於列國諸侯，三妃亦貴於庶邦夫人。據春秋仲子得考彼別宮，今貴妃理應立此新廟。」詔可。龢，音禾。其祀禮：王親執奠爵，有故，三卿行事。

明帝泰始二年〔二四〕，昭太后崩，有司奏：「太后於至尊無親，上特制義服。祔廟之禮，下禮官詳議。」乃躋新祏於上位，其祭使有司行禮。博士王略等奏：「昭皇太后正位母儀，尊號允著，祔廟之禮，宜備彝則〔二五〕。愚謂神主應入章后廟。又宜依晉元皇之於愍帝，安帝之於永安后，祭祀之日，不親執觴爵，使有司行事。」時太宗宣后已祔章太后廟。虞龢議以爲：「春秋之義，庶母雖名同崇號，而實異正嫡。是以猶考別宮，而公子主其祀。今昭皇太后既非所生，益無親奉之理。周禮宗伯職云：『若王不與祭，則攝位。』然則宜使有司行其禮〔二六〕。又婦人無常秩，各以夫爲定，夫亡以子爲次，昭皇太后即正位於前，宣太后追尊在後，以序而言，宜躋祏於上位〔二七〕。」詔可。六月，有司奏：「七月嘗祠二廟，依舊車駕親奉。孝武皇帝室，至尊親進觴爵及拜伏〔二八〕，又昭皇太后室應拜〔二九〕，及祝文稱皇帝御名。又皇后今月二十五日虔見於禰，拜孝武皇帝、昭皇太后。並無明文，下禮官議正〔三〇〕。」禮官議曰：「今上既纂祠文皇〔三一〕，於孝武進拜而已，觴爵使有司行事。昭皇太后祝文稱皇帝御名。孝武廢薦告〔三一〕。」

後廢帝元徽二年十月丙寅，有司奏：「至尊親祠太廟文皇帝、太后廟之日，孝武皇帝及昭皇太后雖親非正統，而嘗經北面〔三三〕，宜執孝武皇帝觴爵，昭皇太后依舊三公行事。左丞孫緬議：「晉代祖宗孝宗、顯宗、烈宗、肅宗並是晉帝之伯，今朝明準，而初無有司行事之文。愚謂主上親執孝武皇帝觴爵，有愜情敬。皇太后君母之貴，見尊一時〔三四〕，與章、宣二廟同享閟宮，非唯不可躬奉，乃宜議其毀替，請且依舊，三公行事。」從之。

齊明帝建武二年，有司奏遷景懿后於新廟。車服之儀：乘重翟車，服之褘衣，首飾以覆。侍中、散騎常侍、黃門侍郎、散騎侍郎各二人，分從前後部，同於王者。內侍有女尚書、女長御啟引。

梁武帝立小廟。太祖、太夫人廟也。非嫡，故別立廟。皇帝每祭太廟訖，乃詣小廟，亦以一太牢，如太廟禮。

普通七年，祔皇太子所生丁貴嬪神主於小廟。

陳文帝入嗣，而皇考始興烈昭王廟在始興國，謂之東廟。天嘉四年，徙東廟神主祔於梁之小廟，改曰國廟，祭用天子儀。

唐制，追贈皇太后、贈皇太子皆別立廟。

先天元年，祔昭成、肅明二皇后於儀坤廟。

昭成皇后竇氏，睿宗妃，生元宗；肅明皇后劉氏亦睿宗妃，生寧王，皆爲武后所殺。玄宗即位，追封立廟。

開元三年，右拾遺陳貞節以諸太子廟不合守供祀享，上疏：「伏見章懷太子等四廟，遠則從祖，近則堂昆，並非有功於人，立事於代，而寢廟相屬，獻裸連時，事不師古，以克永代，臣實疑之。今章懷太子等乃爲陵廟，分署官寮，八處修營，四時祭享，物須官給，人必公糧〔三五〕，合樂登歌，咸同列帝。謹按周禮，始祖以下猶稱小廟，未知此廟厥名維何？臣謂八署司存，員寮且省，四時祭祀，供給咸停。臣又聞盤石維城，既開封建之典，別子爲祖，非無大小之宗。其四陵廟等，應須祭祀者，並令承後子孫自修其事，崇此正典，冀合禮經。」上令有司集禮官及群官詳議奏聞。駕部員外郎裴子餘議曰：「謹按前件四廟等，並前皇嫡允，殞身昭代，聖上哀骨肉之深，錫烝嘗之享，憲章往昔，垂範將來。昔嫄廟列周，戾園居漢，並位非七代，置在一時，斯並前代宏規，後賢令範。又按春秋，狐突適下國，遇太子，使登僕，曰：『予將以晉畀秦，秦將祀予。』此則太子之言，無後明矣。對曰：『神不歆非類，人不祀非族，君祀無乃殄乎！』此則晉有其祀，立廟必矣。又定公元年，立煬宮，經傳更無異說。鄭玄注云：『煬公，伯禽之子，季氏禱而立其宮也。』考之漢儲晉嫡則如彼，言乎周廟魯宮則如此，豈可使晉求秦祀，戾匪漢思〔三六〕，所枉者深〔三七〕，所直者鮮，黷神慢禮，理必不然。且尊以儲后，位絕諸侯，謚號既崇，官吏有典。去羊存朔，非禮所安〔三八〕，徇利忘禮，何以爲國。」太常博士段同泰議曰：「自古帝王，封建子弟，寄以維城之固，咸登列郡之榮，豈必有功於人，立事於代？生者曾無異議，逝者輒此奏停，雖存没之迹不同，而君親之恩何別。此則輕重非當，情禮不均，神道固是難誣，人情孰云其可？」

四年十一月十六日，昭成皇后祔於太廟。至八月九日，敕肅明皇后依前儀坤廟安置。初欲祔於太廟，太常博士陳貞節等以肅明皇后不合與昭成皇后配祔於睿宗，遂奏議曰：「臣聞於禮，宗廟父昭子穆，皆有配座，每室一帝一后，禮之正儀。自夏、殷而來，無易茲典。伏惟昭成皇后有太姒之德，已配食於睿宗，則肅明皇后無帝母之尊，自應別立一廟。謹按周禮云『奏夷則歌中呂，以享先妣』。先妣者，姜嫄也。姜是帝嚳之妃，后稷之母，特爲立廟〔三九〕，名曰閟宮。又禮論云晉伏系之議云：『晉簡文母鄭宣后〔四〇〕，既不配食，乃築宮於外，歲時就廟享祭而已。』今肅明皇后無祔配之位，請同姜嫄、宣后〔四一〕，別廟而處，四時享祀，一如舊儀。」從之。於是遷昭成皇后神主祔於睿宗之室，唯留肅明皇后神主於儀坤廟。八月二日，敕儀坤廟隸入太廟，不須置官屬。至二十一年正月六日，遷祔肅明皇后神主於太廟，其儀坤廟爲肅明觀。

二十二年敕：「贈太子頃年官爲立廟，並致享祀雖欲歸厚，而情且未安〔四二〕。烝嘗之時，子孫不及，若專令官祭，是以疏間親，遂此爲常，豈云敬孝？其諸贈太子有後者，但官置廟，各令子孫自主祭，其署及官悉停。若無後者，宜依舊。」

上元二年，禮儀使太常卿杜鴻漸奏：「讓帝、七太子廟等〔四三〕，請停四時享獻，每至禘祫之月，則一祭焉。樂用登歌一部，牲獻罇俎之禮，同太廟一室之儀。」

昭宗大順元年，將行禘祭，有司請以三太后神主祔享於太廟。三后者，孝明太皇太后鄭氏、宣宗皇帝母。恭僖皇太后王氏、敬宗皇帝母。貞獻皇太后蕭氏〔四四〕。文宗皇帝母。三后之崩，皆作神主，有故不當入太廟。當時禮官建議，並置別廟，每年五享，三年一祫，五年一禘〔四五〕，皆於本廟行事，無奉神主入太廟之文。至是亂離之後，舊章散失，禮院憑曲臺禮，欲以三太后祔享太廟〔四六〕。太常博士殷盈、孫獻議非之，曰：「臣謹按三太后，憲宗、穆宗之后也。二帝已祔太廟，三后所以立別廟者，不可入太廟故也。與帝在位，皇后別廟不同。今有司誤用王彥威曲臺禮，禘別廟太后於太廟，乖戾之甚。臣竊究事體，有五不可。曲臺禮云：『別廟皇后，禘祫於太廟，祔於祖姑之下。』此乃皇后先崩，已造神主，夫在帝位，如昭成、肅明、元獻、昭德之比。昭成、肅明之崩也，睿宗在位。元獻之崩也，玄宗在位。昭德之崩也，肅宗在位。四后於太廟未有本室，故創別廟，當爲太廟合食之主，故禘祫乃奉以入饗。又其神主但題云『某謚皇后』，明其後太廟有本室，即當遷祔，帝方在位，故皇后暫立別廟耳。本是太廟合食之主，故禘祫乃升，太廟未有位，故祔祖姑之下。今恭僖、正獻二太后，皆穆宗之后。恭僖，會昌四年造神主，合祔穆宗廟室。時穆宗廟已祔武宗母宣懿皇后神主，故爲恭僖別立廟，其神主直題云皇太后，明其終安別廟〔四七〕，不入太廟故也。貞獻太后，大中元年作神主，立別廟，其神主亦題爲太后，並與恭僖義同。孝明，咸通五年作神主，合祔憲宗廟室。憲宗廟已祔穆宗之母懿安皇后，故孝明亦別立廟，是懿宗祖母，故題其主爲太皇太后。與恭僖、正獻亦同帝在位后先作神主之例〔四八〕。今以別廟太后神主，禘祭升享太廟，一不可也。曲臺禮別廟皇后禘祫於太廟儀注云：『內常侍奉別廟皇后神主，入置於廟廷，赤黃褥位。奏云：「某謚皇后禘祫祔享太廟」，然後以神主升。』今即須奏云『某謚太皇太后』。且太廟中皇后神主二十一室，今忽以太皇太后入列於昭穆〔四九〕，二不可也。若但云『某謚皇后』，即與所題都異，神不可依憑？此三不可也。古今禮要云：『舊典，周立姜嫄別廟，四時祭薦，及禘祫於七廟〔五〇〕，皆祭。唯不可入太祖廟爲別配。魏文思甄后，明帝母，廟及寢依姜嫄之廟，四時及禘皆與諸廟同。』此舊禮明文，得以爲證。今以別廟太后禘祫於太廟，四不可也。所以置別廟太后，以孝明不可與懿安並祔憲宗之室，今禘享乃處懿安於舅姑之上，此五不可也。且祫，合祭也。合猶不入太祖之廟，而况於禘乎？竊以爲並皆禘於別廟爲宜〔五一〕。且恭僖、貞獻二廟，比在朱陽坊，禘祫赴太廟，皆須備法駕，典禮甚重，儀衛至多。咸通之時，累遇大享，耳目相接，年代未遥，人皆見聞，事可詢訪，非敢以臆斷也。或曰：以三廟故禘祫於別廟，或可矣，而將來有可疑焉。謹按睿宗親盡已祧，今昭成、肅明二后同在夾室，如或後代憲宗、穆宗親盡而祧，三太后神主其得不入夾室乎？若遇禘祫，即如之何？對曰：此又大誤也。三太后若親盡合祧，但當闕而不享，安得處於夾室。禘、祫則就別廟行之，歷代以來，何嘗有別廟神主復入太廟夾室乎？」時宰相孔緯以大祭日迫，不可遽改。時人非之。

後唐明宗天成二年，中書門下奏：「兩漢以諸侯王入繼帝統，則必易名，上謚廣孝，稱皇，改置園陵，仍增兵衛等事。遂詔下太常禮院集議：「請追尊四廟，並加皇帝之號，兼請於洛京立廟。」敕宜於應州舊宅立廟，餘依所奏。

按莊宗以沙陀爲唐之嗣，明宗又以代北狄裔爲莊宗之嗣，故後唐之所謂七廟者，以沙陀之獻祖、國昌。太祖、克用。莊宗、存勖。而上繼唐之高祖、太宗、懿宗、昭宗；而此所謂四廟者，又明宗代北之高、曾祖父也。

宋太祖皇帝建隆初，追尊賀氏爲孝惠皇后，止就陵所置祠殿，薦以常饌，不設牙盤祭器。乾德初，孝明皇后王氏崩，有司始議置后廟，奉孝惠、孝明二后神主升祔。詔令詳定殿室之制及先後之次。太常博士和峴等奏請同祔太廟。及太祖山陵，神主祔廟，乃請以孝明皇后配享，忌日行香廢務，其孝惠皇后享於別廟。並從之。

太宗太平興國元年，追册越國夫人符氏爲懿德皇后，尹氏爲淑德皇后，並祔享於后廟。

真宗至道三年六月，詔大行皇帝祔廟，令都省集議定皇后合食之禮。咸請以懿德皇后符氏升配，宗正卿趙安易言淑德皇后尹氏當在懿德之上。今百官議論苟且，瀆尊卑，若序以後先，當用淑德配食。詔有司詳討以聞。

禮官議：「按晉時議景帝配祔，傅玄等議：『夏侯夫人初歸景帝，未有王基之道，不及景帝統百揆而亡〔五二〕，后妃之化未著遠近，追尊無經義可據。』竊以今之所議，正與此同。且淑德配合之初，潛躍之符未兆；懿德輔佐之始，藩邸之位已隆，然未嘗正位中宮，母臨天下。豈可生無尊極之位，没升配饗之崇，人情不安，典籍無據。唐順宗祔廟後十一年，始以莊憲皇后升配，憲宗祔廟後二十五年，始以懿安皇后升配。今請虛位，允叶舊儀。再詔尚書省集議及禮官同詳定〔五三〕。上議請升祔懿德，其淑德皇后加『太』字，仍舊別廟。」詔「恭依，其淑德皇后不加『太』字，別廟祭享」。

乾興元年，時仁宗已即位。中書下禮儀院狀，莊穆皇后嘗母儀天下，禮當升祔；莊懷皇后本從藩邸追命，當享后廟。集尚書省六品、諸司四品以上議，如禮儀院祔真宗莊穆皇后神主於太廟。

明道二年，莊獻明肅太后既上謚，又追尊莊懿太后。方事園陵，判河南府錢惟演建議請二太后並祔真宗。禮院言：「夏、商以來，父昭子穆，皆有配座，每室一帝一后，禮之正儀。開元昭成〔五四〕、肅明皇后始有並祔。惟演引唐武宗母韋太后祔穆宗，本朝孝明、孝章祔太祖故事〔五五〕。按穆宗惟以韋太后配，更無別后，太祖未嘗以孝章配。伏見先帝以懿德配享太宗，及明德園陵禮畢，遂得升祔。元德自追尊後，凡十七年始克升配。今莊穆著位長秋，祔食真宗，斯爲正禮。莊獻母儀天下，與明德例同，若從古禮，止應祀后廟。莊懿帝母之尊，與元德例同，便從升祔，似非先帝慎重之意。況前代無同日並祔之比〔五六〕，惟上裁之。」都省禮院更議，皆以爲「莊穆位崇中壼，與懿德有異，已祔真廟，自協一帝一后之文。莊獻輔政十年，莊懿誕育聖躬，功德莫與爲比，退就后廟，未厭衆心。按周禮大司樂職『奏夷則，歌中吕，以享先妣』，先妣者，姜嫄也，帝嚳之妃，后稷之母，特立廟而祭，謂之閟宫。宜太廟外別立新廟，奉安二太后神主，同殿異室，歲時薦享用太廟儀。別立廟名，自爲樂曲，以崇世享。忌前一日，不御正殿，百官奉慰，著之甲令」。仍作新廟，名曰「奉慈」，在兩廟之間。景祐三年，詔祠太廟、奉慈后廟，每室各差宫闈令一。

英宗治平三年，立濮王園廟。

先是宰臣韓琦等奏：請下有司議濮安懿王及譙國太夫人王氏、襄國太夫人韓氏、仙遊縣君任氏合行典禮。詔須大祥後議之。至是進呈，乃有是詔。翰林學士王珪等相顧不敢先，知諫院司馬光獨奮筆立議，略曰：「『爲人後者爲之子』，不敢復顧其私親。秦、漢以來，有自旁支入承大統，推尊其父母爲帝后，皆見非當時，取譏後世，不敢引以爲聖朝法。臣以爲濮王宜尊以高官大爵，稱皇伯而不名。」賈黯之議亦同。王珪敕吏以光手稾爲案，議上，歐陽修以爲自古無以所生父改稱伯者，珪等言非是。中書奏漢宣帝、光武皆稱父爲皇考〔五七〕。太后聞之，手書詰責輔臣以不當議稱皇考。上詔：「如聞集議，議論不一，宜權罷議，當令有司博求典故，務合禮經。」判太常寺范鎮率禮官上言：「陛下既考仁宗，又考濮王，其議未當。」具列儀禮及漢儒議論，魏明帝詔，爲五篇奏之。於是臺官自中丞賈黯以下各有奏。知雜呂誨亦言：「陛下入繼大統，皆先帝之德，當從王珪等議爲定，封濮安懿王大國，諸夫人典禮稱是。」奏皆留中不報。司馬光又上言曰：「伏見向者詔群臣議濮安懿王合行典禮，王珪等二十餘人皆以爲宜。準先朝封贈期親尊屬故事，凡兩次會議無一人異辭，而政府之意獨欲尊濮王爲皇考。巧飾詞說，誤惑聖聽。政府言儀禮本文五服年月敕皆云『爲人後者爲其父母之服者，不謂之父母』。不知如何立文？此乃政府欺罔天下之人，謂其皆不識文理也。又言漢宣帝、光武皆稱其父爲皇考。臣案宣帝承昭帝之後，以孫繼祖，故尊其父爲皇考，而不敢尊其祖爲皇祖者，以與昭帝昭穆同也。光武起布衣，誅王莽，冒矢石以得天下，名爲中興，其實創業。雖自立七廟，猶非太過。况但稱皇考，其謙損甚矣。今陛下親爲仁宗之子以承大業，傳曰『國無二君，家無二尊』，若復尊濮王爲皇考，則置仁宗於何地乎？」至是乃詔立濮王園廟，以宗樸爲濮國公〔五八〕，奉濮王祀。先是，太后手書：「濮安懿王、譙國太夫人王氏、襄國太夫人韓氏、仙遊縣君任氏，可令皇帝稱親，尊王爲濮安懿皇，譙國、襄國、仙遊並稱后。」上手詔曰：「稱親之禮，謹遵慈訓；追崇之典，豈易克當。且欲以塋爲園，即園立廟〔五九〕。皇太后已賜俞允，仍改封宗樸。」侍講呂公著上言：「稱親之說，乃漢史皇孫故事，皇孫即宣帝所生父，宣帝爲昭帝後，是以兄孫遥嗣祖統，無兩考之嫌，故且稱親。其後既立謚，祇稱悼園。今陛下以旁支繼大統，建立園廟，以王子承祀於濮王，無絶父之義，於仁宗無兩考之嫌，可謂兼得。其『親』字既稱謂難立，且義理不安，乞寢罷。」不報。

神宗熙寧二年九月，廢奉慈廟奉章惠太后神主赴西京，瘞陵園。

先是，治平初，同判太常寺吕公著言：「章惠皇太后準章聖皇帝遺札褒太妃之號。仁宗皇帝嘗以母稱，故加保慶之號。蓋生有慈保之勤，故没有廟享之報。今於陛下則恩有所止，義難承祀，其奉慈廟請依禮廢罷。」詔太常禮院詳議。神宗即位，知諫院楊繪言：「章惠太后於仁宗有撫養之恩，故別祭於奉慈廟。今陛下之於仁宗皇帝則孫也，乞下有司詳議。」禮官復申治平之議，乃命太常卿奉神主瘞於陵園，帝率群臣詣瓊林苑酌獻以辭，遂廢其廟。

元豐六年，詳定郊廟奉祀禮文所言：「按禮，夫婦一體，故昏禮則同牢、合巹，終則同穴，祭則同几、同祝饌，未嘗有異廟者也。惟周人以姜嫄爲媒神，而帝嚳不廟，又不可下入子孫之廟，乃以别廟而祭之，故魯頌謂之閟宫，周禮謂之先妣是也。自漢以來，凡不祔不配者，皆援姜嫄以爲比，或以其微，或以其繼而已。蓋其間有天下者，起於側微，而其后不及正位中宫，或已嘗正位矣，有所不幸，則當立繼以奉宗廟，故有『祖姑三人則祔於親者』之説。則立繼之禮，其來尚矣。始微終顯，皆嫡也，前娶改繼，皆嫡也。後世乃以始微後繼寘之别廟，不得伸同几之義，則非禮之意。恭惟太祖孝惠皇后、太宗淑德皇后、真宗章懷皇后實皆元妃，而孝章皇后則太祖之繼后，而皆祭以别廟，在禮未安，請升祔太廟，增四祏室，以時配享。」七月，遂自别廟升祔焉。

徽宗大觀二年，禮部太常寺請建別廟奉安惠恭皇后神主，依章穆皇后祔享故事。乃奉惠恭皇后祔於別廟。

政和四年，禮部太常寺言：「明達皇后祠殿寘在城外，於典禮無據，請就惠恭皇后別廟增建殿室升祔。」七月，奉明達皇后祔於別廟。

高宗紹興二十二年，有司言：「懿節皇后上僊，合祔廟。」權禮部侍郎施坰等言：「檢會大觀二年顯恭皇后故事，於太廟殿後建別廟奉安神主。今來大行皇后祔廟，亦合建別廟於太廟殿之後。」詔從之。乃建別廟。

紹熙五年，太廟祧僖、順、翼、宣四祖廟。作四祖廟，奉安僖祖以下神主。詳見天子宗廟門。

校勘記

〔一〕陛下爲孝昭帝後　「爲」原訛「以」，據漢書卷六三武五子傳改。

〔二〕皆改葬焉　「皆」原訛「故」，據漢書卷六三武五子傳改。

〔三〕置園奉邑　「園奉」二字原倒，據漢書卷六三武五子傳乙正。

〔四〕不敢貳專也　「專」原訛「尊」，據宋胡寅讀史管見卷二漢紀改。

〔五〕故既名其所後爲父母　「故」字原脱，據宋胡寅讀史管見卷二漢紀補。

〔六〕若叔父叔母降　「若」字原脱，據宋胡寅讀史管見卷二漢紀補。

〔七〕未及史皇孫　「未」原訛「末」，據宋胡寅讀史管見卷二漢紀改。

〔八〕帝使司空告祠高廟　「廟」原作「祖」，據後漢書卷一下光武帝紀改。

〔九〕遷吕太后廟主於園　「主」字原脱，據後漢書卷一下光武帝紀補。

〔一〇〕孝穆皇　「孝」字原脱，據後漢書卷七孝桓帝紀、卷五五章帝八王傳補。

〔一一〕解瀆侯即位　「瀆」原訛「犢」，據慎本、馮本及後漢書卷五五章帝八王傳改。

〔一二〕敦陵　「敦」原訛「淳」，據慎本、馮本及後漢書卷五五章帝八王傳改。

〔一三〕慎園貴人　「慎」原作「真」，據後漢書卷八孝靈帝紀改。

〔一四〕慎陵　「慎」原作「真」，據後漢書卷五五章帝八王傳改。

〔一五〕歸祖后稷　「歸」原作「既」，據晉書卷一九禮上、通典卷四七禮七改。

〔一六〕晉又異魏也　「又」原訛「文」，據晉書卷一九禮上、宋書卷一六禮三改。

〔一七〕太子二子　「太子」二字原脱，據晉書卷一九禮上、宋書卷一六禮三補。

〔一八〕又策謚武帝後宫楊氏　「謚」字原脱，據晉書卷一九禮上、宋書卷一六禮三補。

〔一九〕章太后既屈於上不列正廟　「屈」原訛「居」，「列」原訛「立」，據宋書卷一七禮四、通典卷一七禮七改。

〔二〇〕王燮之議　「燮」原訛「奭」，據宋書卷一七禮四改。

〔二一〕禘祫小廟　宋書卷一七禮四作「禘小祫大」。

〔二二〕於此爲大　「於」字原脱，據宋書卷一七禮四補。

〔二三〕猶以祫故而祭之也　宋書卷一七禮四「猶」作「獨」。

〔二四〕明帝泰始二年　「泰始」原訛「太始」，按宋明帝年號爲泰始，今據宋書卷一七禮四改。

〔二五〕宜備彝則　「彝」下原衍「典」字，據宋書卷一七禮四刪。

〔二六〕宜使有司行其禮　「宜」字原脱，據宋書卷一七禮四補。

〔二七〕宜躋祏於上位　宋書卷一七禮四作「宜躋新禰於上」。

〔二八〕拜伏　二字原脱，據宋書卷一七禮四補。

〔二九〕又昭皇太后室應拜　「又」字原脱，據宋書卷一七禮四、通典卷四七禮七補。

〔三〇〕下禮官議正　此五字原脱，據宋書卷一七禮四補。

〔三一〕纂祠文皇　「祠」原訛「嗣」，據宋書卷一七禮四改。

〔三二〕孝武廢薦告　「武」字原脱，據宋書卷一七禮四及通典卷四七禮七補。「孝武」下原衍「昭皇太后二室」六字，據文義刪。

〔三三〕而嘗經北面　「嘗」原訛「常」，據宋書卷一七禮四改。

〔三四〕見尊一時　「時」原訛「則」，據宋書卷一七禮四改。

〔三五〕人必公糧　唐會要卷一九諸太子廟作「人必公差」。

〔三六〕戾匪漢思　「思」原訛「恩」，據唐會要卷一九諸太子廟、通典卷四七禮七及文苑英華卷七六三宗廟改。

〔三七〕所枉者深　「所」原訛「求」，據唐會要卷一九諸太子廟、文苑英華卷七六三宗廟改。

〔三八〕非禮所安　「禮」原訛「理」，據唐會要卷一九諸太子廟、文苑英華卷七六三宗廟改。

〔三九〕特爲立廟　「爲」字原脱，據舊唐書卷二五禮儀五、唐會要卷一九儀坤廟補。
〔四〇〕晉簡文母鄭宣后　「母」字原脱，據唐會要卷一九儀坤廟補。
〔四一〕姜嫄宣后　「嫄」字原脱，據舊唐書卷二五禮儀五、唐會要卷一九儀坤廟補。
〔四二〕而情且未安　「情」原訛「親」，據唐會要卷一九諸太子廟、通典卷四七禮七改。
〔四三〕七太子廟等　「子」字原脱，據唐會要卷一九諸太子廟補。
〔四四〕貞獻皇太后蕭氏　「蕭」原訛「韋」，據舊唐書卷一文宗本紀、卷二五禮儀五、卷五二后妃傳及新唐書卷八文宗本紀、卷七七后妃傳改。
〔四五〕三年一祫五年一禘　「祫」原訛「禘」，「禘」原訛「祫」，據舊唐書卷二五禮儀五、唐會要卷一四禘祫下改。
〔四六〕欲以三太后祔享太廟　「以」字原脱，據舊唐書卷二五禮儀五、唐會要卷一四禘祫下補。
〔四七〕明其終安別廟　「廟」原訛「置」，據舊唐書卷二五禮儀五、唐會要卷一四禘祫下改。
〔四八〕帝在位后先作神主之例　新舊唐書合鈔卷二九禮志在「帝」上有「不同」二字。疑此句有脱誤。
〔四九〕今忽以太皇太后入列於昭穆　上「太」字原脱，據册府卷五九三掌禮部補。
〔五〇〕及禘祫於七廟　「於」原訛「與」，據舊唐書卷二五禮儀五改。
〔五一〕皆禘於別廟爲宜　「別」字原脱，據舊唐書卷二五禮儀五、唐會要卷一四禘祫下補。
〔五二〕不及景帝統百揆而亡　「景」字原脱，據宋史卷一〇九禮一二補。
〔五三〕再詔尚書省集議及禮官同詳定　「尚書省」和「及」四字原脱，據宋史卷一〇九禮一二補。
〔五四〕昭成　二字原脱，據宋史卷一〇九禮一二補。

〔五五〕本朝孝明孝章祔太祖故事　「本朝」二字原脱，據宋史卷一〇九禮一二補。

〔五六〕況前代無同日並祔之比　「況」字原脱，據宋史卷一〇九禮一二、長編卷一一二明道二年六月戊午條補。

〔五七〕中書奏漢宣帝光武皆稱父爲皇考　「漢」原訛「孝」，「帝」字原脱，據宋史卷二四五宗室二改、補。

〔五八〕宗樸爲濮國公　「樸」原作「濮」，據宋史卷二四五宗室二、長編卷二〇七治平三年春正月丁丑條改。下同。

〔五九〕即園立廟　宋史卷二四五宗室二「廟」下有「俾王子孫主奉祠事」八字。此處疑有脱漏。

卷九十六　宗廟考六

祭祀時享 薦新

有虞氏四時之祭名：春曰礿，礿，薄也。春物未成，其祭品鮮薄。又云新菜可礿。夏曰禘，禘者，次第也。夏時物雖未成，宜依時次第而祭之。秋曰嘗，新穀熟而嘗之。冬曰烝。烝，進也。冬物成，進其品也。其祭尚氣，郊特牲云「血、腥、爓祭，用氣也」。尚，謂貴，而祭祀之時先薦用氣物也。血，謂祭初以血詔神於室。腥，謂朝踐薦腥肉於堂。爓，謂沈肉於湯，次腥亦薦於堂。以血、腥、爓三者而祭，是用氣也。以其並未熟，故云用氣也。法先迎牲，殺之取血，告於室，以降其神，然後用樂而行祭事。其祭貴首。

夔曰：戛擊鳴球，搏拊琴瑟以咏，祖考來格。虞賓在位，群后德讓。戛擊，是作用之名，非樂器。故以戛擊爲柷敔。搏拊形如鼓，以韋爲之，實之以糠，擊之以節樂。球，玉磬。以合堂上之樂。此舜廟内堂上之樂。以下云「下管」，故知此在堂上也。所謂虞賓，丹朱王者後，以故稱賓。下管鼗鼓，合止柷敔，堂上下樂各有柷敔。上言戛擊以作用言，此以器言，互相備。笙鏞以間，鳥獸蹌蹌。吹笙擊鐘，相間而作，鳥獸化德，相率而舞。簫韶九成，鳳凰來儀。韶，舜樂名。言簫見細器之備。成，猶終也。每曲一終，必變更奏，故經言九成，傳言九奏，周禮謂之九變，其實一也。備樂九終，而致靈鳥。

夏氏時祭之名，因有虞。其祭貴心，用昏。

殷禴禘烝嘗，亦因虞、夏之制。王制云：「春禴，夏禘，秋嘗，冬烝。」鄭玄云「此夏、殷之法」。其祭尚聲。郊特牲云：「殷人尚聲，臭味未成，滌蕩其聲，樂三闋，然後出迎牲。聲音之號，所以詔告於天地之間也。」疏曰：「殷人尚聲」者，先奏樂也。「臭味未成」，謂未殺牲也。「滌蕩」，猶搖動也。既尚聲，故未殺牲而先搖動樂聲，以求神也。「樂三闋，然後出迎牲」者，闋，止也，奏樂三徧止，乃迎牲入殺之。「聲音之號，所以詔告於天地之間也」者，解所以先奏樂之義〔一〕，言天地之間虛豁亦陽也，言鬼神在天地之間，聲是陽，故用樂之音聲號呼告於天地之間，庶神明聞之而來，是先求陽之義也。其祭貴肝，用日出。

傳：「樂以迎來，哀以送往，故禘有樂而嘗無樂。」迎來而樂，樂親之將來也。送去而哀，哀其享否不可知也。小言之，則爲一祭之間，孝子不知鬼神之期。推而廣之，放其去來於陰陽。放，方往反。疏曰：一祭比於一年，其事爲小，故云「小言之，爲一祭之間」。既不知鬼神之來去期節，故祭初似若來，故樂；祭末似去，故哀。據孝子之心，雖春有樂及鐘鼓送尸，孝子之心祭末猶哀也。云「推而廣之，放其去來於陰陽」者，解經云「故禘有樂，而嘗無樂」二句也，言推此一祭而廣論一年，放神之去來似陰陽二氣。但陽主生長，春夏陽來似神來，故春夏祭有樂。秋冬陰，象神去，故秋冬祭無樂。然周禮四時之祭皆有樂，殷則烝嘗祭亦有樂。故那詩云「庸鼓有斁，萬舞有奕」，下云「顧予烝嘗」，則殷秋冬亦有樂者。熊氏云，殷秋冬但有管絃之樂。又云烝嘗全無樂。故其義已具。郊特牲。凡祭有四時，春祭曰礿，夏祭曰禘，秋祭曰嘗，冬祭曰烝。謂夏、殷時禮也。礿、禘，陽義也；嘗、烝，陰義也。禘者，陽之盛也；嘗者，陰之盛也；故曰莫重於禘、嘗。疏曰：禘祭在夏，夏爲炎暑，故爲陽盛。嘗祭在秋之時，陰功成就，故爲陰盛。古者於禘也，發爵賜服，順陽義也；於嘗也，出田邑，發秋政，順陰義也。疏曰：「爵命是生養之事，故屬陽。國地是土地之事，故屬陰也。」故記曰：「嘗之日，發公室，示賞也。草艾則墨，未發秋政，則民弗敢草也。」艾，音刈。疏曰：以記録之前，先有此記之文，故作記者載此前記之文，所以言「記曰」也。此記云嘗祭之日，發出公室貨財以示賞也。「草刈則墨」者，謂初秋草堪艾給炊爨之時，則行小刑之墨。人君未發行秋政，則民不敢艾草也。

陳氏禮書曰：「商禮春曰礿，夏曰禘，而五年之禘爲大禘。詩頌長發『大禘』是也。周禮春曰祠，夏曰礿，而五年之禘不稱大焉。詩頌雍『禘太祖』是也。」

周祭，春曰祠，祠之言食。夏祭曰礿，新菜可汋。秋祭曰嘗，冬祭曰烝。以禘爲殷祭之名，其祭尚臭。郊特牲曰：「周人尚臭，灌用鬯臭，鬱合鬯，臭陰達於淵泉。灌以圭璋，用玉氣也。既灌，然後迎牲，致陰氣也。蕭合黍稷，臭陽達於牆屋，故既奠，然後焫蕭合羶薌。」焫，如悅反。羶，音馨。薌，音香。灌，謂以圭瓚酌鬯，始獻神也。已，乃逆牲於廷殺之，天子諸侯之禮也。奠，謂薦熟時也。特牲饋食所云「祝酌奠於鉶南」〔二〕，是也。蕭，薌蒿也。染以脂，合黍稷燒之。詩云「取蕭祭脂」。疏曰：「周人尚臭」者，周禮變於殷，故先求陰尚臭也。臭，謂鬯氣也。未殺牲，先酌鬯酒灌地以求神，是尚臭也。鬱，鬱金草也。鬯，謂鬯酒煮鬱金草和之，其氣芬芳調鬯，故云「鬱合鬯」也。用鬱鬯灌地，是用臭氣求陰達於淵泉也。「灌以圭璋，用玉氣也」者，王肅云：「以圭璋爲瓚之柄也」，瓚所以斞鬯也，玉氣潔潤，灌用玉瓚，亦求神之宜也。玉氣，亦是尚臭也。「既灌，然後迎牲」者，先求神後迎牲也。先灌，是先求陰也。「蕭合黍稷」者，周人後求陽也，取蕭草及牲脂膋合黍稷燒之也，此謂饋食時也。「臭陽達於牆屋」者，謂以蕭合黍稷之臭氣求陽達於牆屋也。其祭貴肺，用朝及闇。

傳：凡祭慎諸此，魂氣歸於天，形魄歸於地，故祭求諸陰陽之義也。殷人先求諸陽，周人先求諸陰。

陳氏禮書曰：「祭義曰『夏后氏祭其闇，商人祭其陽，周人祭日以朝及闇』。檀弓曰『夏后氏大事用昏，商人大事用日中，周人大事用日出』。然則春秋書之大事於太廟，傳稱國之大事在祀與戎，則祭亦大事也。夏尚黑，用昏，故祭其闇。商尚白，用日中，故祭其陽。周尚赤，用日出，故祭以朝及闇。鄭氏謂陽讀爲「曰雨曰暘」之暘。以朝及闇，謂終日有事。蓋三代正朔之所尚：正，則夏以建寅，商以建丑，周以建子；朔，則夏以平旦，商以鷄鳴，周以夜半，是皆夏據其末，商、周探其本，則祭之早晏亦若此也。少牢大夫之祭，宗人請期，曰『旦明行事』。子路祭於季氏質明而始行事，晏朝而退，孔子取之。此周禮也。然禮與其失於晏也，寧早，則周雖未明之時，祭之可也，故曰『以朝及闇』。周官鷄人凡國事爲期，則告之時，宗伯祭之日，告時於王。蓋鷄人告於宗伯，宗伯告於王，然後行事。」

朱子曰：「儀禮所存惟少牢饋食、特牲饋食禮，是大夫、士禮兼，又只是有饋食。若天子祭，便合有初間祭腥等事。如所謂建設朝事，燔燎羶薌。若附儀禮，此等皆無入頭處。意欲將周禮中天子祭禮逐項作一總腦，却以禮記附，如疏中有説天子處，皆編出。因云某已衰老，其間合要理會文字，皆起得箇頭在，及見其成，不見其成，皆未可知。萬一不及見此書之成，諸公千萬勉力整理得成，此書所係甚大。」

大宗伯之職：「以吉禮事邦國之鬼神示」，「以肆獻祼享先王，以饋食享先王，以祠春享先王，以禴夏享先王，以嘗秋享先王，以烝冬享先王」。示音祇。肆，他歷反。祼，古亂反。禴，餘若反。　宗廟之祭，有此六享。肆獻祼、饋食在四時之上，則是祫也，禘也。肆者，進所解牲體，謂薦熟時也。獻，獻禮，謂薦血腥也。祼之言灌，灌以鬱鬯，謂始獻尸求神時也。郊特牲曰：「魂氣歸於天，形魄歸於地，故祭所以求諸陰陽之義也。殷人先求諸陽，周人先求諸陰」，灌是也。祭必先灌，而後薦腥、薦熟，於祫逆言之者，與下共文，明六享俱然。祫言肆獻祼，禘言饋食者，著有黍稷，互相備也。　疏曰：云「祭必先灌，乃後薦腥、薦熟，於祫逆言之者，與下共文，明六享俱然」者，如向所説先灌訖〔三〕，王始迎牲；次腥其俎，腥其俎訖，乃爓；爓祭訖，始迎尸入室，乃有黍稷，是其順也。今此經先言肆，肆是饋獻節；次言獻，獻是朝踐節；後言灌，灌是最在先之事，是於祫逆言之也。言「與下共文，明六享俱然」者，既從下向上爲文，即於下五享與上祫祭〔四〕，皆有灌、獻、肆三事矣，故云「六享俱然」。

黄氏曰：先儒以肆爲肆解牲體，獻爲獻醴，肆獻祼，謂灌而後薦腥、薦熟，差次薦獻之節固如此。然典瑞「祼圭有瓚，以肆先王」，司尊彝「鬱齊獻酌」，則肆獻皆用祼而爲名也。若以爲祼而後肆獻故以爲名，則義猶得通。然小宗伯「王崩大肆，以秬鬯渳」；太祝「大喪，始崩，以肆鬯渳尸」，不可亦爲肆解牲體矣。是則肆獻專爲祼，但不知其義爲何如也。先儒又以肆獻饋食爲禘祫，宗廟四時之祭其外有禘祫，禘追遠，祫合食，宜爲廟祭之首。然天子之禮亡，今諸儒所言祭祀之節，皆雜出經傳，意類推次，難遽信也。宗廟之祭，皆有牲體，皆有黍稷，而獨以肆獻爲祫，饋食爲禘，不知其義何以爲據。

楊氏曰：愚按典瑞「祼圭有瓚〔五〕，以肆先王」，司尊彝「鬱齊獻酌」〔六〕，則肆獻祼，即祼也。祭以祼爲重，祼所以降神，祭統云「獻之屬莫重於祼」是也〔七〕。祭以饋熟爲正，正祭之時，祝官以祝辭告於主，郊特牲云「直祭祝於主」是也。凡四時之祭皆然，舉其要，故在四時之上。

仲春之月，天子乃鮮羔開冰，先薦寢廟。鮮，當作獻。獻羔，謂祭司寒也，祭司寒而出冰，先薦於宗廟，乃後賦之。 孟夏之月，農乃登麥，天子乃以彘嘗麥，先薦寢廟。登，進也。麥新氣尤盛，以彘食之，散其熱也。彘，水畜也。 仲夏之月，農乃登黍，天子乃以雛嘗黍，羞以含桃，先薦寢廟。此嘗雛也，而云以嘗黍，不以牲主穀也。必以黍者，黍，火，穀氣之主也。雛，鷄也。 疏云：「如鄭此言黍非新成，直取舊黍，與雛同薦之，故下孟秋云『農乃登穀』〔八〕。注云，黍稷於是始熟，明仲夏未熟。蔡氏以爲此時黍新熟，今蟬鳴黍是也，非鄭義也。按月令諸月無薦果之文，此獨羞含桃者，以此果先成，異於餘物，故特記之，其實諸果亦時薦。」孟秋之月，農乃登穀，天子嘗新，先薦寢廟。仲秋，以犬嘗麻，先薦寢廟。季秋，以犬嘗稻，先薦寢廟。季冬，命漁師始漁，天子親往，乃嘗魚，先薦寢廟。

長樂陳氏曰：「先儒謂廟藏神主，而祭以四時；寢藏衣冠几杖之具，而祭之以新物。然國語曰『大寒取名魚，登水禽，嘗寢廟』。月令四時新物皆先薦寢廟。蓋有寢者薦於寢，無寢者薦於廟，非謂薦止於寢也。」

嚴陵方氏曰：「既曰寢，又曰廟，何也？蓋王者之於祖禰，以人道事之則有寢，以神道事之則有廟。天子七廟，而周官隸僕止掌五寢者，以二祧將毀，先除其寢，事有漸故也。祭，神道也；薦，人道也。」

傳：始殺而嘗，建酉之月，陰氣始殺，嘉穀始熟，故薦嘗於宗廟。閉蟄而烝。建亥之月，昆蟲閉户，萬物皆成，可薦者衆，故烝祭宗廟。春秋桓公五年左氏傳。中夏，教茇舍。遂以苗田，如蒐之灋，獻禽以享礿。中，音仲。夏同。茇，蒲末反。茇舍，草止之也。夏田爲苗擇取不孕任者。礿，宗廟之夏祭也。冬夏，田主於祭宗廟，陰陽始起，象神之在内。疏曰：以草釋茇，以止釋舍，軍有草止之法。云「冬夏，田主於祭宗廟，陰陽始起，象神之在内」者，仲冬一陽生，仲夏一陰生，是陰陽在内，故神象之而行祭也。此祭因田獵獻禽爲祭，若正祭自在孟月。中冬，教大閱，遂以狩田，入獻禽以享烝。冬田曰狩，言守取之無所擇也。入以禽祭宗廟。夏官大司馬。易既濟：「九五，東鄰殺牛，不如西鄰之禴祭。」牛，祭之盛者也；禴，祭之薄者也。居既濟之時而處尊位，物皆濟矣，將何爲焉？其所務者，祭祀而已〔九〕。祭祀之盛，莫盛修德，故沼沚之毛，蘋蘩之菜，可羞於鬼神。故黍稷非馨，明德惟馨。是以東鄰殺牛，不如西鄰之禴祭，實受其福也。桓十四年秋八月壬申，御廩災。乙亥，嘗。御廩，藏公所親耕，以奉粢盛之倉也。天火曰災。既戒日致齊，御廩雖災，苟不害嘉穀，則祭不應廢，故書以示法。仲尼嘗，奉薦而進，其親也慤，其行也趨趨以數。趨，音促。數，色角反。嘗，秋祭也。親，謂身親執事。數，速也。疏曰：「奉薦而進，其親也慤」者〔一〇〕，慤，謂質慤，謂仲尼奉薦進尸之時，其身執事，其行貌慤質少威儀。其行步促促速疾少威儀，舉足而數也。並見宗廟祭祀總義。戊辰，王在新邑，烝祭歲，文王騂牛一，武王騂牛一。洛誥。桓公八年正月己卯，烝。穀梁子曰：「烝，冬事也。春興之，志不時也。夏，五月丁丑，烝。烝，冬事也，春夏興之，黷祀也。志不敬也。」公羊子曰：「春曰祠，夏曰礿，秋曰嘗，冬曰烝。常事不書，此何以書？譏亟也。亟，數也。」亟則黷，黷則不敬。君子之祭也，敬而不黷。疏則怠，怠則忘。士不及茲四者，則冬不裘，夏不葛。裘葛者，禦寒暑之美服〔一一〕。士有公事不得及此四時祭者〔一二〕，則不敢美其衣服，蓋思念親之至也。襄公十五年冬，十有一月，晉侯周卒。十六年正月，葬晉悼公。平公即位，烝於曲沃。平公，悼公子彪。曲沃，晉祖廟。烝，冬祭也。諸侯五月而葬，既葬卒哭〔一三〕，作主，然後烝嘗於廟。今晉踰月葬，作主而烝祭，傳言晉將有溴梁之會，故速葬。

陳氏禮書曰：君子以義處禮，則祭不至於數煩；以仁處禮，則祭不至於疏怠。悽愴發於霜露之既降，怵惕生於雨露之既濡，此所以有四時之享也。然四時之享，皆前期十日而齋戒，前祭一日而省眡，祭之日，禮交動乎上，樂交應乎下。自再祼以至九獻，其禮非一舉。自致神以至送尸，其樂非一次。以一日而歷七廟，則日固不足，而强有力者亦莫善其事矣。若日享一廟，前祭視牲，後祭又繹，則彌月之間亦莫既其事矣。考之經傳，蓋天子之禮，春則犆祭，夏、秋、冬則合享。犆祭各於其廟，合享同於太廟。王制曰天子「犆礿，祫禘，祫嘗，祫烝。諸侯礿犆，禘一犆一祫。」是天子春犆而三時皆祫，諸侯亦春犆而冬皆祫。其異於天子者，禘一犆一祫而已。禘一犆一祫，而嘗烝皆祫，是始年再祫，次年三祫也。天子言犆礿，諸侯言礿犆；天子言祫禘、祫嘗、祫烝，諸侯言嘗祫、烝祫。此特變文而已，非有異也。鄭氏曰：「天子先祫而後時祭，諸侯先時祭而後祫，凡祫之歲，春一礿而已。」孔穎達云：「皇氏讀虞、夏祫祭，每年爲之。」又云：「三時祫者，夏秋冬或一祫焉。」按禘祫志云，祫於秋於冬皆夏，則夏商三時俱商祭，皇氏之説非也，其言皆無所據。楚茨之詩，始言「以往烝嘗」，終言「神具醉止」。儀禮大夫三廟，筮止丁亥之一日而言，薦歲事於皇祖。禮記云「嘗禘之禮，所以仁昭穆」。則會群神於烝嘗而具醉者，祫也。合三廟於一日而薦於皇祖者，亦祫也。嘗禘所以仁昭穆，亦祫也。祫，有三年之祫，有時祭之祫。時祭，小祫也。士虞禮曰：「薦此祫事，則時祭謂之祫，宜矣。」三年之祫，大祫也。時祭有小禮，有大禮。小禮，春也。大禮，夏、秋、冬也。公羊傳曰：「大事者何？大祫也。」則明時祭之祫爲小祫矣。禮記曰「大嘗」，周禮曰「大烝」，則春祀爲小禮矣。蓋小祫止於未毀廟之主，大祫已及於毀廟之主。禮記曰「周旅酬六尸」。又曰「祫於太廟，祝迎四廟之主」。夫天子旅酬止於六尸，諸侯迎主止於四廟，非小祫而何？

又曰「周禮大宗伯以肆獻祼、饋食享先王，以春祠、夏禴、秋嘗、冬烝享先王。祭法『王立七廟，一壇一墠。曰考廟，曰王考廟，曰皇考廟，曰顯考廟，曰祖考廟，皆月祭之。遠廟爲祧，有二祧，享嘗乃止』。『諸侯五廟，一壇一墠。曰考廟，曰王考廟，曰皇考廟，皆月祭之。顯考廟，祖考廟，享嘗乃止』。然則周禮有時祭無月祭，祭法有月祭無時祭。周語祭公謀父曰：『甸服者祭，侯服者祀，賓服者享，要服者貢，荒服者王〔一四〕，日祭，月祀，時享，歲貢。』楚語觀射父曰〔一五〕：『先王日祭、月享、時類、歲祀。諸侯舍日，卿、大夫舍月，士、庶人舍時。』韋玄成、韋昭之徒則曰：『天子日祭於祖考，月祭於曾高，時享於二祧，歲貢於壇墠。』此與漢法日祭於寢，月祭於廟，時祭於便殿，其事相類。而甸、侯、賓、要、荒五服之制，與禹貢相合，蓋夏、商之禮如此，故左邱明、荀卿、司馬遷皆得以傳之也。周禮小宗伯『凡天地之大烖，類社稷宗廟則爲位』〔一六〕。類於宗廟者無常時，與所謂王時類者異矣。王制『庶人春薦韭，夏薦麥，秋薦黍，冬薦稻。韭以卵，麥以魚，黍以豚，稻以鴈』。則薦於四時者有常物，與所謂庶人舍時者異矣。然則玉藻言『天子聽朔於南門之外，諸侯聽朔於太廟』，春秋文公六年書『閏月，不告朔，猶朝於廟』，論語曰『子貢欲去告朔之餼羊』。鄭氏釋玉藻謂天子聽朔於明堂，以特牲告其帝神，配以文王、武王；釋論語謂人君每月告朔有祭，謂之朝享。然周禮朝享非謂告朔，而聽朔於明堂，以特牲告其帝及神，配以文王、武王，無所經見。要之，告朔於廟，餼以特牲，謂之月祭，此先王之禮也。魯文公不行告朔之禮，但身至廟拜謁而已，故春秋譏之。穀梁言『天子告朔於諸侯，諸侯受於禰廟，禮也』。又曰『閏月不以告朔，然受朔於禰』，則異於玉藻。閏月不告朔，則異於左氏。左氏曰：「閏以正時，時以作事，事以厚生，生民之道，於是乎在。不告閏朔〔一七〕，棄時政也。」祭法諸侯月祭不及祖考，其說與穀梁同，不知何據然邪。」

右四時祭義。

國語楚語曰：「古者先王日祭，月享，時類，歲祀。日祭於祖考，月祭於高曾，時類及二祧，歲祀於壇墠也。卿、大夫舍月。有時祭也。」周語「穆王將征犬戎，犬戎，西戎之別名。征荒服。祭公謀父諫曰：『先王之制：邦內甸服，邦外侯服，侯、衛賓服，蠻、夷要服，戎、翟荒服。甸服者祭，供日祭也。此采地之君，其見無數。侯服者祀，供月祀也。堯、舜及周，侯服皆歲見。賓服者享，供時享也。享，獻也。周禮，甸圻二歲而見，男圻三歲而見，衛圻五歲而見，其見也，必以所貢助祭於廟，孝經所謂「四海之內，各以其職來祭」。要服者貢，供歲貢也。要服六歲一見。荒服者王。王，王事天子也。周禮，九州之外謂之蕃國，世一見，各以其所貴寶爲贄，詩曰「自彼氐、羌，莫敢不來王」。日祭、祭於祖、考，謂上食也。月祀、月祀於高、曾。時享、時享於二祧。歲貢、歲貢於壇墠。終王，終，謂世終也。惟嗣王及即位而來見。先王之訓也。序成而有不至則修刑。序成，謂上五者次序也。今自大畢、伯仕之終也，大畢、伯仕，犬戎氏之二君。終，卒也。犬戎氏以其職來王〔一八〕，天子曰「予必以不享征之」，且觀之兵。其無乃非先王之訓乎！』」

朱子曰：「左氏云特祀於寢，而國語有日祭之文，韋昭曰，謂日上食於祖禰，漢事亦然。是主復寢，猶日上食矣。」又曰：「國語日祭、月祀、時享，既與周禮祀天神地祇、享人鬼之名不合。韋昭又謂日上食於祖禰，月祀於高、曾，時享於二祧，亦但於祭法略相表裏，而不見於他經。又主既復寢，則其几筵未知當俟臨祭而後設邪，或常設而不除也？」

右日月時歲之祭。

前期十日，小宗伯掌四時祭祀之序事與其禮。序事，謂卜日、省牲、視滌濯饔爨之事，次序之時。春官。太宰，祀五帝則掌百官之誓戒，與其具修。前期十日，帥執事而卜日，遂戒。享先王亦如之。自太宰而下及齋冠服等，並見祀昊天上帝禮前期十日之條內。小宗伯，毛六牲，頒於五官，使共奉之。毛，擇毛也。鄭司農云：「司徒主牛，宗伯主鷄，司馬主馬及羊，司寇主犬，司空主豕。」疏曰：皆有毛色，若宗廟用騂之等。毛，戚如字，劉莫報反。王制「宗廟之牛角握」。注曰：握，謂長不出膚。國語楚語「烝嘗不過把握」。注曰：把握，角長不出把。辨六齍，使六宮之人共奉之。齍，讀爲粢，謂六穀：黍、稷、稻、粱、麥、苽。苽，音孤。辨六彝，以待果將。鷄、鳥、斝、黃、虎、蜼。疏曰：將，送也，謂以圭瓚酌之，送與尸及賓〔一九〕。果，讀爲裸。斝，音假，又音嫁。蜼，音誄。辨六尊，以待祭祀。獻、象、壺、著、大、山。春官。籩人，共其籩薦羞之實。醢人，共薦羞之豆實。醢，呼在反。詳見下文朝踐饋獻再獻條。醯人，共五齊七菹，凡醯醬之物。齊，子兮反。天官。鹽人，共苦鹽散鹽。苦，音盬，工户反。散，悉但反。杜子春讀苦爲盬，謂出鹽直用不湅治。鄭司農云散鹽湅治者。玄謂散鹽，鬻水爲鹽。湅，音練。鬻，音煮。盬，音古。甸師共齍盛，共蕭茅。見祭物。世婦，掌女宮之宿戒。女宮，刑女給宮中事者。宿戒，當給事，豫告之齊戒也。疏曰：此亦祭前十日戒之使齊，祭前三日又宿之。帥六宮之人共齍盛。帥世婦、女御〔二〇〕。春官。天官世婦「掌祭祀之事，帥女宮濯摡爲齍盛」，注曰：摡，拭也。爲，猶差擇。疏曰：祭祀黍稷，舂人舂之，饎人炊之，皆不使世婦，故此爲非舂、非炊，是差擇可知也。摡，古愛反。寺人「若有祭祀之事，則帥女宮而致於有司，佐世婦治禮事」，注曰：有司，謂宮卿世婦。世婦〔二一〕，二十七世婦。女御「凡祭祀，贊世婦」，注曰：助其帥涖女官。內小臣，若有祭祀則擯，詔后之禮事，相九嬪之禮事，正內人之禮事。疏曰：祭祀，后有事，九嬪以下從后往，小臣則與后爲擯贊也。云：「詔后之禮事，相九嬪之禮事，正內人之禮事」者，詔、相、正皆是上擯，但據尊卑不同，故以詔相別之。后尊云「詔」，詔告而已。九嬪稍卑，則言相。相，佐助也。女御卑，直正之而已。天官。亨人，掌共鼎鑊，以給水火之齊。齊，才細反。鑊，所以煮肉及魚腊之器，既熟，乃脀於鼎。疏曰：云齊多少之量者，謂實水於鑊及爨之以火，皆有多少之齊也。隸僕，掃除糞灑。掃，素報反。灑，所賣反。注、疏見宗廟制度。

傳：及時將祭，君子乃齊。齊之爲言齊也，齊不齊，以致齊者也。及其將齊也，防其邪物，訖其嗜欲，耳不聽樂，故記曰，齊者不樂，言不敢散其志也。心不苟慮，必依於道；手足不苟動，必依於禮。訖，猶止也。乃齊，側皆反。下「齊也」、「齊不齊」、「齊之」皆如字。嗜，市志反。邪，似嗟反。訖，居乙反。　疏曰：方將接神，先宜齊整身心，故齊也。齊者，齊也，所以正此不齊之事，謂未齊之時，心慮散蕩，心所嗜欲，有不齊正，及其齊也，正此不齊之事，以致極齊戒之道。是故君子之齊也，專致其精明之德也。故散齊七日以定之，致齊三日以齊之。定之之謂齊，齊者，精明之至也，然後可以交於神明也。定者，定其志意。是故先期旬有一日，宮宰宿夫人，夫人亦散齊七日，致齊三日。宮宰，守宮官也。宿，讀爲肅。肅，猶戒也，戒輕肅重也〔二二〕。君致齊於外，夫人致齊於內，然後會於太廟。祭統。　致齊於內，散齊於外。齊之日，思其居處，思其笑語，思其志意，思其所樂，思其所嗜。齊三日，乃見其所爲齊者。所樂，音岳，又五孝反。　疏曰：「思其居處」以下五事，謂孝子思念親存之五事也。先思其粗，漸思其精，故居處在前，樂嗜居後。「齊三日，乃見其所爲齊者」，謂致齊精意純熟，目想之，若見其所爲齊之親也。祭義。　程子曰：凡祭必齊。齊之日，思其居處，思其笑語，此孝子平日思親之心，非齊也。齊，不容有思，有思則非齊。齋三日，見其所爲齊者，此非聖人語。齊者，湛然純一，方能與鬼神接，能事鬼神，此是上一等人。

祭之前日，太宰及執事眡滌濯，疏及大宗伯以下，並見祀昊天上帝禮祭之前日條。　大宗伯涖鬯，鬯，鬱鬯。　小宗伯省牲，察其不如法。　地官充人「展牲則告牷〔二三〕」，注曰：「展牲，若今夕牲也。特牲宗人視牲告充。」　司烜氏以夫燧取明火於日，以鑒取明水於月，以共祭祀之明齍、明燭，共明水。烜，音燬。夫，方符反，司農音符。齍，音資，注作粢，音同。夫遂，陽遂也。鑒，鏡屬，取水者，世謂之方諸。取日之火，月之水，欲得陰陽之潔氣也。明燭以照饌陳，明水以爲玄酒。鄭司農云：夫，發聲。明齍，謂以明水脩滌粢盛黍稷〔二四〕。　疏曰：云「陽遂也」者，以其日者太陽之精〔二五〕，取火於日，故名陽遂。秋官。　世婦，及祭祀，比其具。比，鄭：毗志反；司農：匹氏反。比，次也。具，所濯溉及粢盛之爨，鄭司農讀爲庀，庀，具也。春官。掌次，張其旅幕尸次。見祭物。司几筵，設莞筵紛純，加繅席畫純，加次席黼純，左右玉几。祀先王昨席，亦如之。諸侯祭祀席，蒲筵繢純，加莞席紛純，右雕几。昨席莞筵紛純，加繅席畫純。凡吉事，變几。斧，謂之黼，其繡白黑采，以絳帛爲質。依，其制如屏風然。於依前爲王設席，左右有几，優至尊也。紛，讀如粉，謂白繡也。純，緣也。繅，讀如藻。次席，虎皮爲席。玄謂紛如綬，有文而狹者。繅席，削蒲蒻展之，編以五采，若今合歡。畫，謂雲氣也。次席，桃枝席，有次列成文。昨，讀曰酢，謂祭禮及王受酢之席。尸卒食，王酳之。卒爵，祝受之，又酌授尸，尸酢王。於是席王於户內，后、諸臣致爵，乃設席，亦如上三種席。吉事，王祭宗廟，祼於室，饋食於堂，繹於祊，每事易几。神事文，示新之。凶事仍几，凡奠几，朝夕相因，喪禮略。疏曰：凡敷席之法，初在地一重即謂之筵，重在上者即謂之席。云「次席，桃枝席，有次列成文」者，鄭以漢時以桃枝竹爲席，次第行成有成其文章，故以言之也。鋪筵設同几，爲依神也。鋪，普胡反。疏曰：設之曰筵，坐之曰席，言人生時體異，故夫婦別几，死則魂氣同歸於此，故夫婦同几也。典庸器，帥其屬而設筍簴，陳庸器。注、疏見祭物樂條。大司樂，以六律、六同、五聲、八音、六舞大合樂，以致鬼神示。乃分樂而序之，以祭，以享，以祀。乃奏夷則，歌小呂，舞大濩，以享先妣。濩，或故反。夷則，陽聲第五，小呂爲之合。小呂一名中呂。先妣，姜嫄也。周立廟自后稷爲始祖，姜嫄無所配，是以特立廟而祭之，謂之閟宫，閟神之。乃奏無射，歌夾鍾，舞大武，以享先祖。射，音亦。夾，古洽反。無射，陽聲之下也，夾鍾爲之合。夾鍾一名圜鍾。先祖，謂先王、先公。詳見祭物。凡樂事〔二六〕，大祭祀，宿縣，遂以聲展之。縣，音玄。疏曰：謂展省聽之，知其完否善惡也。詳見祭物。王出入則令奏王夏，尸出入則令奏肆夏，牲出入則令奏昭夏。三夏，皆樂章名。疏曰：王出入，謂王將祭祀初入廟門及祭祀訖出廟門，皆令奏王夏也。尸出入，謂尸初入廟門及祭祀訖出廟門，皆令奏肆夏。牲出入者，謂二灌後王出迎牲及爓肉，與體其犬豕，是牲出入皆令奏昭夏。先言王，次言尸，后言牲，此亦祭祀之次也。鼓人，以路鼓鼓鬼享。享，許丈反。

路鼓，四面鼓。疏曰：按大宗伯宗廟有六享，禘祫及四時〔二七〕。皆言享先王，則皆是大祭。縱有享先公爲次祀，祭殤爲小祀，皆用此路鼓，以天地神祇大小同鼓故也。地官。及入舞，君執干戚就舞位，君爲東上，冕而總干，率其群臣，以樂皇尸。樂，音洛。君爲東上，近主位也。皇，君也，言君尸者，尊之。祭統。通典云：乃奏無射，歌夾鍾，舞大武，以享先祖。時堂下之樂亦作。若特祭后稷廟，樂同降神樂章，則歌思文。特祭文王廟，歌清廟。特祭武王廟，歌執競，樂同先王先公。若特祭姜嫄廟，則奏夷則歌小吕，舞大濩，以享先妣。思文等詩並見祫祭禮。楊氏曰：大司樂凡樂黄鍾爲宫九變，則人鬼可得，而禮宜入四時祭祀，但宗廟之禮莫重於祫祭。大司樂疏亦云於宗廟中奏之，謂大祫也，故見於祫祭篇。祭之日，鷄人，大祭祀夜嘑旦，以嘂百官。嘑，火吴反。嘂，古弔反。春官。巾車鳴鈴以應鷄人。同上。閽人，大祭祀之事，設門燎，蹕宫門廟門。燎，地燭也。蹕，止行者。廟在中門之外。疏曰：燭在地曰燎。謂若天子百，公五十，侯、伯、子、男皆三十。所作之狀，蓋百根葦皆以布纏之，以蜜塗其上，若今蠟燭矣。天官。宫正，凡邦之事，蹕宫中廟中則執燭。注曰：國有事，王當出，則宫正主禁絶行者，若今時衛士填街蹕也。事，祭事也。邦之祭社稷七祀於宫中，祭先公、先王於廟中。隸僕掌蹕止行者，宫正則執燭以爲明。疏曰：宫中者，小宗伯云左宗廟，右社稷，在宫中中門之外也。填，音田。街，音佳。内竪，若有祭祀之事，則爲内人蹕。注曰：内人從世婦有事於廟者，内竪爲六宫蹕者，以其掌内小事。疏曰：祭祀在廟，謂禘祫四時之祭祀。爲，于僞反。酒正，共五齊三酒，以實八尊。時祭用二齊三酒説，見前圖。酒正注疏見祭物。冪人，以畫布巾冪六彝。冪，莫歷反。宗廟可以文畫者，其畫雲氣與。與，音餘。又疏布巾冪八尊。疏曰宗廟八尊，亦用畫布，互舉以明義也。天官。世婦，及祭之日，涖陳女宫之具，凡内羞之物。涖，臨也。疏曰：内羞之物者，謂糗餌粉餈。按少牢從房中而來，故名爲内羞。肆師，祭之日，表齍盛，告潔展器，陳告備。疏曰：當祭之日，具其黍稷等盛於簠簋，陳於廟堂東，皆爲徽識小旌，書其黍稷之名以表之。又告潔浄於堂東，陳器實之。既訖，則又展省視之而告備具。春官。大史，祭之日執書以次位常。大，音泰。謂校呼之，教其所當居之處。同上。文王世子：公族其在宗廟之中則如外朝之位。宗人授事以爵以官。注曰：宗人掌禮及宗廟也。以爵，貴賤異位也；以官，官各有掌也。若司徒奉牛，司馬奉羊，司空奉豕與。疏曰：此論同姓公族在宗廟之禮，故云其在宗廟之中，則立位所在如外朝之位也。宗人授事以爵以官者，宗人，掌禮之官，及宗廟授百官之事。以爵者，隨爵之尊卑，貴者在前，賤者在後。又以官之職掌，各供其事。按：周禮司徒奉牛牲，司馬奉羊牲，其司空奉豕無文，此云知奉豕者，五行傳云豕屬水，司空冬官，其位當水，故鄭注周禮司空奉豕與。典路，若有大祭祀，則出路，贊駕說。說，書鋭反，舍車也。出路，王當乘之。贊駕説，贊僕與趣馬也。春官。大馭、司常、節服氏等，並見祀天禮車騎條。司服，享先王則衮冕，享先公則鷩冕。鷩，必滅反。衮，卷龍衣也。鷩，畫以雉，謂華蟲也。見於春官。君純冕立於阼，夫人副褘立於東房。純，側其反。褘，音輝。疏曰：君純冕立於阼者，純亦緇也；冕，皆上玄下纁，其服並然，故通云緇冕。副及褘，后之上服。尸既入之後，轉就西房，故禮器云夫人在房，雖不云東西房，下云夫人東酌罍尊，則知夫人在房，謂西房也。祭統。太祝，逆尸，令鐘鼓；來瞽，令皋舞。「來」、「皋」者，皆謂呼之入。疏曰：瞽人，擬升堂歌舞呼之乃入〔二八〕。謂學子、舞人，令呼亦來入。故鄭云來、皋，皆謂呼之入也〔二九〕。相尸禮。延其出入。詔其坐作。春官。天府，祖廟之中，沃盥執燭。盥，音管。疏曰：小祝云大祭祀沃尸盥，小臣大祭祀沃王盥。此二官所沃盥在祖廟中，則天府爲之執燭。春官。太宰，贊玉几。玉几，所以依神。天子左右玉几。疏曰：享先王之几，亦與王平生同。天官。

九獻

祼　春祠、夏禴，祼用鷄彝、鳥彝，秋嘗、冬烝，祼用斝彝、黄彝。祼，謂以圭瓚酌鬱鬯始獻尸也。后於是以璋瓚酌亞祼。鷄彝鳥彝，謂刻畫爲鷄及鳳凰之形。斝，讀如稼。稼，畫禾稼也。所謂黄彝者，乃黄目尊也。爾雅曰：彝，卣罍器也。典瑞祼圭有瓚，以肆先王，以祼賓客。祼，古亂反。瓚，才早反。肆，如字。又他歷反。鄭司農云：於圭頭爲器，可以挹鬯祼祭謂之瓚。故詩云「瑟彼玉瓚，黄流在中」。國語謂之鬯圭。以肆先王，灌先王祭也。玄謂肆解牲體以祭，因以爲名。爵行曰祼。漢禮瓚槃大五升，口徑八寸，下有槃，口徑一尺。疏曰：言祼言祭，則祼據賓客，祭據宗廟也。詩曰「瑟彼玉瓚，黄流在中」者，彼詩是美王季爲西伯，受殷王圭瓚之賜。國語謂之鬯圭者，按國語云臧文仲「以鬯圭與玉磬如齊告糴」是也〔三〇〕。云爵行亦曰祼者，皆據祭而言。至於生人飲酒亦曰祼，故投壺禮云奉觴賜灌，是生人飲酒，爵行亦曰灌也。詳見祭器。春官。冬官玉人：祼圭尺有二寸，有瓚，以祀廟。注曰：祼之言灌也，或作祼，或作果，謂始獻酌奠也。瓚如盤，其柄用圭，有流前注。疏曰：始獻酌奠也者，小宰注云祼亦謂祭之啐之奠之，以其尸不飲，故云奠之。按司尊彝注祼謂始獻尸，郊特牲注云始獻神也者，以其祼入獻於尸，故云獻尸，二灌主爲降神，故云獻神。三注雖曰不同，其義一也。詳見祭器。

鬱人，掌祼器。祼器，謂彝及舟與瓚。疏曰：司尊彝云春祠、夏禴，祼用鷄彝、鳥彝，皆有舟，故知彝有舟也。禮記王制云諸侯賜圭瓚，然後爲鬯，故知祼器中有瓚，瓚則兼圭瓚、璋瓚也。凡祭祀之祼事，和鬱鬯以實彝而陳之。疏曰：云「和鬱鬯」者，謂和鬯人所造秬黍之鬯酒也。爲宗廟用鬱者，則肆師築鬱金草煮之，以和鬯酒，更和以盎齊泲之，以實彝陳於廟中祭之處也。凡祼玉，濯之陳之，以贊祼事。祼玉，謂圭瓚、璋瓚。詔祼將之儀，與其節。疏曰：云「祼將之儀」者，即是奉玉送祼之威儀，云「節」者，即早晚時節，故兩言之。云奉玉，謂王與后祼時奉瓚而酌鬱鬯；云送祼者，謂送之以授尸，尸得祭之，嚌之，奠之不飲者。凡祼事沃盥。疏曰：「凡」言非一，若賓客則大宗伯祼，若祭祀王及后祼，皆鬱人沃以水，盥水及洗瓚也。春官。肆師及果築鬻，注曰：鄭司農云築香草煮以爲鬯也。疏曰：按禮記雜記築鬱臼以椈，杵以梧，而築鬱金煮以和秬鬯之酒，以泲之而祼矣。但鬱人自掌鬱，此肆師察其不如儀者也。果，古亂反。鬻，音煮。

小宰，凡祭祀，贊祼將之事。將，送也。祼送，送祼，謂贊王酌鬱鬯以獻尸爲之祼。祼之言灌也，明不爲飲主，以祭祀唯人道宗廟有祼，天地大神至尊不祼，莫稱焉。凡鬱鬯受祭之，啐之，奠之。天官。春官：小宗伯，凡祭祀，以時將瓚果。注曰：將，送也，猶奉也，祭祀以時奉而授王也。天子圭瓚，諸侯璋瓚。疏曰：小宰云贊王祼將之事，此小宗伯又奉而授王者，此據授王，彼小宰據贊王授尸。天官內宰：大祭祀，后祼則贊。注曰：謂祭宗廟，王既祼而出迎牲，后乃從後祼也。疏曰：祼時以璋授后，故云贊也。君執圭瓚祼尸，大宗執璋瓚亞祼。大宗亞祼，容夫人有故攝焉。祭統。明堂灌用玉瓚大圭。注曰：瓚形如槃，容五升。疏曰：以玉飾瓚，故曰玉瓚。以大圭爲瓚柄，故曰大圭。

傳：獻之屬莫重於祼〔三〕。祭統。王入太室祼。洛誥。見告祭門。有虞氏之祭也，尚用氣云云。殷人尚聲云云。周人尚臭云云。詳見前三代祭條下。

楊氏曰：愚按司尊彝疏曰，王以圭瓚酌鷄彝鬱鬯始獻尸，尸以灌地降神。小宰注曰，凡鬱鬯尸受祭之，啐之，奠之，此爲祼神之一獻也，后以璋瓚酌鬱鬯亞祼。內宰大祭祀，后祼獻則贊，注云王既祼而出迎牲，后乃從後祼也，皆祭、啐、奠同上，此爲祼神之二獻。

朝踐　周禮司尊彝謂之朝踐，籩人、醢人謂之朝事。既灌然後迎牲。郊特牲。坐尸於堂。謂朝事時也。朝事，延尸於户西南面，布主席東面。郊特牲。外宗，佐王后薦玉豆，眡豆籩。眡，音視。疏曰：凡王之豆籩，皆玉飾之。餘云豆籩不云玉，文略。云薦豆不云籩者，以豆云玉，略籩。云眡豆籩者，謂在堂東未設之時，眡其實也。春官。世婦，詔王后之禮事，相外內宗之禮事。注曰：詔禮事薦徹之節，外內宗，同姓異姓之女有爵佐后者。天官，九嬪贊后薦徹豆籩；內宰正后之服位，而詔其禮樂之儀，贊九嬪之禮事。注曰：薦徹之禮，當與樂相應。位，謂房中户內及阼所立處。贊九嬪，助九嬪贊后之事也。疏曰：服，謂若內司服褘衣以下六服皆正之。天子之禮，薦時歌清廟，及徹歌雍，是薦徹皆有樂。但內宰所詔唯詔禮，經兼云樂者，禮樂相應也。又曰內宰助九嬪，九嬪贊后。籩人，朝事之籩，其實麷、蕡、白、黑、形鹽、膴、鮑、魚、鱐。麷，芳弓反。蕡，符文反。鱐，所求反。疏曰：此言朝事，謂祭宗廟，二灌之後祝延尸於户外，后薦此八籩；麷，爲熬麥；蕡，爲麻子；白，爲熬稻米；黑，爲熬黍米；形鹽，鹽似虎形；膴，以魚肉爲大臠；鮑，以魚於楅室糗乾之；鱐，爲乾魚。楅，皮逼反。詳見祭物篇。醢人，朝事之豆，其實韭菹，醓醢，昌本，麋臡，菁菹，鹿臡〔三〕，茆菹，麇臡。韭，音久。菹，莊魚反。臡，乃兮反。菁，作寧反，又音精。茆，音卯。麇，京倫反。三臡，亦醢也。有骨爲臡，無骨爲醢。虀菹之類，菜肉通全物，若牒爲菹，細切爲虀。牒，章涉反。詳見祭物。夫人薦豆執校，執醴授之執鐙。校，户教反。又户交反。又下卯反。鐙，音登，又丁鄧反。鐙，豆下跗也。疏曰：校謂豆之中央直者，夫人薦豆之時，手執此校。執醴授醴之人者，謂夫人獻尸以醴齊之時，此人酌醴以授夫人，至夫人薦豆之時，此人又執以授夫人，是獻之與薦，皆此人所掌，故云執醴授醴之人。執鐙，謂授夫人以豆而執鐙也。祭統。納牲詔於庭。疏曰：牲入在庭，以幣告神。禮器。大宗伯，省牲鑊。省，悉井反。鑊，户郭反。疏曰：省視亨牲之鑊。春官。大宰，及納亨，贊王牲事。大，音泰。亨，普庚反。下同。納亨，納牲將告殺，謂鄉祭之晨，既殺以授亨人。凡大祭祀，君親牽牲，大夫贊之。天官。內饔，凡宗廟之祭祀，掌割亨之事。疏曰：言「凡」者，謂四時及禘祫並月祭等，皆在其中。小雅信南山詩云，執其鸞刀，以啟其毛，取其血膋。朱子注曰：鸞刀，刀有鈴也。膋，脂膏也。啟其毛以告純也，取其血以告殺也，取其膋以升臭也。大司徒，奉牛牲，羞其肆。肆，託歷反。鄭司農云：「羞，進也。肆，陳骨體也。」玄謂：進所肆解骨體。疏曰：謂初牽入時，即言羞其肆，明先豚解。地官。取膟膋燔燎，報陽也。膟，音律。膋，力彫反。燔，音煩。燎，力妙反。膟膋，腸間脂也。郊特牲。血毛詔於室，疏曰：殺牲取血及毛，入以告神於室。禮器。腥其俎，謂豚解而腥之。禮運。設祭於堂，疏曰：謂薦腥爓之時，設此所薦饌在於堂。禮器。祭義爓祭，祭腥。注曰：湯肉曰爓。疏曰：爓，謂爓肉而祭；腥，謂以腥肉而祭。言薦膟膋之後，以俎載爓肉、腥肉而祭，並當朝踐之節。升首於室。制祭之後，升牲首於北牖下，尊首尚氣。郊特牲。周禮羊人割牲登其首。疏云：三牲之首俱升。其朝踐用兩獻尊。獻，注作犧，素何反。犧尊飾以翡翠，春祠、夏禴則用之。朝踐，謂薦血腥酌醴，始行祭事，后於是薦朝事之豆籩，既又酌獻，其變朝踐爲朝獻者，尊相因也。大宰，贊玉、爵，宗廟六享皆然。疏曰：按明堂位，獻用玉琖，謂三朝踐饋獻酳尸時。天官。明堂位曰：爵用五琖，仍雕。注曰：仍，因也。因爵之形爲之飾也。疏曰：爵，君酌酒獻尸杯也。琖，夏后氏之爵名也。天官内宰：后獻則贊。注曰：獻，謂王薦腥薦熟，后亦從后獻也。疏曰：獻，謂朝踐饋獻，后以王爵亞王而獻尸，内宰贊后。春官：外宗贊王后獻。注曰：獻酒於尸。疏曰：朝踐饋獻及酳尸，以食後亦是獻，獻中可以兼之。

大合樂。疏曰：據薦腥之後，合樂之時用之也。大司樂。

楊氏曰：愚按禮運疏云：「鄭注祭統云『天子諸侯之祭，朝事，延尸於户外，是以有北面事尸之禮』。王親執鸞刀啟其毛，而祝以血、毛告於室，故禮器云『血、毛詔於室』。」「祝乃取牲膟膋燎於爐炭，入以詔神於室，又出以墮於主前，郊特牲云『詔祝於室，坐尸於堂』〔三三〕，是也。王乃洗肝於鬱鬯而燔之〔三四〕，以制於主前，所謂制祭。次乃升牲首於室中，置於北牖下。后薦朝事之豆籩，乃薦腥於尸主之前，謂之朝踐。即此禮運云『薦其血毛〔三五〕，腥其俎』是也。王乃以玉爵酌泛齊以獻尸〔三六〕，三獻也。后亦以玉爵酌醴齊以亞獻尸，四獻也」。又按周禮内宰疏云堂上朝踐之節，「王出迎牲時，祝延尸於户外之西南面。后薦八豆八籩，王牽牲入〔三七〕，以血毛告訖，以此腥其俎，薦於神前，王以玉爵酌醴齊以獻尸，后亦以玉爵酌醴齊以獻尸」。二疏大略皆同，但后薦豆籩有先後之異。按：籩人疏云「祝延尸於户外，后薦此八籩」。則當以内宰及籩人疏爲正。

饋獻　周禮司尊彝謂之饋獻，籩人、醢人謂之饋食。郊特牲坐尸於堂，注云：至薦熟，乃更延主於室之奥，尸來升席，自北方坐於主北焉〔三八〕。疏曰：尸、主各席。

大宗伯省鑊，省鑊，視亨腥熟。春官。

諸子正六牲之體，正，謂禮載之。疏見犧牲條下。

熟其殽，殽，户交反。謂體解而爓之。按此章「退而合亨」，疏云前獻爓既未熟，今至饋食乃取鬄所爓肉，更合亨之令熟。見之禮運。

羹定詔於堂。疏曰：羹，肉湆也。定，熟肉也。謂煮肉既熟，將欲迎尸，主入室，乃先以俎盛之，告神於室，是薦熟未食之前也。禮器。　籩人，饋食之籩，其實棗、㮚、桃乾䕩、榛實。㮚，古栗字。䕩，音老。榛，側巾反。疏曰：此朝踐薦腥後，堂上更體其犬、豕、牛、羊，烹熟之時，后先薦之，謂之饋食之籩也。其八籩者：棗一，㮚二，桃三，乾䕩謂乾梅四，榛實五，桃、梅、棗三物各有濕有乾爲八。詳見之祭物。　醢人，饋食之豆，其實葵菹、蠃醢、脾析、䗩醢、蜃、蚳醢、豚拍、魚醢。醢，呼在反。蠃，力禾反。脾，婢支反。析，星歷反。䗩，蒲佳反。蜃，市軫反。拍，音博。蠃，蜾蝓。蜃，大蛤。蚳，蛾子。脾析，牛百葉。䗩，胎也。豚拍，肩也。疏曰：脾析、蜃、豚拍三者不言菹，皆虀也。詳見祭物。　舍人，共簠簋，實之陳之。注、疏見祭物。簋，音鬼。　小宗伯，逆齍。齍，音咨。疏曰：知逆齍受饎人之盛以入者，按少牢饎爨在廟門之外，明天子諸侯饎爨亦在廟門外，今逆齍迎入向廟堂中〔三九〕，實之於簠簋也。春官。　小祝迎齍盛。疏曰：祭宗廟饋獻後，尸將入室食，小祝於廟門外迎饎人之齍，盛於廟堂東實之，薦於神座前。　外宗，王后以樂羞齍則贊。疏曰：羞，進也。齍，黍稷也。后進黍稷之時，依樂以進之，則贊后者亦佐后進之。豆籩與齍，此官已贊九嬪。又贊者以籩豆及黍稷器多，故諸官共贊。春官。　天官九嬪：凡祭祀，贊玉齍。注曰：玉齍，玉敦，受黍稷器也。疏曰：凡祭祀者，唯宗廟禘祫與四時、月祭等。贊玉齍者，祭祀之時，男子進俎，婦人進豆籩簠簋。贊，助后也。　亨人，共大羹、鉶羹。鉶，音刑。大羹，肉湆。鉶羹，加鹽菜矣。詳見之於祭物庶羞條。　既奠，然後焫蕭合羶薌。焫，如悅反。蕭，音簫。羶，音馨。薌，音香。　蕭，薌蒿也。疏曰：既奠，謂薦熟時也，堂上事尸竟，延尸户内更從此始也〔四〇〕。於薦熟時，祝先酌酒奠於鉶羹之南，訖，尸未入，於是又取香蒿染以腸脂，合黍稷燒之。馨香，謂黍稷。饋熟有黍稷，此云蕭合黍稷，是蕭與黍稷合。詩云取蕭祭脂，是蕭與脂合。　又此章取膟膋燔燎，疏曰朝踐時，取膟膋燎於爐炭，至薦熟之時，更取膟膋及蕭與黍稷合燒之。郊特牲。　舉斝角，詔妥尸。妥，安坐也〔四一〕。尸始入，舉奠斝，若奠角，將祭之，祝則詔主人拜妥尸〔四二〕，使之坐。尸即至尊之坐，或不自安，則以拜安之也〔四三〕。天子奠斝，諸侯奠角。郊特牲。　其饋獻用兩壺罇。饋獻，謂薦熟時，后於是薦饋食之豆籩。壺罇，以壺爲罇。春秋傳曰：罇以魯壺。　直祭祝於主。謂薦熟時也。直，正也。祭以熟爲正。疏曰：言薦熟正祭之時，祝官以祝辭告於主，若儀禮少牢敢用柔毛剛鬣用薦歲事於皇祖伯某是也。郊特牲。太祝，肆享則執明水火而號祝。肆享，祭宗廟也。明水火，司烜所共，日月之氣，以給烝享，執之，如以六號祝，明此圭潔也〔四四〕。春官。量人，凡祭祀〔四五〕，制其從獻脯燔之數量。量，音亮，或音良。從獻者，肉殽從酒也。玄謂燔從於獻酒之肉炙也。數，多少也。量，長短也。炙，章夜反。疏曰：祭禮獻以燔從。按特牲、少牢云，主人獻尸以肝從，主婦獻尸以燔從，故後鄭據此〔四六〕，以爲從獻以燔。按儀禮脯十脡，各長尺二寸，是多少長短，燔之數量未聞〔四七〕。夏官。

楊氏曰：愚按儀禮，特牲饋食，士禮也；少牢饋食，大夫禮也。大夫、士之祭，不祼不薦血腥，惟室中設尸，主東面行饋食禮。天子、諸侯饋食，以前堂上設南面位，行祼鬯薦腥之禮，而後延尸入室，東面位，行饋食禮。禮運疏云「乃退而合亨，至薦熟之時陳於堂」，故禮器云「設祭於堂」。乃後延尸入室中位，徙堂上之饌於室內座前，祝以斝酌奠於饌南，故郊特牲云「天子奠斝，諸侯奠角」，即此之謂也。既奠之後，又取腸間脂焫蕭合羶薌。郊特牲注云「奠，謂薦熟時，當此之時大合樂」。自此以後謂之接祭，乃迎尸入室，舉此奠斝，主人拜以妥尸，故郊特牲云「舉斝角，詔妥尸」是也。后薦饋獻之豆籩，王以玉爵酌盎齊以獻尸，祝以祝辭告神，此五獻也。后又以玉爵酌盎齊以獻尸，此六獻也。

朝獻　朝獻，即食後酳尸之禮。謂之朝獻者，蓋以酳尸因朝踐之尊而得名與。其朝獻用兩著罇。朝獻，謂尸卒食，王酳之著罇者。著，略罇也。或曰著罇著足無地。明堂位曰：著，殷罇也，秋嘗冬烝則用著罇。司几筵，設莞筵紛純，加繅席畫純，加次席黼純。注、疏見祭物筵几條。祀先王昨席〔四八〕，亦如之。昨，讀曰酢，謂王受酢之席。尸卒食，王酳之卒爵，祝受之，又酌授尸〔四九〕，尸酢王，於是席王於户內。疏曰：祀先王〔五〇〕，謂宗廟六享皆用上三種席，王受酢之席，亦如上三種席。春官。

膳夫，凡王祭祀則徹王之胙俎。膳夫親徹胙俎。胙俎，最尊也，其餘則其屬徹之。疏曰：祭宗廟有胙俎者，謂若特牲、少牢主人受尸酢，户東西面設主人俎〔五一〕，於席前王受尸酢禮亦當然〔五二〕。天官。

鬱人，大祭祀，與量人受舉斝之卒爵而飲之。斝，古雅反。斝，受福之嘏，聲之誤也。王酳尸，尸嘏王，此其卒爵也。少牢饋食禮主人受嘏，詩懷之〔五三〕，卒爵，執爵以興，出。宰夫以籩受嗇黍，主人嘗之，乃還獻祝。此鬱人受王之卒爵，亦王出房時也。必「與量人」者，鬱人贊祼尸，量人制從獻之脯燔，事相成。疏曰：此大祭祀云受嘏，謂祭宗廟者也。鄭知斝是受福之嘏，非天子奠斝殷爵名者，按郊特牲云「舉斝角，詔妥尸」，其時無鬱人、量人受爵飲之法，唯有受嘏時受王卒爵飲之禮，故知斝爲受福之嘏也。此「鬱人受王之卒爵，亦王出房時也」者，大夫士有獻祝及佐食，無獻鬱人量人法；天子有獻鬱人量人之禮，無獻祝及佐食之事，但其節同，故引爲證也。云「必與量人」者，鬱人贊祼尸，量人制其從獻脯燔之數量，前祼後獻，祭事乃成，故云「事相成」也。春官。夏官量人「凡宰祭，與鬱人受斝，歷而皆飲之」。注曰：言宰祭者，冢宰佐王祭，亦容攝祭。玄謂斝，讀如嘏尸之嘏。宰，冢宰。疏曰：鄭云「冢宰佐王祭，亦容攝祭」者，義當兩含。按大宗伯云「若王不與祭祀則攝位」。此據宗伯亦有故，則冢宰攝之。後鄭云斝，讀如嘏尸之嘏，讀從少牢尸嘏主人〔五四〕。此有「歷」字者，謂鬱人與量人歷皆飲之也。楊氏曰，疏云有「獻鬱人量人之法」，何也？當受王卒爵之時，王皆飲之以酒，此疏所謂「獻」也。

尸飲五，君洗玉爵獻卿，皆以齒。尸飲五，謂酳尸五獻也。大夫士祭三獻而獻賓。疏曰：此據備九獻之禮者，主人酳尸，故尸飲五也。凡祭貳獻，祼用鬱鬯，尸祭奠而不飲。朝踐二獻，饋食二獻，及食畢主人酳尸，此等皆尸飲之，故云「尸飲五」。於此之時以玉爵獻卿，其爵雖同，皆長者在先，故云「皆以齒」。云「大夫士祭三獻而獻賓」者，欲明諸侯獻賓時節，與大夫士獻賓不同。知大夫士祭三獻而獻賓者，特牲禮文下大夫不賓尸，與士同，亦三獻而獻賓。知者，有司徹文其上大夫別行賓尸之禮〔五五〕，與此相異也。祭統。

楊氏曰：愚按儀禮注云，諸侯尸十三飯，天子尸十五飯，尸食後，王以玉爵酳朝踐之尊，醴齊以酳尸，爲七獻也。尸卒爵，祝受之，以酌授尸，尸以酢王，於是設昨席於户內。司几筵之祀先王，昨席亦如之是也。祝取少祭饌並黍稷以假福王，王乃出，量人與鬱人受舉斝之卒爵是也。尸飲五，王乃以玉爵獻卿，此天子禮也。諸侯酳尸，尸酢主君，亦設昨席於户之東面，此諸侯禮也。

又曰：按祭統「尸飲五，君洗玉爵獻卿以下」。所謂君者，指國君言之。先鄭注及疏家皆言王可以獻卿者，蓋王獻諸臣無文，此又約祭統以明王禮。

再獻　按后酳尸謂之再獻者，蓋以朝獻王一獻，后未獻，今后再酳尸，而乃謂之再獻歟。　其再獻用兩象尊。再獻者，王酳尸之後，后酌再獻。諸臣爲賓，又次后酌盎齊備卒食三獻也。於后亞獻，內宗薦加豆籩，其春祠夏禴，則用象尊。變再獻爲饋獻者，亦尊相因。象尊，以象鳳凰，或曰以象骨飾尊。　內宰贊瑶爵，爵，以瑶爲飾。疏曰：內宰以瑶爵授后，后親酌盎齊以酳尸。又曰瑶爵，謂尸卒食，王既酳尸，后亞獻之者。尸食後，王以玉爵酌朝踐醴齊以酳尸，謂之朝獻。后亦於後以瑶爵酌饋獻時盎齊以酳尸，謂之再獻。知后以瑶爵亞酳尸者，約明堂位云「爵用玉琖，仍彫、加以璧散、璧角」，食後稱加。彼魯用王禮，即知王酳尸亦用玉琖，后酳尸用璧角，賓長酳尸用璧散。彼云璧，此云瑶，不同者，瑶，玉名，瑶玉爲璧形。飾角口，則曰璧角。角受四升，爵爲總號，故鄭云其爵以瑶爲飾也。天官。　加以璧角。加，加爵也。疏曰：朝獻竟，而夫人酌盎齊亞獻，名爲再獻，又名爲加。於時薦加豆籩也。此再獻之時，夫人用璧角，內宰所謂瑶爵也。明堂位。　內宗，掌宗廟之祭祀，薦加豆籩。加爵之豆籩。疏曰：以其食後稱加。春官。　籩人，加籩之實，蔆、芡、㮚、脯。蔆，芰也。芡，鷄頭。栗，與饋食同。芰，其寄反。疏曰：此加籩，當尸食後，王酳尸，后亞王酳尸，於時薦之四物。重言之，則八籩〔五六〕。主人獻尸之時，不見有設籩之事，故知唯主於后也。詳見之祭物條。　醢人，加豆之實，芹菹、兔醢、深蒲、醓醢、箈菹、鴈醢、筍菹、魚醢。箈，音迨。芹，楚葵也。醓醢，肉醬也。玄謂深蒲，蒲始生水中子。疏曰：亦與加籩之實同時設之。深蒲，謂蒲入水深，以爲藡。醓醢，與朝事之豆同。箈，箭萌，一名篠，謂之箈箭，爲菹也。筍，竹萌，一名蕩，謂竹萌爲菹也。菹，皆謂新生者也。詳見於祭物條。尸酢夫人執柄，夫人受尸執足。疏曰：「尸酢夫人執柄」者，爵爲雀形，以尾爲柄，夫人獻尸，尸酢夫人，尸則執雀尾授夫人也。「夫人授尸執足」者，夫人受酢於尸，則執爵足也。祭統。加以璧散。加，加爵；璧散，以璧飾其口也。疏曰：璧散者，夫人再獻訖，諸侯爲賓，用之以獻尸，總而名之，亦得稱加。明堂位。司尊彝，春祠、夏禴皆有罍，諸臣之所昨也；秋嘗、冬烝皆有罍，諸臣之所昨也。昨，爲酢。疏曰：尸酢賓長即用罍尊。三酒之中，清酒以自酢，是不敢與王之神靈共酒尊也。詳見上文。尸飲七，以瑤爵獻大夫，皆以齒。疏曰：獻卿之後，乃主婦酳尸，酳尸畢，賓長獻尸，是尸飲七也。乃瑤爵獻大夫，是正九獻禮畢。初二祼不飲，故云飲尸七。祭統。

楊氏曰：愚按禮運疏云，於是后以瑤爵酌饋食盎齊以酳尸，爲八獻也。尸酢后如王之禮，所謂小臣徹后之俎是也。祭統云「尸酢夫人執柄」，此諸侯夫人禮也。諸臣爲賓者，以瑤爵酌盎齊以獻尸，爲九獻。諸臣獻者，酌罍以自酢。司尊彝云「皆有罍，諸臣之所昨」是也。於時尸飲七，王可以瑤爵獻大夫。

右九獻。

程子曰：祭法中用九奠，以禮有九獻，樂有九奏也。又曰古之樂九奏，乃是九獻。

陳氏禮書曰：先儒謂大祫十有二獻，四時與禘九獻，上公亦九獻，侯伯七獻。周官掌客，諸侯長十有再獻；行人，上公再祼享禮九獻，侯伯一祼七獻，子男一祼五獻，諸侯之卿各下其君二等，以下及其大夫士皆如之。及禮器有五獻之尊，郊特牲有三獻之介，則享賓祀神之獻數固不異矣。然祫雖大於時祭，而禘又大於祫，宜亦十二獻。先儒以禘小於祫，非也。行人上公再祼，而祼不預於九獻，侯伯子男一祼，而祼亦不預於七獻五獻，則先儒以二祼在九獻之内，非也。司尊彝朝踐用兩尊，皆有罍；饋食用兩尊，皆有罍。籩人、醢人有朝踐之籩豆，有饋食之籩豆，有加籩加豆，則朝踐，王獻，后亞之，諸臣之所昨，三獻也；饋食，王獻，后亞之，諸臣之所昨，六獻也。酳尸三，九獻，加爵不與焉。此宗廟九獻之禮也。夫卒食必有酳，曾子問言侑酳，是侑食然後有酳也。樂記言執醬而饋，執爵而酳，是饋食然後有酳也。特牲少牢之祭皆曰饋食，而獻皆曰酳尸，則大夫士無朝獻饋獻之禮，特酳尸於饋食之後而已。然士禮主人、主婦、賓三獻，又加爵三，長兄弟賓長利獻之也。下大夫，主人、主婦、賓又獻，又加爵二，賓長與利獻之也。上大夫，特主人、主婦、賓三獻而已。蓋士與下大夫無賓尸，故有加爵，上大夫有賓尸，故無加爵，天子諸侯有繹祭，又有加爵，記所以隆於尊者也。春秋之時，楚子入享於鄭，九獻加籩豆六品。季孫宿如晉，晉侯享之有加。辭曰：小國之事大國也，得貺不過三爵，今豆有加，下臣弗堪，則加豈卑者之所預乎？士與下大夫有加，其代賓尸可知也。周官朝事饋食之籩豆后薦之，加爵之籩豆内宗薦之，則加以璧散璧角亦諸臣獻之可知也。卑者獻以散。士之飲禮，止於一獻，而祭有三者，攝盛也。士加爵三，而下大夫加爵二者，厭降也。書曰大保秉璋以酢。孔安國謂報祭曰酢。蓋獻，始事也。酢，成事也。諸臣之於禮，成之而已，故獻皆曰酢。

黄氏曰：先鄭推次朝踐、朝獻、饋獻、再獻爲九酌，王與后各四，諸臣一，義皆可觀，存之以待作者。

楊氏曰：愚按司尊彝所述與先鄭所注，祼二獻，朝踐二獻，饋食二獻，朝獻一獻，再獻二獻，則九獻之目也。籩人、醢人有朝事、饋食之籩之豆，則九獻薦籩豆之時也。禮運則論九獻之義也。又按四時之祭，名既不同，禮必有異，今其可見者，惟尊彝之殊用耳，於經無其文者，皆不可知也。姑據經所可見者著之於篇。又按陳氏曰，周官行人上公再祼而酢，饗禮九獻，而祼不預於九獻；諸侯一祼而酢，享禮七獻，而祼亦不預於七獻。先儒以二祼在九獻之内，非也。蓋嘗考之古禮闕亡殘編斷簡之僅存者，如祭禮有二祼，有朝踐，有饋獻，有酳食，此可得而知也。其問禮之節文詳略多寡，禮經無明文，此不可得而知者也。先鄭謂二祼王與后各一，朝踐王與后各一，饋獻王與后各一，酳尸王與后各一，又諸臣一，爲九獻。求之禮經尚有明證，故先儒多從之，今固不得遽以爲非。陳氏所引周官行人謂二祼在九獻之外，此固有所據。謂朝踐三獻，饋食三獻，酳尸三獻，似亦可通。但以諸臣之所酢爲報祭，而引「太保秉璋以酢」爲證，則恐不然。夫尊重而罍輕，如先鄭謂諸臣酌罍以自酢，不敢與神靈共尊則可；謂諸臣以罍報祭於神靈而不以尊，則於理爲不通矣。二説當並存之，以待作者。又按九獻之禮，春祠、夏禴用兩獻尊，象尊，秋嘗、冬烝用兩著尊、壺尊。凡四時之間祀追享朝享，謂禘祫也，用兩大尊、山尊，經有明文，不待言矣。但所謂九獻者，謂王及后祼各一，朝踐各一，朝獻王酳尸一，再獻后酳尸一，此爲八獻，諸臣爲賓酳尸一，並前八爲九，是禮也。春祠、夏禴、秋嘗、冬烝、追享、朝享，莫不皆然。今經獨於春祠夏禴言朝踐、再獻，秋嘗、冬烝言朝獻、饋獻，何也？蓋互文以見義也。春夏言朝踐，秋冬言朝獻，欲見朝獻因朝踐之尊，鄭注所謂「尊相因」也。春夏言再獻，秋冬言饋獻，欲見再獻因饋獻之尊，鄭注所謂「亦尊相因」是也。今作二圖以見之，其追享朝享別有圖，見祫祭禮。

春祠夏禴九獻圖。

禮運疏崔氏云四時之祭，唯二齊、三酒。二齊，醴、盎也。故鄭注司尊彝四時祭法，但醴、盎而已。用二齊者：朝踐，王酌醴齊，后亦酌醴齊；饋食，王酌盎齊，后亦酌盎齊；朝獻，王還用醴齊再獻，后還用盎齊，亦尊相因也。諸侯爲賓，亦酌盎齊。賓長酳尸，酢用清酒，加爵用三酒。

二彝　雞彝盛明水，鳥彝盛鬱鬯。

二齊　獻尊盛醴齊，象尊盛盎齊。

祼　王一獻祼用鳥彝。后二獻祼用鳥彝。

朝踐　王三獻用獻尊、醴齊。后四獻用獻尊、醴齊。

饋獻　王五獻用象尊、盎齊。后六獻用象尊、盎齊。

朝獻　王七獻因朝踐獻尊、醴齊。

再獻　后八獻因饋獻象尊、盎齊。賓九獻用象尊、盎齊。

尸飲九，以散爵獻士及群有司，皆以齒，明尊卑之等也。散，悉但反。疏曰：九獻禮畢，自此以後，長賓、長兄弟更爲加爵，尸又飲二，是并前尸飲九，主人乃散爵獻士及群有司也。祭統。楊氏曰：九獻之後，謂之加爵。特牲禮，長兄弟、衆賓長及佐食有三加爵，則天子諸侯亦有加爵，明堂位云加以璧散是也。又特牲禮云，加爵之後，有嗣子舉奠，文王世子謂之上嗣舉奠，天子之禮，亦當然也。禮運。崔氏疏云，天子九獻，魯及王者之後亦九獻，侯伯七獻。朝踐及饋熟君皆不獻，於九獻之中減二，故爲七獻。子男五獻，亦以朝踐、饋熟君皆不獻，但酳尸一獻而已。禮器曰：「太廟之內敬矣，君親牽牲，大夫贊幣而從；君親制祭，夫人薦盎。」疏曰：「侯伯、子男之君，朝踐君不獻，故夫人薦盎」。又：「君親割牲，夫人薦酒。」疏曰：「君親割牲夫人薦酒」者，謂薦熟時君親割牲體，於時君亦不獻，故夫人薦酒。又按：特牲、少牢饋食之禮，主人、主婦及賓備行三獻。況祭禮以饋熟爲正，上而天子，下而大夫士，祭禮皆有獻，今云侯伯、子男饋熟時皆無獻，於理不通，聖人制禮文理密察，自有隆殺之宜，必不如疏家所説之疏也。

右九獻之後加爵。

太祝，既祭，令徹。疏曰：祭訖尸謖之後，太祝命徹祭器，即詩云「諸宰君婦，廢徹不遲」是也。春官。樂師，及徹，帥學士而歌徹。學士，國子也。鄭司農云，將徹之時自有樂，帥學士而歌徹。玄謂：徹者歌雍。疏曰：但學士主舞，瞽人主歌。今云帥學士而歌徹者，歌徹之時，歌舞俱有。謂率學士使之舞，歌者自是瞽人歌雍詩也。令相。相，去聲。令視瞭扶工。瞭，音了。疏曰：此令「相之」文在「歌徹」之下，以其瞽人無目而稱工，故令視瞭扶工也。同上。論語八佾以雍徹。朱子注曰：雍，周頌篇名；徹，祭畢而收其俎也。天子宗廟之祭則歌雍以徹。春官：外宗，佐王后薦玉豆，眡豆籩，及以樂徹亦如之。內宗，及以樂徹，則佐傳豆籩。疏曰：豆籩，后於神前徹之，傳與外宗，外宗傳與內宗，內宗傳與外者，故知佐傳也。世婦、九嬪、內宰贊徹豆籩，互見朝踐條注。天官：內小臣徹后俎。疏曰：謂如東房中受尸酢之俎，內小臣徹之。

右徹。

濟濟蹌蹌，絜爾牛羊，以往烝嘗，或剝或亨，或肆或將。祝祭于祊，祀事孔明。祊，補彭反。祊，門內也。箋云：孔，甚也。孝子不知神之所在，故使祝博求之平生門內之旁、待賓客之處，祀禮於是甚明。小雅楚茨。楊氏曰：祊有二，有祭日之祊，有明日繹祭之祊。楚茨詩祝祭於祊，在門内之旁待賓客之處，乃祭日之祊也。

右祝祭于祊。

傳：夫禮之初，始諸飲食，其燔黍捭豚，汙尊而抔飲，蕢桴而土鼓，猶若可以致其敬於鬼神。言其物雖質略〔五七〕，有齊敬之心則可以薦羞於鬼神。中古未有釜甑，釋米捭肉加於燒石之上而食之耳。今北狄猶然。汙尊，鑿地爲尊。抔飲，手掬之也。蕢，讀爲凷，苦對反。凷，塧也〔五八〕，謂摶土爲桴也。土鼓，築土爲鼓也。及其死也，升屋而號，告曰「皋某復」，然後飯腥而苴熟。疏曰：後世漸文，及其身之死也，升上屋而號呼，北面告天〔五九〕，曰「皋」。皋，引聲之言。某，謂死者名，令其反復魄，不復，然後浴尸而行含禮。於含之時，飯用生稻之米，故云飯腥。用上古未嘗有火化之法〔六〇〕。苴熟者，至欲葬設遣奠之時〔六一〕，而用苞裹熟肉以遣送尸，法中古修火化之法也。伏羲爲上古，神農爲中古，五帝爲下古。故天望而地藏也，體魄則降，知氣在上。疏曰：天望，謂始死望天而招魂。地藏，謂葬地以藏尸。體魄則降，所以地藏。知氣在上，所以望天而招魂。故死者北首，首，陰也。生者南鄉，鄉，陽也。皆從其初。謂取法於上古、中古也。昔者先王，未有宮室，冬則居營窟，夏則居橧巢。寒則累土，暑則聚薪柴，居其上〔六二〕。未有火化，食腥也。食草木之實，鳥獸之肉，飲其血，茹其毛。未有麻絲，衣其羽皮。此上古之時也。後聖有作，謂中古之後，聖人作興。然後脩火之利，熟治萬物。範金，鑄作器用。合土，謂和合其土，燒以作器，如有虞氏瓦棺，參有虞氏之尊之類。以爲臺榭宮室牖户。以炮，裹燒之也〔六三〕。以燔，加於火上。以亨，煮之鑊也。以炙，貫之火上。以爲醴酪。治其麻絲，以爲布帛，以養生送死，以事鬼神上帝，皆從其朔。朔，亦初也。謂倣效中古以來。故玄酒在室，醴醆在户，粢醍在堂，澄酒在下，陳其犧牲，備其鼎俎，列其琴瑟、管磬鐘鼓，脩其祝嘏，以降上神，與其先祖，以正君臣，以篤父子，以睦兄弟，以齊上下，夫婦有所，是謂承天之祜。醍，音體。 此言今禮饌具所因於古及其事義也。粢，讀爲齊，聲之誤也。周禮五齊：一曰泛齊，二曰醴齊，三曰盎齊，四曰醍齊，五曰沈齊。字雖異，醆與盎、澄與沈，蓋同物也。奠之不同處，重古略近也。祝，祝爲主人享神辭也。嘏，祝爲尸致福於主人之辭也。祜，福也。福之言備也。 泛，芳歛反〔六四〕。爲，於僞反。 疏曰：玄酒，謂水也。太古無酒，以水當酒所用，故謂之玄酒。以今雖有五齊三酒，貴重古物，故陳設之時在於室內而近北。「醴醆在户」，醴謂醴齊，醆謂盎齊，以其後世所爲，賤之，陳列雖在室內，稍南近户。「粢醍在堂」者，以卑之故，陳列又南近户而在堂。「澄酒在下」者，澄，謂沈齊也，酒，謂三酒：事酒、昔酒、清酒之等，稍卑之，故陳在堂下也。「陳其犧牲」者，按特牲禮，陳鼎於門外北面，獸在鼎南東首，犧牲在獸西北首，其天子諸侯夕省牲之時，亦陳於廟門外横行西上。「備其鼎俎」者，以牲煮於鑊，鑊在廟門之外，鼎隨鑊設，各陳於鑊西，取牲體以實其鼎而入，設於阼階下南北陳之，俎設於鼎西，以次載於俎也，故云備其鼎俎。「列其琴瑟」者，琴瑟在堂而登歌，故書云「搏拊琴瑟以咏」是也。「管磬鐘鼓」者，堂下之樂，則書云「下管鼗鼓笙鏞以間」是也。其歌鐘歌磬亦在堂下。「修其祝嘏」者〔六五〕，祝，謂以主人之辭享神；嘏，謂祝以尸之辭致福而嘏主人也。「以降上神與其先祖」者〔六六〕，指其精氣，謂之上神，指其亡親，謂之先祖。「以正君臣」者，祭統云「君在廟門外則疑於君，入廟門則全謂臣」是也〔六七〕。「以篤父子」者，祭統云「尸南面，父北面而事之」是也。「以睦兄弟」者，祭統云「昭與昭齒，穆與穆齒」，特牲云「主人洗爵獻長兄弟衆兄弟」是也。「以齊上下」者，祭統云「尸飲五，君洗玉爵獻卿，尸飲七，以瑶爵獻大夫」是也。「夫婦有所」者，禮器云「君在阼，夫人在房」，及特牲「夫婦交相致爵」是也。云「醆與盎、澄與沈，蓋同物」者，以酒正文醴、醍之間有盎，此醴、醍之間有醆。又周禮醍齊之下有沈齊，此醍齊之下有澄齊故也。按此注澄是沈齊，按酒正注澄酒是三酒，二注不同，故趙商疑而致問，鄭答之云，此本不誤，轉寫益澄字耳。如鄭所答，是轉寫酒正之文誤益「澄」字，當云酒三酒也，則是與禮運注同。然按坊記云醴酒在室，醍酒在堂，澄酒在下，示民不淫也。注云：淫，猶貪也。又以澄爲清酒，田瓊疑而致問，鄭答之云，禮運云醴、醆、醍、澄各是一物，皆不言酒，故推其意，澄爲沈齊，酒爲三酒。坊記云，醴也，醍也，澄也，皆言酒，故因注云澄酒，清酒也；其實沈齊也。如鄭此言。坊記所云醴酒、醆酒、五齊，亦言酒，則澄酒是沈齊也，是五者最清，故云澄酒，非爲三酒之中清酒，是與禮運不異也。作其祝號，玄酒以祭，薦其血毛，腥其俎。孰其殽，與其越席，疏布以冪，衣其澣帛，醴醆以獻，薦其燔炙。君與夫人交獻，以嘉魂魄，是謂合莫。越，音活。冪，莫歷反。衣，於既反。疏曰：「玄酒以祭，薦其血毛，腥其俎」，此是用上古也。「孰其殽」以下用中古也。「作其祝號」者，謂造其鬼神及牲玉美號之辭，史祝稱之以告鬼神，故云作其祝號。「玄酒以祭」者，謂朝踐之時，設此玄酒於五齊之上，以致祭鬼神。此重古設之，其實不用以祭也。「薦其血毛」者，亦朝踐時，延尸在堂，祝以血毛告於室也。「腥其俎」者，亦謂朝踐時，既殺牲，以俎盛肉進於尸前也。「孰其殽」者，殽，骨體也。孰，謂以湯爓之，以其所爓骨體進於尸前也。「與其越席」至「澣帛」，皆謂祭初之時。越席謂蒲席，疏布謂麤布。若依周禮，越席、疏布是祭天之物，此經云「君與夫人」，則宗廟之禮也。此蓋記者雜陳夏、殷諸侯之禮，故雖宗廟〔六八〕，而用越席、疏布也。「衣其澣帛」者，謂祭服練帛染而爲之。「醴醆以獻」者，朝踐之時用醴，饋食之時用醆。「薦其燔炙」者，謂燔肉、炙肝。按：特牲禮，主人獻尸，賓長以肝從，主婦獻尸，賓長以燔從，則此君薦之用炙也，夫人薦用燔是也。詩楚茨云或燔或炙，鄭云燔，燔肉也；炙，炙肝也。君與夫人交獻，第一君獻，第二夫人獻，第三君獻，第四夫人獻，其君與夫人交錯而獻也。以嘉魂魄者，謂設此在上祭祀之禮〔六九〕，所以嘉善於死者之魂魄。是謂合莫，莫，謂虛無寂寞，言死者精神虛無寂寞，得生者嘉善，而神來歆享，是生者和合於寂寞。但禮運之作，因魯之失禮，孔子乃爲廣陳天子諸侯之事，及五帝、三王之道，其言雜亂，或先或後，其文不次，舉其大綱，不可以一代而定其法制，又不可以一概而正其先後也。若審此理則無所疑惑。然後退而合亨，體其犬豕牛羊，實其簠簋籩豆鉶羹，祝以孝告，嘏以慈告，是謂大祥。鉶，音刑。疏曰：此謂祭饋之節，供事鬼神及祭末獻賓，並祭竟燕飲享食賓客兄弟也。「退而合亨」者，前明薦爓既未孰，今至饋事，乃退取鬲爓肉更合亨之，令孰擬更薦尸。又尸俎唯載右體，其餘不載者及左體等，亦於鑊中亨煮之，故云合亨。「體其犬豕牛羊」者，亨之既孰，乃體別骨之貴賤以爲衆俎，知非尸前正俎者，以此經所陳多是祭末之事，若是尸前正俎，當云是謂合莫，不得云是謂大祥，既是人之祥善，故爲祭末享燕之衆俎也。「實其簠簋籩豆鉶羹」者，此舉事尸之時所供設也。若籩豆亦兼據賓客及兄弟之等，故特牲、少牢賓及衆賓、兄弟之等，皆有籩豆及俎是也。此禮之大成也。禮運。

設朝事，燔燎羶薌，見以蕭光，以報氣也。薦黍稷，羞肝肺首心，見間以俠甒，加以鬱鬯，以報魄也。見，依注作覸，音間廁之間，徐古辨反。俠，古洽反〔七〇〕。甒，音武。　朝事，謂薦血腥時也。薦黍稷，所謂饋食也。見及見間，皆當爲「覸」字之誤也。　疏曰：報氣，謂朝踐之節也；報魄〔七一〕，謂饋熟之節也。朝事，謂早朝祭事。燔燎，謂取膟膋燎於爐炭。羶，謂馨香。「見以蕭光」，謂見覸。覸，謂雜也。光，謂氣也。謂燔膟膋兼爇蕭蒿，是雜以蕭氣，是以報氣也。羞，進也，殷祭以肝，周祭以肺，有虞氏以首，夏后氏以心，皆謂祭黍稷之時兼此物祭也。『見間以俠甒』者，言祭黍稷之時，雜以兩甒醴酒。「加以鬱鬯」者，言非但薦熟是報魄，初所加鬱鬯亦是報魄。以魄在地下，鬱鬯灌地，雖然是祭初，亦是報魄〔七二〕，不當薦熟之時，以故云「加」也。　祭義。

祭之日，君牽牲，穆答君，卿大夫序從。從，才用反〔七三〕。　穆，子姓也。答，對也。　疏曰：祭廟，君牽牲之時，子姓對：「君其牽牲。」「卿大夫序從」者，卿大夫佐幣，士奉芻，依次第而從君也。既入廟門，麗於碑，卿大夫袒，而毛牛尚耳，鸞刀以刲，取膟膋，乃退。爓祭，祭腥，而退，敬之至也。袒，徒旦反。刲〔七四〕，苦圭反。膟，音律。爓，音燖。　麗，猶繫也。毛牛尚耳，以耳毛爲上也。膟膋，血與腸間脂也。爓祭、祭腥，祭爓肉、腥肉也。湯肉曰爓。　疏曰：麗，繫也。君牽牲入廟，繫著中庭碑也。用鸞刀刲割牲體，又取血及腸間脂，血以供薦，而膋以供炙肝及爇蕭也。「乃退」者，謂殺牲竟，而取卿大夫所刲血毛膟膋薦之，竟而退也。「爓祭祭腥」者，爓謂爓肉而祭，腥謂以腥肉而祭。言薦膟膋之後，以俎載爓肉、腥肉而祭。「而退」者〔七五〕，祭事既卒而退，是恭敬之至極也。又曰：按說文及字林云，膟，血祭，膋是牛腸間脂也。其祭腥肉、爓肉，並當朝踐之節。　祭義。

君純冕立於阼，夫人副褘立於東房。君執圭瓚祼尸，大宗執璋瓚亞祼；及迎牲，君執紖，卿大夫從，士執芻，宗婦執盎從夫人。薦涚水，君執鸞刀，羞嚌，夫人薦豆，此之謂夫婦親之。褘，音輝。瓚，才但反。紖，直忍反。又以忍反。從，才用反。芻，初俱反。盎，烏浪反。從夫人絕句，一讀以從字絕句。涚，舒銳反，徐音歲。羞齊本亦作嚌，才細反。　太廟，始祖廟也。圭瓚、璋瓚，祼器也，以圭璋爲柄酌鬱鬯，曰祼。　疏曰：「大宗執璋瓚亞祼」者，大宗，主宗廟禮者，以亞祼之禮，夫人親爲之。此不云夫人而云大宗者，記者廣言容夫人有故，故大宗伯代夫人行禮，執圭瓚亞祼之禮。「君執紖」者，紖，牛鼻繩，君自執之，入繫於碑。「卿大夫從」者，謂卿大夫從驅之，及殺，與幣告也。「士執芻」者，芻，謂藁也，以其殺牲用芻藁藉之。「宗婦執盎從」者，謂同宗之婦執盎以從夫人。「夫人薦涚水」者，涚，即盎齊由自濁，用清酒以涚泲之〔七六〕。涚水是明水。宗婦執盎齊從夫人而來，奠盎齊於位，夫人乃就盎齊之尊酌此涚齊而薦之者，因盎齊有明水，連言水耳。上云「夫人副褘」，此則上公之祭，宜有醴齊盎齊〔七七〕，但言盎者，略言之，亦容侯伯子男之祭但有盎齊無醴齊也，故執盎從。「君執鸞刀羞嚌」者，嚌，肝肺也。嚌有二時，一是朝踐之時，取肝以膋貫之，入室，燎於爐炭，出，薦之主前。二者，謂饋熟之時，君以鸞刀割制所羞嚌肺〔七八〕，橫切之使不絶，示奠於俎上，尸並嚌之，故云「羞嚌」。一云羞，進也，謂君用鸞刀制此嚌肉以進之，故云「鸞刀羞嚌」。「夫人薦豆」者〔七九〕，於君羞嚌之時，夫人薦此饋食之豆。「此之謂夫婦親之」者〔八〇〕，君親執紖及鸞刀羞嚌，是夫親之也，夫人薦涚水及羞豆，是婦親之也，故云「夫婦親之」。天道至教，聖人至德。疏曰：天道，用教以示人。聖人，則放之以爲德。故君立於阼以象日，夫人在西房以象月。廟堂之上，罍尊在阼，犧尊在西。廟堂之下，縣鼓在西，應鼓在東。縣，音玄。禮樂之器，尊西也。犧，周禮作「獻」。獻，素河反。疏曰：犧尊貴於罍尊，而犧尊西，縣鼓大於應鼓，而縣鼓在於西，故云禮樂之器尊西。又曰：罍尊在阼，謂夫人所酌也。犧尊在西，謂君所酌也。縣鼓，謂大鼓也，在西方而縣之。應鼓，謂小鼓也，在東方而縣之。熊氏云，此諸侯時祭所用之禮，故罍尊夫人所酌也。若天子之祭，則罍尊在堂下。故禮運云「澄酒在下」。酒謂三酒，在堂下。司尊彝云「皆有罍」，諸臣之所酢，則君不酌罍也。君在阼，夫人在房。人君尊東也。天子諸侯有左右房。疏曰：顧命云天子有左右房，此云「夫人在房」，又云「夫人東酌罍尊」，是西房也。大明生於東，月生於西，此陰陽之分，夫婦之位也。君西酌犧象〔八一〕，夫人東酌罍尊。象日出東方而西行也，月出西方而東行也。禮交動乎上，樂交應乎下，和之至也。疏曰：堂之上下，禮樂交相應會，和諧之至極也。禮器。詔祝於室，坐尸於堂。謂朝事時也。朝事，延尸於戶西南面，布主席東面，取牲膟膋燎於爐炭，洗肝於鬱鬯而燔之。入，以詔神於室，又出，以墮於主前，主人親制其肝，所謂制祭也。時尸薦以籩豆，至薦熟，乃更延主於室之奥。尸來升席，自北方坐於主北焉。墮，許恚反，或許垂反。用牲於庭，謂殺之時。升首於室。制祭之後，升牲首於北牖下，尊首尚氣也。直祭祝於主，謂薦熟時也。如特牲、少牢饋食之爲也〔八二〕。直，正也。祭以熟爲正，則血腥之屬，盡敬心耳。疏曰：薦熟正祭之時，祝官以祝辭告於主，若儀禮少牢「敢用柔毛剛鬣，用薦歲事於皇祖伯某」是也。索祭祝於祊，索，求神也。廟門曰祊，謂之祊者，以於繹祭名也。疏曰：凡祊有二種，一是正祭之時，既設祭於廟，又求神於廟門之内，詩楚茨云「祝祭於祊」門内平生待賓之處，與祭同日也；二是明日繹祭之時，設饌於廟門外西室，亦謂之祊。今此索祭於祊，當是正祭日之祊矣。不知神之所在，於彼乎於此乎？室與？堂與？與，音餘。下同。或諸遠人乎？祭於祊，尚曰求諸遠者與。遠，于萬反。尚，庶幾也。疏曰：或遠離於人，不在廟乎？尚是庶幾也，言正祭之時，祭於廟祊者，庶幾求於遠處者與？言於遠處求神也。郊特牲。禮器「納牲詔於庭，毛血詔於室，羹定詔於堂，三詔皆不同位，蓋道求而未得也」。疏曰：牲入在庭，以幣告神，故云「詔於庭」。殺牲取血及毛，入以告神於室。羹，肉湆也。定，熟肉也。謂煮肉既熟，將欲迎尸，主人乃先以俎盛之〔八三〕，告神於堂。道，言也。所以「三詔皆不同位」者，蓋言求而未之得也，故於三處告之。及入舞，君執干戚就舞位，君爲東上，冕而總干，率其群臣以樂皇尸。是故天子之祭也，與天下樂之，諸侯之祭也，與境内樂之。冕而總干，率其群臣以樂皇尸，此與境内樂之之義也。君爲東上〔八四〕，近主位也。皇，君也。言「君尸」者，尊之。疏曰：祭時，天子諸侯親在舞位，以樂皇尸也。夫祭有三重焉：獻之屬莫重於祼，聲莫重於升歌，舞莫重於武宿夜，此周道也。疏曰：祭祀之禮，有三種可重之事，「舞莫重於武宿夜」者，武宿夜是武曲之名，是衆舞之中無能重於武宿夜之舞。皇氏云，師説書傳云武王伐紂，至於商郊停止宿夜，士卒皆歡樂歌舞以待旦，因名焉。武宿夜，其樂亡也。熊氏云此即大武之樂也。凡三道者，所以假於外而以增君子之志也，故與志進退，志輕則亦輕，志重則亦重。輕其志而求外之重也，雖聖人弗能得也。是故君子之祭也，必身自盡也，所以明重也。道之以禮，以奉三重，而薦諸皇尸，此聖人之道也。疏曰：三種所重之道，皆假借外物而以增益君子内志。祼則假於鬱鬯，歌則假於聲音，舞則假於干戚，皆是假於外。祭統。清廟之瑟，朱絃而疏越，一倡而三嘆，有遺音者矣。疏曰：清廟之瑟，謂歌清廟之詩所彈之瑟。朱絃，謂練朱絲爲絃。練，則聲濁也。越，謂瑟底孔也，疏通之，使聲遲，故云疏越。絃聲既濁，瑟音又遲，是質素之聲，非要妙之聲，以其質素，初發首一倡之時，而唯有三人嘆之，是人不愛樂，然以其貴在於德，所以有餘遺之音，念之不忘也。樂記。尚書大傳曰：古者帝王升歌清廟。清廟，樂章名，大琴練絃達越，大瑟朱絃達越，以韋爲鼓，謂之搏拊。何以也？練絃、朱絃互文也。越，下孔也。凡練絃達越搏拊者，象其德寬和君子有大人聲，不以鐘鼓竽瑟之聲亂人聲。清廟升歌者，歌先人之功烈德澤也，故欲其清也。烈，業也。其歌之呼也，呼，出聲也。曰「於穆清廟」，於者，嘆之也；穆者，敬之也；清者，欲其在位者徧聞之也，故周公升歌文王之功烈德澤，苟在廟中見文王者，愀然如見文王，故書曰搏拊琴瑟以咏，祖考來假，此之謂也。詩云「肅雍和鳴，先祖是聽」。夫肅肅，敬也。雍雍，和也。云云。聖人作爲鞉、鼓、椌、楬、壎、篪，此六者，德音之音也。鞉，音桃。椌，苦江反。楬，苦瞎反。六者爲本，以其聲質也。椌、楬謂柷，敔也，壎、篪或爲簨、簴。簨，恤尹反。簴，音巨。然後鐘磬竽瑟以和之，干戚旄狄以舞之，此所以祭先王之廟也，所以獻酬酳酢也。和，如字，徐户卧反。酳，音胤，又仕覲反。疏曰：既用質素爲本，然後用此鐘磬竽瑟華美之音以贊和之，使文質相雜。干，楯也。戚，斧也。狄，羽也。聲既文質備足，又用干戚旄羽以舞動之。前云鄭、宋、齊、衛四者爲祭祀之所不用，故此六器爲道德之音，四器之和，文武之舞，並可用於宗廟之中奏之，若樂九變而鬼神格也。「所以獻酬酳酢」者，又於宗廟中接納賓客也。賓入而奏肆夏，及卒爵而樂闋，孔子屢嘆之是也。

楊氏曰：愚按九獻祭之正也，其間節文又有因傳記可以參互見者，掇拾以著之於篇。

君卷冕立於阼，夫人副褘立於東房。夫人薦豆執校，執醴授之執鐙。尸酢夫人執柄，夫人受尸執足。夫婦相授受，不相襲處，酢必易爵。卷，古本反。處，昌慮反。疏曰：上公之夫人，故副褘立於東房，若其餘夫人，則不副褘也。「夫婦相授受不相襲處」者，謂夫婦交相致爵之時，襲，因也，其執之物不相因故處，若夫婦交相致爵，不執故處，以明男女有別。「酢必易爵」者，謂夫婦交相致爵之時，主人受主婦之酢，易換其爵。故特牲主人受主婦之酢爵更爵酢。鄭注云主人更爵自酢，男子不承婦人爵，即引此文，云夫婦相授受不相襲處，酢必易爵也。

右致爵。

楊氏曰：愚按特牲饋食禮，主婦致爵於主人，卒爵，主婦出，反於房。主人降，洗酌致爵於主婦，主婦拜受爵。諸侯夫人以上致爵，經無其文，此因祭統上文若「卷冕立於阼，夫人副褘立於東房」，下文有「酢必易爵」之文，知諸侯夫人亦有致爵之禮。

籩人，羞籩之實，糗餌、粉餈。餈，昨資反。羞籩，謂若少牢主人酬尸，宰夫羞房中之羞於尸侑，主人主婦皆右之者。玄謂此二物皆粉稻米、黍米所爲也。合蒸曰餌，餅之曰餈。糗者，擣粉熬大豆爲餌，餈之，黏著以粉之耳。餌言糗，餈言粉，互相足。疏曰：此當王酬尸內饔進之於尸侑等也。天官。醢人，羞豆之實，酏食糝食。酏食，音嗣。糝，素感反。玄謂酏，饘也。內則曰：取稻米舉糔溲之，小切狼臅膏以與稻米爲饘。又曰：糝〔八五〕，取牛、羊、豕之肉三如一，小切之，與稻米。稻米二、肉一，合以爲餌，煎之。饘，之然反。糔，思柳反。溲，所柳反。臅，昌蜀反，一音粟。疏曰：亦與羞籩之實同時設之。

右羞。

楊氏曰：愚按儀禮有司徹主人酬尸之後，尸侑主人皆升筵，乃羞。宰夫羞房中之羞於尸侑，主人主婦皆右之。司士羞庶羞於尸侑，主人主婦皆左之。今按籩人、醢人有羞籩、羞豆之實，則知天子之禮亦有羞，諸侯亦必有之，但經文不備耳。

司士，凡祭祀及賜爵，呼昭穆而進之。賜爵，神惠及下也。此所謂王之子姓兄弟。祭統曰，凡賜爵，昭爲一，穆爲一，昭與昭齒，穆與穆齒，凡群有司皆以齒，此之謂長幼有序。疏曰：姓，生也。子之所生，則孫及兄弟皆有昭穆。引祭統者，是諸侯法，明天子亦然。凡言昭穆在助祭之中者，皆在東階前南陳，就昭穆之中，皆年長者在上，年幼者在下，故云「齒」也。云「及賜爵」者，謂祭末旅酬無算爵之時，皆有酒爵賜及之，皆以昭穆爲序也。祭統「凡賜爵，昭爲一，穆爲一」云云，注曰：昭穆，猶特牲、少牢饋食之禮衆兄弟也。群有司，猶衆賓下及執事者。君賜之爵，謂若酬之。疏曰：爵，酒爵也。謂祭祀旅酬時，賜助祭者酒爵，故云賜爵。「昭爲一穆爲一」者，言君衆兄弟子孫等，在昭列者則爲一色，在穆列者自爲一色，各自相旅，尊者在前，卑者在後。若同班列，則長者在前，少者在後，是昭與昭齒，穆與穆齒。祭統。坊記：因其酒肉，聚其宗族，以教民睦也。注曰：言祭有酒肉，群昭群穆皆至而獻酬之，咸有薦俎。疏曰：謂因其祭祀之酒肉於祭祀之末，聚其宗族昭穆相獻酬，教民相親睦也。凡爲俎者，以骨爲主。骨有貴賤，殷人貴髀，周人貴肩，凡前貴於後。俎者所以明祭之必有惠也，是故貴者取貴骨，賤者取賤骨，貴者不重，賤者不虛，示均也。髀，必氏反，又必履反。重，直龍反。殷人貴髀，爲其厚也；周人貴肩，爲其顯也。凡前貴於後，謂脊、脅、臂、臑之屬。臑，乃報反。疏曰：「凡爲俎者以骨爲主」者，俎，謂助祭者各將物於俎者。「殷人貴髀，周人貴肩」者，殷質，貴髀之厚，賤肩之薄；周文，貴肩之顯，賤髀之隱，各隨所貴。「凡前貴於後」者，據周言之，以周人之貴肩故也。「貴者不重，賤者不虛，示均也」者，言貴者不持多而重〔八六〕，賤者不虛而無，分俎多少，隨其貴賤，是示均平也。又曰：此脊脅臂臑舉其貴者言之，屬中包其賤者。不云肩者，以經云周人貴肩，故此略之。前體臂臑爲貴，後體膊胳爲賤。就脊脅之中亦有貴賤，正脊在前爲貴，脡脊横脊在後爲賤。脅則正脅在前爲貴，短脅爲賤。故總云「之屬」以包之。祭統。

右旅酬賜爵。

其登餕獻受爵〔八七〕，則以上嗣。餕，音俊。上嗣，君之適長子。以特牲饋食禮言之，受爵，謂上嗣舉奠也；獻，謂舉奠洗爵酌人也，餕，謂宗人遣舉奠盥祝命之餕也。大夫之嗣無此禮，辟君也。適，丁歷反。盥，音管。疏曰：按少牢饋食，無嗣子舉奠，大夫尊於士而不舉奠，故知辟正君也。登餕受爵以上嗣，尊祖之道也。疏曰：此覆釋所以登餕受爵用適子也。文王世子。

楊氏曰：此條有兩事，受爵，謂上嗣舉奠也，已見上文再獻條注。登餕，謂宗人遣舉奠盥祝命之餕也。

右登餕受爵。

傳：夫祭有餕，餕者，祭之末也，不可不知也。是故古之人有言曰：善終者如始，餕其是已。是故古之君子曰：尸亦餕鬼神之餘也，惠術也，可以觀政矣。疏曰：初薦毛血燔燎，是薦於鬼神，至薦熟時，尸乃食之，是尸餕鬼神之餘，若大夫士陰厭，亦是先薦鬼神，而後尸乃食，亦尸餕鬼神餘，故并云尸亦餕鬼神之餘也。術，猶法也。尸餕鬼神之餘，是施恩惠之術法也。施，始豉反。是故尸謖，君與卿四人餕。君起，大夫六人餕，臣餕君之餘也。大夫起，士八人餕，賤餕貴之餘也。士起，各執其具以出，陳於堂下，百官進，徹之，下餕上之餘也。謖，所六反。起也。百官進，依注作餕。進，當爲餕，聲之誤也。百官，謂有事於君祭者也。既餕，乃徹之而去。所謂自卑至賤。進、徹，或俱爲餕也。凡餕之道，每變以衆，所以別貴賤之等，而興施惠之象也。是故以四簋黍，見其脩於廟中也。廟中者，竟内之象也。別，彼列反。見，賢遍反。「脩」於廟中，一本作「偏」。鬼神之惠偏廟中，如國君之惠偏竟内也。疏曰：「是故以四簋黍見其脩於廟中也」者，謂餕之時君與三卿以四簋之黍修整普徧也。所以用四簋多黍稷而餕者，欲見其恩惠修整徧於廟中。諸侯之祭有六簋，今云以四簋者，以二簋留爲陽厭之祭，故以四簋爲餕。簋有黍稷，特云黍者，見其美。舉黍，稷可知也。「廟中者，竟内之象也」者，以其簋而徧廟中，如君之恩惠徧於竟内也。祭者，澤之大者也。是故上有大澤，則惠必及下，顧上先下後耳，非上積重而下有凍餒之民也。是故上有大澤，則民夫人待於下流，知惠之必將至也，由餕見之矣。故曰可以觀政矣。重，直龍反〔八八〕。餒，乃罪反。夫，音扶。鬼神有祭，不獨饗之，使人餕之，恩澤之大者也。

國君有蓄積，不獨食之，亦以施惠竟内也。祭統。餕餘不祭，父不祭子，夫不祭妻。曲禮。朱子曰：古注説不是，今思之，只是不敢以餕餘又將去祭神，雖以父之尊亦不可以祭其子之卑，夫之尊亦不可以祭其妻之卑。蓋不敢以鬼神之餘復以祭也。祭非「飲食必祭」之祭。又曰：先儒自爲一説，横渠又自爲一説，看來只是祭祀之祭，此因餕餘起文，謂父不以是祭其子，夫不以是祭其妻。夫祭有畀煇、胞、翟、閽者，惠下之道也，唯有德之君，爲能行此，明足以見之，仁足以與之。畀之爲言與也，能以其餘畀其下者。煇者，甲吏之賤者也。胞者，肉吏之賤者也。翟者，樂吏之賤者也。閽者，守門之賤者也。古者不使刑人守門，此四守者，吏之至賤者也。尸又至尊，以至尊既祭之末，而不忘至賤，而以其餘畀之，是故明君在上，則竟内之民無凍餒者矣。此之謂上下之際。畀，必利反。煇，依注作韗同，況萬反，又音運。胞，步交反。翟，音狄。閽，音昏。「明足以見之」，見此卑；「仁足以與之」，與此卑者也。煇，周禮作韗，謂韗磔皮革之官也。翟，謂教羽舞者也。古者不使刑人守門，謂夏、殷時。卑，如字，舊必利反。疏曰：此之謂上下之際者，際，接也。至尊者與賤者，其道接也。祭統。

閍，謂之門。詩曰：祝祭於祊。爾雅。繹，又祭也。祭之明日，尋繹復祭。疏曰：繹，又祭也者。又，復也。繹，復祭之名也。郭云祭之明日，尋繹復祭。公羊傳曰：繹者何？祭之明日也。穀梁傳云：繹者，祭之旦日之享賓也，天子諸侯謂之爲繹。少牢饋食，大夫之禮也，謂之賓尸，與祭同日。若然，是亦與賓尸事不同矣。而詩頌絲衣序云「繹，賓尸」者，繹，祭之禮，主爲賓事此尸。但天子諸侯禮大，異日爲之，别爲立名，謂之繹，言其尋繹昨日。卿大夫禮小，同日爲之，不别立名，直指其事，謂之賓尸耳。此序言繹者，是此祭之名，賓尸是此祭之事，故特詳其文。然又祭之名，三代各異。周曰繹。春秋經曰：壬午猶繹。疏曰：郭云壬午猶繹者，宣八年經文也。商曰肜。疏曰：高宗肜日，商書篇也。孫炎云：肜者，相尋不絶之意。夏曰復胙。疏曰：夏之典訓，無言復胙名者，未見義所出也。詩傳及詩箋亦無此一句。説者云「胙」是祭肉也，以祭之旦日，復陳其祭肉以賓尸也，未知然不？祭名者，以顯上事也。同上。

右祭之明日又祊。

傳：爲祊於外，祊，百彭反。 祊祭，明日之繹祭也。謂之祊者，於廟門之旁，因名焉。其祭之禮，既設祭於室，而事尸於堂，孝子求神非一處也。周禮曰：夏后氏世室，門堂三之二，室二之一。詩頌絲衣曰：自堂徂基。 繹，音亦。 處，昌慮反。 疏曰：「爲祊於外」者，祊，謂明日繹祭在於廟門外之西旁。以正祭設饌在室，故知繹祭亦設饌在室。有司徹上大夫賓尸，坐尸侑於堂，酌而獻尸。故知人君繹祭亦事尸於堂也。云「夏后氏世室門堂三之二〔八九〕，室二之一」者，證廟門之旁有室有堂也。又引詩頌絲衣之篇者，證繹祭在堂事尸也。絲衣之篇論繹祭之時，從堂上往於堂下之基，故云自堂徂基。 故曰於彼乎，於此乎？ 疏曰：「故曰於彼乎，於此乎」者，以其不知神之所在，或祭之於堂，或祭之於外，不知此神於彼堂乎，於彼室乎，於此祊乎？以古語有此，故記者引以結之。 禮器。 祭統，詔祝於室而出乎祊，此交神明之道也。 疏曰：祝官以言詔告，祝請冥尸於室求之，此交神明之道也者，神明難測，不可一處求之，或門旁不敢定，是與神明交接之道。 詩云「明發不寐，有懷二人」。文王之詩也。 祭之明日，明發不寐，饗而致之，又從而思之。祭之日，樂與哀半，饗之必樂，已至必哀。 明發不寐，謂夜而至旦也。 祭之明日，謂繹日也。言繹，日夜不寐也。二人，謂父母容尸侑也。 疏曰：云「二人，謂父母容尸侑也」者，祭以念親，故二人謂父母。按有司徹上大夫賓尸，別立一人爲侑以助尸，繹祭與儐尸同，故知二人容尸與侑也。 儐，音賓。 祭義。 是故孝子臨尸而不怍。君牽牲，夫人奠盎，君獻尸，夫人薦豆，卿大夫相君，命婦相夫人：齊齊乎其敬也，愉愉乎其忠也。勿勿乎其欲其饗之也。 怍，才各反。 盎，烏浪反。 愉，羊朱反。 君牽牲將薦毛血。 疏曰：怍，謂顏色不和悦，以祭祀須饗尸，故孝子臨對尸前不得顏色不和。「君牽牲夫人奠盎」者，熊氏云此謂繹祭，君當牽牲之時，夫人奠設盎齊之尊。「君獻尸夫人薦豆」者，繹祭，故先獻後薦。「齊齊乎其敬也」者，卿大夫相君，命婦相夫人，皆齊齊乎其恭敬。齊齊，謂整齊之貌，故玉藻云廟中齊齊。「愉愉乎其忠也」者，愉愉，和悦之貌。忠謂忠心。言孝子顏色愉愉然和悦盡忠心。「勿勿乎其欲其享之也」者，勿勿，猶勉勉也。言孝子之心與貌，勉勉然欲得親之歆享也。云儐尸主人獻尸，主婦自東房薦韭菹醢者，此是有司徹文，引之者，證儐尸之時先獻後薦。上大夫儐尸，即天子諸侯之繹也。盎齊，才細反。祭義。

宣公八年六月辛巳，有事於太廟，仲遂卒於垂。壬午，猶繹。繹，又祭。陳昨日之禮，所以賓尸。公羊子曰：繹者何？祭之明日也。天子諸侯曰繹，大夫曰賓尸，士曰宴尸。穀梁子曰：繹者，祭之旦日之享賓也。疏曰：旦日，猶明日也。何休云，繹者，繼昨日事，但不灌地以降神耳。

衛莊公改舊制，變宗廟，易朝市。高子睪問於孔子曰：「周禮繹祭於祊，祊在廟門之西，前朝而後市，今衛君更之，如之何？」孔子曰：「繹之於庫門內，祊之於東方，市朝之於西方，失之矣。」家語曲禮公西赤問。

陳氏禮書曰：禮有正祭之祊，有繹祭之祊，於祊求諸遠者也。祊於西，尊其右也。詩云「以往烝嘗，或剝或烹，或肆或將」，而繼之以祝祭於祊，此正祭之祊也。禮言「設祭於堂，爲祊乎外」，家語言「繹祭於祊」，此繹祭之祊也。正祭之祊位於門內之西室，故毛氏釋詩以祊爲門內。繹祭之祊位於門外之西室，故鄭氏釋郊特牲以祊於門外。蓋祊，其位也；繹，其祭也；賓尸，其事也。繹祭謂之祊，而祭之祊，不謂之繹。繹之名，特施於天子諸侯；賓尸之名，亦施於卿大夫。鄭氏以卿大夫賓尸在堂，故謂祊於門外之西室。繹，又於其堂。孔穎達申之云「求神在室，接尸在堂」，於義或然。卿大夫有賓尸，則正祭無加爵，無陽厭。下大夫、士無賓尸，故正祭有加爵，有陽厭，必於明日。春秋書「辛巳有事於太廟，壬午猶繹」。穀梁曰「繹者，祭之明日之享賓也」。公羊曰「繹者何？祭之明日是也，賓尸則祭日而已」。儀禮有司徹「掃堂，攝酒，迎尸而賓之」是也。繹於明日則異牲，詩曰「自羊徂牛」是也。賓尸，於祭日則用正祭特牲而已，有司徹「燅音尋。尸俎」是也。蓋正祭重，而主於禮神；繹輕，而主於禮尸。重，故省牲視具在宗伯。輕，故使士焉。則「絲衣其紑，載弁俅俅」者，士而爵弁絲衣者也。主於禮神，故在室，主於禮尸，故在堂，則自堂徂基，掃堂設筵者，皆堂上之事也。考之儀禮：大夫正祭不迎尸，而賓尸迎之；正祭有祝，而賓尸有侑；正祭先薦後獻，賓尸先獻後薦；正祭之鼎五，賓尸之鼎三；正祭之牲體進下，賓尸之牲體進腠；正祭之魚縮載，賓尸之魚橫載；正祭主人獻尸，而尸酢之於獻祝佐食之前；賓尸主人獻尸，而尸酢之於獻侑之後。凡此，皆與正祭不同。則主人迎尸，尸後酢主人，所以伸主人也。先獻後薦而進下，所以醉飽尸也。其飲至於無算，其罰至於兕觥，則繹祭可知矣。

通典：祭之日，王服衮冕而入廟，工則奏以王夏，王入，立於東序。后則副褘而入，立於西序，尸入之後，乃就於西房。轉就西房者，所以放陰陽之義。禮器云「大明生於東，月生於西，陰陽之分，夫婦之位也」。尸服衮冕而入，工則奏肆夏。王反於室〔九〇〕，而不迎尸。祭統云「君迎牲而不迎尸，所以別嫌也」。於是王以珪瓚酌鷄彝之鬱鬯以獻尸，尸以祼地降神，尸祭之，啐之，奠之，此爲祼神之一獻也。后乃璋瓚酌鳥彝之鬱鬯以獻尸，尸祭之，啐之，奠之，此爲二獻也。王乃袒而迎牲於門，牲入門則奏昭夏，王親牽牲，公卿大夫執幣以從，入而告於庭云「博碩肥腯」。王乃麗牲於碑，親執鸞刀，啟其毛血以授於祝。祝入，告於幽全之義。遂乃殺牲，始行朝踐之事。凡牲，廟用一牢。公羊傳云「周公白牡，魯公騂剛，群公不毛」。朝踐之時，尸出於室，坐於户西，南面。主在西，東面。郊特牲云「詔祝於室，坐尸於堂」。鄭玄注云「謂朝事時〔九一〕，迎尸於户外」。時尸、主之前，薦以籩豆脯醢而已。乃取牲膟膋燎於爐炭，入以詔神於室。於時王親洗肝於鬱鬯而燔之，以墮於主。主人親制其肝，所謂制祭也。次乃升牲首於室中北墉下，尊首尚氣之義也。時又薦腥於尸、主之前，謂之朝踐。於時王乃以玉爵酌獻素何反。下同。鐏中醴齊以獻，此三獻也。后於是薦朝事之籩，時堂上以夾鍾之調歌，堂下以無射之調作大武之樂。后於是亦以玉爵酌獻鐏醴齊以獻尸，此四獻也。時堂下之樂亦作也。於時王自阼階而西酌獻，后從西階東酌獻。所謂「禮交動乎上，樂交應乎下」。至薦熟之時，謂之饋食。先薦熟於堂。視陳此設饌之禮，非謂即食。設饌之時，王及尸皆有倚住之處，設機於傍，故云變機也。設席之後，更設尸主之席於堂，在户内西方，東面，尸在其北。布尸主席訖，乃遷所設於堂上之饌置尸主坐前，時祝又以斝酌奠，奠於饌南，所謂天子奠斝。又取腸間脂焫之蕭合羶薌，鄭云「羶，當爲馨字之誤」。燎於爐炭，所謂臭陽達於墻屋。乃迎尸、主入室，即席，舉奠斝將祭之。時祝則詔王拜妥尸，郊特牲云「舉斝角詔妥尸」是也。拜訖，尸遂祭酒以菁茅，謂之縮酒。左傳云「爾貢苞茅不入，王祭不供，無以縮酒」。尸遂啐之，奠之，尸乃坐。於是王以玉爵酌象鐏盎齊以獻尸〔九二〕，五獻也。時后薦饋食之籩，又以玉爵酌象鐏醞齊以獻尸，此六獻也。王及后每獻，皆作樂如初。尸食訖，王以玉爵酌朝踐之獻鐏醴齊以酳尸〔九三〕，謂之朝獻，亦鐏相因，此七獻也。后薦加事之豆籩。尸飲七，王可以獻公。尸飲訖，受祝，祝酌清酒以授尸，尸以酢王，王乃設酢席於户内。尸少祭饌黍稷，並假福王，王乃以出，量人與鬱人受之。周禮宗伯職云「量人與鬱人受舉斝之卒爵」。后以玉爵酌饋食象鐏之盎齊以獻尸，日再獻，亦鐏之相因。尸酢后如王之法，后飲酢酒〔九四〕，此八獻也。尸飲八，王可以獻卿。諸侯爲賓者以玉爵酌盎齊，備卒食三獻，合九獻。凡王及后各四，諸侯爲賓者一也。尸飲九，王可以獻大夫、士。取惠均於下之義。

尸飲訖，又酢諸臣如后之法。自九獻之後，遂降，冕而揔干〔九五〕，舞大武之樂以樂尸。祭統云「君執干戚就舞位，冕而總干，率其群臣，以樂皇尸」。九獻之後，更爲嗣子舉奠，與群臣進獻，更行三爵，皆謂之加爵，則用璧散璧角。明堂位云「用璧角」〔九六〕。即行旅酬無算之爵。樂作亦然。旅酬既訖，則尸出。尸出之後，則嗣子餕之。文王世子云「登餕受爵以上嗣，尊祖之道」。鄭玄注云「上嗣祖之正統〔九七〕」。厥明，更以一牢繹於祊。於廟門之外而行其禮。

按：儀禮所存，唯少牢饋食、特牲饋食爲大夫祭宗廟之禮，而天子諸侯之祭禮亡矣。其載於周禮、禮記者，雖略可考見，而參錯涣散。後之有天下者，雖欲一遵古禮行之，而其節文脉絡不相連屬，此所以病其難行也。晦庵嘗欲以二禮及注、疏中所言，紬繹其節奏之先後，爲天子祭禮。而其書未成，以授其門人勉齋黄公。黄又未及成，而以授信齋楊公。信齋之書出，而後學者開卷始可以洞窺其奏節，自致齋而祼獻，自祼獻而饋獻，以至加爵、徹俎、旅酬、登餕、繹祭之儀，大概以經之所言爲主，而經之所未備者，則取注、疏之説以備之，注、疏之所未備者，又約儀禮所載大夫、士之禮以推之，其説始粲然有條，足爲百代不刊之典。然杜氏通典亦嘗採經傳及注、疏之説，條陳九獻之禮，特略而未備，且與信齋之説小異，故並存之。

校勘記

〔一〕解所以先奏樂之義　「所」字原脱，據禮記正義卷二六郊特牲孔穎達疏補。

〔二〕祝酌奠於鉶南　儀禮注疏卷四五特牲饋食作「祝洗酌奠，奠於鉶南」。

〔三〕如向所説先灌訖　周禮注疏卷一八大宗伯作「如向所説，具先灌訖」。

〔四〕即於下五享與上祫祭　「即」下原衍「是」字，據周禮注疏卷一八大宗伯賈公彦疏删。

〔五〕祼珪有瓚　「有瓚」二字原脱，據周禮注疏卷二〇典瑞及上文義補。

〔六〕司尊彝鬱齊獻酌　「彝」字原脱，據周禮注疏卷二〇司尊彝補。

〔七〕獻之屬莫重於祼是也　「獻」原訛「祭」，據禮記正義卷四九祭統改。

〔八〕農乃登穀　「穀」原作「黍」，據禮記正義卷一六月令及下文義改。

〔九〕祭祀而已　「而已」二字原脱，據周易正義卷六既濟補。

〔一〇〕奉薦而進其親也愨者　「愨者」二字原脱，據禮記正義卷四七祭義孔穎達疏補。

〔一一〕美服　「美」字原脱，據春秋公羊傳注疏卷五桓公八年條補。

〔一二〕士有公事不得及此四時祭者　「有」原訛「則」，據春秋公羊傳注疏卷五桓公八年條改。

〔一三〕既葬卒哭　「卒哭」二字原脱，據春秋左傳正義卷三三傳襄公十六年條杜氏注補。

〔一四〕荒服者王　此四字原脱，據國語卷一周語上補。

〔一五〕觀射父曰　「觀射」原作「射觀」，據國語卷一八楚語下乙正。

〔一六〕則爲位　原作「爲位則」，據周禮注疏卷一九小宗伯乙正。

〔一七〕不告閏朔　「閏」字原脱，據春秋左傳正義卷一九上傳文公六年條補。

〔一八〕犬戎氏　「氏」原訛「時」，據國語卷一周語上改。

〔一九〕送與尸及賓　「及賓」二字原脱，據周禮注疏卷一九小宗伯孔穎達疏補。

〔二〇〕女御　「女」原訛「世」，據馮本及周禮注疏卷二一世婦鄭氏注改。

〔二一〕世婦　「世」上原衍「佐」字，據周禮注疏卷七寺人鄭氏注删。

〔二二〕戒輕肅重也　「輕」原訛「猶」，據禮記正義卷四九祭統鄭氏注改。

〔二三〕展牲則告牷　「牷」原訛「牲」，據周禮注疏卷一三充人改。

〔二四〕脩滌粢盛黍稷　「脩」原作「滌」，據周禮注疏卷三六司烜氏鄭氏注改。又：阮元校勘記云：「岳本、嘉靖本『脩』作『滫』。按脩、滫皆非也，乃『溲』字誤耳，説文作『浚』，沃汏也。」

〔二五〕以其日者太陽之精　「以其」二字原脱，據周禮注疏卷三六司烜氏賈公彦疏補。

〔二六〕凡樂事　「樂」原訛「祭」，據周禮注疏卷二二大司樂改。

〔二七〕禘祫及四時　「及」，周禮注疏卷一二鼓人賈公彦疏或作「鼓」。

〔二八〕擬升堂歌舞呼之乃入　「舞」原在「入」下，據周禮注疏卷二五大祝賈公彦疏乙正。

〔二九〕皆謂呼之入也　「入」字原脱，據周禮注疏卷二五大祝賈公彦疏改。

〔三〇〕以鬯珪與玉磬如齊告糴是也　「玉」字原脱，據國語卷四上魯語補。

〔三一〕獻之屬莫重於祼　「獻」原訛「祭」，據禮記正義卷四九祭統改。

〔三二〕鹿臡　「鹿」原作「麋」，據周禮注疏卷六醢人改。

〔三三〕坐尸於堂　四字原脱，據禮記正義卷二一禮運孔穎達疏補。

〔三四〕鬱鬯而燔之　「鬯」字原脱，據禮記正義卷二一禮運孔穎達疏補。

〔三五〕薦其血毛　四字原脱，據禮記正義卷二一禮運補。

〔三六〕泛齊以獻尸　「泛」原訛「醴」，據禮記正義卷二一禮運孔穎達疏改。

〔三七〕王牽牲入　「牲」下原衍「以」字，據周禮注疏卷七内宰賈公彦疏删。

〔三八〕坐於主北焉　「主」字原脱，據禮記正義卷二六郊特牲孔穎達疏補。

〔三九〕廟堂中　「中」，周禮注疏卷一九小宗伯賈公彦疏作「東」。

〔四〇〕從此始也　「此」原訛「熟」，據禮記正義卷二六郊特牲孔穎達疏改。

〔四一〕安坐也　「坐」字原脱，據禮記正義卷二六郊特牲鄭氏注補。

〔四二〕拜妥尸　「拜」原訛「即」，據禮記正義卷二六郊特牲鄭氏注改。

〔四三〕則以拜安之也　「拜」原訛「舞」，據禮記正義卷二六郊特牲鄭氏注改。

〔四四〕如以六號祝明此圭潔也　「六」原訛「大」，據周禮注疏卷二五大祝鄭氏注改。

〔四五〕祭祀　「祀」原訛「祝」，據元本、慎本、馮本及周禮注疏卷三〇量人改。

〔四六〕後鄭據此　「後」原訛「從」，據周禮注疏卷三〇量人賈公彦疏改。

〔四七〕數量未聞　「數」原訛「收」，據周禮注疏卷三〇量人賈公彦疏改。

〔四八〕祀先王昨席　「祀」原訛「祝」，據元本、慎本、馮本及周禮注疏卷二〇司几筵改。

〔四九〕祝受之又酌授尸　「之」原訛「尸」，「又酌」原訛「尸酢」，據周禮注疏卷二〇司几筵鄭氏注改。

〔五〇〕祀先王　「祀」原訛「祝」，據元本、慎本、馮本及周禮注疏卷二〇司几筵賈公彦疏改。

〔五一〕户東西面設主人俎　「户」原訛「尸」，據馮本及周禮注疏卷四膳夫賈公彦疏改。

〔五二〕王受尸酢禮亦當然　「禮」原訛「祀」，據周禮注疏卷四膳夫賈公彦疏改。
〔五三〕詩懷之　「詩」原訛「尸」，據周禮注疏卷一九鬱人賈公彦疏、儀禮注疏卷四八少牢饋食禮賈公彦疏改。
〔五四〕少牢尸嘏主人　「牢」原訛「年」，據元本、慎本、馮本及周禮注疏卷三〇量人賈公彦疏改。
〔五五〕別行賓尸之禮　「賓」上原衍「賓」字，據禮記正義卷四九祭統孔穎達疏删。
〔五六〕八簻　「八」原訛「入」，據元本、慎本、馮本及周禮注疏卷五簻人賈公彦疏改。
〔五七〕言其物雖質略　「雖」字原脱，據禮記正義卷二一禮運孔穎達疏補。
〔五八〕塭也　「塭」原作「逼」，據禮記正義卷二一改。
〔五九〕告天　「天」原訛「文」，據禮記正義卷二一禮運孔穎達疏改。
〔六〇〕火化之法　「火化」二字原倒，據禮記正義卷二一禮運乙正。
〔六一〕設遣奠之時　「設」字原脱，據禮記正義卷二一禮運補。
〔六二〕居其上　「其上」原訛「古也」，據元本、慎本、馮本及禮記正義卷二一改。
〔六三〕裹燒之也　「裹」原訛「裹」，據元本、慎本、馮本及禮記正義卷二一改。
〔六四〕芳斂反　「斂」原訛「劍」，據禮記正義卷二一改。
〔六五〕修其祝嘏者　此句原脱，據禮記正義卷二一補。
〔六六〕以降上神與其先祖者　此句原脱，據禮記正義卷二一補。
〔六七〕入廟門則全謂臣是也　禮記正義卷四九祭統及卷二一禮運孔穎達疏「謂」作「於」。
〔六八〕雖宗廟　「雖」原訛「强」，據元本、慎本、馮本及禮記正義卷二一禮運孔穎達疏改。

〔六九〕以嘉魂魄者謂設此在上祭祀之禮　「以嘉魂魄者謂」六字原脱，據禮記正義卷二一禮運孔穎達疏補。
〔七〇〕古洽反　「反」原訛「瓦」，據元本、慎本、馮本及禮記正義卷四七祭義鄭氏注改。
〔七一〕報魄　「魄」原訛「魂」，據元本、慎本、馮本及禮記正義卷四七祭義鄭氏注改。
〔七二〕亦是報魄　「魄」原訛「蓋」，據禮記正義卷四七祭義孔穎達疏改。
〔七三〕才用反　「才」原訛「木」，據元本、慎本、馮本及禮記正義卷四七祭義鄭氏注改。
〔七四〕封　原訛「封」，據元本、慎本、馮本及禮記正義卷四七祭義鄭氏注改。
〔七五〕而退者　三字原脱，據禮記正義卷四七祭義孔穎達疏補。
〔七六〕用清酒以涚沸之　「沸」原訛「沛」，據禮記正義卷四九祭統孔穎達疏改。
〔七七〕盎齊　「齊」字原脱，據禮記正義卷四九祭統孔穎達疏補。
〔七八〕割制所羞嚌肺　「所」原訛「之」，據禮記正義卷四九祭統孔穎達疏改。
〔七九〕夫人薦豆者　此句原脱，據禮記正義卷四九祭統孔穎達疏補。
〔八〇〕此之謂夫婦親之者　此句原脱，據禮記正義卷四九祭統孔穎達疏補。
〔八一〕君西酌犧象　「象」原訛「尊」，據禮記正義卷二四禮器改。
〔八二〕饋食之爲也　「爲」字原脱，據元本、慎本、馮本及禮記正義卷二六郊特牲鄭氏注補。
〔八三〕主人乃先以俎盛之　禮記正義卷二四禮器孔穎達疏作「主入室，乃以俎盛之」。
〔八四〕君爲東上　「君」上原衍「東」字，據禮記正義卷四九祭統鄭氏注删。
〔八五〕又曰糝　「糝」字原訛「稻」，據元本、慎本、馮本及周禮注疏卷六醢人鄭氏注改。

〔八六〕言貴者不持多而重　「持」，禮記正義卷四祭統孔穎達疏作「特」。

〔八七〕其登餕獻受爵　「獻」字原脱，據馮本及禮記正義卷二〇文王世子補。

〔八八〕重直龍反　「重」上原衍「積」字，據禮記正義卷四九祭統鄭氏注删。

〔八九〕門堂三之二　「三」原訛「二」，據禮記正義卷二四禮器孔穎達疏改。

〔九〇〕王反於室　「反」原訛「及」，據校點本通典卷四九禮九改。

〔九一〕朝事時　「事」原訛「踐」，據禮記正義卷二六郊特牲鄭氏注、通典卷四九禮九改。

〔九二〕象罇置齊以獻尸　「象」，禮記正義卷二一禮運孔穎達疏作「壺」。

〔九三〕醴齊以酳尸　「醴齊」，禮記正義卷二一禮運孔穎達疏作「泛齊」。

〔九四〕后飲酢酒　「后」字原脱，據元本、慎本、馮本及通典卷四九禮九補。

〔九五〕冕而撫干　「撫」原訛「總」，據通典卷四九禮九改。

〔九六〕明堂位云用璧角　禮記正義卷三一明堂位及通典卷四九禮九作「明堂位云加以璧散璧角」。

〔九七〕上嗣祖之正統　「正統」原作「上」，據禮記正義卷二〇文王世子鄭氏注、通典卷四九禮九補改。

卷九十七　宗廟考七

祭祀時享

漢惠帝時，叔孫通曰：「古者有春嘗果，方今櫻桃熟，可獻。」遂獻宗廟。諸果之獻由此興。

孝景帝元年，詔高廟酎，張晏曰：「正月旦作酒，八月成，名曰酎。酎之言純也。至武帝時，因八月嘗酎，會諸侯廟中，出金助祭，所謂酎金也。」師古曰：「酎，三重釀，醇酒也，故以薦宗廟。酎，直救反。」奏武德、文始、五行之舞。孟康曰：「武德，高祖所作也。文始，舜舞也。五行，周舞也。武德者，其舞人執干戚。文始舞，執羽籥。五行舞，冠冕衣服法五行色。」見禮樂志。孝惠廟酎，奏文始、五行之舞。爲孝文廟爲昭德之舞。

武帝元鼎五年九月，列侯坐獻黃金酎祭宗廟不如法奪爵者百六人。如淳曰：「漢儀注諸侯王歲以戶口酎黃金於漢廟，皇帝臨受獻金，金少不如斤兩（一），色惡，王削縣，侯免國。」

宣帝本始二年，尊孝武廟爲世宗廟，奏盛德、文始、五行之舞。

漢時，宗廟在郡國者六十八，合百六十七所。六十八者，郡國之數。百六十七者，宗廟之數。而京師自高祖至宣帝，與太上皇、悼皇考各自居陵旁立廟，并爲百七十六。又園中各有寢、便殿。日祭於寢，月祭於廟，時祭於便殿。寢，日四上食；廟，歲二十五祠，如淳曰：「月祭朔望，加臘爲二十五。」晉灼曰：「漢儀注宗廟一歲十二祠。五月嘗麥，六月、七月三伏，立秋貙婁，又嘗粢。八月先夕饋飧，皆一太牢，酎祭用九太牢。十月嘗稻，又飲烝，二太牢。十一月嘗，十二月臘，二太牢。又每月一太牢，如閏加一祀，與此上十二爲二十五祠。」師古曰：「晉説是也。」便殿，歲四祠。又月一游衣冠。而昭靈后、武哀王、昭哀后、孝文太后、孝昭太后、衛思后、戾太子、戾后各有寢園，與諸帝合，凡三十所。一歲祠，上食二萬四千四百五十五，用衛士四萬五千一百二十九人，祝宰樂人萬二千一百四十七人，養犧牲卒不在數中。至元帝時，貢禹奏言：「古者，天子七廟，今孝惠、孝景廟皆親盡，宜毀。又郡國廟不應古禮，宜正定。」天子是其議，未及施行而禹卒。永光四年，乃下詔罷郡國廟。詳見宗廟門。

既罷郡國廟，議者又以爲清廟之詩言交神之禮無不清静，今衣冠出游，有車騎之衆，風雨之氣，非所謂清静也。「祭不欲數，數則瀆，瀆則不敬」，宜復古禮，四時祭於廟，諸寢園日月間祀，皆可勿復修，上亦不改也。

漢舊儀：宗廟八月飲酎，用九太牢，皇帝侍祠。寢廟月一太牢，四上食。十二月一太牢，餽食，與閏月十三。嘗祠，正月嘗韭，又嘗羔。六月嘗黍，七月歲事。八月嘗酎，特牛，九月嘗鴈，十月嘗稻，十一月歲事，又賽禱。凡正祠一歲二十二。原廟一歲十二祠，有閏加一祠，皆用太牢。月游衣冠，以廟餽事之日，歲凡十二祠，立秋貙婁，又嘗麻〔二〕。八月，先夕餽飧，皆一太牢。皇帝會諸侯，酎金廟中，以上計儀，設九賓陪位，他祠無有。十月嘗稻，又飲烝，二太牢。十一月嘗文臧，未詳。十二月臘，二太牢。十二月擊牛飲酌無飯，故先夕餽飧。文帝所加。以正月日作酒，八月成，名曰酎酒。園廟一歲四祠，皆太牢。七月歲事。十二月歲事，臘以亥日。初歲椒酒，凡四祠，皆太牢。凡一歲太祠五十二，小祠千一百。

八月酎，車駕夕牲牛，以繡衣之，皇帝暮視牲〔三〕，以鑑燧取水於月〔四〕，以火燧取火於日，爲明水火。左袒，以水沃牛右肩，手執鸞刀，以切牛毛血薦之，而即更衣巾〔五〕，侍上熟，行禮。齋日，四法食，丈二尺拒案〔六〕，以陳三十六肉、六氣穀飯。贊饗一人，秩六百石，主贊天子。太祝令主薦酒，太宰令主饌陳，太常主導贊，丞舉廟中非法。八月，諸侯王酎金助祭，以九太牢，用豚八百枚，鉶羹三百，鷄、鳧、鴈、魚皆千枚，賜中都官吏卒以下。廟旁牛四十頭，助供樂用三千四百二十八人。祠立九旗於庭下，功臣四十人食堂下西階南。凡上堂上後房中婦子，祠用禾稜，長八尺，廣八寸，深四寸，凡八十一祭。御僕滕公祭於廟門外塾上，用壺酒、四脛骨藥。西廂歌秦海龜、龍舞、武德、文始、五行。

永光四年，御史大夫貢禹奏罷祖宗皇后位座，獨祭皇帝而已。

漢興，叔孫通因秦樂人制宗廟樂，太祝迎神於廟門，奏嘉至，李奇曰：嘉，善也，善神之至。猶古降神之樂也。皇帝入廟門，奏永至，以爲行步之節，猶古采齊、肆夏也。乾豆上，奏登歌，乾豆，脯羞之屬。獨上歌，不以筦絃亂人聲，欲在位者徧聞之，猶古清廟之歌也。登歌再終，下奏休成之樂，服虔曰：叔孫通所奏作也。美神明既享也。皇帝就酒東廂，坐定，美禮已成也。又有房中祠樂，高祖唐山夫人所作也。高帝姬也，姓唐山。周有房中樂，至秦名曰壽人。凡樂，樂其所生，禮不忘本。高祖樂楚聲，故房中樂楚聲也。至孝惠二年，使樂府令夏侯寬備其簫筦，更名曰安世樂。

安世房中歌十七章〔七〕：大孝備矣一章八句，七始華始一章八句〔八〕，我定歷數一章八句，王侯秉德一章七句，海内有姦一章八句，大海蕩蕩三章六句〔九〕，安其所一章八句，豐草葽一章八句，靁震震一章十句，都荔遂芳一章十句，桂華一章十句，美芳一章八句〔一〇〕，嘉薦芳矣一章八句，皇皇鴻明一章六句，浚則師德一章四句，孔容之常一章八句，承帝明德一章八句。

光武建武二年，立高廟於洛陽，四時祫祀。高祖爲太祖，文帝爲太宗，武帝爲世宗，如舊。餘帝四時春以正月，夏以四月，秋以七月，冬以十月及臘，一歲中凡五祠。

十九年，詔曰：「以宗廟處所未定，且祫祭高廟。其成、哀、平且祠祭長安故高廟。其南陽舂陵歲時各且因故園廟祭祀。園廟去太守治所遠者，在所令長行太守事侍祠。」於是雒陽高廟四時加祭孝宣、孝元凡五帝。其西廟成、哀、平三帝主四時祭於故高廟。東廟京兆尹侍祠，冠衣車服如太常祠陵廟之禮。南頓君以上至節侯皆就園廟，在所郡縣侍祠。

東漢制：正月上丁祠南郊，禮畢，次北郊、明堂、高廟、世祖廟，謂之五供。安帝即位，竇太后猶臨朝，七年正月初入太廟齋，七日庚戌謁宗廟，率命婦群妾相禮儀，與皇帝交獻親薦，成禮而還。因下詔曰：「凡供薦新味，多非其節，或鬱養强熟，或穿掘萌芽，味無所至而夭折生長，豈所以順時育物乎？自今當奉祠陵廟及給御者，皆須時乃上。」凡所省二十三種。本紀永初五年，劉珍言皇太后宜入廟，與陛下交獻，事下公卿，僉如珍言。六年正月皇太后親祭於宗廟，與皇帝交獻，大臣命婦相禮儀。

靈帝時，京都四時所祭高廟五主，世祖廟七主，成帝三陵，追后三陵，凡牲用十八太牢。

魏文帝黄初二年，以洛京宗廟未成，乃祠武帝於建始殿，親執饋奠如家人禮。

高堂隆云：按舊典，天子諸侯月有祭事，其孟，則四時之祭也，三牲、黍稷，時物咸備。其仲月、季月，皆薦新之祭也。大夫以上將之以羔，或加以犬而已，不備三牲也。士以豚。庶人則唯其時宜，魚鴈可也。皆有黍稷。禮器曰：「羔豚而祭，百官皆足，太牢而祭，不必有餘。」羔豚則薦新之禮也，太牢則時祭之禮也。詩云「四月其蚤〔一一〕，獻羔祭韭」。周之四月則夏之二月也。月令：仲春，天子乃獻羔開冰。季春之月，天子始乘舟薦鮪。仲夏之月，天子乃嘗魚〔一二〕。咸薦之寢廟。此則仲月季月薦新之禮也〔一三〕。蜀譙周禮祭集志曰：天子之廟，始祖及高、曾、祖、考，皆月朔加薦，以像平生朔食也，謂之月祭。二祧之廟，無月祭也。凡五穀新熟，珍物新成，天子以薦宗廟。禮，未薦不敢食新，孝敬之道也。其月朔薦及臘薦、薦新皆奠，無尸，故群廟皆一朝之間盡畢。

晉孝武帝太元十六年，改作太廟，遷神主於行廟，設脯醢之奠。及新廟成，神主還室，又設脯醢之奠。餘見禘祫門。

晉：祠廟夕牲歌一首。祠廟迎送神歌一首。祠征西將軍登歌一首。祠豫章府君登歌一首。祠潁川府君登歌一首。祠京兆府君登歌一首。祠宣皇帝登歌一首。祠景皇帝登歌一首。祠文皇帝登歌一首。祠廟饗神歌二首。

宋：四時祭祀，將祭，必先夕牲。皇帝散齋七日，致齋三日。百官掌事者亦如之。致齋之日，御太極殿幄坐，著絳紗袍，黑介幘，通天金博山冠。祠之日，車駕出，百官應齊從駕留守填街先置者〔一四〕，各依宣攝從事。上水一刻，皇帝著平冕龍衮服，升金根車，到廟北門。治禮〔一五〕、謁者各引太樂令、太常、光禄勳、三公等皆入在位。皇帝降車，入廟，脱舄，盥及洗爵，訖，升殿。初獻，奠爵，樂奏。太祝令跪讀祝文，訖，進奠神座前，皇帝還本位。博士引太尉亞獻，訖，謁者又引光禄勳終獻。皇帝不親祠，則三公行事，而太尉初獻，太常亞獻，光禄勳終獻。

齊武帝永明九年，詔太廟四時之祭，薦宣皇帝起麵餅〔一六〕、鴨臛；孝皇后筍、鴨卵〔一七〕；高皇帝肉膾、菹羹；昭皇后茗、粣、炙魚，皆所嗜也。先是〔一八〕，帝夢太祖謂己：「宋氏諸帝常在太廟，從我求食，可別爲吾致祠。」乃命豫章王妃庾氏四時祠二帝二后於清溪故宅，牲牢服章皆如家人禮。

司馬氏曰：「昔屈到嗜芰，屈建去之，以爲不可以私欲干國之典，况子爲天子而以庶人之禮祭其父，違禮甚矣。衛成公欲祀相，寧武子猶非之，而况降祀祖考於私室，使庶婦尸之乎。」

梁武帝制：春祠，夏礿，秋嘗，冬烝并臘，一歲凡五，謂之時祭。

都令史王景之，列自江左以來〔一九〕，郊廟祭祀，帝已入齊，百姓尚哭，以爲乖禮。何佟之等奏：「按禮，國門在皋門外，今之籬門是也。今古殊制，若禁凶服不得入籬門爲太遠，宜以六門爲斷。」詔曰：「六門之内，士庶甚多，四時烝嘗，俱斷其哭。若有死者，棺器須來，既許其大，而不許其細也。致齋日，宜去廟二百步斷哭。」

四年，何佟之議：「按禮，未祭一日，大宗伯省牲鑊，祭日之晨，君親牽牲麗碑。後代有冒暗之防，而人主猶必親奉，故有夕牲之禮。頃代人君，不復躬牽，相承丹陽尹牽牲，於古無取。宜依以未祭一日之暮，太常省牲視鑊，祭日之晨，使太尉牽牲出入也。少牢饋食殺牲於廟門外，今儀注詣厨烹牲，謂宜依舊。」帝可其奏。佟之又曰：「鄭玄云『天子諸侯之祭禮，先有祼尸之事，乃迎牲』。今儀注乃至薦熟畢，太祝方執珪瓚祼地，違謬若斯。又近代人君不復躬行祼禮，太尉既攝位，實宜親執其事，而越使卑賤太祝，甚乖舊典。愚謂祭日之晨，宜使太尉先行祼獻，乃後迎牲。」帝曰：「祼尸本使神有所附，今既無尸，祼將安設？」佟之曰：「如馬、鄭之意，祼雖獻尸，而義在求神。今雖無尸，求神之義恐不可闕。」帝曰：「此本因尸以祀神，今若無尸，則宜立寄求之所〔二〇〕。」祼義乃定。佟之曰：「祭統云『獻之屬，莫重於祼』。今既存尸卒食之獻，則祼鬯之求，實不可闕。又送神更祼，經記無文，宜依禮革。」奏未報，而佟之卒。後明山賓復申其理。帝曰：「佟之既不復存，宜從其議也。」自是始使太尉代太祝行祼而又牽牲。太常任昉又以未明九刻呈牲，加又太尉祼酒，三刻施饌，間中五刻，行儀不辦。近者臨祭從事，實以二更，至未明三刻方辦。明山賓議，謂「九刻已疑太早，況二更非復祭旦」。帝曰：「夜半子時，即是晨始。宜取三更省牲，餘依儀注。」又有司以爲三牲或離杙，依制埋瘞，豬羊死則不埋，請議其制。司馬褧等議，以爲牲死則埋，必在滌矣。謂三牲在滌死，悉宜埋。帝從之。

五年，明山賓議：「罇彝之制，祭圖唯有三罇：一曰象罇，周罇也；二曰山罍，夏罇也；三曰著罇，殷罇也。徒有彝名，竟無其器。直酌象罇之酒，以爲珪瓚之實。竊尋祼重於獻〔二一〕，不容共罇，宜循彝器，以備大典。按禮器有六彝，春祠夏礿，祼用鷄彝、鳥彝。王以珪瓚初祼，后以璋瓚亞祼，故春夏兩祭，俱用二彝〔二二〕。今古禮殊，無復亞祼，止循其二，春夏鷄彝，秋冬斝彝，庶禮物備也。」帝曰：「鷄是金禽，亦主巽位。但金火相伏，用之通夏，於義爲疑。」山賓曰：「臣愚管，不奉明詔，則終年乖舛。

按鳥彝是南方之物，則主火位，木生於火，宜以鳥彝春夏兼用。」帝從之。

七年，舍人周捨以爲「禮『玉輅以祀，金輅以賓』，則祭日應乘玉輅」。詔下其議。左丞孔休源議：

玉輅既有明文，而儀注金輅當由宋、齊乖謬，宜依捨議。帝從之。

天監十六年，詔曰：「夫神無常饗，饗於克誠，所以西鄰礿祭，實受其福。宗廟祭祀，猶有牲牢，無益至誠，有累冥道。自今四時烝嘗外，可量代。」八座議：「以大脯代一元大武。」八座又奏：「既停宰殺，無復省牲之事，請立省饌儀。其衆官陪列，並同省牲。」帝從之。十月詔曰：「今雖無復用腥〔二三〕，猶有脯脩之類，即之幽明，義爲未盡，可更詳定，悉薦時蔬。」左丞司馬筠等參議：「大餅代大脯，餘悉用蔬菜。」帝從之。又舍人朱异議：「二廟祀，相承止有一鉶羹。蓋祭祀之禮應有兩羹，相承止於一鉶，即禮爲乖。請加熬油蓴羹一鉶。」帝從之。於是起至敬殿、景陽臺，立七廟座。月中再設净饌。自是訖於臺城破，諸廟遂不血食。

陳制：一歲五祠，謂春、夏、秋、冬、臘也。每祭共以一太牢〔二四〕，始祖以三牲首，餘唯骨體而已。

後魏孝文皇帝太和六年十一月，將親祀七廟，有司依禮具儀。於是群官議曰：「昔有虞親虔，祖考來格，殷宗躬謁，介福攸降。大魏七廟之祭，依先朝舊事，多不親謁。今陛下孝誠發中，思親執祀，稽合古義，禮之常典。臣等謹按舊章，并採漢、魏故事，撰祭服冠履牲牢之具〔二五〕，罍洗簠簋俎豆之器，百官助祭位次，樂官節奏之引，升降進退之法，別集爲親拜之儀。」制可。於是帝乃親祭。其後，四時常祀皆親之。十六年，詔曰：「夫四時享祀，人子常道，然祭薦之禮，貴賤不同，故有邑之君，祭以首時，無田之士，薦以仲月。况七廟之重，而用中節者哉！自頃烝嘗之禮，頗違舊義。今將仰遵遠式，以此孟月特禴於太廟。但朝典初改，衆務殷湊，無違齊絜，遂及於今。又接神饗祖，必須擇日。今禮律未宣，有司或不知此，可敕太常令剋日以聞。」又詔罷寒食饗。

致堂胡氏曰：「四時之祀，天子用孟月，禮之正也。若寒食，其始既不出於先王，其節或跨乎仲季，非天子之所宜行也。苟以爲祖宗常行，有其舉之，莫敢廢也，盍亦擇禮之中否而行之歟！寒食之祀，始於晉人思介之推之焚死，爲之不火食。然則有天下國家者，以是日祀其祖考，可謂不經之禮。雖祖考行之而未暇革，今而革之，去非以從是，何不可之有？魏孝文斷然行之，不膠者，卓矣。」

北齊制：春祠、夏禴、秋嘗、冬烝，皆以孟月，凡四祭。每祭，室一太牢。武成帝始以皇后亞獻。河清中定令四時祭廟及元日廟庭，並設庭燎二所。

後周之制：其四時祭各於其廟，亦以皇后亞獻，其儀與北齊同〔二六〕。所異者，皇后亞獻訖，后又薦加豆之籩，其實菱、芡、芹菹、兔醢，冢宰終獻訖，皇后親徹豆，降還版位，然後太祝徹焉。

隋：四時之祭，各以太牢。四時薦新於太廟，有司行事，而不出神主。祔祫之禮〔二七〕，並准時享。

唐：四時各以孟月享太廟，室各用一太牢。若品物時新堪進御者，有司先送太常，令尚食相知，簡擇務令潔浄，仍以滋味與新物相宜者配之。太常卿及少卿一人奉薦太廟。卿及少卿有故，即差五品以上攝。有司行事，不出神主。仲春薦冰亦如之。

玄宗開元十五年敕：「享宗廟，差左右丞相、尚書、嗣王、郡王攝三公行事，若人數不足，通取諸司三品已上長官。自餘祭享，差諸司長官及五品以下清官。」二十三年令：「今後有大祭，宜差丞相、特進、開府〔二八〕、少保、少傅、尚書、賓客、御史大夫攝行。」二十五年敕：「太廟每至五饗之日，應攝三公，令中書門下及丞相、師傅、尚書、御史大夫、嗣王、郡王中揀擇德望高者通攝，餘司不在差限。」二十七年制：「宗廟致敬，必先於如在，神人所依，無取於非族。其應太廟五享，宜於宗子及嗣、郡王中揀擇有德望者，令攝三公行事。其異姓官吏，不須差攝。」二十三年正月赦文〔二九〕：「宗廟致享，務在豐潔，禮經沿革，必本人情，籩、豆之薦，或未能備，宜令禮官、學士詳議具奏。」太常卿韋縚奏：「宗廟之奠，每座籩、豆各加十二。又酒爵制度全小，僅無一合，執持甚難，請稍令廣大，仍望付尚書省集衆官詳議〔三〇〕。」兵部侍郎張均等議曰：「按舊制，一升曰爵，五升曰散。禮器稱『宗廟之祭，貴者獻以爵，賤者獻以散』，此明貴小賤大，示之節儉〔三一〕，豈可捨先王之遺法，徇一時之所尚，廢棄禮經，以從流俗，裂冠毁冕，將安用之？」太子賓客崔沔議曰：「祭禮之興，肇於太古，人所飲食，必先嚴獻。未有火化，茹毛飲血，則有毛血之薦；未有麴糵，污樽抔飲，則有玄酒之奠。施及後王，禮物漸備，作爲酒醴，伏其犧牲，以致馨香，以極豐潔。故有三牲八簋之盛，五齊九獻之殷。然以神道至玄，可存而不能測也。祭禮至敬，可備而不可廢也。是以毛血腥燗，元罇犧象，靡不畢登於明薦矣。然而薦貴於新，味不尚褻，雖則備物，猶存節制。故禮云『天之所生，地之所長』。苟可薦者，莫不咸在，備物之情也。又曰：『三牲之俎，八簋之實，美物備矣。昆蟲之異，草木之實，陰陽之物備矣。』此節制之文也。鉶、俎、籩、豆，簠、簋、罇、罍之實〔三二〕，皆周人之時饌也，其用通於讌享賓客。而周公制禮，咸與毛血玄酒同薦於先。晉中郎盧諶，近古知禮者也，著家祭禮，皆晉時常食〔三三〕，不復純用舊文。然則當時飲食，不可闕於祀祭明矣，是變禮文而通其情也。我國家由禮立訓，因時制範，考圖史於前典，稽周、漢之舊儀。清廟時享，禮饌畢陳，用周制也，而古式存焉。園寢上食，時膳具設，遵漢法也，而珍味極焉。職貢來祭，致遠物也；有新必薦，順時令也。苑囿之內，躬稼所收，蒐狩之時，親發所中，莫不割鮮擇美，薦而後食，盡誠敬也。若此至矣，復何加焉。但當敕祭，祭如神在，無或簡怠，增勖虔誠。其進貢珍羞〔三四〕，或時物鮮美〔三五〕，考諸祠典，無有漏略〔三六〕，皆詳擇名目，編諸甲令，因宜而薦，以類相從，則新鮮肥濃，盡在是矣。不必加於籩豆之數也。至於祭器，隨物所宜。故太羹，古食也，盛於甑。甑，古器也。和羹，時饌也，盛於鉶。鉶，時器也。亦有古饌而盛於時器，故毛血盛於盤，玄酒盛於罇，未有薦時饌而追用古器者。古質而今文，便於事也。雖加籩、豆十二，未足以盡天下美物，而措諸清廟，有兼倍之名，近於侈矣。又據漢書藝文志，墨家之流，出於清廟，是以貴儉，由此觀之，清廟之不尚於奢，舊矣。太常所請，恐未可行。又稱酒爵全小，須加廣大。竊據禮文，有以小爲貴者，獻以爵，貴其小也。小不及制，敬而非禮，是有司之失其傳也。固可隨失釐正，無待議而後革。未知今制，何所依准？請兼詳古式，據文而行。」上曰〔三七〕：「享祀粢盛〔三八〕，實思豐潔，不應法制者，亦不可用。」於是更令太常量加品味〔三九〕。韋縚又請「每室加籩、豆各六，每四時異品，以當時新果及珍羞同薦」。制可之。又酌獻酒爵，上令用藥升一升〔四〇〕，合於古義，而多少適中，自是常依行焉。二十四年敕：「宗廟祭享，籩豆宜加麞、鹿、鶉、兔、野鷄等料，夏秋供腊，春冬供鮮。仍令所司祭前十日，具數申省，准料令殿中省供送〔四一〕。」天寶三載詔：「頃四時有事於太廟，兩京同日告享，雖卜吉辰，俱遵上日，而義深如在，禮或有乖。自今以後，兩京宜各別擇吉日告享。」五載詔：「祭神如在，傳諸古訓，以多爲貴，著自禮經。膟膋之儀，蓋昔賢之尚質；甘旨之品，亦孝子之盡誠。既切因心，方資變禮。其以後享太廟，宜料外每室加常食一牙盤。仍令所司，務盡豐潔。」

貞元九年，太常博士韋彤、裴堪等議曰：「謹按禮經、前代故事，宗廟無朔望祭食之儀，園寢則有朔望上食之禮。國家自貞觀至開元，修定禮令，皆遵舊典，至天寶十一載三月，初別令尚食，朔望進食於太廟，自太廟已下，每室奠饗。其進奠之禮，內官主之〔四二〕，在臣禮司並無著令。或云當時禮官王璵不本禮意〔四三〕，妄推緣生之義，請用宴私之饌。此則可薦於寢宮，而不可瀆於太廟，一時之制，久未變更。至今論禮者，貶王璵之議。伏奉今月八日進，止其朔望進食，令宗正與太常計會辦集者。謹按禮祭統云『夫祭者，非物自外至者也〔四四〕，自中出，生於心也。心怵而奉之以禮〔四五〕』。由是牲牢有定制，籩、豆有定數，罄天生地長之物，極昆蟲草木之異，可薦者莫不咸在。先王以此饗宗廟，交神明，全孝敬也。若生之食飲膳羞，八珍百品，可嗜之饌，隨好所遷，美脆旨甘，皆爲褻味。先王以此宴賓客，接人情，示慈惠也。則知薦饗宴會，於文已殊，聖人別之，以異爲敬。今若以熟食薦太廟，恐違禮本。又祭義曰：『祭不欲數，數則煩，煩則不敬。祭不欲疏，疏則怠，怠則忘。』是故礿祠烝嘗，感時致饗，此聖人俯就之中制也。今園寢每月二祭，不爲疏也。太廟每歲五享，不爲數也。則人臣執事，在疏數之間，得盡其忠也。若令牲牢俎豆之司，更備膳羞盤盂之饌，朔日月半，將以爲常。環四時之中，雜五享之禮，爲數既甚，黷亦隨之，雖曰不然，臣不信也。夫聖王之制，必師於古訓，不敢以孝思之極而過於禮，不敢以肴膳之多而褻於味。伏願陛下遵開元萬代之則，省天寶權宜之制，園寢之上，得極珍羞，宗廟之中，請依正禮。臣等忝司禮職，敢罄愚衷。」上令宣示宰臣等曰：「此禮已經先帝所定，朕未敢遽有改移，待更商量，期於允當。」至元和十四年，太常丞王涇上疏請去太廟上食。國子博士、史館修撰李翺奏議曰〔四六〕：「伏以太廟之享，籩豆牲牢，三代之通禮，是貴誠之義。園寢之奠，改用常饌，秦、漢之權制，乃食味之道也。今朔望上食於陵寢，循秦、漢故事，斯爲可矣。若朔望上食於太廟，豈非用嘗褻味而貴多品乎？且非禮所謂『至敬不饗味而貴氣臭』也。況祭器不設俎豆，祭官不命三公，執事者唯宮闈令與宗正卿而已。謂之上食可也，安得以爲祭乎？且時饗於太廟，有司攝事。祝文曰：『孝曾孫皇帝臣某，謹遣太尉臣名，敢昭告於高祖神堯皇帝、祖妣太穆皇后竇氏。時惟孟春，永懷罔極。謹以一元大武、柔毛剛鬣、明粢薌合，薌萁嘉蔬，嘉薦醴齊，敬修時饗，以申追慕。尚享。』此祝詞也。前饗七日，質明，太尉誓百官於尚書省曰：『某月某日，時享於太廟，各揚其職，不供其事，國有常刑。』凡陪饗之官，散齋四日，致齋三日，然後乃可以爲祭也。宗廟之禮，非敢擅議，雖有知者，其誰敢言？故六十餘年行之不廢。今聖朝以弓矢既櫜，禮樂爲大，故下百僚使得詳議。臣等以爲貞觀、開元禮並無太廟上食之禮，以禮斷情，罷之可也。至若陵寢上食，採國語、禮記日祭月祭之詞，因秦、漢之制，循而存之，以廣孝道也。如此則經義可據，故事不遺。大禮既明，永息異論。」中書舍人武儒衡議曰：「臣謹按開元禮，太廟九室，每年唯五饗六告，祭用牲牢俎豆而已。劉歆祭義曰『大禘則終王，壇墠則歲貢，二祧則時享，曾高則月祀，祖禰則日祭』。國語云『王者日祭、月享、時類、歲祀』。此則往古之明徵，國朝之顯據。蓋日祭者，薦新也。言物有可薦則薦之，不必卜擇日時也〔四七〕。故叔孫通云『古有嘗果，今櫻桃方熟，可以爲獻』。由是惠帝取以薦宗廟，是不卜日矣。當時叔孫通之言〔四八〕，且曰古有嘗果〔四九〕，足明古禮，非漢制也。月享者，告朔也。論語子貢欲去告朔之餼羊，孔子以爲不可，則告朔必具牲牢明矣。春秋又譏閏月不告朔，猶朝於廟，此則月祭，殷、周已降皆有之也。薦園寢者，始於秦代，漢氏因之而不改〔五〇〕。人君三年之制，以日易月，喪紀既以二十七月而除〔五一〕，則朔望奠酹，不復親執，故既葬之後，移之園陵。又諸陵祠殿，月遊衣冠，取象平生，務從豐潔，所以陵寢朔望上食，與太廟日祭月享本旨不同。今王涇所引太廟同日時設祭，以爲越禮。臣竊謂王涇但宜論太廟陵寢朔望奠祭可行可廢之旨〔五二〕，不當以用日時爲議。何者？漢宗廟園陵一百六十七所，郡園祠祀〔五三〕，豈不與宗廟同日同時者乎？在禮既祭於室，又繹於祊，蓋廣乎求神者也。則宗廟陵寢，嘗礿同時，理固無害。又韓皋引漢官儀『古不墓祭』。臣據周禮冢人之職，凡祭墓則爲之尸。古亦墓祭，但與漢家陵寢不同耳，安得謂之無哉。臣以爲陵廟近也，親親也，朔望奠獻，尚潔務豐，宜備常膳，以廣孝也。宗廟遠也，尊尊也，禘祫時享，告朔薦新，以崇古制，以正禮也。唯太廟望祭，無所本據，蓋異時有司因陵寢有朔祭望祭〔五四〕，以爲宗廟亦合行之，殊不知宗廟朔祭乃告朔也〔五五〕，臣以爲宜罷此耳。」事竟不行。

九載制曰：「承前有事宗廟，皆稱告享，茲乃臨下之辭，頗虧尊上之義，静言斯稱，殊未爲允。自今以後，每親告獻太清太微宮，改爲朝獻，有司行事爲薦獻。親告享廟改爲朝享〔五六〕，有司行事爲薦享。親巡陵改爲朝陵〔五七〕，有司行事爲拜陵。應緣諸事告宗廟者，並改爲奏〔五八〕。其郊天、后土及諸祝文云

「敢昭告」者，並改爲「敢昭薦」。」乾封元年詔曰：「每惟宗廟至敬，虔誠祼享，而二等一奠，惟有未安思革舊章，用崇嚴配。則自今以後宗廟薦享，爵及簋簠甄鉶各宜用奠，其餘牢饌並依恒典。」貞元九年十一月九日謁太廟，有敕至廟行禮不得施褥，蓋至敬之所自合履地而行。南郊亦宜准此。

唐諸帝親饗廟

太宗二。貞觀元年正月十日（五九），十七年四月十一日，親謁太廟，謝承乾之過。

蘇冕曰：「貞觀六年，監察御史馬周上言，陛下踐阼以來，宗廟之饗未曾親事，遂使大唐一代之史不書皇帝入廟之事，將何以貽厥孫謀，垂則末葉，且三年已親饗宗廟矣，未知何事致此不同。」

高宗四。永徽三年正月十八日。乾封元年四月八日。總章元年十二月十九日（六〇）。儀鳳二年正月十四日。

中宗一。神龍元年十一月六日。

睿宗一。景雲三年正月一日。

玄宗七。先天元年十月四日。開元六年十月六日，十七年十一月四日。天寶元年二月十八日。六載正月十七日。十載正月九日。十三載二月八日。

肅宗二。乾元元年四月十三日（六一）。元年建子月二十九日。

代宗一。廣德二年二月二十七日。

德宗四。建中元年正月四日。貞元元年十一月十日（六二）。六年十一月七日。九年十一月九日。

憲宗一。元和二年正月。

穆宗一。長慶元年十月。

敬宗一。寶曆元年十月。

文宗一。太和三年十一月。

武宗二。會昌元年正月。　五年正月。

宣宗一。大中七年正月〔六三〕。

懿宗一〔六四〕。咸通元年十一月〔六五〕。

僖宗一。乾符二年十一月〔六六〕。

昭宗二。龍紀元年十一月。　天復元年四月。

唐開元禮

皇帝時享於太廟儀凡一歲五享，謂四孟月及臘。宗廟三年一祫以孟冬，五年一禘以孟夏，及諸享攝事並附。

齋戒

前享：有司卜日，如常儀。皇帝散齋四日於別殿，致齋三日於太極殿，服通天冠，絳紗袍，結珮，並如圜丘儀。應享官齋，具序例儀。祫禘儀同。

陳設

前享三日，尚舍直長施大次廟東門之外道北，南向，尚舍奉御鋪御座。守宮設文武侍臣次於大次之後〔六七〕，文官在左，武官在右，俱南向。設諸享官次於齋坊之內，攝事，右校清掃內外，守宮設享官、公卿以下次於齋坊。九廟子孫於齋坊內近南，西向北上。文官九品以上於齋坊之南，東方南方朝集使又於其南〔六八〕，東方南方蕃客又於其南，俱每等異位，重行，西向北上。介公、酅公於廟西門之外近南。武官九品以上於介公〔六九〕、酅公之南，西方、北方朝集使於武官之南，西方、北方蕃客又於其南，俱每等異位，重行，東向北上。其褒聖侯位於文官三品之下〔七〇〕，諸州使人分方各位於朝集使之後〔七一〕，攝事無大次及九廟子孫以下至此儀〔七二〕。前享二日，太樂令設宮懸之樂於廟庭，如圜丘儀。所異者，樹路鼓及設歌鐘、歌磬於廟堂上前楹間耳〔七三〕。右校清掃內外。前享一日，奉禮設御位於廟東陛東南，西向。攝事無御位〔七四〕。下放此。設享官公卿位於東門之內道南，執事者皆位於其後，每等異位，俱重行，西向，以北爲上。攝則公卿位於道北，執事位於道南。設御史位於廟堂之下，一位於西南，東向；一位於東南〔七五〕，西向。令史各陪其後。設奉禮位於樂懸東北，贊者二人在南，差退，俱西面。設協律郎位於廟堂之上前楹之間，近西，東向。設太樂令位於北懸之南，北向。設從享之官位：九廟子孫於享官、公卿之南，昭穆異位；雖有貴者以齒。文官九品以上位於子孫之南；東方、南方朝集使於文官之南；東方、南方蕃客又於其南。俱每等異位，重行，西面北上。介公、酅公位於西門之内道南；武官九品以上於介公、酅公之南，少西，當文官；西方、北方朝集使於武官之南；西方、北方蕃客又於其南。俱每等異位，重行，東面北上。其褒聖侯位〔七六〕，於文官三品之下，諸州使人分方各位於朝集使之後。設門外位：享官、公卿以下皆於東門之外道南，每等異位，重行，北面西上。子孫之位於享官、公卿之東，少南，文官九品以上於子孫之東，東方、西方朝集使於文官之東〔七七〕，東方、南方蕃客又於其東，俱每等異位，重行，北面西上。設介公、酅公位於西門之外道南，武官九品以上於介公、酅公之西，少南，西方、北方朝集使於武官之西，西方、北方蕃客又於其西，俱每等異位，重行，北面東上。其褒聖侯位〔七八〕，於文官三品之下，諸州使人分方位於朝集使之後。攝事〔七九〕，無九廟子孫以下至此儀。設牲牓於東門之外，當門西向，以南爲上。設廩犧令位於牲西南，史陪其後，俱北向。設諸太祝位於牲東〔八〇〕，各當牲後，祝史各陪其後，俱西向。設太常卿省牲位於牲前，近北，又設御史位於太常卿之西，俱南向。設罇彝之位於廟堂上前楹間，各於室户之左，北向。春夏每室鷄彝一，鳥彝一，犧罇二，象罇二，山罍二。秋冬每室斝彝一，黄彝一，著罇二，壺罇二，山罍二。皆加勺冪，凡宗廟冪皆以黼。皆西上，各有坫焉。祫享設罇彝於廟堂上下。每座斝彝一，黄彝一，犧罇二，象罇二，著罇二，山罍二，在堂上，皆於神座之左。獻祖、太祖、高祖、高宗罇彝在前楹間，北向。懿祖、代祖、太宗、中宗、睿宗罇彝在户外，南向。其壺罇二、大罇二、山罍四，在堂下階間，北向西上。禘享則鷄彝、鳥彝，餘同祫享。設簋、鉶、籩、豆之位於廟堂上，俱東側階之北。每座四簋居前，四簠次之，次以六甄，次以六鉶，籩豆爲後，每座異之。祫禘攝事，簋，簠、甄、鉶與正數半之。皆以南爲上，屈陳而下。設御洗於東陛東南，亞獻之洗又於東南，俱北向。罍水在洗東，篚在洗西，南肆。篚實以珪、瓚、巾、爵。執罇罍篚冪者各位於罇罍篚冪之後。祫禘儀：享日未明五刻，太廟令服其服，布昭穆之座於户外。自西序以東，皇八代祖獻祖宣皇帝〔八一〕，皇六代祖太祖景皇帝，皇高祖高祖神堯皇帝，皇祖高宗天皇大帝座皆北厢，南向〔八二〕。皇七代祖懿祖光皇帝，皇五代祖代祖元皇帝〔八三〕，皇曾祖太宗文武聖皇帝，皇伯考中宗孝和皇帝，皇考睿宗大聖真皇帝座於南厢，北向。每座皆設黼扆，莞席紛純，藻席畫純，次席黼純，左右几。

省牲器

省牲之日午後十刻，廟所禁斷行人，太廟令整拂神幄。祝史各取毛、血，每座共實一豆，祝史又洗肝於鬱鬯，又取膟膋共實一豆，俱置饌所。餘並如圜丘儀。膟膋，腸間脂。祫禘祝史洗肝於鬱鬯，並同圜丘儀。

鑾駕出宫

前出宫三日，本司宣攝内外各供其職，守宫設從享官五品以上次於承天門東西朝堂，如常儀。前二日，太樂令設宫懸之樂於殿庭，如常儀。駕出，懸而不作。享日未明七刻，搥一鼓爲一嚴，三嚴時節，前一日侍中奏裁。侍中奏開宫殿門及城門，餘並與圜丘儀同，唯祭官稱享爲異耳。

晨祼

享日未明四刻，諸享官各服其服，太廟令、良醖令各帥其屬入實罇罍。鷄彝、斝彝及犧罇、象罇、著罇〔八四〕、壺罇之上罇皆實以明水，山罍之上罇實以玄酒，鳥彝、黄彝實以鬱鬯，犧罇、著罇實以醴齊，象罇、壺罇實以盎齊，山罍實以清酒。祫禘之鐏，斝彝及五齊上鐏皆實明水，山罍上鐏實以玄酒，黄彝實以鬱鬯，犧鐏實以汎齊〔八五〕，象鐏實以醴齊，著鐏實以盎齊，壺鐏則實以醍齊，太鐏則實以沈齊，山罍實以清酒。太官令帥進饌者實諸籩豆簠簋。未明三刻，奉禮帥贊者先入位〔八六〕，贊引引御史、博士、太廟令〔八七〕、太祝、宫闈令及令史、祝史與執鐏罍篚冪者入自東門，當階間重行，北面西向，立定。奉禮曰：「再拜。」贊者承傳，凡奉禮有詞，贊者皆承傳。御史以下皆再拜，訖，執鐏罍篚冪者各就位。贊引引御史、諸太祝詣東陛〔八八〕，升堂行掃除於上，令史、祝史行掃除於下訖〔八九〕，引就位。祫禘又太廟令帥其屬陳瑞物於廟庭大階之西，上瑞爲前，中下相次，及伐國所得寶器，上次先後亦然，俱藉以席。攝事不陳瑞物寶器。未明二刻，贊引引太廟令、太祝、宫闈令詣東陛升堂，詣獻祖室，入開埳室，太祝、宫闈令奉出神主置於座。祫禘則未明二刻陳腰輿於東陛之東，每室各二，皆西面北上。立定，贊引引太廟令、太祝、宫闈令帥内外執事者，以腰輿自東陛升，詣獻祖室，入開埳室，太祝、宫闈令奉出神主各置於輿，出詣座前，奉神主置於座訖〔九〇〕，以次奉出懿祖以下如獻祖儀。訖，引太廟令以下次奉出懿祖，次奉出太祖，次奉出代祖，次奉出高祖，次奉出太宗，次奉出高宗，次奉出中宗，次奉出睿宗神主置於座，如獻祖之儀。皇祖妣以下神主皆宫闈令奉出，俱並而處右。訖，引太廟令以下降還本位。攝事，贊引各引享官俱就門外位，無駕將至，下至從享官位儀也。駕將至，謁者、贊引引享官，通事舍人分引九廟子孫、從享群官、諸方客使先至者俱就門外位。駕至大次門外，迴輅南向，將畢，降，立於輅右。侍中進，當鑾駕前跪奏稱：「侍中臣某言，請降輅。」俛伏，興，還侍位。皇帝降輅，乘輿之大次，繖扇華蓋侍衛如常儀。太廟令以祝版奉御署訖，近臣奉出，太廟令受，各奠於坫。通事舍人引文武五品以上從享之官皆就門外位。太樂令帥工人二舞入就位，文舞入陳於懸内，武舞立於懸南道西。其升堂座者，皆脱履於下，降納如常。謁者引司空入，就位，立定，奉禮曰：「再拜。」司空再拜，訖，謁者引司空詣東陛升堂，行掃除於上，降，行樂縣於下，訖，引復位。初，司空行樂縣，通事舍人、謁者、贊引各引享官及九廟子孫、從享群官、諸方客使入，就位。攝事無九廟子孫以下至皇帝再拜儀，但享官再拜耳。皇帝停大次半刻頃，太常博士引太常卿立於大次門外，當門北向。侍中版奏：「外辦。」皇帝出次，華蓋侍衛如常儀。侍中負寶陪從如式。博士引太常卿，太常卿引皇帝。凡太常卿前導，皆博士先引。至廟門外，殿中監進鎮珪，皇帝執鎮珪，華蓋仗衛停於門外，近侍者從入如常。皇帝至版位，西向立。每立定，太常卿與博士退位於左。太常卿前奏稱：「請再拜。」退復位，皇帝再拜。奉禮曰：「衆官再拜。」在位者皆再拜。其先拜者不拜。太常卿前奏：攝事謁者進太尉之左，白「請行事」。凡攝事皆太尉初獻。「有司謹具，請行事。」退，復位。協律郎跪，俛伏，舉麾，凡取物者皆跪，俛伏而取以興。奠物則奠訖，俛伏而後興。鼓柷，奏永和之樂，乃以黃鍾爲宮，大呂爲角，太蔟爲徵，應鍾爲羽，作文舞之舞樂，舞九成，黃鍾三奏，大呂、太蔟、應鍾各再奏。偃麾，戛敔，樂止。凡樂皆協律郎舉麾，工鼓柷而後作，偃麾，戛敔而後止。太常卿前奏稱：「請再拜。」退復位，皇帝再拜。奉禮曰：「衆官再拜。」在位者皆再拜。太常卿引皇帝詣罍洗，太和之樂作，皇帝每行，皆如常樂。皇帝至罍洗，樂止。侍中跪取匜，興，沃水。又侍中跪取盤，興，承水。皇帝搢鎮珪，凡受物則搢珪，奠訖執珪，俛伏，興。皇帝盥手。黃門侍郎跪取巾於篚，興，進。皇帝帨手訖，黃門侍郎受巾，跪奠於篚。黃門侍郎又取瓚於篚，興，進。皇帝受瓚，侍中酌罍水，又侍中奉盤，皇帝拭瓚，訖，侍中奠盤匜，黃門侍郎受巾奠於篚，皆如常。太常卿引皇帝，樂作，皇帝陞自阼階，樂止。侍中、中書令以下及左右侍衛量人從升。以下皆如之。攝事，皆太尉升陛盥洗酌獻。太常卿引皇帝詣獻祖鐏彝所，執鐏者舉冪，侍中贊酌鬱鬯，訖，登歌，作肅和之樂，以圜鍾之均。自後登歌，皆歌圜鍾。太常卿引皇帝入詣獻祖神座前，北向跪，以鬯祼地。奠之，俛伏，興。太常卿引皇帝出户。祫禘少退。攝事同。北向再拜。訖。太常卿引皇帝次祼懿祖，次祼太祖，次祼代祖，次祼高祖，次祼太宗，次祼高宗，次祼中宗，次祼睿宗，並如上儀。訖，登歌止。太常卿引皇帝，樂作，皇帝降自阼階，還版位，西向立，樂止。初，群官拜訖，祝史各奉毛血及肝膋之豆於東門外，齋郎奉爐炭、蕭、稷、黍各立於肝膋之後。於登歌止，祝史奉毛血肝膋與奉爐炭蕭稷黍者以次入自正門，升自太階，諸太祝各迎取毛血肝膋於階上，俱入，奠於神座前，祝史退，立於罇所。齋郎奉爐炭皆置於室户外之左，其蕭、稷黍各置於爐炭下，降自阼階以出。諸太祝俱取肝出户，燔於爐炭，還罇所。

饋食

皇帝既升祼，太官令出，帥進饋者奉饌陳於東門之外，重行，西向，以南爲上。謁者引司徒出詣饌所，司徒奉獻祖之俎。皇帝既至位，樂止。太官令引饌入自正門，俎初入門，雍和之樂作，以無射之均，自後接神之樂，堂下皆奏無射。饌至太階，樂止。祝史俱進，徹血毛之豆，降自阼階以出。饌升，諸太祝迎引於階上，各設於神前。籩豆蓋冪，先徹乃升，簠簋既奠，却其蓋於下。設訖，謁者引司徒以下降自阼階，復位。諸太祝各取蕭、稷黍，濡於脂，燔於爐炭，還罇所。太常卿引皇帝詣罍洗，樂作，皇帝至罍洗，樂止。皇帝盥手洗爵，侍中、黄門侍郎贊洗如晨祼之儀。訖，太常卿引皇帝，樂作，皇帝升自阼階，訖，樂止。太常卿引皇帝詣獻祖罇彝所，執罇者舉冪，侍郎贊酌醴齊，訖，光大之舞作，太常卿引皇帝入詣獻祖神座前，北向跪奠爵，少東，俛伏，興。太常卿又引皇帝出，取爵於坫，酌醴齊訖。太常卿又引入詣神座前，北面跪奠爵，少西，興。太常卿引皇帝出户，北面立，樂止。祫享樂終八節止，諸座皆然。太祝持版進於室户外之右，東面跪讀祝文曰：「維某年歲次月朔日，子孝曾孫開元神武皇帝諱，敢昭告於獻祖宣皇帝、攝事云「謹遣太尉封臣名」。下倣此。祖妣宣莊皇后張氏：氣序流邁，時惟孟春，孟夏、孟秋〔九一〕。永懷罔極，伏增遠感，謹以一元大武、柔毛、剛鬣、明粢、薌合〔九二〕、薌萁、嘉蔬、嘉薦、醴齊，恭修時享，以申追慕，尚饗。」讀訖，興。以下諸室祝文儀並同。祫禘祝云：「晷度環周，歲序云及，永懷追慕，伏增遠感。謹以一元大武、柔毛、剛鬣、明粢、薌合、薌萁、嘉蔬、嘉薦、泛齊，肅雍明獻，恭備祫享」，餘字並同。禘享祝云：「祇薦禘事。」太祖以下並稱臣。皇帝再拜訖，又再拜。初讀祝文訖，樂作，太祝入奠版於神座，出，還鐏所，皇帝拜訖，樂止。太常卿引皇帝詣懿祖鐏彝所，執鐏者舉冪，攝事太尉詣鐏彝所，取爵於坫，執鐏者舉冪，太尉酌醴齊。他倣此。侍中取爵於坫，進，皇帝受爵，侍中贊酌醴齊，訖，長發之舞作。太常卿引皇帝入詣懿祖神座前，北向跪奠爵，少東，俛伏，興。太常卿又引皇帝出，取爵於坫，酌醴齊，訖，太常卿引皇帝入詣神座前，北面跪奠爵，少西，興。太常卿引皇帝出户，北向立，樂止。太祝持版進於户之右，東向跪讀祝文曰：「維某年歲次月朔日，子孝曾孫開元神武皇帝諱，敢昭告於懿祖光皇帝、祖妣光懿皇后賈氏。」讀祝文訖，樂作，太祝入，奠版於神座〔九三〕，出，還鐏所，皇帝拜訖，樂止。太常卿引皇帝詣太祖鐏彝所，如上儀，大政之舞作，祝文曰：「孝曾孫開元神武皇帝臣諱，敢昭告於太祖景皇帝、祖妣景烈皇后梁氏。」餘如上儀。次代祖〔九四〕，大成之舞作，祝文曰：「孝曾孫開元神武皇帝諱，敢昭告於代祖元皇帝、祖妣元貞皇后獨孤氏。」獻訖，太常卿引皇帝詣鐏彝所，皇帝拜訖，樂止。太常卿引皇帝詣高祖鐏彝所，如上儀，大明之舞作，祝文曰：「孝曾孫開元神武皇帝臣諱，敢昭告於皇高祖神堯皇帝、祖妣大穆皇后竇氏〔九五〕。」訖，次太常卿引皇帝詣太宗鐏彝所〔九六〕，如上儀，崇德之舞作，祝文曰〔九七〕：「孝曾孫開元神武皇帝臣諱，敢昭告於皇曾祖太宗文武聖皇帝、皇曾祖妣文德聖皇后長孫氏。」訖，次太常卿引皇帝詣高宗鐏彝所，如上儀，鈞天之舞作，祝文曰：「孝孫開元神武皇帝臣諱，敢昭告於皇祖考高宗天皇大帝、皇祖妣大聖天后武氏。」訖，次太常卿引皇帝詣中宗鐏彝所，如上儀，酌醴齊，文和之舞作，祝文曰：「孝侄開元神武皇帝臣諱，敢昭告於皇伯考中宗孝和皇帝和思皇后趙氏。」訖，次太常卿引皇帝詣睿宗鐏彝所，如上儀，景雲之舞作，祝文曰：「孝子開元神武皇帝臣諱，敢昭告於皇考睿宗大聖真皇帝皇妣昭成皇后竇氏。」訖，興。皇帝再拜，訖，又再拜。初讀祝文訖，樂作，太祝入奠版於神座，出，還鐏所，皇帝拜訖，曲終樂止。太常卿引皇帝詣東序西向立，壽和之樂作。皇帝獻將訖，謁者引司徒詣東階，升立於楹間，北面東上。皇帝獻訖，諸太祝各以爵酌上鐏福酒，合置一爵，一太祝持爵授侍中，侍中受，北向進，皇帝再拜，受爵，跪祭酒，啐酒，奠爵，俛伏，興。諸太祝各帥齋郎持俎進，太祝減神座前三牲胙肉，各取前脚第三骨。加於俎，又於籩豆取稷黍飯還鐏所〔九八〕。以胙肉各置一俎上，以飯共置一籩。以飯授司徒，司徒奉進，皇帝受以授左右，太祝又以胙肉授司徒，司徒授俎以次進，皇帝每受以授左右。謁者引司徒降，復位。皇帝跪取爵，遂飲卒爵〔九九〕。侍中進受虛爵，以授太祝，太祝受爵，復於坫。皇帝俛伏，興，再拜，樂止。太常卿引皇帝，樂作，皇帝降自阼階，還版位，西向立，樂止。文舞出，鼓柷，作舒和之樂出，訖，戛敔，樂止。武舞入，鼓柷，作舒和之樂，立定，戛敔，樂止。初，皇帝將復位，謁者引太尉升自阼階，攝事則太尉將復位，謁者引太常。以下倣此。詣獻祖鐏彝所，執鐏者舉冪，太尉酌盎齊。武舞作，謁者引太尉入詣獻祖神座前，北向跪奠爵，少東，興，謁者引太尉出户，北向再拜。謁者又引太尉取爵於坫，酌盎齊訖，謁者引入詣神座前，北向跪奠爵，少西，訖，興，謁者引太尉出户，北向再拜。謁者引太尉次詣懿祖鐏彝所，取爵於坫，執鐏者舉冪，太尉酌盎齊，謁者引太尉入詣懿祖神座前，北向跪奠爵，少東，興，謁者引太尉出户，北向再拜。謁者又引太尉取爵於坫，酌盎齊訖，謁者引入詣神座前，北向跪奠爵，少西，訖，興，謁者引太尉出户，北向再拜。訖，謁者引太尉次獻太祖，次獻代祖，次獻高祖，次獻太宗，次獻高宗，次獻中宗，次獻睿宗，並如上儀。訖，謁者引太尉詣東序西向立。諸太祝各以爵酌罍福酒，合置一爵，一太祝持爵進太尉之左，北向立。太尉再拜受爵，跪祭酒，遂飲卒爵，太祝進受虚爵，復於坫，太尉興，再拜，謁者引太尉降，復位。初，太尉獻將畢，謁者引光禄卿攝事同。詣罍洗盥洗，升，酌盎齊終獻，如亞獻之儀。訖，引光禄卿降，復位。武舞止。登歌，作雍和之樂，諸太祝各入室徹豆，還鐏所。徹者，籩、豆各一，少移於故處。登歌止。奉禮曰：「賜胙。」贊者唱：「衆官再拜。」在位者皆再拜。已飲福者不拜。永和之樂作，太常卿前奏稱：「請再拜。」退，復位。皇帝再拜。奉禮曰：「衆官再拜。」在位者皆再拜。樂一成止。太常卿前奏：「禮畢。」太常卿引皇帝還大次，樂作，皇帝出門，樂止。殿中監受鎮珪，華蓋侍衛如常儀。通事舍人、謁者、贊引各引享官及九廟子孫、從享群官、諸方客使以次出。贊引引御史〔一〇〇〕、太祝以下俱復執事位，立定，奉禮曰：「再拜。」御史以下皆再拜，贊引引出。工人二舞以次出。太廟令與太祝、宫闈令納神主如常儀。其祝版燔於齋坊。

薦新於太廟儀

薦新之日，太廟令帥齋郎灑掃廟之内外，太官先饌所薦之物於神厨。若有酒者，廟司設罇坫罍洗如式。謁者引太常卿入立於東門之内道北〔一〇一〕，面南〔一〇二〕。謁者贊引稱：「再拜。」太常卿再拜。進饌者奉饌入自正門，升自太階，各設於神座前〔一〇三〕，籩、豆蓋冪，徹之如式。訖，降自東階以出。謁者引太常卿升自東階，詣獻祖室前，盥洗酌獻，訖，再拜，又再拜。若無酒，即俱再拜。訖，謁者引太常卿復位。謁者贊拜，太常卿再拜訖〔一〇四〕，謁者引出。

薦新物

冬魚、蕨、筍、蒲、白韭、堇、小豆、眢豆、襄荷、菱仁、薑、菱索、春酒、桑落酒、竹根、黄米、粳米、糯米、粱米、稷米、茄子、甘蔗、芋子、鷄頭仁、苜蓿、蔓菁、胡瓜、冬瓜、瓠子、春魚、水蘇、枸杞、芙茨、子藕、大麥麵、瓜、油麻、麥子、椿頭、蓮子、栗、冰、柑子、李、櫻桃、杏、林檎、橘、椹、庵蘿果、棗、兔脾、麞、鹿、野鷄，凡薦新，皆所司臼時新堪供進者，先送太常，令尚食相與簡擇，仍以滋味與新物相宜者配之以薦，皆如上儀。

梁太祖親饗廟二。開平三年正月二十二日，其年十月三十日。

後唐莊宗親饗廟一。同光二年正月二十九日。

明宗親饗廟一。長興元年二月十九日。

周太祖親饗廟一。廣順三年十二月二十九日。

校勘記

〔一〕金少不如斤兩　「金」原訛「全」，且「金」上原衍「少」字，據馮本、漢書卷六武帝紀如淳注及漢官舊儀卷下改删。

〔二〕又嘗麻　「麻」，漢書卷七三韋賢傳晉灼注及漢舊儀補遺卷下均作「粢」。

〔三〕皇帝暮視牲　「視」原訛「親」，據馮本、漢舊儀補遺卷下改。

〔四〕鑑燧取水於月　「燧」原訛「遂」，據馮本、漢舊儀補遺卷下改。

〔五〕衣巾　「巾」原訛「中」，據馮本、漢舊儀補遺卷下改。

〔六〕拒案　「案」原訛「按」，據漢舊儀補遺卷下改。又：「拒案」，漢舊儀補遺卷下作「旋案」。

〔七〕安世房中歌十七章　按綜合下文却有十九章。又：對校漢書卷二二禮樂志，此處脱「磑磑即即一章八句」，却增加「都荔遂芳一章十句」的記載。

〔八〕七始華始一章八句　漢書卷二二禮樂志載「七始華始一章十句」。

〔九〕大海蕩蕩三章六句　漢書卷二二禮樂志書記載爲「一章六句」。疑「三」字誤。

〔一〇〕美芳一章八句　「芳」，漢書卷二二禮樂志作「若」。

〔一一〕四月其蚤　詩七月及通典卷四九禮九均作「四之日其蚤」。
〔一二〕仲夏之月天子乃嘗魚　按禮記月令天子嘗魚薦寢廟在季冬，此云「季夏」，疑誤。
〔一三〕仲月季月　「月」，據通典卷四九禮九作「春」。
〔一四〕填街先置者　「街」字原脱，據宋書卷一四禮志一補。
〔一五〕治禮　「治」原訛「理」，據宋書卷一四禮志一改。
〔一六〕起麵餅　南齊書卷九禮上、通典卷四九禮九均作「麪起餅」。
〔一七〕鴨卵　南齊書卷九禮上、通典卷四九禮九在「鴨卵」下尚有「脯醬」。
〔一八〕先是　「是」原訛「時」，據南齊書卷九禮上、通典卷四九禮九改。
〔一九〕列自江左以來　「來」字原脱，據馮本及隋書卷七禮儀二補。
〔二〇〕寄求之所　「寄」原訛「廣」，據馮本及隋書卷七禮儀二改。
〔二一〕竊尋祼重於獻　「尋」原訛「彝」，據隋書卷七禮儀二改。
〔二二〕二彝　「二」原訛「三」，據隋書卷七禮儀二改。
〔二三〕用腥　「用」原訛「牲」，據通典卷四九禮九改。
〔二四〕每祭共以一太牢　「一」字原脱，據通典卷四九禮九補。
〔二五〕撰祭服冠屨牲牢之具　「屨」原訛「履」，據魏書卷一〇八之一禮志一、通典卷四九禮九改。
〔二六〕其儀與北齊同　「儀」原訛「義」，據元本、慎本、馮本及通典卷四九禮九改。
〔二七〕袝祫之禮　隋書卷七禮儀二、通典卷四九禮九「祫」作「祭」。

〔二八〕特進開府　「開府」二字原脱，據舊唐書卷二四禮儀四補。
〔二九〕二十三年正月赦文　唐會要卷一七祭器議作「二十二年」。
〔三〇〕仍望付尚書省集衆官詳議　「仍望」二字原脱，據唐會要卷一七祭器議補。
〔三一〕示之節儉　「節」字原脱，據元本、慎本、馮本及唐會要卷一七祭器議補。
〔三二〕鐏罍之實　「之」字原脱，據唐會要卷一七祭器議補。
〔三三〕皆晉時常食　「常」原訛「供」，據元本、慎本、馮本及唐會要卷一七祭器議改。
〔三四〕進貢珍羞　「貢」字原脱，據唐會要卷一七祭器議補。
〔三五〕時物鮮美　「物」字原脱，據唐會要卷一七祭器議補。
〔三六〕無有漏略　原作「有所漏略」，據唐會要卷一七祭器議改。
〔三七〕上曰　「上」原訛「止」，據唐會要卷一七祭器議改。
〔三八〕享祀粢盛　「粢盛」二字原脱，據唐會要卷一七祭器議補。
〔三九〕量加品味　「量」字原脱，據元本、慎本、馮本及唐會要卷一七祭器議補。
〔四〇〕藥升一升　上一「升」原訛「汁」，據唐會要卷一七祭器議改。
〔四一〕殿中省　「省」字原脱，據唐會要卷一七原廟裁制上補。
〔四二〕内官主之　「官」原訛「宫」，據唐會要卷一八原廟裁制下改。
〔四三〕禮官王璵不本禮意　上「禮」原訛「祀」，據唐會要卷一八原廟裁制下改。
〔四四〕非物自外至者也　「物自」二字原脱，據禮記正義卷四九祭統、唐會要卷一八原廟裁制下補。

〔四五〕心怵而奉之以禮　「心」字原脱，據禮記正義卷四九祭統補。
〔四六〕國子博士史館修撰李翱奏議曰　此十二字原脱，據舊唐書卷一六〇李翱傳及唐會要卷一八原廟裁制下補。
〔四七〕卜擇日時也　「日」字原脱，據唐會要卷一八原廟裁制下補。
〔四八〕當時叔孫通之言　「時」字原脱，據唐會要卷一八原廟裁制下補。
〔四九〕古有嘗果　「古」字原脱，據唐會要卷一八原廟裁制下補。
〔五〇〕不改　「不」原訛「又」，據唐會要卷一八原廟裁制下補。
〔五一〕以二十七月而除　唐會要卷一八原廟裁制下「月」作「日」。
〔五二〕可行可廢之旨　「可行」二字原脱，據唐會要卷一八原廟裁制下補。
〔五三〕郡園祠祀　「祀」原訛「祝」，據唐會要卷一八原廟裁制下改。
〔五四〕望祭　「祭」原訛「點」，據唐會要卷一八原廟裁制下改。
〔五五〕殊不知宗廟朔祭乃告朔也　「殊」字原脱，據唐會要卷一八原廟裁制下補。
〔五六〕朝享　「享」原訛「拜」，據舊唐書卷二四禮儀四改。
〔五七〕朝陵　「陵」原訛「拜」，據舊唐書卷二四禮儀四改。
〔五八〕並改爲奏　舊唐書卷二四禮儀四作「並改爲表」。
〔五九〕貞觀元年正月十日　舊唐書卷二太宗本紀、新唐書卷二太宗本紀及唐會要卷一三親饗廟均作「貞觀三年」。
〔六〇〕十二月十九日　唐會要卷一三親饗廟作「十一月十九日」。
〔六一〕四月十三日　唐會要卷一三親饗廟作「四月三日」。

〔六二〕十一月十日　唐會要卷一三親饗廟作「十月十日」。

〔六三〕大中七年正月　「七年」，舊唐書卷一八下宣宗本紀、新唐書卷八宣宗本紀及唐會要卷一三親饗廟均作「元年」。

〔六四〕懿宗一　元本、慎本、唐會要卷一三親饗廟均作「懿宗二」。

〔六五〕咸通元年十一月　元本、慎本、新唐書卷九懿宗本紀及唐會要卷一三親饗廟均在此句下有「四年正月」一句。

〔六六〕乾符二年十一月　「二年」，唐會要卷一三親饗廟作「元年」。

〔六七〕守宮設文武侍臣次於大次之後　「守宮」原訛「守官」，據開元禮卷三七皇帝時享太廟及本條下注文改。

〔六八〕東方南方朝集使又於其南　此句原脱，據開元禮卷三七皇帝時享太廟補。

〔六九〕武官九品以上於介公　「九」原訛「七」，據開元禮卷三七皇帝時享太廟改。

〔七〇〕其褒聖侯位於文官三品之下　「位」字原脱，據開元禮卷三七皇帝時享太廟補。

〔七一〕各位於朝集使之後　「位」字原脱，據開元禮卷三七皇帝時享太廟補。

〔七二〕至此儀　「至此儀」三字原脱，據開元禮卷三七皇帝時享太廟補。

〔七三〕廟堂上前楹間耳　「楹間耳」三字原脱，據開元禮卷三七皇帝時享太廟補。

〔七四〕攝事無御位　「無」字原脱，據開元禮卷三七皇帝時享太廟補。

〔七五〕一位於東南　「南」原訛「北」，據開元禮卷三七皇帝時享太廟改。

〔七六〕其褒聖侯位　「位」字原脱，據開元禮卷三七皇帝時享太廟補。

〔七七〕東方西方朝集使於文官之東　開元禮卷三七皇帝時享太廟作「東方南方朝集使」。

〔七八〕其褒聖侯位　「位」字原脱，據開元禮卷三七皇帝時享太廟補。
〔七九〕攝事　「事」字原脱，據開元禮卷三七皇帝時享太廟補。
〔八〇〕設諸太祝位於牲東　「諸」字原脱，據開元禮卷三七皇帝時享太廟補。
〔八一〕宣皇帝　「皇」字原脱，據開元禮卷三七皇帝時享太廟改。
〔八二〕南向　「向」原訛「面」，據開元禮卷三七皇帝時享太廟改。
〔八三〕皇五代祖代祖元皇帝　上「代祖」原脱，據開元禮卷三七皇帝時享太廟補。
〔八四〕象罇著罇　四字原脱，據開元禮卷三七皇帝時享太廟補。
〔八五〕實以汎齊　「汎」原訛「沈」，據開元禮卷三七皇帝時享太廟改。
〔八六〕奉禮帥贊者先入位　「贊者先入位」五字原脱，據開元禮卷三七皇帝時享太廟補。
〔八七〕太廟令　「令」下原衍「史」，據開元禮卷三七皇帝時享太廟改。
〔八八〕諸太祝詣東陛　「諸」原訛「詣」，據開元禮卷三七皇帝時享太廟改。
〔八九〕行掃除於下訖　「於下」二字原脱，據開元禮卷三七皇帝時享太廟補。
〔九〇〕奉神主置於座訖　「主置於」三字原脱，據開元禮卷三七皇帝時享太廟補。
〔九一〕孟夏孟秋　開元禮卷三七皇帝時享太廟在「孟秋」下有「孟冬」二字。
〔九二〕明粢薌合　「薌合」二字原脱，據開元禮卷三七皇帝時享太廟補。
〔九三〕樂作太祝入奠版於神座　「樂作太祝入」五字原脱，據開元禮卷三七皇帝時享太廟補。
〔九四〕代祖　「代」原訛「太」，據開元禮卷三七皇帝時享太廟改。

〔九五〕大穆皇后竇氏　「皇」字原脱，據開元禮卷三七皇帝時享太廟補。

〔九六〕罇彝所　「彝」字原脱，據開元禮卷三七皇帝時享太廟補。

〔九七〕祝文曰　「文」字原脱，據開元禮卷三七皇帝時享太廟補。

〔九八〕稷黍飯還罇所　「飯」字原脱，據開元禮卷三七皇帝時享太廟補。

〔九九〕遂飲卒爵　「飲」原訛「飯」，據開元禮卷三七皇帝時享太廟改。

〔一〇〇〕贊引引御史　下「引」字原脱，據開元禮卷三七皇帝時享太廟補。

〔一〇一〕東門之内道北　「東門」二字原倒，據開元禮卷三七皇帝時享太廟乙正。

〔一〇二〕面南　開元禮卷三七皇帝時享太廟作「西向」。

〔一〇三〕各設於神座前　「設」原作「詣」，據開元禮卷三七皇帝時享太廟改。

〔一〇四〕太常卿再拜訖　「太常卿再拜」五字原脱，據開元禮卷三七皇帝時享太廟補。

卷九十八　宗廟考八

祭祀時享

宋制：太廟歲以四孟月及季冬凡五享，朔望薦食、薦新。三年一祫，以孟冬；五年一禘，以孟夏。

開寶初，上親享太廟，見所陳籩豆簠簋，問曰：「此何物也？」左右以禮器對。上曰：「吾祖宗寧識？」亟命徹去，進常膳如平生。既而曰：「古禮不可廢也。」命復設之。於是判太常寺和峴言：「按唐天寶中享太廟禮料外，每室加常食一牙盤。五代以來，遂廢其禮，今請如唐故事。」乃詔別設牙盤食，禘祫、時享皆用之。

太宗端拱二年七月，詔以今年八月二十四日親享太廟。會有彗出東井，詔罷其禮。

仁宗慶曆時，四孟、臘時享太廟，攝事用羊、豕各二，祈報象罇一，別廟增黃彝、壺尊二，親享則加犢。

三年，御史蔡稟言：「周制，四時享親之禮有九，今寺觀則車駕一歲再臨，未嘗薦獻宗廟，非奉先教民意。」帝謂輔臣曰：「三歲一祠郊廟而賚及天下，若歲親行之，則人有覬賞之心。朕朝夕奉三聖御容於禁中，未嘗敢怠也。」

太廟舊唯薦冰，景祐二年，趙良規請薦新如通禮。宗正寺禮官參定：正月韭、菘、卵，二月冰，三月筍、含桃，四月麥、彘，五月瓜、來禽，六月菱、芡，七月粟、穄、鷄，棗、梨，八月酒、稻、茭〔一〕，九月小豆、蕎麥，十月兔、栗、藷蕷，十一月鴈、麞，十二月魚。凡二十八種〔二〕。禮院因奏：「禮有薦新如朔奠，自頃有司言宗廟則后廟可兼，遂上前廟帝主薦冰請后主，奉慈、后廟四時薦新，如朔望牙盤食例，宗正寺官充攝行禮。」詔可。

神宗元豐三年，詳定郊廟奉祀禮文所言：「祠禴烝嘗之名，春夏則物未成而祭薄，秋冬則物盛而祭備。故許慎以品物少文詞多爲祠，而王弼以禴爲祭之薄。何休謂祈穀成者非一黍先熟可得薦，故曰嘗；冬，萬物畢成，所薦衆多，故曰烝；故禮記以嘗爲大嘗，周禮以烝爲大烝。孔安國亦以烝、嘗爲大享。今太廟四時雖有薦新，而孟享禮料無祠、禴、烝、嘗之別。伏請春加韭、卵，夏加麥、魚，秋加黍、豚，冬加稻、鴈，當饋熟之節，薦於神主。其籩豆於常數之外，別加時物之薦，豐約各因其時，以應古禮。」從之。

又言：薦血之器，禮所不載。唐崔沔議曰「毛血盛於槃」。宋書志「南郊，以二陶豆盛毛血」。開元、開寶通禮及今儀注皆以豆盛之。禮以豆盛菹醢，登盛羹，其薦毛血當盛以槃〔三〕。親享太廟，但有三牲骨體俎，而無腸胃膚俎，不應古義，請於三牲骨體俎之外，加以牛羊腸胃及豕膚俎各一。古者，祭祀無迎神、送神之禮，其於祭之末，皆不拜〔四〕。按少牢饋食禮「主人朝服，即位於阼階東西面」。鄭氏曰：「爲將祭也。」即不言拜及祝告。禮成，主人出，立於阼階上西南，亦不言拜。近代事神，拜而迎送，殊非禮意，請改定儀注。聖王之事宗廟，禮如事生，故饌則薦四時之和氣與四海九州之美味；

貢則陳金、璧、龜、帛，以明共天下之材；其餘無常，必致國之所有，以明遠物無不至。自秦、漢以來，奉宗廟者，不本先王之經訓，有司奉行，充其位而已，故天下常貢入王府者未嘗陳於太廟，良爲闊略。請親祠太廟，並令户部陳歲貢以充庭實，仍以龜爲前，金次之，玉帛又次之〔五〕，餘居後。」從之。

太常禮院言：「舊儀親祠太廟，車駕未至大次，太祝、宫闈令奉出帝后神主置於座，行禮畢，已還齋殿，方納神主。今親祠，皇帝至阼階，太祝、宫闈令始奉神主置於座〔六〕，行禮畢，皇帝俟納神主，然後降阼階。舊八室帝主各以太祝遷納，其后主止命太廟宫闈令二員，恐致遲緩，請權差七員同奉。」

詳定禮文所言：「古者，宗廟九獻，王及后各四，諸臣一。自漢以來爲三獻，后無入廟之事，相循至今。若時享則有事於室而無事於堂；禘祫則有事於堂，而無事於室。室中神位不在奥，堂上神位不當扆，有饋食而無朝踐，度今之宜，以備古九獻之意，請室中設神位於奥東面，堂上設神位於户外之西南面，皇帝立於户内西面，祼鬯是爲一獻；出户立於扆前，北向，行朝踐薦腥之禮，是爲再獻；皇帝立於户内西面〔七〕，行饋食薦熟之禮，是爲三獻。」詔並俟廟制成取旨。

又言：「王制祭『宗廟之牛角握』。周禮小司徒『凡小祭祀，奉牛牲』。天子之祭，無不用牛者。唐郊祀録稱宗廟、社稷等祭悉用太牢，今三年親祠而八室共用一犢，及祫享盛祭有司攝事而不用太牢，則爲非稱。請三年親祠並時享，有司攝事，太廟每室並用太牢。」詔親祠並祫享，每室用太牢。

又言：「古者，人君臨祭立於阼階者，主階，惟人君涖之行事，示繼體祖考親親之義，且以尊別於臣庶也。今朝享太廟，設小次於殿下褥位之東，西向；設皇帝版位於廟東階之東南，西向，乃是古者大夫、士臨祭之位，殊失禮意。請自今太廟行禮並設皇帝版位於東階之上，西向，更不設殿下版位及小次。又曾子問曰：『斂幣玉，藏諸兩階之間。』聘禮『卷幣埋於西階東』。舊制宗廟燔其幣，未合於禮。請凡禮神之幣，皆埋之西階東，册則藏諸有司之匱。」

五年，詔：「自今太廟祠祭，前廟初獻，差親王、宗室、使相、節度使、郡王；后廟初獻，宗室、節度觀察留後、觀察使。歲以序差，不赴者罰之。其餘祠祭，敕差行事者准此。」

六年十一月，帝親祠南郊。前期三日，奉仁宗、英宗徽號册寶於太廟。是日，齋於大慶殿。翼日，薦享於景靈宮。禮畢，帝服通天冠、絳紗袍，乘玉輅至太廟，宰臣、百僚班迎於廟門。侍中跪請降輅，帝却乘輿，步入廟，趨至齋宮。翼日，帝服鞾袍至大次。有司奏中嚴外辦，禮儀使跪奏請行事。帝服衮冕以出，至東門外，殿中監進大圭，帝執以入，宮架樂作，升東階，樂止。登歌樂作，至位，樂止。太祝、宮闈令奉諸室神主於座，禮儀使贊曰：「有司謹具，請行事。」帝再拜，詣罍洗，登歌樂作，降階，樂止。宮架樂作，至洗南〔八〕，北向，樂止。帝搢圭，盥帨，洗瓚，拭瓚訖，執圭。宮架樂作，升堂，樂止。登歌樂作，殿中監進鎮圭。帝搢大圭，執鎮圭，詣僖祖室，樂止。登歌奏瑞安之曲。至神座前，北向跪，奠鎮圭於繅藉，執大圭跪，三上香，執瓚祼地，奠瓚，捧幣。奠訖，執圭，俛伏，興，出戶外，北向再拜。内侍舉鎮圭以授殿中監。至次室行事，皆如前儀。帝還位，登歌樂作，至位，樂止。宮架興安之樂作，文舞九成，止。禮部、戶部尚書以次官奉逐室俎豆，宮架豐安樂作，奠訖，樂止。帝再詣罍洗，登歌樂作，降階，樂止。宮架樂作，至洗南，北向立，樂止。帝搢圭，盥帨，洗爵，拭爵訖，執圭。宮架樂作，帝升東階，樂止。登歌樂作，至僖祖室，樂止。宮架樂作，帝搢圭跪受爵，祭酒，三奠爵，執圭，俛伏，興，出户外，北向立，樂止。太祝讀册文，帝再拜。詣次室，皆如前儀。帝還位，登歌樂作，至位，樂止。文舞退，武舞進，宮架正安之樂作，亞獻以次行事如前儀，樂止。帝詣飲福位，登歌樂作，至位，樂止。宮架僖安樂作，帝再拜，搢圭跪，受爵，祭酒，三啐酒，奠爵，受俎，奠俎，受摶黍，奠黍豆，再受爵，飲福酒訖，奠爵，執圭，俛伏，興，再拜，樂止。帝還位，登歌樂作，至位，樂止。太常博士徧祭七祀、配享功臣。户部、禮部尚書徹俎豆，登歌豐安樂作，徹訖，樂止。禮直官曰：「賜胙」，行事、陪祠官皆再拜，宮架興安樂作，一成，止。太祝、宮闈令奉神主入諸祏室。禮儀使跪奏禮畢，登歌樂作，帝降階，樂止。宮架樂作，出東門，殿中監受大圭，歸大次，樂止。有司奏解嚴，轉仗赴南郊。自元豐初命陳襄等詳定郊廟禮文，至是始用新儀。

七年，詔：「舊制薦新，米、麥之屬皆取於市。今後宜令玉津、瓊林、宜春、瑞聖諸園及金明池後苑供具，其所無者乃索之雜買務。」

詳定郊廟禮文所言：「古者薦新於廟之寢，無尸，不卜日，不出神主，奠而不祭。近時擇日而薦，非也。天子諸侯，物熟則薦，不以孟、仲、季爲限。月令孟夏薦麥，孟秋薦黍，季秋薦稻。吕氏、月令一歲之間八薦新物，開元禮加以五十餘品。景祐中，禮官建議以謂吕紀簡而近薄，唐令雜而不經，於是更定四時所薦，凡二十八物，除依詩、禮、月令外，又增多十有七品。雖出於有司一時之議，然歲時登薦新物，自祖宗行之已久。今欲稍加刊定，取其間先王所嘗享用膳羞之物，見於經者可依舊制存之，其不經者去之，庶幾不失禮意。請自今孟春薦韭以卵，饈以葑，仲春薦冰，季春薦笋，饈以含桃；孟夏嘗麥以彘〔九〕，仲夏嘗雛以黍，饈以瓜，季夏饈以芡以菱；孟秋嘗粟與稷，饈以棗以梨，仲秋嘗麻嘗稻，饈以蒲，季秋嘗菽，饈以兔以栗；孟冬饈以鴈，仲冬饈以麕，季冬饈以魚。今春不薦鮪，實爲闕典。請季春薦鮪，以應經義，無則闕之。如林檎、蕎麥、藷薁之類，及季秋嘗酒，皆不經見，宜删而去之。凡新物及時出者，即曰登獻，既非正祭，則於禮不當卜日。漢儀嘗韭之屬，皆於廟而不在寢，故韋玄成傳以爲廟歲二十五祠，而薦新在焉。自漢至於隋、唐，因仍其失，薦新雖在廟，然皆不出神主。今出神主，則失禮尤甚。請依韋彤五禮精義，但設神座，仍俟廟成，薦新於寢，庶合典禮。」詔依所定，如鮪魚闕，即以魴鯉代之。

八年，太常寺言：「治平四年故事，山陵前宗廟輟祭享，遇朔望以内臣行薦食之禮，俟祔廟畢仍舊。今景靈宮神御殿已行上食，太廟朔望薦食自當請罷。」從之。

元祐七年，太廟復用牙盤食。舊制，並於禮饌外設常食一牙盤，元豐中罷之，禮官吕希純嘗建議曰：「先王之於祭祀，皆備上古、中古及今世之食，所設古器禮饌，即上古、中古之食也。牙盤常食，即今世之食也。而議者乃以爲宗廟牙盤原於秦、漢陵寢上食，殊不知三代以來，自備古今之食。請依祖宗舊制，薦一牙盤。」及是始從希純之議云。吕希純又嘗奏「唐開元、開寶禮每廟室薦獻，帝、后各奠一爵，其后爵謂之副爵。每堂室只奠一爵，帝后共享，慢神瀆禮，莫此之甚。請帝、后各奠一爵，亦如其儀焉」。

徽宗大觀四年，議禮局言：按太廟儀注，春夏用犧罇、象罇，秋冬用著罇、壺罇各二，已應周禮司罇彝之義。又每享各用大罇二，則是以追享、朝享之罇，施之於禴、祠、烝、嘗矣，其爲失禮明甚。請自今四時享太廟，不用大罇。禮記郊特牲曰：「灌以圭璋，用玉氣也。」周禮典瑞：「祼圭有瓚，以肆先王。」説者謂，天地有禮神之玉而無鬱鬯，宗廟有鬱鬯而無禮神之玉。然則宗廟之玉，祼圭而已。圭瓚之制，以圭爲柄，其長尺有二寸，黄金爲勺，青金爲外，朱中央，其容五升，其徑八寸，其勺之鼻爲龍首，所以出鬱鬯也。其槃徑一尺，所以承瓚也。今親祀太廟以塗金銀瓚，有司行事以銅瓚，其大小長短之制皆不如禮，請改製以應古制。十一月，太常、光禄寺言：「禮制局新定太廟陳設之儀，盡依周制：籩、豆各用二十有六，簠、簋各八。以籩二十有六爲四行，以右爲上。饈籩二爲第一行，朝事籩八次之，饋食籩八又次之，加籩八又次之。豆二十有六爲四行，以左爲上。饈豆二爲第一行，朝事豆八次之，饋食豆八又次之，加豆八又次之。簠八爲二行，在籩之外。簋八爲二行，在豆之外。籩、豆所實之物，悉如周禮籩人、醢人之制，惟簠以稻粱，簋以黍稷，而茅菹以蓴，蚳醢以蜂子代之。」十二月，禮制局言：「太廟祭器，鉶用三，登用一。竊考鉶與登皆盛羹之器。祭祀烹牲於鼎，升肉於俎，其湆芼以醯鹽蔬實之於鉶，則謂之鉶羹；不致五味，實之於登，則謂之太羹。周官亨人祭祀共太羹，鉶羹是也。且宗廟之祭用太牢，而三鉶實牛、羊、豕之羹，固無可論者。至於太羹止設一登，以少牢饋食禮考之，則少牢者，羊、豕之牲也。佐食饈兩鉶，司士進湆二豆。三牲之祭，鉶既設三，則登亦如其數。請太廟設三登，實牛、羊、豕之湆以爲太羹，明堂亦如之。」

政和四年，比部員外郎何天衢言：「先王建祭祀之禮，必得疏數之中，未聞一日並行兩祭者也。今太廟薦新有與朔祭同日者。夫朔祭之禮，行於一月之首，不可易也。若夫薦新，則未嘗卜日，一月內皆可薦也，新物未備，猶許次月薦之，亦何必同朔祭之日哉。」詔薦新與朔祭同日，即用次日。

高宗建炎二年，上幸揚州，行南郊禮。時太廟神主奉於壽寧寺，前一日，上親詣寺行朝享謝禮，禮成，恭謝如儀。時景靈宮神御奉安於温州，乃差官詣温州行禮。

三年，上幸杭州，太廟神主併奉安於温州，祭享皆差官攝事。以禮器未備，五享權用酒脯行禮，太廟朔祭每室例用一羊。建炎初，務省約，初用酒脯，紹興五年，復用羊。

紹興七年，上祀明堂於建康，時有徽宗之喪。先是，太常少卿吴表臣乞於大祀前二日朝獻景靈宮，前一日朝享太廟，及是援熙寧元年故事，謂是時英宗喪未除，不廢景靈宮、太廟之禮，請如故事。翰林學士朱震以爲不然，謂王制「喪三年不祭，唯天地、社稷得越紼行事」。監察御史趙涣言：「升祔以後，宗廟常祭，皆不當廢，而當喪享廟，亦有顯據。左氏傳曰『烝嘗禘於廟』，曾子問曰『已葬而祭』，此不當廢也。詩頌成王即位，諸侯來助祭。春秋文公四年十一月成風薨，六年十月猶朝於廟，此顯據也。」疏奏，詔侍從、臺諫議。吏部尚書孫近等十五人言：「謹按春秋三十三年傳『凡君薨，卒哭而祔，祔而作主，特祀於寢〔一〇〕，烝嘗禘於廟』。杜預謂：『新主既特祀於寢，則宗廟四時常祀自當如舊。』又按景德三年明德皇后之喪改易而服除，真宗遂享太廟，合祭天地於圜丘。熙寧元年，神宗居諒闇，復用景德故事，躬行郊廟之禮，則是考古及今，居喪得見宗廟。將來明堂大禮，已在以日易月服除之後。前一日，皇帝合詣太廟朝享。」從之。

禮部太常寺言：「將來明堂大禮，依已降旨，前一日朝享太廟。檢照景德、熙、豐南郊故事，皆在諒闇之中。當時親行郊禮，除郊廟、景靈宫合用樂外，所有鹵簿、鼓吹及樓前宫架、諸軍音樂皆備而不作，其逐處巡警場止鳴金鉦、鼓角而已。今臣僚欲議罷宗祀奏樂受胙，故事即無去奏樂受胙之文。兼祖宗故事，三載大饗明堂，蓋亦爲民祈福。奏樂受胙合依祖宗累朝已行故事。」從之。

先是，監察御史趙渙言：「春秋有事於武宫，叔弓卒，去樂，卒事。以卿佐之喪而猶去樂，況天王后之喪，而可用備樂乎？載祀既殯既葬而祭五祀，則尸入三飯不侑不酢，以五祀之祭猶廢侑酢，況宗廟之祭而可享受福釐乎？故晉制，國有大喪，天地明堂皆去聲樂，且不受胙。有唐，祭日遇忌，亦備樂而不奏。此皆得禮之體也。陛下雖在喪服而猶宗祀者，用王制之言，不敢以卑廢尊也。今唯聲樂受胙於未安者，蓋拜跪受釐既爲嘉慶之事，而虞祔既畢，則廟加先帝之坐，陛下薦祼、饋奠進詣徽室，必將想像平生悲哀感愴，而乃金石絲竹雜然並奏，豈不違神靈之至意而傷陛下之孝心哉！將來明堂大禮前一日，乞依列聖故事，躬詣宗廟行朝享之禮，其奏樂、受胙二事乞寢，庶合禮。」有旨令本部、太常寺討論故事。

紹興三十二年六月，時孝宗已即位。禮部太常寺言：「皇帝登極，擇日詣太廟行朝享之禮，參酌紹興十三年親享禮例，牲牢、禮料、酒、齊等，並如每歲五享施行。」從之。

淳熙十六年二月，光宗受禪，詔以四月六日親享太廟。

紹熙五年閏十月，時寧宗已即位。浙東提舉李大性言：「竊觀紹興七年，侍從、臺諫、禮官詳定明堂典禮，其大略云『居喪皆得見宗廟』。近者，合宫展祀，陛下止詣明堂殿。然臣之愚，竊謂與淳熙十五年事體不同，又況漢文以來，皆即位而謁廟。陛下龍飛已三越月，未嘗一至宗廟行禮，鑾輿屢出，過太廟門不入，揆之人情似爲闕典。乞與二三大臣議之，早行擇日恭謝太廟，少見祗肅宗廟之意。」於是，詔遵用三年之制，其朝謁太廟委有妨礙。

明年，吏部員外郎李謙言：「事莫重於登極，禮莫急於告廟，蓋即位必告廟，示敬親也。告廟必於歲首，大其事也。舜正月上日受命於文祖，禹正月朔旦受命於神宗，皆行告廟之禮也。然禮以變而或殊，事隨時而亦異，有不可以一例觀者。議禮之家各持一説，不致其辯，禮意無自而明。夫嘉禮之與凶禮，不可以並行，舉一必廢一，故在禮經『喪三年不祭，唯祭天地社稷爲越紼而行事』。蓋不敢以卑而廢尊也。夫天地以尊而不廢，宗廟以親豈獨可廢乎？況王制三年不祭之説，諸儒之論亦自不同。杜預之説，以爲既祔以後，宗廟得四時常祭。蓋杜氏之意，不以三年不祭宗廟爲是也。今姑置常祭之説，而論即位踰年告廟之禮，庶幾禮簡而易明，虚言無證，則論不定，請質事以明之。且太甲之元祀，十有二月乙丑，伊尹奉嗣王祗見厥祖，百官猶總已以聽冢宰，則是太甲居仲壬之喪而告廟也。漢吕后以八年七月即世，九月大臣迎立代王，元年十月辛亥文帝即祚謁高廟，即是文帝居吕后之喪而告廟也。唐代宗以大曆十四年即世，德宗建中元年正月庚午朝享於太廟，其後，穆宗長慶之元年、敬宗寶曆之元年、武宗會昌之元年、懿宗咸通之元年，皆以正月朝享於太廟。徧觀歷代之制，雖小節不同，大概居喪雖權住祭，踰年正月必告於廟，載諸經史，可考而知。漢昭、宣、元、成、哀、平六世，皆以即位謁廟不待踰年，則失之速。唐太宗貞觀三年正月方事於太廟，馬周得以爲言，則失之緩。皆非禮之正也。以歷代之事而求其當，其惟踰年正月告廟乎？恭惟陛下自登極以來已享帝矣，大行梓宮發引在即，來年正月盍行告廟之禮。禮官未見申明者，豈非以王制爲據乎？竊謂即位之後已曾謁廟，國有大故，故可以未祭，與居喪之後即位未經謁廟者事體不同。考歷代已行之事，宜於來年正月一日陛下躬行告廟之禮，庶幾立一王之制，示萬世之規，乞下禮官指定施行。」詔令禮部、太常寺討論聞奏。至是，禮、寺看詳，乞俟皇帝從吉日討論典禮施行。從之。

禮部太常寺修立郊祀大禮前一日朝享太廟行禮儀注

陳設

前享三日：儀鑾司設大次於太廟東神門外道北，南向；小次於阼階東稍南，西向，又設文武侍臣次於大次之前，行事助祭官、宗室及有司次於廟之内外。設東方、南方客使次於文官之後，西方、北方客使次於武官之後。各隨地之宜。設饌幔於南神門外。每室饌幔各一。又設七祀次於殿下横街之北道西，東向。又設配享功臣次於殿下横街之南，東西相向。每室功臣配享各爲一次。

前享二日：宮闈令帥其屬掃除廟之内外，開瘞坎於殿西階之東南方，深取足容物，南出陛。太常設七祀燎柴於南神門外。光禄牽牲詣所。太常陳登歌之樂於殿上前楹間，稍南，北向，設宮架於庭中，立舞表於酇綴之間。户部陳諸州歲貢於宮架之南神門外，隨地之宜，東西相向。

前享一日：奉禮郎、禮直官設皇帝位版於阼階上，飲福位於東序，俱西向。贊者設亞、終獻位於小次南稍東，助祭親王、宗室、使相在其南，進幣爵酒官、受爵酒官、舉幣官、薦牛俎官、薦羊俎官、實鑊水官、薦豕俎官、增沃鑊水官、受幣官、盥洗奉爵官、奉瓚槃官、進摶黍官、舉册官、七祀獻官在助祭、宗室、使相之南，並西向，北上，大禮使位於西階之西稍南，與亞、終獻相對。行事光禄卿、讀册官、光禄丞、功臣、獻官在其西〔一一〕，太常、光禄以下皆稍却。執事官位於其後，助祭宰相、使相位在大禮使之南，執政官在其西。又設監察御使位二於西階下，俱東向，北上。奉禮郎、太祝、太官令於東階下，西向，北上。協律郎位二，一於殿上磬簴西北，一於宮架西北，俱東向。押樂太常丞於登歌樂簴北，押樂太常卿宮架之北，北向，良醞令位於罇彝所，俱北向。薦香燈官、宮闈令於室内，北向，西上。又設助祭文武群臣、宗室位於横街之南，東西相向。諸方客位廟門之外，隨其方國。光禄陳牲於東神門外，當門西向，以南爲上。祝史各位於牲後。太常設省牲位於牲西。大禮使、進幣爵酒官、受爵酒官、奉幣官、受幣官、盥洗奉爵官、奉瓚槃官位於道南，北向，西上。七祀配享功臣、獻官在其後。監察御史二位在西，東向。薦牛俎官、眡滌濯官、實鑊水官、眡腥熟節官、增沃鑊水官、押樂太常卿、光禄卿、讀册舉册官、太常丞、光禄丞、奉禮協律郎、太祝、太官、宮闈令位在東，西向，北上。禮部帥其屬設祝册案於室户外之右，司罇彝帥其屬設幣篚於酌罇所；次設籩、豆、簠、簋之位，每室左二十有六籩，右二十有六豆，俱爲四行；俎三，一在籩前，一在豆前。又設俎九在豆右，爲三重；登一，在籩、豆間；鉶三，皆有柶，在登前；簠八，簋八，在籩豆外三俎間，簠在左，簋在右。設爐炭於室户外，蕭蒿稷黍於其後。又設毛血盤、肝膋豆於室户外之左稍前。設罇彝之位，每室斝彝一，黄彝一，皆有舟；著罇二、壺罇二，皆罍加勺、冪爲酌罇；太罇二、山罇二、犧罇二，皆有罍加勺、加冪，設而不酌，俱北向，西上。太常設七祀位於殿下横街之北次内，司命、户、竈、中霤、門、厲、行。又設配享功臣位於横街之南次内，韓王趙普、濟陽王曹彬位於横街之南道西，東向。太師薛居正、太師石熙載、鄭王潘美位在其西，太師李沆、太師王旦、太師李繼隆位又在其西，太師王曾吕夷簡、侍中曹瑋位又於其西，又設司徒韓琦、太師曾公亮位於横街之南道東，西向。太師富弼位在其東，太師司馬光位又在其東，太師韓忠彦位又在其東，俱北上。皆設神席。太廟設神位版於座首。司罇彝設祭器，每左二籩，右二豆，俎一在籩豆前，簠一、簋一在俎前，簠在左，簋在右，爵一次之，象罇一在籩前，加冪。又設俎三於南神門外每室饌幔内，設進盤、匜、帨巾内侍位於皇帝版位之後，分左右，奉盤者北向，奉匜及執巾者南向。又設亞終獻、盥洗、爵洗於其位之北，盥洗在東，爵洗在西。罍在洗東，加勺、篚在洗西，南肆，實以巾，若爵洗之篚則又實以爵。太官令、盥洗於西階下。七祀配享功臣、獻官、盥洗各於神位之前。七祀及配享功臣位前盥洗各一。罍、勺、篚、巾各設於左右，執罍、篚者位其後。

享日未行事前，宫闈令開室，帥其屬整拂神幄如常儀。司罇彝入設祭器。太府卿帥其屬入陳幣於篚。幣以白。光禄卿帥其屬入實籩、豆、簠、簋。籩四行：以右爲上，第一行饅餌在前，粉餈次之；第二行麷在前，蕡、白、黑、形鹽、膴、鮑魚、鱐次之；第三行乾棗在前，濕棗、栗、濕桃、乾桃、濕梅、乾橑、榛實又次之；第四行菱在前，芡、㮚、鹿脯次之。豆四行：以左爲上，第一行酏食在前，糝食次之；第二行韭菹在前，醓醢、昌本、麋臡、菁菹、鹿臡、茆菹、麇臡又次之〔三〕；第三行葵菹在前，蠃醢、脾析、鹿醢、脣、蚳醢、豚拍、魚醢又次之；第四行芹菹在前，兔醢、深蒲、醓醢〔一三〕、菭菹、鴈醢、筍菹、魚醢又次之。簠實以稻、粱，粱在稻前。簋實以黍、稷，稷在黍前。登實以太羹。鉶實以和羹，芼滑。太官令帥其屬入實俎。籩前之俎爲三重，以北爲上。第一重實以牛、羊七體〔一四〕，兩髀、兩脅並脊，而兩髀在兩端，兩肩、兩脅次之，脊在中。第二重實以羊腥七體，其載如牛。豆前之俎實以豕腥七體，其載如羊。豆右之俎九，爲三重，以北爲上。第一重實以牛、羊、豕首各一。第二重實以牛腥腸胃肺，離肺一在上端〔一五〕，刌肺三次之，腸三、胃三又次之，一實以羊腥腸胃肺，其載如牛。一實以豕腥膚九，橫載。第三重一實以牛熟腸胃肺，一實以羊熟腸胃肺，一實以豕熟膚，其載如腥，皆牛在左，羊在中，豕在右。良醞令帥其屬入實彝及罇、罍，斝彝實以明水，黄彝實以鬱鬯，著罇二，一實以玄酒，一實醴齊，皇帝酌之。壺罇二，一實玄酒，一實盎齊，亞終獻酌之。太罇二，一實泛齊，一實醴齊。山罇二，一實盎齊，一實醍齊。犧罇二，一實沈齊，一實事酒。象罇二，一實昔酒，一實清酒。並設而不酌。凡罍之實，各視其罇。又實七祀及配享功臣位禮饌。每位左二籩，栗在前，鹿脯次之；右二豆，菁菹在前，鹿臡次之。俎實以羊、豕腥肉。簠實以稷。簋實以黍。爵一、象罇一，實以清酒。太常設燭於神位前，設大禮使以下行事執事官揖位於東神門外，如省牲之位；設望瘞位於瘞坎之南，如省饌之位。儀鑾司設册幄於南神門外，隨地之宜。

前朝享一日，學士院以祝册授通進司，進御書訖，降，赴尚書禮部。

車駕詣太廟

前享一日，皇帝於景靈宮朝獻畢，既還大次，禮部郎中奏解嚴訖，皇帝入齋殿。文武侍祠行事執事助祭之官、非從駕者。宗室先詣太廟祠所。其日，禮直官、宣贊舍人引禮部侍郎詣大次前奏請中嚴。少頃，又奏外辦。皇帝服履袍，自齋殿詣大次，出行門，禁衛諸班親從等諸司祗應人員以下迎駕，奏聖躬萬福。次知客省事以下、樞密都承旨以下、知内侍省以下、帶御器械官應奉祗應通侍大夫以下、武功大夫以下及幹辦庫務文臣一班迎駕，奏聖躬萬福。俟皇帝即御座，從駕宰執使相一班、次管軍臣寮並奏聖躬萬福。皇帝乘輿出景靈宫櫺星門，將至太廟，御史臺、太常寺、閤門分引文武侍祠行事執事助祭之官、宗室於太廟櫺星門外立横班再拜，奏迎訖，退。皇帝乘輿入櫺星門，至大次，降輿以入，簾降，侍衛如常儀。宣贊舍人承旨敕群臣及還次。

省牲器

是日未後二刻，宫闈令帥其屬掃除廟之内外，司罇彝帥執事者以祭器入設於位。凡祭器皆藉以席，又加巾蓋〔一六〕，太府卿入陳幣於篚。告潔畢，權徹。未後三刻，禮直官、贊者分引大禮使以下並服常服，詣東神門外省牲位，光禄卿、丞與執事者牽牲就位，禮直官贊揖。贊者引押樂太常卿入行樂架，凡亞、終獻行事皆禮直官、太常博士引，大禮使、執政官及申眡滌濯官、受爵酒官、進爵官行事皆禮直官引，餘官皆贊者引。次引眡滌濯官入〔一七〕，升自西階眡滌濯。凡行事、執事官升降皆自西階。内應奉官並執事隨應奉人各隨應奉階升降。次引申視滌濯官申視滌濯，執事者皆舉冪曰「潔」，俱退，復位。禮直官稍前曰「告潔」畢，請省牲。次引省牲官稍前省牲訖〔一八〕，退，復位。次引光禄卿出班巡牲一匝，西向躬曰「充」，曰「備」。次引光禄丞出班巡牲一匝，西向躬曰「腯」，俱復位。禮直官稍前曰「省牲訖，請就省饌位」，揖訖，引大禮使以下各就位，禮直官贊揖。有司省饌俱畢，禮直官贊省牲畢，揖訖，俱還齋所。光禄卿、丞及執事者以次牽牲詣厨授太官令，次引省鼎鑊官詣厨省鼎鑊，視濯溉。次引實鑊水官詣厨實鑊水。次引增沃鑊水官詣厨增沃鑊水，協律郎展視樂器，乃還齋所。晡後一刻，太官令帥宰人以鸞刀割牲，祝史各取毛血實於槃，又取膟、膋實於登，俱置饌所〔一九〕，遂烹牲。宮闈令帥其屬掃除廟之内外。

晨祼

享日丑前五刻，行事用丑時十刻。宮闈令開室，帥其屬掃除。禮部奠册於案。太府卿入陳幣。光禄卿入實籩、豆、簠、簋。太官令入實俎。良醞令入實彝及罇罍。樂正帥工人二舞以次入〔二〇〕，與執罇、罍、篚、羃者各就位。執事官各入就位。次御史臺、太常寺、閤門宣贊舍人分引文武助祭官及宗室、客使，贊者引薦羊俎官以下宗室各入就位。禮直官、贊者分引大禮使以下行事、執事官詣廟東門外揖位立，禮直官贊揖訖，先引監察御史按視殿之上下，糾察不如儀者，降階，就位。次引大禮使以下各入就位。皇帝服通天冠、絳紗袍至大次。禮儀使、樞密院官、太常卿、閤門官、太常博士、禮直官分立於大次外之左右。引禮部侍郎詣次前奏請中嚴，少頃又奏外辦。符寶郎奉寶陳於宮架之側，隨地之宜。禮儀使當次前俛伏跪奏：「禮儀使臣某言請皇帝行事。」奏訖〔二一〕，俛伏，興，還，侍立。禮儀使奏祀儀准此。簾捲，皇帝服衮冕以出，侍衛如常儀。禮儀使以下前導至東神門外，殿中監跪進大圭，禮儀使奏請執大圭，前導皇帝入自正門，侍衛不應入者〔二二〕，止於門外。協律郎跪，俛伏舉麾，興，工鼓柷，宮架乾安之樂作。皇帝升降行止皆奏乾安之樂。至阼階下，偃麾，戛敔，樂止。升自阼階，大禮使從，凡樂，皆協律郎跪，俛伏，舉麾，興，工鼓柷而後作，偃麾，戛敔而後止。升自阼階，皇帝升降大禮使皆從，左右侍衛之官量人數從升。登歌樂作。樂止，禮儀使以下分左右侍立。凡行禮，禮儀使、樞密院官、太常卿、閤門官、太常博士、禮直官前導，至位，則分立於左右。次引奉瓚官升詣僖祖室神位前，西向立。奉瓚槃官升詣皇帝版位前，奉瓚槃，北向立。次引奉神主官詣皇帝版位前，俛伏，跪奏「奉神主」。奏訖，俛伏，興，退。祠祭官於殿上承傳曰「奉神主」。次引薦香燈官搢笏於祏室內，奉帝尊主設於座。奉神主詣神幄內，於几後啟匱設於座，及以白羅巾覆之。執笏退，復位。次引宮闈令奉后神主如上儀，以青羅巾覆之。退，復位。次引奏奉神主官詣皇帝版位前伏跪，奏「奉神主訖」。奏訖，俛伏，興，退。禮儀使前奏：「有司謹具，請行事。」又奏請「再拜」。皇帝再拜。贊曰「再拜」，在位官皆再拜，訖。次內侍各執槃匜、帨巾以進，宮架樂作，禮儀使奏請皇帝搢大圭，盥手。內侍進槃匜，沃水，皇帝盥手。又奏請帨手。內侍進巾，皇帝帨手，訖。又奏請皇帝洗瓚。奉瓚槃官進瓚，內侍沃水，皇帝洗瓚。又奏請拭瓚。內侍進巾，皇帝拭瓚，訖，樂止。又奏請執大圭。奉瓚槃官奉瓚槃詣僖祖室鐏彝所，西向立，以瓚蒞鬯，執彝者舉冪，良醞令酌鬱鬯訖，先詣次室鐏彝所，北向立。禮儀使前導，登歌樂作，皇帝入詣祖室，北向立。樂止。禮儀使奏請搢大圭，跪，奉瓚槃官奉瓚槃，西向，以瓚授奉瓚官，奉瓚官西向跪以進。禮儀使奏請執瓚，皇帝執瓚，以鬯祼地奠瓚。奉瓚官受瓚，以授奉瓚槃官，奉瓚槃官以槃受瓚訖，俱詣次室以俟。禮儀使奏請執大圭，俛伏，興，前導皇帝出户外，北向立。又奏請再拜，皇帝再拜訖，禮儀使前導皇帝詣翼祖室，次詣宣祖室，次詣太祖室，次詣太宗室，次詣真宗室，次詣仁宗室，次詣英宗室，次詣神宗室，次詣哲宗室，次詣徽宗室，祼鬯並如上儀。奉瓚官、奉瓚槃官俱降，復位。良醖令還罇所。禮儀使前導皇帝還版位，登歌樂作，至位，西向立，樂止。宮架作興安之樂、文德之舞九成，止。太官令取肝，以鸞刀制之，洗於鬱鬯，貫之以膋，燎於爐炭；薦香燈官以肝膋入詔神於室，又出以隳祭於室戶之左，三祭於茅苴，俱降，詣盥洗位，盥手，帨手，升復執事位。

饋饌

享日，有司陳鼎三十有三於神廚，各在鑊右。太官令帥進饌者詣厨，以七升牛於鑊，實於一鼎。肩、臂、臑、肫、胳，正脊一，直脊一，横脊一，長脅一，短脅一，代脅一，皆二骨以并〔二三〕。次升羊如牛，升豕如羊，各實於一鼎。每室牛、豕各一鼎。皆設扃、冪，祝史對舉入，設於每室饌幔內。次引視腥熟節官詣饌所視腥熟之節，俟皇帝晨祼畢，還位，樂止。祝史抽扃委於鼎右，除冪，加匕畢於鼎。太官令以匕升牛載於一俎。肩、臂、臑在上端，肫、胳在下端，脊、脅在中。次升羊、豕各載於俎，其載如牛。每室牛、羊、豕各一俎。次引薦牛、薦羊、薦豕俎官搢笏奉俎以入，太官令引入正門，宮架豐安之樂作，由宮架東至横街折方進行，陳於西階下，北向，北上。薦俎官搢笏奉俎以升，執事者各迎於階，薦俎官奉俎〔二四〕，詣僖祖室神位前，北向跪奠。先薦牛，次薦羊，次薦豕，各執笏，俯伏，興。有司設牛、羊、豕俎於腸、胃、膚之前。牛在左，羊在前，豕在右。詣次室奉奠，並如上儀。樂止，俱降復位。内執官降西側階，出西神門，入南門，歸執事班。次引薦香燈官取蕭合黍稷擩於脂，燎於爐炭，又當饋熟之時，取菹擩於醢，祭於豆間三。又取黍、稷、肺，祭如初，藉用茅，各還罇所。次引奉幣官、進幣官、受幣官、受爵酒官、進爵酒官升詣僖祖室，奉幣官、進幣官、受爵酒官、進爵酒官在東，西向，北上；受幣官在西，東向。次引奉爵酒官升殿，詣皇帝版位前，奉爵，北向立。內侍各執盤匜、帨巾以進，宮架樂作。禮儀使奏請皇帝搢大圭，盥手。內侍進槃匜，沃水，皇帝盥手。又奏請帨手，內侍進巾，皇帝帨手，訖。又奏請皇帝洗爵，奉爵酒官進爵，內侍沃水，皇帝洗爵。又奏請拭爵，內侍進巾，皇帝拭爵，訖，樂止。又奏請執大圭，奉爵酒官受爵，奉爵詣僖祖室酌鐏所〔二五〕，西向立。執鐏者舉冪。良醞令酌著鐏之醴齊訖，先詣次室酌鐏所，北向立。禮儀使前導，登歌樂作，殿中監進，跪，進鎮圭。禮儀使奏請搢大圭，執鎮圭，前導皇帝入詣僖祖室，樂止。宮架作基命之樂，翼祖室大順之樂，宣祖室天元之樂〔二六〕，太祖室皇武之樂，太宗室大定之樂，真宗室熙文之樂〔二七〕，仁宗室美成之樂，英宗室治隆之樂，神宗室大明之樂，哲宗室重光之樂，徽宗室承元之樂。文舞作，內侍先設繅藉於地，禮儀使奏請跪奠鎮圭於繅藉，執大圭，俛伏，興。又奏請搢大圭，跪。次內侍跪，取幣於篚以授奉幣官，奉幣官授進幣官，進幣官西向跪以進。禮儀使奏請「受幣」，皇帝受奠訖。受幣官東向跪受以興，進奠於僖祖神位前。次奉爵酒官以爵授受爵酒官〔二八〕，受爵酒官授進爵酒官，進爵酒官西向跪以進。禮儀使奏請：「執爵」，皇帝執爵，祭酒，三祭於茅苴。奠爵，受爵官以爵復於坫。禮儀使奏請：「執大圭」，俛伏，興，前導皇帝出戶外，北向。又奏請：「少立」，樂止。奉幣官、進幣官、受幣官、奉爵酒官、受爵酒官、進爵酒官俱詣次室。內侍舉鎮圭授殿中監，又以繅藉詣次室，先設於地。次舉册官搢笏，跪舉祝册，讀册官搢笏〔二九〕，東向跪讀册文，讀訖，奠册，各執笏，興，先詣次室戶外，東向立。禮儀使奏請再拜，皇帝再拜。訖，禮儀使前導皇帝詣每室奠圭幣酌獻，並如上儀。次奉幣官、進幣官、受幣官、奉爵酒官、受爵酒官、進爵酒官俱降，復位。内侍舉鎮圭繅藉，以鎮圭授殿中監，以授有司。讀册官以下俱降復位。禮儀使前導皇帝還版位，登歌樂作，至位，西向立，樂止。禮儀使奏請還小次，登歌樂作，前導皇帝降自阼階，樂止。宮架樂作，將至小次，禮儀使奏請釋大圭，殿中監跪受大圭，皇帝入小次，簾降，樂止。文舞退，武舞進，宮架正安之樂作，舞者立定，樂止。

亞終獻

禮直官、太常博士引亞獻詣盥洗位，北向立，搢笏，盥手。執笏詣爵洗位，北向立，搢笏，洗爵，拭手，以爵授執事者。執笏升詣僖祖室酌罇所，西向立，宮架作正安之樂、武功之舞，執事者以爵授亞獻，亞獻搢笏，跪執爵。執罇者舉冪。太官令酌壺罇之盎齊訖，先詣次室酌罇所，北向立。亞獻以爵授執事者，執笏，興，入詣僖祖室神御前，北向立，搢笏，跪。執事者以爵授亞獻，亞獻執爵祭酒，三祭於茅苴，奠爵，執笏，俛伏，興，出户外，北向再拜。次詣每室酌獻，並如上儀。樂止，降復位。初，亞獻行禮將畢，禮直官、太常博士引終獻詣洗及升殿酌獻，並如亞獻之儀，降復位。初，終獻既升，次引七祀及配享功臣、獻官詣盥洗位，搢笏，盥手，帨手，執笏詣神位前，搢笏，跪執爵，三祭酒，奠酌，執笏，俛伏，興，再拜，詣次位，並如上儀。退，復位。唯七祀先詣司命位奠爵訖〔三〇〕，興，少立。次引太祝進諸位前，北向跪讀祝文，訖，退。獻官再拜，復位。

初，皇帝既晨祼，光禄以牛左臂一骨及長脅、短脅俱二骨以並載於胙俎，升設於僖祖室户外，俟終獻。既升獻，次引進俎官、摶黍太祝太官令詣飲福位，北向立，奉俎、豆、爵酒者各立於其後。禮儀使奏請詣飲福位，簾捲，出，次宮架樂作。殿中監跪進大圭，禮儀使奏請執大圭，前導皇帝至阼階下，樂止。升自阼階，登歌樂作，將至飲福位，樂止。登歌僖安之樂作，皇帝至飲福位，西向立。尚醞奉御執罇詣酌罇所，良醞令酌上罇福酒合置一罇，尚醞奉御奉罇詣飲福位，殿中監奉爵，尚醞奉御酌福酒，殿中監北向捧以立。禮儀使奏請再拜，皇帝再拜，殿中監跪以爵酒進。禮儀使奏請搢大圭，跪受爵祭酒，三祭於地。啐酒奠爵，殿中監跪受爵以興。太祝帥執事者持胙俎進，減神位前正脊二骨，横脊加於俎上，内侍受俎，以授進俎官，進俎官南向跪，以進皇帝，受俎，奠之，進俎官受俎以興，以授内侍，退，詣殿上稍西東向立。太官令取黍於簋，摶以授摶黍太祝，太祝受以豆，北向跪，以進皇帝，受訖，奠之〔三二〕，摶黍太祝受豆以興，降，復位。次殿中監再跪，以爵酒進，禮儀使奏請再受爵飲福酒，奠爵，殿中監受虚爵，興，以授奉御執事者，俱降，復位。禮儀使奏請執大圭，俛伏，興。又奏請再拜，皇帝再拜，樂止。禮儀使前導皇帝還版位，登歌樂作，至版位西向立，樂止。次引徹牛俎官徹，籩、豆及俎，籩、豆、俎各一，但少移故處。登歌豐安之樂作，卒徹，樂止。徹牛俎官降，復位。禮直官曰：「賜胙，行事。」助祭官拜，贊者承傳曰：「賜胙，再拜。」在位官皆再拜，送神，宮架興安之樂作，一成止。

神主入室

次引奏奉神主官詣皇帝版位前，俛伏，跪奏奉神主入室，奏訖，俛伏，興，退。祠祭官於殿上承傳曰：「奉神主入室。」次引薦香燈官搢笏，奉帝主入祏室〔三一〕，訖，薦香燈官先捧匱於神座，納神主於匱，訖，捧入祏室。執笏，退，復位。次引宮闈令奉后主如上儀，退，復位。次引奏神主官詣皇帝版位前，俛伏，跪奏：「奉神主入室訖」，俛伏，興，退。禮儀使奏：「禮畢」，前導皇帝降自阼階，登歌樂作，至阼階下，樂止。宮架樂作，出門，樂止。禮儀使奏請：「釋大圭」，殿中監跪受大圭，以授有司。皇帝還大次，禮部郎中奏請：「解嚴」，訖，皇帝入齋殿。官闈令以黍稷肺祭藉用白茅束而埋之於西階東，有司各取幣置於坎，大禮使以下就望瘞位，禮直官曰：「可瘞。」寘土半坎，太廟宮闈令監視。次引大禮使以下詣東神門外揖位立，禮直官贊：「禮畢。」揖訖，退。文武助祭官及宗室以次出。次引七祀獻官詣南神門外七祀望燎位，南向立，有司置祝版於燎柴焚訖，退。太官令帥其屬徹禮饌，監察御史詣殿監視收徹，訖，宮闈令闔户以降，乃退。太常藏祝册於匱。

校勘記

〔一〕八月酒稻茭　「茭」原訛「菱」，據元本、宋史卷一〇八禮十一、宋會要禮十七之三一改。

〔二〕凡二十八種　「凡」原訛「增」，「八」原訛「六」，據宋史卷一〇八禮十一改。

〔三〕其薦毛血當盛以槃　「盛」字原脱，據宋史卷一〇八禮十一補。

〔四〕其於祭之末皆不拜　宋史卷一〇八禮十一作「其初祭及末，皆不當拜」。疑是。

〔五〕玉帛又次之　「又」字原脱，據元本、慎本、馮本及宋史卷一〇八禮十一、宋會要禮一七之三二補。

〔六〕宮闈令始奉神主置於座　「宮」字原脱，據宋史卷一〇八禮十一補。

〔七〕皇帝立於户内西面　「西」原訛「南」，據宋史卷一〇八禮十一、宋會要禮一七之三五改。

〔八〕至洗南　「洗」字原脱，據宋史卷一〇八禮十一補。

〔九〕嘗麥以彘　原作「以彘嘗麥」，據宋史卷一〇八禮十一乙正。

〔一〇〕特祀於寢　春秋左傳正義卷一七僖公傳三十三年條及春秋經傳集解卷七均作「特祀於主」。

〔一一〕獻官在其西　「獻」原訛「南」，據馮本、局本及下文義改。

〔一二〕麋麷又次之　「麋」原訛「麇」，據慎本、周禮注疏卷六醢人改。

〔一三〕醓醢　原作「醢醓」，據毛詩注疏卷一七行葦、周禮注疏卷六醢人乙正。

〔一四〕實以牛羊七體　「羊」，政和五禮新儀卷一〇二皇帝時享於太廟儀上作「牲」。

〔一五〕離肺一在上端　「肺一」二字原脱，據政和五禮新儀卷一〇二皇帝時享於太廟儀上補。

〔一六〕凡祭器皆藉以席又加巾蓋　政和五禮新儀卷一〇二皇帝時享於太廟儀上作「凡祭器皆藉以席籩豆又加以巾蓋」。

〔一七〕次引眡滌濯官入　「入」原訛「及」，據政和五禮新儀卷一〇三皇帝時享於太廟儀中改。

〔一八〕次引省牲官稍前省牲訖　「次」原訛「前」，據政和五禮新儀卷一〇三皇帝時享於太廟儀中改。
〔一九〕俱置饌所　「置」，政和五禮新儀卷一〇三皇帝時享於太廟儀中作「至」。
〔二〇〕樂正帥工人二舞以次入　「正」原作「工」，據政和五禮新儀卷一〇三皇帝時享於太廟儀中改。
〔二一〕奏訖　「訖」原訛「請」，據政和五禮新儀卷一〇三皇帝時享於太廟儀中改。
〔二二〕侍衛不應入者　「衛」原訛「御」，據政和五禮新儀卷一〇三皇帝時享於太廟儀中改。
〔二三〕皆二骨以并　「皆」原訛「背」，「并」原訛「正」，據馮本、政和五禮新儀卷一〇四皇帝時享於太廟儀下改。
〔二四〕薦俎官奉俎　上「俎」字原脱，據馮本、政和五禮新儀卷一〇四皇帝時享於太廟儀下補。
〔二五〕奉爵詣僖祖室酌鐏所　「奉」下原衍「受」，據元本、慎本、馮本及宋會要禮一七之五二删。
〔二六〕天元之樂　「元」原訛「立」，據宋史卷一三四樂九、政和五禮新儀卷一〇四皇帝時享於太廟儀下改。
〔二七〕熙文之樂　「文」原訛「大」，據宋史卷一三四樂九、政和五禮新儀卷一〇四皇帝時享於太廟儀下改。
〔二八〕次奉爵酒官以爵授受爵酒官　上「酒」字原脱，據政和五禮新儀卷一〇四皇帝時享於太廟儀下及本卷上下文義補。
〔二九〕讀册官搢笏　「册」原訛「祝」，據馮本、政和五禮新儀卷一〇四皇帝時享於太廟儀下改。
〔三〇〕先詣司命位奠爵訖　「位」原訛「立」，據政和五禮新儀卷一〇四皇帝時享於太廟儀下改。
〔三一〕受訖奠之　政和五禮新儀卷一〇四皇帝時享於太廟儀下作「受跪奠之」。
〔三二〕奉帝主入祏室　「祏」原訛「右」，據元本、慎本、政和五禮新儀卷一〇四皇帝時享於太廟儀下及注文義改。

卷九十九　宗廟考九

祭祀時享

親饗太廟別廟行禮儀注

誓戒

如紹興修立郊祀誓戒儀注，惟不置郊社令。誓文曰：「今年七月十四，皇帝爲登寶位親行朝享太廟、別廟，各揚其職，其或不恭，國有常刑。」

致齋

皇帝散齋七日於別殿，致齋三日於齋殿。至行禮日，自齋殿詣太廟，餘如郊祀儀注。

陳設

並同郊祀前一日朝享太廟禮，惟不設四方客使次及陳諸州歲貢，并實俎不以牛，止用羊、豕。

省牲器

儀注如紹興十三年親享。唯舊用未後二刻掃除廟內外，陳設祭器幣篚，三刻省牲饌、鼎鑊、樂器等，今用其日質明。

車駕自齋殿詣太廟

其日，文武侍祠行事，執事、助祭官、宗室先詣太廟祠所，其從駕臣僚並服常服就次，有司進輦於齋殿，其從駕臣僚並俟從駕。次禮直官宣贊舍人引禮部侍郎奏請中嚴，少頃又奏外辦。皇帝自內服履袍，詣齋殿，即御座。鳴鞭，行門禁衛、諸班親從等諸司祗應人員以下各自贊常起居。次知客省事以下、樞密都承旨以下、入內內侍省都知以下、帶御器械官應奉祗應通侍大夫以下、武功大夫以下及幹辦庫務文臣一班常起居。宣贊舍人贊：從駕臣僚並常起居。凡起居者，止奏「聖躬萬福」。次管軍臣僚並常起居，該宣名即宣名。若得旨免起居，更不起居。皇帝乘輦降自西階，稱：警蹕。侍衛如常儀。出和寧門將至太廟，御史臺、閤門分引文武助祭官、宗室，禮直官、贊者引行事執事官俱詣廟欞星門外立班再拜，奉迎訖，退。內已起居者止奏「聖躬萬福」〔一〕。皇帝乘輦入欞星門至大次，侍衛如常儀。皇帝降輦，入大次，簾降。舍人承旨敕群官各還次，以俟立班行禮。

晨祼

並同郊祀前朝享太廟禮。但諸帝室既祼鬯後，禮儀使引皇帝至别廟后室前祼鬯，如上儀。

饋食

並同郊祀前朝享太廟禮，惟無牛、鼎、俎。

亞終獻

皇帝飲福

神主入室

並同紹興十三年儀注，唯飲福不用牛、俎。

車駕還内

臣僚、禁衛等起居迎駕，奏「聖躬萬福」訖，以俟從駕還内，並如來儀。禮部郎中奏解嚴。宣贊舍人承旨敕群官各還次，將士各還其所。

太廟時享儀注

時日

太常寺預於隔季以孟春擇日享太廟、別廟，關太史局。孟夏、孟秋、孟冬並准此。若臘享，則預於隔季以季冬臘日享太廟、別廟。太史局擇日報太常寺，臘享，則以其日報太常寺。太常寺參酌訖，具時日告散〔二〕。

齋戒

前享十日，受誓戒於尚書省。其日五鼓，贊者設位版於都堂下。初獻官在左，刑部尚書在右，並南向。亞、終獻位於其南稍東，北向，西上。若冬享、臘享，則又設禮官位於終獻之東，其揖位、省牲位、省饌位准此。監察御史位於其西稍北，東向。兵部工部尚書、押樂太常卿光禄卿、押樂太常丞光禄丞位於其南稍西，北向，東上。凡設太常丞、光禄丞位，皆稍却。奉禮協律郎、太祝、太官宮闈令位於其東，西向，北上。捧俎官、薦香燈官位其後。質明，贊者引行事執事官就位立定，禮直官引初獻降階就位。禮直官贊「揖」。在位者對揖。初獻搢笏，讀誓文，云：「某月某日孟春，薦享太廟、別廟，夏云孟夏，秋云孟秋，冬云孟冬，臘享云季冬臘享。各揚其職，不共其事，國有常刑。」讀訖執笏。禮直官贊奉禮協律郎、太祝、太官宮闈令以下先退，餘官對拜。乃退。散齋七日，治事如故，宿於正寢，不弔喪、問疾、作樂、判書刑殺文書、決罰罪人及與穢惡。致齋三日，光祿卿丞、太官令齋一日。二日於本司。宗室於睦親宅都廳，如相妨即於宗學。餘官無本司者，並於太廟齋坊，質明至齋所。唯享事得行，其餘悉禁。前享一日質明，俱赴祠所齋宮，官給酒饌，享官已齋而闕者，通攝行事。

陳設

前享三日，儀鸞司設饌幔於東神門外別廟〔三〕，饌幔於本廟〔四〕。每室饌幔各一。若冬享，則設配享功臣次於殿下横街之南，東西相向，每室配享功臣各爲一次。若臘享，則設七祀次一，於横街之北道西，東向。前二日，有司牽牲詣祠所。前一日，宮闈令帥其屬掃除廟之内外，太常設祭器，凡設祭器皆藉以席，籩、豆又加巾蓋。以俟告潔。既畢，權徹。有司陳牲於東神門外當門西向，祝史各位於牲後，太常設省牲位於牲西〔五〕。三獻官在道南，北向，兵部工部尚書、押樂太常卿光祿卿、押樂太常丞光祿丞、奉禮協律郎、太祝、太官宮闈令在道北，南向，俱西上。凡設押樂太常丞以下位皆稍却，若享日則不設光祿卿丞、宮闈令位。監察御史於兵部尚書之西少北。太常陳禮饌於東神門外却東道北，南向，設省饌位版於禮饌之南。三獻官在南，北向，西上；監察御史在西，東向；兵部尚書、押樂太常卿光祿卿、押樂太常丞光祿丞、奉禮協律郎、太祝、太官宮闈令在東，西向，北上。捧俎官、薦香燈官在其後。太常設登歌之樂於太廟、別廟殿上前楹間却南，北向；設宮架於太廟庭中，立舞表於酇綴之間。享日丑前五刻，禮直官、贊者、諸司職掌各服其事。宮闈令入殿開室整拂神幄，帥其屬掃除，鋪筵在室內北墉下，南向，几在筵上，如常儀。太常陳幣、篚各於神位前之左，幣以白一。祝版各於神位之右，置於坫次，祭器實之。每室左二十有六籩，爲四行，以右爲上；右二十有六豆，爲四行，以左爲上。俎二，一在籩前，實以羊腥七體。一在豆前。實以豕腥七體，其載如羊。又俎六，在豆右，爲三重，以北爲上。第一重實以羊、豕首各一。第二重實以羊腥腸、胃、肺，离肺一在上端，刌肺三次之，腸三、胃三又次之，一實以豕腥膚九橫載。第三重一實以羊熟腸、胃、肺，一實以豕熟膚，其載如腥。皆羊在左，豕在右。登一，在籩豆間。實以太羹。鉶三，在登前。實以羹，加芼滑。簠八、簋八，在籩豆外二俎間，簠在左，簋在右。簠實以稻、粱，粱在稻前。簋實以黍、稷，稷在黍前。登一，在籩之左。實以肝膋。槃一，在室戶外稍東。實以毛血。爐炭於室戶外之左稍前，置蕭蒿於篚。設罇罍於殿上，爲二重，著罇二，加勺冪爲上罇。一實玄酒，一實醴齊，初獻酌之。壺罇二，加勺冪。一實玄酒，一實盎齊，亞、終獻酌之。春夏設鷄彝一，並舟〔六〕，在著罇之右，實以鬱鬯，初獻酌之。秋冬臘享，則設斝彝。加勺冪。又設鳥彝一，並舟，在著罍之右；實以明水，秋冬臘享則設黃彝。太罇二，一實泛齊，一實醴齊。山罇二，一實盎齊，一實醍齊。犧罇二，一實沈齊，一實事酒。象罇二，一實昔酒，一實清酒。罍皆實以明水，俱北向，西上，皆加冪。設而不酌。爵坫三，在罇之前。太常設燭於神位前。若冬享，設配享功臣位於殿下橫街之南次內；若臘享，則設七祀司命、户、竈、中霤、門、厲、行於橫街之上次內，皆太常設，神位席本廟設，神位版太常設，祭器實之。又設俎二於東神門外每室饌幔內，洗二於東階下直東霤，北向。盥洗在東，爵洗在西。罍在洗東，加勺，篚在洗西南，肆實以巾。若爵洗之篚，則又實以珪瓚，及別廟則實以瑄瓚。執罍篚者位其後。若冬、臘二享，則又設禮官盥洗位一〔七〕，於從祀神位前。又設揖位於東神門外，如省牲位。唯不設光禄卿丞、捧俎官、薦香燈官、宮闈令位。開瘞坎於太廟、別廟殿西階之東方，深取足容物。南出陛設望瘞位於太廟瘞坎之南，如省饌之位。唯不設光禄卿丞、太官令、捧俎官、薦香燈官、宮闈令位〔八〕。若臘享，則積七祀燎柴於西神門外。又設三獻官席位於殿下東階之東南，西向，南上〔九〕。若冬享、臘享，則又設禮官位於終獻之北。兵部、工部尚書於其南，西向，北上。監察御史、押樂太常丞席位於殿庭之南，北向；奉禮協律郎、太祝、太官令位其後，俱西上。光禄卿席位於監察御史之東，北向；又設監察御史位於殿上前楹西架，東向；奉禮郎、太祝在東，西向，北上。押樂太常丞於樂虡之北，太官令於酌罇所，俱北向。協律郎位二，一於太廟殿上前楹間稍西，一於宮架西北，俱東向。押樂太常卿位於宮架北，北向。

省牲器

同郊祀前朝享太廟禮。

晨祼

享日丑前五刻，行事，春冬用丑時七刻，夏秋用丑時一刻。祠祭官引宮闈令入詣殿庭，北向立，祠祭官曰：「再拜」，宮闈令再拜。升殿開室，整拂神幄，帥其屬掃除，退就執事位。次引薦香燈官入詣殿庭，北向立，凡宮闈令，薦香燈、捧俎官行事，皆祠祭官引。祠祭官曰：「再拜」，薦香燈官再拜。升殿各就執事位。次樂正帥工人二舞入就位。太廟、別廟登歌工人俟監察御史點閱訖，升西階各就位。次太官令、光禄丞帥其屬實饌具，畢，光禄丞還齋所。次引光禄卿入詣殿庭席位，北向立，贊者曰：「再拜」，光禄卿再拜，升殿點視禮饌畢。次引監察御史升殿點閱陳設，糾察不如儀者。凡點視及點閱，皆先詣僖祖室，以至次室及別廟。光禄卿還齋所，餘官各服祭服。次引行事執事官詣東神門外揖位立定，禮直官贊：「揖。」次引押樂太常卿、太常丞、協律郎，次引監察御史、奉禮郎、太祝、太官令入就殿下席位，北向立。次引初獻、兵部工部尚書、亞終獻入就殿下席位，西向立。若冬享、臘享則引禮官。祠祭官於殿上贊：「奉神主。」次引薦香燈官入室，搢笏，於祏室内奉帝主，設於座，奉神主詣神幄内，於几後啟匱，設於座，以白羅巾覆之。執笏，退復執事位。次引宫闈令奉后主，奉別廟，宫闈令奉后主如上儀。以青羅巾覆之。退復執事位。祠祭官於殿上贊：「奉神主訖。」禮直官稍前，贊：「有司謹具，請行事。」贊者曰：「再拜。」在位者皆再拜。次引監察御史、押樂太常卿、太常丞、奉禮協律郎、太祝、太官令各就位立定。太官令就僖祖位尊彝所。次引初獻詣盥洗位，北向立，搢笏，盥手，帨手，執笏；詣爵洗位，北向立，搢笏，洗瓚，授執事者，執笏，升殿詣僖祖室鐏彝所，西向立。執事者以瓚授初獻，初獻搢笏，跪，執瓚。執彝者舉冪。太官令酌鬱鬯，訖，先詣宣祖室尊彝所，北向。初獻以瓚授執事者，執笏，興，詣僖祖室神位前，北向立，搢笏，跪。次引奉禮郎，搢笏，西向跪。執事者以瓚授奉禮郎，奉禮郎奉瓚授初獻，初獻執瓚，以鬯祼地，奠訖，以瓚授執事者。次執事者以幣授奉禮郎，奉禮郎奉幣授初獻，執笏，興，先詣宣祖室神位前，西向立。初獻受幣，奠訖，執笏，俛伏，興，出户外，北向再拜。次詣宣祖室、太祖室、太宗室、真宗室、仁宗室、英宗室、神宗室、哲宗室、徽宗室、欽宗室。次降西側階詣別室。升西階詣懿節皇后室、安穆皇后室、安恭皇后室，祼鬯，奠幣，並如上儀，訖，降東側階，由東廊俱復位立。協律郎跪，俛伏舉麾，興。工鼓柷，宮架作興安之樂、孝熙昭德之舞九成，偃麾，戛敔，樂止。凡樂，皆協律郎跪，俛伏舉麾，興。工鼓柷而後作，偃麾戛敔而後止。既晨祼，薦香燈官入，取毛血奠於神座前。別廟以太祝、太官令取肝，以鸞刀制之，洗於鬱鬯，貫之以膋，燎於爐炭。薦香燈官以肝膋入，詔神於室。別廟以太祝。又出，以墮祭於室户外之左，三祭於茅苴，退復位。

饋食

享日，有司帥進饌者詣厨，以匕升羊實於一俎。肩、臂、臑在上端。肫、胳在下端。正脊一、直脊一、横脊一、長脅一、短脅一、代脅一，皆二骨，以並在中〔一〇〕。次升豕如羊，實於一俎。每室羊、豕各一俎。入設於饌幔內，俟初獻。既升祼訖，捧俎官及執事者捧俎入詣西階下，北向，北上。次引兵部、工部尚書詣西階下，搢笏，捧俎，兵部奉羊，工部奉豕。升殿，宮架豐安之樂作，詣僖祖神位前，北向跪奠，先薦羊，次薦豕，各執笏，俛伏，興。有司入設於豆右腸、胃、膚之前。羊在左，豕在右。次詣每室奉俎，並如上儀，樂止。次詣別廟奠俎，如前太廟之儀。唯登歌作肅安之樂。降東側階，由東廊復位，初奠俎訖。次引薦香燈官取蕭合黍稷擩於脂，燎於爐炭，當饋熟之時，薦香燈官取菹擩於醢，祭於豆間三；又取黍、稷、肺祭如初，俱藉以茅。別廟以太祝。退復位。次引太祝詣僖祖室前，東向立。次引初獻再詣盥洗位，宮架正安之樂作，初獻升降行止皆作正安之樂。至位，北向立，搢笏，盥手，帨手，執笏，詣爵洗位〔一一〕，北向立，搢笏，洗爵，拭爵，以授執事者，執笏升殿，樂止〔一二〕；登歌樂作，詣僖祖室酌鐏所，西向立，樂止；登歌基命之樂作，執事者以爵授初獻，初獻搢笏，跪執爵。執鐏者舉冪。太官令酌著鐏之醴齊訖，先詣宣祖室酌鐏所，北向立。初獻以爵授執事者，執笏，興。入詣僖祖室神位前，北向立，搢笏，執事者以爵授初獻，初獻執爵祭酒，三祭於茅苴，奠爵，執笏，俛伏，興，出户北向立，樂止。次太祝搢笏，跪讀祝文，讀訖，執笏，興，先詣宣祖室户外東向立，初獻再拜。次詣每室及詣別廟行禮，並如上儀。初獻詣別廟，升降，登歌作崇安之樂。酌獻行禮，登歌並作歆安之樂。初獻將降階，登歌作，降階，樂止。宮架樂作，復位，樂止。文舞退，武舞進，宮架作正安之樂，舞者立定，樂止。次引亞獻詣盥洗位，北向立，搢笏，盥手，帨手。執笏，詣爵洗位，北向立，搢笏，洗爵，拭爵，以授執事者。執笏升殿詣僖祖室酌鐏所，西向立，宮架作武安之樂、禮洽儲祥之舞，執事者以爵授亞獻，搢笏，跪執爵。執鐏者舉冪，太官令酌壺鐏之盎齊，訖，先詣宣祖室酌鐏所，北向立。亞獻以爵授執事者，執笏，興，詣僖祖室神位前，北向立。搢笏，跪，執事者以爵授亞獻，亞獻執爵，祭酒，三祭於茅苴，奠爵，執笏，俛伏，興，出户外北向再拜。次詣每室並別廟行禮，並如上儀。亞、終獻詣別廟酌獻，登歌並作嘉安之樂。初，亞獻既入太室，引終獻詣盥洗及升殿行禮〔一三〕，並如上獻之儀，訖，俱降復位。若冬享，則俟終獻將升次，引禮官詣盥洗位，搢笏，盥手，帨手。執笏，詣配享功臣神位前，搢笏，跪，執爵，三祭酒，奠爵，執笏，俛伏，興，再拜。詣次位行禮，並如上儀，退，復位。若臘享，則俟終獻將升，次引禮官詣盥洗位，搢笏，盥手，帨手。執笏，詣司命神位前，搢笏，跪，執笏，三祭酒，奠爵，執笏，俛伏，興，少立；次引太祝進詣神位前，北向，搢笏，跪讀祝文，讀訖，執笏，興，退，復位。禮官再拜，詣每位前行禮，並如分獻配享功臣之儀，退復位。次引太祝徹籩、豆，籩、豆各一，少移故處。登歌恭安之樂作，別廟寧安之樂。卒徹，樂止。次引宮闈令束茅，訖，俱復位。禮直官曰：「賜胙。」贊者承傳曰：「賜胙，再拜。」在位者皆再拜。送神，宮架興安之樂作，一成，止。祠祭官於殿上贊：「奉神主入祏室。」次引薦香燈官搢笏，奉帝主入祏室，薦香燈官先捧匱置於神座，納神主於匱，訖，捧入祏室。執笏，退，復位。次引宮闈令奉后主，並引別廟宮闈令奉后主入祏室，並如上儀。退，復位。祠祭官於殿上贊：「奉神主入祏室訖。」次引初獻、兵部刑部尚書、亞終獻就望瘞位，若冬享、臘享，則又引禮官就望瘞位。有司詣室取幣束茅苴於坎，次引監察御史、押樂太常丞、奉禮協律郎、太祝就望瘞位立定，禮直官曰：「可瘞。」寘土半坎，本廟宮闈令監視。別廟殿下宮闈令監視。次引初獻以下詣東神門外揖位立，禮直官贊：「禮畢。」揖訖，退。若臘享，則次引禮官詣西神門外七祀望燎位立〔一四〕，有司置祝版於燎柴焚訖，退。太官令帥其屬徹禮饌，次引監察御史詣殿監視收徹，訖，還齋所。宮闈令闔户以降。太常藏祝版於匱。光祿卿以胙奉進，監察御史就位展視，光祿卿望闕再拜，乃退。

太廟薦新儀注

陳設

前一日，有司設新物於太常卿齋所，至日以行事，設籩豆於每室户外，以新物實之。每室：孟春豆三，實以韭、葑、卵。仲春豆一，實以冰。季春豆三，實以笋、蒲、鮪魚；籩一，實以含桃。孟夏豆三，實以彘肉、大小麥。仲夏豆二，實以雛鷄、黍；籩一，實以瓜。季夏籩二，實以菱、棗。孟冬豆一，實以鴈。仲冬豆一，實以麕。季冬豆一，乃實之以魚。又設盥洗於阼階下直東霤，北向。罍在洗東，加勺。篚在洗西南，肆實以巾。設太常卿席位於殿下東南，西向。

省饌

前一日，祠祭官引宮闈令詣太常卿齋所，同眡新物應饌者。有司詣厨省鑊，以時帥其屬臨造。

行事

薦新日，祠祭官引宮闈令先入，詣殿庭，北向立。祠祭官曰：「再拜」，宮闈令再拜。升自西階，凡行事、執事官升降，皆自西階。開室，不出神主。帥其屬掃除，退，就執事位。次有司實新畢，禮直官引太常卿常服入就殿下席位，西向立，贊：「再拜」，太常卿再拜。次引詣盥洗位，北向立，搢笏，盥手，帨手，執笏，升殿詣僖祖室户外，搢笏，執事者以新物授太常卿，太常卿受新物，奉入，詣神位前，北向跪奠，執笏，俛伏，興，出户外，北向再拜。次詣宣祖室、太祖室、太宗室、真宗室、仁宗室、英宗室、神宗室、哲宗室、徽宗室、欽宗室、别廟懿節皇后室、安穆皇后室、安恭皇后室，行禮並如上儀。降，復位，少立，退。宮闈令闔户，降退。

郊祀大禮前二日朝獻景靈宮行禮儀注

陳設

前朝獻三日，儀鸞司設大次於齋殿；又設文武侍臣次於大次之前，隨地之宜；行事助祭官、宗室及有司次於宫之内外，各隨地之宜；設東方、南方客使次於文官之後，西方、北方客使次於武官之後；又設饌幔於殿門外，隨地之宜。前二日，郊社令帥其屬掃除宫之内外。太常設燎爐於殿門之外，又陳登歌之樂於殿上前楹間稍南，北向；設宫架於殿門外，隨地之宜；立舞表於酇綴之間。前朝獻一日，奉禮郎禮直官設皇帝位版於阼階上，西向；飲福位於聖像之西南，北向；望燎位於殿下之東，南向。贊者設亞、終獻位於阼階之東稍南，西向；大禮使左僕射於西階之西稍南，東向；與亞、終獻班相對。行事户部禮部刑部尚書，吏部刑部侍郎，光禄卿，讀册官，舉册官，光禄丞於其西；光禄丞稍却。執事官位又於其後；奉禮郎、搏黍、太祝、太社、太官令位於亞獻之北，西向稍却；監察御史位二，於大禮使之北，東向，俱稍却。又設協律郎位二，一於殿上磬虡之西北，一於宫架西北，俱東向；押樂太常丞於登歌樂虡北，押樂太常卿位於宫架之北，良醖令於酌罇所，俱北向。又設文武助祭官、宗室位於行事、執事官之南，東西相向。諸方客使位於殿門之外，隨其方國。又設告絜位於殿門之外。設大禮使左僕射位於道西，東向；行事吏部户部禮部刑部尚書，吏部刑部侍郎，押樂太常卿，光禄卿，讀册官，舉册官，押樂太常丞，光禄丞，奉禮協律郎，搏黍，太祝，郊社太官令位於道東，西向，北上。押樂太常丞以下位稍却。監察御史位於尚書之右，異位稍却。光禄陳禮饌於殿門内，在北，南向。太常設省饌位版於禮饌之南。大禮使左僕射在南，北向，西上。監察御史位二，在西，東向。行事吏部户部禮部刑部尚書，吏部刑部侍郎，押樂太常卿，光禄卿，讀册官，舉册官，押樂太常丞，光禄丞，奉禮協律郎，搏黍，太祝，郊社太官令在東，西向，北上。禮部帥其屬設祝册案於殿上之西，司罇彝帥其屬設玉幣篚於酌罇所。次設籩、豆、簠、簋之位於聖像前，左十有一籩，右十有一豆，俱爲三行；俎一在籩前，簠一、簋一在籩豆外，簠在左，簋在右。又設罇罍之位，著罇二，壺罇二，皆有罍，加勺冪爲酌罇。太罇二、山罇二、犧罇二、象罇二，皆有罍，加冪，設而不酌，並在殿上稍南，北向，西上。又設籩、豆、簠、簋、俎各一於饌幔内，設御盤匜於阼階上，並供進盤匜、帨巾内侍坐，並於皇帝版位之後，分左右。奉盤者北向，奉匜及執巾者南向。又設亞終獻盥洗、爵洗於其位之北，盥洗在東，爵洗在西。罍洗在東，加勺，篚在洗西南，肆實以巾。若洗爵之篚，則又實以爵。執罍、篚者各位於其後。朝獻日行事前，太常府卿帥其屬陳幣於篚；幣蒼。少府監帥其屬入陳禮神之玉，置於聖像前；玉以四圭有邸。光禄卿帥其屬入實籩、豆、簠、簋；籩三行，以右爲上。第一行形鹽在前，黎、糗餌次之；第二行榛實在前，乾桃、乾橑、乾棗次之；第三行菱在前，芡、栗、乾柿次之。豆三行，以左爲上。第一行芹菹在前，筍菹、菁菹、葵菹次之；第二行韭在前，麫筋、松脯、韲脯次之；第三行飽食在前，瓜韲醬次之。簋實以黍，簠實以稻。太官令帥其屬入實俎。籩前之俎，實以乳餅。良醖令帥其屬入實罇。著罇二，一實玄酒，一實醴齊，皇帝酌之。壺罇二，一實玄酒，一實盎齊，亞、終獻酌之。太罇二，一實泛齊，一實醴齊。山罇二，一實盎齊，一實醴齊。犧罇二，一實沈齊，一實事酒。象罇二，一實昔酒，一實清酒，並設而不酌。凡罍之實，各視其罇。有司設神御殿禮饌及供奉之物，如常儀。太常設燭於聖像前，又設大禮使以下行事執事官揖位於殿門外，如告潔之位。儀鸞司設神位版幄，又設册幄於殿門外，各隨地之宜。

省饌

前朝獻一日質明，太社令帥其屬掃除宫之内外訖，司罇彝帥執事者以祭器入設於位。凡設祭器皆藉以薦，籩、豆又加巾蓋。太府卿、少府監入陳玉幣。告潔畢，權徹。少頃，禮直官、贊者分引大禮使以下並常服詣殿門外告潔位，禮直官贊「揖」訖，贊者引押樂太常卿入行樂架〔一五〕。凡亞、終獻行事，皆禮直官、太常博士引。大禮使執政官行事，皆禮直官引。餘官皆贊者引。次引禮部尚書入，升自西階，眡滌濯。凡行事、執事官升降，皆自西階。內應奉官並執事祗應人，各隨應奉階升降。次引左僕射申眡滌濯，執事者皆舉冪，曰：「潔。」俱退，復位。禮直官稍前，曰：「告潔畢，請就省饌位」，揖訖，引大禮使以下各就位，禮直官贊「揖」。有司省饌具畢，禮直官贊「省饌畢」，揖訖，俱還齋所。次引禮部尚書詣厨眡滌溉。次引刑部尚書詣厨實鑊水，刑部侍郎增沃鑊水，協律郎展視樂器，乃還齋所。晡後，太社令帥其屬掃除宮之內外，學士院以祝册授通進司，進御書訖，降付尚書禮部。

車駕自大慶殿詣景靈宮

朝獻日，文武侍祠行事助祭之官、宗室非從駕者先詣景靈宮祠所，次禮直官宣贊舍人引禮部侍郎詣大慶殿奏請「中嚴」。少頃，又奏「外辦」。皇帝服履袍詣大慶殿，鳴鞭。行門禁衛、諸班親從等諸司祗應人員以下各自贊常起居。次知客省事以下、樞密都丞旨以下、知內侍省事以下、御帶器械官應奉祗應通侍大夫以下、武功大夫以下及幹辦庫務文臣一班常起居。俟皇帝即御座，從駕宰執、使相以下一班，次管軍臣僚並常起居。若得旨免起居，更不起居。皇帝乘輿，鳴鞭，出行宮北門，將至景靈宮，御史臺、太常寺、閤門分引文武侍祠行事執事助祭之官、宗室於宮櫺星門外立班再拜，奏御訖，退。已起居者，止奏「聖躬萬福」。皇帝乘輿將及門，從駕宰執侍從等〔一六〕，係行事前導者先退各服祭服〔一七〕。皇帝乘輿入欞星門，至大次降輿以入，簾降。侍衛如常儀，以俟行事。

奉玉幣

朝獻日，未行事前，諸行事及助祭之官各服其服。太祝奠册於案。太府卿、少府監入陳玉幣。光禄卿入實籩、豆、簠、簋。太官令入實俎。良醖令入實罇、罍。樂正帥工人二舞以次入，與執罇、罍、篚、冪者各就位。次御史臺、太常寺、閤門宣贊舍人分引文武助祭官及宗室、客使入，就位。次禮直官、贊者分引大禮使以下行事、執事官詣殿門外揖位立，禮直官贊「揖」訖〔一八〕，先引監察御史按視殿之上下，糾察不如儀者，降階，就位。次引大禮使以下各入就位。次禮儀使、樞密院官、太常卿、閤門官、太常博士、禮直官分立於大次外左右。次引禮部侍郎詣次前奏請「中嚴」。少頃，又奏「外辦」。符寶郎奉寶陳於宫架之側，隨地之宜。禮儀使當次前俛伏跪奏：「禮儀使臣某言，請皇帝行事。」奏訖，俛伏，興，還侍立。禮儀使奏禮畢，准此。簾捲，皇帝服衮冕以出，侍衛如常。禮儀使以下前導至殿門外，殿中監跪進大圭。禮儀使奏請執大圭。前導皇帝入自正門。侍衛不應入者，止於門外。協律郎跪，俛伏舉麾，興，工鼓柷，宫架乾安之樂作，皇帝升降行止，皆奏乾安之樂。至阼階下，偃麾戛敔，樂止。凡樂，皆協律郎跪，俛伏舉麾；興，工鼓柷而後作，偃麾戛敔而後止。升自阼階，大禮使從〔一九〕，皇帝升降，大禮使皆從。登歌樂作。左右侍衛之官，量人數從升。至版位，西向立，樂止。禮儀使以下分左右侍立。凡行禮，皆禮儀使、樞密院官、太常卿、閤門官、太常博士、禮直官前導〔二〇〕，至位，分立於左右。禮儀使前奏：「有司謹具，請行事。」宮架作大安之樂、發祥流慶之舞，俟樂作三成，止。先引左僕射、吏部尚書侍郎升詣聖祖座前立，左僕射、吏部尚書俱西向，北上。吏部侍郎東向。樂作六成，樂止。禮儀使奏請再拜，皇帝再拜。贊者曰：「再拜。」在位官皆再拜。内侍取玉幣於篚，立於罇所。又内侍各執盤匜、帨巾以進，宮架樂作。禮儀使奏請皇帝搢大圭，盥手。内侍進槃匜，沃水，皇帝盥手。内侍進巾，皇帝帨手，訖。又奏請皇帝執大圭，樂止。禮儀使前導，登歌靈安之樂作，殿中監跪進圭。禮儀使奏請搢大圭，執鎮圭，前導皇帝詣聖祖座前北向立。内侍先設繅藉於地，禮儀使奏請跪奠鎮圭於繅席，執大圭，俛伏，興。又奏請搢大圭，跪。内侍加玉於幣，以授吏部尚書，吏部尚書以授左僕射，左僕射西向跪以進。禮儀使奏請受玉幣。皇帝受，奠訖。吏部侍郎東向跪受以興，進奠於聖像前。左僕射、吏部侍郎權於殿上稍西東向立。吏部尚書降，復位。禮儀使奏請執大圭，俛伏，興。又奏請再拜，皇帝再拜。訖，樂止。禮儀使前導皇帝還版位〔二二〕，登歌樂作，至位，西向立，樂止。内侍舉鎮圭繅藉，以鎮圭授殿中監〔二三〕，以授有司。

薦饌

朝獻日，太官令以饌實於俎及籩、豆、簠、簋，陳於饌幔内，東西相向。俎實以乳餅，籩實以粉餈，豆實以糝食，簠實以粱，簋實以黍稷。俟皇帝升奉玉幣訖，還位，樂止。次引禮部尚書詣饌所，執籩、豆、簠、簋以入；户部尚書詣饌所，奉俎以入，太官令引入正門，宮架吉安之樂作，設於西階下，北向，北上，奉俎者在南。次引禮部尚書搢笏，執籩、豆、簠、簋；户部尚書搢笏，奉俎以升，執事者各迎於階上。禮部尚書奉籩、豆、簠、簋於聖像前，北向跪奠訖，執笏，俛伏，興。有司設籩於糗餌前，豆於醬前，簠於稻前，簋於黍前。次户部尚書奉俎於聖像前，北向跪奠訖，執笏，俛伏，興。有司設於豆前，樂止。俱降，復位。次引左僕射、吏部侍郎詣聖祖座前立，左僕射西向，吏部侍郎東向。次引吏部侍郎奉爵升詣皇帝版位前，北向立。內侍各執盤匜，帨巾以進，宮架樂作，禮儀使奏請皇帝搢大圭，盥手。內侍進盤匜，沃水，皇帝盥手。內侍進巾，皇帝帨手訖。又奏請皇帝洗爵，吏部侍郎進爵，內侍進巾，皇帝拭爵訖，樂止。又奏請執大圭。登歌祖安之樂作，吏部侍郎受爵，奉爵詣酌罇所，東向立。執罇者舉冪，良醞令酌著罇之醴齊。禮儀使前導皇帝詣聖祖座前，北向立，禮儀使奏請搢大圭，跪。吏部侍郎以爵授左僕射，左僕射西向跪以進。禮儀使奏請執爵進酒，再進酒，三進酒，俱以爵授吏部侍郎。吏部侍郎東向跪受爵，置於聖祖座前。禮儀使奏請執大圭，俛伏，興。又奏請皇帝少立。樂止。左僕射以下俱復位。舉册官搢笏跪，舉祝册；讀册官搢笏，東向跪讀册文。讀訖，奠册，各執笏興，俱降，復位。禮儀使奏請再拜。皇帝再拜，訖，禮儀使前導皇帝還版位，登歌樂作，至版位，西向立，樂止。文舞退，武舞進，宮架正安之樂作，舞者立定，樂止。禮直官太常博士引亞獻詣盥洗位，北向立，搢笏，盥手，帨手，執笏詣爵洗位，北向立，搢笏，洗爵，拭爵，以爵授執事，執笏升詣酌罇所，東向立，宮架作冲安之樂、降真觀德之舞。執事者以爵授亞獻，亞獻搢笏跪執爵。執罇者舉冪。太官令酌壺罇之盎齊。亞獻以爵授執事者，執笏，興。詣聖祖座前北向，搢笏跪。執事者以爵授亞獻，亞獻執爵三進酒，執笏，俛伏，興，少退，北向再拜，訖，樂止。降復位。初，亞獻行禮將畢，禮直官太常博士引終獻詣洗及升殿酌獻，並如亞獻之儀，訖，降復位。初，終獻既升獻，户部、禮部尚書升詣殿西，東向立。次引殿中監、太祝、太官令詣飲福位〔二三〕，東向立。奉豆及爵酒者各立於其後。禮儀使奏請詣飲福位，前導皇帝，登歌樂作，將至位，樂止。又登歌報安之樂作，皇帝至飲福位，北向立。尚醞奉御執罇詣酌罇所，良醖令酌上罇福酒各置二罇，尚醞奉御酌福酒，殿中監西向奉以立。禮儀使奏請再拜，皇帝再拜〔二四〕。殿中監跪以爵酒進。禮儀使奏請搢大圭，跪受爵，祭酒。三祭於地。啐酒，奠爵，殿中監跪受爵以興。太官令取黍於簋，摶以授太祝，太祝受以豆，東向跪以進。皇帝受豆奠之，太祝乃受以興，降，復位。次殿中監再跪以爵酒進。禮儀使奏請受爵，飲福酒，奠爵。殿中監受虚爵以興，以授尚醞奉御執事者，俱降，復位。禮儀使奏請執大圭，俛伏，興。又奏請再拜，皇帝再拜，樂止。禮儀使前導皇帝還版位，登歌樂作，至版位，西向立，樂止。次引禮部尚書詣聖像前徹籩豆，次户部尚書徹俎，籩豆俎各一，俱少移故處，登歌吉安之樂作，卒徹，樂止。禮部、户部尚書降，復位。禮直官曰「賜福酒」，行事助祭官拜。贊者承傳曰「賜福酒，再拜」，在位官皆再拜。送神，宮架太安之樂作，一成，止。

望燎

太安之樂畢，禮儀使奏請詣望燎位，前導皇帝詣望燎位，登歌樂作。降自阼階，樂止。宮架樂作，至位，南向立，樂止，初賜福酒，再拜，訖。吏部侍郎帥太祝執篚進詣聖祖座前，取玉幣、祝册〔二五〕。執事官以俎載黍稷飯及爵酒，降階，置於柴上，禮直官曰「可燎」，東西各以炬燎半柴。禮儀使奏禮畢，前導皇帝還大次，宮架樂作，出門外，禮儀使奏請釋大圭，殿中監跪受大圭，以授有司。侍衛如常儀。皇帝至大次，樂止，禮部奏請「解嚴」。次引大禮使以下詣殿門外揖位立，禮直官贊「禮畢」，揖訖，退。宣贊舍人等分引文武助祭官及宗室、客使以次出。次引諸神御殿分獻官及太祝各入就位，太祝在南，北向，分獻官在東，西向。神御殿獻官、太祝俱常服。贊者曰「再拜」，在位官皆再拜。太祝升詣香案之西，東向立〔二六〕。次引分獻官升詣香案前，北向立，搢笏，三上香，跪，執琖奠茶，三奠酒，執笏，俛伏，興，少立。太祝跪讀祝文，讀訖以興，舉版置於案，降，復位。分獻官再拜訖，降復位，退其後。南郊並如儀。

先公遺老齋雜誌：「景定庚申秋，大享明堂，以余爲殿中監、進接圭官。明堂之禮，主上執大圭以行事，奠鎮圭以禮神。圭之爲性潤滑，上所執處以錦纏之，供奉官則以腦子粉澤手，防滑墜也。二圭皆以中貴一員掌之，太常寺吏一人隨直，皆在殿中監左右。上詣景靈宮，入思成門則跪進大圭，上執以行，至大次釋圭，以授殿中監。入大次，暨奏『中嚴』，外辦，捲簾，跪進如初。上執詣褥位，其時殿中監急趨祏室外奉鎮圭以俟。須臾，上且至入室，禮吏喝云『搢大圭，執鎮圭』。上既自搢於腰間，遂跪進鎮圭，上受以奠於神幣前。禮吏又喝云『執大圭』。上自腰間取以執，則殿中監急就神幣前取鎮圭入第二室。凡禮吏之引喝，殿中監之跪進，一如初室。至十三室，然後獻禮畢，上執圭就褥位東向立，以俟亞、終獻行禮。凡明堂行禮之日，設大次於殿廊，上入俟『嚴辦』。設小次於殿門右，上還小次，以俟亞、終獻行禮。然祖宗嚴禋帝祖，例不還小次，示恭勤也。上暮年有內迫之症，既還褥位，余方在室中，收鎮圭以付內侍，實不在上前，忽聞有旨還小次，內侍於上手取圭以從，還，余方至。太常少卿趙與旹呵詰曰：『殿中監何在？』上還小次，無人接圭，余爲震恐，因思惟有自劾待罪而已。禮吏曰：『祖宗時未嘗還小次，此謂之非次還内，尊官若待罪，乃顯上失，宜付之忘言。』余心是之，但從内侍取大圭，跪俟小次簾外而已。須臾，捲簾進圭。上執詣飲福受胙位授受行禮，既畢，復詣望瘞位。禮畢詣殿門，俟上至而後畢事。自初日朝獻景靈宫，次日朝享太廟，又次日明堂殿行禮，皆如之。禮云：『凡執主器〔二七〕，執輕如不克』，况與人主相授受乎？其最可畏者，上將入門，跪進大圭，圭進訖，急趨旁側立，恐妨天步之入也。上將出門，跪接，接訖，又急趨旁側立，恐妨天步之出也。當是時，倉皇失措在俄頃間耳。非夫平日端莊敬懼者不在此選，朝廷蓋重其人難其事云。」

右宋朝太廟原廟祭禮，惟郊祀前親享爲盛，儀注已見於前。遺老齋雜誌所書執圭一則，并附見於此。

四孟朝獻景靈宫儀注

齋戒

朝獻前一日，皇帝齋於内殿，御崇政殿視事如故，唯不弔喪、問疾、作樂，有司不奏刑殺文書。其行事前，導官齋於本司，治事如故，唯不判書刑殺文書及行刑。

陳設

前期，有司陳香案及供奉之物於聖祖天尊大帝、元天大聖后并諸帝后位前。儀鸞司設御幄於殿東廡，西向，設皇帝褥位於殿下東階之東，西向，及鋪設黄道裀褥并逐香案前褥位。內第二日，上詣後殿行禮。

朝獻

其日質明，皇帝服履袍出内即御座，鳴鞭，行門禁衛、諸班親從等諸司祗應人員已下，於崇政殿各自贊常起居。次從駕臣僚、並應奉前導陪位官、并管軍於崇政殿起居，如閤門儀，訖，先退以俟從駕。俟皇帝自崇政殿乘輦，出行宫北門，將至景靈宫，侍臣前導及陪位官於景靈宫櫺星門外殿門外迎駕，起居再拜，訖。次有司引陪位官先詣殿下北向立，禮直官太常博士、太常卿詣御幄前北向立。禮直官引侍臣二員升殿，詣聖祖天尊大帝香案前，東西相向對立。諸帝后御前，即引侍臣一員於香案前西向立，俟進接茶酒畢，止於殿上稍東，西向立〔二八〕。陪位文武官入詣殿下北向立定，俟皇帝乘輦入櫺星門，於東廊便門步至御幄。簾降，閤門官於東幄前相向立，閤門報：班齊。禮直官太常博士引太常卿於御幄前俛伏，跪奏，稱：「太常卿臣某言，請皇帝行朝獻之禮。」奏訖，伏，興。奏禮畢，准此。簾捲，太常卿、閤門官、太常博士、禮直官前導皇帝詣殿下褥位西向立。凡行禮，皆太常卿、閤門官、太常博士、禮直官前導，至位，即分立於左右。太常卿奏請拜，皇帝再拜。贊者曰「拜」，在位官皆再拜。訖，前導官前導皇帝升自東階，詣聖祖天尊大帝位香案前褥位北向立。內侍奉香、太常卿奏請上香，再上香，三上香。內侍以茶酒授侍臣，侍臣西向跪以進。又奏請皇帝跪進茶，進酒，再進酒，三進酒，以授侍臣，侍臣置於聖祖天尊大帝位前。又奏請俛伏，興。又奏請拜，皇帝再拜。贊者曰「拜」，在位官皆再拜。訖，前導官前導皇帝降自東階，詣殿下褥位，西向立。奏請拜，皇帝再拜。贊者曰「拜」，在位官皆再拜，訖，前導官前導皇帝還御幄，簾降。太常卿奏禮畢，訖，行事前導陪位官等先詣中殿，立班如前殿儀，俟皇帝詣中殿御幄，簾降。閤門報班齊，禮直官太常博士引太常卿於御幄前，俛伏，跪奏稱：「太常卿臣某言，請皇帝行朝獻之禮。」奏訖，伏，興，奏禮畢，准此。簾捲，太常卿、閤門官、太常博士、禮直官前導皇帝詣殿下褥位，西向立。太常卿奏請拜，皇帝再拜。贊者曰「拜」，在位官皆再拜。前導官前導皇帝升殿，詣宣祖皇帝位香案前褥位，北向立。內侍奉香，太常卿奏請上香，再上香，三上香。內侍以茶酒授侍臣，侍臣西向跪以進，又奏請皇帝跪一奠茶，奠酒，再奠酒，三奠酒，俛伏，興。又奏請拜，皇帝再拜。贊者曰「拜」，在位官皆再拜。訖，次詣太祖皇帝、太宗皇帝、真宗皇帝、仁宗皇帝、英宗皇帝、神宗皇帝、哲宗皇帝、徽宗皇帝、欽宗皇帝神御神案前行禮，並如上儀，訖，前導官前導皇帝降自東階殿下褥位，西向立。奏請拜，皇帝再拜。贊者曰「拜」，在位官皆再拜，訖，前導官前導皇帝還御幄，簾降。太常卿奏禮畢，訖，陪位、行事、前導應奉官以次退，皇帝歸齋殿以俟還內，如來儀。次日，皇帝自內乘輦入欞星門，將至宮門，就露屋降輦，步至齋殿，由後殿之後至後殿東廊御幄，以俟詣元天大聖后，次詣昭憲皇后、孝明皇后、懿德皇后、明德皇后、元德皇后、章穆皇后、章獻明肅皇后〔二九〕、章懿皇后、慈聖光獻皇后〔三〇〕、宣仁聖烈皇后、欽聖憲肅皇后、欽成皇后、欽慈皇后、昭慈聖獻皇后、昭懷皇后、顯恭皇后、顯肅皇后神御香案前行禮，並如前殿、中殿之儀。

第一日

其日質明，皇帝服靴、袍出内即御座，鳴鞭，行門禁衛、諸班親從等諸司祗應人員以下於後殿各自贊起居。次從駕臣僚並應奉、前導、陪位官等先詣中殿立班，如前殿儀。俟皇帝詣中殿御幄，簾降，閤門報：班齊。禮直官太常博士引太常卿於御幄前俛伏跪奏，稱：「太常卿臣某言，請皇帝行恭謝之禮。」奏訖，伏，興。奏禮畢，准此。簾捲，太常卿、閤門官、太常博士、禮直官前導皇帝升詣殿上褥位，西向立。太常卿奏請拜，皇帝再拜。贊者曰「拜」，在位官皆拜。訖，前導官前導皇帝詣宣祖皇帝位香案前褥位，北向立。内侍奉香，太常卿奏請上香，再上香，三上香。内侍以茶、酒授侍臣，侍臣西向跪以進。又奏請皇帝跪奠茶酒，再奠酒，三奠酒，俛伏，興。又奏請拜，皇帝再拜。贊者曰「拜」，在位官皆再拜。訖，次詣太祖皇帝、太宗皇帝、真宗皇帝、仁宗皇帝、英宗皇帝、神宗皇帝、哲宗皇帝、徽宗皇帝、欽宗皇帝神御香案前行禮，並如上儀。訖，前導官前導皇帝還褥位，西向立。奏請拜，皇帝再拜。贊者曰「拜」，在位官皆再拜。訖，前導官導皇帝還御幄，簾降。太常卿奏禮畢，訖，陪位、行事、前導、應奉官以次退。帝歸齋殿以俟還内。依已降指揮，駕回入祥曦殿門。

第二日淳熙九年，恭謝分作三日行禮，内第二日詣後殿元天大聖后並昭憲皇后、至慈聖光獻皇后，第三日詣後殿宣仁聖烈皇后以下神御。

皇帝自内乘輦入檽星門，至齋殿降輦，步至後殿東廡御幄，以俟詣元天大聖后，次詣昭憲皇后、孝明皇后、懿德皇后、明德皇后、元德皇后、章穆皇后、章獻明肅皇后、慈聖光獻皇后、宣仁聖烈皇后、欽聖憲肅皇后、欽成皇后、欽慈皇后、昭慈聖獻皇后、昭懷皇后、顯恭皇后、顯肅皇后、顯仁皇后神御香案前行禮，並如前殿、中殿之儀。

太祖親享廟四。乾德元年十一月十五日，開寶元年十一月二十三日，四年十一月二十六日，係親郊朝廟。開寶九年三月五日，係親告將幸西京行雩祀禮。

太宗親享廟五。太平興國三年十一月十四日，六年十一月十六日，雍熙元年十一月二十日，淳化四年正月一日，至道二年正月九日，係親郊朝享。

真宗親享廟十二。咸平二年十一月六日，五年十一月十一日。景德二年十一月十二日。天禧元年正月十日；三年十一月十八日，係親享朝廟。大中祥符元年九月十日，係親告將行封禪禮；十一月二十七日，係封禪禮成恭謝；三年十二月十一日，係親告將祀汾陰；四年四月六日係汾陰禮成親謁；五年閏十月七日，係聖祖降恭謝；六年十二月十五日，係親告將謁太清宮；七年二月十五日，係東郊恭謝朝享。

仁宗親享廟十三。天聖二年十一月十二日，五年十一月十六日，八年十一月十八日；景祐二年十一月十三日；寶元元年十一月十七日；慶曆元年十一月十九日，四年十一月二十四日，七年十一月十七日；皇祐五年十一月三日，係親郊朝享。皇祐二年九月二十六日；嘉祐七年九月六日，係親祀明堂朝享；嘉祐四年十月十二日，係親行祫祭；天聖十年十一月十一日，係修大內恭謝。

英宗親享廟一。治平二年十一月十五日，係親郊朝享。

神宗親享廟六。熙寧元年十一月十七日，七年十一月二十四日，十年十一月二十六日，元豐六年十一月四日，係郊祀朝享；熙寧四年九月九日，元豐三年九月二十日祀明堂朝享。

哲宗親享廟五。元祐元年九月五日，元祐四年九月十三日，元祐七年十一月十二日，元符元年十一月十九日，係親郊祀朝享；紹聖二年九月十八日，係祀明堂朝享。

徽宗親享廟九。建中靖國元年十一月二十二日，崇寧三年十一月二十五日，大觀四年十一月二日，政和三年十一月五日、六年十一月九日，宣和元年十一月十二日、四年十一月十四日、七年十一月十四日，係冬祀朝享，大觀元年九月二十七日，係郊祀朝享。

高宗親享廟十。紹興七年九月二十一日、十年九月九日，並明堂享廟；十三年正月十一日，係奉上徽宗皇帝徽號册寶享廟，十一月七日、十六年十一月九日、十九年十一月十三日、二十二年十一月十七日、二十五年十一月十八日、二十八年十一月二十二日，並係親郊享廟；三十一年九月一日，係明堂享廟。

孝宗親享廟十。紹興三十二年七月十四日，隆興二年十二月二十九日，乾道三年十一月一日、六年十一月五日、九年十一月八日，淳熙三年九月六日、六年九月十五日、九年九月十二日、十二年十一月二十二日、十五年九月八日。

光宗親享廟二。淳熙十六年四月六日，紹興二年十一月二十六日。

寧宗親享廟八。慶元三年十一月壬寅，嘉泰三年十一月癸酉，開禧二年，嘉定二年九月庚子，嘉定五年十一月辛酉、八年九月庚午、十一年九月庚辰、十四年九月庚寅。

按：古者宗廟之祭，有正祭，有告祭，皆人主親行其禮。正祭，則時享、禘祫是也。告祭，則國有大事告於宗廟是也。自漢以來，禮制隳廢，郊廟之祭人主多不親行。至唐中葉以後始定制於三歲一郊祀之時，前二日朝享大清宮太廟，次日方有事於南郊。宋因其制，於第一日朝享景靈宫，第二日朝享太廟，第三日於郊壇或明堂行禮。國史所書親享太廟，大率皆郊前之祭，然此乃告祭禮，所謂卜郊。受命於祖廟，作龜於禰宫，所謂魯人將有事於上帝，必先有事於泮宫是也。若正祭，則未嘗親行，雖禘祫大禮，亦命有司攝事。累朝惟仁宗嘉祐四年十月親行祫祭禮一次而已。蓋法駕屬車，其鹵簿鄭重，祼薦升降，其禮節繁多，故三歲享帝之時，僅能舉一親祠。然告祭之事，亦有大於祀天者，如即位而告廟，則自舜、禹受終，以至太甲之見祖，成王之見廟，皆是也。雖西漢時人主每嗣位，亦必有見高廟之禮。而自唐以來，則人主未嘗躬謁宗廟致祭以告嗣位。宋朝惟孝宗、光宗以親受内禪特行此禮，而其他則皆以「喪三年不祭」之説爲拘，不復舉行。然自以日易月之制既定，諒闇之禮廢久矣，何獨於嗣位告祭一事以爲不可行乎？慶元間，李大性、李謙所言可謂至論，要之親享既不能頻舉，則合於禘祫大祀行之，而嗣位告祭，則亦必合親行，如卜郊之祭，則三歲常行之事。又只爲將有事於上帝而告白，則本非宗廟之大祭，有司攝事足矣。

校勘記

〔一〕内已起居者止奏聖恭萬福　「已」下原衍「奏」字，「居」原脱「者」字，據馮本、政和五禮新儀卷一〇三皇帝時享太廟儀中删補。

〔二〕具時日告散　「日」字原脱,「散」下原衍「官」字,據元本、慎本、馮本、宋會要禮一七之五八及政和五禮新儀卷一〇五時享太廟儀補删。

〔三〕設饌饅於東神門外别廟　「饅」原訛「幔」,據宋會要禮一七之五九改。

〔四〕饌幔於本廟　「饌幔」二字原脱,據元本、馮本、慎本及宋會要禮一七之五九補。

〔五〕太常設省牲位於牲西　上「牲」字原脱,據宋會要禮一七之五九補。

〔六〕春夏設鷄彝一并舟　「舟」原作「丹」,據元本、慎本、馮本及宋會要禮一七之六〇、政和五禮新儀卷一〇五時享太廟儀改。下同。

〔七〕則又設禮官盥洗位一　「位」字原脱,據政和五禮新儀卷一〇五時享太廟儀補。

〔八〕唯不設光禄卿丞太官令捧俎官薦香燈官宫闈令位　「位」字原脱,據政和五禮新儀卷一〇五時享太廟儀及上文義補。

〔九〕西向南上　「上」原訛「立」,據政和五禮新儀卷一〇五時享太廟儀改。

〔一〇〕以並在中　「以」原訛「一」,據元本、慎本、馮本及宋會要禮一七之六四改。

〔一一〕詣爵洗位　「位」原訛「内」,據政和五禮新儀卷一〇五時享太廟儀改。

〔一二〕樂止　「樂」原脱,據政和五禮新儀卷一〇五時享太廟儀改。

〔一三〕引終獻詣盥洗及升殿行禮　「盥」字原脱,據政和五禮新儀卷一〇五時享太廟儀補。

〔一四〕詣西神門外七祀望燎位立　「祀」字原脱,據政和五禮新儀卷一〇五時享太廟儀補。

〔一五〕贊者引押樂太常卿入行樂架　「贊」下原衍「揖」字,據政和五禮新儀卷一〇三皇帝時享太廟儀中及本書卷九八省牲器删。

〔一六〕從駕宰執侍從等　「侍」原訛「事」，據愼本改。

〔一七〕各服祭服　上「服」字原訛「朝」字，據政和五禮新儀卷一〇三皇帝時享太廟儀中改。

〔一八〕禮直官贊揖訖　「官」原脱，據宋會要禮一七之七二補。

〔一九〕大禮使從　「禮」原訛「樂」，據宋會要禮一七之七二及本句注文改。

〔二〇〕禮直官前導　「官」原訛「郎」，據政和五禮新儀卷一〇三皇帝時享太廟儀中改。

〔二一〕禮儀使前導皇帝還版位　「使」下原衍「奏」字，據政和五禮新儀卷一〇三皇帝時享太廟儀中删。

〔二二〕以鎮圭授殿中監　「授」字原脱，據政和五禮新儀卷一〇三皇帝時享太廟儀中及宋會要禮一七之七三補。

〔二三〕太官令詣飲福位　「位」字原脱，據政和五禮新儀卷一一三皇帝親祠前期朝獻景靈宫儀補。

〔二四〕皇帝再拜　此四字原脱，據政和五禮新儀卷一一三皇帝親祠前期朝獻景靈宫儀補。

〔二五〕取玉幣祝册　「玉」字原脱，據馮本及政和五禮新儀卷一一三皇帝親祠前期朝獻景靈宫儀補。

〔二六〕東向立　「向」字原脱，據馮本及政和五禮新儀卷一一三皇帝親祠前期朝獻景靈宫儀補。

〔二七〕凡執主器　「主器」原作「玉」，據禮記正義卷四曲禮下改。

〔二八〕止於殿上稍東西向立　「西」下原衍「相」字，據文義删。

〔二九〕章獻明肅皇后　「獻」原訛「憲」，據宋史卷二四二后妃傳及下文義改。

〔三〇〕慈聖光獻皇后　「光」原訛「元」，據宋史卷二四二后妃傳改。

卷一百　宗廟考十

祫禘

春秋文公二年八月丁卯，大事於太廟。公羊傳曰：「大事者何？大祫也。大祫者何？合祭也。其合祭奈何？毁廟之主陳於太祖，未毁廟之主皆升，合食於太祖。」穀梁傳同。楊氏曰：愚按此謂大合毁廟與未毁廟之主於太祖之廟而祭之也。

右大祫。

朱子周大祫圖

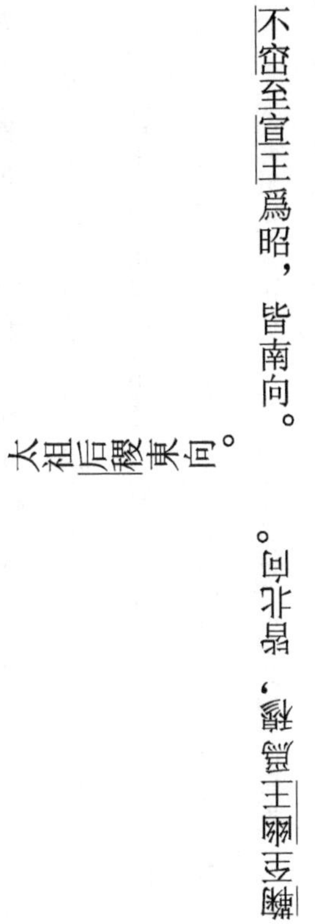

祫祭於祖，則祝迎四廟之主。疏曰：祫，合祭祖。太祖當祫之年〔一〕，則祝迎高、曾、祖、禰四廟而於太祖廟祭之。天子祫祭，則迎六廟之主。今言迎四廟者，舉諸侯言也。主出廟入廟，必蹕。蹕，止行也。疏曰：主，謂木主，群廟之主也。出廟者，謂出己廟而往太祖廟。入廟，謂從太祖廟而反還入己廟。若在廟院之外，當主出入之時，必須蹕止行人。曾子問。天子犆礿，祫禘，祫嘗，祫烝。犆，音特。春一礿而已，不祫，以物無成者不殷祭。盧植曰：春特，餘時祫。程子曰：祫，合祭也。諸侯亦祭祫。只是祠、禴、嘗、烝之祭爲廟禮煩，故每年於四祭之中，三祭祫食於祖廟，惟春則祭諸廟也。楊氏曰：程子之言正解釋此章之義，其曰「祫，合祭也。只是禴、祠、嘗、烝之祭爲廟禮煩，故每年於四祭之中，三祭合食於祖廟，惟春則祭諸廟。」此説推明時祫之本意，最爲明白。又曰「諸侯亦祭祫」，則通下章諸侯祫，亦概可見矣。諸侯礿犆，互明犆礿文。禘一犆一祫，嘗祫，烝祫。王制。橫渠張子曰：天子七廟，一日而行則力不給，故禮有「一犆一祫」之説。特則祭一，祫則偏祭。如春祭高祖，夏祫群廟，秋祭曾，冬又祫。來春祭祖，夏又祫，秋祭禰，冬又祫。楊氏曰：張子謂禮有「一特一祫」之説，正解釋此章。但本章言礿、嘗、烝三祭皆祫。惟禘一時一祫，禮文殘缺，指不分明，故張子不從其言，又別爲之説，曰「春祭高祖，夏祫群廟，秋祭曾，冬又祫。來春祭祖，夏又祫，秋祭禰，冬又祫。」雖一犆一祫之説若可通，但言特只祭一廟，而遺其餘廟，恐於人情亦有所不安，不若前章程子之言簡而意備也。又春祠、夏禴、秋嘗、冬烝，周時祭名，詩所謂「禴祠烝嘗，於公先王」是也。此云礿、禘、嘗、烝，乃記禮者之誤也。詳見四時祭篇。又按：時祫，即四時禴、祠、烝、嘗之祭，爲特祭群廟禮煩，乃合高、曾、祖、禰之主於太祖之廟並祭之，故曰時祫。

右時祫。

朱子周時祫圖

文王時
王季
公叔 南向
稷 東向
太王
亞圉 北向
武王時
王季
公叔 南向
稷 東向
文王
太王 北向
成王時
武王
王季 南向
稷 東向
文王
太王 北向

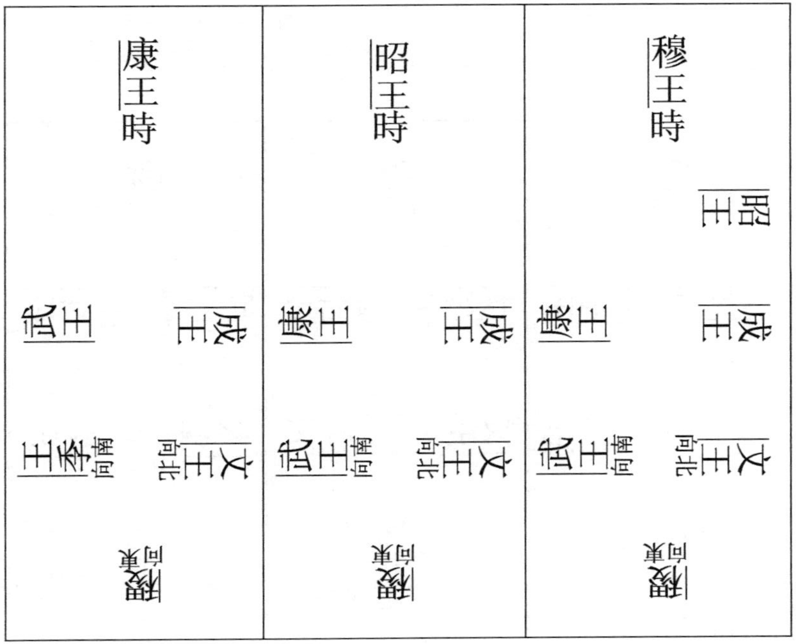

康王時
成王
武王
文王向北
王季向南
稷向東
昭王時
成王
康王
文王向北
武王向南
稷向東
穆王時
昭王
成王
康王
文王向北
武王向南
稷向東

共王時

穆王　昭王

康王　成王

武王南向　文王北向

稷東向

懿王時

共王

穆王　昭王

康王　成王

武王南向　文王北向

稷東向

孝王時

懿王　共王

穆王　昭王

康王　成王

武王南向　文王北向

稷東向

朱子曰：昭穆之不爲尊卑説已見前。其大祫，則始封以下以次相承，亦無差舛。故張璪以爲四時常祀各於其廟，不偶坐而相臨，故武王進居王季之位而不嫌尊於文王。及合食乎祖，則王季、文王更爲昭穆，不可謂無尊卑之序者是也。但四時之祫，不兼毁廟之主，則右無昭而穆獨爲尊。若兩世室之主，則文常爲穆，而武常爲昭也。故陸佃以「爲毁廟之主有不皆祫之時」難之，而未見璪之所以對也。予竊以爲以上世之次推之，一昭一穆固有定次，而其自相爲偶亦不可易。但其散居本廟各自爲主而不相厭，則武王進居王季之位而不嫌尊於文王。及其合食於祖，則王季雖遷，而武王自當與成王爲偶，未可以遽進而居王季之處也。文王之爲穆，亦虚其所向之位而已，則雖北向，而何害其爲尊哉？作此圖以見之。

問：朱子祫祭考妣之位如何？答曰：太祖東向，則昭穆之南北向者當以西方爲上，則昭之位次，高祖西而妣東，祖西而妣東是祖母與孫並列，於體爲順。若余正父之説，則高祖東而妣西，祖東而妣西則是祖與孫婦並列，於體爲不順。彼蓋據漢儀中有高祖南向，吕后少西，更不取證於經文，而獨取傳注中之一二執以爲是，斷不可回耳。

祫祭考妣位圖

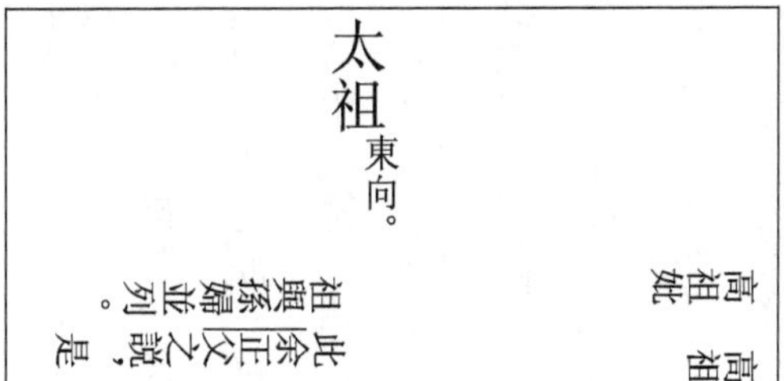

楊氏曰：愚聞之師曰，祫祭有二。曾子問曰「祫祭於祖，則祝迎四廟之主」；王制云「天子祫嘗、祫烝，諸侯嘗祫、烝祫」，此時祭之祫也。公羊傳曰「毀廟之主陳於太祖，未毀廟之主皆升合食於太祖」，此大祫毀廟、未毀廟之主而祭之也。祫祭，惟有此二條，此外無餘禮矣。漢儒之論又混禘、祫而並言之，何其紛紛多端也。馬融謂歲祫及壇墠，禘及郊宗石室。鄭玄謂，祫，則毀主、未毀主合祭於太祖；禘，則惟太王、王季以上遷主祭於后稷之廟，文、武以下，若穆之遷主則祭於文王之廟，昭之遷主則祭於武王之廟。何休謂，祫祭不及功臣，禘則功臣皆祭。及論禘祫之歲月，則皆援公羊「五年再殷祭」之説爲據。按祫祭年月，經無其文，惟公羊文二年大事於太廟，傳云「大事者何？大祫也。五年而再殷祭」。夫殷祭乃大祫之祭也。五年而再殷祭，謂三年一祫，五年再祫，猶天道三歲一閏，五歲再閏也。於禘祭乎何與？漢儒乃援此以證禘、祫相因之説。爲鄭康成之説，則曰三年而祫，五年而禘。爲徐邈之説，則曰相去各三十月，三十月而祫，三十月而禘。唐自睿宗以後，三年一祫，各自計年，不相通數，然至二十七年，凡五禘七祫。其年夏禘訖，冬又當祫，而禘、祫同歲。

太常議曰：今太廟禘、祫，各自數年，兩岐俱下，通計，或比年頻合，或同歲再序，或一禘之後併爲再祫，或五年之内驟有三殷，求於禮經，頗爲乖失。國朝宗廟之祭，三年一祫以孟冬，五年一禘以孟夏，蓋用鄭康成之説。其後有司又言，三年喪畢，遇祫則祫，遇禘則禘。二説牴牾，不可稽考。慶曆初乃用徐邈之説，每三十月而一禘。後又以二祭各不相因，故熙寧八年既禘又祫，竟無一定之論。推原其所以然，皆由混禘於祫，而皆以爲合食於太祖也。夫既混禘於祫，皆以爲合食於太祖，則禘、祫無辨矣。而又欲勉强穿鑿，分别其所以不同，此所以紛紛多端而莫之一也。知禘者，禘其祖之所自出，不兼群廟之主，而惟以其祖配之，則禘與祫異，不容混矣。知大祫兼群廟之主，則自太祖而下，毁廟未毁廟之主皆合食於太祖矣。又何壇墠與郊宗石室之分乎？又何大王、王季合食於后稷，文、武以下分昭穆各祭於文、武二祧之分乎？祫烝，則功臣皆祭，即司勳所謂祭於大烝是也，誰謂祫祭功臣不與饗乎？知禘、祫之不同，則鄭康成、徐邈之説皆非矣。其間相因不相因之説皆無謂矣，又何同異得失之足論乎？

司尊彝：凡四時之間祀，追饗、朝饗，祼用虎彝、蜼彝，皆有舟。其朝踐用兩大尊，其再獻用兩山尊，皆有罍，諸臣之所昨也。蜼，音誄。大，音泰。鄭司農云：追饗、朝饗，謂禘、祫也，在四時之間，故曰「間祀」。大罇，太古之瓦罇。山罇，山罍也。明堂位曰：泰，有虞氏之罇也；山罍，夏后氏之罇。玄謂追饗，祭遷廟之主，以事有所請禱；朝饗，謂朝受政於廟。春秋傳曰「閏月不告朔猶朝於廟」。蜼，禺屬，卬鼻而長尾，山罍亦刻而畫之，爲山雲之形。禺，音遇。劉音隅。卬，魚丈反，又五剛反。疏曰：「大罇，太古之瓦罇」者，此即有虞氏之大尊，於義是也。故皆以明堂位爲證也。云「蜼，禺屬卬鼻而長尾」者，案鷄彝、鳥彝相配皆爲鳥，則虎彝、蜼彝相配皆爲獸，故爾雅注云蜼似獮猴而大，黄黑色，尾長數尺，似獺，尾末有歧〔二〕，鼻露向上，雨即自懸於樹，以尾塞鼻，或以兩指，今江東人亦取養之，爲物捷健。其虎彝、蜼彝，當是有虞氏之尊，故鄭注尚書云宗彝，宗廟之中鬱尊，虞氏所用。春官。

黄氏曰：先鄭曰「追饗、朝饗，禘、祫也，在四時之間，故曰間祀」。其說是。趙伯循春秋纂例曰「大傳『王者禘其祖之所自出，而以其祖配之』」。蓋帝王立始祖之廟，猶謂未盡追遠之義，故又推始祖所出之帝而追祀之。「以其祖配之」者，謂於始祖廟祭之而便以始祖配，不兼群廟之主，謂其尊遠不敢褻也。公羊傳曰「大事，祫也。毁廟之主，皆陳於太祖，未毁廟之主皆升合食於太祖，故謂之大事也。然則禘，追祭其所自出，故爲追饗；祫，群主皆朝於太祖而合食，故爲朝饗」。記曰「喪之朝也，順死者之孝心也」。此朝之義。後鄭亦曰追饗，追祭遷廟之主而曰有所請禱，非常禮也。又曰朝饗，月朔朝廟，於義通，然月月行之，何以謂之間祀？

禮運疏云，祫祭之法，既備五齊、三酒，以實八罇。祫祭在秋。案司罇彝「秋嘗冬烝，朝獻用兩著罇，饋獻用兩壺罇」，則泛齊、醴齊各以著罇盛之，盎齊、醍齊、沈齊各以壺罇盛之，凡五罇也。又五齊各有明水之罇，凡十罇也。三酒、三罇，各加玄酒，凡六罇也。通斝彝盛明水，黄彝盛鬱鬯，凡十有八罇。故崔氏云大祫祭凡十八罇。其明水、玄酒陳之，各在五齊、三酒之上。

楊氏曰：愚按禮運疏云，司罇彝罇皆云「兩」，若禘、祫之祭，其齊既多，不得惟「兩」而已。蓋五齊各加明水，當用十罇。今云用「兩大罇」、「兩山尊」，此疏之所以疑也。然司罇彝疏已云禘、祫則用當時罇，重用取足而已，則未嘗以「兩」爲拘也。所謂「重用取足」者，泛齊、醴齊各以大罇盛之，盎齊、醍齊各以山罇盛之，是五齊各用五罇也，五齊各加明水，合之而爲十罇。

大祫九獻圖

若時祫，則所用彝罇，與春祠夏禴、秋嘗冬烝九獻兩圖同。禮運疏：崔氏云，周禮「大祫於太廟，則備五齊三酒。朝踐，王酌泛齊，后酌醴齊。饋食，王酌盎齊，后酌醍齊。朝獻，王酌泛齊，因朝踐之罇再獻；后酌醍齊，因饋食之罇；諸侯爲賓，則酌沈齊。尸酢王與后，皆還用所獻之齊。賓長酳尸酢用清酒，加爵亦用三酒」。

二彝：虎彝盛明水，　蜼彝盛鬱鬯。

五齊：太罇盛泛齊，　太罇盛醴齊，　山罇盛盎齊，　山罇盛緹齊，　山罇盛沈齊。

祼：　王一獻，祼用蜼彝。　后二獻。祼用蜼彝。

朝踐：王三獻，用太罇泛齊。　后四獻。用太罇醴齊。

饋獻：王五獻，用山罇、盎齊。后六獻。用山罇、緹齊。

朝獻：王七獻，用朝踐太罇、泛齊。

再獻：后八獻。用饋獻山罇、緹齊。

賓九獻。用山罇、沈齊。

天府，凡國之玉鎮大寶器藏焉。若有大祭，則出而陳之。既事，藏之。鎮，珍忍反。又音珍。玉鎮大寶器，玉瑞，玉器之美者，禘、祫陳之，以華國也。春官。

大饗其王事與。與，音餘。盛其饌與貢，謂祫祭先王。疏曰：「盛其饌」者，即三牲魚腊籩豆是也。「貢」者，則內金示和、龜爲前列之屬是也。「謂祫祭先王」者，以有三牲魚腊，則非祭天；以內金布庭實，又非饗賓，饗賓時無此庭實故也；知非朝而貢物者，以朝而貢物不名大饗。孝經云，四海之內，各以其職來助祭，故知大饗是祫祭也。以饗中最大，故稱大饗。三牲魚腊，四海九州之美味也。籩豆之薦，四時之和氣也。腊，音昔。此饌，諸侯所獻。內金，示和也。內，音納。此所貢也，內之，庭實先設之。金從革，性和。荆、揚二州貢金三品。疏曰知爲庭實者，左傳云庭實旅百，奉之以玉帛，故知金爲庭實。先云內金，故知先設金。禹貢注：三品者，金、銀、銅三色也。束帛加璧，尊德也。貢饗所執致命者，君子於玉比德焉。疏曰，知束帛加璧，行饗之時所執致命者，覲禮文也。云「君子於玉比德」者，謂諸侯執玉來貢，欲自勖勵，以玉比德。又示敬王，以玉比王。龜爲前列，先知也。龜知事情者，陳於庭在前。荆州納錫，大龜。疏曰，龜能豫知吉凶，故云知事情，所陳衆物，龜最在前。金次之，見情也。見，賢遍反。金，炤物。金有兩義，先入後設。炤，音照。「金炤物」者，解經見情。兩義者：一示和，二見情。「先入後設」者，此經先云內金示和，是先入，陳在龜後，是後設。丹、漆、絲、纊、竹、箭，與衆共財也。纊，音曠。萬民皆有此物。荆州貢丹，兗州貢漆、絲，豫州貢纊，揚州貢篠簜。簜，大黨反。疏曰此皆見於禹貢文也。其餘無常貨，各以其國之所有，則致遠物也。其餘謂九州夷服、鎮服、蕃服之國。周禮九州之外謂之蕃國，世一見，各以其所貴寶爲摯。其出也，肆夏而送之，蓋重禮也。出，謂諸侯之賓也，禮畢而出，作樂以節之。肆夏當爲陔夏。疏曰，大饗諸侯，則諸侯出入奏肆夏，此經是助祭之後，禮畢客醉而後出，宜奏陔夏，故燕禮、大射，賓出奏陔夏，明不失禮也。禮器。大饗之禮，尚玄酒而俎腥魚，大羹不和，有遺味者矣。大饗祫祭先王，以腥魚爲俎，實不臑熟之，大羹肉湆，不調以鹽菜。臑，音而。湆，去及反。疏曰：此皆質素之食，而大饗設之，人所不欲也。然以其有德，質素其味可重，人愛之不忘，故云有遺味者矣。樂記。大戴禮曰：大饗，尚玄罇，俎生魚，先大羹，貴飲食之本也。大饗，尚玄罇而用酒食，先黍稷而飯稻粱，祭齊大羹而飽乎庶羞，貴本而親用也。大司樂：凡樂，黃鍾爲宮，大呂爲角，太蔟爲徵，應鍾爲羽。路鼓路鼗，陰竹之管，龍門之琴瑟，九德之歌，九磬之舞，於宗廟之中奏之。若樂九變，則人鬼可得而禮矣。大，音泰。蔟，七豆反。徵，張里反。九磬，依字九音大。磬，上昭反。黃鍾生於虛危之氣，虛危爲宗廟九德之歌。春秋傳所謂「六府三事謂之九功，九功之德皆可歌也」。陰竹，生於山北者。龍門，山名。九磬，讀當爲大韶，字之誤。疏曰：宗廟不言時節者，天地自相對而言，至此宗廟無所對，謂祫祭也。又分樂已見四時祭禮。楊氏曰：大司樂圜鍾爲宮之樂，冬日至於地上之圜丘奏之，與上文「乃奏黃鍾，歌大呂，舞雲門，以祀天神」者不同，則知圜鍾爲宮之樂，非冬日至祀皞天上帝則不得用矣。函鍾爲宮之樂，夏日至於澤中之方丘奏之，與上文「以祭地示」、「以祀四望」、「以祭山川」者不同，則函鍾爲宮之樂，非夏至祭后土地祇不得用也。以此推之，黃鍾爲宮之樂，於宗廟之中奏之，與上文「以享先妣、以享先祖」者不同，則知於宗廟之中奏之者，謂大祫也。故疏家引公羊「大事於太廟。大事者何？大祫也」。其說爲有據矣。宗廟禮，禘祫爲大祭，禘祀亦當用此樂也。

思文、天作、清廟、執競、維清、武、雝。

右祫祭禮物樂舞。

按楊氏祭禮，以思文以下六詩爲祫祭之樂歌，蓋本通典之説。然以序考之，惟天作祀先王公，近於祫祭，而其他詩則皆非也。蓋朱文公之釋詩，皆廢序而自爲之説，故其門人宗之。然祫者，合祭太祖以下，所該甚廣，則其詩之所贊頌者，亦不當專指一人，如天作，如執競，如武，如雝，贊頌者廣，則祫祭之時歌之可也。至於思文專言后稷，清廟、維清專言文王，施之祫祭，則不類矣，恐當以序説爲正。

前期十日並見四時祭禮。

祭之前日，小史大祭祀讀禮法，史以書叙昭穆之俎簋。讀禮法者，大史與群執事。此史，小史也。疏曰：大祭祀，謂祭宗廟三年一祫之時，有尸主，兼序昭穆俎簋也〔三〕。大史讀禮法之時，小史則叙昭穆俎簋，當依禮法之節校比之，使不差錯。餘並見四時祭禮。

祭之日，酒正共五齊三酒，以實八罇。説見祫祭九獻圖，餘並見四時祭禮。

九獻

裸　裸，用虎彝、蜼彝，皆有舟。餘並見四時祭禮。禮運疏云：尸入室，乃作樂降神。故大司樂云：凡樂，黄鍾爲宫，九變而致人鬼是也。乃灌，故書云「王入太室裸」。當裸之時，衆尸皆同在太廟中，依次而灌，所灌鬱鬯。小宰注云：尸，祭之、啐之，奠之，是爲一獻也。王乃出迎牲。后從灌，二獻也。

朝踐　朝事之籩，其實麷、蕡、白、黑、形鹽、膴、鮑魚、鱐。朝事之豆，其實韭菹、醓醢、昌本、麋臡、菁菹、鹿臡、茆菹、麇臡。麷，芳弓反。蕡，符文反。鱐，所求反。臡，乃兮反。菁，作寧反，又音精。茆，音卯。麇，京倫反。詳見祭物。魯祭周公何以爲牲？周公用白牡，白牡，殷牲也。周公死，有王禮，謙不敢與文、武同也。不以夏黑牡者，嫌改周之文。王，于況反。魯公用騂犅，騂，息營反。犅，音剛。騂犅，赤脊，周牲也。魯公以諸侯不嫌，故從周制以脊爲差。群公不毛。不毛，不純色，所以降於尊祖。春秋文公十三年公羊傳。其朝踐用兩大罇。同罇彝。餘並見四時祭禮。禮運疏云，迎牲而入至於庭，故禮器云「納牲詔於庭」。王親執鸞刀啟其毛，而祝以血毛告於室，故禮器云「血毛詔於室」。凡牲，則廟各別牢，故公羊傳云「周公白牡，魯公騂犅」。案：逸禮云「毀廟之主，昭共一牢，穆共一牢」，於是行朝踐之事，尸出於室，太祖之尸坐於户西，南面，其主在右。昭在東，穆在西，相對坐，主各在其右，故鄭注祭統云「天子諸侯之禮，朝事，延尸於户外，是以有北面事尸之禮，祝乃取牲膟膋燎於爐炭，入以詔神於室，又出以薦於主前」。郊特牲云「詔祝於室，坐尸於堂」是也。王乃洗肝於鬱鬯而燔之，以制於主前，所謂制祭。次乃升牲首於室中，置於北牖下。后薦朝事之豆、籩，乃薦腥於尸主之前，謂之朝踐。即禮運「薦其血毛，腥其俎」是也。王乃以玉爵酌太罇泛齊以獻尸，三獻也。后又以玉爵酌太罇醴齊以亞獻，四獻也。禮器「周旅酬六尸」，疏曰「大祫多主，而唯云六尸」者〔四〕，先儒與王肅並云毀廟無尸，但有主也。

饋獻　饋食之籩，其實棗、稟、桃、乾穛、榛實。饋食之豆，其實葵菹、蠃醢、脾析、蠯醢、蜃、蚳醢、豚拍、魚醢。稟，古栗字。穛，音老。榛，側巾反。蠃，力禾反。蠯，蒲佳反。蜃，市軫反。拍，音博。詳見祭物。魯祭周公，何以爲盛。周公盛，魯公燾，群公廩。盛，音成，粢盛也，在器曰盛。盛者，新穀。燾者，冒也，故上以新也〔五〕。廩者，連新於陳上，財令半相連耳。此謂方祫祭之時，序昭穆之差。疏曰，若其時祭，粢盛精鑿，群公之饌，一何至此。故知正是祫祭之時，序昭穆之差，降子尊祖故也〔六〕。春秋文公十三年公羊傳。饋獻之罇，見前祫祭九獻圖。餘並見四時祭禮。禮運疏云「乃退而合饗，至薦熟之時陳於堂」。故禮器云「設饌於堂」。乃後延尸入室，太祖東面，昭在南面，穆在北面，徙堂上之饌於室内坐前，祝以斝爵酌奠於饌南，故郊特牲注云「天子奠斝，諸侯奠角」。即此之謂也。既奠之後，又取腸間脂焫蕭合馨薌，郊特牲注云「奠，謂薦熟時當此大合樂也」。自此以前，謂之接祭。乃迎尸入室，舉此奠斝，主人拜以妥尸。故郊特牲云「舉斝角，拜妥尸」是也。后薦饌獻豆籩，王乃以玉爵酌山鐏盎齊以獻尸，爲五獻也。后又以玉爵酌山鐏緹齊以獻尸，是六獻也。

朝獻 朝獻因朝踐之鐏。見前圖。 餘並見四時祭禮。 禮運疏云，於是尸食十五飯訖，王以玉爵因朝踐之鐏泛齊以酳尸，爲七獻也。故鄭云「變朝踐云朝獻鐏相因」也。朝獻，謂此王酳尸因朝踐之鐏也。后乃薦加豆籩。尸酌酢主人，主人受嘏。王所以獻諸侯。

再獻 其再獻用兩山鐏。司鐏彝。加籩之實，蔆、芡、㮚、脯，蔆、芡、㮚、脯。加豆之實，芹菹、兔醢、深蒲、醓醢，菭菹、鴈醢，筍菹、魚醢。蔆，音陵。芡，音儉。芹，音勤。菭，音台。 詳見祭物。 皆有罍，諸臣之所昨也。昨，讀爲酢，聲之誤也。 疏曰，尸酢賓長，即用罍鐏。三酒之中〔七〕，清酒以自酢，是不敢與王之神靈共酒鐏故也〔八〕。餘並見四時祭物。 禮運疏云，於是后以瑤爵因酌山鐏醍齊以酳尸，爲八獻也。鄭注司鐏彝云，變饋獻爲再獻者，亦鐏相因也。再獻，後酳尸獻，謂饋食時后之獻也，於時王可以瑤爵獻卿也。諸侯爲賓者，以瑤爵酌山鐏沈齊以獻尸，爲九獻。九獻之後，謂之加爵。案：特牲有三加，則天子以下加爵之數，依尊卑不止三加也。故特牲三加爵，別有嗣子舉奠。文王世子諸侯謂之上嗣舉奠，亦當然。崔氏以爲后獻皆用瑤爵，又以九獻之外加爵用璧角、璧散。今案內宰云，后祼獻則贊瑤爵亦如之。鄭注云，瑤爵，謂尸卒食，王既酳尸，后亦獻之，始用瑤爵，則后未酳尸以前不用也。又鄭注司鐏彝云，王酳尸用玉爵，而再獻者用璧角、璧散，可知此璧角、璧散則瑤爵也。崔氏乃云正獻之外，諸臣加爵用璧角、璧散。其義非也。 周旅酬六尸。使之相酌也。后稷之尸〔九〕，祭爵不受旅。 疏曰，謂祫祭時聚群廟之主於太祖后稷廟中，后稷在室西壁，東向，爲祭爵之主尊，不與子孫爲酬酢，餘自文、武二尸，就親廟中〔一〇〕，凡六，在后稷之東，南北相對爲昭穆〔一一〕，更相次序以酬也。大祫多主而唯云六尸者。先儒與王肅並云毀廟無尸，但有主也。 曾子曰，周禮其猶醵與。醵，其庶反。又其約反。合錢飲酒爲醵，旅酬相酌似之也。 王居明堂之禮，中秋乃命國醵。 禮器。

通典：將祫祭前期十日之前夕，肆師告具〔一二〕，太宰、太宗、太史帥執事而卜日，既卜，司隸、隸僕修除糞灑其廟。將祭前夕，於太廟南門之外展牲，庖人告牷。太宰眡滌濯祭器，掌次於廟門外之東，設主人及公卿以下次幕，其尸次兼設幄。掌次云：凡祭祀，張其旅幕，張尸次。鄭玄云：「旅，衆也。公卿以下即位所祭祀之門外以待事，爲之張大幕，尸則有幄。」鄭司農注云「尸次，尸所居，更衣帳」。次百司所供之物，皆至廟門外。司徒奉牛牲，司馬奉羊牲，司空奉豕牲，每廟各一牢。案：公羊云「周公白牲，魯公騂犅，群公不毛」，是各牲也。司烜氏以夫燧取明火於日以照饌，以鑑取明水於月以加五齊。欲得陰陽之潔氣也。加謂於上陳之。籩人陳四籩之實，謂朝事之籩，饋食之籩，加籩之實，羞籩之實，名物各具前九獻條下。醢人掌四豆之實，謂朝事之豆，饋食之豆，加豆之實，羞豆之實，名物見前九獻條下。醯人共五齏、七菹、醯醬等。鹽人共苦鹽，顆鹽。散鹽。今海鹽也。小史叙昭穆之俎簋。酒正共五齊三酒，以實八罇。司罇彝共斝彝、黄彝。司罇彝云「秋嘗冬烝，祼用斝彝黄彝」。鄭玄云「斝彝，畫禾稼。黄彝，黄目罇也」。謂以黄金爲目，設於罇上，以祫在秋，故用。冪人共畫布巾以冪之。烹人共鼎鑊及大羹鉶羹。鑊，所以煮肉及魚腊之器。既熟，乃升於鼎。舍人共簠簋。甸師氏共齍盛及蕭茅。蕭茅則納於鄉師，鄉師得而束之，長五寸切之，以藉祭。凡后所陳薦玉齍，玉敦音對。等物，皆九嬪共之。獻尸之瑶爵等，内宰共之。天府陳國之玉鎮太寶器，陳於東西序。即尚書顧命者是也。九服内諸侯及夷狄等來助祭，所貢方物珍異等，皆陳廟庭。其几筵，司几筵云「吉事變几」。祼於室，饋食於堂，繹於祊，每事易几。神事文，示新也。席皆以莞筵紛純，加繅席畫純，加次席黼純，左右玉几。紛，如綬有文而狹者。繅席，削蒲蒻展之，編以五綵，若今合歡矣。畫謂雲氣。次席，桃枝席，有次列成文。司服共饗先王則衮冕，饗先公則鷩冕。尸服亦然。凡百司所供之物，皆太史校數之，及教所當置處。太史職云「祭之日，執書以次位常」是。王所乘輅，鷄人呼晨，司樂宿懸等，一如圜丘。其日夙興，陳酒齊等室中，近北陳鬱鬯，鬱鬯之南陳明水，明水之南室户之内陳泛齊、醴齊、盎齊，室户之外堂上陳醍齊而已。次堂下陳沈齊，沈齊之南陳玄酒，玄酒之南陳事酒、昔酒、清酒。此説取禮運「玄酒在室，醴醆在户，粢醍在堂，澄酒在下」之意。楊氏曰，愚按：四時祭禮其陳五齊之序亦當如是，但四時之祭陳之而不盡用，只用醴、盎二齊，惟祫祭並用五齊。於是大宗伯出高祖以下木主，守祧出先王先公祧主，皆入太祖后稷廟中。於室中之奥西壁下，東面布太祖后稷位，尸在東，北面。太祖之子於席前之北，南面，爲昭。次昭之子在南方北面相對，爲穆。以次而東，孫與王父並列，直至禰。其尸各居木主之左，凡七尸。七尸者，逸禮文。按禮器云「周旅酬六尸」〔一三〕，鄭玄云，「后稷尸祭爵不受旅」是也。楊氏曰，愚按祫祭禮有二，大祫則不窋至宣王爲昭，皆南向；鞠至幽王爲穆，皆北向，如朱子大祫圖。時祫，則太祖后稷東向，二昭南向，二穆北向，世數迭遷，如朱子時祫圖。用九獻。王服兖冕而入，奏王夏。后服副褘，從王而入，則奏齊夏。次尸入，奏肆夏。祭統云「君迎牲而不迎尸，別嫌也」。王乃珪瓚酌斝彝鬱鬯以授尸，尸受之，灌地祭之以降神，乃啐之，奠之，此爲求神之始也。此爲一獻。樂章歌九功之德，詩用清廟。次后以璋瓚酌黄彝之鬱鬯以亞獻尸，亦祭之，啐之，奠之，此爲二獻。次奏黄鍾爲宫，大吕爲角，太蔟爲徵，應鍾爲羽，路鼓路鼗，陰竹之管，龍門之琴瑟，九德之歌，九韶之舞，於宗廟之中奏之。若樂九變，則人鬼可得而禮矣。人鬼則主后稷。先奏是樂以致其神，然後合樂而祭焉。路鼓，四面鼓也。九德之歌，春秋所謂六府三事也。九功之德皆可歌樂。陰竹，生山北者。龍門，山名。九韶，當爲大韶。前祼及樂，皆爲求神，謂之二始。楊氏曰，愚按求神二始，謂祼及樂也。但通典此章先述二獻，後述大司樂，則祼先而樂後。又按大司樂黄鍾爲宫，注云先奏是樂，以致其神而祼焉。禮運疏亦云作樂降神乃灌，則樂先而祼後。二説不同。以周人尚臭，故以鬯臭。次王出迎牲，入奏昭夏。郊特牲云：「既灌，然後迎牲。」王親牽牲，大夫贊，執幣而從。禮器注云「納牲於庭時也〔一四〕，當用幣以告神而殺牲」。乃以牲告庭，云：「博碩肥腯。」禮器云「納牲詔於庭」是也。王乃親執鸞刀，啟其血毛，謂耳傍毛也。以授於祝。祝入，告神於室，幽全之義也。禮器云「血毛詔於室」是也〔一五〕。幽，謂血；全，謂色純也。乃延太祖尸主，坐於室户外之西，南面，主在其右，亦南面。昭在東，穆在西，相向而坐，主各在其右。王乃親射牲而殺之，以行朝事之禮。乃延尸於户西，南面。取牲膟膋燎於爐炭，洗肝於鬱鬯而燔之，入以詔神於室，又出，以墮於主。墮，謂分減肝膋以祭主。墮，音許規反〔一六〕。次乃升牲首於室中，置於北牖下。尊首，尚氣。乃薦腥肉於尸主前，謂之朝踐之禮〔一七〕。王乃以玉爵酌泛齊以獻尸，謂之朝踐之獻。凡三獻也。后於是薦朝事之籩豆，時堂上以大呂之調歌清廟之詩，堂下以黃鍾之調作大武之樂。奏大武之時〔一八〕，則歌維清及大武之詩。詩序云「維清，奏象舞也。奏大武也」〔一九〕。獻后稷尸時，樂同降神，樂章則歌思文。詩序云：「思文，后稷配天也。」獻先王先公，則大司樂云「奏無射，歌夾鍾，舞大武，以饗先祖」。先王先公，樂章則歌天作。詩序云：「天作，祀先王先公。」獻文王尸，歌清廟。詩序云：「清廟，祀文王。」獻武王尸，歌執競。詩序云：「執競，祀武王。」樂同先王先公。凡歌，皆大司樂帥瞽人登歌之〔二〇〕。后薦之後，遂以瑤爵酌著罇之醴齊以亞獻。凡四獻也。於是堂下樂作，時王從東階而西酌以獻尸，后則從西而東酌獻尸。禮器云：「君西酌犧象，夫人東酌罍罇。禮交動乎上，樂交應乎下〔二一〕。」至將薦熟時，先以所薦之饌設於堂以告尸主。禮器云：「設祭乎堂。」鄭玄云：「設饌於堂，乃人君之禮。」時祝以斝爵酌奠於饌之右。鄭玄注郊特牲云：「天子奠斝爵。」此時又取膟膋及黍稷焫於蕭蒿〔二二〕，令臭陽達於墻室，既乃迎尸入室，各即席。祝取向時所奠斝爵將祭之，祝乃詔王拜尸以安之，尸遂坐，祭酒，啐之，奠之。於是王又以玉爵酌壺罇盎齊以獻尸，謂之再獻。凡五獻也〔二三〕。時后薦饋食之籩豆，薦訖，乃以瑤爵酌壺罇醍齊以亞獻。凡六獻也。每獻作樂如初。尸乃食，食訖，王以玉爵酌朝踐著罇之泛齊以酳尸，謂之朝獻。凡七獻也。司罇彝云：「朝踐用兩著罇。」注云：「變朝踐爲朝獻，罇相因。」后乃薦加事豆籩。尸飲訖，授祝，祝酌清酒以授尸，尸以酢王，乃設酢席於户內。司几筵云：「祀先王，酢席亦如之。」鄭玄注云：「尸卒食，王酳之，卒爵，祝受之。又酌授尸〔二四〕，尸以酢王，於是席王於户內。后及諸臣致爵乃設席。」楊氏曰：「愚按禮運疏及通典皆云王酳尸訖，后乃薦加事豆籩，則后薦豆籩當王酳尸節。又按籩人疏云，此加籩當尸食後，王酳尸，后亞王酳尸於時薦之，則后薦豆籩當后酳尸節。二說不同。」於是后以瑤爵酌壺罇醍齊以獻尸，謂之再獻。凡八獻也。鄭玄注司罇彝云：「王酳尸之後，后酌亞獻。」尸乃酢后，后飲酢酒。次諸臣爲賓酌壺罇沈齊以備卒食三獻。凡九獻。司罇彝注云：「王及后各四，諸臣一，祭之正也。」大祝乃設饌於廟門外之西室之索祭，名爲祊。郊特牲云：「索祭祝於祊是也。緣此處生平待賓客之處，故廣求。」既九獻，王乃冕而總干戚，率群臣，王在東，舞大武樂皇尸。所謂八佾。又皮弁而舞大夏，兼作六代之樂，遂行加爵，爲旅酬之始。禮器云「周旅酬六尸」是也。加爵者，謂太子所謂上嗣舉奠。及三公之長一人〔二五〕，九卿之長一人，用璧角酌沈齊，各行一加爵。按少牢、特牲之祭，加爵但止於三也。通前凡十二獻，亦得仿天數也〔二六〕。明堂位云「加以璧散、璧角」也。然後燀、胞、上，詳眷反。下，音炮。翟、閽等皆有所賜予。於來日又祭，名爲繹，亦謂之祊。爾雅云：「繹，又祭也。」春秋云：「壬午猶繹。」杜注云「先日辛巳有事於太廟」是也〔二七〕。又鄭玄注禮器云：「祊，祭明日之繹祭也。謂之祊者，以於廟門之傍因名焉。」其禮，先設饌於廟門外之西室，而事尸於堂。其祭室之禮簡，而事尸禮大，以孝子求神非一處也，不知神之所在，於彼乎，於此乎。

右九獻。

楊氏曰：愚按特牲饋食禮賈疏云「天子大袷，十有二獻」。夫宗廟祭禮，莫重於大袷，恐未必止於九獻。周官諸公九獻，諸侯七獻，見於行人。諸侯長十有再獻，見於掌客。注云：「諸侯長，九命作伯者也。獻，公侯以下如其命數。」以諸侯長十有再獻推之，則大袷十有二獻，禮亦宜然。但其禮既亡，節文無所可據。禮運疏及通典所述九獻，大略著之於篇，庶幾可以見禮之梗概。賈疏「十有二獻」之説，今並存之，以待作者。

傳文公二年，大事於太廟，躋僖公。躋，升也。僖公，閔公庶兄，繼閔而立，廟坐宜次閔下，今升在閔上，故書而譏之。左氏曰，逆祀也。於是夏父弗忌爲宗伯，夏，户雅反。疏曰小宗伯掌建國之神位，辨廟祧之昭穆。諸侯之官所掌亦當然也。尊僖公，且明見曰：「吾見新鬼大，故鬼小。新鬼，僖公，既爲兄，死時年又長。故鬼閔公〔二八〕，死時年少。弗忌明言其所見。先大後小，順也。躋聖賢，明也。又以僖公爲聖賢。明順，禮也。君子以爲失禮，禮無不順。祀，國之大事也，而逆之，可謂禮乎？子雖齊聖，不先父食久矣。先，悉薦反。下「不先」同。齊，肅也。臣繼君，猶子繼父。故禹不先鯀。鯀，禹父。湯不先契，契，湯十三世祖。文、武不先不窋。窋，知律反。不窋，后稷子。宋祖帝乙，鄭祖厲王，猶上祖也。」帝乙，微子父。厲王，鄭桓公父。二國不以帝乙、厲王不肖而猶尊尚之。是以魯頌曰：「春秋匪解，享祀不忒。皇皇后帝，皇祖后稷。」解，户賣反〔二九〕。忒，他得反。忒，差也。皇皇，美也。后帝，天也。詩頌僖公郊祭上天，配以后稷。君子曰禮，謂其后稷親而先帝也。先稱帝也。詩曰：「問我諸姑，遂及伯姊。」君子曰禮，謂其姊親而先姑也。公羊傳曰：「大事者何？大袷也。詳見前。躋者何？升也。何言乎升僖公？」

譏逆祀也。其逆祀奈何？先禰而後祖也。升，謂西上。後祖者僖公以臣繼閔公，猶子繼父，故閔公於文公亦猶祖也。自先君言之〔三〇〕，隱、桓及閔、僖〔三一〕，各當爲兄弟，顧有貴賤耳。自繼代言之，有父子君臣之道，此恩義逆順，各有所施也。穀梁傳同。國語魯語夏父弗忌爲宗，弗忌，魯大夫。宗，宗伯。烝，將躋僖公，宗有司曰（宗有司，宗官司事臣也。）：「自玄王以及主癸莫若湯（玄王，契也。主癸，湯父也。）自稷以及王季莫若文、武。商、周之烝也，未嘗躋湯與文、武，爲不踰也。（不使相踰。）」楊氏曰：「春秋書大事於太廟，謂大祫也。」大祫與時祫不同。國語云「烝，將躋僖公」。穀梁傳云「著祫嘗曰烝，曰嘗」，皆指時祫言之，非也。定公八年冬十月，從祀先公。從，順也。先公，閔公、僖公也。將正二公之位次。左氏曰，順祀先公而祈焉。陽虎將作大事，欲順祀以取媚。

通典：古者天子諸侯三年喪畢，皆合先祖之神而饗之〔三二〕。以生有慶集之懽，死亦應備合食之禮。緣生以事死，因天道之成而設禘祫之饗，皆合先祖之神而饗之。虞夏先王崩，新王元年二年喪畢而祫，三年春特禴，夏特禘，秋特嘗，冬特烝。四年春特禴，夏祫禘，秋祫嘗，冬祫烝。每間歲皆然，以終其代。高堂隆云：「喪以奇年畢則祫亦常在奇年，偶年畢則祫亦常在偶年。」殷先王崩，新王二年喪畢而祫。三年春特禘，夏特禴，秋特嘗，冬特烝。四年春特禘，夏祫禴，秋祫嘗，冬祫烝。間歲奇偶如虞夏。按殷改虞夏春禴曰禘，又改禘爲禴。按郊特牲「春禘秋嘗」，則殷祭。周制，天子諸侯三年喪畢，禫祭之後乃祫於太祖，來年春禘於群廟。祫，毀廟未毀廟皆合升於太祖。禘，則不及親廟。但文、武以下毀主，依昭穆於文、武廟中祭之，王季以上於后稷廟祭之，知先祫後禘者，約春秋魯僖公、定公、宣公皆八年而禘，以再殷祭推之。爾後五年再殷祭，一禘一祫。所以喪必有此禘祫者，爲後再殷之祭本也。喪畢之祫，祫之本。明年之禘，禘之本。故從此後各自數，每至三年，則各爲之，故得五年再殷祭。因以法五歲再閏，天道大成也。禘以夏，祫以秋。詩閟宮傳云「諸侯再禘則不祫，秋祫則不嘗，唯天子兼之」是也。崔靈恩云：「禘以夏者，以審諦昭穆，序列尊卑，夏時，陽在上，陰在下，尊卑有序，故大次第而祭之，故禘者諦也，弟也。祫以秋者，以合聚群主〔三三〕，其禮最大，必秋時萬物成熟，大合而祭之，故祫者合也。」

右楊氏祭禮只分大祫，時祫爲二，而不言四代之制，且不言祫祭之時，蓋以經無明文，不敢臆說。而通典則備言之，蓋通典取鄭康成所注禮記爲說。而康成又約春秋所書爲說，大概皆臆說也。是以先儒多排之。然自鄭注既行，而後之有國者多本之以定宗廟之祭矣，故具載通典所述，而列諸儒之論於左方。

趙氏曰王制春礿夏禘，鄭注以爲夏時禮，祭統注謂夏、殷禮。祭義春禘秋嘗，注以爲春禘者，夏、殷禮。周以禘爲殷祭，更名春祭曰祠。郊特牲又注曰禘當爲禴。夫禮記諸篇，或孔門之末流弟子所撰，或是漢初諸儒私撰之，以求購金，皆約春秋爲之。見春秋禘於莊公，遂以爲時祭之名。見春秋惟兩度書禘，閔二年五月吉禘於莊公，今之三月。僖八年七月禘於太廟，今之五月也。所以或謂之春祭，或謂之夏祭，各自著書，不相符會，理可見也。而鄭玄不達其意，故注郊特牲云「禘當爲礿」。祭義與郊特牲同。祭統及王制則云「此夏殷時禮也」。且祭統篇末云成王追念周公，賜之重祭，郊社，嘗禘是也，何得云夏殷禮哉？王制「諸侯礿則不禘，禘則不嘗，嘗則不烝，烝則不禴」。撰此篇者，亦緣見春秋中唯有禘、烝、嘗三祭，謂魯唯行此三祭，故云耳。若信如鄭注，諸侯每歲皆朝，即遠國來往須歷數時，何獨廢一時而已。又須往來常在道路，如何守國理民乎？鄭注虞、夏之制，諸侯歲朝，廢一時祭。公羊傳「五年而再殷祭」。大宗伯注曰「五年再殷宗，一祫一禘」。又云「禘、祫，俱殷祭。祫，則於太祖列群廟之主。禘，則於文、武廟各迎昭穆之主」。夫太廟之有祫祭，象生有族食之義，列昭穆，齒尊卑。今乃分昭穆各於一廟，有何理哉？若信有此理，五廟、七廟有虚主，曾子問篇中何得不該？蓋儒者無以分別禘、祫之異，强生此義也。僖公三十三年，左氏傳曰「烝、嘗、禘於廟」。蓋左氏見春秋經前後記祭，唯有此烝、嘗、禘三種，以爲祭名盡於此。但按經文，不識經意，所以云爾。又昭公十五年禘於武宫，二十五年禘於襄公，定公八年禘於僖公，亦左氏見經書禘於莊公，以爲諸廟合行之，故妄云禘於武宫、僖公、襄公，皆妄引禘文而説祭耳。問者曰，若謂禘非三年喪畢之殷祭，則晉人云「以寡君之未禘祀」何也？答曰，此左氏之妄也。左氏見經文吉禘於莊公，以爲喪畢當禘，而不知此本魯禮，不合施於他國。左氏亦自云魯有禘樂，賓祭用之。即明諸國無禘可知，是左氏自相違背，亦可見矣。

林氏曰，事有出於一時之陋見，行之數千百載，莫有悟其非者，良可嘆也！夫禘祫之説，諸儒聚訟久矣。論年之先後，則謂之先三而後二，鄭康成、高堂隆。或謂先二而後三。徐邈。辨祭之小大，則或謂祫大於禘，鄭康成。或謂禘大於祫，王肅。或謂一祭而二名，禮無差降。賈逵、劉歆。又或謂禘以夏不以春，祫以冬不以秋。矛盾相攻，卒無定論。此皆置而勿辨。其可深責者，始爲私見陋説，召諸儒之紛紛者，其鄭氏之失歟。鄭氏之説曰，魯禮三年喪畢而祫於太祖，明年春禘於群廟，自爾以後，五年而再盛祭。一禘一祫，周禮廢絶久矣，鄭氏何據而云？爲之説者曰，周禮盡在魯，鄭氏據春秋魯禮則周禮可知矣。僖公薨，文公即位，二年秋八月大事於太廟。大事，祫也。推此是三年喪畢而祫於太祖也。明年春禘，雖無正文，約僖公、定公八年皆有禘文可知。蓋以文公二年祫，則知僖、宣二年亦皆有祫。則明年是三年春禘。四年、五年、六年秋祫，是三年祫。更加七年、八年並前爲五年禘，故禘於群廟也。自後三年一祫，五年一禘。嗚呼！鄭氏不知春秋，固妄爲此説，後學又不察，固爲所惑也。當春秋時，諸侯僭亂，無復禮制，魯之祭祀，皆妄舉也。諸侯而郊上帝、禘始祖，罪也。大夫而旅泰山、舞八佾，罪也。春秋常事不書，其書者，皆悖禮亂常之事。故書郊者九，書禘者二，與夫大事一，有事二，烝二，嘗一之類，無非記其非常，俾後世以見其非，奈何反以爲周禮而足法乎？使魯之祭祀如周之禮，則春秋不書矣。據僖公以三十二年冬十二月薨，至文公二年秋八月喪制未畢，未可以祫也，而乃大事焉，一惡也。躋僖公，二惡也。彼有二惡，春秋譏之，鄭氏乃謂三年喪畢而祫於太祖者，果禮邪！又曰明年春禘。經無三年禘祭之文，何自知之？徒約僖公、宣公八年皆有禘而云，愈繆也。魯之設祭，何常之有，聖人於其常，又不書之，何得約他公之年以足文公，而見三年之禘與五年而再殷祭乎？使文公二年不因躋僖公，則春秋不書大事，使僖公八年不因用致夫人，則春秋不書禘，又何準邪？況宣公八年經書有事於太廟，則是常祭也，而以爲禘何邪？誠爲禘祭，經不得謂之有事。且閔公二年，春秋書夏月吉禘於莊公，是魯常以二年即禘矣，何待三年與八年乎？閔有禘文而不之據，宣無禘文而妄據之，傅會可見也。不然，魯至僖公而始書三望，豈他公皆不望乎？至成公而後書用郊，豈他公皆不郊乎？桓公一歲而再烝，十二公而唯一嘗，又可以爲法乎？取亂世之典，以爲治世之制，鄭氏豈知春秋哉！區區一鄭氏不足責，後世諸儒波蕩而從之，歷代祀典咸所遵用，益可悲也。夫其論禘祫之制既謬，至其言祭之時亦非矣。春秋書大事於秋八月，而彼此爲冬。書閔公之禘於夏四月，書僖公之禘於秋七月，而彼一以爲夏。既本魯禮以行祀典，而又不用其時，是自戾也。故曰事有出於一時之陋見，行之數千百歲莫有悟其非者，禘祫之説是也。雖然魯禮誠非矣，先王之制可得聞乎？曰孟子之時不聞周禮之詳矣，矧加秦火之酷乎！夫子曰「多聞闕疑」，鄭氏惟不知「闕疑」之理，乃妄説以惑世，况又效其尤邪。故求之聖經，禘祫之文不詳，所可知者，禘尊而祫卑矣。禮不王不禘，或問禘之説，夫子答以不知，譏魯僖僭也。春秋之法，所譏在祭則書其祭名，不然則否。書郊、書望禘，則所譏在郊、望與禘也。若文公之祫，則譏其短喪逆祀，不在於祫，故曰大事而已。何者？禘者，禘其祖之所自出。王者立始祖之廟，未足以盡追遠尊先之義。故近推祖所出之君而追祀之，則謂之禘。有虞氏、夏后氏皆禘黄帝，以其祖顓，帝之所出也。商人、周人皆禘嚳，以其祖契、文王之所出也。禘，天子之祭名。諸侯無禘禮，魯用之，僭也。若夫祫，則合食而已。毁廟未毁廟之主，皆合食於太祖，非惟天子有祫，諸侯亦得祫也。詳二祭之名，則禘尊而祫卑，可謂明矣。先儒據鄭氏説，率以祫大於禘，是以諸侯之祭加天子之祭，可乎？考之經籍，禘祫之文可知者此爾，蓋其禮之大者。至於年數之久遠，祭時之先後，則經無所據，學者當闕其疑，不可據漢儒臆論也。若世有聖君賢臣，達禮之情，觀時變通，而爲之制可矣。何必膠柱而不知變乎！苟徒以鄭氏之誤説，魯人僭禮之典，以爲百代常行，則恐爲後世知春秋者笑也。

楊氏曰：自漢以來，宗廟之禮不合古制者，其失有二：混禘祫爲一事，一失也；輕宗廟而重原廟，二失也。其一曰，禘、祫之禮不同，王者既立始祖之廟，又推始祖所自出之帝，而以始祖配之，所謂禘也。合群廟之主於始祖之廟，而設殷祭，所謂祫也。先儒皆知祫爲殷祭矣，而又兼以禘爲殷祭，其説何從始乎？蓋自成王念周公有大勳勞，賜以郊禘，重祭聖人，已嘆其非禮。然魯之有禘，特祭於周公之廟，而上及於文王，以文王者，周公之所出也。其後閔公二年，僭用禘禮，行吉祭不於周公之廟，而行之於莊公之宫，而禘之禮始紊。自僖公八年，用禘禮合先祖，叙昭穆，用致夫人於廟，而禘禮始與祫混淆而無别。春秋常事不書，特書閔公、僖公兩禘者，記失禮之始也。文公二年，大事於太廟，躋僖公。公羊傳曰「大事者何？大祫也」。謂大合毁廟、未毁廟之主於太祖之廟而祭之也。天子有祫，諸侯亦有祫，於文公乎何譏？譏其逆祀，躋僖公也。鄭康成乃謂禘、祫皆爲魯禮。夫謂祫爲魯禮，可也，魯之有禘，行於周公之廟已非禮矣。况僭而行之於莊公之宫，又禘於太廟，以致妾母，可以謂之禮乎？禘，宗廟之大祭也。故惟禘禮爲盛。觀明堂位之言可見。閔、僖竊禘之盛禮，以侈一時之美觀，猶周公廟有八佾，其後竊而用之於季氏之庭，此聖人之所深惡也。况三年喪畢而吉祭，此祫禮也，閔公喪未畢，竊禘之盛禮以行吉祭。合先祖，叙昭穆，此祫禮也，僖公竊禘之盛禮，以致夫人。禘、祫之混，自此始也。鄭氏不能推本尋源，以辨禘、祫二禮之異，正閔、僖僭禘之罪，以明春秋之意，反取春秋之所深譏者，以明先王禘、祫之正禮。又妄稱禘、祫皆爲殷祭，三年一祫，五年一禘，二禮常相因並行，且多爲説以文之。按鄭注王制及春官大宗伯、詩殷頌，皆曰魯禮三年喪畢而祫於太祖，明年春禘於群廟，自爾以後五年而再殷祭，一祫一禘。愚始讀鄭氏三注，意其必有昭然可據之實，及考其所自來，則曰一祫一禘之説出於春秋魯禮及緯書。夫溺於緯書之僞，而不悞其非，此鄭氏之蔽惑不足責也。謂出於春秋魯禮者，並無事實可證，乃專取僖公之禘、文公之祫二事穿鑿傅會，以文致其説而已。夫禘、祫二禮，其源各異，本不相因。僖公之禘未嘗因乎祫，文公之祫未嘗關乎禘也。今其説曰，文公二年既有祫，則僖公二年亦必有祫；僖公八年既有禘，則文公八年亦必有禘。事之本無，既牽合影射以爲有，蓋欲明僖公之禘前有祫，文公之祫後有禘，以證一祫一禘之説而已。此其妄一也。夫既取僖公之禘，文公之祫爲證矣，又增宣公八年之禘以明之，謂僖、宣八年皆有禘，放於春秋宣公八年有事於太廟，未嘗有禘文，乃鄭氏駕虚詞以多其證。此其妄二也。文二年公羊傳云「五年而再殷祭」。所謂五年再殷祭者，謂三年一祫，五年再祫。猶天道三年一閏，五年再閏也。鄭氏乃引之以爲三年一祫，五年一禘之證。此其妄三也。二年至八年，相去凡七年，與五年再殷祭之數不合也，則爲之説曰魯禮三年喪畢而祫於太祖，明年春禘於群廟，自爾以後五年而再殷祭。夫謂三年喪畢而祫於太祖可也，明年春禘於群廟，何所據而爲是説乎？强添此事於五年再殷祭之前，直欲以掩五年、七年不合之數爾。後之儒者知其不可，則爲之説曰喪畢之祫，祫之本，明年之禘，禘之本。此其爲説若巧矣，惜乎！其似是而實非也。此其妄四也。且後世之所以信鄭氏者，以其所據者春秋也。而鄭氏所據者，乃是以無爲有，駕虚爲實，取閔、僖僭竊之禮，以明先王禘、祫之正禮。既三注其説於經，又以此説推演爲禘祫志，注疏盈溢，文不勝繁，故觀者莫辨，諸儒靡然而從之，是皆求其說於鄭注之中，未嘗以經而考注之真僞也。王肅最爲不信鄭氏，亦以禘爲五年殷祭之名，不亦誤乎。自鄭氏之說立，混禘於祫，而禘之禮遂亡；混祫於禘，而祫之禮亦紊。夫禮不王不禘，王者禘其祖之所自出，見於大傳，見於小記，見於喪服子夏傳，非不甚明。祭法首述虞、夏、殷、周四代已行之禮，又信而有證，固有國家者所當講明而舉行也。自漢以來，世之儒者，皆置之而不論，其故何哉？蓋後之言禘者，皆求其說於三年一祫，五年一禘之中，而不求之於禘其祖之所自出。皆由漢儒混禘於祫，而遂至於不知有禘，此禘禮之所由亡也，可不惜哉！漢儒既以禘、祫皆爲魯禮，又以禘、祫同爲殷祭，於禘、祫之本原已失之矣。又欲尋流逐末，欲辨禘、祫之名所以不同，是故馬融謂禘大祫小。禘，三年大禘及郊宗祏。祫，歲祫及壇墠。鄭玄謂祫大禘小。祫，毀主、未毀主合於太祖。禘，唯毀主合食，未毀則各祭於其廟。賈逵、劉歆謂一祭二名。紛紛異同得失不能相遠，最是鄭氏多爲之說，附經而行，其汩經爲尤甚。於是祫禮爲禘所混，歷代所行，衆說紛錯，歲月先後，拘牽纏繞，而祫禮亦不得其正，是祫之禮，亦從此而紊矣。故曰混禘、祫爲一事，其失一也。

輕宗廟重原廟說，見宗廟門。

又曰：愚按鄭氏注王制、春官大宗伯及詩殷頌，皆云魯禮三年喪畢而祫於太祖，明年春禘於群廟。及注鬯人「廟用修」，又云始禘自饋食始，信如是言，則喪畢而有祫，祫之前又有禘，自饋食始也。以喪禮考之，大祥、禫皆有此祭，猶是喪祭也。喪畢則有吉祭，未聞喪畢既有吉祭之祫，祫前又有吉祭之禘也。自鄭氏注有此說，魏卞后、唐睿宗之喪，皆禫後有禘，喪畢有祫，明年春有禘。國朝治平二年，同知太常禮院呂夏卿亦建此議，謂之小禘。後之儒者，意在尊信聖經，不知經無其文，乃鄭氏説也。若如疏家謂鄭氏用穀梁「練而壞廟」之説，爾時木主新入廟，禘祭之，此尤非也。禘，吉祭也，練而遷廟之時遽行吉祭，尤無是理。

案：禘、祫之制，禮經無明文，而漢儒之釋經者，各以意言之，其説莫詳於鄭氏。而其支離亦莫甚於鄭氏。故先儒皆不以爲然，如趙氏、林氏、楊氏之言，辨析詳明，已無餘藴。然其所詆訾者，大概有四：三年一祫，五年一禘，一也；混禘、祫爲一事，二也；以禘爲喪服即吉之祭，三也；以禘爲時祭，四也。夫三年一祫，五年一禘，經無其文。蓋緯書之説。若混禘、祫爲一事，則鄭氏據魯之僭禮，妄作而以爲周禮，先儒言之詳矣。至於以禘爲喪服即吉後之祭爲非，則愚以爲王制言三年之喪不祭，唯祭天地社稷爲越紼而行事。然則喪服未除，宗廟諸祭盡廢，非特禘、祫也。左傳言「祔而作主，特祀於主，烝嘗禘於廟」。然則喪服既除，宗廟諸祭盡舉，亦非特禘、祫也。以是觀之，則鄭注所謂魯禮三年喪畢而祫於太祖，明年春禘於群廟，恐只是泛指喪畢則可以吉祭而言，未見其即以祫、禘爲喪畢之祭也。如喪畢之祭，則禮謂之祔。然左氏所謂「特祀於主」者，先儒注釋以爲祀新主於寢，則不及群廟也。儀禮士虞禮載祔祭祝文曰：「孝子某，孝顯相，夙興夜處，小心畏忌，不惰其身，不寧。用尹祭，脯曰尹祭。嘉薦普淖，普薦溲酒。適爾皇祖某甫，以隮祔爾孫某甫，尚饗。」則祔亦有告祭於廟之禮。但儀禮所言乃士禮，若國家之禮，則禘、祫時饗之外，必別有一祔祭之禮，而經文無可考，至魯則始以禘爲祔，而禮之失自此始矣。先儒議康成之釋禘、祫，病其據魯之失禮以爲周禮。然魯自以禘爲祔祭，而康成自謂三年喪畢，祫於太祖，則其意乃以祔爲祫，本不以禘爲祔，實未嘗專以魯爲據也。蓋祫者，合祭也。大祫，則以已毁廟之主合於太祖而祭之。時祫，則以未毁昭穆廟之主合於太祖而祭之。至於祔，則亦是以新主合於舊主而祭之。然則以祫訓祔祭，亦未爲不可。而所謂明年春禘於群廟，則自是吉祭矣。故愚以爲康成所謂三年喪畢祫於太祖，明年禘於群廟，本非據魯禮而言，未可深訾也。特不當以春秋所書而遥推其禘、祫之年，則爲無據而臆説耳。若禘之，又爲時祭。則王制「天子祫祭，諸侯禘一犆一祫」之説，左傳「烝嘗禘於廟」之説，所載晉人言「寡君未禘祀」之説，皆指時祭而言，無緣皆妄。蓋禘有二名，有大禘之禘，大傳所謂「禮，不王不禘，王者禘其祖之所自出，而以祖配之」，禮運所謂「魯之郊禘非禮也」是也。有時禘之禘，祭義所謂「春禘秋嘗」，王制所謂「天子祫禘，諸侯禘一犆一祫」是也。趙伯循必以禘爲非時祭之名，因不信鄭氏而並詆禮記、左傳，其意蓋謂禘只是大禘，無所謂時禘。然禘之名義，他不經見，惟禮記詳言之耳。趙氏所言，亦是因「不王不禘」之説，「魯郊禘非禮」之説，見得禘爲天子之大祀，故不可以名時祭。然大傳、禮運，禮記也；王制、祭義亦禮記也。今所本者大傳、禮運，所詆者王制、祭法〔三四〕，是據禮記以攻禮記也。至於「烝嘗禘於廟」一語，雖左氏所言，然其所載昭公十五年禘於武宫，二十五年禘於襄公，定公八年禘於僖公，襄公十六年晉人曰「寡君之未禘祀」，則皆當時之事，今趙氏皆以爲左氏。見經中有禘於莊公一事，故於當時魯國及他國之祭祀，皆妄以爲禘，則其説尤不通矣。安有魯國元無此祭，晉人元無此言，而鑿空妄説乎？蓋魯伯禽嘗受郊禘之賜，則魯國後來所行之禘，其或爲大禘，或爲時禘，亦未可知也。至於左氏所謂「烝嘗禘於廟」，晉人所謂「寡君未禘祀」，則時禘之通行於天子諸侯者，非止魯國行之而已，恐難儕之郊望而例以僭目之也。

校勘記

〔一〕太祖當祫之年　「年」原訛「時」，據禮記正義卷一八曾子問孔穎達疏改。

〔二〕尾末有跂　「跂」原作「歧」，據周禮注疏卷二〇司尊彝賈公彥疏改。

〔三〕有尸主兼序昭穆俎簋也　「俎簋」二字原脱，據周禮注疏卷二六小史賈公彥疏補。

〔四〕而唯云六尸者　「六」字原脱，據禮記正義卷二四禮器孔穎達疏補。

〔五〕故上以新也　春秋公羊傳注疏卷一四文公十三年條何休注作「故上一新也」。

〔六〕降子尊祖故也　「子」原訛「于」，據春秋公羊傳注疏卷一四文公十三年條徐彥疏改。

〔七〕三酒之中　「之」字原脱，據周禮注疏卷二〇司尊彝賈公彥疏補。

〔八〕是不敢與王之神靈共酒罇故也　「是」及「故也」三字原脱，據周禮注疏卷二〇司尊彝賈公彥疏補。

〔九〕后稷之尸　「尸」原訛「尺」，據禮記正義卷二四禮器鄭氏注改。

〔一〇〕就親廟中　「中」原訛「尸」，據禮記正義卷二四禮器孔穎達疏改。

〔一一〕南北相對爲昭穆　「南北」二字原脱，據禮記正義卷二四禮器孔穎達疏補。

〔一二〕肆師告具　「具」原訛「其」，據通典卷四九禮九改。

〔一三〕周旅酬六尸　「周」原訛「君」，據禮記正義卷二四禮器孔穎達疏、通典卷四九禮九改。

〔一四〕納牲於庭時也　「時」原訛「是」，據禮記正義卷二四禮器鄭氏注、通典卷四九禮九改。

〔一五〕禮器云血毛詔於室是也　原「器」下衍「注」字，今删。按「血毛詔于室」爲禮記禮器正文，非注，故删。

〔一六〕隳音許規反　「規」原訛「志」，據通典卷四九禮九改。

〔一七〕謂之朝踐之禮　上「之」字原脱，據通典卷四九禮九補。

〔一八〕奏大武之時　「時」原訛「詩」，據元本、慎本、馮本及通典卷四九禮九改。

〔一九〕詩序云維清奏象舞也奏大武也　通典卷四九禮九作：「詩序云：『維清，奏象舞也。武，奏大武也。』」

〔二〇〕凡歌皆大司樂帥瞽人登歌之　「帥」原訛「師」，「之」下原衍「時」，據通典卷四九禮九改删。

〔二一〕樂交應乎下　「應」原訛「動」，據禮記正義卷二四禮器孔穎達疏、通典卷四九禮九改。

〔二二〕此時又取膟膋及黍稷焫於蕭蒿　「取」字原脱，據通典卷四九禮九補。

〔二三〕謂之再獻凡五獻也　「再」當作「饋」，按本卷上文九獻之禮，王行第五獻，謂之饋獻；后行第八獻，始謂之再獻。

〔二四〕又酌授尸　「酌」原訛「祝」，據元本、慎本、馮本、周禮注疏卷二〇司几筵鄭氏注及通典卷四九禮九改。

〔二五〕謂太子及三公之長一人　「及」原訛「乃」，據通典卷四九禮九改。

〔二六〕亦得仿天數也　「仿」原訛「于」，據通典卷四九禮九改。

〔二七〕有事於太廟是也　「也」字原脱，據通典卷四九禮九補。

〔二八〕故鬼閔公　「鬼」原訛「見」，據春秋左傳正義卷一八文公傳二年秋八月條杜氏注改。

〔二九〕解户賣反　「户」原訛「佳」，據春秋左傳正義卷一八文公傳二年秋八月條杜氏注改。

〔三〇〕自先君言之　「言」字原脱，據春秋公羊傳注疏卷一三文公二年秋八月條何休注補。

〔三一〕隱桓及閔僖　「桓」原訛「相」，據元本、慎本、馮本及春秋公羊傳注疏卷一三文公二年秋八月條何休注改。

〔三二〕皆合先祖之神而饗之　「合」原訛「祫」，據元本、慎本、馮本及通典卷四九禮九改。

〔三三〕以合聚群主　「主」原訛「生」，據通典卷四九禮九改。

〔三四〕所詆者王制祭法　按據上下文義「祭法」當爲「祭義」。

卷一百一　宗廟考十一

祫禘

有虞氏禘黄帝。趙氏曰：虞氏祖顓頊，顓頊出於黄帝，則所謂「禘其祖之所自出」。夏后氏亦禘黄帝。義同舜也。殷人禘嚳。殷祖契，出自嚳。周人禘嚳。義與殷同。禮，不王不禘。王者禘其祖之所自出，而以其祖配之。自出，謂所系之帝。諸侯及其太祖，太祖，始受封君也。趙伯循曰：諸侯有五廟，唯太廟百世不遷。「及」者，言遠祀之所及也。不言「禘者」，不王不禘，無所疑也。不言「祫」者，四時皆祭，故不言祫也。大夫有大事，省於其君，干祫及其高祖。有、省，謂有功德，見省記也。「干」者，逆上之意也。言逆上及於高祖也。楊氏曰：愚按天子有祫，諸侯祭及其太祖亦有祫，大夫無祫，惟有大功德見知於其君，乃得祫祭及高祖。儀禮喪服不杖期章爲人後者爲其父母報條子夏傳曰：「都邑之士，則知尊禰矣。大夫及學士，則知尊祖矣。諸侯及其太祖，天子及其祖之所自出。」楊氏曰：按大傳及子夏傳二章，皆言大夫祭祖，諸侯又上及其太祖，惟天子禘其祖之所自出，所謂「禮，不王不禘」也。

按：鄭氏注「禘其祖之所自出」，以爲王者之先祖皆感太微五帝之精以生，祖者后稷也，祖之所自出者，蒼帝靈威仰也。遂指禘以爲亦祭天之禮，混禘於郊。捨嚳而言靈威仰，其説妖妄，支離特甚，先儒多攻之。蓋祖者，后稷也；祖之所自出者，帝嚳也。郊祀只及稷，而禘則上及嚳，是宗廟之祀，莫大於禘。故祭法先禘於郊，以其所祀之祖最遠故耳，於祀天無預也。至楊氏引子夏傳以釋「祖之所自出」，其説尤爲明暢云。

禘，大祭也。五年一大祭。繹，又祭也。疏云：知非祭天之禘者，以此文下云「繹，又祭也，爲宗廟之祭」。知此「禘，大祭」，亦「宗廟之祭」也。爾雅。長發，大禘也。詩殷頌。

朱子曰：序以此爲大禘之詩，蓋祭其祖之所出，而以其祖配也。蘇氏曰：大禘之祭，所及者遠，故其詩歷言商之先君，又及其卿士伊尹，蓋與祭於禘者也。商書曰：「兹予大享于先王，爾祖其從與享之。」是禮也，豈其起於商之世歟？今按大禘不及群廟之主，此宜爲祫祭之詩，然經無明文，不可考也。

雝，禘太祖也。周頌。

朱子曰：祭法「周人禘嚳」。又曰「天子七廟，三昭、三穆及太祖之廟而七」。周之太祖，即后稷也。禘嚳於后稷之廟，而以后稷配之，所謂「禘其祖之所自出，以其祖配之」者也。祭法又曰周「祖文王」，而春秋家説「三年喪畢，致新死者之主於廟，亦謂之吉禘」。是祖一號而二廟，禘一名而二祭也。今此序云「禘太祖」，則宜爲禘嚳於后稷之廟矣，而其詩之詞無及於嚳、稷者。若以爲吉禘於文王，則與序已不協，而詩文亦無此意，恐序之誤也。此詩但爲武王祭文王而徹俎之詩，而後通用於他廟耳。

陳氏曰：趙伯循謂禘祭不兼群廟之主，爲其疏遠不敢褻。此殆未嘗考之於經也，詩頌長發大禘而歌「玄王桓撥」、「相土烈烈」，與夫武王之湯，中葉之太甲。雝，禘太祖而歌皇考之武王，烈考之文王，則不兼群廟之説，其足信哉。

楊氏曰：愚按禘祭不兼群廟之主，此非趙伯循之臆説也。大傳云「王者禘其祖之所自出，以其祖配之」，則不兼群廟之主明矣。曾子問云「祫祭其太廟，祝迎四廟之主」。又云「非祫祭，則七廟五廟無虚主」。公羊傳云「大事者何？大祫也。毁廟之主陳于太祖，未毁廟之主皆升合食于太祖」。此皆指祫祭而言，並無一言説禘爲殷祭，則禘不兼群廟之主又明矣。是以朱子疑長發爲大祫之詩，疑雝爲武王祭文王而徹俎之詩，是蓋以理决之，而不爲詩序所惑也。且詩頌長發大禘但述玄王以下，而上不及於所自出之帝；雝禘太祖，無一詞及其嚳、稷，而皆稱述文王、武王，則安得謂之禘詩乎？詩序之不足信，於此尤可見矣。

按：爾雅以禘爲大祭，祭法序禘先於郊，夫子答或人之問禘，不敢易其對，而以爲知其説者，於天下國家如指諸掌。由是後之儒者以禘爲祭中之至大者，而必推尊其所以大之説，故或以祖之所自出爲天帝，其意必謂郊明堂猶祀天，禘，大祭也，豈止於祀祖而已乎？又以禘爲并祀群廟之主，其意必謂祫猶並祀群廟，禘，大祭也，豈止於祀祖及祖之所自出而已乎？此二説者，趙伯循、楊信齋諸公闢之善矣。至於大禘之外復有時禘，則見於禮記、左傳者具有明文，而趙、楊二公獨不以爲然，其意亦必謂「禘，大祭也」，不當復以此名時祭，然不知祫亦大祭，而亦有大祫、時祫之分，則禘何害其爲一名而二祭乎？然則以禘爲配天，以禘爲合祀群祖，以禘爲非時享，其意皆本於欲推尊禘祭之所以大，而不欲小之故耳。

朱子周大禘圖

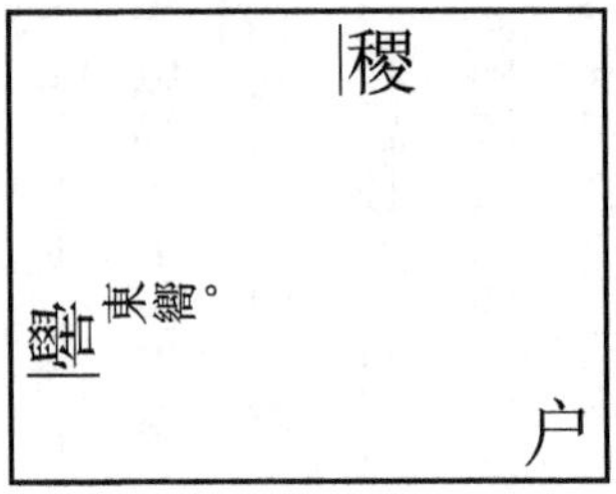

趙伯循曰：禘，王者之大祭也。王者既立始祖之廟，又推始祖之所自出。祀之於始祖之廟，而以始祖配之也。

司尊彝：凡四時之間祀追享、朝享，祼用虎彝、蜼彝，皆有舟。其朝踐用兩大尊，其再獻用兩山尊，皆有罍，諸臣之所昨也。鄭司農云：追享，謂禘也。黄氏曰：禘，追祭其所自出，故爲追享。詳見祫祭條、司尊彝注。楊氏曰：司尊彝云「凡四時之間祀、追享、朝享」，謂禘、祫也，所用尊彝皆同，則禘禮大略當如祫禮。

禘郊之事，則有全烝。烝，升也。全其牲體而升之也。國語周語。

天子禘郊之事，必自射其牲。牲，牛也。國語楚語。

禘郊不過繭栗。角如繭栗。同上。王肅聖證論曰：昭王問觀射父祀牲何及？對曰：禘郊不過繭栗。射父自謂天子之禘，特用繭栗之牲，不以禘爲祀天也。

楊氏曰：愚按王肅以「禘用繭栗之牲，而非祀天」，此言是矣。但王肅又以「禘爲殷祭」，則與祫無異，而不知所謂禘者，禘其祖之所自出，亦未爲得也。愚謂祭天用騂犢，天子適諸侯，諸侯膳用犢，尊尊之義也。禘者，禘其所自出之帝，尊而且遠，亦用繭栗，尊之如天也。祖考與天本一氣，祖考近而親，故以人道事之；所自出之帝尊而且遠，故以天道事之也。又按禘禮大略雖與祫禮同，然大祫則合毁廟、未毁廟之主而祭之。禘又上及其祖之所自出，則禘又大於祫矣。馬融、王肅皆云「禘大祫小」，此言是也。鄭玄注經乃云「祫大禘小」。賈逵、劉歆則云「一祭二名，禮無差降」。彼蓋不深考大傳、小記之文與四代禘郊祖宗之義，但以禘、祫同爲殷祭，而不知禘爲祭其祖之所自出，所以徒爲此紛紛也。鄭氏禘祫志曰，祫備五齊三酒，禘以四齊二酒；祫用六代之樂，禘用四代之樂。賈公彦曰，祫十有二獻，禘九獻。此蓋注疏家溺於「祫大禘小」之説然也。爾雅曰「禘，大祭也」。夫禴、祠、烝、嘗、時祫、大祫，皆宗廟祭也。爾雅特言禘爲大祭，則禘大於祫可知矣。明堂位言魯「以禘禮祀周公於太廟，牲用白牡，鐏用犧象、山罍〔一〕，鬱鐏用黄目，灌用玉瓚大圭，薦用玉豆雕篹，爵用玉琖仍雕，加以璧散、璧角，俎用梡嶡」。其樂，則「升歌清廟，下管象，朱干玉戚，冕而舞大武，皮弁素積，裼而舞大夏」。此蓋王禮也。用之於周公之廟已爲非禮，其後他廟遂僭用之。如閔二年夏五月乙丑吉禘於莊公，僖八年秋七月，「禘於太廟，用致夫人」之類是也。荀偃、士匄曰，魯有禘樂，賓祭用之。則不惟僭用之於祭，亦僭用之於享賓矣。此何異魯有佾舞雍徹，而其後亦用之於季氏之庭，三家之堂也。故春秋特書二禘，所以譏僭禮之始也，而注、疏反引之以爲先王之正禮，不亦誤乎？賈公彦曰，大祫十有二獻，禘大於祫，其禮尤隆，至於獻數，亦當同之，但禮文殘缺，莫得而見節文之詳爾。

成王以周公爲有勳勞於天下，命魯公世世祀周公以天子之禮樂。同之於周，尊之也。魯公，謂伯禽也。季夏六月，以禘禮祀周公於太廟，牲用白牡，罇用犧罇、山罍，鬱罇用黄目，灌用玉瓚大圭，薦用玉豆、雕篹，息緩反。爵用玉琖仍雕，加以璧散、璧角，俎用梡若管反。嶡，居衞反。升歌清廟，下管象，朱干玉戚，冕而舞大武，皮弁素積，裼而舞大夏。昧，東夷之樂也；任，南蠻之樂也。納夷蠻之樂於太廟，言廣魯於天下也。季夏，建巳之月也。禘，大祭也。周公曰太廟，魯公曰世室，群公稱宫。白牡，殷牲也。罇，酒器也。犧罇，以沙羽爲畫飾，象骨飾之。鬱鬯之器也，黄彝也。灌，酌鬱罇以獻也。瓚，形如盤，容五升，以大圭爲柄，是謂圭瓚。篹，籩屬也，以竹爲之，雕刻飾其直者。爵，君所進於户也。仍，因也，因爵之形爲之飾也。加，加爵也。散、角，皆以璧飾其口也。梡始有四足也〔二〕，嶡爲之距。清廟，周頌也。象，謂周頌武也，以管播之。朱干，赤大盾也。戚，斧也。冕，冠名也。諸公之服，自衮冕而下，如王之服也。大武，周舞也。大夏，夏舞也。周禮昧師，掌教昧樂。詩曰「以雅以南，以籥不僭」。廣，大也。疏曰：夏之季夏，非禘祭之月，故知是周之季夏。犧罇山罍，魯得用天子之罇，爲犧牛及象之形，鑿其背以爲罇。山罍，謂夏后氏之罇。薦，謂祭時所薦菹醢之屬。篹，形似筥，以竹爲之，雕鏤其柄。琖，夏后氏之爵名。加，謂尸入室饋食竟，主人酌醴齊酳尸，名爲朝獻；朝獻竟，而夫人酌盎齊亞獻，名爲再獻，又名爲加。於時薦加豆籩也。此再獻之時，夫人用璧角，内宰所謂瑶爵也。其璧散者，夫人再獻訖，諸侯爲賓，用之以獻尸，雖非正加，是夫人加爵之後，總而言之，亦得稱加。故此總云加以「璧散、璧角」。先散後角，便文也。梡、嶡，兩代俎也。虞俎名梡。梡形四足如案，長二尺四寸，廣一尺二寸，高一尺。諸侯加雲氣，天子犧飾之。夏俎名嶡，嶡亦如梡，而横柱四足，中央如距也。賀云：直有脚曰梡，加脚中央横木曰嶡。升歌，升堂歌清廟。下管，堂下吹管以播象武之詩。朱干玉戚，赤盾而玉飾斧也〔三〕。「冕而舞大武」者，冕，衮冕也；大武，武王樂也；王着衮冕，執赤盾、玉斧而舞武王伐紂之樂也。「皮弁素積，裼而舞大夏」者，皮弁，三王之服也；裼，見美也；大夏，夏禹之樂也；王又服皮弁〔四〕，裼而舞夏后氏之樂也。六冕，是周制，故用冕舞周樂。皮弁，是三王服，故用皮弁舞夏樂也。周樂是武，武質，故不裼」，夏家樂文，文，故裼也。若諸侯之祭，各服所祭之冕而舞。故祭統云「諸侯之祭也，與竟内樂之。冕而總干，率其群臣，以樂皇尸」是也。「昧，東夷之樂也。任，南蠻之樂也」者，周公德廣，非唯用四代之樂，亦爲蠻夷所歸，故賜奏蠻夷之樂於庭也。唯言夷蠻，則戎狄從可知也。君卷冕立於阼，夫人副褘立於房中。君肉袒迎牲於門，夫人薦豆籩。卿大夫贊君，命婦贊夫人，各揚其職。百官廢職服大刑〔五〕，而天下大服。褘，音輝。袒，音誕。副，首飾也。詩云「副笄六珈」。周禮追師掌王后之首服，爲副褘，王后之上服，唯魯及王者之後夫人服之〔六〕。諸侯夫人則自褕翟而下〔七〕。贊，佐也。命婦，於内則世婦也，於外則大夫之妻也。祭祀，世婦以下佐夫人。揚，舉也。大刑，重罪也。天下大服，知周公之德宜享此也。珈，音加。追，丁回反。褕，羊昭反。疏曰，明祀周公之時，君與夫人、卿、大夫、命婦行禮之儀。尸初入之時，君待之於阼，夫人立於東房中。魯之太廟，如天子明堂也。此文承上「禘祀周公」之下，知周公之德，宜享此也。

閔公二年夏五月乙酉，吉禘於莊公。莊公喪制未闋時别立廟，廟成而吉祭又不於太廟，故詳書以示譏。左氏曰「速也」。公羊曰「言吉者，未可以吉也。何以書？譏始不三年也」。穀梁曰「吉禘者，不吉者也〔八〕。喪事未畢而舉吉祭，故非之也」。趙氏曰，魯之用禘，蓋於周公廟而上及文王，文王即周公之所自出也，故此祭唯得於周公廟爲之。閔公時，遂僭於莊公廟行之，亦猶因周公廟有八佾，季氏遂用之於私庭也。以其不追配，故直言莊公而不言莊宫，明用其禮物耳，不追配文王也。春秋書吉禘於莊公，譏其不當吉，又不當禘於莊也。

僖公八年秋七月，禘於太廟，用致夫人。禘，三年大祭之名。太廟，周公廟。致者，致新死之主於廟，而列之昭穆。夫人淫而與殺，不薨於寢，於禮不應致，故書之。殺，音試。左氏曰「禘而致哀姜焉，非禮也。凡夫人不薨於寢，不殯於廟，不赴於同，不祔於姑，則弗致也」。寢，小寢也。同，同盟。將葬又不以殯過廟。據經哀姜薨葬之文，則爲殯廟，赴同、祔姑，今當以不薨於寢，不得致也。公羊曰「用者不宜用也，致者不宜致也」。穀梁傳二句同。禘用致夫人，非禮也」。趙氏曰，譏其非時之禘，又譏致夫人也。孟獻子曰，正月日至，可以有事於上帝，七月日至，可以有事於祖。

七月而禘，獻子爲之也。記魯失禮所由也。孟獻子，魯大夫仲孫蔑也。魯以周公之故，得以正月日至之後郊天，亦以始祖后稷配之。獻子欲尊其祖，以郊天之月對月禘之，非也。魯之宗廟，猶以夏時之孟月爾。明堂位曰，季夏六月，以禘禮祀周公於太廟。疏曰，獻子言十一月建子冬至既祭上帝，故建午夏至亦可禘祖，以兩月日至相對，故欲祭祖廟與天相對也。故曰「七月日至，可以有事於祖」也。此言非也。凡大祭宜用首時，應禘於孟月。孟月於夏家是四月〔九〕，於周爲六月，故明堂位云「季夏六月以禘禮祀周公於太廟」，是夏之孟月也。獻子捨此義，欲以此二至相當，以天對祖，殊失禮意。雜記下。趙氏曰，禘，本以夏之孟月，至孟獻子乃以夏之仲月爲之。又曰，其年數或每年一行，或三年一行，未可知也。孔子曰，我觀周道，幽、厲傷之，吾舍魯何適矣！魯之郊禘，非禮也，周公其衰矣。禮運。子曰：「禘自既灌而往者，吾不欲觀之矣。」朱子曰，成王以周公有大勳勞，賜魯重祭，故得禘於周公之廟，以文王爲所出之帝，而周公配之。然非禮矣。灌者，方祭之始，用鬱鬯之酒灌地以降神也。魯之君臣，當此之時，誠意未散，猶有可觀。自此以後，則浸以懈怠，而無足觀矣。蓋魯祭非禮，孔子本不欲觀，至此而失禮之中又失禮焉，故發此嘆也。或問禘之說，子曰「不知也。知其說者之於天下也，其如示諸斯乎」。指其掌。朱子曰，先王報本追遠之意莫深於禘，非仁孝誠敬之至，不足以與此，非或人之所及也。而不王不禘之法，又魯之所當諱者，故以不知答之。「示」與「視」同。指其掌，弟子記夫子言此而自指其掌，言其明且易也。蓋知禘之說，則理無不明，誠無不格，而治天下不難矣。聖人於此，豈真有所不知也哉？論語八佾。

問禘之說，朱子曰：禘之意最深長，如祖考與自家身心未相遼絶，祭祀之理亦自易理會。至如郊天祀地，猶有天地之顯然者，不敢不盡其心。至祭其始祖，已自大段闊遠，難盡其感格之道。今又推其始祖之所自出而祀之，苟非察理之精微，誠意之極至，安能與於此哉。故知此則治天下不難也。又曰，程先生說禘，是禘其祖之所自出，併群廟之主皆祭之；祫，則止自始祖而下，合群廟之主皆祭之。所謂「禘」之說恐不然，故論語集解中止取趙伯循之說。問「禘之說，諸儒多作魯躋僖公於閔公之上，昭穆不順，故聖人不欲觀之，如何？」曰：「禘，是於始祖之廟，推所自出之帝，設虛位以祀之，而以始祖配，即不曾序昭穆，故周禘帝嚳，以后稷配之。王者有禘有祫，諸侯只有祫而無禘，此魯所以爲失禮也。」

楊氏曰，愚聞之師曰，鄭氏以禘、祫皆爲魯禮，抑不知天子有禘有祫，諸侯有祫而無禘。成王賜周公以禘禮，蓋亦禘於周公之廟爾。閔、僖二公竊禘之盛禮，以行吉祭致夫人。春秋常事不書，特書閔、僖二禘者，惡僭竊之始也。今乃據春秋書二禘以爲魯禮，可乎？又以禘、祫同爲殷祭，抑不知祫者，合毁廟、未毁廟之主於太祖之廟而祭之，方謂之殷祭；禘者，禘其祖之所自出於始祖之廟，而以始祖配之，此祭不兼群廟之主，爲其尊遠不敢褻也。今乃謂禘爲殷祭可乎？惟其以禘、祫皆爲魯禮，又以禘、祫同爲殷祭，故後之言禘者，皆求之於一祫、一禘之中，而不求於禘其祖之所自出，混禘於祫，而遂至於不知有禘，遂使二千年來國家大典禮爲所汩壞，是誰之過與？然義理在人心，終不可埋没。唐大曆間，趙伯循作春秋纂例，獨得其説於大傳、小記、祭法之中，以破鄭氏諸儒注、疏之繆學，士大夫皆是之。然其説未明於上也。伏讀國朝會要，元豐五年，神宗皇帝因論廟祭以爲「禘者，本以審諦祖之所自出，故『禮，不王不禘』，蓋王者竭四海之有，以奉神明，力大可以及遠，故於祖禰之外，又及其遠祖，猶以爲未足也，推而上之，及其祖之所自出。自秦、漢以來，譜牒不明，莫知其祖之所自出，其禘禮固可廢也」。宰臣蔡確曰，諸儒議論紛紜，莫知禘之本意，聖訓發明，非臣等所及。神宗皇帝聖學高明，當時儒臣有能推廣上意，尋繹古典以成之，則二千年已廢之禮，可復舉行於後世。惜也！禘之説已明於上，而莫有能將順之於下也。或曰「虞、夏、殷、周四代各有自出之帝，則禘禮可行也，後世如漢高祖崛起草野，五載而成帝業，非有所自出之帝，如虞、夏、商、周世系相承可考也，則宜何禘乎？」曰：木有本，水有源，人莫不有所自出之祖。若論所自出之根源，則厥初生民之祖是也。虞、夏、殷、周有所自出之帝，故報本追遠之心，上及於黄帝、帝嚳而止。若報本追遠之心未有所止，則必至於厥初生民之祖而後已。是以程子祭禮有「冬至祭初祖」一條，以明孝子慈孫報本追遠深長之思，仁孝誠敬無窮之念。後來朱子又以初祖之祭似禘而不敢行。夫程子未嘗建議於朝，修定祭禮，所論冬至祭始祖一節，亦統言祭禮之大綱，未及於尊卑輕重隆殺之差也。朱子以初祖之祭似禘而不敢行者，以「禮不王不禘」故也。漢世既無太祖廟，又不禘及初祖，此不可以爲法。後之君子有能推明大傳、小記之文，虞、夏、殷、周已行之禮，參之以程子、朱子精微之論，則禘禮可行，而古人甚盛之典復見於後世矣。

又曰：愚按禮經，唯禘禮爲注、疏汩壞最甚。夫禘，王者之大祭。王者既立始祖之廟，又推始祖所自出之帝，祀之於始祖之廟，而以始祖配之，見於大傳、小記、祭法及儀禮子夏傳甚詳且明如此。鄭康成見祭法禘文皆在郊上，率爾立論，謂禘大於郊，而以禘爲祭天之名。既又以地祇、宗廟亦是大祭，復指禘爲祭地祇、祭宗廟之名。且於大司樂注中立爲三禘之説以實之，支離泛濫不可收拾，諸儒已辨其謬矣。若夫以禘爲祭宗廟似矣，但謂禘爲時祭，又謂禘爲殷祭，又與大傳、小記、祭法大相違背，其故何哉？蓋以禘爲時祭，此緣記禮者之誤，鄭氏不能察，而遂指爲夏殷禮，趙氏已辨之矣。唯以禘爲殷祭，則其失已久，其混淆益甚，愚前已言之，今併列先儒之説於後，庶可參見。

漢元帝永光四年，罷郡國廟，詔將軍、列侯、中二千石、諸大夫、博士議廟制。

韋玄成等四十四人奏議曰：「禮，王者始受命，諸侯始封之君，皆爲太祖。以下，五廟而迭毁。迭，互也。親盡則毁。毁廟之主藏乎太祖，五年而再殷祭，言壹禘壹祫也。師古曰：殷，大也。禘，諦也。壹，一祭之也〔一〇〕。祫，合也。祫祭者，毁廟與未毁廟之主皆合食於太祖，父爲昭，子爲穆，孫復爲昭，古之正禮也。祭義曰：『王者禘其祖之所自出，以其祖配之，而立四廟。』言始受命而王〔一一〕，祭天以其祖配，而不爲立廟，親盡也。立親廟四，親親也。親盡而迭毁，親疏之殺，示有終也。」餘見宗廟門。

哀帝時，議毁廟。劉歆以爲「禮，去事有殺，去，除也。殺，漸也，所例反。故春秋外傳曰：『日祭，月祀，時享，歲貢，終王。』祖禰則日祭，曾、高則月祀，二祧則時享，壇墠則歲貢，大禘則終王。服虔曰：「蠻夷，終王乃入助祭，各以其珍貢，以共大禘之祭也。」師古曰：「每一王終，新王即位，乃來助祭〔一二〕。」德盛而游廣，親親之殺也；彌遠則彌尊，故禘爲重矣。孫居王父之處，正昭穆，則孫常與祖相代，此遷廟之殺也。聖人於其祖，出於情矣，禮無所不順，故無毁廟。晉灼曰：「以情推子，以子況祖，得人心，禮何所違，故無毁棄不禘之主也。謂下三廟廢而爲墟者也〔一三〕。」自貢禹建迭毁之議，惠、景及太上寢園廢而爲墟，失禮意矣」。

漢舊儀：宗廟三歲一大祫祭，子孫諸帝以昭穆坐於高廟，諸墮廟神皆合食，設左右坐。高祖南面，幄繡帳，望堂上西北隅〔一四〕，帳中坐皆長一丈〔一五〕，廣六尺，繡裀厚一尺，著之以坐幄〔一六〕。高后右坐，亦幄帳，郤六寸，白銀釦器〔一七〕，每大牢中分之，右辨上帝，左辨上后。尸俱。俎餘委肉〔一八〕。穆東面，皆曲几〔一九〕，如高祖。饌陳其右〔二〇〕，各配其左，坐如祖妣之坐法。太常道皇帝入北門，群臣陪位者，皆舉手班辟及走逆首伏。太鴻臚、大行令、九儐傳曰：「起復位。」而皇帝上堂盥，侍中以巾奉觶酒從〔二一〕。帝進拜謁〔二二〕，贊享曰：「嗣曾孫皇帝敬再拜前上巵酒。」郤行，至昭穆之坐次上酒。子爲昭，孫爲穆，各父子相對也。畢，却西面坐，坐如乘輿坐。贊享曰：「奉高祖賜資。」皇帝起再拜。即席以太牢之左辨賜皇帝，如祠。其夜半入行禮〔二三〕，平明上九巵，畢，群臣皆拜，因賜胙。皇帝出，即更衣巾〔二四〕。詔罷，當從者奉引皇帝。

按：西漢書未嘗言禘祫之祀，惟漢舊儀載其制頗詳。又韋玄成傳載諸儒因議毀廟而及禘祫，其説並著於此。然則以禘爲五年之殷祭，以禘爲祀天，以禘爲並祭群廟，韋、劉諸人所言已如此，鄭康成特襲其訛耳。劉歆「大禘則終王」之説，是每王一世方一舉禘禮，又與五年之説不合云。

光武建武十八年，幸長安，詔太常行禘禮於高廟，序昭穆。父爲昭，南向，子爲穆，北向。二十六年，有詔問張純：「禘祫之禮不施行幾年？宜據經典詳爲其制。」純奏：「禮，三年一祫，五年一禘。春秋傳曰：『大祫者何？合祭也。毀廟之主，陳於太祖，未毀廟之主，皆升，合食於太祖〔二五〕，五年而再殷祭〔二六〕。』漢舊制，三年一祫，毀廟主合食高廟，存廟主未嘗合祭。元始五年，諸王公列侯廟會，始爲禘祭〔二七〕。又建武十八年親幸長安，亦行此禮。記説三年一閏，天氣小備；五年再閏，天氣大備。故三年一祫〔二八〕，五年一禘。父爲昭，南嚮，子爲穆，北嚮。父子不並坐，而孫從王父。禘之爲言諦，諦諟昭穆尊卑之義也。禘祭以夏四月，陽氣在上，陰氣在下，故正尊卑之義也。祫祭以冬十月，五穀成熟，物備禮成，故合聚飲食也。斯典之廢，於兹八年，謂可如禮施行，以時定議。」上難復立廟，遂以合祭高廟爲常。後以三年冬祫，五年夏禘之時，但就陳祭毁廟主而已，謂之殷。太祖東面，惠、文、武、元帝爲昭，景、宣帝爲穆。惠、景、昭三帝非殷祭時不祭。自是禘、祫遂定。志及張純傳。

章帝建初七年八月，飲酎高廟，禘祭光武皇帝、孝明皇帝。甲辰，詔曰〔二九〕：「書云『祖考來假』，明哲之祀。予末小子，質又菲薄，仰惟先帝烝烝之情，前修禘祭，以盡孝敬。朕得識昭穆之序，寄遠祖之思。今年大禮復舉，加以先帝之坐，悲傷感懷。樂以迎來，哀以送往，雖祭亡如在，而虚空不知所裁，庶或享之。豈亡克謹肅雍之臣，辟公之相，皆助朕之依依。今賜公錢四十萬，卿半之，及百官執事各有差。」

按：「三年一祫，五年一禘」之説，先儒林氏、楊氏皆以爲鄭康成因春秋文公二年有祫，僖公、定公八年有禘，遂依約想像而立爲此説，蓋以魯僭亂之制定爲周禮，以誤後人。然光武建武二十六年詔問張純禘祫之禮，而純奏「禮，三年一祫，五年一禘。」然則其説久矣。蓋此語出於緯書，緯書起於元成之間，而光武深信之。當時國家典禮，朝廷大事，多取決焉，故此制遂遵而行之。康成蓋以漢禮爲周禮，非魯禮也。

魏明帝太和六年，尚書難王肅以「曾子問唯祫於太祖，群主皆從，而不言禘，知禘不合食」。肅答曰，以爲「禘祫殷祭，群主皆合，舉祫則禘可知也」。袁准正論曰：「先儒或以爲同，或以爲異，然

『祫及壇墠，禘及郊宗石室』，此所及近遠之殺也。大傳曰：『禮不王不禘。』諸侯不禘，降於天子也。若禘祫同貫，此諸侯亦不得祫，非徒不禘也。」武宣皇后太和四年六月崩，至六年三月，有司以今年四月禘告。王肅議曰：「今宜以崩年數。按春秋魯閔公二年夏，禘於莊公。是時縗絰之中，至二十五月大祥便禘，不復禫，故譏其速也。去四年六月，武宣皇后崩，二十六日晚葬，除服即吉，四時之祭，皆親行事。今當計始除服日數，當如禮須到禫月乃禘。」趙怡等以爲皇帝崩二十七月之後，乃得禘祫。王肅又奏：「如鄭玄言各於其廟，則無以異四時常祀，不得謂之殷祭。以粢盛百物豐衍備具爲殷之者，夫孝子盡心於事親，致敬於四時，比時具物，不可以不備，無緣儉祭其親〔三〇〕，累年而後一豐其饌也〔三一〕。夫謂殷者，因以祖宗並陳，昭穆皆列故也。設以爲毁廟之主皆祭謂殷者〔三二〕，夫毁廟祭於太祖，而六廟獨在其前，所不合宜，非事之理。近尚書難臣以『曾子問唯祫於太祖，群主皆從，而不言禘，知禘不合食』。臣答以爲『禘祫殷祭，群主皆合，舉祫則禘可知也』。論語孔子曰：『禘自既灌而往者，吾不欲觀之矣。』所以特禘者，以禘大祭，故欲觀其成禮也〔三三〕。禘祫大祭，獨舉禘，則祫亦可知也。於禮記則以祫爲大，於論語則以禘爲盛，進退未知其可也。漢光武時下祭禮以禘者毁廟之主皆合於太祖，祫者唯未毁之主合而已矣。鄭玄以爲禘者各於其廟，原其所以，夏、商夏祭曰禘，然其殷祭亦名大禘。商頌長發是大禘之歌也。至周改夏祭曰礿，以禘唯爲殷祭之名。周公以聖德用殷之禮，故魯人亦遂以禘爲夏祭之名。是以左傳所謂『禘於武宫』，又曰『烝嘗禘於廟』，是四時祀，非祭之禘也。鄭斯失矣。至於經所謂禘者，則殷祭之謂，鄭據春秋，與大義乖。」按：

太和八年用王肅議。袁准曰：「『祫及壇墠，禘及郊宗石室』，此所及遠近之殺也。大傳曰『禮不王不禘』，諸侯不禘，降殺於天子也。若禘祫同貫，此諸侯亦不得祫也，然則禘大而祫小。謂祫爲殷祭者，大於四時，皆大祭也。國語曰：『禘郊不過繭栗，烝嘗不過把握〔三四〕。』明禘最大，與郊同也。公羊傳曰：『大事者何？祫也〔三五〕，毀廟之主，陳於太廟，未毀廟之主〔三六〕，皆升，合食乎太廟〔三七〕。』何謂也？曰：夫禘及壇墠，則毀廟也，俱祭毀廟，但所及異耳。所及則異，毀與未毀則同。此論者所惑。鄭謂不同是也，謂禘不及毀廟則非也。劉韶、賈逵同毀與未毀是也，不別禘祫遠近則非也。」

東晉升平五年五月，穆帝崩，十月殷。興寧三年二月，哀皇帝崩，明帝太和元年三月〔三八〕，皇后庾氏崩，廢帝海西公后也。十月殷。此哀皇帝再周之內，庾氏既葬之後殷也。太元二十一年十月應殷，其年九月孝武崩，至隆安三年，國家大吉，乃循殷事〔三九〕。元興三年夏，應殷，太常博士徐乾等議：「應用孟秋」，進用孟冬時。孔安國云：自太和四年已後，殷祭皆用冬夏。復詳徐乾議用孟秋，非失也。安帝義熙三年，當殷，御史中丞范泰議，以章后喪未一周，不應殷祠。時從太常劉瑾議「小君之喪，不以廢大禮」。泰議曰：「今雖既祔之後得以烝嘗，而無殷薦之比〔四〇〕。禮有喪薦廢吉祭〔四一〕，祭新主於寢。今不設別寢，既祔，遂祭於廟。故四時烝嘗，以寄追遠之思，三年一禘，以習昭穆之序，義本各異。三年喪畢，則合食太祖，遇時而殷〔四二〕，無取於限三十月也。」隆安之初，果以喪而廢矣〔四三〕。瑾議曰〔四四〕：「臣尋升平已後殷祭，皆在周內。永和十年至今五十餘載，三十月輒殷，是依禮，五年再殷。而泰言非當，若臣啟不允，則責失奏彈。」初安帝元興三年四月〔四五〕，不得殷祀，進用十月，若計常限，今當用冬；若更起端，則應用來年四月〔四六〕。時尚書奏從領司徒王謐議，反初四月爲殷祠之始。謐議曰：「有非常之慶，必有非常之禮〔四七〕。殷祭舊准不差，至於義熙之慶，經古莫二，雖曰反正，理同受命。愚謂履運惟新，於是乎始，宜用四月。」太常劉瑾議：「殷無定日〔四八〕，考時致敬，且禮意尚簡。去年祠雖於日有差，而情典允備，宜仍以爲正。」徐乾議：「三年一祫，五年一禘，經傳記籍〔四九〕，不見補殷之文。」著作郎徐廣議：「若用三十月，今則應用四月，於時有殷而還在冬〔五〇〕。從太元元年十月殷祠，若用常三十月，今則應用二年四月。是追計辛未歲十月，未合六十月而再殷。」劉潤之等議〔五一〕：「泰元元年四月應殷，而禮官墮失〔五二〕，逮用十月〔五三〕，本非正期〔五四〕，以失爲始。」尚書奏從謐議。博士陳舒表：「三歲一閏，五年祭，八年又殷，兩頭如四，實不盈三。又十一年殷，十四年殷，凡間含二，則十年四殷，與禮五年再殷，其義合矣〔五五〕。」博士徐禪議：「春秋左氏傳曰：『歲祫及壇墠，終禘及郊宗石室。』許慎稱舊説曰：『終者，謂孝子三年喪終則禘於太廟，以致新死者也。』」徐邈議：「禮五年再殷，凡六十月，分中，每三十月殷也。」太學博士曹述初難云：「三年之喪，其實二十有五月，則五年何必六十月。禮，天子特礿，三時皆祫，禘祫雖有定年，而文無定月。」按：明堂位〔五六〕：「夏六月，以禘禮祀周公。」則今之四月。「七月日至〔五七〕，孟獻子禘其祖」，則今之五月。春秋文公二年「大事於太廟」，則今之六月。邈答曰：「五年再殷，象再閏，無取三年喪也。祫，三時皆可者，蓋喪終則吉而祫〔五八〕，服終無常，故祫隨所遇，唯春不祫，故曰特礿，非殷祀常也。禮，大事有時日，故烝嘗以時，況祫之重，無定月乎！」今據徐邈議，每三十月當殷祀。賀循祫祭圖：太祖東向。昭，北行，南向。穆，南行，北向。

宋制，殷祭皆即吉乃行。武帝永初三年九月十日，奏傳亮議：「權制即吉，聖代宜耳。」文帝元嘉六年，祠部定十月三日殷祀，十三烝禮〔五九〕。太學博士徐道娛議曰：「按禘祫之禮，三年一，五年再。在四時，禮也。」周禮「仲冬享烝」。月令「季秋嘗稻」。晉以春烝曲沃，齊十月嘗太公〔六〇〕，此並孟仲區分不共之明文矣〔六一〕。尋殷烝祀重，祭薦禮輕。輕尚異月，重寧反同？且「祭不欲數，數則黷」。今隔旬頻享，於禮爲煩。

孝武孝建元年十二月〔六二〕，有司奏：「依舊令，今年十月是殷祠之月。」領曹郎范義參議：「依永初三年例，須再周之外殷祭。尋祭再周，來二年三月，若以四月殷〔六三〕，則猶在禫內。」下禮官議正。國子助教蘇瑋生議：「按禮，三年喪畢，然後祫於太祖。又云『三年不祭，唯祭天地社稷，爲越紼而行事』。且不禫即祭，見譏於春秋。求之古禮，喪服未終，固無裸享之義〔六四〕。自漢文已來〔六五〕，一從權制，宗廟朝聘，莫不皆吉。」太學博士徐宏議：「三年之喪，雖從權制，再周祥變，猶服縞素，未爲純吉，無容以祭。謂來年四月，未宜便殷，十月則允。」太常丞朱膺之議：「虞禮云：『中月而禫，是月也吉祭，猶未配。』謂二十七月既禫祭，當四時之祭日〔六六〕，則未以其妃配，哀未忘也。推此，謂未禫不得祭也〔六七〕。春秋閔公二年『吉禘於莊公』。鄭注云：『閔公心懼於難，務自尊成以厭其禍〔六八〕。凡二十二月而除喪，又不禫。』明禫內不得禘也。按舊說，三年喪畢，遇禘則禘，遇祫則祫。鄭玄云『禘以孟夏，祫以孟秋』。今相承用十月，如宏所上公羊之文，亦以魯閔因紀制耳〔六九〕，何必全許素冠。可吉禘〔七〇〕。」郎中周景遠參議：「永初三年九月十日，傅亮議曰『權制即吉，聖代宜耳。宗廟大禮，宜依古典』〔七一〕。則是皇宋開代成准〔七二〕。謂徐宏、朱膺之議用來年十月殷祀爲允〔七三〕。詔可。」

大明七年二月，有司奏：「四月應殷祠，若事中未得，用孟秋。」領軍長史周景遠議：「按禮記云：『天子祫禘祫嘗祫烝。』則夏秋冬皆殷。晉義熙初，僕射孔安國議：『自太和四年，相承殷祭，皆用冬夏。』又云『永和十年至今五十餘年，用三十月輒殷祀』。博士徐乾據禮難安國〔七四〕，又引晉咸康六年七月殷祠，是不專用冬夏。時雖不從乾議，而安國無以奪之。今若以來年四月未得殷祀，遷用孟秋〔七五〕，於禮無違矣。」詔可。

梁制，三年一禘，五年一祫，謂之殷祭。禘以夏，祫以冬，皆以功臣配。其儀頗同南郊。

尚書左丞何佟之議曰：「禘於首夏，物皆未成故爲小，祫於秋冬，萬物皆成其禮尤。大司勳列功臣有六，皆祭於大烝，知祫尤大，乃及之也。近代禘祫，並不及功臣，有乖典制，宜改。」詔從之。

陳制，五年再殷。殷，大祫而合祭也。

魏文帝大和十三年，詔公卿議王、鄭言禘祫之是非。尚書游明根言曰：「鄭氏之義，禘者大祭之名。大祭圜丘謂之禘者，審諦五精星辰也；大祭宗廟謂之禘者，審諦其昭穆、百官也〔七六〕。圜丘常合不言祫，宗廟時合故言祫〔七七〕。斯則宗廟祫禘並行，圜丘一禘而已。宜於宗廟俱行禘祫之禮。二禮異，故名殊。依禮，春廢祫，特礿，於禘則祫禘，於嘗、於烝則祫嘗祫烝，不廢三時，三時皆行禘祫之禮〔七八〕。」中書監高閭又言：「禘祭圜丘與鄭義同者，以爲有虞禘黄帝，黄帝非虞在廟之帝，不在廟，非圜丘而何？又大傳云禘其所自出之祖〔七九〕，又非在廟之文。論語稱『禘自既灌以往』〔八〇〕。爾雅稱『禘，大祭也』。諸侯無禘禮，唯夏祭稱禘，又非宗廟之禘。魯行天子之儀，不敢專行圜丘之禘，改殷之禘，取其禘名於宗廟，因先有祫，遂生兩名。其宗廟禘祫之祭，據王氏之義，祫而禘，禘止於一時，一時者，祭不欲數〔八一〕。一歲三禘，愚以爲過數。」

詔曰：「明根、閭等，據二家之義，論禘祫詳矣。至於事取折衷，猶有未允。閭以禘祫爲名，義同王氏，禘祭圜丘，事與鄭同。無所間然〔八二〕。明根與鄭氏同〔八三〕。兩名兩祭，並存並用，理有未稱，俱據二義〔八四〕。一時禘、祫，而闕二時之禮，事有難從。先王制禮，内緣人子之情，外協尊卑之序。故天子七廟，數盡則毁，藏主於太祖之廟，三年而祫祭之。代盡則毁，以示有終之義；三年而祫，以申追遠之情。

禘祫既是一祭，分而兩之，事無所據。毀廟三年一祫，又有不盡四時，於禮爲闕。七廟四時常祭，祫則三年一祭，而又不究四時，於情爲簡。王以禘祫爲一祭〔八五〕，王義爲長。鄭以圜丘爲禘，與宗廟大祭同名，義亦爲當。今互取鄭、王二義。禘、祫並爲一名，從王；禘是祭圜丘大祭之名，上下同用，從鄭。若以數則黷，五年一禘，改祫從禘。五年一禘，則四時盡禘，以稱今情。禘則依禮文〔八六〕，先禘而後時祭。便即施行，著之於令，永爲代法。」

宣武帝景明中，祕書丞孫惠蔚上言：「魏明帝以景初三年正月崩，至廢帝正始二年，積二十五晦爲大祥。有司以爲禫在二十七月，到其年四月，依禮應祫。王肅以爲禫在祥月〔八七〕，至其年二月，宜應祫祭。雖各異議，至於喪畢之祫，明年之禘，其義一焉。請取鄭捨王，禫終此晦，來月中旬，禮應大祫。六室神祏〔八八〕，升食太祖。明年春享，咸禘群廟。自茲以後，五年爲常。又古之祭法，時祫並行，天子先祫後時，諸侯先時後祫〔八九〕，此於古爲當〔九〇〕，在今則否。且禮有升降，事有文質，適時之制，聖人弗違。當祫之月，宜減時祭。」從之。延昌四年正月，宣武帝崩，孝明即位。三月，時議來秋七月應烝祭於太祖。太常卿崔亮上言：「今宣武皇帝主雖入廟，然烝嘗時祭，猶別寢室，至於殷祫，宜存古典。按禮，三年喪畢，祫於太祖，明年春禘於群廟。又按杜元凱云：『卒哭而除，三年喪畢而禘。』魏武皇后以太和四年六月崩，其月既葬，除服即吉。四時行事〔九一〕，而猶未禘。王肅以爲今除即吉〔九二〕，故特時祭，至於禘祫，宜存古禮。高堂隆如肅議，於是停不殷祭〔九三〕。又仰尋太和二十三年四月，孝文帝崩，其年十月祭廟，景明二年七月祫於太祖〔九四〕，三年春禘於群廟。亦三年乃祫。准古禮及晉、魏之議，並景明故事，愚謂來秋七月，祫祭應停，宜待年終乃後祫禘〔九五〕。」從之。

致堂胡氏曰：「宗廟之祭，莫重於禘祫。而自漢以來，諸儒之論紛紜交錯，誠如聚訟，莫得其要，則混然行之，不有達理真儒，擇乎經訓而折其衷，何以破古昔之昏昏，示後來之昭昭邪！真儒之言曰，天子禘，諸侯祫，大夫享，庶人薦，此尊卑之等也。所以知天子禘者，以禮云『禮，不王不禘』知之也。所以知諸侯祫者，魯侯國當用祫，而以賜天子禮樂，故春秋中有禘無祫，而孔子曰『魯之郊禘非禮也』，言諸侯不當用禘也。禘祫者，合祭之名耳。天子有所自出之帝，爲東向之尊，餘廟以昭穆合食於前，是之謂禘。諸侯無所自出之帝，則合群廟之主而食於太廟，是之謂祫。若其時其物，則視其所得用而隆殺之矣。以此斷禘祫，豈不明哉。」

按：以禘祫爲共一祭而異名，以禘爲合祭祖宗，審諦昭穆之義，漢儒之説也。近代諸儒多不以爲然，獨致堂從之。然大傳「禮，不王不禘。王者禘其祖之所自出，以其祖配之」。而即繼之曰：「諸侯及其太祖，大夫、士有大事省於其君，干祫及其高祖。」其文意亦似共只説一祭。天子則謂之禘。所謂「不王不禘」，而祭則及其祖之所自出。諸侯則不可以言禘，而所祭止太祖。大夫、士又不可以言祫，必有功勞見知於君，許之祫，則干祫可及高祖。蓋共是合祭祖宗，而以君臣之故，所及有遠近，故異其名。所以魯之禘祭者，即祫也。若大傳文「諸侯」之下更有一「祫」字，則其義尤明。

後齊禘、祫如梁之制，每祭室一太牢，始以皇后預祭。

後周祫、禘則於太祖廟，亦以皇后預祭，其儀與後齊同。

隋二年一祫，以孟冬，遷主未遷主合食於太祖之廟。五年一禘，以孟夏，其遷主各食其所遷之廟，未遷之主各於其廟。禘祫之日，則停時享，而陳諸瑞物及伐國所獲珍奇於廟庭，及以功臣配享。

唐高宗上元三年十月當祫，而有司疑其年數。太學博士史元璨等議，以爲「新君喪畢而祫，明年而禘，自是之後五年而再祭，蓋從禘去前禘五年，而祫常在禘後三年，禘常在祫後二年。魯宣公八年禘僖公，蓋二年喪畢而祫，明年而禘，至八年而再禘。昭公二十年禘，至二十五年又禘，此可知也。」議者以玄璨言有經據，遂從之。

玄宗開元六年，睿宗崩，喪畢而祫，明年而禘。自是之後，禘、祫各自計年，不相通數，凡七祫五禘。至二十七年，禘、祫並在一歲，有司覺其非，乃議：以爲一禘一祫，五年再殷，宜通數。而禘後置祫，歲數遠近，二說不同鄭玄，用高堂隆先三而後二，徐邈先二而後三〔九六〕。而邈謂爲二禘相去，爲月六十，中分三十，置一祫焉。此最爲得，遂用其説。由是一禘一祫，在五年之間，合於再殷之義，而置祫先後不同焉。

致堂胡氏曰：禮記大傳曰：「禮，不王不禘。王者禘其祖之所自出，以其祖配之。諸侯及其大祖，大夫、士有大事省於其君〔九七〕，干祫及其高祖。」是天子禘，諸侯、大夫、士祫之正文也。終大傳一篇，無舛駁於聖王之教者，此孔氏所傳也。王制乃漢儒剌經爲之，出於孝文之世，其言舛駁於聖王之教者多矣，固非孔氏所傳也。以義類考之，禘、祫皆合食也。故君子曰禘其所自出之帝爲東向之尊，其餘合食於前，此之謂禘；諸侯無所自出之帝，則於太祖廟合群廟之主而食，此之謂祫。天子禘，諸侯祫，上下之殺也。魯諸侯何以得禘？成王追念周公有大勳勞於天下，賜魯以天子禮樂，使用諸太廟，上祀周公，於是乎有禘。所以春秋言禘不言祫也，此稽大傳而折衷者也。王制之文曰「春礿，夏禘」。又曰，天子「祫禘，祫嘗，祫烝」。又曰，諸侯「禘一犆一祫」。又曰，「諸侯礿則不禘，禘則不嘗」。其言紛錯淆亂，莫可按據。鄭氏不能辯正，又曲爲之説，「春礿夏禘，乃夏殷祭名，周則改之，以禘爲殷祭」。且王制所載六官之事，皆周制也。此惑於漢儒而不通禘義之一也。又曰，天子諸侯之喪畢，合先君主於祖廟而祭之，謂之祫〔九八〕，此惑於漢儒不通祫義之二也。又曰，天子先祫而後時祭此惑於漢儒不通禘義之三也〔九九〕。又曰，魯禮三年喪畢而祫於太祖，明年春禘於群廟，此惑於漢儒不通禘義之四也。又曰，禘，殷祭也。五年而再殷祭，一祫，一禘，此又自叛其説，不曉禘義之五也。又曰，諸侯祫歲不禘，下天子也〔一〇〇〕，又不曉禘義之六也。其釋大傳禘祫曰，禘其所自出，謂郊天也，此又斷以己意不曉禘義之七也。其失有七，而未嘗折衷於孔子。孔子曰「魯之郊禘非禮也」。則知諸侯無禘而當祫，天子無祫而有禘，豈不明白而易知乎。後世惟王制之信，憑鄭氏所釋，而不考祭法、大傳及孔子之言。唐遂至夏禘、冬祫，始知其數而瀆也，不亦失之遠乎？天子諸侯之禮，若一與二之辨，豈可僭哉。魯受成王之賜，以臣僭君，孔子已深非之，况後世遵漢儒之謬，以君用臣，反不能知其失乎。聖君監此，則一言而決矣。

天寶八載制：國家系本仙宗，業承聖祖。自今以後，每禘祫並於太清宮聖祖前設位序正，上以明陟配之禮，欽若玄宗，下以盡虔恭之誠，無違至道。比來每緣禘祫，其常享則停，事雖適於從宜，禮或虧於必備。已後每緣禘祫，其常享無廢，享以素饌，三焚香以代三獻。

致堂胡氏曰：唐非李耼之裔，而以耼爲祖，孝子慈孫豈忍爲也！使耼而果祖也，猶非所自出之帝，不得與合食之享。況非其祖而加之祖考之上，是有兩姓之廟也。此唐世典禮之大失，而當時無一人言者。君好諛而臣獻諂，故雖以他人爲祖而終不得知，又況其餘乎！

德宗貞元七年，太常卿裴郁奏曰：「國家誕受天命，累聖重光，景皇帝始封唐公，實爲太祖。中間世數既近，在三昭三穆之内，故皇家太廟，惟有六室。其弘農府君、宣、光二祖，尊於太祖，親盡則遷，不在昭穆之數。著在禮志，可舉而行。開元中，加置九廟，懿、獻二祖，皆在昭穆，是以太祖景皇帝未得居東向之尊。今二祖已祧，九室惟序，則太祖之位又安可不正。伏以太祖上配天地，百代不遷而居昭穆，獻、懿二祖，親盡廟遷而居東向，徵諸故實，有所未安。請下百僚僉議。」敕旨依。

禮，禘祫，太祖位於西而東向，其子孫列爲昭穆，昭南向，而穆北向。雖已毁廟之主，皆出而序於昭穆。殷、周之興，太祖世遠，而群廟之主皆出其後，故其禮易明。漢、魏以來，其興也暴，又其上世微，故創國之君爲太祖，而世近毁廟之主，皆在太祖之上，於是禘祫不得如古，而漢、魏之制，太祖而上毁廟之主，皆不合食。唐興，以景皇帝爲太祖，而世近在三昭三穆之内，至禘祫，乃虚東向之位，而太祖與群廟列於昭穆。代宗即位，祔玄宗、肅宗而遷獻祖、懿祖於夾室，於是太祖居第一室，禘祫得正其位而東向，而獻、懿不合食。建中二年，太學博士陳京請爲獻祖、懿祖立别廟，至禘祫則享。禮儀使顔真卿議曰：「太祖景皇帝居百代不遷之尊，而禘祫之時，暫居昭穆，屈己以奉祖宗可也。」乃引晉蔡謨議，以獻祖居東向，而懿祖、太祖以下左右爲昭穆。由是議者紛然。貞元七年〔一〇一〕，太常卿裴郁議，以「太祖百代不遷，獻、懿二祖親盡廟遷而居東向，非是。請下百僚議」。工部郎中張薦等議與真卿同。太子左庶子李嶸等七人曰：「真卿所用，晉蔡謨之議也。謨爲『禹不先鯀』之説，雖有其言，當時不用。獻、懿二祖宜藏夾室，以合祭法『遠廟爲祧』，而『壇、墠有禱則祭，無禱則止』之義。」吏部郎中柳冕等十二人曰：「周禮有先公之祧，遷祖藏於后稷之廟，其周未受命之祧乎？又有先王之祧，其遷主藏於文、武之廟，其周已受命之祧乎？今獻祖、懿祖猶周先公也，請築別廟以居之。」司勳員外郎裴樞曰：「建石室於寢園，以藏神主，至禘祫之歲則祭之。」考功員外郎陳京、同官縣尉仲子陵皆曰：「遷神主於德明、興聖廟。」京兆少尹韋武曰：「祫則獻祖東向，禘則太祖東向。」十一年，左司郎中陸淳曰：「議者多矣，不過三而已。一曰復太祖之正位，二曰並列昭穆而虛東向，三曰祫則獻祖、禘則太祖，迭居東向而復正太廟之位爲是。然太祖復位，則獻、懿之主宜有所歸：一曰藏諸夾室，二曰置之別廟，三曰遷於園寢，四曰祔於興聖。然而藏諸夾室則無享獻之期，置之別廟則非禮經之文，遷於寢園則亂宗廟之儀，唯祔於興聖爲是。」至十九年，左僕射姚南仲等獻議五十七封，付都省集議。户部尚書王紹等五十五人請遷懿祖祔興聖廟〔一〇二〕。議遂定。由是太祖始復東向之位。

四門博士韓愈獻議曰：「今輒先舉衆議之非，然而申明其説。一曰獻、懿廟主宜永藏之夾室，臣以爲不可。夫祫者，合也，毁廟之主皆當合食於太祖，獻、懿二祖即毁廟主也，今雖藏於夾室，至禘祫之時，豈得不食於太廟乎？名曰合祭，而二祖不得祭焉，不可謂之合矣。二曰獻、懿廟主宜毁之瘞之，臣又以爲不可。謹按禮記，天子立七廟，一壇一墠，其毁廟之主皆藏於祧廟，雖百代不毁，祫則陳於太廟而享焉。自魏、晉已降，始有毁瘞之議，事非經據，竟不可施行。今國家德厚流光，創立九廟，以周制推之，獻、懿二祖猶在壇墠之位，况於毁瘞而不禘祫乎？三曰獻、懿廟主宜各遷於其陵所，臣又以爲不可。二祖之祭於京師，列於太廟也，二百年矣。今一朝遷之，豈惟人聽疑，抑恐二祖之靈，眷顧依違不即享於下國也。四曰獻、懿廟主宜祔於興聖廟而不禘祫，又以爲不可。傳曰『祭如在』。景皇帝雖太祖，其於屬乃獻、懿之子孫也，今欲正其子東向之位，廢其父之大祭，固不可爲典矣。五曰獻、懿二祖宜别立廟於京師，臣又以爲不可。夫禮有所降，情有所殺，是故去廟爲祧，去祧爲壇，去壇爲墠，去墠爲鬼，漸而愈遠，其祭益稀。昔者魯立煬宫，春秋非之，以爲不當，取已毁之廟，既藏之主，而復築宫以祭。今之所議，與此正同。又雖違禮立廟，至於禘祫也，合食，則禘無其所，廢祭，則於義不通。此五説者，皆所不可。故臣博采前聞，求其折中，以爲殷祖玄王、周祖后稷，太祖之上皆自爲帝。又其代數已遠，不復祭之，故太祖得正東向之位，子孫從昭穆之列。禮所稱者，蓋以紀一時之宜，非傳於後代之法也。傳曰『子雖齊聖，不先父食』，蓋言子爲父屈也。景皇帝雖太祖也，其於獻、懿則子孫也，當禘祫之時，獻祖宜居東向之位，景皇帝宜從昭穆之列，祖以孫尊，孫以祖屈，求之神道，豈遠人情？又常祭甚衆，合祭甚寡，則是太祖所屈之祭至少，所伸之祭至多，比於伸孫之尊、廢祖之祭，不亦順乎！」

朱子韓文考異曰：今按韓公本意，獻祖爲始祖，其主當居初室，百世不遷。懿祖之主則當遷於太廟之西夾室，而太祖以下，以次列於諸室。四時之享，則唯懿祖不與，而獻祖、太祖以下各祭於其室。室自爲尊，不相降厭，所謂所伸之祭常多者也。禘祫，則唯獻祖居東向之位，而懿祖、太祖以下皆序昭穆，南北相向，於前所謂祖以孫尊，孫以祖屈，而所屈之祭，常少者也。韓公禮學精深，蓋諸儒所不及，故其所議獨深得夫孝子慈孫報本反始，不忘其所由生之本意，真可爲萬世之通法，不但可施於一時也，程子以爲不可漫觀者，其謂此類也歟！但其文字簡嚴，讀者或未遽曉，故竊推之，以盡其意云。

貞元十二年，祫祭太廟。近例，祫祭及親拜郊，令中使引傳國寶至壇所，昭示武功。至是上以傳國大事，中使引之非宜，乃令禮官一人，就内庫監引領至太廟焉。

昭宗大順元年，將行禘祭，有司請以三太后神主祔享於太廟。三后者：孝明太皇太后鄭氏，宣宗母。恭僖皇太后王氏，敬宗母。正獻皇太后韋氏。文宗母。三后之崩，皆作神主，有故不當入太廟。當時禮官建議，並置別廟，每年五享，三年一禘，五年一祫，皆於本廟行事，無奉神主入廟之文。至是亂離之後，舊章散失，禮院憑曲臺禮欲以三太后祔享，太常博士殷盈、孫獻議非之。議見后妃廟門。

校勘記

〔一〕鐏用犧象山罍　「象」原訛「鐏」，據禮記正義卷三一明堂位改。

〔二〕梡始有四足也　「始」原訛「俎」，據元本、慎本、馮本及禮記正義卷三一明堂位改。

〔三〕赤盾而玉飾斧也　「盾」下原衍「柄」字，據禮記正義卷三一明堂位孔穎達疏刪。

〔四〕王又服皮弁　「皮」字原脱，據禮記正義卷三一明堂位補。

〔五〕百官廢職服大刑　禮記正義卷三一明堂位阮元校勘記：「百官，閩、監、毛本作百宫。」

〔六〕唯魯及王者之後夫人服之　「者」原訛「省」，據元本、愼本、馮本及禮記正義卷三一明堂位鄭氏注改。

〔七〕諸侯夫人則自褕翟而下　「夫人」原訛「大夫」，據元本、愼本、馮本及禮記正義卷三一明堂位鄭氏注改。

〔八〕吉禘者不吉者也　下「者」字原訛「是」，據春秋穀梁傳注疏卷六閔公二年條改。

〔九〕孟月於夏家是四月　「孟月」二字原脱，據禮記正義卷四三雜記下孔穎達疏補。

〔一〇〕一祭之也　「一」原訛「二」，「也」字原脱，據漢書卷七三韋賢傳顔師古注改、補。

〔一一〕言始受命而王　「始」原訛「如」，據漢書卷七三韋賢傳及西漢會要卷一三廟議改。

〔一二〕乃來助祭　「乃」字原脱，據漢書卷七三韋賢傳顔師古注補。

〔一三〕謂下三廟廢而爲墠者也　「者」原訛「故」，據漢書卷七三韋賢傳晉灼注改。

〔一四〕望堂上西北隅　「望」字原脱，據漢舊儀補遺卷下補。

〔一五〕帳中坐皆長一丈　「坐」字原脱，據漢舊儀補遺卷下補。

〔一六〕繡裀厚一尺著之以坐幄　按漢舊儀補遺卷下作「繡裀厚一尺，著之以絮四百斤，曲几，黄金釦器」。太平御覽卷五二六祭禮下載高祖幄帳有「曲几，黄金釦器」。本卷下文高后幄帳亦有「白銀釦器」，與高祖幄帳有「黄金釦器」相對稱。

〔一七〕高后右坐亦幄帳郤六寸白銀釦器　「高后右坐亦幄帳」七字原脱，又「銀」下原衍「扣」字，據漢舊儀補遺卷下補删。

〔一八〕俎餘委肉　按漢舊儀補遺卷下、太平御覽卷五二六祭禮下均作「俎餘委肉，積於前殿千斤，名曰堆俎」。疑此處有漏文。

〔一九〕穆東面皆曲几　按據漢舊儀補遺卷下、太平御覽卷五二六祭禮下，在「穆」上有「子爲昭，孫爲穆，昭西面曲屏風」十二字。疑是。

〔二〇〕如高祖饌陳其右　「右」原訛「尸」，據漢舊儀補遺卷下、太平御覽卷五二六祭禮下改。

〔二一〕侍中以巾奉觶酒從　「以巾」二字原脱，據漢舊儀補遺卷下補。

〔二二〕帝進拜謁　「拜」字原脱，據漢舊儀補遺卷下補。

〔二三〕其夜半入行禮　「其」原訛「見」，據漢舊儀補遺卷下改。

〔二四〕即更衣巾　「巾」原訛「中」，據漢舊儀補遺卷下改。

〔二五〕合食於太祖　「於」字原脱，據後漢書卷三五張曹鄭列傳、春秋公羊傳注疏卷一三文公二年八月條補。

〔二六〕五年而再殷祭　「而」字原脱，據後漢書卷三五張曹鄭列傳、春秋公羊傳注疏卷一三文公二年八月條補。

〔二七〕諸王公列侯廟會始爲禘祭　「始」字原脱，據後漢書卷三五張曹鄭列傳及後漢書志第九祭祀下補。

〔二八〕故三年一祫　「故」字原脱，據校點本後漢書卷三五張曹鄭列傳補。

〔二九〕甲辰詔曰　「曰」字原脱，據校點本後漢書卷三肅宗孝章帝紀第三、東漢書刊誤補。

〔三〇〕無緣儉祭其親　通典卷四九禮九作「無緣儉齊其親」。按詩楚茨鄭箋云：「齊，減取也。」疑是。

〔三一〕累年而後一豐其饌也　「也」字原脱，據通典卷四九禮九補。

〔三二〕設以爲毁廟之主皆祭謂殷者　「設」原訛「毁」，據通典卷四九禮九改。

〔三三〕欲觀其成禮也　「成」，通典卷四九禮九作「盛」。

〔三四〕烝嘗不過把握　「嘗」字原脱，據國語楚語下補。

〔三五〕祫也　「也」字原脱，據春秋公羊傳注疏卷一三文公二年八月條、通典卷四九禮九補。

〔三六〕未毁廟之主　「未」原訛「夫」，據春秋公羊傳注疏卷一三文公二年八月條、通典卷四九禮九改。

〔三七〕合食乎太廟　「廟」，春秋公羊傳注疏卷一三文公二年八月條、通典卷四九禮九作「祖」。

〔三八〕明帝太和元年三月　「明」、「三」，晉書卷八海西公紀、通典卷四九禮九作「廢」、「五」。

〔三九〕乃循殷事　宋書卷一六禮志三「循」作「修」。

〔四〇〕而無殷薦之比　六字原脱，據宋書卷一六禮志三、通典卷四九禮九補。

〔四一〕禮有喪薦廢吉祭　「薦」，宋書卷一六禮志三、通典卷四九禮九作「則」。

〔四二〕遇時而殷　「遇」原訛「過」，據宋書卷一六禮志三改。

〔四三〕果以喪而廢矣　「果」字原脱，據宋書卷一六禮志三補。

〔四四〕瑾議曰　按據宋書卷一六禮志三載，此節奏議并非太常劉瑾之奏，而是白衣領尚書左僕射孔安國之奏議。疑此處誤。

〔四五〕初安帝元興三年四月　「安帝」原訛「元帝」，據上文義改。按大興爲元帝年號，元興爲安帝年號，改「元帝」爲「安帝」，因上文云「元興三年夏，應殷，太常博士張乾等議『應用孟秋』，進用孟冬時」也。

〔四六〕則應用來年四月　「用來年」三字原脱，據宋書卷一六禮志三補。

〔四七〕必有非常之禮　「必」字原脱，據宋書卷一六禮志三及通典卷四九禮九補。
〔四八〕殷無定日　「日」原訛「月」，據宋書卷一六禮志三及通典卷四九禮九改。
〔四九〕經傳記籍　「記」原訛「經」，據宋書卷一六禮志三及通典卷四九禮九改。
〔五〇〕於時有殷而還在冬　「殷」，宋書卷一六禮志三作「故」。
〔五一〕劉潤之等議　「劉潤之」，宋書卷一六禮志三作「劉潤之」。
〔五二〕禮官墮失　通典卷四九禮九「墮」作「情」。
〔五三〕逮用十月　宋書卷一六禮志三作「建用十月」。
〔五四〕本非正期　「期」原訛「朝」，據宋書卷一六禮志三改。
〔五五〕其義合矣　「義」原訛「議」，據通典卷四九禮九改。
〔五六〕明堂位　「位」字原脱，據禮記正義卷三一明堂位、通典卷四九禮九補。
〔五七〕七月日至　「日」原訛「月」，據禮記正義卷四三雜記下、通典卷四九禮九改。
〔五八〕喪終則吉而祫　「終」原訛「中」，據通典卷四九禮九改。
〔五九〕十三烝禮　宋書卷十七禮志四作「十二日烝祀」。
〔六〇〕齊十月嘗太公　「十」下原衍「一」字，據宋書卷一七禮志四、通典卷五〇禮十删。
〔六一〕此並孟仲區分不共之明文矣　「文」字原脱，據宋書卷一七禮志四、通典卷五〇禮十補。
〔六二〕孝武孝建元年十二月　「孝建」原訛「建元」，據宋書卷一六禮志三改。
〔六三〕若以四月殷　「月」原訛「見」，據宋書卷一六禮志三、通典卷五〇禮十改。

〔六四〕固無祼享之義　「固」原訛「故」，據宋書卷一六禮志三改。

〔六五〕自漢文已來　「文」字原脱，據宋書卷一六禮志三補。

〔六六〕當四時之祭日　「日」原訛「月」，據宋書卷一六禮志三改。

〔六七〕謂未禫不得祭也　「未」字原脱，據宋書卷一六禮志三、通典卷五〇禮十補。

〔六八〕務自尊成以厭其禍　「成」原訛「大」，據宋書卷一六禮志三、通典卷五〇禮十改。

〔六九〕如宏所上公羊之文亦以魯閔因紀制耳　宋書卷一六禮志三作「如宏所上公羊之文，如爲有疑，以魯閔設服，因言喪之紀制耳」。

〔七〇〕可吉禘　「可」原訛「行」，據宋書卷一六禮志三、通典卷五〇禮十改。

〔七一〕宜依古典　「依」下原衍「舊」字，據宋書卷一六禮志三删。

〔七二〕則是皇宋開代成准　此句原脱，據宋書卷一六禮志三、通典卷五〇禮十補。

〔七三〕用來年十月殷祀爲允　「來」下原衍「二」字，據宋書卷一六禮志三删。

〔七四〕博士徐乾據禮難安國　「據禮」二字原脱，據宋書卷一六禮志三、通典卷五〇禮十補。

〔七五〕還用孟秋　「孟」原訛「立」，據宋書卷一六禮志三、通典卷五〇禮十改。

〔七六〕審諦其昭穆百官也　魏書卷一〇八之一禮志一、册府卷五八〇掌禮部無「百官」二字。

〔七七〕宗廟時合故言祫　「合」原訛「祫」，據魏書卷一〇八之一禮志一、通典卷五〇禮十改。

〔七八〕依禮春廢祫特礿於禘則祫禘於嘗於烝則祫嘗祫烝不廢三時三時皆行禘祫之禮　原作「依禮春廢特礿於嘗於烝則祫嘗祫烝不於三時皆行禘祫之禮」，魏書卷一〇八之一禮志一作「依禮春廢犆礿於嘗於烝則祫不於三時皆行禘祫之禮」，脱訛略同。册府卷五八〇掌禮部作「依禮春廢祫犆礿於禘則禘祫嘗則禘嘗於烝則祫烝不廢三時三時皆行禘祫」，稍有倒誤。校點本魏書卷一〇八之一禮志一校勘記一四條以禮記、王制「天子犆礿、祫禘、祫嘗、祫烝」之文，訂正如摘句，甚是，今據改。

〔七九〕禘其所自出之祖　「禘」原訛「祖」，據禮記卷三八大傳改。

〔八〇〕論語稱禘自既灌以往　「往」原訛「據」，據論語注疏卷三八佾、通典卷五〇禮十改。

〔八一〕據王氏之義祫而禘禘止於一時一時者祭不欲數　魏書卷一〇八之一禮志一作「據王氏之義，祫而禘祭之，故言禘祫，總謂再殷祭，明不異也。禘祫一名也。其禘祫止於一時，止於一時者，祭不欲數」。册府卷五八〇掌禮部略同。通考係録通典之文苟簡，難於索解。

〔八二〕無所間然　「所」原訛「非」，據魏書卷一〇八之一禮志一、通典卷五〇禮十改。

〔八三〕明根與鄭氏同　「與」原訛「以」，「同」原訛「等」，據魏書卷一〇八之一禮志一及册府卷五八〇掌禮部改。

〔八四〕理有未稱俱據二義　「稱俱」二字原倒，據魏書卷一〇八之一禮志一、册府卷五八〇掌禮部及通典卷五〇禮十乙正。

〔八五〕王以禘祫爲一祭　「禘」字原脱，據魏書卷一〇八之一禮志一、册府卷五八〇掌禮部補。

〔八六〕禘則依禮文　「禘則依」原訛「則旅天」，據魏書卷一〇八之一禮志一、册府卷五八〇掌禮部改。

〔八七〕王肅以爲禫在祥月　「禫在」二字原脱，據魏書卷一〇八之二禮志二補。

〔八八〕六室神祏　「神」原訛「宗」，據魏書卷一〇八之二禮志二及通典卷五〇禮十改。

〔八九〕諸侯先時後祫　此句下原衍「諸侯先時後祫」六字，據魏書卷一〇八之二禮志二及通典卷五〇禮十删。

〔九〇〕此於古爲當　「於」原訛「施」，據魏書卷一〇八之二禮志二及通典卷五〇禮十改。

〔九一〕四時行事　「時」原訛「月」，據魏書卷一〇八之二禮志二改。

〔九二〕王肅以爲今除即吉　「今」原訛「既」，據魏書卷一〇八之二禮志二、通典卷五〇禮十改。

〔九三〕於是停不殷祭　「不」字原脱，據魏書卷一〇八之二禮志二、通典卷五〇禮十補。

〔九四〕景明二年七月祫於太祖　「二」原訛「元」，按元年距文帝死僅十五月，不合「三年乃祫」之義。據魏書卷一〇八之二禮志二、通典卷五〇禮十改。

〔九五〕宜待年終乃後祫禘　「年」上原衍「三」字，據通典卷五〇禮十删。

〔九六〕徐邈先二而後三　「而」字原脱，據舊唐書卷二六禮儀六、通典卷五〇禮十補。

〔九七〕大夫士有大事省於其君　「有大事」三字原脱，據禮記正義卷三四大傳補。

〔九八〕謂之祫　「祫」原訛「禘」，據宋胡寅讀史管見卷二〇唐紀玄宗上改。

〔九九〕此惑於漢儒不通禘義之三也　「禘」原訛「祫」，據宋胡寅讀史管見卷二〇唐紀玄宗上改。

〔一〇〇〕諸侯祫歲不禘下天子也　「也」字原脱，據宋胡寅讀史管見卷二〇唐紀玄宗上補。

〔一〇一〕貞元七年　「七」上原衍「十」字，據舊唐書卷二六禮儀六、唐會要卷一三禘祫上及通典卷五〇禮十删。

〔一〇二〕王紹　「紹」原訛「詔」，據舊唐書卷二六禮儀六、卷一二三王紹傳、新唐書卷一四九王紹傳改。

卷一百二　宗廟考十二

祫禘

後唐長興二年四月，禘享於太廟。

周顯德五年六月，禘於太廟。先是，言事者以皇家宗廟無祧遷之主，不當行禘祫之禮。國子司業聶崇義以爲前代宗廟，累遷及追尊未毁者〔一〕，皆有禘祫，別援故事九條以爲其證。曰：

魏明帝以景初三年正月崩，至五年二月祫祭，明年又禘。自兹以後，五年爲常。且魏以武帝爲太祖，至明帝始三帝而已，未有毁主而行禘祫，其證一也。

宋文帝元嘉六年，祠部定十月三日殷祠。其太學博士議禘云：「按禘祫之禮，三年一，五年再。」宋自高祖至文帝，纔亦三帝，未有毁主而行禘祫，其證二也。

梁武帝用謝廣議，三年一禘，五年一祫，謂之殷祭。禘祭以夏，祫祭以冬。且梁武乃受命之君，僅追尊四廟而行禘祫，則知祭者是追養之道，以時移節變，孝子感而思親，故薦以首時，祭以仲月，間以禘祫，序以昭穆，乃禮之經也，非關宗廟備與不備，其證三也。

唐禮：貞觀九年，將祔高祖於太廟，國子司業朱子奢請准禮立七廟〔二〕；是時乃立六廟而行禘祫。

今檢會要及通典并禮閣新儀〔三〕，皆載此禮，並與實録符同。此乃廟亦未備而行禘祫，其證四也。

貞觀十六年四月己酉，光禄大夫、宗正卿紀國公段綸卒，太宗甚傷悼，爲不視朝，將出臨之，太常奏禘、祫祭致齋不得哭，乃止。此明太宗之時，宗廟未備實行禘祫，其證五也。

貞觀二十三年，自九嵕葬回，迎神主於太極殿之西階，日中行虞祭之禮。有司請依典禮以神主祔廟，高宗欲留神主於内寢，旦夕供食，申在生之敬。詔停祔禮。英國公李勣等抗表固請，曰：「竊以祖功宗德，飾終之明典；文昭武穆，嚴配之明訓。」今停祔廟，奉徇哀情，直據典章，乖替爲甚。又國哀已後，而廟停時祭，逾月之後，須申大祫。以唐禮九廟觀之，自太宗已上，纔足七廟。未有毁主，將申大祫，其證六也。

貞觀十六年四月癸丑，有司言將行禘祭，依今禮，祫享功臣並得配享於廟廷，禘享則不配，請集禮官學士等議。太常卿韋挺議曰：「其禘及時享，功臣皆應不預。」故周禮六功之官，皆大烝而已。大烝，即祫祭也。梁初誤禘功臣，左丞駁議，武帝允而依行。降及周、隋，俱遵此禮。竊以五年再禘，合諸天道，一大一小，通人推論〔四〕，小則人臣不預，大則兼及有功。今禮，禘無功臣，誠謂禮不可易。太宗改令從禮，載詳此論，該曉歷代，援據甚明。又貞觀年中，累陳禘祫，其證七也。

高宗上元三年，有司祫享於太廟，止有七室〔五〕，未有遷主。通典、會要及禮閣新儀具明此禮，其證八也。

中宗景龍三年八月，帝將祠南郊，欲以韋皇后助行郊禮，國子司業郭山等議云：「皇朝舊禮，圜丘分祭天地，唯有皇帝親拜，更無皇后助祭之文。及時享並禘祫，亦無助祭之事。」今據中宗之代，國子祭酒等舉禘祫之文，稱是皇朝舊禮，又明太宗、高宗之朝，皆行禘祫，其證九也。

疏奏，從之。

宋制：三年一祫，以孟冬；五年一禘，以孟夏。

仁宗嘉祐四年冬十月，大祫於太廟。

先是，上將親祫，下禮官集議東鄉之位。同判宗正寺趙良規請正太祖東鄉位，而知太常禮院韓維以爲宜如祖宗故事，虛東鄉之位便。時禮官不敢決，乃與待制以上臺諫官同議，曰：「太祖爲受命之君，然僖祖以降，四廟在上，故大祫止列昭穆〔六〕，而虛東鄉。魏、晉以來，已用此禮〔七〕。今親享之盛，宜如舊便。」詔恭依。

禮官張洞、韓維又言：「唐郊祀志載禘祫祝文，自獻祖至肅宗所配皆一后，惟睿宗二后，蓋昭成，明皇母也。續曲臺禮有别廟皇后合食之文，蓋未有本室，遇祫享即附祖姑下。所以大順中，三太后配列禘祭。博士商盈孫以謂誤認曲臺禮意。臣謂每室既有定配〔八〕，則餘后不當參列，請依奉慈例。」

學士承旨孫抃等八人曰：「春秋傳『大祫者何，合祭也。未毁廟之主皆升合食於太祖』。是以國朝事宗廟百有餘年，至祫之日，别廟后主皆升合食，非無典據。祥符五年已曾定議，禮官著酌中之論，先帝有『恭依』之詔。他年有司攝事，四后合食。今甫欲親祫，四后見黜，不亦疑於以禮之煩也？受命之君，以議禮制典爲重，繼體之君，以承志遵法爲美。先帝議之制之，陛下承之遵之，臣曰可矣。宗廟之祭，至尊至重，苟未能盡祖宗之意，則莫若守其舊禮。疑文偏説，未可盡據。傳曰『祭從先祖』。又曰『有其舉之，莫敢廢也』。臣等愚以謂如其故便。」

學士歐陽脩、吴奎等九人曰：「古者宗廟之制，皆一帝一后。後世有以子貴者，始著並祔之文，其不當祔者，則又有别廟之祭。本朝禘祫，乃以别廟之后列於配后之下，非惟於古無文，於今又有四不可。淑德，太宗之元配也，列於元德之下；章懷，真宗之元配也，列於章懿之下，一也。升祔之后，統以帝樂；别廟諸后，以本室樂，二也。升祔之后，同牢而祭，牲器祝册一統於帝；别廟諸后，乃從專享，三也。升祔之后，聯席而坐；别廟諸后，位乃相絶，四也。章獻、章懿在奉慈廟，每遇禘祫、本廟致享，最爲得禮。若四后各祭於廟，則其尊自申，而於禮無參差不齊之失。以爲行之已久，重於改作，則是失禮之舉，無復是正也。請從禮官。」

於是劉敞特奏曰：「今群臣不務推原春秋之法，而獨引後儒疑似之説；不務講求本朝之故，而專倡異代難通之制；不務將順主上廣孝之心，而輕議宗廟久行之儀。欲擯隔四后，使永不得合食，臣切恨之。夫宗廟之禮，神靈之位，豈可使有後悔哉。當留聖念。」

初，上春秋高，議者恐上勞拜起，禮官遂造此議。上微聞之，及得敞奏，謂近臣曰：「朕初謂禮當然，苟以拜起爲煩，朕猶能之，何憚也！」乃詔「别廟四后，祫享如舊，俟大禮畢，别加討論」。

楊氏曰，伏讀國朝會要仁宗皇帝嘉祐四年三月，内出御札曰：「惟祫享之義，著經禮之文。大祭，先王合食祖廟，盛迪嘗之薦，深肅僾之懷，追孝奉先，莫斯爲重。兹享之廢，歷年居多，有司所行，出於假攝，禮之將墜，朕深惜之。」大哉王言！此仁聖之君，至孝至敬之心之所形而不能自已也。當時建明此議出於富公弼，弼之言曰：「國朝三歲必親行南郊之祀，其於事天之道，可謂得禮。獨於宗廟，祇遣大臣攝行時享而已，親祀未講，誠爲闕典。檢書，今年冬至當有事於南郊，又孟冬亦當合享於太廟。欲望詔有司講求祫祭大禮，所有降赦推恩，則並用南郊故事。」富公弼之言，可謂「一言以爲知，一言以爲不知」者也。夫聖王事親如事天，事天如事親，以祫享之禮，比於南郊，誠哉，是言也。然南郊推恩肆赦，本非古典，乃人主一時之優恩，其後遂以爲故事。今孟冬祫享，冬至南郊，二大禮相繼而並行，祫享推恩，南郊可復行乎？祫享肆赦，南郊可復行乎？南郊而不推恩肆赦，又非祖宗之故事，於是祫享之禮行，而南郊因而權罷，是雖有以盡宗廟親祫之誠，而又失南郊祀天之禮，夫豈聖主之本心然哉？蓋欲矯其輕，則事從其重，而遂至於過重，過重，則不可繼也。夫因有原廟，則宗廟之禮必至於輕，欲矯其輕，則宗廟之禮必至於過重。不惟過重而已，自是親祫止行於一時，而其後遂輟而不舉，此則矯輕過重而終於不可繼也。夫三年一祫，此宗廟祀典之大者，其實亦宗廟之常禮也。常禮，則非異事也，何欲矯其輕而遂至於過重，而終至於不可繼哉。故曰「輕宗廟而重原廟」，其失一也。

神宗熙寧八年，太常禮院言：「已尊僖祖爲太廟始祖〔九〕，孟夏禘祭，當正東向之位。」又言：「太廟禘祭神位，已尊始祖居東鄉之位〔一〇〕，自順祖而下，昭穆各以南北爲序。自今禘祫，著爲定禮。」詔恭依。

元豐四年，詳定郊廟奉祀禮文所言：「禘祫之義，存於周禮、春秋，而不著其名。行禮之年，經皆無文，唯公羊傳曰：『五年而再盛祭。』禮緯曰『三年一祫，五年一禘』。而鄭氏、徐邈又分爲二說。爲鄭氏之說則曰『前三後二』，謂禘後四十二月而祫，祫後十八月而禘。爲徐邈之說，則曰『前二後三』，謂二祭相去各三十箇月。駮鄭氏者，則曰『三年而祫，爲月有餘；二年而禘，爲月不足』〔二〕。駮徐氏者，則曰『禘在祫前，則是三年而禘，祫在禘後，則是二年而祫』。以二說考之，惟鄭氏曰：『魯禮，三年喪畢，祫於太廟，明年禘於群廟，自爾之後，五年而再盛祭，一祫一禘。』由此言之，鄭氏依倣魯禮，推明王制，實爲有據。本朝慶曆初用徐邈說，每三十月一祭。熙寧八年，既禘又祫，此有司之失也。請今十八月而禘，禘四十二月而祫，庶幾舉禮不繁，事神不瀆。」

太常禮院言：「唐開元中，禮官用晉徐邈之說，以二祭相去各三十月，合『五年再盛祭』之說，以爲禘祫之數。本朝自慶曆以來，皆三十月而一祭，至熙寧五年後始不通計，遂至八年禘祫併在一歲。昨元豐三年四月已行禘禮，今年若依舊例，十月行祫享，即比年頻祫〔三〕，復踵前失。請依慶曆以來舊制，通計年數，皆三十月而祭。」詔依見行典禮。

十月，詳定禮文所言：「古者祼獻、饋食，禴、祠、烝、嘗，並爲先王之享，未嘗廢一時之祭。故孔穎達正義以爲『天子夏爲大祭之禘，不廢時祭之礿；秋爲大祭之祫，不廢時祭之嘗』。則王禮三年一祫與其禘享，更爲時祭。國朝沿襲故常，禘祫之月不行時享，久未釐正，非古之制。請每禘祫之月雖以大祭，仍行時享，以嚴天子備禮所以丕崇祖宗之義。其郊禮、親祠準此。」從之。

五年，帝謂宰臣曰：「禘者，所以審諦祖之所自出，故『禮，不王不禘』。秦、漢以來，譜牒不明，莫知祖之所自出，則禘禮可廢也。」宰臣蔡確等以爲聖訓得禘之本意，非諸儒所及。乃詔罷禘享。

於是詳定禮文所言：「按記曰：『禮，不王不禘。王者禘其祖之所自出，以其祖配之。』若舜、禹祖高陽，世系出自黄帝，則虞、夏禘黄帝以高陽氏配；商祖契出自帝嚳，則商人禘嚳，以契配；周祖文王亦出自嚳，故周人禘嚳，以文王配。虞、夏、商、周四代所禘，皆以帝有天下，其世系所出者明，故追祭所及者遠也。藝祖受命，祭四親廟〔一三〕，推僖祖而上所自出者，譜失其傳，有司因仍舊説，三年一祫，五年一禘，禘與祫皆合群廟之主綴食於始祖，失禮莫甚。臣等竊謂國家世系所傳，與虞、夏、商不同，既求其祖之所自出而不得，則禘禮當闕，必推見祖系所出乃可以行。」從之。

禮文所又言：「古者，天子祭宗廟，有堂事焉，有室事焉。按禮，祝延尸入奥，灌之後，王乃出迎牲，延尸主出於室，坐於堂上，始祖南面〔一四〕，昭在東，穆在西，乃行朝踐之禮，是堂事也。設饌於堂，復延主入室〔一五〕，始祖東面，昭面南，穆面北，徙堂上之饌於室中，乃行饋食之禮，是室事也。請每行大祫，堂上設南面之位，室中設東面之位。」詔俟廟制成取旨。

徽宗大觀四年，議禮局言：「周官『天府掌祖廟之守藏，凡國之玉鎮大寶器藏焉。若有大祭，則出而陳之，既事，藏之』。説者以謂大祭，禘祫也。國朝嘉祐四年，將行祫享，議者請陳瑞物及陳國之寶。元豐中，有司請親祠太廟，令户部陳歲之所貢，以充庭實。世祖、神宗皆可其奏。今請祫享陳設應瑞寶、貢物可出而陳者，並令有司依嘉祐、元豐詔旨，凡親祠太廟準此。」從之。

又言，古者祫祭朝踐之時，設始祖之位於户西，南面，昭在東，穆在西，相鄉而坐，薦豆籩脯醢，王北面而事之，此堂上之位也。徙饌之後，設席於室，在户内西方東面，爲始祖之位，次北方南面布昭席，次南方北面布穆席，其餘昭穆各以序，此室中之位也。設始祖南方之位而朝踐焉，在禮謂之「堂事」；設始祖東面之位而饋食焉，在禮謂之「室事」。考漢舊儀：「宗廟三年大祫祭，子孫諸帝以昭穆座於高廟，毁廟神皆合食，設左右座，高祖南面」，則自漢以前堂上之位未嘗廢也。元始以後，初去此禮，專設室中東向之位。晉、宋、隋、唐所謂始祖位者，不過論室中之位耳。且少牢饋食，大夫禮也，特牲饋食，士禮也。以儀禮考之，大夫、士祭，禮無薦腥朝踐之事，故惟饋食於室。至於天子祭宗廟，則堂事、室事皆舉，堂上位廢而天子北面事神之禮缺矣。伏請每行大祫，堂上設南面之位，室中設東面之位，始祖南面，昭穆東西相鄉，始祖東面，則昭穆南北相向，以應古義。詔依所奏。

楊氏曰：「愚按：大祫，則如朱子周大祫圖。時祫，則如朱子周時祫圖。堂上之所以異於室中也，太祖南鄉，昭西鄉，穆東鄉而已。」

高宗建炎二年，車駕南巡，祫享於洪州。

紹興二年，祫享於温州。

吏部員外郎董弅言：「臣聞戎、祀，國之大事，而宗廟之祭，又祀之大者也。大祀固不一，而禘祫爲重，祫大禘小，則祫爲莫大焉。在禮三年一祫，五年一禘。審諦其祖之所自出，謂之禘；列群廟而合食於太祖，謂之祫。一禘一祫，循環無窮，有國家者，未始或廢。今戎事方飭〔一六〕，祭祀之禮未暇徧舉，然事有違經戾古，上不當天地神祇之意，下未合億兆黎庶之心，特出於一時大臣好勝之臆説而行之，六十年未有知其非者。顧雖治兵禦戎之際，正厥違誤，謂宜不可緩者〔一七〕，仰惟太祖皇帝受天明命，削平僭僞，混一區宇，立極居尊，建萬世不拔之基，垂子孫無窮之緒。即其功德所起，則有同乎周之后稷，乃若因時特起之蹟，無異乎漢之高帝，魏、晉而下，莫可擬倫，是宜郊祀以配天，宗祀以配上帝，祫享以居東鄉之尊，傳千萬世而不易者也。國初，稽前代追崇之典，止及四世，故於祫享用魏、晉故事，虛東鄉之位。逮至仁宗皇帝嘉祐四年，親行祫享之禮，嘗詔有司詳議，太祖東鄉，用昭正統之緒。當時在廷多洪儒碩學，僉謂自古必以受命之祖乃居東鄉之位，本朝太祖乃受命之君，若論七廟之次，有僖祖以降四廟在上，當時大祫，止列昭穆而虛東鄉，蓋終不敢以非受命之祖而居之，允協禮經。曁熙寧之初，僖祖以世次當祧，禮官韓維等據經有請，援證明白，適王安石用事，奮其臆說，務以勢勝，乃俾章衡建議尊僖祖爲始祖，肇居東鄉。神宗皇帝初未爲然，委曲訪問，安石乃謂推太祖之孝心，固欲尊宣祖，而上孝心宜無以異，則尊僖祖必當祖宗神靈之意。神宗意猶未決，博詢大臣，故馮京奏謂士大夫以太祖不得東鄉爲恨。安石肆言以折之。已而又欲罷太祖郊配，神宗以太祖開基受命，不許。安石終不然之，乃曰本朝配天之禮不合禮經。一時有識之士莫敢與辯。元祐之初，翼祖既祧，正合典禮。至於崇寧，宣祖當祧，適蔡京用事，一遵安石之術，乃建言請立九廟，自我作古，其已祧翼祖及當祧宣祖，並即依舊。循沿至今，太祖皇帝尚居第四室，遇大祫處昭穆之列，識者恨焉。臣竊謂王者奉先與臣庶異，必合天下之公，顧垂萬世之宏規，匪容私意於其間。祖功宗德之外，親盡迭毀，禮之必然。自古未有功隆創業爲一代之太祖而列於昭穆之次者也，亦未有非受命而追崇之祖居東鄉之尊歷百世而不遷者也。」

又言：「漢、魏之制，太祖而上，毀廟之主皆不合食。唐以景帝始制，故規規然援后稷爲比，而獻、懿乃在其先。是以前後議論紛然，乍遷乍祔，使當時遂尊神堯爲太祖，豈得更有異論？其後廟制既定，始以獻、懿而上毀廟之主藏於興聖、德明之廟，遇祫即廟而享焉。是爲別廟之祭，以全太祖之尊。蓋合於漢不以太公居合食之列，魏、晉、武、宣而上廟堂皆不合食之義。當時剛勁如顏真卿、儒宗如韓愈所議，雖各有依據，皆不能易陳京之説，以其當理故也。」

太常丞王普奏曰：「僖祖非始封之君而尊爲始祖，太祖實創業之主而列於昭穆，其失自熙寧始。宣祖當遷而不遷，翼祖既遷而復祔，其失自崇寧始。爲熙寧之説，則曰僖祖而上世次不可知，宜與稷、契無異。然商、周之祖稷、契，謂其始封而王業之所由起也。稷、契之先，自帝嚳至於黄帝，譜系甚明，豈以其上世不傳而遂尊爲始祖邪？爲崇寧之説，則曰自我作古而已。夫事不師古，尚復何言，宜其變亂舊章而無所稽考也。臣謹按春秋書成宮、僖宮災，譏其當毀而不毀也；書立武宮、煬宮，譏其不當立而立也。然則宗廟不合於禮，聖人皆貶之矣。又況出於一時用事之臣私意臆説，非天下之公論者，豈可因循而不革哉？臣竊惟太祖皇帝始受天命，追崇四廟以致孝享，行之當時可也，至於今日世遠親盡，迭毀之禮，古今所同，所當推尊者，太祖而已。董弅奏請，深得禮意，而其言尚有未盡。蓋前日之失，其甚大者有二：曰『太祖之名不正，大禘之禮不行』是也。今日之議其可疑者有四：曰『奉安之所、祭享之期、七世之數、感生之配』是也。古者廟制異宮，則太祖居中，而群廟列其左右。後世廟制同堂，則太祖居右，而諸室皆列其左。古者祫享，朝踐於堂，則太祖南向，而昭穆位於東西〔一八〕，饋食於室，則太祖東鄉，而昭穆位於南北。後世祫享一於堂上，而用室中之位，故唯以東鄉爲太祖之尊焉。若夫群廟迭毀，而太祖不遷，則其禮尚矣。臣故知太祖即廟之始祖，是爲廟號，非謚號也。惟我太宗嗣服之初，太祖皇帝廟號已定，雖更累朝，世次猶近，每於祫享，必虚東鄉之位，以其非太祖不可居也。迨至熙寧，又尊僖祖爲廟之始祖，百世不遷，祫享東鄉，而太祖常居穆位，則名實舛矣。倘以熙寧之禮爲是，則僖祖當稱太祖，而太祖當改廟號，此雖三尺之童，知其不可。至於太祖不得東鄉，而廟號徒爲虚稱，則行之六十餘年，抑何理哉？然則太祖之名不正，前日之失大矣。大傳曰：『禮，不王不禘。王者禘其祖之所自出，以其祖配之。』祭法所謂『商人、周人禘嚳』是也。商以契爲太祖，嚳爲契所自出，故禘嚳而以契配焉。周以稷爲太祖，嚳爲稷所自出，故禘嚳而以稷配焉。儀禮曰『大夫及學士則知尊祖矣，諸侯及其太祖，天子及其始祖之所自出』。蓋士大夫尊祖，則有時祭而無祫；諸侯及其太祖，則有祫而無禘；禘其祖之所自出，惟天子得行之，春秋書禘，魯用王禮故也。鄭氏以禘其祖之所自出爲祭天，又謂宗廟之禘，毀廟之主合食於太祖，而親廟之主各祭於其廟，考之於經，皆無所據。惟王肅之説得之。前代，禘禮多從鄭氏。國朝熙寧以前，但以親廟合食，爲其無毀廟之主故也。惟我太祖之所自出，是爲宣祖，當時猶在七廟之數，雖禘未能如古，然亦不敢廢也。其後尊僖祖爲廟之始祖，而僖祖所出，系序不著，故禘禮廢。自元豐宗廟之祭，止於三年一祫，則是以天子之尊而俯同於三代之諸侯。瀆亂等威，莫此爲甚。然則大禘之禮不行，前日之失大矣。臣愚欲乞考古驗今，斷自聖學，定七廟之禮，成一王之制。自僖祖至於宣祖，親盡之廟當遷；自太宗至於哲宗，昭穆之數已備。是宜奉太祖神主居第一室〔一九〕，永爲廟之始祖。每歲五享告朔〔二〇〕、薦新，止於七廟。三年一祫，則太祖正東鄉之位，太宗、仁宗、神宗南鄉爲昭，真宗、英宗、哲宗北鄉爲穆。五年一禘，則迎宣祖神主享於太廟，而以太祖配焉。如是，則宗廟之事盡合禮經，無復前日之失矣。乃若可疑者，臣請辨之。昔唐以景帝始封尊君太祖，而獻、懿二祖又在其先，當時欲正景帝東鄉之位，而議遷獻、懿之主，則或謂藏之夾室，或謂毀瘞之，或謂遷於陵所，或謂當立別廟，卒從陳京之說，祔於德明、興聖之廟。蓋皋陶、凉武昭王皆唐之遠祖也，故以獻、懿祔焉。惟我宣祖而上，正如唐之獻、懿，而景靈崇奉聖祖之宫，亦德明、興聖之比也。臣竊謂四祖神主宜放唐禮祔於景靈宫天興殿，方今巡幸，或寓於天慶觀聖祖殿焉，則奉安之所無可疑者。昔唐祔獻、懿於興聖，遇祫即廟而享之。臣竊謂四祖神主祔於天興，大祫之歲，亦當就行享禮。既足以全太祖之尊，又足以極追遠之孝。考之前代，實有據依，則祭享之期，無可疑者。禮曰：『天子七廟，三昭三穆，與太祖之廟而七。』則是四親二祧，止於六世，而太祖之廟不以世數爲限也。書曰『七世之廟可以觀德』，蓋舉其總數而言，非謂七廟之祖，廟猶未毀也。是以周制考之，在成王時，以亞圉、太王、文王爲穆，以公叔祖類、王季、武王爲昭，並太祖后稷爲七廟焉。高圉於成王爲七世祖，已在三昭三穆之外，則其廟毀矣。惟我宣祖雖於陛下爲七世祖，亦在三昭三穆之外，則其禮當遷，無可疑者。又言宗廟之禮，有天下者事七世，百王之所同也，而崇寧以來增爲九世。三年一祫，則叙昭穆而合食於祖，百王之所同也，而去冬祫享祖宗並爲一列，謂之隨宜設位。夫增七廟而爲九，踵唐開元之失，其非禮固已甚明。至於不序昭穆而强名爲祫，則歷代蓋未嘗聞。究其所因，直以廟之前楹迫狹，憚於增廣而已。夫重葺數椽之屋，輕變千古之禮，臣所未諭。且君子將營宮室，宗廟爲先。今行朝官府下逮諸臣之居，每加營繕，顧於宗廟，獨有所靳，節用之術，豈在是乎？大抵前日之肆爲紛更，則曰『自我作古』；今日之務爲苟簡，則曰『理合隨宜』，要皆無所據依，不可爲法。臣今所陳定七廟之禮，正太祖之位，如或上合聖意，願詔有司他年祫享，必敍昭穆，以別東鄉之尊，勿以去冬所行爲例，庶幾先王舊典不廢墜於我朝，使天下後世無得而議。」詔侍從、臺諫、禮官赴尚書省集議聞奏。

時侍從、臺諫、禮官等皆謂太祖開基創業，爲本朝太祖，正東鄉之位，爲萬世不祧之祖，理無可疑。廖剛謂四廟神主當遷之別宮，祫祭則即而享之，五年一禘，則當禘僖祖。任申先謂祫祭既正太祖東鄉之位，則大禘之禮，僖祖實統系之所自出，太祖暫詘東鄉而以世次敍位，在禮爲當。晏原復謂正太祖東鄉之位，以遵祫享之正禮，僖祖而下四祖，則參酌漢制別爲祠所而異其祭享，無亂祫享之制。議上，不果行。自是遇祫享設幄，僖祖仍舊東鄉，順祖而下以昭穆爲序。

孝宗乾道三年，禮部太常寺言：「孟冬祫享，其別廟懿節皇后神主依禮例合祔於神宗室祖姑之下，安穆皇后神主、安恭皇后神主合祔於徽宗室祖姑之下。」詔禮部、祕書省、國史院官參明典故擬定，申尚書省。李燾等擬：「乞以懿節皇后神座設於神宗幄內欽慈皇后之右，少却；安穆皇后、安恭皇后神座設於徽宗幄內顯仁皇后之左，皆少却。其籩、豆、鼎、俎並祝辭等別設，並如舊制。仍候酌獻祖宗位畢，方詣三后位。」詔從之。

吏部尚書汪應辰等言：「準尚書省送到太常少卿林栗劄子，祫享之禮，古人不以別廟祔姑而祔於祖姑者，以別嫌也。按曲臺禮別廟神主祔於祖姑之下，有三人則祔於親者。既祔於祖姑，又各祔於親者之下，明共一幄，同享一位之薦，不得別設幄次矣。從來有司失於檢照，將別廟神主祔享之位別設幄次，若別設幄次，當在舅姑之下，豈得上祔於祖姑乎？今來太廟祫享，懿節皇后祔於神宗幄祖姑之下，別設幄次在哲宗、徽宗之上，此其不可者一也。神宗與三后共享一位犧牲粢盛之薦，而懿節來祔，獨享其一。今來安穆皇后、安恭皇后各設幄次，祔於徽宗幄祖姑之下，徽宗與三位共享一位之薦，而安穆、安恭共享其二，揆之人情，夫豈相遠，此其不可者二也。且祔之言『附』也，孫婦之於祖，始其尊卑絕矣，禮無不順。祔豐而尊殺，祔伸而尊屈，將得爲順乎？粟竊謂別廟神主祔於祖姑之下，宜執婦禮，不當別設幄次，陳其籩豆，列其鼎俎，亦不當別致祝祠，但於本幄祖姑之下添入別廟祔享某皇后某氏，於禮爲稱。」

淳熙元年，詔議祫享東鄉之位。

吏部侍郎趙粹中言：「謹考前代七廟異宮合享，則太祖東鄉，始得一正太祖之尊。倘祫享又不得東鄉，則開基之祖無時而尊矣。乃者，紹興五年董弅建議，乞正藝祖東鄉之尊，謂太廟世數已備，而藝祖猶居第四室，乞遵典禮正廟制，遇祫享則東鄉。得旨：下侍從、臺諫集議。既而王普復有請。當時集議，如孫近、李光、折彥質、劉大中、廖剛、晏原復、王俣、劉寧正、胡文修、梁汝嘉、張致遠、朱震、任申先、何慤、楊晨、莊必強、李弼直皆以其議悉合於禮，藝祖東鄉無疑，乞行釐正。時臣叔父渙任將作監丞，因陛對奏陳甚力，據引詩、禮正文，乞酌漢太公立廟萬年、南頓君立廟章陵故事，別建一廟安奉僖、順、翼、宣四位，烝、祫、禘、嘗並行別祀，而太祖皇帝神主自宜正位東鄉，則受命之祖不屈其尊，遠祖神靈永有常奉。光堯皇帝深以爲然，即擢董弅爲侍從，叔父涣爲御史。是時趙霈爲諫議大夫，以議不己出，倡邪説以害正，然亦不敢以太祖東鄉爲非，不過以徽宗在遠，宗廟之事未嘗專議，以此宣言脅制議者，而欲祫享虚東鄉。今若稽以六經典禮、三代之制度，定藝祖爲受命之祖，則三年一祫當奉藝祖東鄉，始尊開基創業之主。其太廟常享，則奉藝祖居第一室，永爲不祧之祖，若漢之高祖。其次奉太宗居第二室，永爲不祧之宗，若周之武王。若僖、順、翼、宣追崇之祖，一稽舊禮親盡而祧，四祖神主别議遷祔之所。則臣亦嘗考之，祔於德明、興聖之廟，唐制也；立太公、南頓君别廟，漢制也。前日王普既用德明、興聖之説而欲祔於景靈宫天興殿，朱震亦乞藏於夾室。今若酌三代、兩漢别廟之制與唐陳京之説，或别建一廟爲四祖之廟。若欲事省而禮簡，或祔天興殿，或祇藏太廟西夾室，每遇祫享，則四祖就夾室之前别設一幄，而太祖東鄉，皆不相妨，庶得聖朝廟制盡合典禮。」詔禮部、太常寺討論。既而衆議不同，乃詔有司止遵見行祫享舊制行禮。

紹熙五年閏十月，時寧宗已即位。詔别建廟，遷僖、順、翼、宣四帝神主，太廟以太祖正東鄉之位。孟冬祫享，先詣四祖廟室行禮，次詣太廟逐幄行禮。詳見天子廟制。

孟冬祫享儀注

時日

太廟三年一祫，以孟冬之月。其年，太常寺預於隔季以孟冬時享前擇日祫享太廟，關太史局擇日報太常寺，太常寺參酌訖，具時日散告。

齋戒

前享十日，受誓戒於尚書省。其日五鼓，贊者設位版於都堂下，初獻官在左，刑部尚書在右，並南向；亞終獻禮官位於其南稍東，北向，西上；監察御史位於其西稍北，東向；户部兵部工部尚書、押樂太常卿光禄卿、押樂太常丞光禄丞位於其南稍西〔二〕，北向，東上；凡設太常丞、光禄丞位皆稍却。奉禮協律郎、太祝、太官令內常侍、內謁者、薦香燈官、宮闈令、扶持內侍、捧腰輿內侍位於其東，西向，北上；捧俎官位其後。質明，贊者引行事執事官就位立定，禮直官引初獻降階就位。禮直官贊：「揖。」在位者對揖。初獻搢笏讀誓文云：「十月某日孟冬，祫享太廟，各揚其職，不共其事，國有常刑。」讀訖，執笏。禮直官贊：奉禮郎、協律郎、太祝、太官令、內常侍以下先退。餘官對拜，乃退。散齋七日，治事如故。宿於正寢，不弔喪、問疾、作樂、判書刑殺文書、決罰罪人及與穢惡。致齋三日，光禄卿丞、太官令齋一日。二日於本司。宗室於睦親宅都廳，如相妨，即於宗學；餘官無本司者，並於太廟齋房；內侍以下亦於太廟齋房致齋。質明至齋所。惟享事得行，其餘悉禁。前享一日，質明，俱赴祠所。齋房官給酒饌，享官已齋而闕者〔三〕，通攝行事陳設。除設權奉安別廟皇后神主幄次南神門外，東向，及不設皇帝位版、上設三獻神官位外，並同朝享太廟。

別廟神主過太廟

前享一日，捧擎腰輿內侍官、援衛親事官等，宿於太廟齋房。享日丑前五刻，所司陳行障、坐障等於別廟東偏門外，設腰輿於殿階之下〔三〕，南向。少頃，禮直官、贊者分引內常侍以下於殿庭，北向，西上，重行立。別廟，內常侍行事禮直官引，餘官皆贊者引。贊者曰：「再拜。」內常侍以下皆再拜。本廟宮闈令升殿開室，捧懿節皇后、安穆皇后、安恭皇后神主至室門，次引內常侍北向，俛伏，跪稱：「攝內常侍臣某言，請懿節皇后、安穆皇后、安恭皇后神主祫享於太廟，降殿乘輿。」奏訖，俛伏，興。凡內常侍奏請准此。又宮闈令捧接神主，內常侍前引，置於輿內。常侍以下分左右前導，詣太廟南神門外「幄次，東向，權奉安」。援衛、親從官等至太廟門外止，行障、坐障至太廟南門外止，內常侍以下俟導引詣殿上神幄如儀。

省牲器儀同朝享太廟

晨祼

享日丑前五刻，行事用丑時七刻。祠祭官引宮闈令入詣廟庭，北向立。祠祭官曰：「再拜。」宮闈令再拜。升殿開室，整拂神幄，帥其屬掃除，退，就執事位。次引薦香燈官入詣殿庭，北向立。凡宮闈令薦香燈官行事，皆祠祭官引。祠祭官曰：「再拜。」薦香燈官再拜。升殿各就職事位。次樂正帥工人、二舞人就位。登歌工人，俟監察御史點閲訖，升西階，各就位。次太官令、光禄丞帥其屬實饌具畢，光禄丞還齋所。次引光禄卿入詣殿庭席位，北向立。贊者曰：「再拜。」光禄卿再拜。升殿點視禮饌畢。次引監察御史升殿點閲陳設，糾察不如儀者〔二四〕。凡點視及點閲，皆先詣僖祖位，以至次位。光禄卿還齋所，餘官各服祭服。次引行事執事官詣東神門外，揖，立定。禮直官贊：「揖。」次引押樂太常卿太常丞、協律郎，次引監察御史、奉禮郎、太祝、太官令入，就殿下席位，北向立。次引初獻户部兵部工部尚書、終獻禮官入，就殿下席位，西向立。祠祭官於殿上贊〔二五〕：「奉神主。」次引薦香燈官入室，搢笏，於祏室内奉帝主出，詣殿上神幄設於座，奉神主，詣神幄伺於几後啟匱，設於座，以白羅巾覆之。執笏，退，復執事位。次引宮闈令奉后主如上儀，以青羅巾覆之。退，復執事位。初，殿上贊：「奉神主。」内常侍以下於太廟南門外神幄奉别廟懿節皇后、安穆皇后、安恭皇后神主腰輿入南神西偏門，至殿下，南向。内常侍以下北向立，贊者曰：「再拜。」内常侍以下再拜。俟殿上奉神主訖，内常侍稍前，奉懿節皇后、安穆皇后、安恭皇后神主祫享於太廟。奏訖，退詣懿節皇后、安穆皇后、安恭皇后神主前奏請降輿升殿。奏訖，宮闈令捧神主升自泰階至殿上，本廟宮闈令捧接懿節皇后神主祔於神宗神幄内欽慈皇后神主之右，安穆皇后、安恭皇后神主祔於徽宗神幄内顯仁皇后神主之右，各設於座。奉神主設於座並如上儀。内常侍以下退詣東神門内道南，西向立以俟，祠祭官於殿上贊「奉神主」訖。禮直官稍前，贊：「有司謹具，請行事。」贊者曰：「再拜。」在位者皆再拜。次引監察御史、押樂太常卿太常丞、奉禮協律郎、太祝、太官令各就位立定。太官令就僖祖位尊彝所。次引初獻詣盥洗位，北向立，搢笏盥手，帨手，執笏；詣爵洗位，北向立，搢笏洗瓚，拭瓚，以授執事者；執笏升殿，詣僖祖位尊彝所，東向立。若南北向神御尊彝所，即皆西向立。酌獻准此。執事者以瓚授初獻，初獻搢笏跪執瓚。執彝者舉冪，太官令酌鬱鬯訖，先詣順祖位尊彝所，北向立，若詣北向神位尊彝所，即南向立。酌獻准此。初獻以瓚授執事者，執笏興，詣僖祖神位前西向立，若南向神位，即北向立。若北向神位，即南向立。酌獻准此。搢笏跪。次引奉禮郎搢笏南向跪。執事者以瓚授奉禮郎。奉瓚授初獻，初獻受瓚，以鬯祼地，奠訖，以瓚授執事者。次執事者以幣授奉禮郎，奉禮郎奉幣授初獻訖，執笏興，先詣順祖神位前西向立〔二六〕。若北向神位即東向立。初獻受幣奠訖，執笏俛伏興，少退再拜。次詣順祖位、翼祖位、宣祖位、太祖位、太宗位、真宗位、仁宗位、英宗位、神宗位、哲宗位、徽宗位、欽宗位、懿節皇后位、安穆皇后位、安恭皇后位祼鬯奠幣，並如上儀。訖，俱復位。協律郎跪，俛伏舉麾興。工鼓柷，宮架作興安之樂、孝熙昭德之舞九成，偃麾戛敔，樂止。凡樂，皆協律郎跪，俛伏舉麾興，工鼓柷而後作，偃麾戛敔而後止。既晨祼，薦香燈官入取毛血於神位前，太官令取肝，以鸞刀制之，洗於鬱鬯，貫之，以膋燎於爐炭。薦香燈官以肝、膋詔於神位，又以墮祭三祭於茅苴，退，復位。

饋食

享日，有司帥進饌者詣厨，以匕升牛於俎，肩、臂、臑在上端，肫、胳在下端。正脊一、直脊一、橫脊一、長脅一〔二七〕、短脅一、代脅一〔二八〕，皆二骨以並在中。次升羊、豕如牛，各實於一俎，每位牛、羊、豕各一俎。入設於饌幔內。俟初獻既升祼訖，捧俎官入，執事者捧俎入詣西階下。次引户部、兵部、工部尚書詣西階下，搢笏奉俎，户部奉牛，兵部奉羊，工部奉豕。升殿，宮架豐安之樂作，詣僖祖神位前西向跪奠。若南向神位，即北向跪奠。北向神位，即南向跪奠。先薦牛，次薦羊，次薦豕。各執笏俛伏，興。有司入設於豆右、腸胃膚之前。牛在左，羊在中，豕在右。次詣每位奉俎並如上儀。樂止，俱降，復位。初奠俎訖，次引薦香燈官取蕭合黍、稷擩於脂，燎於爐炭，當饋熟之時，薦香燈官取菹擩於醢，祭於豆間三。又取黍、稷、肺祭如初，俱藉以茅。退，復位。次引太祝詣神位前北向立。次引初獻再詣盥洗位，宮架正安之樂作，初獻升降行止，皆作正安之樂。至位，北向立，搢笏盥手，帨手執笏，詣爵洗位，北向立，搢笏，洗爵，拭爵，以授執事者。執笏升殿，樂止。登歌樂作，詣僖祖位酌鐏所東向立，樂止。登歌基命之樂作，順祖位太寧之樂，翼祖位大順之樂，宣祖位天元之樂，太祖位皇武之樂，太宗位大定之樂，真宗位熙文之樂，仁宗位美成之樂，英宗位治隆之樂，神宗位大明之樂，哲宗位重光之樂，徽宗位承元之樂，欽宗位端慶之樂，懿節皇后、安穆皇后、安恭皇后歆安之樂。執事者以爵授初獻，初獻搢笏跪，執爵。執鐏者舉冪，太官令酌著鐏之醴齊訖，先詣順祖位酌鐏所，北向立。初獻以爵授執事者，執笏，興。詣僖祖神位前西向立，搢笏跪，執事者以爵授初獻，初獻執爵祭酒，三祭於茅苴，奠爵，執笏俛伏，興，少立，樂止。次太祝搢笏跪讀祝文，讀訖，執笏，興，先詣順祖神位前東向立。若北向神位即南向立。初獻再拜。次詣每位行禮，並如上儀。太官令復詣僖祖，次詣每位行儀，並如上儀。太官令復詣僖祖位酌鐏所，太祝復位。初獻將降階，登歌樂作，降階，樂止。宮架樂作，復位，樂止。文舞退，武舞進，宮架正安之樂作，舞者立定，樂止。次引亞獻詣盥洗位，北向立，搢笏盥手，帨手執笏；詣爵洗位，北向立，搢笏洗爵，拭爵以授執事者。執笏升殿，詣僖祖位酌鐏所，東向立。宮架作武安之樂、禮洽儲祥之舞，執事者以爵授亞獻，亞獻搢笏跪執爵。執鐏者舉冪，太官令酌壺罇之盎齊訖，先詣順祖位酌罇所，北向立。亞獻以爵授執事者，執笏，興，詣僖祖神位前西向立，搢笏跪，執事者以爵授亞獻，亞獻執爵祭酒，三祭於茅苴，奠爵，執笏俛伏，興，少退，再拜。次詣每位行禮，並如上儀。樂止，降，復位。初，亞獻將詣太室，次引終獻詣洗及升殿行禮，並如亞獻之儀，復位。初、終獻畢，既升，次引七祀及配享功臣禮官詣盥洗位〔二九〕，搢笏盥手，帨手執笏，詣神位前，搢笏跪執爵，三祭酒，奠爵，執笏俛伏，興，再拜。詣次位，並如上儀，退，復位。惟七祀先詣司命位，奠爵訖，興，少立。次引太祝進詣神位前，北向跪讀祝文，讀訖，退，復位。禮官再拜。次引太祝徹籩、豆，籩、豆各一，少移故處〔三〇〕。登歌恭安之樂作，卒徹，樂止。次引宮闈令束茅，訖，俱復位。禮直官曰：「賜胙。」贊者承傳曰：「賜胙，再拜。」在位者皆再拜。送神，宮架興安之樂作，一成止。祠祭官於殿上贊：「奉神主入祏室。」次引薦香燈官搢笏，奉帝主入祏室，薦香燈官先捧匱置於神座，納神主於匱，訖，捧入祏室。執笏，退，復位。次引宮闈令奉后主入祏室，並如上儀，退，復位。若別廟神主還本廟，則俟祠祭官贊：「納神主」，次引內常侍以下先入詣殿庭北向立，俟納神主訖，次引內常侍升殿詣神宗神幄內，於懿節皇后神主前奏請懿節皇后神主降殿乘輿。並詣徽宗神幄內安穆皇后神主、安恭皇后神主前奏請，並如上儀。赴本廟奏訖，宮闈令捧神主降自泰階，內常侍前導，各置於輿內。常侍以下分左右前導，腰輿出太廟南神西偏門，至廟門外，援衛親事官等援衛過別廟，如過太廟之儀。腰輿至本廟殿下，北向，內常侍詣腰輿前奏請懿節皇后、安穆皇后、安恭皇后神主降輿升殿，奏訖復位。本廟宮闈令捧接神主升殿，並如太廟之儀，闔户以降。內常侍以下北向，西上立，贊者曰「拜」，內常侍以下再拜，訖退。次引初獻，户部工部兵部尚書、亞終獻禮官就望瘞位，有司詣神位前取幣束茅置於坎。次引監察御史、押樂太常卿太常丞、奉禮協律郎、太祝詣望瘞位立定。禮直官曰：「可瘞」，實土半坎，本廟宮闈令監視。次引初獻以下詣東神門外揖位立，禮直官贊：「禮畢」，揖訖，退。次引禮官詣西神門外七祀望燎位，西向立，有司置祝版於燎柴，焚訖，退。太官令帥其屬徹禮饌，監察御史詣殿監視收徹訖，還齋所。宮闈令闔户以降，乃退。太常藏祝版於匱，光禄卿以胙奉進，監察御史就位展視，光禄卿望闕再拜，乃退。

校勘記

〔一〕累遷及追尊未毁者　「累遷及」、「者」四字原脱，據五代會要卷三禘祫補。

〔二〕請准禮立七廟　「准」原訛「佳」，據五代會要卷三禘祫改。

〔三〕今檢會要及通典并禮閣新儀　「會」原訛「魯」，據元本、慎本、馮本及五代會要卷三禘祫改。

〔四〕通人推論　「推」原訛「雅」，據五代會要卷三禘祫改。

〔五〕止有七室　「止」原訛「上」，據慎本及五代會要卷三禘祫改。

〔六〕止列昭穆　「止」原訛「上」，據宋史卷一〇七禮一〇禘祫改。

〔七〕已用此禮　「用此」二字原倒，據宋史卷一〇七禮一〇禘祫乙正。

〔八〕臣謂每室既有定配　「臣謂」二字原脱，據宋史卷一〇七禮一〇禘祫補。

〔九〕已尊僖祖爲太廟始祖　「始」字原脱，據宋史卷一〇七禮一〇禘祫補。

〔一〇〕已尊始祖居東鄉之位　「祖」字原脱，據宋史卷一〇七禮一〇禘祫補。

〔一一〕三年而祫爲月有餘二年而禘爲月不足　「爲月有餘二年而禘」八字原脱，據長編卷三一六元豐四年九月甲辰條及長編紀事本末卷一〇二評定郊廟禮文上補。

〔一二〕即比年頻祫　「即」原訛「邪」，據宋史卷一〇七禮一〇禘祫及長編卷三一六元豐四年九月甲辰條改。

〔一三〕藝祖受命祭四親廟　「親」字原脱，據宋史卷一〇七禮一〇禘祫補。

〔一四〕始祖南面　「南面」二字原倒，據宋史卷一〇七禮一〇禘祫乙正。

〔一五〕復延主入室　「復」上原衍「入」字，據宋史卷一〇七禮一〇禘祫删。

〔一六〕今戎事方飭　宋史卷一〇七禮一〇禘祫作「今戎事方殷」，疑是。

〔一七〕謂宜不可緩者　「可」字原脱，據宋史卷一〇七禮一〇禘祫補。

〔一八〕太祖南向而昭穆位於東西　「南向」原訛「居右」，「昭穆位於東西」原訛「諸室皆列其」，據宋史卷一〇七禮一〇禘祫改。

〔一九〕奉太祖神主居第一室　「居」字原脱，據宋史卷一〇七禮一〇禘祫補。

〔二〇〕每歲五享告朔　「五享」二字原脱，據宋史卷一〇七禮一〇禘祫補。

〔二一〕户部兵部工部尚書押樂太常卿光禄卿押樂太常丞光禄丞位於其南稍西　政和五禮新儀卷一〇一祫享太廟儀無「押樂太常丞光禄丞」八字。

〔二二〕享官已齋而闕者　「者」字原脱，據政和五禮新儀卷一〇一祫享太廟儀補。

〔二三〕設腰輿於殿階之下　「階」字原脱，據政和五禮新儀卷一〇一祫享太廟儀補。

〔二四〕糾察不如儀者　「者」字原脱，據政和五禮新儀卷一〇一祫享太廟儀補。

〔二五〕祠祭官於殿上贊　「祠」字原脱，據政和五禮新儀卷一〇一祫享太廟儀及下文義補。

〔二六〕神位前西向立　「位」原訛「祖」，據政和五禮新儀卷一〇一祫享太廟儀改。

〔二七〕長脅一　「脅」原訛「脊」，據政和五禮新儀卷一〇一祫享太廟儀改。

〔二八〕代脅一　「脅」原訛「脊」，據政和五禮新儀卷一〇一祫享太廟儀改。

〔二九〕配享功臣禮官詣盥洗位　「官」原訛「位」，據政和五禮新儀卷一〇一祫享太廟儀及宋會要禮一七之七改。

〔三〇〕少移故處　「少」原訛「位」，據政和五禮新儀改。

卷一百三　宗廟考十三

功臣配享

殷盤庚：「王若曰，古我先王，暨乃祖乃父，胥及逸勤，予敢動用非罰。言古之君臣相與同勞逸，子孫所宜法之，我豈敢動用非常之罰脅汝乎。世選爾勞，予不掩爾善。選，數也。掩，蔽也。茲予大享於先王，爾祖其從與享之。」古者，天子録功臣配食於廟。大享，烝嘗也。所以不掩汝善。

周禮夏官司勳：「王功曰勳，輔成王業，若周公。國功曰功，保全國家，若伊尹。民功曰庸，法施於民〔一〕，若后稷。事功曰勞，以勞定國，若禹。治功曰力，制法成治，若咎繇。戰功曰多，克敵出奇，若韓信、陳平，司馬法曰：「尚多前虜」〔二〕，謂敵功多。凡有功者，銘書於王之太常，祭於太烝，司勳詔之。」銘之言名也，生則書於王旌，以識其人與其功也，死則於烝先王祭之。詔，謂告其神以辭也。

漢制，祭功臣於庭。生時侍讌於堂，死則降在庭位，與士庶爲列。

魏齊王正始五年〔三〕，詔祀故尚書令荀攸於太祖廟庭。臣松之以爲故魏氏配享不及荀彧，蓋以其末年異議，又位非魏臣故也。至於升程昱而遺郭嘉，先鍾繇而後荀攸，則未詳厥趣也〔四〕，徐佗謀逆而許褚心動，忠誠之至遠同於日磾，且潼關之危，非褚不濟，褚之功烈有過典韋，今祀韋而不及褚，又所未達也〔五〕。

魏高堂隆議曰：「按先典，祭祀之禮，皆依生前尊卑之敘，以爲位次。功臣配享於先王，像生時侍讌。讌禮，大夫以上皆升堂，以下則位於庭，其餘則與君同牢，至於俎豆薦羞，唯君備矣，公降於君〔六〕，卿大夫降於公，士降於大夫。使功臣配食於烝祭，所以尊崇其德，明其勳，以勸嗣臣也。議者欲從漢氏祭之於庭，此爲貶損，非寵異之謂也。貴者取貴骨，賤者取賤骨。凡牲體，前貴後賤。今使配食者因君之牢，以貴賤爲俎，庶合事宜。周志曰：『勇則害上，不登於明堂。共用謂之勇。』共用，死國用。言有勇而無義，死不登堂而配食。此即配食之義，位在堂之明審也〔七〕。下爲北面三公朝立之位耳，讌則脱屨升堂，不在庭也。凡獻爵，有十二、九、七、五、三之差，君禮大夫三獻，太祝令進三爵於配食者可也。」

晉散騎常侍任茂議：「按魏功臣配食之禮，敘六功之勳，祭陳五事之品，或祀之於一代，或傳之於百代。蓋社稷五祀，所謂傳之於百代者。古之王臣有明德大功，若勾龍之能平水土，柱之能殖百穀，則祀社、稷，異代不廢也。昔湯既勝夏，欲遷其社，不可，乃遷稷，而周棄德可代柱，而勾龍莫廢也。若四敘之屬，分主五方，則祀爲貴神，傳之異代，載之春秋。非此之類，則雖明如咎繇，勳如伊尹，功如呂尚，各於當代祀之，不祭於異代也。然則伊尹於殷雖有王功之茂，不配食於周之清廟矣。今之功臣，論其勳蹟，比咎繇、伊尹、呂尚猶或未及，凡云配食，各配食於主也，今主遷廟，臣宜從享。」大司馬石苞等議，魏氏代功臣，宜歸之陳留國，使修常祀，允合事理。

梁武帝初，何佟之議曰：「禘於夏首，物皆未成，故爲小祫。於冬，萬物皆成，其禮斯大。近代禘祫，並及功臣，有乖古典。請唯祫祭，乃及功臣〔八〕。」從之。

唐太宗貞觀禮：祫享，功臣配享於廟庭，禘享則不配。後又令祫禘之日，功臣並得配享。初，太常卿韋縚等議：「功臣祫享之日，配享於廟庭，禘及時享，則皆不預。」其議遂行。至開元初，復令禘之日亦皆配享，非舊典也。配享位在各帝廟庭太階之東少南，西向，以北爲上。

高祖廟六人　贈司空淮安靖王神通，贈司空河間元王孝恭，尚書右僕射鄖節公殷開山，贈民部尚書渝襄公劉政會，並貞觀十四年十月十五日敕；贈司徒周定公武士彠，顯慶四年三月七日敕，文明元年停；贈太子太師魏國公裴寂，贈禮部尚書魯國公劉文静〔九〕，並天寶六載正月十三日敕。開元禮無武士彠、裴寂、劉文静。

太宗廟七人　贈太尉梁文昭公房玄齡，贈司徒申文獻公高士廉，贈尚書左僕射蔣忠公屈突通，並貞觀二十三年九月二十四日敕；至永徽四年二月，房玄齡以子遺愛反，停配享。贈太尉鄭文貞公魏徵，神龍二年閏二月十五日敕；太尉趙國公長孫無忌，贈司徒衛景武公李靖，司空萊成公杜如晦，並天寶六載正月十二日敕。開元禮無長孫無忌、李靖、杜如晦。

高宗廟六人　贈太尉貞武公李勣，贈開府儀同三司北平定公張行成，贈揚州大都督高陽恭公許敬宗，贈尚書右僕射高唐忠公馬周，並垂拱二年正月十一日敕，其許敬宗神龍二年閏二月一日有敕；停尚書右僕射河南文忠公褚遂良，贈司徒蓚縣憲公高季輔，贈司空樂成文獻公劉仁軌，並天寶六載正月十二日敕。開元禮無許敬宗、褚遂良、高季輔、劉仁軌。

中宗廟八人　侍中譙國公桓彦範，侍中平陽愍王敬暉，中書令漢南郡王張柬之〔一〇〕，贈太尉博陸文獻王崔元暐，中書令南郡王袁恕己，並開元六年六月二十二日敕；司空梁文惠公狄仁傑，贈尚書左僕射齊正公魏元忠，贈太子少保琅琊郡公王同皎，並天寶六載正月十二日敕。開元禮無狄仁傑、魏元忠、王同皎。

睿宗廟二人　贈司空許文正公蘇瓌，尚書左丞相徐文獻公劉幽求，並開元六年六月二十三日敕。

玄宗廟三人　贈太師燕文正公張說，贈太子太師代國公郭元振〔二〕，中書令趙國公王琚。檢年月未獲。

肅宗廟二人　贈太師韓文憲公苗晉卿，大曆四年十月七日敕；贈太尉冀獻穆公裴冕〔三〕，元和四年八月敕。

代宗廟一人　贈太尉汾陽忠武王郭子儀，建中二年十一月敕。

德宗廟三人　贈太師西平忠武王李晟，贈太尉忠烈公段秀實，並元和四年八月敕；贈太師忠武公渾瑊，元和四年九月四日敕。

憲宗廟四人　贈司徒宣懿公杜黃裳，贈太師裴度，會昌六年十月敕；贈司徒威武公高崇文，贈太尉李愬，會昌六年十一月敕。

唐開元禮

祫禘以功臣配享儀

諸座各設版於座首。其版文各具題官爵，姓名。每座各設壺罇二於左，北向，玄酒在西，加勺冪，置爵於罇下。設洗於終獻罍洗東南，北向。太廟令與良醞令以齊實罇如常。堂上設饌訖，太官令帥進饌者出，奉饌入，祝迎引於座左，各設於座前，太官令以下出，祝還罇所。初，亞獻將畢〔一三〕，贊引引獻官詣罍洗，盥手洗爵，詣酒罇所。執罇者舉冪，獻官酌酒，諸助奠者皆酌酒訖，贊引引獻官進詣首座前東面奠爵，贊引引還本位，於獻官進奠，諸助奠者各進奠於座，還罇所。於堂上徹豆，祝進首座前徹豆，還罇所。

順宗既葬，議祧遷中宗廟，有司疑曰：「五王有安社稷功，若遷中宗，則配享永絶。」判集賢院事蔣乂曰：「禘祫功臣乃合食太廟，中宗廟雖毁，而禘祫並陳太廟，此則五王配食與初一也。」由是遷廟遂定。

後唐明宗長興二年，詔故昭義節度使李嗣昭、故幽州節度使周德威、故汴州節度使符存審，配享莊宗廟庭。

宋真宗咸平二年，詔以故太師、贈尚書令、追封韓王趙普，配享太祖廟庭，仍遣官奏告本室。太常禮院言：「準詔定配享功臣禘祫之日祀儀，請令有司先事設幄次，布褥位於廟庭東門内道南，當所配室西向設位。版方七寸，厚一寸半。籩、豆各二，簠、簋、俎各一。知廟卿奠爵，再拜。」詔可。

神宗元豐三年，詳定郊廟奉祀禮文所言：「謹按書盤庚曰：『兹予大享於先王，爾祖其從與享之。』周禮司勳『凡有功者，祭於大烝』。然則書之所謂『大享』，即禮之所謂『大烝』也。烝，冬祭也。謂之大者，物成衆多之時，其祭比三時爲大也。方是時，百物皆報焉，祭有功宜矣。禮記祭統衛孔悝之鼎銘曰：『勤大命施於烝彝鼎。』後世烝祭不及功臣，既不合禮，而禘祫及之，事不經見。梁初誤禘功臣，何佟之以謂夏物未成，而禘功臣爲非典禮。唐韋挺亦云：『今禘祫以功臣配享，而冬烝不及，與經不合。蓋因仍之誤也。』伏請每遇冬烝，以功臣配享，其禘祫配享罷之。」詔凡冬享、禘祫及親祠，功臣並配享。

高宗紹興四年，太常少卿江端友請：「明堂前一日，差官詣七祀功臣位行禮。緣即今權於温州真華宮奉安宗廟，比在京事體不同，欲依紹興元年明堂更不排辦。」從之。

十八年，監登聞鼓院徐璉言：「國家遠稽三代，肇建原廟，凡是佐命配享與夫當時輔弼勳勞之臣，繪像於廟庭，以示不忘崇德報功之意。累朝佐命配享功臣不過十餘人，今之臣僚與其家之子孫必有存其繪像者，望詔有司尋訪，復摹於景靈宮庭之壁，非獨假寵諸臣之子孫，所以增重祖宗之德業，以爲臣子之勸。」禮部討論，欲下諸路轉運司委所管州軍尋訪配享功臣之家，韓王趙普，周王曹彬，太師薛居正、石熙載，鄭王潘美，太師李沆、王旦、李繼隆、王曾、吕夷簡，侍中曹瑋、司徒韓琦，太師曾公亮、富弼、司馬光、韓忠彦，各令摹寫貌像投納，繪畫於景靈宮庭壁。從之。

孝宗乾道五年，太常少卿林栗等言：「孟冬祫享在近，欽宗皇帝廟庭配享臣僚尚虚其位，當時遭值艱難，莫救淪胥，臣僚罕可稱述，而以身徇國名節暴著者，不無其人，雖生前官品不應配享之科，然事變非常，難拘定制，栗意指李若水。乞特詔侍從、臺諫集議以聞。」從之。

右侍郎官曾逮言：「昔元祐中神宗未有配享，朝廷依例權塑二侍臣。」吏部尚書汪應辰言：「欽宗所圖共政之臣，皆未有能勝其任者，若應故事，姑令備數，上非所以尊宗廟，下非所以勸有功。誠如太常所言，當時死事之臣非一，今欲令配享，考究本末，差次輕重，有所取捨，尤不可以輕易。昔唐文宗、武宗皆無配享功臣，本朝太祖、英宗既無御集，亦不建閣，蓋崇奉祖宗必審其實，必當於理，不虛尚文飾以苟塞人情而已，既無可配享者，乞更不集議。」從之。

光宗紹熙元年，詔呂頤浩、趙鼎、韓世忠、張俊並已配享。高宗皇帝廟庭，繪像訖，各許長房陳乞恩例一名。

中書門下省檢會元豐五年詔：景靈宮繪像舊臣推恩，本支下兩房以上，取不食祿者，均有無，取齒長者；若子孫亦繪像，本房不食祿，更不取別房應推恩人，願與以次別房者聽。元祐七年詔故相富弼配享神宗廟庭，其子紹延特差江陵府通判，仍與子孫一名恩澤。崇寧二年詔哲宗皇帝神御殿繪像文武臣僚，並與子若孫一人初品官，故有是命。

宋配享功臣

太祖　太師、贈尚書令韓王趙普，　樞密使、贈中書令濟陽郡王曹彬。

太宗　司空、同中書門下平章事、贈太尉、中書令薛居正，　右僕射、贈侍中石熙載，　忠武軍節度使、同中書門下平章事、贈中書令潘美。

真宗　右僕射、同中書門下平章事、贈太尉、中書令李沆。　太尉、贈太師、尚書令王旦，　忠武軍節度使、同中書門下平章事、中書令李繼隆。

仁宗　左僕射、贈尚書令王曾，　太尉、贈尚書令呂夷簡，　彰武軍節度使、贈侍中曹瑋。

英宗　司徒兼侍中、贈尚書令韓琦，　太傅兼侍中、贈太師、中書令曾公亮。

神宗　寧武軍節度使、守司徒開府儀同三司、贈太師富弼。紹聖元年，詔以故觀文殿大學士、集禧觀使、守司空、荆國公、贈太傅王安石配享。三年，罷富弼配享。高宗建炎二年，詔罷王安石，仍以富弼配享。

哲宗　左僕射、贈太師温國公司馬光。徽宗崇寧元年，詔以觀文殿大學士、贈太師蔡確配享。高宗建炎元年詔蔡確罷配享，以司馬光代之。

徽宗　左光禄大夫、尚書左僕射兼門下侍郎、贈太師魏國公韓忠彦。

高宗　左僕射、贈太師秦國公吕頤浩，　左僕射、追復特進觀文殿學士趙鼎，　太傅、鎮南武安寧國軍節度使、贈太師蘄王韓世忠，　太師、静江寧武靖海軍節度使、贈循王張俊。

孝宗　左丞相、贈太師魯國公陳康伯，　右丞相、太師、追封越王史浩。

光宗　右丞相、贈太師葛邲。

建炎以來朝野雜記：「祖宗故事，大臣配享皆祔廟。後議之，若趙韓王、曹秦王之配享太祖，蓋真宗咸平時。而韓魏王曾魯公之配享英宗，皆其身薨日降制，亦在祔廟十數年。後永思陵復土，翰林學士洪邁言：『聖神武文憲孝皇帝祔廟有期，所有配食臣僚先期議定。臣兩蒙宣諭，欲用文武臣各兩人，文臣，故宰相、贈太師秦國公謚忠穆吕頤浩，特進觀文殿大學士謚忠簡趙鼎；武臣，太師蘄王謚忠武韓世忠，太師魯王謚忠烈張俊〔一四〕。此四人皆一時名將相，合於天下公論，望付侍臣詳議以聞。』議者皆以爲宜，遂從之。祕書少監楊萬里獨謂張丞相浚不與配食爲非宜，争之不能，因補外去國焉。孝宗既祔廟，詔以故相陳康伯侑食。寶文閣待制吴總上疏，請以其父璘配享廟庭。

不報。」

祀先代帝王賢士修陵墓附

祭法：夫聖王之制祭祀也，法施於民則祀之，以死勤事則祀之，以勞定國則祀之，能禦大菑則祀之，能捍大患則祀之。是故厲山氏之有天下也，其子曰農，能殖百穀；夏之衰也，周棄繼之，故祀以爲稷；共工氏之霸九州也，其子曰后土，能平九州，故祀以爲社；帝嚳能叙星辰以著衆，堯能賞均刑法以義終，舜勤衆事而野死，鯀鄣鴻水而殛死，禹能修鯀之功。黄帝正名百物，以明民共財，顓頊能修之。契爲司徒而民成，冥勤其官而水死，湯以寬治民而除其虐，文王以文治，武王以武功，去民之菑，此皆有功烈於民者也〔一五〕。厲，力世反〔一六〕。左傳作烈山。共，音恭。鄣，音章。殛，紀力反。去，起吕反。嚳，口毒反。顓，音專。頊，許玉反。春秋傳曰「封爲上公，祀爲大神」，厲山氏，炎帝也。起於厲山，或曰有烈山氏。棄，后稷名也。共工氏無録而王，謂之霸，在太昊、炎帝之間。著衆，謂使民興事，知休作之期也。賞，賞善，謂禪舜封禹、稷等也。能刑，謂去四凶。義終，謂既禪二十八載乃死也。野死，謂征有苗死於蒼梧也。殛死，謂不能成其功也。明民，謂使之衣服有章也。民成，謂知五教之禮也。冥，契六世之孫也，其官玄冥，水官也。虐菑，謂桀、紂也。烈，業也。疏曰：「法施於民則祀之」者，若神農及后土、帝嚳與堯及黄帝、顓頊與契之屬是也。「以死勤事則祀之」者，若舜及鯀、冥是也。「以勞定國則祀之」者，若禹是也。「能禦大菑及能捍大患則祀之」者，若湯及文、武是也。「其子曰農，能殖百穀者」〔一七〕，農，謂厲山氏後世子孫，名柱，能殖百穀，故國語云「神農之名柱〔一八〕，作農官，因名農是也」〔一九〕。「夏之衰也，周棄繼之」者，以夏末湯遭大旱七年，欲變置社稷，故廢農祀棄。「故祀以爲稷」者〔二〇〕，謂農及棄皆祀之，以配稷之神。「其子曰后土，能平九州，故祀以爲社」者〔二一〕，是共工後世之子孫爲后土之官。后，君也，爲君而掌土，能治九州五土之神，故祀以爲配社之神。「鯀鄣洪水而殛死」者，鯀塞水無功而被堯殛死於羽山，亦是有微功於人，故得祀之，若無微功，焉能治水？「黄帝正名百物」者，土雖有百物而未有名，黄帝爲物作名，正名其體也。「以明民」者，謂垂衣裳使貴賤分明，得其所也。「共財」者，謂山澤不鄣，教民取百物以自贍也。其如上事，故得祀之。「顓頊能修之」者，謂能修黄帝之法。「契爲司徒而民成」者，契爲堯之司徒，掌五教，故民之五教得成。「冥勤其官而水死」者，冥，契六世孫，其官玄冥，水官也。

朱子語録：「問祭先賢先聖，如何？曰：有功德在人，人自當報之。古人祀五人帝，只是如此。後世有箇新生底神道，緣衆人心都向他〔三〕，他便盛。如狄仁傑只留泰伯、伍子胥廟，壞了許多廟，其鬼亦不能爲害，緣是他見得無這物事了。」因舉上蔡云：「可者，欲人致生之，故其鬼神；不可者，欲人致死之，故其鬼不神。」

秦始皇三十七年出游，十一月至雲夢，望祀虞舜於九疑山。上會稽，祭大禹。

漢高祖二年，或言周興而邑立后稷之祠，至今血食天下。於是高祖制詔天下立靈星祠，常以歲時祠以牛。注云：后稷祠而謂之「靈星」者，以稷配靈星。

漢舊儀：「五年修復周家舊祀，祀稷於東南，常以八月，祭以太牢，舞者七十二人，冠者五六三十人，童子六七四十二人，爲民祈穀報功。」

武帝時，有人言，古者天子以春解祠，祠黄帝，用一梟、破鏡。張晏曰：「黄帝，五帝之首也。春，歲之始也。梟，惡逆之鳥。方士云，以歲始祓除凶災，令神仙之帝食惡逆之物。」梟食母，黄帝欲絶其類，使百吏祠皆用焉〔三〕。漢使東郡送梟食，以五月初五日作羹以賜百官〔四〕。所謂解祠者，謂解罪求福也。

明帝永平二年，遣使者以中牢祠蕭何、霍光，帝謁陵園，過式其墓。

章帝元和春，東巡狩，使使者奉一太牢，祠帝堯於濟陰。

後主景曜六年，詔爲丞相諸葛亮立廟於沔陽。

先時，所在各請爲亮立廟，不許，百姓遂私祭之。或以爲可立於京師，禪不納。步兵校尉習崇〔二五〕、中書侍郎向充等〔二六〕，言於禪曰：「自漢以來，小善小德而圖形立廟者多矣〔二七〕，況亮德範遐邇，勳蓋季世，而烝嘗止於私門，廟貌闕而莫立，非所以存德念功，遠追在昔也〔二八〕。今若盡從人則黷而無典，建之京師又逼宗廟，宜因近其墓立之沔陽使所親屬以時賜祭〔二九〕，凡其臣故吏欲奉祠者〔三〇〕，皆限至廟，斷其私祀。」從之。

何承天曰：周禮凡有功者祭於大烝，故後代遵之。元勳配享，充等曾不是式，禪又從之，蓋非禮也。

東晉孝武帝寧康三年七月〔三一〕，故事，禮皋陶於廷尉寺，新禮移祀於律署，以同祭先聖於太學。舊祀以社日，新改用孟秋，以應秋政。摯虞按〔三二〕：「虞書皋陶作士，惟明克允，國重其功，人思其當，是以獄官禮其神，繫者致其祭，功在斷獄之成，不在律令之始也。太學之設〔三三〕，義重太常，故祭於太學。律之署，卑於廷尉，故祀於署，是去重而就輕。律非正署，興廢無常，宜如舊祀於廷尉。祭用仲春，義取重生，改用孟秋，以應刑殺，理未足以相易。宜定新禮〔三四〕，皆如舊制。」

後魏文成帝東巡，歷嶠山，祀黃帝。孝文太和十六年，詔曰：「法施於人，祀有明典，立功垂惠，祭有常式。其孟春應祀者，頃以事殷，遂及今日。可令以仲月而享祀焉。凡在祀令者有五，帝堯樹則天之功，興巍巍之治，可祀於平陽。虞舜播太平之風，致無爲之化，可祀於廣甯。夏禹禦洪水之災，建天下之利，可祀於安邑。周文公制禮作樂，垂範萬葉，可祀於洛陽。其宣尼廟已於中書，當別敕有司行事〔三五〕。自文公以上，可令當界牧守，各隨所近，攝行祀事，皆用清酌尹祭也。」曲禮曰：「脯曰尹祭。」

隋制，使祀先代王公：帝堯於平陽，以契配；帝舜於河東，咎繇配；夏禹於安邑，伯益配；商湯於汾陰，伊尹配；文王、武王於酆渭之郊，周公、召公配；漢帝於長陵，蕭何配。各以一太牢而無樂。配者享於廟庭。

唐高宗顯慶二年，太尉長孫無忌議：「祭法：『堯、舜、禹、湯、文、武，皆有功烈於人，及日月星辰，人所瞻仰，非此族也，不在祀典。』准此，帝王合與日月同例，常加祭享，義在報功。爰及隋代，並遵斯典。其漢高祖祭法無文，但以前代迄今，多行秦、漢故事。始皇無道，所以棄之。漢高祖典章，法垂於後。自隋已上，亦在祠例。大唐稽古垂化，網羅前典，唯此一禮，咸秩未申〔三六〕。令新禮及今，無祭先代帝王之文，今請聿遵故實，修附禮文〔三七〕，令三年一祭。仍以仲春之月，祭唐堯於平陽，以契配。祭虞舜於河東，以咎繇配。祭夏禹於安邑，以伯益配。祭殷湯於偃師，以伊尹配。祭周文王於酆，以太公配。祭武王於鎬，以周公、召公配。祭漢祖於長陵，以蕭何配〔三八〕。」

麟德二年，車駕將封岱嶽。至滎陽頓，祭紀信墓，贈驃騎大將軍。

玄宗開元二十二年詔〔三九〕：「自古聖帝明王，嶽瀆海鎮，用牲牢，餘並以酒脯充奠祀。」

其年，雲州置魏孝文帝祠堂，有司以時享祭。州有魏故明堂遺迹，乃於其上置廟焉。

天寶二年，追尊咎繇爲德明皇帝，涼武昭王爲興聖皇帝，各與立廟，每歲四孟月享祭。寶應時，禮儀使杜鴻漸請停四時獻享。

六載敕：「三皇五帝，創物垂範，永言龜鏡，宜有欽崇。三皇：伏羲，以句芒配。神農，以祝融配。黃帝，以風后、力牧配。五帝：少昊，以蓐收配。顓頊，以玄冥配。高辛，以稷、契配。唐堯，以羲仲、和叔配。虞舜。以夔、龍配。其擇日及置廟地，量事營立。其樂器請用宮懸，祭請用少牢。仍以春秋二時致享，共置令丞。太常寺檢校。」

七載詔：上古之君，存諸氏號，雖事先書契，而道著皇王，緬懷厥功，寧忘咸秩。其三皇已前帝王，宜於京城內共置一廟，仍與三皇五帝廟相近，以時致祭。天皇氏、地皇氏、人皇氏、有巢氏、燧人氏，其祭料及樂，請准三皇五帝廟，以春秋二時享祭。歷代帝王肇基之處，未有祠宇者，所由郡置一廟享祭，仍取當時將相德業可稱者二人配享。夏王禹都安邑。今夏縣。以虞伯益、秩宗伯夷配。殷王湯都亳。今穀熟縣。以阿衡伊尹、左相仲虺配。周文王都酆。今咸陽縣。見有廟〔四〇〕，以師鬻熊、齊太公望配。周武王都鎬，請入文王廟同享。太師周公、太保召公配。秦始皇都咸陽。丞相李斯、將軍王翦配。漢高祖起沛。今彭城縣。太傅張良、相國蕭何配。後漢光武皇帝起南陽。司徒鄧禹、將軍耿弇配。魏武皇帝都鄴。侍中荀彧、太尉鍾繇配。晉武帝都故洛陽。司空張華、大將軍羊祜配。後魏道武皇帝起雲中。太尉長孫嵩、尚書崔元伯配。周文帝起馮翊。尚書蘇綽、將軍于謹配。隋文帝封隋漢東。僕射高熲、大將軍賀若弼配。令郡縣長官，春秋二時擇日，粢盛蔬饌時果酒脯，潔誠致祭。其忠臣義士、孝婦烈女，史籍所載德行彌高者，所在宜置祠宇，量事致祭。

殷相傅說，汲郡。殷太師箕子，汲郡。宋公微子，睢陽郡。殷少師比干，汲郡。齊相管夷吾，濟南郡。齊相晏平仲，濟南郡。晉卿羊舌叔向，絳郡。魯卿季孫行父，魯郡。鄭卿東里子產，滎陽郡。燕上將軍樂毅，上谷郡。

趙卿藺相如，趙郡。楚三閭大夫屈原，長沙郡。漢大將軍霍光，平陽郡。漢太傅蕭望之，萬年縣。漢丞相丙吉，魯郡。蜀丞相諸葛亮。南陽郡。

已上忠臣一十六人。

周大王子吴太伯，吴郡。伯夷、叔齊，並河東郡。吴延陵季札，丹陽郡。魏將段干木，陜郡。齊高士魯仲連，濟南郡。楚大夫申包胥，富水郡。漢將軍紀信。滎陽郡。

已上義士八人。

周太王妃太姜，新平郡。周王季妃大任，扶風郡。周文王妃太姒，長安縣配享文王廟。魯大夫妻敬姜，魯郡。鄒孟軻母，魯郡。陳宣孝婦，睢陽郡。曹世叔妻大家。扶風縣。

已上孝婦七人。

周宣王齊姜〔四一〕，長沙郡。衛太子恭姜，汲郡。楚莊樊姬，富水郡。楚昭王女〔四二〕，富水郡。宋恭伯姬，睢陽郡。梁宣高行，陳留郡。齊杞梁妻，濟南郡。趙將趙括母，趙郡。漢元帝馮昭儀，咸陽郡。漢成帝班婕妤，扶風郡。漢太傅王陵母，彭城郡。漢御史大夫張湯母，萬年縣。漢河南伊嚴延年母，東海郡。漢淳于緹縈。濟南郡。

已上烈女一十四人。

右並令郡縣長官，春秋二時擇日准前致祭。其歷代帝王廟，每所差側近人不課户四人，有闕續填，仍闕户部處分。至十二歲七月二十八日有敕廢。九載十一月十六日，周武王、漢高祖於京城内同置一廟〔四三〕，并置官吏。

代宗大曆五年，鄜坊節度使上言：「坊州軒轅皇帝陵闕〔四四〕，請置廟，四時列於祀典。」從之。

永泰二年詔：「道州舜廟，宜蠲近廟佃户，充掃除。」從刺史元結請。

憲宗元和十四年敕：「周文王、武王祠宇，在咸陽縣，宜令有司精加修飾。」

昭宗天祐二年，封楚三閭大夫屈原爲昭靈侯，舜帝二妃祠爲懿節祠。

唐開元禮

有司享先代帝王儀

前享五日，諸享官各散齋三日於正寢，致齋二日於其廟所，如別儀。無廟者祭於壇，其壇制准州社壇。其祭官以當州長官充〔四五〕，無以次通取也。諸享官致齋之日，給酒食及明衣，各習禮於齋所。

前享一日，所管縣官清掃內外，整拂神座。無廟者，享日未明，縣官率其屬入詣壇東陛，升設神座於壇上近北〔四六〕，南向，席以莞。以後陳設行事，依在廟之位〔四七〕。設配坐於神座東南，西向，席以莞。又爲瘞坎於廟後壬地，方深取足容物。贊禮者設初獻位於東階東南，亞獻、終獻於初獻之南，少退，俱西向北上。設掌事者位於終獻東南，重行西面，以北爲上。設贊唱者位於終獻西南〔四八〕，西向北上。設望瘞位於廟堂東北，西向。又設贊唱者位於瘞坎東北，南向東上。設享官以下位於南門之外道東，重行西面，以北爲上。無廟者即設享官以下位於壇東壝門之外道南〔四九〕，重行，北面西上。祭器之數：每座罇六，籩十，豆十，簠二，簋二，鉶三，俎三。縣官帥其屬升設罇於廟堂上前楹間室户之外，北向，正座之罇在西，配座之罇在東。罇皆加勺冪，有坫以置爵。設幣篚於罇所。設洗於東階東南，北向，東西當中霤，南北以堂深。罍水在洗東，篚在洗西，南肆，實爵三巾二在篚。加勺冪。執罇罍洗篚者各位於罇罍洗篚之後〔五〇〕。

享日未明，亨牲於厨。夙興，掌饌者實祭器。牲體牛羊豕，皆載右胖。前脚三節，節一段，皆載之。後脚三節，節一段，去上節，載下二節。又取正脊、脡脊、横脊、正脅、代脅、短脅〔五一〕，各二骨以並，餘皆不設。簠實黍稷。簋實稻粱。籩十，實石鹽、乾魚、棗、栗、榛、菱、芡、鹿脯、白餅、黑餅。豆十，實韭菹、醓醢〔五二〕、菁菹、鹿醢、芹菹、兔醢、筍菹、魚醢、脾析菹〔五三〕、豚胉。若土無者，各以其類充之。諸享官以下各服祭服。三品毳冕，四品絺冕，五品玄冕，六品以下爵弁。縣官帥其屬入實罇罍及幣。每坐之罇，一實醴齊，一實盎齊，一實清酒，其玄酒各實於上罇〔五四〕。幣用帛，長丈八尺，色用白也。祝版各置於坫。贊唱者先入就位。祝與執罍罇篚者入立於庭，重行北面，以西爲上。立定，贊唱者曰：「再拜。」祝以下俱再拜。執罇者升東階，壇則升自東陛，以後准此。立於罇所。執罇罍篚者各就位。升自東階，行掃除於上，降，行掃除於。下〔五五〕。訖，各引就位。質明，贊禮者引享官以下俱就門外位。少頃，贊禮者引享官以下以次入就位〔五六〕。立定，贊唱者曰：「再拜。」在位者皆再拜。贊禮者進初獻之左，白：「有司謹具，請行事。」退，復位。祝跪取幣於篚，各立於罇所。掌饌者帥執饌者奉饌陳於南門之外。壇則奉饌陳於東壝門之外。贊禮者引初獻升自東階，其壇則升自南陛，以後初獻升降皆准此。進當神座前，北向立。祝以幣東向進，初獻受幣，祝還罇所。贊禮者引初獻入，跪奠於神座，興，出户，北向再拜。贊禮者引初獻入，當配座西壁下東面立。祝以幣北向進，初獻受幣，祝還罇所。贊禮者引初獻進，東面跪奠於配座，興，退，復位，東面再拜。贊禮者引初獻降，復位。掌饌者引饌入，升自東階，壇則升自南陛〔五七〕。祝迎引於階上，各設於神座前，掌饌者帥執饌者各復本位，祝還罇所。贊禮者引初獻詣罍洗，盥手洗爵，升自東階，詣酒罇所，執罇者舉冪，初獻酌醴齊。贊禮者引初獻入詣神座前，跪奠爵，興，出户，北向立。祝持版進於神座之右，東面跪讀祝文〔五八〕。帝嚳氏云：唯某年歲次月朔日，子開元神武皇帝諱，謹遣具官姓名，敢昭告於帝高辛氏，惟帝能序星辰，功施萬物，式遵祀典，敬以制幣犧齊，粢盛庶品，祇薦於帝高辛氏，尚享。帝堯云：敢昭告於帝陶唐氏，惟帝則天而行，光被四表，式遵祀典，敬以制幣云云。配座云：敢昭告於唐司徒：惟公敬敷五教，弘贊彝倫，率由舊章，配享於帝陶唐氏云云。帝舜云：敢昭告於帝有虞氏，惟帝道光七政，續宣五典，式遵故實云云。配座云：敢昭告於皋陶氏，惟神爰定五刑，載敷九德，率由舊章云云。夏王禹云：敢昭告於夏王禹，惟王克平九土，功施萬代，式遵故實云云。配座云：敢昭告於伯益氏，惟公贊敷下土，克蕃庶物，率由舊章，配享於夏王禹云云。殷王湯云：惟王革命黜暴，功濟天下，式遵祀典云云。配座云：敢昭告於伊尹氏，惟公弼諧政道，功格天地，率由故實云云。周文王云：惟王受命作周，經緯天地，式遵祠典云云〔五九〕。配座云：敢昭告於太公，惟公純德孔明，翼成周室，率由舊典云云。周武王云：應天順人，克定禍亂，式遵祠典云云。配座云：昭告於周文公、召康公，惟公道光十亂，功著分陝，率由舊典云云。漢高帝云：惟帝神武膺期〔六〇〕，撫安區夏，式遵祠典云云。配座云：敢昭告於蕭相國：惟公翼成漢業，厥功惟茂，率由舊章云云。訖，興〔六一〕，初獻再拜。祝進，跪奠版於神座，興，還罇所。贊禮者引初獻官詣配座酒罇所，取爵於坫，執罇者舉冪，初獻酌醴齊。贊禮者引初獻入，東面跪奠於配座前〔六二〕，興，進立於西壁下，東面立。祝持版入，立於配座之左，北面跪讀祝文訖，興。初獻再拜。祝進，跪奠版於配位，興，還罇所。贊禮者引初獻出户，北向立。祝各以爵酌清酒，合置一爵，一太祝持爵進於初獻之右，西向立。初獻再拜，受爵，跪祭酒，啐酒，奠爵，興。祝各帥執饌者以俎跪減神座前三牲胙肉，各取前脚第二節共置一俎上，以授初獻。初獻受以授掌饌者。初獻跪取爵，遂飲卒爵。祝進受爵，復於坫。初獻興，再拜。贊禮者引初獻降，復位。於初獻飲福，贊禮者引亞獻詣罍洗，盥手洗爵，升自東階，詣酒罇所，執罇者舉冪，亞獻酌盎齊。贊禮者引亞獻入詣神座前，北面跪奠爵，興，出户，北向再拜。贊禮者引亞獻詣配座酒罇所，取爵於坫，執罇者舉冪，亞獻酌盎齊。贊禮者引亞獻入詣配座前，東向跪奠爵，興，退於西壁下，東面再拜，出户，北向立。祝各以爵酌清酒，合置一爵，一太祝持爵進於亞獻之右，西向立。亞獻再拜，受爵，跪祭酒，遂飲卒爵。祝受爵，復於坫。亞獻興，再拜。贊禮者引亞獻降，復位。初，亞獻獻將畢，贊禮者引終獻盥洗，升獻、飲福，如亞獻之儀。訖，贊禮者引終獻降，復位。祝各進神座前跪徹豆，興，還罇所。贊唱者曰「再拜」，非飲福受胙者皆再拜。再拜訖，贊唱者又曰：「再拜。」獻官以下皆再拜。贊禮者進初獻之左，曰：「請就望瘞位。」贊禮者引初獻就望瘞位〔六三〕，西向立。贊唱者轉立於望瘞東北位，初獻官拜訖，祝各進神位前跪取幣，興，降自西階，壇則降自南陛。詣瘞埳北，南面以幣置於埳。贊唱者曰：「可瘞。」埳東、西面各二人填土。半埳，贊禮者進初獻之左，曰「禮畢」。遂引初獻以下出。贊唱者還本位，祝與執罇罍者俱復執事位。立定，贊唱者曰：「再拜。」祝以下皆再拜以出。祝版焚於齋所。

宋太祖皇帝建隆二年，詔先代帝王陵寢，宜令所屬州府遣近户守視，其冢墓有隳毀者亦加修葺。

乾德元年，詔曰：「歷代帝王，國有常享，著於甲令，可舉而行。五代亂離，率多廢墜，匱神乏祀，闕禮甚焉。其高辛廟、在宋州穀熟縣。堯廟、在晉州臨汾縣。以稷、契配。舜廟、在河中府。以皋陶配。夏禹廟、在陝州夏縣。以伯益配。商湯廟、在河南府偃師縣。以伊尹配。周文王廟、在鄠，今京兆府咸陽縣。以太公配。武王廟、在鎬，今京兆咸陽縣。以周公、召公配。漢高祖長陵，在京兆咸陽縣界。以蕭何配。宜令有司准令每三年一享，歲仲春月行享，牲用太牢，以羊豕代。祀官以本州長吏，有故，遣賓佐行事。仍令造祭器送之陵側，嚴禁樵采。」又詔：「後漢光武於南陽舊廟祭享，以鄧禹、吴漢、賈復、耿弇配。立唐太宗廟於京兆醴泉縣，以長孫無忌、房玄齡、杜如晦、魏元成、李靖配，並畫像廟壁。」二年十一月，太常博士聶宗義上言：「准祠令，周文王以太公配，唐天寶七載，以師鬻熊及太公望配，伏緣太公已封武成王，春秋釋奠，望自今止，以鬻熊配享。」奏可。

四年，詔曰：「歷代帝王，或功濟生民，或道光史載，垂於祀典，厥惟舊章。兵興以來，日不暇給，有司廢職，因循曠墜。或廟貌攸設，牲牷罔薦。或陵寢雖存，樵蘇靡禁。仄席興念，玆用惕然。其太昊，葬宛邱，在陳州。女媧，葬趙城縣東南，在晉州。炎帝，葬長沙，在潭州。黄帝，葬橋山，在坊州。顓頊，葬臨河縣，在澶州。高辛，葬濮陽頓邱城南，在澶州。唐堯，葬城陽穀林，在鄆州。虞舜，葬九疑山，在永州。夏禹，葬會稽，在越州。成湯，葬汾陰，在河中府。周文王、武王，並葬京兆咸陽縣。漢高祖，長陵。後漢世祖，原陵，在河南洛陽縣。唐高祖，獻陵，在耀州三原縣東。太宗，昭陵，在京兆醴泉縣北九嵕山。十六帝，各給守陵五户，蠲其他役，長吏春秋奉祀。他處有祠廟者，亦如祭享。商中宗太戊，葬大名内黄縣東南。高宗武丁，葬陳州西華縣北。周成王、康王，並葬京兆咸陽縣。漢文帝，霸陵，在京兆萬年縣東界。宣帝，杜陵在京兆萬年縣東南。魏太祖，高平陵，在相州鄴縣西南。晉武帝，峻陽陵，在河南洛陽縣東南。後周太祖，成陵，在耀州富平縣西北。隋高祖，太陵，在鳳翔扶風縣東南。十帝，各給三户，歲一享。秦始皇帝，陵在京兆昭應縣。漢景帝，陽陵，在京兆咸陽縣界。武帝，茂陵，在京兆西平縣。後漢明帝，顯節陵，在河南洛陽縣東南。章帝，恭陵，在河南洛陽縣東南。魏文帝，首陽陵，在孟州首陽山。後魏孝文帝，長陵，在耀州富平縣東南。唐玄宗，泰陵，在同州蒲城縣東南。肅宗、建陵，在京兆醴泉縣。憲宗、景陵，在同州蒲城縣西北。宣宗，正陵，在耀州雲陽縣西北。梁太祖，宣陵，在河南伊闕縣東北。後唐莊宗、雍陵，在河南新安縣東。明宗，徽陵，在河南洛陽縣東北。晉高祖，顯陵在河南壽安縣西北。十五帝，各給二户，三年一祭。周桓王、葬河南澠池縣東北。靈王、葬河南城西南柏亭西周山上。景王、葬河南洛陽縣太倉中。威烈王，葬河南城陽城中西北隅。漢元帝、渭陵，在京兆咸陽縣。成帝、延陵，在京兆咸陽縣。哀帝、義陵，在京兆咸陽縣。平帝，康陵，在京兆咸陽縣。後漢和帝、慎陵在河南洛陽縣東南。殤帝、康陵，在慎陵塋中庚地。安帝、恭陵，在河南洛陽東北。順帝、憲陵。沖帝、懷陵，並在河南洛陽縣東西。質帝、静陵，在河南洛陽縣東南。獻帝，禪陵，在懷州修武縣故涿鹿城西北。魏明帝、平陵，在河南河清縣大石山。高貴鄉公、葬河南洛陽縣瀍澗之濱。陳留王，葬相州鄴縣西。晉惠帝、太陽陵，在河南洛陽縣東南。懷帝、愍帝，並葬晉州平陽縣。西魏文帝，永陵，在耀州富平縣東南。東魏孝靖帝，葬相州鄴縣西漳水北。唐高宗、乾陵在乾州奉天縣西北。中宗、定陵，在耀州富平縣西北。睿宗、橋陵，在同州蒲城縣西北。德宗、崇陵，在耀州雲陽縣北。順宗、豐陵，在耀州富平縣東北。穆宗、光陵，在同州蒲城縣北。恭宗、莊陵，在耀州三原縣。文宗、章陵，在耀州富平縣西北。武宗、端陵，在耀州三原縣東。懿宗、簡陵，在耀州富平縣西北。僖宗、靖陵，在乾州奉天縣東北。昭宗，和陵，在河南緱氏縣。梁少帝，葬河南伊闕縣。後唐末帝，葬河南洛陽縣東北。三十八帝陵，州縣常禁樵采。」仍詔吴越國王錢俶修奉禹墓。

開寶三年，河南、鳳翔、京兆府及耀州言，周文王、武王、康王、秦始皇、漢高祖、文帝、景帝、武帝、元帝、成帝、哀帝、後魏孝文、西魏文帝、後周太祖、唐高祖、太宗、中宗、肅宗、代宗、德宗、順宗、文宗、武宗、宣宗、懿宗、僖宗、昭宗凡二十七陵，並經唐末兵亂開發。詔有司造衮冕服及常服各一襲，具棺槨以葬。掩坎日，所在長吏致祭。

十月，詔前代功臣烈士，宜令有司詳其勳業優劣以聞。有司言：「齊孫臏、晏嬰、晉程嬰〔六四〕、公孫杵臼、燕樂毅、漢曹參、陳平、韓信、周亞夫、衛青、霍去病、霍光、蜀主劉備、關羽、張飛、諸葛亮、唐房玄齡、長孫無忌、魏玄成、李靖、李勣、尉遲敬德、渾瑊、段秀實等，皆勳德高邁，爲當時之冠；晉趙簡子、齊孟嘗君、趙趙奢〔六五〕、漢丙吉、唐高士廉、唐儉、岑文本、馬周爲之次；南燕慕容德、唐裴寂、元稹又其次。」詔孫臏等各置守冢三户，趙簡子等各兩户，悉蠲其役；慕容德等禁樵采。其有爲盗賊所發者，皆具棺槨、朝服以葬。掩坎日，致祭長吏奉其事。

六年，詔許州修鼂錯廟。

真宗咸平元年，辰州言：漢伏波將軍、新息侯馬援廟水旱祈禱有應。詔封新息王。

四年，詔西京修後唐河南尹張全義祠堂，遣使葺益州諸葛亮廟。

景德四年，贈漢將軍紀信爲太尉，後漢司徒魯恭爲太師，以唐刑部尚書白居易孫利用爲河南府助教，常令修奉墳塋、影堂。又詔河南府建漢高祖廟，以時致祭，令鄭州給唐相裴度守墳三户。

大中祥符元年十月，詔曰：「周文公旦制禮作樂，誕稟聖賢，焕乎舊章，垂之千載。今以上封岱岳，按蹕魯郊，遊覽遺風，緬懷前烈，始公胙土，寔惟是邦，故其嗣君，得用王祭，而祠宇未設，闕孰甚焉。特議褒崇，以申旌顯，可追封文憲王，於曲阜縣建廟，春秋委本州長吏致祭。」

三年，令西京葺後唐莊宗廟。

四年，祀汾陰，駐蹕河中府，令訪伯夷、叔齊廟，遣官致祭，緣路帝王名臣祠廟神帳畫壁並加葺治，禁唐相婁師德墳墓樵采，令衡州葺神農廟。

六年，詔諸州有黄帝祠廟並加崇葺。又令常州葺周處廟。

神宗熙寧元年七月，知濮州韓鐸言：「堯陵在本州雷澤縣東穀林山，陵南有堯母慶都靈臺廟，請敕本州春秋致祭，置守陵户，免其租，俾奉灑掃。」詔給守陵五户。

四年，詔周嵩、慶、懿三陵柏子户留七户，餘放歸農。仍命歲時加修葺。

十年，權御史中丞鄧閏甫言：「嘗有興利之臣，議前代帝王陵寢許民請射耕墾，而司農可之。唐之諸陵悉見芟刈。熙寧令前代帝王陵寢並禁樵采、耕墾，并絀責創議之人。」詔唐諸陵除已定頃畝之外，其餘許仍舊耕佃爲守陵户，餘並禁止。後又詔永興軍，自漢以來諸陵下間地歲收，州縣以其錢修葺陵墓。

元豐三年，詔前代百辟卿士載於祀典者，皆不名。

四年，承議郎吴處厚言，程嬰、公孫杵臼保全趙孤，乞加封爵。詔河東、河北漕臣訪其祠墓，嬰封成信侯，杵臼封忠智侯，立祠於墓側，載之祀典。

判應天府張方平言：「司農寺近降新制，募人承買祠廟，然閼伯主祀大火，爲國家盛德所乘；微子開國於宋，亦本朝受命建號所因；張巡、許遠以孤城死賊，能捍大患。請免此三廟，以稱國家嚴奉之意。」

詔：「司農寺鬻天下祠廟，辱國黷神，莫此爲甚，可亟寢之。令開封府劾官吏以聞。」

哲宗元祐五年，定州請以韓琦祠載祀典。從之。又詔相州商王河亶甲冢、沂州費縣顔真卿墓並載祀典〔六六〕。

七年，詔賜唐韓愈潮州廟爲昌黎伯，賜唐柳宗元羅池廟爲靈文廟。又詔蘇州吴泰伯廟以「至德」爲額。

八年，賜安州雲夢縣楚令尹鬬穀於菟子文祠爲忠應廟，封崇德侯。

紹聖三年，詔德州漢大中大夫東方朔廟以「達隱」爲額，又封辯智侯。西京左藏庫使、榮州刺史趙思齊請立韓王普廟於真定府。從之。

元符三年，臣僚言：按史記言，韓厥之功不在程嬰、杵臼之下，請於祚德廟設位從祀。從之。

徽宗政和三年，禮儀局上五禮新儀，仲春、仲秋享歷代帝王：女媧氏於晉州，無配；帝太昊氏於陳州，以金提勾芒配；帝神農氏於衡州，以祝融配；帝高陽氏於澶州，以玄冥配；帝高辛氏應天府，無配；帝陶唐氏於濮州，以唐司徒卨配；帝有虞氏於道州，以虞相庭堅配；夏王大禹於越州，以夏相伯益配；商王成湯於慶成軍，以商相伊尹配；商王中宗於大名府，以商相伊陟、臣扈配；商王高宗於陳州，以商相甘盤、傅説配；周文王以周師鬻熊配；武王以周太保召康公配；成王以冢宰周文公、唐侯太叔配；康王以周太師畢公配；秦始皇帝以丞相李斯、内史蒙恬、將軍王翦配；漢高皇帝以相國酇文終侯蕭何配；太宗孝文皇帝以丞相曲逆獻侯陳平、太尉絳武侯周勃、衛將軍宋昌、城陽景王劉章配；孝景皇帝以丞相魏其侯竇嬰、丞相安節侯申屠嘉配；世宗孝武皇帝以丞相平津侯公孫弘、大將軍長平烈侯衛青、驃騎將軍冠軍景桓侯霍去病〔六七〕、車騎將軍秺侯金日磾配；中宗孝宣皇帝以丞相博陽定侯丙吉、丞相高平憲侯魏相、大司馬大將軍博陸宣成侯霍光〔六八〕、大司馬衞將軍富平侯張安世配；自周文王至漢宣帝並於永興軍。後漢世祖光武皇帝於河安府，以太傅高密元侯鄧禹、大司馬廣平忠侯吴漢、左將軍膠東剛侯賈復、建威大將軍好畤愍侯耿弇配；魏文皇帝於河南府，以太尉壽鄉肅侯賈詡、司徒蘭陵成侯王景興、大司馬邵陵元侯曹真、衞尉潁鄉肅侯辛毗配；後周太祖文皇帝於耀州，以大冢宰上柱國齊煬王憲、行臺尚書邳國公蘇綽、太傅燕國文公于謹、大將軍范陽公盧辯配；隋高祖文皇帝於鳳翔府，以右光禄大夫奇章憲公牛里仁、左僕射上柱國高熲、右武大將軍宋公賀若弼配；唐高祖神堯皇帝於耀州，以贈司空揚州都督河間元王孝恭、贈右僕射鄖國節公殷開山、民部尚書邢國襄公劉政會、贈司空淮安靖王神通配；太宗文皇帝於永興軍，以太尉趙公長孫無忌、贈太尉梁國文昭公房喬、贈司空萊國公杜如晦、贈司空鄭國文貞公魏元成、贈司徒衞國景武公李靖配；明皇帝於華州，以贈太師燕國文正公張説、贈太子少保代公郭元振配；肅宗宣孝皇帝於永興軍，以贈太師韓文正公苗晉卿、贈太尉冀公裴冕配；憲宗章武皇帝於華州，以中書令晉公裴度，贈太傅岐國安簡公杜佑、贈太尉凉國武公李愬配；宣宗獻文皇帝於耀州，以門下侍郎平章事夏侯孜、中書令贈太尉白敏中、中書侍郎平章事馬植配；後唐莊宗皇帝以侍中兼樞密使郭崇韜、中書令太師隴西郡王李嗣昭、開府儀同三司贈尚書令符存審配；明宗皇帝以中書令贈太師晉國忠武公霍彦威、工部尚書平章事贈太傅任圜配；晉高祖皇帝以中書令魏公桑維翰、中書令趙瑩配；漢高祖皇帝無配。自後唐莊宗至漢高祖皇帝並於河南府周嵩陵，太祖皇帝慶陵，世宗皇帝於鄭州。

封濱州齊將段干木爲善應侯。封濰州昌樂縣昭賢廟孤山伯夷爲清惠侯。漢州德陽縣漢姜詩祠封「孝感」。賜楚州漣水縣唐侍御史王義方祠曰「顯節」。賜綿州羅江縣蜀龐統祠曰「忠利」。賜連州漢伏波將軍路博德廟爲「忠勇」。賜晉州趙城縣造父祠爲慶祚廟。賜臨江軍灌嬰祠爲顯忠廟。賜興元府漢曹參祠爲遠廟。封蔡唐顏真卿廟爲「貞烈」。封漢崔瑗祠爲護國顯應昭惠王。封河南府穎陽縣神澤廟神穎考叔爲純孝伯。賜後唐死節裨將侯約廟額，列於祀典。已上封爵並係徽宗朝，日月不等，附此。

高宗建炎元年十一月丙寅郊赦：歷代聖帝、明王、忠臣、烈士，有功於民載在祀典者，命所在有司祭之。後凡赦皆如之。

紹興元年，言者請春秋仲月祠禹於越州告成觀，享越王句踐於其廟，以范蠡配。移蹕，則命郡祀如故事。

二年，員外郎李愿奏：「程嬰、公孫杵臼於趙最爲有功，神宗皇帝初年，皇嗣未建，封嬰爲成信侯、杵臼爲忠智侯，命絳州立廟，歲時奉祀〔六九〕。其後皇嗣衆多，垂祐萬世。今來廟宇隔絶，祭亦弗舉，欲令禮官討論，於行在春秋設位望祭。」從之。

十一年，中書舍人朱翌奏：「程嬰、杵臼雖存趙孤，然不絶趙祀而卒立武者，韓厥也。請以韓厥載祀典，與杵臼同宇。」下禮官討論。太常寺：「檢點國朝會要，絳州祚德廟、太平縣晉程嬰、公孫杵臼、韓厥祠在墓側，元豐四年封侯賜額。崇寧三年封韓厥義成侯，今討論欲從所乞，於行在卜地權創祠宇。契勘旌忠廟係秦州伏羌城之神，昨來朝廷已降旨揮於臨安府建廟，今來祚德廟欲乞比附旌忠廟，例令臨安府踏逐地步修建施行，候祠宇畢日，就本廟春秋二仲依小祠禮致祭。」

十六年，加嬰忠節成信侯，杵臼通勇忠智侯，厥忠定義成侯。

二十二年，又改封嬰疆濟公、杵臼英略公、厥啟佑公〔七〕，命兩浙漕臣建廟宇，升爲中祀，廟在净戒院故址，太一宮之南。

孝宗乾道四年，加封楚州顯濟廟靈感王，乃吳主孫皓祠，汪大猷等使虜還，言其「靈感」，故加封，仍命使人往來皆前期祭之。

淳熙四年，靜江守臣張栻謂：「臣所領州有唐帝祠，去城二十里而近，其山曰堯山，高廣爲一境之望，祠雖不詳所始，然有唐衡嶽道士彌明詩刻，即知其來舊矣。有虞帝祠，去城五里而近，其山曰虞山，灕江匯其左，曰皇澤之灣，有大曆中磨崖碑載刺史李昌夔修祠事。臣已肇修祠宇，請著之祀典，俾長吏檢校葺治。」從之。

十四年，衡州守臣劉清之奏：「史載炎帝陵在長沙茶陵，今衡州茶陵縣是也。陵廟皆在康樂鄉白鹿源，距縣百里，而祠宇廢。祖宗時，給近陵七户守視，禁其樵牧。宜復建廟，給陵户。」禮官請如故事，命守臣行之。

校勘記

〔一〕法施於民　「民」原作「人」，據周禮注疏卷三〇司勛鄭氏注及賈公彥疏改。

〔二〕尚多前虜　「虜」原訛「勇」，據周禮注疏卷三〇司勛鄭氏注及賈公彥疏改。

〔三〕正始五年　「正始」原訛「景元」，據三國志魏書卷四三少帝紀及卷一〇荀攸傳改。

〔四〕則未詳厥趣也　「趣」原訛「極」，據三國志魏書卷四三少帝紀改。

〔五〕又所未達也　「又」原訛「文」，「所」上原衍「之」，據三國志魏書卷四三少帝紀改删。

〔六〕公降於君　「公」字原脱，據三國會要卷一一禮上、通典卷五〇禮一〇補。

〔七〕此即配食之義位在堂之明審也　「審」原作「證」，據通典卷五〇禮一〇功臣配享改。

〔八〕請唯祫祭乃及功臣　「乃」原訛「不」，據通典卷五〇禮一〇功臣配享改。

〔九〕劉文静　「静」原訛「靖」，據舊唐書卷五七劉文静傳、新唐書卷八八劉文静傳、唐會要卷一八配享功臣及本卷注文改。

〔一〇〕漢南郡王張柬之　「南」，舊唐書卷九一張柬之傳、新唐書卷一二〇張柬之傳、開元禮卷三九皇帝祫享於太廟均作「陽」。

〔一一〕贈太子太師代國公郭元振　「太子太師」，舊唐書卷九七郭元振傳、新唐書卷一二二郭元振傳均作「太子少保」。

〔一二〕冀獻穆公裴冕　「冀」原訛「翼」，據舊唐書卷一一三裴冕傳、新唐書卷一四〇裴冕傳及唐會要卷一八配享功臣改。

〔一三〕亞獻將畢　「畢」原訛「軍」，據馮本、開元禮卷三九皇帝祫享於太廟、通典卷一一四禮七四改。

〔一四〕張俊　「俊」原訛「浚」，據元本、慎本、馮本及宋史卷三六九張俊傳改。

〔一五〕此皆有功烈於民者也　禮記正義卷四六祭法阮元校勘記：「宋、監本脱『皆』字。」

〔一六〕厲力世反　「厲」下原衍「山」字，據禮記正義卷六四祭法鄭氏注删。

〔一七〕能殖百穀者　「者」字原脱，據禮記正義卷六四祭法孔穎達疏補。

〔一八〕神農之名柱　「神」原訛「社」，據馮本、禮記正義卷六四祭法孔穎達疏改。

〔一九〕因名農是也　「因」原訛「周」，「是」原訛「後」，據馮本、禮記正義卷六四祭法孔穎達疏改。

〔二〇〕故祀以爲稷者　「以」原訛「社」，據禮記正義卷六四祭法孔穎達疏改。

〔二一〕故祀以爲社者　「以」原訛「父」，據禮記正義卷六四祭法孔穎達疏改。

〔二二〕緣衆人心都向他　「都」原訛「邪」，據朱子語類輯略卷之一改。

〔二三〕使百吏祠皆用焉　「吏祠」原訛「司」，據漢書卷二五上郊祀志第五上孟康注改。

〔二四〕以五月初五日作羹以賜百官　「五月」原訛「二月」，據漢書卷二五上郊祀志第五上如淳注及通典卷五三禮一三改。

〔二五〕步兵校尉習崇　「崇」，三國志蜀書卷三五諸葛亮傳裴松之注作「隆」。

〔二六〕中書侍郎向充等　「中書侍郎」，三國志蜀書卷三五諸葛亮傳裴松之注作「中書郎」。

〔二七〕小善小德而圖形立廟者多矣　「小善」二字原脱，據三國志蜀書卷三五諸葛亮傳裴松之注補。

〔二八〕遠追在昔也　「遠」，三國志蜀書卷三五諸葛亮傳裴松之注作「述」。
〔二九〕使所親屬以時賜祭　「親」字原脱，據三國志蜀書卷三五諸葛亮傳裴松之注補。
〔三〇〕凡其臣故吏欲奉祠者　「吏」字原脱，據三國志蜀書卷三五諸葛亮傳裴松之注補。
〔三一〕東晉孝武帝寧康三年七月　以下所載乃晉初史事，而冠以「東晉孝武帝寧康三年七月」時誤約百年。按通考致誤之由，蓋晉書禮志上「故事禮皋陶」一節，通典作者杜佑未審章節之異，截取「孝武寧康三年七月」一語加諸「故事禮皋陶」一節之上，張冠而李戴。通考作者馬端臨直録通典，以誤傳誤。
〔三二〕摯虞按　「摯虞」原倒，據晉書卷二文帝紀、卷一九禮志上、卷五一摯虞傳及通典卷五三禮一三乙正。
〔三三〕太學之設　「設」原訛「祠」，據通典卷五三禮一三改。
〔三四〕宜定新禮　「新」原訛「祭」，據晉書卷一九禮志上、通典卷五三禮一三改。
〔三五〕當别敕有司行事　「當」字原脱，據魏書卷一〇八禮志一補。
〔三六〕咸秩未申　「未」原訛「中」，據馮本、舊唐書卷二四禮儀四、唐會要卷二二前代帝王改。
〔三七〕修附禮文　「文」字原脱，據馮本、唐會要卷二二前代帝王補。
〔三八〕以蕭何配　此句下唐會要卷二二前代帝王有「詔可」二字。
〔三九〕玄宗開元二十二年詔　下「二」原訛「一」，據舊唐書卷二四禮儀四、唐會要卷二二前代帝王改。
〔四〇〕見有廟　「見」原訛「先」，據唐會要卷二二前代帝王改。
〔四一〕周宣王齊姜　「姜」原訛「陵」，據馮本、唐會要卷二二前代帝王古烈女傳卷二改。
〔四二〕楚昭王女　「王」原訛「正」，據慎本、馮本、唐會要卷二二前代帝王古烈女傳卷五改。

〔四三〕周武王漢高祖於京城内同置一廟　「同」，唐會要卷二二前代帝王作「各」，疑是。
〔四四〕坊州軒轅皇帝陵闕　「闕」原訛「同」，據馮本、唐會要卷二二前代帝王改。
〔四五〕其祭官以當州長官充　「充」原訛「亦」，據馮本、開元禮卷五〇有司享先代帝王、通典卷一一六禮七六改。
〔四六〕縣官率其屬入詣壇東陛升設神座於壇上近北　「詣」原訛「請」，「升」原訛「仗」，據馮本、開元禮卷五〇有司享先代帝王、通典卷一一六禮七六改。
〔四七〕依在廟之位　「依」原訛「體」，據馮本、開元禮卷五〇有司享先代帝王改。
〔四八〕設贊唱者位於終獻西南　「位」字原脱，據開元禮卷五〇有司享先代帝王補。
〔四九〕設享官以下位於壇東壝門之外道南　「東」字原脱，據開元禮卷五〇有司享先代帝王補。
〔五〇〕各位於罇罍洗篚之後　「位」原訛「依」，據開元禮卷五〇有司享先代帝王改。
〔五一〕横脊正脅代脅短脅　「横」原訛「稻」，「短脅」原脱，據開元禮卷五〇有司享先代帝王及通典卷一一六禮七六改補。
〔五二〕醯醢　「醯」上原衍「醢」字，據開元禮卷五〇有司享先代帝王删。
〔五三〕脾析菹　「析」原訛「菜」，據開元禮卷五〇有司享先代帝王改。
〔五四〕其玄酒各實於上罇　「其玄酒」三字原脱，據開元禮卷五〇有司享先代帝王及通典卷一一六禮七六補。
〔五五〕行掃除於下　「行」字原脱，據開元禮卷五〇有司享先代帝王補。
〔五六〕以次入就位　「入就」二字原脱，據開元禮卷五〇有司享先代帝王補。
〔五七〕壇則升自南陛　「南」，開元禮卷五〇有司享先代帝王作「東」。

〔五八〕跪讀祝文　「文」下原衍「曰」字，據開元禮卷五〇有司享先代帝王删。

〔五九〕式遵祠典云云　「祠」原作「祀」，據開元禮卷五〇有司享先代帝王改。

〔六〇〕惟帝神武膺期　「惟帝」二字原脱，據開元禮卷五〇有司享先代帝王補。

〔六一〕訖興　二字原脱，據開元禮卷五〇有司享先代帝王補。

〔六二〕東面跪奠於配座前　「面」原訛「西」，據馮本及開元禮卷五〇有司享先代帝王、通典卷一一六禮七六改。

〔六三〕引初獻就望瘞位　「就」字原脱，據開元禮卷五〇有司享先代帝王補。

〔六四〕晉程嬰　「晉程嬰」三字原脱，據史記卷四三趙氏世家、宋史卷一〇五禮八補。

〔六五〕趙趙奢　「趙」字原不重，據史記卷八一廉頗藺相如列傳、宋史卷一〇五禮八補。

〔六六〕費縣顏真卿墓並載祀典　「費」原訛「一」，據宋史卷一〇五禮八、大清一統志卷一七七改。

〔六七〕景桓侯霍去病　「桓」原訛「恒」，據元本、慎本、馮本及漢書卷五五霍去病傳改。

〔六八〕宣成侯霍光　「成」原訛「令」，據漢書卷一八外戚恩澤侯表及卷六八霍光傳改。

〔六九〕歲時奉祀　「時」字原脱，據宋史卷一〇五禮八補。

〔七〇〕啟佑公　「佑」，宋史卷一〇五禮八作「侑」。

卷一百四　宗廟考十四

諸侯宗廟

諸侯五廟，二昭二穆，與太祖之廟而五。太祖，始封之君。王者之後，不爲始封之君廟。疏曰：凡始封之君，謂王之子弟封爲諸侯，爲後世之太祖。當此君之身不得立出王之廟，則全無廟也，故諸侯不敢祖天子。若有大功德，王特命立之則可。若魯有文王之廟，鄭祖厲王是也。魯非但得立文王之廟，又立姜嫄之廟及魯公、武公之廟，並周公及親廟。除文王廟外，猶八廟也。此皆有功德特賜，非禮之正。此始封君之子得立一廟，始封六世之孫，始五廟備也。若異姓始封，如太公之屬，初封則得立五廟，從諸侯禮也。若二王之後，郊天之時，則得以遠代之祖配天而祭，故禮運云「杞之郊也，禹也；宋之郊也，契也」。

諸侯立五廟〔一〕，一壇一墠。曰考廟，曰王考廟，曰皇考廟，皆月祭之；顯考廟，祖考廟，享嘗乃止。去祖爲壇，去壇爲墠。壇墠，有禱焉祭之，無禱乃止。去墠爲鬼。注：見天子宗廟條。疏：「諸侯立五廟一壇一墠」者，降天子，故止有五廟，壇、墠與天子同。無功德之祖爲二祧也。「曰考廟、曰王考廟、曰皇考廟，皆月祭之」者，天子月祭五，諸侯卑，故唯得月祭三也。「顯考廟、祖考廟，享嘗乃止。」者，顯考，高祖也，祖考，太祖也〔二〕；太祖乃不遷，而與高祖並，不得月祭，止預四時，又降天子也。「去祖爲壇」者，去祖，謂去太祖也，即高祖之父。諸侯無功德二祧，若高祖之父亦遷，即寄太祖，而不得於太祖廟受時祭。唯有祈禱，則去太祖而往壇受祭也。

成廟皆遷之新廟，君前徙三日齋，祝、宗人及從者皆齋。謂親過高祖則毁廟，以昭穆遷之。春秋穀梁傳曰：「作主壞廟有時日，於練焉壞廟〔三〕。壞廟之道，易檐可也，改塗可也。」范甯云：「納新神，故示有所加。」鄭玄士虞禮記注曰〔四〕：「練而後遷也。」禮志云：「遷廟者，更釁其廟而移故主焉。」案：此篇成廟之文，與穀梁相傳也。

徙之日，君玄服，從者皆玄服。周禮司服職曰：「公之服，自衮冕而下，如王之服。侯伯之服，自鷩冕而下，如公之服。子男之服，自毳冕而下，如侯伯之服。孤之服，自絺冕而下，如子男之服。卿、大夫之服，自玄冕而下，如孤之服。」玉藻曰：「君命屈狄，再命禕衣。」內司服職曰：「辨外內命婦之服，鞠衣、展衣、緣衣、素紗。其於祭也，君與夫人皆申其服。」祭統曰「公衮冕立於阼，夫人副禕立於東房」是也。臣及命婦助祭於君，皆盡其服，自祭於家，咸降一等，陰爵不致申也〔五〕。雜記曰：「大夫冕而祭於公，弁而祭於己；士弁而祭於公，冠而祭於己。」特牲饋食禮曰「主婦纚笄宵衣，立於房中」是也。然鄭氏頓貶公侯，使一同玄冕以祭，已非其差也；且諸侯專國，禮樂車服王命有之，何獨抑其服乎？玉藻曰：「玄端以祭，裨冕以朝。」孫炎云：「端當爲冕，玄冕，祭服之下也，其祭先君，亦裨冕矣。」孫説爲合。下未即告，故略同。爵，弁也。「君命屈狄」與「再命禕衣」者，謂其夫爲君，則命其妻以屈狄與加再等之命，則上公夫人乃禕衣。孫、鄭等改禕衣，非也。又云「一命展衣」者，此則申子男臣妻之服耳。言小國臣妻一命者亦展衣，不命者則亦緣衣。玄又分公、卿、大夫及其妻爲三等而升降其服。經云，孤絺冕、卿大夫玄冕。冠何爲易之？又命小國之卿及內子，更同列國之卿。孤絺冕與鞠衣錯易其次，尤非宜。

從至於廟，廟，殯宮。群臣如朝位，列於廟門外，如路門之位。

君入，立於阼階下，西向。有司如朝位。立於門內，如門外之位。

宗人擯，舉手，曰：「有司具，請升。」君升，祝奉幣從，在左，北面。神主辭〔六〕，故在左。神將遷，故出在户牖間，南面矣。

再拜，興。祝聲三曰：「孝嗣侯某敢以嘉幣告於皇考某侯，言嗣，以遷代。不言國，未忍有之矣。成廟將徙〔七〕，敢告。」卒不奠幣者，禮畢矣，於此將有事於新廟。

君及祝再拜，興。祝曰：「請導君降立於階下。」奉衣服者皆奉以從祝。不言奉主而稱奉衣服者，以毀易祖考，誠人神之不忍。「從祝」者，祝所以導神也。言「皆」者，衣服非一稱。周禮守祧職曰：「掌先王、先公之廟祧，其遺衣服藏焉。」

奉衣服者降堂，君及在位者皆辟也。奉衣服者至碑，君從有司皆以次從出廟門。奉衣服者升車，乃步，君升車，從者皆就車也。皆就車，謂乘貳車者。凡出入門及大溝渠，祝下擯。押車祝爲左〔八〕，故於步處則下。至於新廟，筵於户牖間，始自外來，故先於堂。鐏於西序下，四時之祭，在室筵隩中，在堂筵序下，是以設鐏，恒於東方。今惟布南面之席，故置鐏於西，以因其便矣。脯醢陳於房中，房，西房也。諸侯在右房也。設洗堂東榮，南北以堂深。深，申鴆反。記因卿上當言東。有司皆先入，如朝位。祝導奉衣服者乃入，君從奉衣服者入門左，門左，門西。在位者皆辟也。奉衣服者升堂，皆反位。君從升，奠衣服於席上。祝奠幣於几東，君北向，祝在左。贊者盥，升適房薦脯醢。君盥，酌奠於薦西。反位，君及祝再拜，興。祝聲三曰：「孝嗣侯某，敢用嘉幣告於皇考某侯，今月吉日可以徙於新廟，敢告。」再拜，君就東廂西面，祝就西廂東面，東西俟也，祝就西廂，因其便也。在位者皆反走辟如食間，走，趨之也〔九〕。擯者舉手曰：「請反位。」君反位，祝從在左，卿、大夫及衆有司諸在位者皆反位。祝聲三曰：「孝嗣侯某，潔爲而明薦之享」，詩云：「吉蠲爲饎，是用孝享。」君及祝再拜，君反位，東廂之位。祝徹反位。西廂之位。擯者曰：「遷廟事畢，請就燕。」君出廟門，卿、大夫、有司執事者皆出廟門。告事畢，事，謂内主藏衣服、斂幣、徹几筵之等。乃曰：「擇日而祭焉。」所以安神。大戴禮。

右諸侯遷廟。

成廟，釁之以羊，廟新成而釁者，尊而神之。祭器名者，成則釁之以豭也。君玄服立於寢門内，南向。祝、宗人、宰夫、雍人皆玄服。以神事，故亦同爵弁。以載君朝服，謂不與也。宗人曰：「請令以釁某廟。」君曰：「諾。」遂入。雍人拭羊〔一〇〕，拭，帨。乃行入廟門碑南，北面東上。居上者，宰夫也。宰夫，攝主也。雍人舉羊升屋，自中，中屋南面，刲羊血流於前，乃降。門以鷄，有司當門北面，有司，宰夫、祝、宗人也。雍人割鷄屋下，當門郟室，割鷄於室中，有司亦北面也。郟室，門郟之室，一曰東西厢也。釁東西室，有司猶北面統於廟也。既事，宗人告事畢，皆退，反命於君。君寢門中，南向。宗人曰：「釁其廟事畢。」君曰：「諾。」宗人請就宴〔一一〕，君揖之，乃退。大戴禮。又按禮記雜記云：「成廟則釁之，其禮：祝、宗人、宰夫、雍人皆爵弁純衣，雍人拭羊，宗人視之，宰夫北面於碑南，東上。雍人舉羊升屋，自中，中屋南面，刲羊血流於前，乃降。門、夾室皆用鷄，先門而後夾室，其衈皆於屋下割鷄。門、當門，夾室、中室，有司皆鄉室而立。門，則有司當門北面。既事，宗人告事畢，乃皆退。反命於君曰，釁其廟事畢。反命於寢，君南鄉於門內，朝服，既反命，乃退。路寢成，則考之而不釁，釁屋者，交神明之道也。凡宗廟之器，其名者，成則釁之以豭豚。」刲，苦圭反。衈，如志反。鄉，許亮反。朝，直遥反。豭，音加。大戴禮「雍人割鷄屋下」注引雜記文，又曰：「案小戴割鷄亦於屋上，記者不同耳。此不言衈，略也。」

右諸侯釁廟。

子貢觀於魯廟之北堂，出而問於孔子曰：「鄉者，賜觀於太廟之北堂，未既輟，還復瞻被九蓋皆繼邪〔一二〕。彼有說邪，匠過絕邪？」北堂，神主所在也。輟，止也。九，當爲北；被，當爲彼，傳寫誤耳。蓋，音盍，扇户也。皆繼，謂其材木斷絕相接繼也。子貢問北盍皆繼續，彼有說邪，匠過誤而遂絕之也。家語作「還瞻北蓋皆斷焉，彼有說邪，匠過之也」。王肅注云：「觀北面之蓋，皆斷絕也。」孔子曰：「太廟之堂，亦嘗有說。言舊曾說，今則無也。官致良工，因麗節文。致，極也。官致良工，謂初造太廟之時，官極其良工，良工則因隨其木之美麗節文而裁制之，所以斷絕。家語作「官致良工之匠，匠致良材盡其功巧，蓋貴文也」。楊氏家語作「蓋貴久矣，尚有說也」。與此注少異。非無良材，蓋曰貴文。非無良材大木不斷絕者，蓋所以貴文飾也。」荀子宥坐。

文公十有三年，世室屋壞。公羊子曰：「世室，魯公之廟也。魯公，周公子伯禽。周公稱大廟，魯公稱世室，群公稱宮。大，音泰。疏曰：周公稱大廟者，即僖八年禘於大廟，文二年大事於大廟是也。魯公稱世室者，即此經是也。群公稱宮者，即武宮、煬宮之屬是也。此魯公之廟也，曷爲謂之世室？世室，謂猶世室也，世世不毀也。周公何以稱太廟於魯？據魯公始封也。封魯公以爲周公也。」穀梁子曰：「大室屋壞者，有壞道也，譏不修也。禮，宗廟之事君親割，割牲。夫人親舂，舂粢盛也〔一三〕。敬之至也。爲社稷之主，而先君之廟壞，極稱之，志不敬也。」魯公之廟，文世室也。武公之廟，武世室也。魯公，伯禽也。武公，伯禽之玄孫也，名敖。疏曰：魯有二廟不毀，象周之文、武二祧也。文世室者，魯公伯禽有文德，世世不毀其室，故云文世室。武世室者，伯禽玄孫武公有武德，其廟不毀，故云武世室。按：成六年立武宮，公羊、左氏並譏之，不宜立也。又武公之廟立在武公卒後，其廟不毀在成公之時，作記之人因成王褒魯，遂盛美魯家之事，因武公之廟不毀，遂連文而美之，非實辭也。明堂位。莊公二十三年秋，丹桓宮楹。桓公廟也。楹，柱也。穀梁子曰：「禮，天子諸侯黝堊，黝，於糾反。堊，烏路反；又烏各反〔一四〕。范云：黝堊，黑色。案：黝，黑也。堊，謂白土〔一五〕。大夫蒼，士黈，黈，他苟反。黈，黃色。丹楹，非禮也。」莊公二十四年春，刻桓宮桷。桷，音角，榱也。方曰桷，圜曰椽。穀梁子曰：「天子之桷，斲之礱之，斲，丁角反，削也。礱，力公反，磨也。加密石焉；以細石磨之。諸侯之桷，斲之礱之；大夫斲之；士斲本。刻桷，非正也。非正，謂刻桷丹楹也。」成公三年新宮災，三日哭。公羊子曰：「宣公之宮也。以無新宮，知宣公之宮廟。曷爲謂之新宮？不忍言也。親之精神所依，而災，孝子隱痛，不忍正言也。謂之新宮者，因新入宮，易其西北角，示昭穆相繼代有所改更也。其言三日哭何？據桓、僖宮災，不言三日哭。廟災三日哭，禮也。善得禮，痛傷鬼神無所依歸，故君臣素縞哭之。縞，古老反。」凡邑，有宗廟先君之主曰都，無曰邑。邑曰築，都曰城。周禮，四縣爲都，四井爲邑。然宗廟所在，則維邑曰都，尊之也。言凡邑，則他築非例。莊公二十八年左氏傳。君子將營宮室，宗廟爲先，廄庫爲次，居室爲後。廄，九又反。重先祖及國之用。曲禮下。王制曰：「寢不踰廟。」天子不卜處太廟。卜可建國之處吉，則宮廟吉可知。疏曰：建國之時，總卜其吉，不待更卜其處大廟之所在，以其吉可知矣。表記。國君下齊牛，式宗廟。疏曰：「熊氏云，此文誤，當以周禮齊右職注爲正〔一六〕，宜云下宗廟式齊牛。」曲禮上。

自天子達於庶人，喪從死者，祭從生者，支子不祭。從死者，謂衣衾棺槨；從生者，謂奠祭之牲器。疏曰：盧植解云：從生者，謂除服之後，吉祭之時，以子孫官禄祭其父祖，故云「從生者」。若喪中之祭，虞祔練祥，乃從死者之爵，故小記云「士祔於大夫，則易牲」。又云「其妻爲大夫而卒，而后其夫不爲大夫，而祔於其妻，則不易牲」。又雜記云「上大夫之虞也，少牢，卒哭成事祔，皆太牢。下大夫之虞也，犆牲，卒哭成事祔，皆少牢」。是喪中之祭得從生者之爵。與小記、雜記違者，小記、雜記據死者子孫身無官爵，生者又無可祭享，故喪中之祭皆用死者之禮。若其生者有爵，則祭從生者之法。喪祭尚爾，喪後吉祭可知。奠謂葬前，祭謂葬後，包喪終，吉祭也。鄭必知祭兼喪祭，與盧植別者，以此云「祭從生者，喪從死者」相對。又中庸云「父爲大夫，子爲士，葬以大夫，祭以士」。又云「父爲士，子爲大夫，葬以士，祭以大夫」。祭又與葬相對，皆祭與喪葬連文，是一時之事，故祭中兼爲喪奠也。王制。武王末受命，周公承文武之德，追王大王王季，上祀先公以天子之禮。斯禮也，達乎諸侯、大夫及士、庶人。父爲大夫，子爲士，葬以大夫，祭以士。父爲士，子爲大夫，葬以士，祭以大夫。追王之「王」，去聲。此言周公之事。末，猶老也。追王，蓋推文、武之意，以及乎王迹之所起也。先公，組紺以上至后稷也。上祀先公以天子之禮，又推大王王季之意，以及於無窮也。制爲禮法，以及天下，使葬用死者之爵，祭用生者之禄。中庸。父爲士，子爲天子、諸侯，則祭以天子、諸侯，其尸服以士服。祭以天子諸侯，養以子道也。尸服士服，父本無爵，子不敢以己爵加之，嫌於卑之。疏曰：云「尸服士服」者，謂尸服玄端。若君之先祖爲士大夫，則服助祭之服。故曾子問云「尸弁冕而出」，是爲君，尸有著弁者，有著冕者。若爲先君士，尸則著爵弁。若爲先君大夫，尸則著玄冕是也。若大夫士之尸，則服家祭之服。故鄭注士虞記「尸服卒者之士服，士玄端」是也。父爲天子、諸侯，子爲士，祭以士，其尸服以士服。謂父以罪誅，尸服以士服，不成爲君也。祀其先君以禮卒者，尸服天子諸侯之服。如遂無所封立，則尸也、祭也皆如士，不敢僭用尊者衣物〔一七〕。疏曰：知謂父以罪誅者，以其尸服士服故也。以其嘗爲天子、諸侯，不可以庶人之禮待之，士是爵之最卑，故服其士服。云「祀其先君以禮卒者，尸服天子、諸侯之服」者，按左傳云宋祖帝乙是以禮卒者，而宋祀以爲祖，明其服天子之服。推此，則諸侯亦然。

將祭，主人各服其服，筮於廟門外。五等諸侯皆服玄冕。二王後及方伯爲上公者，與魯侯於周公廟服衮冕〔一八〕。大夫以朝服，士以玄冠，玄端也。日用丁己〔一九〕。内事用柔日。必丁己者，取其令名，自丁寧，自變改，皆以爲謹敬也。必先諏此日，明日乃筮也。筮旬有一日，旬，十日也。以先月下旬之己，筮來月上旬之己。曰來日丁亥〔二〇〕，用薦歲事。丁者，未必遇亥也，直舉一日以言之〔二一〕，則己亥、辛亥亦用之，苟有亥焉可矣。既得日吉，乃官戒，宗人命滌，宰命爲酒，宿戒尸。先宿尸者，重所用，又將筮。明日，朝服筮尸，吉，乃遂宿尸，祝儐。筮吉又遂宿尸，重尸也。祝爲儐者，尸神像也。明日，主人朝服，即廟門外東方位，南面。宰、宗人西面，北上。牲北首，東上。司馬刲羊，司士擊豕〔二二〕，宗人告備。乃退。刲、擊，皆殺也。此既省，告備乃殺。雍爨在門東南北上〔二三〕，特牲饋食禮：「陳鼎於門外北面〔二四〕，棜在南，實獸腊，牲在其西，北首東足。宗人視牲，告充，雍正作豕。」崔靈恩云：「二王後則自用其牲。」棜，音於據反。司宮概籩〔二五〕、豆、爵、觶於東堂下，雍人陳鼎五。士禮：主婦視饎爨於西堂下，亨於門外東方〔二六〕，鐏於户東，實籩、豆於房中。司馬升羊右胖。骨十一體。腸、胃、祭肺各三。舉肺一。升，上也。髀不升〔二七〕。近竅，賤也。此據大夫也。若諸侯則太牢，士則特牲。胖，音判。士升豕右胖〔二八〕。如升胖之儀。雍人掄膚九，實於一鼎。掄，擇也。膚，脅革肉也〔二九〕，擇之取美。司士又升魚腊。司宮鐏兩甒音武。於房户間〔三〇〕，有玄酒。小祝設盤匜餘之反。於西階東。爲尸將盥。主人朝服立於阼階東〔三一〕。司宮設筵於奧，祝設几於筵上，右之。布神座也。室中西南隅，謂之奧。主人出迎鼎，主人先入。尊導。有司各升，實籩、豆、鐏、俎。祝盥，升西階。主人盥，升阼階。祝先入，南面。主人從入户内，西面。將納祭也。祝先，接神也。士禮：則主婦、宗人、宗婦升，實籩、豆等。主婦被髲，他計反。衣侈袂，薦自東房。士禮：主婦纚笄宵衣，盥，自房中薦豆〔三二〕。崔靈恩云：「二王後夫人各以本國盛服，侯伯夫人則服褕狄，子男及三公大夫夫人闕狄。」佐食、司士序升西階，相從設俎。主婦設稷，興，入房。祝酌，奠。祝、主人再拜。祝出，迎尸。尸升西階，祝從。尸升筵，祝、主人皆拜妥尸〔三三〕。尸不言，答拜，遂坐。拜之使安坐也〔三四〕。尸自此答拜，遂坐而卒食。尸祭，卒，食，告飽。主人酌酒酳尸，尸拜受，主人拜送。尸祭、啐，卒爵。祝酌，授尸，尸酢主人，主人卒爵。祝與佐食盥手，取黍以授尸。尸執以命祝，祝受以東，嘏於主人。其辭曰：「皇尸命工祝，承致多福無疆於汝孝孫，來汝孝孫，使汝受祿於天，宜稼於田，眉壽萬年。勿替引之〔三五〕。」主人再拜稽首，受黍，嘗之，納諸內。嘗之者，重之至也。納，入也。主人獻祝，又酌，獻佐食。主婦酌，獻尸，受，主婦拜送。尸祭酒。卒爵，又酢主婦。主婦酌獻祝與上佐食，亦如之。及賓長獻尸，尸酢賓。主人出，立於阼階。祝立西階，告曰：「利成。」利，養也。成，畢也。孝子養禮畢。祝入，尸謖，主人降。謖，起也。謖，音所六反。祝先，尸從，遂出於廟門。事尸之禮，訖於廟門。崔靈恩云：「二王後各得行其先王之禮。尸各服其君之服。尸、君、夫人入，皆作樂。殷人先樂降神，後酌鬱鬯以獻尸。方伯之祭，同服冕，行九獻之法，不得同二王後食前六獻，食後三，當食前四，至酳爲五，更行四獻爲九也。王之兄弟封爲侯伯，時祭則尸坐，南面，主在東面〔三六〕。侯伯則行七獻之禮，子男則行五獻，皆依其命數。凡五等之爵，自祭皆用玄冕。未賜珪瓚者，不以鬱鬯，直以酒灌神也。凡諸侯灌，用黄目爲上，齊則獻象以下。尸如君服以入〔三七〕，奏肆夏。君與夫人灌，各一獻。然後迎牲〔三八〕，麗於碑，鸞刀啟其血毛以授祝。祝入，詔於室。及殺，始行朝踐之事。尸南面，主在西，東面。取膟膋燎於爐炭，入〔三九〕，詔神於室。夫人酌盎齊以獻尸，爲三獻。至薦熟時，先以羹告，設饌於堂，後迎尸於奧。君拜妥尸，酌清酒以獻〔四〇〕，爲四獻。至酳五獻〔四一〕，酬酢而至七獻，禮成。」

右通典序諸侯士大夫祭禮，其文蓋約儀禮饋食篇而纂其要。然諸祭禮有上同乎天子者，已參錯見於時享門；如君親牽牲，夫人薦盎之類。有下同乎卿大夫者，其詳則已見儀禮少牢饋食等篇，此未足以盡其說也。

後漢獻帝封曹操爲魏公，依諸侯禮立五廟於鄴。後進爵爲王，無所改易。

晉安昌公荀氏進封大國，祭六代。時未立廟，暫以廳事爲祭室，須立廟，如制備。

張祖高問謝沈曰：「諸侯祭五廟，先諏日，卜吉而行事，爲祭五廟諸畢邪？按儀，視殺、延尸，厥明行事，晏朝乃闋。五廟盡爾，將終日不了；若異日，未見其義。」沈答曰：「五廟同時，助祭者多，晏朝乃闋。季氏逮闇，繼之以燭，雖有强力之容，肅敬之心，皆倦怠也。子路爲宰，與祭，室事交乎戶，堂事交乎階，晏朝而退。孔子聞之，曰：『誰謂由不知禮！』」賀循祭儀云，祭以首時及臘，首時者，四時之初月。歲凡五祭，將祭，前期十日散齋，不御，不樂，不弔。前三日，沐浴改服，居於齋室，不交外事，不食葷辛，靜志虛心，思親之存。及祭，施位。范注祀禮云：「凡夫婦者皆同席，貴賤同也。兄弟同席，謂未婚也。」牲，大夫少牢，士以特豕。祭前之夕，及腊鼎陳於門外，主人即位，西面。宗人祖，告充。主人視殺於門外，主婦視饎於西堂下。設洗於阼階東南，酒醴甒於房戶。牲皆體解。肩、臂、臑三骨，屬肱。肩次臂，臂次臑。肫、胳二屬股。不取髀，近竅不取。胳，股之本。肫次體，胳次肫。脊，以前爲正。旁中爲正〔四二〕。周人尚右胖。俎以骨爲主，貴者取貴骨。羊一俎：十一體，舉肺一，祭肺三〔四三〕。豕一俎：十一體，舉肺一，祭肺三。腊，大夫全鹿一俎，魚一俎。麷、蕡、白、黑，四物已廢，今之俱出稻麥者代之，此朝事之籩，大夫有之。腶修，大夫賓尸，主婦薦之。糗、餌、粉、餈四物，羞籩〔四四〕。酏食糝食，羞豆也。自糗以下六物，少牢主人酬尸而薦。以上皆大夫所加於七也。凡新物，皆隨時有而薦，不可逆載。從獻上炙，主人以肝，主婦以肉，謂之燔，隨酒而行禮祭。主婦視饎爨於西堂下〔四五〕，遂親設黍稷及菹醢及棗栗之薦。今飯果出房，明婦職也〔四六〕。骼，音古白反。臑，音奴到反。醢，音海。平明，設几筵，東面，爲神位。進食，乃祝。祝乃酌，奠，拜，祝訖，拜退，西面立，少頃，酌酳。禮一獻畢〔四七〕，拜受酢，飲畢，拜。婦亞獻，薦棗栗，受酢如主人。凡獻皆有炙，主人以肝，主婦以肉。其次，長賓三獻，亦以燔從，如主人。次及兄弟獻，始進俎，庶羞。衆賓兄弟行酬，一徧而止。徹神俎羹飯爲賓食，食物如祭，餕畢，酌酳一周止。佐徹神饋，饌於室中西北隅，以爲厭祭。孝子不知神之所在，改置於此，庶幾見享。既設，閉牖户。以爲幽。宗人告畢，賓乃退。凡明日將祭，今夕宿賓。祭日，主人、群子孫、宗人、祝史皆詣廳事，西面立，以北爲上。有薦新，在四時仲月。大夫、士有田者，既祭而又薦，無田者薦而不祭。」

後魏孝明帝神龜初，靈太后父司徒胡國珍薨，贈太上秦公。太傅清河王懌議：「按禮記『二昭二穆，與太祖而五』，並是後代追論備廟之文，皆非當時據立神位之事。今秦公初構國廟，追立神位，唯當仰祀二昭二穆，上極高、曾四代而已。何者？秦公身是始封之君，將爲不遷之祖。若以功業崇重，越居正位，恐以卑臨尊，亂昭穆也。如其權立始祖，以備五廟，恐數滿便毁，非禮意也。昔司馬懿立功於魏，爲晉太祖，及至子晉公昭，乃立五廟，亦祀四代，止於高祖、曾祖。太祖之位，虚俟宣、文，待其後裔，數滿乃止。此亦前代之成事，方今所殷鑒也。禮緯云：『夏四廟，至子孫五；殷五廟，至子孫六；周六廟，至子孫七。』明知當時太祖之神，仍依昭穆之序，要待子孫代代相推，然後太祖出居正位。」懌又議曰：「古者廟堂皆别，光武已來，異位同堂，是以相國構廟，惟制一室，周祭祖考〔四八〕。比來諸王立廟者，不依公令，或五或一，參差無準。相國之廟，以造一室，實合朝令。宜即依此，展其享祀。」詔依懌議。

北齊，王及五等開國執事官、散從二品以上，皆祀五代。牲用太牢。

唐制：一品二品四廟，其廟室、牲牢、服器之制，並見大夫士庶宗廟門。

貞觀六年，侍中王珪通貴漸久而不營私廟，四時烝嘗，猶祭於寢，爲法司所劾。太宗優容之，因官爲立廟，以愧其心。廟在永樂城東北角〔四九〕，正元八年，修唐安寺，移於寺西。

高宗儀鳳三年，於文水縣置太原王武士彠廟。

德宗貞元十三年，敕贈太傅馬燧祔廟，宜令所司供少牢，仍給鹵簿。

憲宗元和七年十一月，太子少傅判太常卿事鄭餘慶建立私廟，將祔四代神主，廟有二夫人，疑於祔配，請禮院詳定。修撰官太學博士韋公肅議曰：「古者一娶九女，所以於廟無二嫡〔五〇〕。自秦、漢已下，不行此禮，遂有再娶之說。前娶後繼，並是正嫡，則偕祔之義，於禮無嫌。謹按：晉驃騎大將軍温嶠相繼有三妻，疑並爲夫人，以問太學博士陳舒，議『以妻雖先没，榮辱並隨夫也。禮祔於祖姑，祖姑有三人，則各祔舅之所生。如其禮意，三人皆夫人也。秦、漢已來，諸侯不復一娶九女，既生娶以正禮，没不可貶』。自後諸儒咸用舒議，且嫡繼於古則有殊制，於今則無異等。今王公再娶，無非禮聘，所以祔配之議，不得不同。至於卿士之家寢，祭亦二妻，位同几席，豈廟享之禮而有異乎？是知古者廟無不嫡，防侄娣之爭競，今無所施矣。古之繼室，皆媵妾也；今之繼室，並嫡妻也。不宜援古一娶九女之制也，而使子孫祭享不及。或曰：春秋聲子不入魯侯之廟，如之何？謹按魯惠公元妃卒〔五一〕，繼室以聲子。聲子，孟之侄娣〔五二〕，非正也，自不合入惠公之廟明矣。又武公生仲子，則仲子歸於魯。生桓公而惠公薨。立宫而奉之，追成父志，別爲宫也。尋求禮意，則當然矣。未見前例如之何？謹按晉南昌府君廟有荀氏、薛氏，景帝有夏侯氏、羊氏，聖朝睿宗廟有昭成皇后竇氏、肅明皇后劉氏，故太師顔魯公祖廟有夫人殷氏、繼夫人柳氏〔五三〕。其流甚多，不可悉數。略稽禮文，參諸故事，二夫人並祔，於禮爲宜。」

宣宗大中五年十一月，太常禮院奏：「據中書侍郎兼吏部尚書、平章事崔龜從奏：『臣准式合立私廟。伏准會昌五年二月一日敕旨，百官並不得京内置廟，如欲於京内置廟者，但准古禮，於所居處置，即不失敬親之禮者。伏以武宗時，緣南郊行事，見天門街左右諸坊，有人家私廟，遂命禁斷。且不欲令御路左右有廟宇，許令私第内置，則近北諸坊，漸逼宫闕，十年之内，悉是人家私廟。今若人家居第寬廣，或鄰里可吞併者，必便置廟，以展孝思；或居處褊狹，鄰近無可開廣者，便是終身廢廟享之榮，公私情禮皆極不便。國朝二百餘年，在私家側近者，不過三數家，今古殊禮，頗爲褻黷。其餘悉在近南遠坊，通行已久。今若緣南路不欲令置私廟，却令居處建立廟宇，即須種植松柏及白楊樹，近北諸坊，交恐非便。以臣愚見，天門街左右諸坊不許置廟，其餘圍外遠坊本是隙地，並舊是廢廟者，許令建立。即天門街側近既無私廟，近北諸坊又免百官占地立廟。並官至三品，盡得升祔祖禰〔五四〕，無乖禮經。中外官僚已至三品者，皆望有此釐革。伏請下太常禮院重定立廟制度及去處，庶得祀禮可遵〔五五〕，行事無乖。』當奉今月一日敕，宜依所奏，下太常禮院審詳制度，分析奏聞者。伏以事亡如存，典禮攸重，今百官悉在京師，若不許於京内置廟，則烝嘗之禮難復躬親，孝思之心，或乖薦奠。若悉令於居處置廟，又緣近北諸坊便於朝謁，百官第宅布列坊中，其間雜以居人，棟宇悉皆連接，今廣開則鄰無隙地，廢廟貌則禮闕敬親。若令依會昌五年敕文，盡勒於所居置廟，兼恐十數年間，私廟漸逼於宫墻，齊人必苦於吞併。臣具詳本末，冀便公私，今請夾天門街左右諸坊不得立私廟，其餘圍外遠坊任取舊廟，及擇空閒地建立廟宇。應立廟之初，先取禮司詳定，兼請准開元禮二品已上祠四廟，三品祠三廟，三品以下不須爵者四廟，外有始封祖〔五六〕，通祠五廟。三品以上不得過九架，並厦兩頭。其三室廟制，合造五間，其中三間，隔爲三室，兩頭各厦一間虚之，前後亦虚之。每室廟垣合開南門、東門，並有門屋。餘並請准開元禮及曲臺禮爲定制。其享獻之禮，除依古禮用少牢特牲饋食外，有設時新及今時熟饌者並聽。仍請永爲定式。」敕旨宜依。

宋仁宗皇帝慶曆元年十一月，南郊赦書，應中外文武官並許依舊式創立家廟。

至和二年，宰臣宋庠言：「慶曆郊祀赦書，許文武官立家廟，而有司終不能推述先典，明喻上仁，因循顧望，遂踰十載，使王公薦享下同委巷，衣冠昭穆雜用家人，緣偷襲弊，甚可嗟也！臣嘗因進對，屢聞聖言，謂諸臣專殖第産，不立私廟，寧朝廷勸戒有所未孚，將風教頹陵終不可復。睿心至意，形於嘆息。臣每求諸臣所以未即建立者，誠亦有由。蓋古今異儀，封爵殊制，因疑成憚，遂格詔書。禮官既不講求，私家何緣擅立。且未信而望誠者，上難必責；徒善而設教者〔五七〕，下或有違。若欲必如三代有家嫡世封之重，山川國邑之常，然後議之，則墜典無可復之期。夫建宗祏，序昭穆，別貴賤之等，所以爲孝，雖有過於爲孝，殖産利，營居室，遺子孫之業，或與民争利，顧不以爲耻，逮夫立廟，則曰不敢，寧所謂去小違古而就大違古也。今諸臣之惑，不亦甚乎！」於是下兩制與禮官詳定制度，而翰林學士承旨王堯臣等定：「官正一品、平章事以上立四廟；樞密使、知樞密院事、參知政事、樞密副使、同知樞密院、簽書院事以上，見任前任同〔五八〕，宣徽使、尚書、節度使、東宮少保以上，皆立三廟；餘官祭於寢。凡得立廟者，許嫡子襲爵，以主祭。其襲爵世降一等。死即不得作主祔廟，別祭於寢。自當立廟者，即祔其主。其子孫承代，不計廟祭、寢祭，並以世數親疏皆遷祧〔五九〕；始得立廟者不祧，以比始封。有不祧者〔六〇〕，通祭四廟、五廟。廟因衆子立〔六一〕，而嫡長子在，則祭以嫡長子主之；嫡長子死，即不傳其子，而傳立廟者之長。凡立廟，聽於京師或所居州縣；其在京師者，不得於裏城及南郊御路之側。」既如奏，仍令別議襲爵之制。其後終以有廟者之子孫或官微不可以承祭，又朝廷難盡推襲爵之恩，遂不果行。

嘉祐三年，禮部尚書、同中書門下平章事文彥博言：「伏睹禮官詳定家廟制度，平章事以上許立四廟。臣欲乞於河南府營創私廟，伏乞降敕指揮。」從之。

元豐時，彥博言「先立家廟，歲八祭，用酒以臣隨行公使酒供辦。今臣致仕，不欲沽酒以祭，乞於河南府公使庫逐祭寄造酒十石」。乃從之。

司馬温公作文潞公先廟碑記曰：「先王之制，自天子至於官師皆有廟。君子將營宮室，宗廟爲先，居室爲後。及秦，非笑聖人，蕩滅典禮，務尊君卑臣，於是天子之外無敢營宗廟者。漢世，公卿貴人多建祠堂於墓，所在都邑則鮮焉。魏、晉以降，漸復廟制。其後遂著於令，以官品爲所祀世數之差。唐侍中王珪不立私廟，爲執法所糾，太宗命有司爲之營構以耻之，是以唐世貴臣皆有廟。及五代蕩析，士民求生有所未遑，禮頹教侈，廟制遂絶。宋興，夷亂蘇疲，久而未講。仁宗皇帝閔群臣貴極公相而祖禰食於寢〔六二〕，儕於庶人。慶曆元年，因郊祀赦，聽文武官依舊式立家廟。令雖下，有司莫之舉，士大夫亦以耳目久不際，往往不知廟之可設於家也。皇祐二年，天子宗祀禮成，平章事宋公奏言，請下禮官儒臣議定制度。於是翰林承旨而下共奏請：『平章事以上立四廟，東宮少保以上三廟，其餘器服儀範俟更參酌以聞。』是歲十二月，詔如其請。既而在職者違慢相仗，迄今廟制卒不立，公卿亦安故習，常得諉以爲辭，無肯唱衆爲之者，獨平章事文公首奏乞立廟河南。明年七月有詔可之，然尚未知築構之式，靡所循依。至和初，西鎮長安，訪唐朝之存者，得杜岐公遺迹，止餘一堂四室及旁兩翼。嘉祐元年，始倣而營之，三年增置前兩廡及門東廡，以藏祭器，西廡以藏家譜，齋坊在中門之右，省牲、展饌、視滌濯在中門之左，庖廚在其東南，其外門再重，西折而南出。四年秋，廟成，公以入輔出藩未嘗踰時，安處於洛。元豐三年秋，留守西都，始釁廟而祀焉。」公以廟制未備不敢作主，用晉荀安昌公祠制作神版，采唐周元陽議，祀以元日寒食，春秋分、冬夏至致齊一日。又以或受詔之四方，不常其居，乃配古諸侯載遷主之義，作車奉神版以行。此皆禮之從宜者也。

徽宗大觀四年，議禮局議：「執政以上祭四廟，餘通祭三廟〔六三〕。古無祭四世之文〔六四〕，又侍從官以至匹庶，通祭三世，無等差多寡之别，豈禮意乎？古者，天子七世，今太廟已增爲九室，則執政視古諸侯，以事五世，不爲過矣。先王制禮，以齊有萬不同之情〔六五〕，賤者不得僭，貴者不得踰。故事二世者，雖有孝思追遠之心，無得而越，事五世者，亦當跂以及焉。今恐奪人之恩〔六六〕，而使通祭三世，徇流俗之情，非先王制禮等差之義，可文臣執政官，武臣節度使以上祭五世，文武陞朝官祭三世，餘祭二世。」「應有私第者，立廟於門内之左，如狹隘，聽於私第之側。力所不及，仍許隨宜。」「古者，寢不踰廟，禮之廢久矣。士庶堂寢，踰度僭禮，有五楹、七楹、九楹者，若以一旦使就五世、三世之數，則當徹毁居宇，以應禮制。可自今立廟，其間數視所祭世數，寢毋得踰廟。事二世者，寢聽用三間。」

又言：「按禮記王制，『諸侯五廟，二昭二穆與太祖之廟而五』。所謂太祖者，蓋始封之祖，不必五世，又非臣下所可通稱。今高祖以上一祖未有名稱，欲乞稱五世祖。」從之。

又言：「群臣家廟所用祭器，稽之典禮，參定其制：正一品，每室籩、豆各十有二〔六七〕，簠、簋各四，壺罇、罍、鉶、鼎、俎、篚各二，罇、罍加勺、冪各一，爵各一〔六八〕，諸室共用胙俎一、罍洗一。從一品，籩、豆、簠、簋降殺以兩。正二品，籩、豆各八，簠、簋各二，其餘皆如正一品之數。」詔禮制局制造，取旨給賜。時太師蔡京、太宰鄭居中、知樞密院事鄧洵武、門下侍郎余深、中書侍郎侯蒙、尚書左丞薛昂、尚書右丞白時中、權領樞密院事童貫，並以次給之。

高宗紹興十六年，詔太師、左僕射、魏國公秦檜合建家廟，命臨安守臣營之。仍命禮器局製祭器以賜。其後，太傅昭慶節度、儀同三司平樂郡王韋淵，太尉、保慶節度吴益，少傅、寧遠節度使、殿前都指揮使楊存中並請建家廟，賜以祭器。

孝宗隆興二年，少師、奉國軍節度、四川宣撫使吴璘，請用存中例立廟，賜器。從之。

乾道八年，詔有司賜少保、武安節度使、四川宣撫使虞允文家廟、祭器。

淳熙五年，權户部尚書韓彦古請以臨安前洋街賜第建父世忠家廟，就賜舍宇房緡，以給歲時祭祀之用，儀制祭器請同存中。少傅、保寧節度、侍讀、衛國公史浩賜第於都，請如諸臣故事建家廟，賜祭器。皆從之。

輔臣論世忠廟器，中書舍人陳騤以禮難行駁之。上問：「本朝群臣廟制如何？賜器始於何時〔六九〕？」趙雄等奏：「仁宗雖因赦論建廟，未暇行也，惟文彦博曾酌唐制爲之，未嘗賜器。政和始命禮制局範銅爲祭器〔七〇〕，以錫宰臣蔡京等。紹興又用京例賜秦檜。其後〔七一〕，張俊、楊存中、吴璘輩皆援檜以請。」上曰：「漢、唐而下，既未有賜祭器者。惟器與名不可以假人，命禮官考歷代及本朝之制。」八年十月乙卯，中書舍人崔敦詩謂：「中興廟器，斷自宸衷，改用竹木，省去雕文。然一啟其端，援者必衆。謂宜詳講，必傳古義乃協。今宜謹按禮，賜圭瓚〔七二〕，然後爲鬯。蓋諸侯嗣位，不敢專祭，待命於天子，必賜以圭瓚者。祭祀交神，惟灌爲重，舉其重以賜之，而餘得自用，初不盡賜之也。臣謂銅爲祭器，可以傳遠，今以竹木爲之，壞而不易，則墜上之賜，易而自製，則棄君之命。宜略倣古制，命有司鑄爵、勺各一賜之〔七三〕，餘俾禮官定當用之式，繢圖以畀，俾自制以竹木。」從之。

嘉泰元年，太傅、永興節度、平原郡王韓侂胄奏：「曾祖琦效忠先朝，奕世侑食，而臣居止粗備，家廟猶闕，請下禮官考其制，俾自建之，及頒降祭器之式〔七四〕，以竹木製，毋紊有司。」詔下禮官討論。每位以籩、豆皆十有二，簠、簋皆四，壺罇、壺罍、鉶、豆、俎、登、洗皆二，爵坫、燭臺皆三，坫一，及巾、杓、篚，以鬃匣，載以腰輿，束以紫絛，請下文思院制。鬃匣、腰輿皆十，紫紬帶二十。十月己卯，詔特鑄賜之。

二年，通判嚴州張宗愈奏：「大父循忠烈王俊書勳盟府，請以賜第舊址建家廟。乞討論其制，命文思院鐫誌祭器以賜。」詔令遵韓世忠廟器之制。

開禧三年，忠州刺史劉伯震奏：「祖鄜武僖王光世復辟功，請以賜第舊址立家廟。」從之。

嘉定十四年，詔右丞相史彌遠賜第，遵淳熙故事賜家廟，命浙漕、臨安府守臣營之。既而禮官討論祭器，如韓侂胄之制。彌遠請：「併生母齊國夫人周氏及祔妻魯國夫人潘氏於生母別廟，皆下有司賜器如式。」從之。

校勘記

〔一〕諸侯立五廟 「立」字原脱，據禮記正義卷四六祭統補。

〔二〕祖考太祖也 此句原脱，據元本、慎本、馮本及禮記正義卷四六祭統孔穎達疏補。

〔三〕壞廟 「壞」下原衍「焉」字，據春秋穀梁傳注疏卷一〇文公二年春二月條删。

〔四〕士虞禮記注曰 「士」字原作「云」，據大戴禮記卷一〇改。

〔五〕陰爵不致申也 「致」原訛「敢」，據大戴禮記卷一〇諸侯遷廟改。

〔六〕神主辭 「神」原訛「祝」，據元本、慎本、馮本及大戴禮記卷一〇諸侯遷廟改。

〔七〕成廟將徙 「徙」原訛「從」，據大戴禮記卷一〇諸侯遷廟改。

〔八〕押車祝爲左　「押」原訛「神」，據大戴禮記卷一〇諸侯遷廟改。

〔九〕走趨之也　「之」原訛「走」，據元本、慎本、馮本及大戴禮記卷一〇諸侯遷廟改。

〔一〇〕雍人拭羊　「羊」原訛「手」，據馮本、禮記正義卷四三雜記下、大戴禮記卷一〇諸侯遷廟改。

〔一一〕宗人請就宴　「人」字原脱，據大戴禮記卷一〇諸侯遷廟補。

〔一二〕還復瞻被九蓋皆繼邪　「被九蓋」原作「九蓋被」，據荀子集解卷二〇宥坐篇乙正。

〔一三〕春粢盛也　「粢」原訛「深」，據春秋穀梁傳注疏卷一一文公十三年秋七月條范寧集解改。

〔一四〕又烏各反　「各」原訛「洛」，據春秋穀梁傳注疏卷六莊公二十三年條范寧集解改。

〔一五〕堊謂白土　「土」原訛「堊」，據春秋穀梁傳注疏卷六莊公二十三年條范寧集解改。

〔一六〕當以周禮齊右職注爲正　「職」原訛「識」，據禮記正義卷三曲禮上孔穎達疏改。

〔一七〕不敢僭用尊者衣物　「物」原訛「服」，據禮記正義卷三二喪服小記鄭氏注改。

〔一八〕周公廟　「廟」原訛「朝」，據通典卷四八禮八改。

〔一九〕日用丁己　「己」原訛「巳」，據儀禮注疏卷四七少牢饋食禮改。下同。按丁、己俱爲柔日，非日辰相配之「丁巳」。

〔二〇〕曰來日丁亥　「日」原訛「月」，據儀禮注疏卷四七少牢饋食改。

〔二一〕直舉一日以言之　「直」原訛「宜」，據儀禮注疏卷四七少牢饋食鄭氏注改。

〔二二〕司士擊豕　「擊」原訛「繫」，據儀禮注疏卷四七少牢饋食鄭氏注改。

〔二三〕雍爨在門東南北上　「南」字原脱，據儀禮注疏卷四七少牢饋食鄭氏注及通典卷四八禮八補。

〔二四〕陳鼎於門外北面　「北」原訛「玘」，據馮本、儀禮注疏卷四四特牲饋食禮、通典卷四八禮八改。
〔二五〕司宮　「宮」原訛「馬」，據儀禮注疏卷四七少牢饋食改。
〔二六〕亨於門外東方　「亨」原訛「享」，據儀禮注疏卷四七少牢饋食改。
〔二七〕髀不升　「升」原訛「水」，據元本、馮本及儀禮注疏卷四七少牢饋食鄭氏注改。
〔二八〕士升豕右胖　「右胖」二字原脱，據儀禮注疏卷四七少牢饋食禮改。
〔二九〕脅革肉也　「脅」原訛「負」，據儀禮注疏卷四七少牢饋食鄭氏注改。
〔三〇〕司宮鐏兩甒於房户間　「宮」、「房」二字原脱，據儀禮注疏卷四七少牢饋食禮補。
〔三一〕阼階東　「東」字原脱，據儀禮注疏卷四七少牢饋食禮補。
〔三二〕自房中薦豆　「房中」二字原倒，據儀禮注疏卷四五特牲饋食禮乙正。
〔三三〕祝主人皆拜妥尸　「妥」原訛「安」，據儀禮注疏卷四七少牢饋食禮、通典卷四八禮八改。
〔三四〕拜之使安坐也　「安」原訛「守」，據儀禮注疏卷四八少牢饋食禮、通典卷四八禮八改。
〔三五〕勿替引之　四字原脱，據儀禮注疏卷四八少牢饋食禮補。
〔三六〕尸坐南面主在東面　按以禮例衡量，「主在東面」不通。禮言「東面」皆謂「東向」。從下文「尸南面，主在西東面」推論，疑此句「在」下脱「西」字。
〔三七〕尸如君服以入　「尸」原訛「已」，據通典卷四八禮八改。
〔三八〕然後迎牲　「後」字原脱，據通典卷四八禮八補。
〔三九〕入　原訛「又」，據通典卷四八禮八改。

〔四〇〕酌清酒以獻　「酒」字原脱，據通典卷四八禮八補。

〔四一〕至酳五獻　「至」字原脱，據通典卷四八禮八補。

〔四二〕旁中爲正　「旁」上原衍「脅」字，「旁」下原脱「中」字，據元本、馮本及通典卷四八禮八删補。

〔四三〕舉肺一祭肺三　「一祭肺」三字原脱，據通典卷四八禮八補。

〔四四〕羞籩　「羞」原訛「着」，據元本、慎本及通典卷四八禮八改。

〔四五〕主婦視饎爨於西堂下　「西堂下」三字原脱，據通典卷四八禮八補。

〔四六〕明婦職也　「職」原訛「識」，據通典卷四八禮八改。

〔四七〕禮一獻畢　「畢」字原脱，據通典卷四八禮八補。

〔四八〕惟制一室周祭祖考　「周」，魏書卷一〇八之二禮志二、册府卷五八二掌禮部二〇作「同」。

〔四九〕永樂城東北角　「城」，唐會要卷一九百官家廟作「坊」，疑是。

〔五〇〕於廟無二嫡　「廟」原訛「朝」，據新唐書卷二〇〇儒學下韋公肅傳、唐會要卷一九百官家廟改。

〔五一〕謹按魯惠公元妃卒　「元妃」下原衍「孟子」二字，據新唐書卷二〇〇儒學下韋公肅傳、唐會要卷一九百官家廟删。

〔五二〕孟之侄娣　「孟」字原脱，據新唐書卷二〇〇儒學下韋公肅傳補。

〔五三〕夫人殷氏繼夫人柳氏　「殷氏繼夫人」五字原脱，據元本、慎本、新唐書卷二〇〇儒學下韋公肅傳、唐會要卷一九百官家廟補。

〔五四〕盡得升祔祖禰　「祖」字原脱、據新唐書卷二〇〇儒學下韋公肅傳、唐會要卷一九百官家廟補。

〔五五〕庶得祀禮可遵 「祀」字原脱，據唐會要卷一九百官家廟補。
〔五六〕外有始封祖 「祖」字原脱，據唐會要卷一九百官家廟補。
〔五七〕徒善而設教者 「徒」原訛「定」，據宋會要禮一二之一改。
〔五八〕見任前任同 「前任」二字原脱，據宋史卷一〇九禮一二補。
〔五九〕並以世數親疏遷祧 「遷」原訛「皆」，據元本、慎本、馮本、宋史卷一〇九禮一二、宋會要禮一二之一改。
〔六〇〕有不祧者 「者」字原脱，據宋史卷一〇九禮一二補。
〔六一〕廟因衆子立 「廟」字原脱，據元本、慎本、馮本及宋史卷一〇九禮一二補。
〔六二〕而祖禰食於寢 「而祖」二字原脱，據元本、慎本、馮本及温國文正司馬公文集卷七九文潞公家廟碑補。
〔六三〕餘通祭三廟 「餘」原訛「爲」，據宋史卷一〇九禮一二改。
〔六四〕古無祭四世之文 按此句以下至「餘祭二世」，據宋會要禮一二之二係徽宗手詔中語；下文「應有私第者」以下至「仍許隨宜」，爲另一詔文中語，此句上當脱「詔」字。
〔六五〕以齊有萬不同之情 「有萬」二字原倒，據宋史卷一〇九禮一二、宋會要禮一二之二乙正。
〔六六〕今恐奪人之恩 「恩」原訛「思」，據宋史卷一〇九禮一二、宋會要禮一二之二改。
〔六七〕每室籩豆各十有二 「室」字原脱，據元本、慎本、馮本、宋史卷一〇九禮一二、宋會要禮一二之三補。
〔六八〕爵各一 「各」字原脱，據宋史卷一〇九禮一二、宋會要禮一二之三補。
〔六九〕賜器始於何時 「始於」原訛「如」，據宋會要禮一二之一一改。
〔七〇〕範銅爲祭器 「爲祭器」三字原脱，據宋會要禮一二之一一補。

〔七一〕其後　「後」字原脱，據宋會要禮一二之一一補。

〔七二〕今宜謹按禮賜珪瓚　「謹按」二字原脱，據宋會要禮一二之一一補。

〔七三〕命有司鑄爵勺各一賜之　「各」原訛「名」，據元本、馮本及宋會要禮一二之一一改。

〔七四〕及頒降祭器之式　「及」、「降」二字原脱，據宋會要禮一二之一三補。

卷一百五　宗廟考十五

大夫士庶宗廟

大夫三廟，一昭一穆與太祖之廟而三。太祖，別子始爵者。大傳曰：「別子爲祖」，謂此雖非別子，始爵者亦然。疏曰：此據諸侯之子始爲卿、大夫，謂之別子者也，是嫡夫人之次子，或衆妾之子，別異於正君繼父言之，故云別子。引大傳，證此太祖是別子也。云「雖非別子，始爵者亦然」，非諸侯之子孫，異姓爲大夫者，及他國之臣初來仕爲大夫者，亦得爲太祖。故云雖非別子，亦得立太祖之廟。若其周制，別子始爵，其後得立別子爲太祖。若非別子之後，雖爲大夫，但立父、祖、曾祖三廟而已。隨時而遷，不得立始爵者爲太祖，故鄭答趙商問：「祭法云『大夫立三廟，曰考廟、曰王考廟、曰皇考廟』。」注「非別子」，故知祖、考無廟。商按：王制大夫三廟，一昭、一穆與太祖之廟而三。注云「太祖，別子始爵者，雖非別子，始爵者亦然」。二者不知所定？鄭答云：「祭法，周禮；王制所云，或以夏、殷雜，不合周制。」是鄭以爲殷、周之別也。鄭必知周制別子之後得立別子爲太祖者，以大傳云「別子爲祖」。繫之以姓而弗別，綴之以食而不殊，雖百世而婚姻不通者，周道然也，故知別子百世不遷爲太祖也〔一〕。周既如此，明殷不繫姓，不綴食。大傳又云「其庶姓別於上，而戚單於下，五世而婚姻可以通」。明五世之後不復繼於別子，但始爵者則得爲太祖也。此大夫三廟者，天子、諸侯之大夫皆同。卿，即大夫總號，故春秋經皆總號大夫。其三公即與諸侯同。若附庸之君亦五廟，故莊三年公羊傳云「紀季以酅入於齊」，傳曰「請後五廟以存姑姊妹」。

朱子曰：「大夫三廟，一昭、一穆與太祖廟而三。大夫亦有始封之君，如魯季氏則公子友，仲孫氏則公子慶父，叔孫氏則公子牙是也。」又曰：「余正父謂士大夫不得祭始祖，此天子、諸侯之禮，若士大夫當祭，則自古無明文。」先生因舉「春秋如尹氏、單氏王朝之大夫，自上世至後世皆不變。其初來姓號，則必有太祖。又如季氏之徒，世世不改其號，則亦必有太祖。余正父謂此春秋時自是世卿，不由天子，都没理會」。先生云「非獨是春秋，如詩説南仲太祖，太師皇父，南仲是文王時人，到宣王時爲太祖。不知古者世禄不世官之説如何？」士一廟。謂諸侯之中士、下士，名曰官師者。上士二廟。疏曰：按祭法云「官師一廟」，故云「名曰官師」者。鄭既云諸侯之中士、下士一廟，則天子之中士、下士皆二廟也。曲禮「士祭其先」。疏曰：以士祭先祖，歲有四時，更無餘神故也。庶人於寢。寢，適寢也。適，丁歷反。疏曰：此庶人祭寢，謂是庶人在官府史之屬及尋常庶人。此祭，謂薦物，以其無廟，故惟薦而已。薦獻不可褻處，故知適寢也。

大夫立三廟二壇，曰考廟、曰王考廟、曰皇考廟，享嘗乃止；顯考、祖考無廟，有禱焉，爲壇祭之，去壇爲鬼。適士二廟一壇，曰考廟、曰王考廟，享嘗乃止；顯考無廟，有禱焉，爲壇祭之，去壇爲鬼。官師一廟，曰考廟，王考無廟而祭之，去王考爲鬼。庶士庶人無廟，死曰鬼。注：見天子宗廟。「顯考、祖考無廟」者，以其卑，故高祖、太祖無廟也。「有禱焉，爲壇祭之」者，大夫無主，故無所寄藏，而高、太二祖既又無廟，若應有祈禱，則爲壇祭之，二壇之設，實爲於此矣。然墠輕於壇，今二壇無墠者，爲太祖雖無廟猶重之故也。「去壇爲鬼」者，謂高祖若遷去於壇，則爲鬼不復得祭，但薦於太祖壇而已。「適士二廟一壇」者〔二〕，上士也，天子、三等諸侯上士悉二廟一壇。「顯考無廟」者〔三〕，顯當爲皇，皇考，曾祖也，曾祖無廟也〔四〕。「官師一廟」者〔五〕，謂諸侯中士、下士，言爲一官之長，一廟祖禰共之，又無壇也。「去王考爲鬼」者，謂曾祖則不得祭，又無壇，若有祈禱則薦之於廟也。「庶士、庶人無廟」者〔六〕，庶士，府史之屬；庶人，平民，賤，故無廟。死曰鬼，亦得薦之於寢。凡鬼者，薦而不祭。薦輕於祭，鬼疏於廟。

朱子曰：官師，諸有司之長也。一廟止及禰，却於禰廟并祭祖。適士二廟，即祭祖、祭禰，皆不及其高、曾也。

朱子語録，問：官師一廟，若只是一廟，只祭得父母，更不及祖矣，毋乃不近人情？曰：位卑則澤淺，其理自當如此。曰：今雖士庶人家亦祭三代，如此却是違禮？曰：雖祭三代却無廟，亦不可謂之僭。古之所謂廟者，其體面甚大，皆有門堂寢室，如所居之宮，非如今人但以一室爲之。

有問程子曰：今人不祭高祖，如何？曰：高祖自有服，不祭甚非，某家却祭高祖。又曰：自天子至於庶人，五服未嘗異，皆至高祖。服既如是，祭祀亦須如是。其疏數之節未有可考，但其理必如此。七廟、五廟亦只是祭及高祖。大夫、士雖或三廟、二廟、一廟，或祭寢廟，則雖異亦不害祭及高祖。若止祭禰，是爲知母而不知父，禽獸道也。祭禰不及祖，非人道也。朱子曰：考諸程子之言，則以爲高祖有服，不可不祭。雖七廟、五廟，亦止於高祖；雖三廟、一廟以至祭寢，亦必及於高祖。但有疏數之不同耳。疑此最爲得祭祀之本意。禮家言大夫有事省於其君，干祫及其高祖，此則可爲立三廟而祭及高祖之驗。但干祫之制，他有可考耳？

楊氏曰：愚按前二條謂澤有淺深，則制有隆殺，其分異也。後二條謂七廟、五廟，亦止於高祖，雖三廟、一廟以至祭寢，亦必及高祖，其理同也。

按：自天子以至於士，五服之制則同，而祭祀止及其立廟之親，則大夫不祭其高曾，士不祭其祖，非人情也。程子以爲有服者皆不可不祭，其説當矣。愚又嘗考之禮經，參以諸儒注疏之説，然後知古今異宜，禮緣人情，固當隨時爲之損益，不可膠於一説也。人徒見適士二廟、官師一廟，以爲所及者狹，不足以伸孝子慈孫追遠之心也。然古人之制，則雖諸侯大夫固有拘於禮而不得祀其祖考者矣，何也？鄭氏注諸侯五廟，云「太祖始封之君，王者之後不爲始封之君廟」。疏曰「凡始封之君，謂王之子弟封爲諸侯，爲後世之太祖，當此君之身不得立出王之廟，則全無廟也」。注：大夫太祖，別子始爵者。然則諸侯始封之太祖，如鄭桓公友是也。鄭桓公以周厲王少子而始封於鄭，既爲諸侯，可以立五廟矣。然其考則厲王，祖則夷王，曾祖則懿王，高祖則共王，五世祖則穆王，自穆至厲，皆天子也，諸侯不敢祖天子，則此五王之廟不當立於鄭，所謂此君之身全無廟也。必俟桓公之子，然後可立一廟以祀桓公爲太祖；桓公之孫，然後可立二廟以祀其祖若禰，必俟五世之後，而鄭國之五廟始備也。大夫始爵之太祖，則魯季友是也。季友爲魯桓公之別子，既爲大夫，可以立三廟矣。然其考則桓公，其祖則惠公，其曾祖則孝公，自孝以至桓，皆諸侯，大夫不敢祖諸侯，則此三公之廟不當立於季氏之家。所謂別子亦全無廟也，必俟季友之子，然後可立一廟以祀季友爲太祖，季友之孫，然後可立二廟以祀其祖若禰，必俟三世之後，而季氏之三廟始備也。蓋諸侯、大夫雖有五廟、三廟之制，然方其始爲諸侯、大夫也，苟非傳襲數世，則亦不能備此五廟、三廟之禮。至於士、庶人，則古者因生賜姓，受姓之後，甫及一傳，即有嫡、有庶。嫡，宗子也。庶，支子也。禮云「支子不祭，祭必告於宗子」。又云「庶子不祭，明其宗也」。蓋謂非大宗則不得祭別子之爲祖者，非小宗則各不得祭其四小宗所生之祖禰也。先王因族以立宗，敬宗以尊祖，尊卑有分而不亂，親疏有別而不貳，其法甚備，而猶嚴於廟祀之際。故諸侯雖曰五廟，而五世之内有爲天子者則不可立；大夫雖曰三廟，而三世之内有爲諸侯者則不可立；適士二廟，官師一廟，庶人祭於寢，然苟非宗子則亦不可祭於其家，必獻牲於宗子之家，然後舉私祭。凡爲是者，蓋懼上僭而不敢祭，非薄其親而不祭也。

然諸侯不敢祖天子，而天子之爲祖者自有天子祭之。大夫不敢祖諸侯，而諸侯之爲祖者自有諸侯祭之。支子不敢祭大宗，而大宗之爲祖禰者，自有宗子祭之。蓋已雖拘於禮而不得祭，而祖考之祭則元未嘗廢；適士、官師雖止於二廟、一廟，而祖禰以上則自有司其祭者，此古人之制也。後世大宗、小宗之法既亡，别子繼别之序已紊，未嘗專有宗子以主祀事。其入仕者，又多崛起單寒，非時王之支庶，不得以不敢祖天子、諸侯之説爲諉也。乃執大夫三廟、適士二廟之制，而所祭不及祖禰之上，是不以學士大夫自處，而孝敬之心薄矣，烏得爲禮乎！故曰古今異宜，禮緣人情，當隨時爲之損益，不可膠於一説也。

或曰：此爲國中公族之世禄者言也，若庶姓之來自他國而爲諸侯大夫者，則如之何？愚曰：古未有無宗者，庶姓有庶姓之宗，他國有他國之宗，而宗子之制則一也。曾子問曰：「宗子爲士，庶子爲大夫，其祭之也，如之何？」孔子曰：「以上牲祭於宗子之家。」又問曰：「宗子去在他國，庶子無爵而居，可以祭乎？」孔子曰：「祭哉！望墓而爲壇，以時祭〔七〕。」此二條正爲起自匹庶與來自他國者言，若太公東海人而仕周爲諸侯，孔子宋人而事魯爲大夫之類是也。注疏謂異姓始封爲諸侯者，及非别子而始爵爲大夫者，如他國之臣初來爲大夫。本身即得立五廟、三廟，蓋以其非天子、諸侯之子孫，上無所拘礙，故當代即可依禮制立廟。然以曾子問宗子爲士一條，及參以内則中所謂「不敢以富貴加於宗子」之説，則知崛起爲諸侯、大夫者，若身是支庶，亦合尊其宗子，不敢盡如禮制也。

諸侯不敢祖天子，大夫不敢祖諸侯，公廟之設於私家，非禮也。由三桓始也。言仲孫、叔孫、季孫皆立桓公廟。魯以周公之故，立文王廟，三家見而僭焉。郊特牲。

衛孔悝出奔宋，使貳車反祏於西圃。悝，若回反。祏，音石。圃，布五反。使副車還取廟主。西圃，孔氏廟所在。祏，藏主石函。函，音咸。疏曰，少牢饋食「大夫之祭禮，其祭無主」。鄭玄祭法注云「唯天子諸侯有主，禘祫；大夫不禘祫，無主耳〔八〕」。今孔悝得有主者，當時僭爲之，非禮也」。鄭玄駁異義云「大夫無主，孔悝之反祏，所出公之主耳」。按孔氏姞姓，春秋時國唯南燕爲姞姓耳。孔氏仕於衛朝已歷多世，不知本出何國，安得有所出公之主也？知是僭爲之主耳。春秋哀公十六年左傳。

支子不祭，祭必告於宗子。不敢自專，謂宗子有故，支子當攝而祭者也，五宗皆然。疏曰：支子，庶子也。祖禰廟在適子之家，而庶子賤，不敢輒祭之也。宗子有疾，不堪當祭，則庶子代攝可也。猶宜告宗子，然後祭，故鄭云「不敢自專」。曲禮下。

庶子不祭，明其宗也。大傳。朱子曰：按此依大傳文，直謂非大宗則不得祭。別子之爲祖者，非小宗則各不得祭其四小宗所生之祖禰也。其小記則云「庶子不祭禰，明其宗也」。又云「庶子不祭祖，明其宗也」。文意重復，似是衍字。而鄭氏曲爲之說，於「不祭禰」，則曰謂「宗子、庶子俱爲下士，得立禰廟也，雖庶人亦然，明其尊宗以爲本也」。於「不祭祖」，則云「禰則不祭矣。言不祭祖者主，謂宗子、庶子俱爲適士，得立祖禰廟者也。凡正體在乎上者，謂下正猶爲庶也。族人上不戚君，下又辟宗，乃後能相序」。而疏亦從之，上條云「禰適，故得立禰廟，故祭禰；禰庶，故不得祭禰，明其有所宗也」。下條云「庶子、適子俱是人子，並宜供養，而適子烝嘗，庶子獨不祭者，正是推本崇適，明有所宗也」。又云「父庶，即不得祭父，何暇言祖？而言不祭祖，故知是宗子、庶子俱爲適士，適士得立二廟，自禰及祖。是適、宗子得立祖廟祭之而已。是祖庶雖俱爲適士，得自立禰廟，而不得立祖廟祭之也。正體謂祖之適也，下正謂禰之適也，雖正爲禰適，而於祖猶爲庶，故禰適謂之爲庶也，五宗悉然」。今姑存之。然恐不如大傳語雖簡而事反該悉也。又曰：凡文字有一兩本參對，則義自明，如禮記中喪服小記、大傳皆是解注儀禮。喪服小記云「庶子不祭禰，明其宗也」。又曰：「庶子不祭祖，明其宗也。」注謂「不祭禰者，父之庶子。不祭祖者，其父爲庶子」。說得繁碎。大傳只說「庶子不祭」，其祖禰支子在其中。其所以於祭禮中只載大傳。張氏曰：宗子既祭其祖禰，支子不得別祭，所以嚴宗廟、合族屬，故曰「庶子不祭祖禰，明其宗也」。

庶子不祭殤與無後者。殤與無後者，從祖祔食。殤，音傷。祔，音附。不祭殤者，父之庶也。

不祭無後者，祖之庶也。此二者當從祖祔食而已，不祭祖無所食之也，共其牲物而宗子上其禮焉。祖庶之殤，則自祭之。凡所祭殤者，唯適子耳。無後者，謂昆弟諸父也〔九〕。宗子之諸父無後者，爲墠祭之。所食，音嗣。共，音恭。墠，音善，又徒丹反。疏曰：此事與曾子問中義同而語異。曾子問中是明宗子所得祭，就宗子之家，宗子主其禮。今此所言是庶子不得在家祭者也。喪服小記。曾子問見之於祭殤條也。

庶子若富，則具二牲，獻其賢者於宗子。賢，猶善也。疏曰：善者獻宗子使祭之，不善者私用自祭也。夫婦皆齊而宗敬焉。齊，側皆反。當助祭於宗子之家。疏曰：大宗子將祭之時，小宗夫婦皆齊戒，以助祭於大宗，以加敬焉。謂敬事大宗之祭。終事而後敢私祭。祭其祖禰。疏曰：大宗終竟祭事，而后敢以私祭祖禰也。此文雖主事大宗子，其大宗之外，事小宗子者亦然。內則。

曾子問曰：「宗子爲士，庶子爲大夫，其祭也，如之何？」孔子曰：「以上牲祭於宗子之家。」貴祿，重宗也。上牲，大夫少牢。疏曰：宗子是士，合用特牲。今庶子身爲大夫，若祭祖禰當用少牢之牲。就宗子之家祭之也。用大夫之牲，是貴祿也。宗廟在宗子之家，是重宗也。此宗子謂小宗也。若大宗子爲士，得有祖禰二廟，若庶子是宗子親弟，則與宗子同祖禰，得以上牲於宗子之家而祭祖禰也。但庶子爲大夫，得祭曾祖廟，已是庶子，不合自立曾祖之廟。崔氏云，當寄曾祖廟於宗子之家，亦得以上牲宗子爲祭也。祝曰：孝子某，爲介子某，薦其常事。爲，於僞反。介，副也。不言庶，使若可以祭然。疏曰：上云「庶子爲大夫」，此亦當云「爲庶子某」，今云「介子某」者，庶子卑賤之稱，介是副貳之義。介副則可祭，故云「使若可以祭然」，故稱介子。若宗子有罪，居於他國，庶子爲大夫，其祭也，祝曰：孝子某，使介子某，執其常事。此之謂宗子攝大夫。疏曰：喪服小記「士不攝大夫，士攝大夫唯宗子」也。攝主不厭祭，不旅不假，不綏祭，不配。厭，本或作懕，於豔反。綏，本或作隋，隋，五垂反。皆辟正主厭。厭，飫神也。厭，有陰有陽，迎尸之前，祝酌奠，奠之且享，是陰厭也。尸謖之後，徹薦，俎敦設於西北隅，是陽厭也。此不厭者，不陽厭也。不旅，不旅酬也。假，讀爲嘏；不嘏，不嘏主人也。不綏祭，謂今主人也。綏，周禮作隋。不配者，祝辭不言以某妃配某氏。辟，音避。謖，所六反。敦，音對。嘏，古雅反。

布奠於賓，賓奠而不舉。布奠，謂主人酬賓奠觶於薦北。賓奠，謂取觶奠於薦南也。此酬之始也。奠之不舉，止旅。疏曰：主人酬賓之時，賓在西廂東面，主人布此奠爵於賓之北。賓坐取薦北之爵，奠於薦南而不舉。案特牲禮云「賓奠之後，主人獻衆兄弟、內兄弟訖，乃行旅酬」，故云「酬之始」也。云「止旅」者，謂止旅酬之事而不爲也。不歸肉。肉，俎也。諸與祭者留之共燕。與，音預。疏曰：賓客，正祭、諸助祭之賓客，各使歸俎，今攝主不敢饋俎肉於賓，故注云「諸與祭者留之共燕」。其辭於賓曰：「宗兄、宗弟、宗子在他國，使某辭。」辭，猶告也，宿賓之辭。與宗子爲列，則曰宗兄。若宗弟昭穆異者，曰宗子而已。其辭若云「宗兄某在他國，使某執其常事，使某告」。疏曰：非但祭不備禮，其將祭之初，辭告於賓，與常禮亦別。曾子問曰：「宗子去在他國，庶子無爵而居者，可以祭乎？」孔子曰「祭哉。」有子孫存，不可以乏先祖之祀。疏曰：曾子以孔子上文云「宗子有罪，居在他國，庶子爲大夫，得在本國攝祭」，未知庶子無爵在國居者可祭否，故問之。孔子曰：「祭哉」者，孔子既許其祭，以無正文得祭，故云「祭哉」。「祭哉」者，疑而量度之辭。「請問其祭如之何？」孔子曰：「望墓而爲壇，以時祭。」不祭於廟，無爵者賤，遠辟正主。遠，於萬反。疏曰：宗子雖有廟在宗子之家〔一〇〕，庶子無爵，不敢就宗子之廟而祭，唯可望近所祭者之墓而爲壇，以四時致祭也。所以不致祭於宗子廟者，以庶子無爵卑賤，遠辟正主。正主者，謂宗子也。若宗子死，告於墓，而后祭於家。言祭於家，容無廟也。疏曰：告於所祭之墓，而后祭於庶子之家也。從上以來，雖據宗子有爵，而言其廟在家，今宗子既死，庶子無所可辟，當云「告於墓，而后祭於宗子之家」，子且云「祭於家」，是祭於庶子之家，是容宗子之家無廟也。宗子所以無廟者，宗子無爵，不合立廟。或云「祭於家」者，是祭於宗子之家，容庶子之家無廟也。庶子所以無廟者，一是庶子無爵，不合立廟；二是宗子無罪居他國，以廟從本家，不復有廟故也。宗子死，稱名不言孝，「孝」，宗子之稱，不敢與之同。其辭但言「子某，薦其常事」。身没而已。至子可以稱孝。疏曰：庶子身死，其子則是庶適子，祭庶子之時，可以稱孝。子游之徒，有庶子祭者，以此，以，用也。用此禮祭也。疏曰：孔子引子游之徒黨有庶子祭者，而用此禮而祭。若義也。疏曰：若，順也。謂順於古義，故云若義也。今之祭者，不首其義，故誣於祭也。首，本也。疏曰：謂今日世俗，庶子祭者，不尋本義之道理爲此祭，故云「誣於祭」，謂妄爲祭之法，不依典禮。

通典載諸侯以下祭禮見諸侯宗廟門

後漢許慎五經異義：「或曰：『卿大夫士有主不？』答曰：『按公羊説，卿大夫非有土之君，不得祫享昭穆，故無主。大夫束帛依神，士結茅爲菆。則牛反。』」慎據春秋左氏傳曰：衛孔悝反祏於西圃。祏，石主也。言大夫以石爲主。鄭駮云：「少牢饋食，大夫祭禮也，束帛依神；特牲饋食，士祭禮也，結茅爲菆。」鄭志：「張逸問：『許氏異義駮衛孔悝之反祏有主者何謂也？』答：『禮大夫無主，而孔獨有者，或時末代之君賜之，使祀其所出之君也。諸侯不祀天而魯郊，諸侯不祖天子而鄭祀厲王，皆時君之賜也。』」晉人問蔡謨云：「時人祠有版，版爲用當主，爲是神座之榜題？」謨答：「今代有祠版木，乃始禮之奉廟主也。主亦有題，今版書名號，亦是題主之意。」安昌公荀氏祠制：「神版皆正長尺一寸，博四寸五分，厚五寸八分。大書某祖考某封之神座，夫人某氏之神座，以下皆然。書訖，蠟油炙，令入理，刮拭之。」徐邈云：「左氏稱孔悝反祏。又公羊，大夫聞君之喪，攝主而往。注義以爲攝斂神主而已（一一），不暇待祭也。皆大夫有主之文。大夫以下不云尺寸，雖有主，無以知其形制，然推義謂亦應有。按喪之銘旌，題別亡者，設重於庭，亦有所憑，祭必有尸，想像乎存。此皆自天子及士，並有其禮，但制度降殺爲殊，何至於主，唯侯王而已。禮言重，主道也，埋重則立主。今大夫士有重，亦宜有主，主以紀別座位。有尸無主，何以爲別？將表稱號題祖考，何可無主？今按，經傳未見大夫士無主之義，有者爲長。」

後魏孝明帝孝昌中，清河王懌議曰：「原夫作主之禮，本以依神，孝子之心，非主莫展。今銘旌紀柩，設重憑神，祭必有尸，神必有廟，皆所以展事孝敬，想像乎存。上自天子，下達於士，如此四事，並同其禮。何至於主，唯謂王侯？若位擬諸侯者則有主，位爲大夫者則無主，便使二神有主〔二〕，一位獨闕，求諸情禮，實所未安。宜通爲主，以銘神位。」

北齊，王及五等開國執事官、散從二品以上皆祀五代，五等散官正三品以下、從五品以上祭三代。三品以上牲用太牢，以下少牢。執事官正六品以下、從七品以上祭二代，用特牲。正八品以下達於庶人，祭於寢。

唐制：一品、二品四廟，三品三廟，五品二廟，嫡士一廟，庶人祭於寢。及開元定禮，二品以上四廟，三品三廟，三品以上不須爵者亦四廟，四廟有始封爲五廟，四品、五品有兼爵亦三廟，六品以下達於庶人祭於寢。天寶十載，京官正員四品清望官〔三〕，及四品五品清官，聽立廟，勿限兼爵。雖品及而建廟未逮，亦聽寢祭。

唐諸臣廟之制：三品以上九架，厦兩旁。三廟者五間，中爲三室，左右厦一間，前後虚之，無重栱、藻井。室皆爲石室一，於西墉三之一近南，距地四尺，容二主。廟垣周之，爲南門、東門，門屋三室，而上間以廟，增建神厨於廟東之少南，齋院於東門之外少北，制勿逾於廟。三品以上有神主，五品以上有几筵。牲以少牢，羊、豕一，六品以下特豚，不以祖禰貴賤，異子孫之牲〔四〕。牲闕，代以野獸。五品以上室異牲，六品以下共牲。二品以上室以籩豆十，三品以八，四品、五品以六，五品以上室皆簠二、簋二〔五〕、甑二、鉶二、俎二、罇二、罍二、勺二、爵六、盤一、坫一、篚一、牙盤胙俎一。祭服，三品以上玄冕，五品以上爵弁，六品以下進賢冠，各以其服。凡祔，皆給休五日，時享皆四日。散齋二日於正寢，致齋一日於廟。子孫陪者齋一宿於家。始廟則署主而祔，後喪闋乃祔，喪二十八月上旬卜而祔，始神事之矣。王公之主載以輅，夫人之主以翟車，其餘皆以輿。天子以四孟、臘享太廟，諸臣避之，祭仲而不臘。三歲一祫，五歲一禘。若祔〔一六〕，若常享，若禘祫，卜日、齋戒、省牲、視滌〔一七〕，濯鼎鑊，亨牲、實饌、三獻、飲福、受胙進退之數，大抵如宗廟之祀。以國官亞、終獻，無則以親賓，以子弟。其後不卜日，而筮用亥。祭寢者，春秋以分，冬夏以至日。若祭春分，則廢元日。然元，正歲之始，冬至，陽之復，二節最重。祭不欲數，乃廢春分，通爲四。祠器以烏漆，差小常制，祭服以進賢冠，主婦花釵禮衣，後或改衣冠從公服，無則常服。凡祭之在廟、在寢，既畢，皆親賓子孫慰，主人以常服見。若宗子有故，庶子攝祭，則祝曰：「孝子某使介子某執其常事。」通祭三代，而宗子卑，則以上牲祭宗子家，祝曰：「孝子某爲其介子某薦其常事。」庶子官尊而立廟，其主祭則以支庶封官依大宗主祭，兄陪於位。以廟由弟立，已不得延神也。或兄弟分官，則各祭考妣於正寢。若殤及無後皆祔食於祖，無祝而不拜，設坐祖左而西向〔一八〕，亞獻者奠，祝乃奠之，一獻而止。其後廟制設幄，當中南向，祔坐無所施，皆祭室户外之東而西向。親伯叔之無後者祔曾祖，親昆弟及從父昆弟祔於祖，親子侄祔於禰。寢祭之位西上，祖東向而昭穆南北，則伯叔之祔者居禰下之穆位，北向，昆弟、從父昆弟居祖下之昭位，南向〔一九〕，子侄居伯叔之下穆位，北向，以序尊卑。凡殤、無後，以周親及大功爲斷。古者，廟於大門内，秦出寢於陵側〔二〇〕，故王公亦建廟於墓。既廟與居異，則宫中有喪而祭。三年之喪，齊縗、大功皆廢祭；外喪，齊縗以下行之。

唐三品以上時享其廟儀四品、五品、六品以下附。

前享五日，筮於廟門之外，主人公服立於門東，西面；掌事者各服其服，立於門西，東面北上〔二一〕。設筮席於闑西閾外，西面。筮者開韇出册，兼執之，東面受命於主人。主人曰：「孝曾孫某來日丁亥祇享於廟，尚饗。」亥，不必丁，直舉一日以言之，則己亥、辛亥，苟有「亥」焉可。筮者曰：「諾。」進就筮席，西面，以韇擊册，遂述曰：「假爾太筮有常，孝曾孫來日丁亥祇享於廟，尚饗。」乃釋韇坐筮訖，興，降席，東面稱：「占曰從。」筮吉退；若不吉即筮遠日，還如初儀。贊禮者進主人之左，告禮畢，掌事者徹筮席。

先享三日，主人及亞獻、終獻並執事者，各散齋二日於正寢，致齋一日於廟所。同官僚佐之長爲亞獻〔二二〕，其次爲終獻，無則親賓爲之。子孫及凡入廟者，各於其家清齋，皆一宿。四品五品以上同。六品以下，若有廟者如五品以上之儀，無廟者筮於正寢之堂，主人公服立於堂上楹間近東，西面。掌事者近西，東面北上。設筮席於主人之西，筮者開韇出册兼執之，東面受命於主人。主人曰：「孝孫某來日丁亥春祠」，其餘並同五品以上儀。亞獻、終獻親賓爲之。

前一日之夕，清掃内外，掌廟者整拂神幄。六品以下無廟者，但清掃内外。贊禮者設主人之位於東階東南，西向〔二三〕，亞獻、終獻位於主人東南，掌事者位於終獻東南，俱重行，西向北上。設子孫之位於庭，重行，北面西上。設贊唱者位於終獻西南，西面。又設亞獻以下位於門外之東，執事者在南差退，俱西向。設牲榜於南門之外〔二四〕，當門北面〔二五〕，以西爲上；掌牲者位於牲西北，東面，諸祝位於牲後，俱北向；設亞獻省牲位於牲前近東，西向〔二六〕。設祭器之數，每室：罇二，簋二，簠二，瓿二，鉶二，俎二〔二七〕；籩豆，一品、二品各十，三品八。四品、五品各六。六品以下簋、簠、瓿、鉶、俎各一，籩豆各二。掌事者以罇入設前楹下，各於室户六品以下無廟者不言室户。之東〔二八〕，北面西上，皆加勺冪。首座爵一，餘座皆爵四，置於坫。四品、五品、六品以下皆置於罇下，加勺冪。設祭器於序東，西向。每座簋在前，簠次之，瓿次之，鉶次之，籩次之，豆次之，俎在後〔二九〕。每座異之，皆以南爲上，屈陳而下。設洗於東階東南，東西當東霤，五品以上同。六品以下當東榮，餘同。南北以堂深。罍水在洗東，加勺、冪。篚在洗西，南肆〔三〇〕，實爵三、巾二於篚，加冪。凡器物皆濯而陳之。執罇罍洗篚者，各於罇罍洗篚之後。掌牲者以牲就榜位。贊禮者引亞獻入詣東階升堂，徧視滌濯，於視濯，執罇者皆舉冪告潔。訖，引降就省牲位。亞獻省牲，掌牲者前，東面舉手曰：「腯。」還本位。諸祝各循牲一匝，北面舉手曰：「充。」俱還本位。祝引掌牲者以次牽牲付厨〔三一〕。贊禮者引終獻詣厨，省鼎鑊，視濯溉。亞獻以下每事訖，各還齋所。執饌者入徹簠、簋、籩、豆、俎、鉶以出。

享日未明，烹牲於厨。夙興，掌饌者實祭器。牲體皆載右胖。前脚三節，節一段，肩臂臑皆載之。後脚三節，節一段，去下一節，載上肫胳二節〔三二〕。又取正脊、脡脊、横脊〔三三〕、短脅、正脅、代脅，各二骨以並，餘皆不設。簋實稷黍，簠實稻粱，籩實石鹽、乾脯、棗、栗之屬，豆實醓醬、虀菹之類。六品以下簋實稷，簠實黍，籩實脯棗，豆實菹醢，餘同五品以上。主人以下各服其服，掌事者入實罇罍，每室二罇〔三四〕，一實玄酒爲上，一實醴齊次之。祝版各置於坫。四品、五品、六品於罇所。諸祝與奄人四品、五品無奄人，六品以下於正寢室内。入立於庭，北面西上，立定，皆再拜，訖，升自東階，以次出神主各置於座。夫人之主，奄人奉出，俱並席處右〔三五〕。四品、五品祝拜訖，升，整拂几筵。六品以下祝設神座於正寢室内，祖在西，東向〔三六〕，禰在祖東北，南向〔三七〕，凡皆有几筵。質明，贊禮者引亞獻以下及子孫俱就門外位。贊唱者先入就位，諸祝與執罇罍者入立於庭，北面西上，立定，贊唱者曰：「再拜。」祝以下俱再拜，各就位。掌饌者奉饌陳於門外。贊禮者引主人入就位，又贊禮者引亞獻以下及子孫以次入就位。立定，贊唱者曰：「再拜。」主人以下皆再拜。贊禮者進主人之左，白：「請行事。」退，復位。掌饌者引饌入，升自東階，諸祝迎引於階上，各設於神座前。籩居右，豆居左，簠、簋、甑、鈃居其間，羊、豕二俎横陳重於右〔三八〕，腊俎侍於左〔三九〕。四品、五品同。六品，特牲俎横於前。執爐炭、蕭稷、膟膋者，各從其俎升，置於室户外之左。六品無廟，則致於堂户外之左。餘同。其蕭稷各置於爐炭下，施設訖，掌饌以下降出。諸祝各取蕭稷擩而專反。於脂，燔於爐炭，還罇所。贊禮者引主人詣罍洗，執罍者酌水，執洗者跪取盤，興，承水，主人盥手。執篚者跪取巾於篚，興，進，主人拭手，執篚者受巾，跪奠於篚。遂取爵，興以進，主人受爵，執罍者酌水，主人洗爵，執篚者又跪取巾於篚，興，進主人拭爵訖〔四〇〕，受巾，跪奠於篚，奉盤者跪奠盤，興。凡取物者跪，俛伏而取以興。奠物，則奠訖俛伏而後興。贊禮者引主人自東階升堂，詣某祖酒罇所，六品以下詣祖。下放此。執罇者舉冪，主人酌酒。贊禮者引主人進詣某祖神座前〔四一〕，北面跪奠爵，興，出户北面立。四品、五品同。六品以下西向奠爵，興，少退西向立。祝持版進於室户外之右，東面，四品、五品同。六品以下祝持版進祖座之右，北面。跪讀祝文曰：「維某年歲次月朔日，子孝曾孫某官封某，無封者，單稱官。六品以下稱孝孫，餘同。無官者稱名。敢昭告於某祖考某謚、封祖妣某邑夫人某氏：時惟仲春，夏云仲夏，秋云仲秋，冬云仲冬。伏增遠感。謹以柔毛、剛鬣、明粢、薌合、薌萁、嘉蔬、嘉薦、四品、五品云柔毛、剛鬣、嘉薦、普淖。六品以下無柔毛，餘同五品。醴齊，恭薦祠享春云祠，夏云礿，秋云嘗，冬云烝。於某祖考某謚、封某祖妣夫人某氏配，尚饗。」祖考及孫各依尊卑稱號。其祝文四品以下同。訖，興，主人再拜，祝進跪奠版於神座，興，還罇所。贊禮者引主人以次酌獻如上儀。唯不盥洗。訖，贊禮者引主人詣東序，西向立。四品、五品同。六品以下詣先祖座前近東，西向立，餘同。諸祝各以爵酌福酒，合置一爵〔四二〕，一祝持爵進主人之左北向立，主人再拜受爵〔四三〕，跪祭酒，啐酒，奠爵，興。諸祝各帥執饌者以俎入減神前胙肉，共置一俎上。又以籩徧取稷黍飯共置一籩。祝先以飯籩進，主人受以授左右。祝又以俎次授〔四四〕，主人每受以授左右。訖，主人跪取爵，遂飲卒爵。祝進受爵，復於坫。四品、五品、六品復於罇所，下仿此。主人興，再拜。贊禮者引主人降自東階，還版位，西向立。主人獻將畢，贊禮者引亞獻詣罍洗，盥手洗爵，升自東階，詣某祖酒罇所，執罇者舉冪，亞獻酌清酒。贊禮者引亞獻進詣某祖神座前，北向跪五品以上同。六品以下詣先祖前，西向跪奠爵，興，少退，再拜。奠爵，興，出户北向再拜。贊禮者引亞獻以次酌獻如上儀〔四五〕，訖，贊禮者引亞獻詣東序，西向立。五品以上同〔四六〕。六品詣祖座近東，西向立。諸祝各以爵酌福酒如初獻儀，唯不受胙。又贊禮者引終獻亦如初獻儀，訖，降復位。諸祝皆進神座前，跪徹豆，興，還罇所。徹者，籩、豆各一，少移於故處。贊唱者曰：「再拜。」非飲福受胙者皆再拜。贊唱者又曰：「再拜。」主人以下皆再拜。贊禮者進主人之左，白：「禮畢」，遂引主人出。贊禮者引亞獻以下出，子孫以次出。諸祝與執罇罍篚者俱復執事位〔四七〕，立定，贊唱者曰：「再拜。」諸祝以下皆再拜。執罇罍篚者出。諸祝與奄人匱神主納於埳室如常儀訖，祝版焚於齋所。四品、五品以下無匱神主。

褒聖侯祀孔宣父廟及王公以下皆用此禮，唯祝文別。

唐制三品以上祫享其廟禘享附

前享五日，筮於廟門之外。齋及設位、牲榜、祭器、省牲皆如時享之儀。掌事者以罇坫入設於廟堂上，皆於神座左。昭座之罇在前楹間，北向，始祖及穆座之罇在户外，南向，俱以近神爲上，皆加勺冪。若始祖在曾祖以下，則設罇依親廟之式，其首座爵一，餘座爵四，各置於坫。禘享，其未毁廟之罇坫於前楹下，各於室户之東，皆北向西上。設祭器於序東，西向，每座簋在前，簠次之，甑次之〔四八〕，鉶次之，籩次之，豆次之，俎在後；每座異之，皆以南爲上，屈陳而下。設洗於東階東南，東西當東霤，南北以堂深；罍水在洗東，加勺冪；篚在洗西，南肆，實爵三巾二於篚，加冪。凡器，皆濯而陳之。執罇罍篚冪者各位於罇罍篚冪之後。

享日未明，烹牲於厨〔四九〕。夙興，掌饌者實祭器。牲體折節所載〔五〇〕及諸祭器所實如時享。掌廟者設神座於廟堂之上〔五一〕，自西序以東，始祖座於西序，東向。昭座於始祖座東北，南向；穆座於東南，北向，俱西上。若始封者仍在曾祖以下，則空東面之座〔五二〕，依昭穆南北設之。每座皆有屏風、几席，設趺匱如式。禘又設未毁廟主各於其室〔五三〕，如時享。主人以下各服其服。掌事者入實罇罍。每室四罇：一實醴齊爲上，一實盎齊次之，玄酒各實於上罇，設玄酒者，重古〔五四〕，陳而不酌也。祝版各置於坫。諸祝與奄者入立於庭，北面西上；掌事者持腰輿從入，立於東階下，西面北上〔五五〕，立定。祝與奄者皆再拜訖，帥腰輿升自東階，詣始祖廟，入開埳室，出神主置於輿，出詣座前，以主置於座。以次出神主如上儀，訖，還齋所。夫人之主，奄人奉出，俱並西出處右。禘又以次出毁廟主如上，未毁廟主出置於室内之座，如時享。

質明，贊禮者引亞獻以下及子孫俱就門外位〔五六〕。贊唱者先入就位。諸祝與執罇罍者入立於庭，北面西上，立定，贊唱者曰：「再拜。」祝以下皆再拜〔五七〕，各就位。掌饌者帥執饌者奉饌陳於門外。贊禮者引主人入就位，又贊者引亞獻以下及子孫以次入就位，立定，贊唱者曰：「再拜。」主人已下皆再拜。贊禮者進主人之左，白：「請行事。」退復位。掌饌者引饌入，升自東階，諸祝迎引於階上，各設於神座前。籩居右，豆居左，簠、簋、甄、鉶居其間。羊、豕二俎横陳重於右，腊俎特於左。執爐炭、蕭稷、膟膋者從其俎，升設於神座之左少後，其蕭稷各置於爐炭下，施設訖，掌饌者以下降出；諸祝各取蕭稷擩於脂，燔於爐炭，還罇所。贊禮者引主人詣罍洗，執罍者酌水，執洗者跪取盤，興，承水，主人盥手，執篚者跪取巾於篚，興，進，主人拭手，執篚者受巾，跪奠於篚；遂取爵興以進，主人受爵，執罍者酌水，主人洗爵，執篚者又跪取巾於篚，興，進，主人拭爵訖，受巾跪奠於篚，奉盤者跪奠盤，興。贊禮者引主人自東階升堂，詣始祖酒罇所，執罇者舉冪，主人酌醴齊。贊禮者引主人進詣始祖神座前，西向跪奠爵，興，少退，西向立。祝持版進神座之右，北面跪讀祝文曰：「維某年歲次月朔日，子孝曾孫某官封某敢昭告於始祖考某謚、封祖妣夫人某氏：歲序推遷，伏增遠感。謹以柔毛、剛鬣、明粢、薌合、薌萁、嘉蔬、嘉薦、醴齊〔五八〕，恭薦祫事禘云禘事。於始祖考某謚，封始祖夫人某氏配〔五九〕，尚饗。」祖考及子孫各依尊卑稱。訖，興，主人再拜。祝進跪奠版於神座〔六〇〕，興，還罇所。贊禮者引主人依昭穆酌獻如上儀。唯不盥洗。訖，贊禮者引主人詣東序，西向立。諸祝各以爵酌福酒〔六一〕，合置一爵，一祝持爵進主人之左〔六二〕，北向立。主人再拜受爵，跪祭酒，啐酒，奠爵，興。諸祝各帥執饌者以俎進〔六三〕，減神座前胙肉，各置一俎上〔六四〕。又以籩偏取稷黍糁飯，共置一籩。祝先以飯籩進，主人受以授左右。祝又以俎以次進，主人每受以授左右。訖，主人跪取爵，遂飲卒爵，祝進受爵，復於坫，主人興，再拜。贊禮者引降自東階〔六五〕，還本位，西向立。主人獻將畢，贊禮者引亞獻詣罍洗，盥手洗爵，升自東階，詣始祖酒罇所，執罇者舉冪，亞獻酌盎齊。贊禮者引亞獻進詣始祖神座前，西向跪奠爵，興，少退，西向再拜。贊禮者引亞獻以次酌獻如上儀。訖，贊禮者引亞獻詣東序，西向立。諸祝各以爵酌福酒如初獻之儀，唯不受胙。又贊禮者引終獻升獻飲福如亞獻之儀。訖，降復位。諸祝皆進神座前，跪徹豆，興，還罇所。贊禮者曰：「再拜。」非飲福受胙者皆再拜。贊唱者又曰：「再拜。」主人以下皆再拜〔六六〕。贊禮者進主人之左，白：「禮畢。」遂引主人出。贊禮者引亞獻以下及子孫以次出〔六七〕。諸祝與執罇罍篚者俱復執事位，立定，贊唱者曰：「再拜。」諸祝以下皆再拜。執罇罍篚者出。諸祝與奄者匵神主置於輿，納於埳室如常儀。

宋士大夫廟制，並見諸侯宗廟門。

按：臣庶祖廟之制，其略已見於前所述。若臣庶祭祀之制，則歷代未嘗立爲定法，惟唐制見於開元禮者頗詳，故著其說。如古禮，則儀禮特牲饋食、少牢饋食、有司徹三篇是已〔六八〕。近代，司馬溫公及伊川、横渠各有禮書。朱文公作家禮，又參取三家之說，酌古今之制而損益之，可以通行。嘉定間，李秘監又著公侯守宰士庶通禮一書，於祭禮特詳。俱有專書，文繁不果悉録。

校勘記

〔一〕百世不還爲太祖也　「世」原訛「姓」，據元本、慎本、馮本及禮記正義卷一二王制改。

〔二〕適士二廟一壇者　此句原脱，據禮記正義卷四六祭法孔穎達疏補。

〔三〕顯考無廟者　「者」字原脱，據禮記正義卷四六祭法孔穎達疏補。

〔四〕曾祖無廟也　此句原脱，據禮記正義卷四六祭法孔穎達疏補。

〔五〕官師一廟者　「一廟者」三字原脱，據禮記正義卷四六祭法孔穎達疏補。

〔六〕庶士庶人無廟者　此句原脱，據禮記正義卷四六祭法孔穎達疏補。

〔七〕望墓而爲壇以時祭　「時」字原脱，據禮記正義卷一九曾子問補。

〔八〕大夫不禘祫無主耳　「大夫不禘祫」五字原脱，據元本、慎本、馮本及春秋左傳正義卷六〇哀公傳十六年夏四月條孔穎達疏補。

〔九〕謂昆弟諸父也　「謂」原訛「諸」，據禮記正義卷三二喪服小記鄭氏注改。

〔一〇〕宗子雖有廟在宗子之家　「宗」字原訛「庶」，據元本、慎本、馮本及禮記正義卷一九曾子問改。

〔一一〕注義以爲攝斂神主而已　「攝斂」二字原倒，據通典卷四八禮八乙正。

〔一二〕便使三神有主　「便」原訛「是」，據魏書卷一八二之二禮志二、通典卷四八禮八改。

〔一三〕京官正員四品清望官　「員」原訛「其」，下「官」字原脱，據新唐書卷一三禮樂志三、唐會要卷一九百官家廟及通典卷四八禮八改補。

〔一四〕異子孫之牲　新唐書卷一三禮樂志三「異」作「皆」。

〔一五〕簠二　「二」字原脱，據元本、慎本、馮本及新唐書卷一三禮樂志三補。

〔一六〕若袝　「若袝」二字原脱，據新唐書卷一三禮樂志三補。

〔一七〕視滌　「視」字原訛「親」，據元本、慎本、馮本及新唐書卷一三禮樂志三改。

〔一八〕設坐祖左而西向　「向」原訛「面」，據新唐書卷一三禮樂志三改。

〔一九〕南向　二字原倒，據新唐書卷一三禮樂志三乙正。

〔二〇〕秦出寢於陵側　「秦」原訛「奉」，據新唐書卷一三禮樂志三改。

〔二一〕東面北上　「東面」二字原脱，據開元禮卷七五三品以上時享其廟及通典卷一二一禮八一補。

〔二二〕同官僚佐之長爲亞獻　「同」原訛「國」，據開元禮卷七五三品以上時享其廟改。

〔二三〕於東階東南西向　「東南」二字原脱，「向」原訛「面」，據開元禮卷七五三品以上時享其廟補改。

〔二四〕設牲榜於南門之外　「榜」字原脱，據開元禮卷七五三品以上時享其廟補。

〔二五〕當門北面　「面」原訛「向」，據開元禮卷七五三品以上時享其廟及通典卷一二一禮八一改。

〔二六〕於牲前近東西向　「向」原訛「面」，據開元禮卷七五三品以上時享其廟及通典卷一二一禮八一改。

〔二七〕俎二　按本卷下文注云：「羊豕二俎横陳重於右，腊俎特於左。」禮記郊特牲云：「鼎俎奇而籩豆偶。」疑「二」誤。校點本通典據開元禮卷七五改「二」爲「三」。四庫文淵閣大唐開元禮影印本卷七五作「二」，非「三」。

〔二八〕各於室户之東　「户」原訛「尸」，據開元禮卷七五三品以上時享其廟及通典卷一二一禮八一改。

〔二九〕每座簠在前簋次之甄次之鉶次之籩次之豆次之俎在後　原脱「甄次之」、「籩次之」六字，據開元禮卷七五三品以上時享其廟及通典卷一二一禮八一補。

〔三〇〕篚在洗西南肆　「洗」字原脱，據開元禮卷七五三品以上時享其廟及通典卷一二一禮八一補。

〔三一〕祝引掌牲者以次牽牲付厨　「引」原訛「與」，據開元禮卷七五三品以上時享其廟改。

〔三二〕肫胳二節　「肫」原訛「胱」，「二」原訛「一」，據開元禮卷七五三品以上時享其廟及通典卷一二一禮八一改。

〔三三〕横脊　「脊」原訛「有」，據開元禮卷七五三品以上時享其廟及通典卷一二一禮八一改。

〔三四〕每室二罇　「二」原訛「一」，據元本、慎本、馮本、開元禮卷七五三品以上時享其廟及通典卷一二一禮八一改。

〔三五〕俱並席處右　「席」原訛「常」，據開元禮卷七五三品以上時享其廟及通典卷一二一禮八一改。

〔三六〕祖在西東向　「向」原訛「面」，據開元禮卷七五三品以上時享其廟及通典卷一二一禮八一改。

〔三七〕禰在祖東北南向　「南」字原脱，據開元禮卷七五三品以上時享其廟及通典卷一二一禮八一補。

〔三八〕羊豕二俎横陳重於右　「陳重」二字原倒，據開元禮卷七五三品以上時享其廟及通典卷一二一禮八一乙正。

〔三九〕腊俎侍於左　「左」原訛「右」，據開元禮卷七五三品以上時享其廟及通典卷一二一禮八一改。

〔四〇〕興進主人拭爵訖　「進」與「主人」原倒，據開元禮卷七五三品以上時享其廟及通典卷一二一禮八一乙正。

〔四一〕某祖神座前　「神」字原脱，據開元禮卷七五三品以上時享其廟補。

〔四二〕合置一爵　「合」原訛「各」，據元本、慎本、馮本、開元禮卷七五三品以上時享其廟及通典卷一二一禮八一改。

〔四三〕北向立主人再拜受爵　此九字原脱，據開元禮時享其廟補。

〔四四〕祝又以俎次授　「次」原訛「以」，據慎本、馮本、開元禮卷七五三品以上時享其廟及通典卷一二一禮八一改。

〔四五〕以次酌獻如上儀　「以次酌獻」四字原脱，據開元禮卷七五三品以上時享其廟補。

〔四六〕五品以上同　「上」原訛「下」，按開元禮卷七七四品五品時享其廟禮，其亞獻酌獻後，贊禮者引亞獻詣東序，西向立，與三品以上時享其廟所述同，六品以下則詣祖座近東，西向立。據此，知「下」必爲「上」之誤，故改。

〔四七〕諸祝與執罇罍篚者俱復執事位　「與」原訛「奠」，據開元禮卷七五三品以上時享其廟補。

〔四八〕甄次之　三字原脱，據開元禮卷七六三品以上祫享其廟及通典卷一二一禮八一補。

〔四九〕烹牲於厨　「烹」原訛「牽」，據開元禮卷七六三品以上祫享其廟改。

〔五〇〕牲體折節所載　「牲」原訛「特」，據開元禮卷七六三品以上祫享其廟及通典卷一二一禮八一改。

〔五一〕廟堂之上　「廟」原訛「朝」，據開元禮卷七六三品以上祫享其廟及通典卷一二一禮八一改。

〔五二〕則空東面之座　「面」原訛「南」，據開元禮卷七六三品以上祫享其廟及通典卷一二一禮八一改。

〔五三〕禘又設未毁廟主各於其室　「主各」原訛「上名」，據元本、慎本、馮本、開元禮卷七六三品以上祫享其廟及通典卷一二一禮八一改。

〔五四〕重古　「重」字原脱，據開元禮卷七六三品以上祫享其廟及通典卷一二一禮八一補。

〔五五〕西面北上　「北上」二字原脱，據開元禮卷七六三品以上祫享其廟補。

〔五六〕贊禮者　「禮」字原脱，據開元禮卷七六三品以上祫享其廟補。

〔五七〕祝以下皆再拜　此句原脱，據開元禮卷七六三品以上祫享其廟及通典卷一二一禮八一補。

〔五八〕明粢薌合薌萁嘉蔬嘉薦醴齊　「薌合」、「嘉蔬」、「薦醴」六字原脱，據開元禮卷七六三品以上祫享其廟補。

〔五九〕封始祖夫人某氏配　「某」字原脱，據馮本、開元禮卷七六三品以上祫享其廟補。

〔六〇〕祝進跪奠版於神座　「祝」字原脱，據開元禮卷七六三品以上祫享其廟及通典卷一二一禮八一補。

〔六一〕諸祝各以爵酌福酒　「以」原訛「依」，據馮本、開元禮卷七六三品以上祫享其廟及通典卷一二一禮八一改。

〔六二〕一祝持爵進主人之左　「一」字原脱，據開元禮卷七六三品以上祫享其廟補。

〔六三〕諸祝各帥執饌者以俎進　「帥」原訛「退」，據開元禮卷七六三品以上祫享其廟及通典卷一二一禮八一改。

〔六四〕各置一俎上　「置」上原衍「共」字，據開元禮卷七六三品以上祫享其廟删。

〔六五〕主人興再拜贊禮者引降自東階　「主人興再拜贊禮者引」九字原脱，據開元禮卷七六三品以上祫享其廟補。

〔六六〕主人以下皆再拜　此句原脱，據開元禮卷七六三品以上祫享其廟補。

〔六七〕贊禮者　「禮」字原脱，據開元禮卷七六三品以上祫享其廟及通典卷一二一禮八一補。

〔六八〕有司徹三篇是已　「徹」原訛「獻」，據儀禮注疏卷四九改。

卷一百六　王禮考一

朝儀

周制，天子有四朝。恒言三朝者，以詢事之朝者非常朝，故不言之。一曰外朝，在皋門内，決罪聽訟之朝也。秋官朝士掌之。左九棘，孤卿大夫位焉，群士在其後。右九棘，公侯伯子男位焉〔一〕，群吏在其後。面三槐，三公位焉，州長衆庶在其後。左嘉石，平罷人焉。右肺石〔二〕，達窮人焉。斯聽獄之時，所列位也。樹棘以爲位者，取其赤心而外刺，象以赤心三刺也。槐之言懷也〔三〕，懷來人於此，欲與之謀也。嘉石，文石也〔四〕。平，成也，成人之善也。肺石，赤石也。罷人，不昏作勞，有似於疲，謂惰慢人。窮人，夫人之窮無告者〔五〕。群吏，府吏也〔六〕。州長，鄉遂之官也。王之五門，雉門爲中門，雉門設兩觀，與宫門同，閽人譏出入者，窮人蓋不得入。罷音疲。二曰中朝。在路門外。夏官司士正其位，辨其貴賤之等。朝夕視政，公卿大夫辨色而入應門，北面而立，東上。王揖，孤卿以上特揖，大夫旅揖，士傍三揖，各就位。特揖，一一揖之也。旅，衆也。大夫爵同者衆揖之。公卿大夫，王揖之乃就位〔七〕。群士及故士太僕之屬，發在其位〔八〕，群士東面〔九〕，王西南面而揖之〔一〇〕。三揖者，士有上中下〔一一〕。王南向，三公北面東上，孤東面北上，卿大夫西面北上。王族故士、武士在路門之右，南面東上；太僕、太右、太僕從者在路門之左，南面西上。此王日視朝事於路門外之位〔一二〕。王族故士，故爲士〔一三〕，晚退留宿衛者〔一四〕。未嘗爲士，雖同族，不得在王宫。太右，司右也。太僕從者，小臣、祭僕、御僕、隸僕也。三曰内朝，亦謂路寢之朝。人君既從正朝視事畢，退適路寢聽政。使人視大夫〔一五〕，大夫退，然後適燕寢釋服。釋服服玄端也。四曰詢事之朝，在雉門外。小司寇掌其政，以致萬民而詢焉〔一六〕。一曰詢國危，二曰詢國遷，三曰詢立君。國危謂有兵寇〔一七〕。國遷謂徙都。立君謂君無冢嫡，選於庶子，則聚萬人而詢謀焉。其位王南向，三公及州長百姓北面，群臣西面，群吏東面。群臣，卿大夫士也。群吏，府史也。其孤不見者，孤從群臣。鄉大夫在公後〔一八〕。小司寇儐，以序進而問焉，以衆輔志而蔽謀。儐謂揖之使前〔一九〕。序，更也。輔志，尊王賢明也。蔽，斷也。

通典說曰：「天子路寢門有五焉：其最外曰皋門，二曰庫門，三曰雉門，四曰應門，五曰路門，路門之内則路寢也。皋門之内曰外朝，朝有三槐，左右九棘，近庫門有三府九寺。庫門之内，有宗廟、社稷。雉門之外，有兩觀連門；觀外有詢事之朝，在宗廟、社稷之間。雉門内有百官宿衛之廨。應門内曰中朝，中朝東有九卿之室，則九卿理事之處。考工記曰『有九室，九卿理之』，朝則入而理事，夕則歸於庫門外。外朝之法，朝有疑獄，王集而聽之，故禮云王命三公會其朝者，諸侯未去，亦於此也。廣問之義，詢於蒭蕘之謀，三刺三問以定其法。燕朝者，路寢之朝。群公以下，常日於此朝見君，位其位，太僕掌之。初入之時，亦門右，北面東上。王揖之，三公則階前北面東上〔二〇〕；孤東面，卿大夫西面，皆北上；士則門外之西，北面東上。凡射，先用燕禮，其位亦然。所以每朝列位所向不同者，皆以事異，故變其位。三公之位常北面不變者，以三公内臣，位尊，故屈之使常北面。其餘諸侯孤卿大夫，皆以地道尊右〔二一〕，故尊者東面，卑者西面，是以於外朝之時，諸侯東面，尊於孤卿也。故於内朝，孤卿東面，尊於卿大夫也，時亦無諸侯故也。唯詢事之朝，非常朝之限，故不與三朝同。或云客有諸侯之位，故孤卿在東也。」

陳氏禮書曰：「周官：太僕掌燕朝之服位，宰夫掌治朝之法，司士掌朝儀之位，朝士掌外朝之法。文王世子：公族朝於内朝，庶子掌之。其在外朝，司士掌之。玉藻：朝服以日視朝於内朝，退適路寢聽政。然則文王世子與玉藻所謂朝者，諸侯之朝也。蓋天子庫門之外，外朝也，朝士掌之。路門之外，治朝也，宰夫、司士掌之。路寢燕朝，太僕掌之。諸侯亦有路寢，有外朝，則文王世子所謂内朝者，玉藻所謂路寢也。玉藻所謂内朝者，文王世子所謂外朝也。玉藻於路寢之外言内朝，則又有外朝明矣。諸侯内朝，司士掌之，其官與天子同。燕朝，庶子掌之，其官與天子異。魯語曰：『天子及諸侯合民事於外朝，合神事於内朝，自卿以下，合官職於外朝，合家事於内朝。』然則卿大夫亦二朝也。王燕朝之位雖太僕掌之，然其位之所辨不可考。文王世子曰：『公侯朝於内朝，東面北上。臣有貴者以齒。』則王之燕朝宜亦然也。太僕：『建路鼓於大寢之門外，傳稱堯設敢諫之鼓，禹設箴規之鞀。乃周建路鼓之意。而掌其政，以待達窮者與遽令。』鄭氏曰：『路寢門外，則内朝之中。』蓋窮者達其情於外朝之肺石，朝士又達窮者之情於内朝之路鼓。遽令，傳遽之令也。行夫，掌邦國傳遽之小事，則遽令非行夫之所掌者而已。鄭康成以公食大夫拜賜於朝，不言賓入，聘禮以柩造朝，不言喪入，則謂諸侯之朝在大門外。然大門外則徑涂爾，非朝位也。又曰：玉藻曰：『朝辨色始入。君日出而視之。退適路寢聽政，使人視大夫，大夫退，然後適小寢釋服。』則朝辨色始入，所以防徹；日出而視之，所以優尊。詩曰：『夜鄉晨言，觀其旂臣。』辨色始入之時也。又曰：『東方明矣，朝既盈矣。』君日出而視之之時也。蓋尊者體盤，卑者體蹙，體蹙者常先，體盤者常後。故視學，衆至然後天子至。燕禮，設賓筵然後設公席。則朝禮臣入然後君視之，皆優尊之道也。然朝以先爲勤，以後爲逸；退以先爲逸，以後爲勤。朝而臣先於君，所以明分守；退而君後於臣，所以防怠荒。此所以使人視大夫，大夫退，然後適小寢釋服也。然則公卿諸侯之朝王，其有先後乎，詩云：『三事大夫，莫肯夙夜。邦君諸侯，莫肯朝夕。』夫夙先於朝，夜後於夕，則公卿朝常先至，夕常後退，諸侯朝常後至，夕常先退。」

右周家朝群臣之儀。

周制，大行人掌大賓之禮及大客之儀，以親諸侯。大賓，要服以内諸侯也。大客謂其孤卿。春朝諸侯而圖天下之事，秋覲以比邦國之功，夏宗以陳天下之謨，冬遇以協諸侯之慮。此以王見諸侯爲文也。圖、比、陳、協，皆考績之言。天子當扆而立，諸侯北面而見天子曰覲；天子當宁而立，諸公東面、諸侯西面曰朝。爾雅曰：「户牖之間謂之扆，門屏之間謂之宁。」邦畿方千里，其外五百里曰侯服，歲一見。又其外五百里曰甸服，二歲一見。又其外五百里曰男服，三歲一見。又其外五百里曰采服，四歲一見。又其外五百里曰衛服，五歲一見。又其外五百里曰要服，六歲一見。要服，蠻服也。此六服相距方七千里〔三〕；公侯伯子男封焉。其朝貢之歲，四方各四分，趨四時而來，或朝春，或宗夏，或覲秋，或遇冬。每朝覲皆有貢物。具賦税上篇。九州之外，謂之蕃國，代一見，各以其所貴寶爲贄。九州之外，夷服、鎮服、蕃服。按曲禮曰：「其在東夷、北狄、西戎、南蠻，雖大曰子。」父死子立，及嗣王即位，乃一來。各以其所貴實爲贄，則蕃國之君無執玉瑞者也〔二三〕。

到天子之境，先謁關人。關人報王。王使小行人逆勞於畿。又使大夫致積。及郊，使大行人服皮弁，用璧以勞授之。皮弁者，天子之朝朝服〔二四〕。璧無束帛者，天子之玉尊也〔二五〕。諸侯儐王使者，用束帛乘馬。積音子四反。及國，天子賜舍，使司空致舍。

將受朝，上公執桓圭九寸，繅藉九寸，袞冕九章。其春夏朝宗，各乘所受上輅，建常九斿，繁纓九就。若春，諸侯各服裨冕，釋幣於禰。各乘所受上輅者，以陽氣仁恩，尚文，故車服得與王同。侯執信珪，伯執躬珪，七寸，繅藉七寸，鷩冕七章，建常七斿，繁纓七就。子執穀璧，男執蒲璧，皆五寸，繅藉五寸，毳冕五章，建常五斿，繁纓五就。王則服皮弁於路門外〔二六〕，正朝當宁而立。諸侯改服於舍，服朝服，各執瑞玉。至於朝，公東面，諸侯西面，伯子男從侯而朝。末擯承命，告於天子。天子曰〔二七〕：「伯父實來，予一人嘉之。伯父其入，予將受之。」天子於同姓大國則曰伯父，小邦則曰叔父；異姓大國則曰伯舅，小邦則曰叔舅。嘉之者，美之也。受玉先書同姓，次及異姓。上擯又傳，下至嗇夫也。信音身。諸侯序進，入門右，坐奠珪，再拜稽首。入門而右，執臣道，不敢由賓客之位。卑者見尊，奠贄而不授。儐者謁。謁猶告也。上儐告以天子前辭，欲親受之如賓客也。其辭曰「伯父其升」。侯氏坐取珪，升，致命。王受之玉〔二八〕。侯氏降階東，北面再拜稽首。儐者延之曰「升」。升，成拜乃出，各還其舍。

司几筵設黼扆於廟扆前〔二九〕，南嚮。設莞席紛純，加繅席畫純，加次席黼純，左右玉几。斧謂之黼〔三〇〕，其繡白黑綵也，以絳帛爲質〔三一〕。扆制如屏風，繡以斧形。扆前設席，左右有几，優至尊也。鄭玄謂紛如綬，有文而狹者。繅席，削蒲蒻〔三二〕，展之，編以五采，若今合歡矣。畫爲雲氣也〔三三〕。次席，桃枝席，有次列成文。天子服袞冕，負黼扆而立。諸侯裨冕，一一而入，以行三享。奉束帛加璧，庭實唯國所有。隨國所有，或馬，或虎豹皮，龜、金，丹漆，絲纊，竹箭，分爲三享矣。奉束帛，匹馬卓上，九馬隨之中庭，西上，奠幣再拜。卓猶的也。以素的一馬爲上。書其國名，後當識其所産也。必十匹者，不敢斥王所乘，用成數，敬也。

其秋冬覲遇之時，將朝之早，諸侯裨冕釋幣於禰。將覲〔三四〕，質明時告將覲也。裨之爲言埤也。天子六服，大裘爲上，其餘爲裨，以事尊卑服之，而諸侯亦服焉〔三五〕。其釋幣，如聘大夫將受命釋幣於禰之禮。皆乘墨車，載龍旂弧韣，瑞玉有繅。至大門外。交龍爲旂，諸侯所建。墨車，大夫制也。弓衣曰韣。上儐自與諸侯相揖而入，至廟門外，之舍。王服衮冕負斧扆而受朝享之禮。諸侯入門右，皆奠玉再拜。王命將受之。諸侯更取玉，升堂致命。王親受之。諸侯降堂，又再拜稽首。儐者延之曰「升」，升，成拜乃出。然後行三享玉，王皆撫之。諸侯降堂，自授宰，如朝宗之法。覲遇之時，天子不下堂。禮記云：「天子覲諸侯，下堂自夷王始也。」

其朝宗覲遇行朝享禮畢，三享訖也。諸侯皆右肉袒於廟門之東，乃入門右，北面立，告聽事。右肉袒者，刑宜施於右也。凡以禮事者右袒。告聽事者，告王以國所用爲罪之事。儐者謁諸天子。天子辭於侯氏曰：「伯父無事，歸寧乃邦。」謁，告也。侯氏再拜稽首，出，自屏南適門西，改袒還襲，遂入門左〔三六〕，北面立。王乃勞之。再拜稽首，儐者延之曰「升」，升，成拜，降出。王辭之不即左者，當出隱於屏而襲也。天子外屏。勞之，勞其道路勞苦也。王遂更延諸侯入而禮之。王使宗伯以珪瓚酌鬱鬯祼之。禮畢還館，諸侯公卿皆就館見之。

若有功者，天子賜以車服，皆使公就館致之。諸侯迎於外門外，再拜。諸公奉篋服，加命書於其上，升自西階，東面，太史居右。言諸公者，王同時分命之而使賜侯氏。侯氏升，西面立。太史述命。讀王命書。侯氏降兩階之間，北面，再拜稽首。受命也。升，成拜。太史辭之降也。太史加書於服上，侯氏受。受篋服也。使者出，侯氏送，再拜。

時會以發四方之禁，殷同以施天下之政。其法：諸侯既至天子之國，必先朝天子於其國內，然後爲壇於國外，更行朝禮。時會無常期，諸侯有不順服者，王將征討，合諸侯而發禁令焉。禁謂九伐之法也。會之法，爲壇於國外。崔靈恩曰：「古者諸侯朝天子，四時禮外，有時會殷同之法〔三七〕。殷同者，十二年王不巡狩，則六服諸侯，各當方面來赴四時見王也。殷，衆也。四方諸侯衆來見王，此有十二年之期，故不得謂時會也。殷同之禮，東方則以春，南方則以夏，西方則以秋，北方則以冬，皆如巡狩之時。」春爲壇於國東，夏與秋冬各於其方。壇制度，已具巡狩篇〔三八〕。將時會殷同之朝，天子乘龍，馬八尺曰龍。載大旂，象日月升龍降龍。春則拜日於東門之外，夏則禮日於南門之外，變拜言禮者，容祀也〔三九〕。秋則禮月與山川邱陵於西門外，冬則禮月與四瀆於北門之外，禮者，謂祭之。巡狩之時，山川之神各當方而祭。今不巡狩，故山川隨其時而祭之。陽則祭於陽方，陰則祭於陰方〔四〇〕。加方明於壇上而祭之。方明者，木也。方四尺，設六色，東青，南赤，西白，北黑，上玄，下黃，四方神明之象，所謂方明也。設六玉：上珪下璧，南方璋，西方琥，北方璜，東方珪以祭之。六色象其神。六玉以禮之〔四一〕，上宜以蒼璧，下宜以黃琮；而不以此者，則上下之神，非天地之至貴也〔四二〕。設玉者，刻其木以著之。去方明以朝諸侯。其朝位、授玉、儐介之儀，已具巡狩篇。

明堂位：昔者周公朝諸侯於明堂之位，周公攝王位，以明堂之禮儀朝諸侯，不於宗廟，辟王也。疏：按覲禮「諸侯受次於廟門外」，覲在廟，今在明堂，故云辟王也。天子負斧依，南向而立。負，背也。斧依爲斧文屏風於户牖間，周公於前立焉。三公中階之前，北面東上。諸侯之位，阼階之東，西面北上。諸伯之國，西階之西，東面北上。諸子之國，門東，北面東上。諸男之國，門西，北面東上。九夷之國，東門之外，西面北上。八蠻之國，南門之外，北面東上。六戎之國，西門之外，東面北上。五狄之國，北門之外，南面東上。九采之國，應門之外，北面東上。四塞，世告至。此周公明堂之位也。朝之禮不於此，周公權用之也。朝位之上，上近主位，尊也。九采，九州之牧典貢職者也。正門謂之應門，二伯率諸侯而入，牧居外，糾察之也。四塞謂夷服、鎮服、蕃服，在四方爲蔽塞者。新君即位乃朝。周禮：「蕃國世一見。」應氏曰：「自公而下列爲四等，各以其序。近則序立於階，遠則序立於門，而各分東西焉。夷蠻戎狄之君，隨方環列於四門之外。分列四門，則内爲五室可知。既有南門而又有應門者，南門洞啓，不止於一。而應門則當中而相應。爾雅：『正門謂之應門。』故當中而北面東上，帝亦同於中階之三公焉。前之三公，外之九采，内之諸侯，外之四夷，四面而立，雖各塞其方隅，而還列相向。無一人不得以對揚，涉級而上，雖各殊其階所，而趨進序升，無一人不與之拱揖。」

石林葉氏曰：「天子三朝，外朝以大詢，内朝以日視朝，燕朝退而聽政。諸侯來朝，則見於太廟，明堂以頒朔而已。周公攝政七年，成王既冠，將復辟而歸以天下，知周公攝政之久，未知成王之尊。於是因六年五服之朝，合九夷、八蠻、六戎、五狄之君而並見。然猶不敢正太廟之朝，是以即明堂而權制其位。蓋天子無事，四時之朝見於廟，歲以一服。有事而會，不巡狩而同，則爲宫於郊，設方明而祭之。蕃服世一見，未有與諸侯併朝者也。司士所掌朝儀之位，與朝士所掌外朝之法，皆自有定著。明堂位蓋周公之爲，故記禮者以爲周公朝諸侯之位。其曰負斧扆南向而立，是雖仍攝政之稱，謂周公曰天子，然負扆而立，則周成王自不失南面而坐，周公但從成王立於其側爾。中間言武王崩，成王幼弱，周公踐天子之位者，亦謂成王同坐立於斧扆之間。周公曷嘗正天子之位而居之乎！禮所記甚明。陋儒初不悟，雖荀卿猶云周公履天子之籍，若固有之，學者由是紛紛有異言，何周公之不幸也！」

右周家諸侯來朝之儀。

漢高祖七年，長樂宮成，諸侯群臣朝十月。適會長樂宮新成，漢時尚以十月爲正月，行朝歲之禮。儀：叙下儀法〔四三〕。先平明，未明之前。謁者治禮，引以次入殿門，廷中陳車騎戍卒衛宮，設兵張旗志。志與幟同。傳曰「趨」。傳聲教人者皆令趨，謂疾行爲敬也。殿下郎中俠陛，陛數百人。俠與挾同。挾其兩旁，每陛皆數百人〔四四〕。功臣、列侯、諸將軍、軍吏以次陳西方，東鄉；文官丞相以下陳東方，西鄉。大行設九賓，臚句傳。上傳語告下爲臚〔四五〕，下告上爲句也。大行掌賓客之禮，今之鴻臚也〔四六〕。九賓則九儀也〔四七〕，謂公、侯、伯、子、男、孤、卿、大夫、士也。於是皇帝輦出房，百官執職傳警，傳聲而唱警。引諸侯王以下至吏六百石以次奉賀〔四八〕。自諸侯王以下莫不振恐肅敬。至禮畢，盡伏，置法酒，法酒者〔四九〕，猶言禮酌，謂不飲之至醉。諸侍坐殿上皆伏抑首。抑，屈也。謂依禮法不敢平坐而視。以尊卑次起上壽。觴九行，謁者言「罷酒」。御史執法舉不如儀者，輒引去。

初，帝既即位，去秦儀法，爲簡易。群臣飲酒爭功〔五〇〕，醉或妄呼，拔劍擊柱，上患之。叔孫通曰：「儒者難與進取，可與守成。臣願徵魯諸生，與臣弟子共起朝儀。」上曰：「得無難乎？」通曰：「禮者，因時世人情爲之節文，臣願頗采古禮與秦儀雜就之。」上曰：「可試爲之，令易知，度吾所能行。」於是通徵魯諸生三十餘人，及上左右爲學者，左右，謂近臣也；爲學，謂素有學術。與其弟子百餘人，爲綿蕞野外。應劭曰：「立竹及茅索營之〔五一〕，習禮儀其中也。」如淳曰：「謂以茅剪樹地，爲纂尊卑之次也。」春秋傳曰：「置茅蕝。」師古曰：「蕞與蕝同，並音子說反。」習之月餘，通曰：「上可試觀。」上使行禮〔五二〕，曰：「吾能爲此。」迺令群臣習肄，以十月長樂宮成，行之。竟朝置酒，無敢讙嘩失禮者。於是上曰：「吾乃今日知爲皇帝之貴也〔五三〕。」拜通爲奉常，賜金五百斤。諸儒弟子共爲儀者，悉拜爲郎。

致堂胡氏曰：「帝王之禮，因革損益，至周而大備。周八百年，雖柄移祚迄，其朝廷所用者，無利害於爭戰從横之事。雖秦火書滅籍，亦必有知其略者。誠能深知詢求，草創而潤色之，縱不得其全，亦當參互有見，使聖帝明王，制儀立度，文章物采，寓法象形，禁戒之意，後猶有考，不亦美哉！惜乎漢高智不及此，而叔孫通委己從人，諧世而取寵也。夫呂政所爲，無一可以垂世立法者。自漢興，議論之臣，禍敗之戒，有所不言；言則必借秦爲諭，豈有朝廷之上，君臣之儀，所以表正百官，觀示列辟者，乃獨可用乎？遂使周室禮文泯不復見，而秦禮得傳，通之罪大矣！魯二生未必能制此禮也，然惡通面諛而不肯從，亦賢矣哉！至謂禮樂必積德百年而後可興，則幾乎迂矣！」

武帝雖用夏正，然每月朔朝，至於十月朔，猶嘗享會。其儀：夜漏未盡七刻而鐘鳴，受賀及贄，公侯璧，二千石羔，千石、六百石鴈，四百石以下雉〔五四〕。百官賀正月。決疑要注云：「古者朝會皆執贄，侯伯執珪，子男執璧，孤執皮帛，卿執羔，大夫執鴈，士執雉。漢魏粗依其制，正朝大會，諸侯執玉璧，薦以鹿皮，公卿以下所執如古禮。古者衣皮，故用皮帛爲幣〔五五〕。玉以象德，璧以稱事。」二千石以上，上殿稱萬歲。獨斷曰：「三公奉璧上殿，向御座，北面，太常贊曰：『皇帝爲君興〔五六〕。』三公伏，皇帝坐，乃進璧。古語曰『御坐則起』〔五七〕，此之謂也。」舉觴御坐前〔五八〕。司空奉羹，大司農奉飯，奏食舉之樂。百官受賜宴享，大作樂。白虎通曰：「有喪不朝，吉凶不相干〔五九〕，不奪孝子恩也。太廟火、日食、后之喪、雨霑服失容，並廢朝。」

褚先生曰：「諸侯王朝見天子，漢法當四見。始到，入小見；到正月朔旦，奉皮薦璧玉賀正月，法見；後三日，爲王置酒，賜金錢財物；後二日，復入小見，辭去。凡留長安不過二十日。小見者，燕見於禁門內，飲於省中，非士人之所得入也。梁孝王西朝，因留，且半載。入與人主同輦，出與同車。示風以大言而實不與，令出怨言，謀叛逆，乃隨而憂之，不亦遠乎！非大賢人不知退讓。今漢之儀法，朝見賀正月者，常一王與四侯俱朝見，十餘歲一至。今梁王常比年入朝見，久留。鄙語曰『驕子不孝』，非惡言也。」

右褚先生爲郎時聞於宮殿中老郎吏好事者之語，然足以見漢諸侯朝見之典云。

後漢歲首正月，爲大朝受賀。其儀：夜漏未盡七刻，鐘鳴，受賀及贄。獻帝起居注：「舊典，市長執鴈，建安八年始令執雉。」百官二千石以上，上殿稱萬歲。舉觴御坐前〔六〇〕。司空奉羹，大司農奉飯，百官受賜宴享，大作樂。其每朔〔六一〕，唯十月旦從故事者。高祖定秦之月，元年歲首也。

蔡邕曰：「群臣朝見之儀，視不晚朝十月朔之故，以問胡廣。廣曰：『舊儀，公卿以下每月常朝，先帝以其頻，故省。唯六月、十月朔朝〔六二〕，後復以六月朔盛暑，省之。』」

蔡質漢儀曰：「正月旦，天子幸德陽殿，臨軒。公、卿、將、大夫、百官各陪位朝賀〔六三〕。蠻、貊、胡、羌朝貢畢，見屬郡計吏，皆陛覲，庭燎。宗室諸劉親會〔六四〕，萬人以上，立西面。位既定〔六五〕，上壽。群計吏中庭北面立〔六六〕，太官上食，賜群臣酒食。西入東出〔六七〕。御史四人執法殿下〔六八〕，虎賁、羽林張弓挾矢〔六九〕，陛戟左右，戎頭偪脛陪前向後，左右中郎將位東南〔七〇〕，羽林、虎賁將位東北〔七一〕，五官將位中央〔七二〕，悉坐就賜。作九賓徹樂〔七三〕。舍利獸從西方來〔七四〕，戲於庭極，乃畢入殿前，激水化爲比目魚，跳躍嗽水，作霧鄣日。畢，化成黄龍，長八丈，出水遨戲於庭，炫燿日光。以兩大絲繩繫兩柱間〔七五〕，相去數丈。兩倡女對舞，行於繩上，對面道逢，切肩不傾。又蹋局出身〔七六〕，藏形於斗中。鐘磬並作，倡樂畢〔七七〕，作魚龍曼延。小黄門吹三通，謁者引公卿群臣以次拜，微行出，罷。卑官在前，尊官在後。德陽殿周旋容萬人。陛高一丈〔七八〕，皆文石作壇，激沼水於殿下。畫屋朱梁，玉階金柱刻鏤，作宮掖之好，厠以青翡翠，一柱三帶，韜以赤緹。天子正旦節，會朝百僚於此。自到偃師，去宮四十三里，望朱雀五闕，德陽，其上鬱律與天連。雒陽宮閣簿云：德陽宮殿南北行七丈，東西行三十七丈四尺。」

班固東都賦：「春王三朝，會同漢京。是日也，天子受四海之圖籍，膺萬國之貢珍。内撫諸夏，外接百蠻。爾乃盛禮興樂〔七九〕，供帳置乎雲龍之庭。陳百僚而贊群后，究皇儀而展帝容。端門東有崇賢門，次外有雲龍門。贊，引也。於是庭實千品，旨酒萬鍾，列金罍，班玉觴。嘉珍御，太牢享。爾乃食舉雍徹，太師奏樂，陳金石，布絲竹，鐘鼓鏗鍧〔八〇〕，管絃曄煜。抗五聲，極六律；歌九功，舞八佾。韶、武備，太古畢。四夷間奏，德廣所及，伶佅兜離，罔不具集。四夷之樂：東方曰韎，南方曰任，西方曰佅離，北方曰禁。禁，字書作伶。渠禁反。佅，摩葛反。萬樂備，百禮暨。皇懽浹，群臣醉。降烟煴，調元氣。然後撞鐘告罷，百僚遂退。」尚書大傳曰〔八一〕：「天子將入，撞蕤賓之鐘，左右之鐘皆應。」

蔡邕獨斷：「正月朝賀，三公奉璧上殿，向御座，北面。太常贊曰：『皇帝爲君興。』三公伏，皇帝坐，乃進璧。古語曰『御坐則起』，此之謂也。舊儀：三公以下月朝〔八二〕，後省。當以六月朔、十月朔旦朝。後又以盛暑省六月朝，故今獨以爲正月、十月朔朝也。冬至陽氣始動，夏至陰氣始起〔八三〕，麋鹿角解〔八四〕，故寢兵鼓，身欲寧，志欲静〔八五〕，故不聽事〔八六〕，送迎五日臘者〔八七〕，歲終大祭。縱吏民宴飲，非迎氣，故但送不迎。正月歲首，亦如臘儀。冬至陽氣起，君道長，故賀。夏至陰氣起，君道衰，故不賀。鼓以動衆，鐘以止衆，故夜漏盡，鼓鳴則起，晝漏盡，鐘鳴則息〔八八〕。」

安帝永初四年春正月元日〔八九〕，會，徹樂，不陳充庭車。

每大朝會，必陳乘輿、法物、車輦於庭，故曰充庭車。以年饑，故不陳。

魏武帝都鄴，正會文昌殿，用漢儀。又設百華燈〔九〇〕。

文帝受禪後，修洛陽宫室，權都許昌，宫殿狹小。元日於城南立壇殿，青帷以爲門，設樂。享會後，還洛陽，依漢舊事。

魏制：藩王不得朝覲。明帝時有朝者，由特恩，不得爲常。

晉武帝咸寧中，定儀：先正月一日，有司各宿設王公卿校便坐於端門外，大樂鼓吹又宿設四廂樂於殿前。夜漏未盡十刻，群臣集到〔九一〕，庭燎起火〔九二〕，上賀，謁報，又賀皇后。還，從雲龍、東中華門入謁〔九三〕，詣東閤下便坐。漏未盡七刻，群司乘車輿，百官及受贄郎〔九四〕，下至計吏，皆入，詣階部，立其次，其階衛者如臨軒儀。漏未盡五刻，謁者僕射、大鴻臚各奏「群臣就位定」。漏盡，侍中奏外辦。皇帝出，鐘鼓作，百官皆拜伏。太常導皇帝升御座，鐘鼓止，百官起。大鴻臚跪奏「請朝賀」。掌禮郎贊「皇帝延王登」。大鴻臚跪贊「蕃王臣某等奉白璧各一，再拜賀」。太常報「王悉登」。謁者引上殿，當御座。皇帝興，王再拜。皇帝坐，復再拜，跪置璧御座前，復再拜〔九五〕。成禮訖，謁者引下殿，還故位。掌禮郎贊「皇帝延太尉等」。理禮郎引公〔九六〕、特進、匈奴南單于、金紫將軍當大鴻臚西，中二千石、二千石〔九七〕、千石、六百石當大行令西，皆北面伏〔九八〕。鴻臚跪贊「太尉、中二千石等奉璧、皮、帛、羔、鴈、雉，再拜賀」。太常贊「皇帝延公等登」。掌禮引公至金紫將軍上殿，當御座。皇帝興，皆再拜。皇帝坐，又再拜。跪置璧皮帛御座前，復再拜。成禮訖，謁者引下殿，還故位。王公置璧成禮時，大行令並贊殿下，中二千石以下同〔九九〕。成禮訖，以贄授贄郎，郎以璧帛付謁者，羔、鴈、雉付太官〔一〇〇〕，太樂令跪請奏雅樂〔一〇一〕，樂以次作〔一〇二〕。乘黄令乃出車，皇帝罷入，百官皆坐。晝漏上水六刻〔一〇三〕，諸蠻夷朝客以次入〔一〇四〕，皆再拜訖，坐。御入後三刻又出，鐘鼓作。謁者僕射跪奏「請群臣上」。謁者引王公二千石上殿，千石、六百石停本位。謁者引王詣樽酌壽酒，跪授侍中。侍中跪置御座前，王還。自酌置位前，謁者跪奏「蕃王臣某等奉觴，再拜上千萬歲壽」。侍中云「觴已上」，百官伏稱萬歲。四廂樂作，百官再拜。已飲，又再拜〔一〇五〕。謁者引王等還本位。陛下者傳就席，群臣皆跪諾。侍中、中書令、尚書令各於殿上上壽酒。登歌樂升，太官令又行御酒。御酒升階，太官令跪授侍郎，侍郎跪進御座前。乃行百官酒。太樂令跪奏「奏登歌」〔一〇六〕，三終乃降。太官令跪請具御飯，到階，群臣皆起。太官令持羹跪授司徒，持飯跪授大司農，尚食持案並授侍郎〔一〇七〕，侍郎跪進御座前〔一〇八〕。群臣就席。太樂令跪奏「奏食舉樂」〔一〇九〕，太官行百官飯按遍。食畢，太樂令跪奏「請進舞樂」，以次作〔一〇〕。鼓吹令又前跪奏「請以次進妓」。乃召諸郡計吏前，受敕戒於階下。宴樂畢。謁者一人跪奏「請罷退」。鐘鼓作，群臣北面再拜，出。（未盡七刻謂之晨賀，晝漏上三刻更出，百官奉壽酒，謂之晝會。別置女樂三十人於黄帳外，奏房中之歌。其王公以下入朝者，四方各爲二番，三歲而周，周則復之。）

晉禮樂志：武帝受命，更定元會儀，咸寧注是也。傅玄元會賦曰：「考夏后之遺訓，綜殷周之典藝，採秦漢之舊儀，定元正之嘉會。」此則兼採衆代可知矣。

太始中，有司奏：「諸侯之國，其王公以下入朝者，四方各爲二番，三歲而周，周則更始。臨時有故，則明年來朝。明年朝後，更滿三歲乃復朝〔一一〕，不得依恒數。朝禮皆執璧如舊朝之制。不朝之歲，各遣卿奏聘。」詔可。

東晉江左多虞，不復晨賀。夜漏未盡十刻，開宣陽門，至平明始開殿門，晝漏上水五刻，皇帝乃出受賀。皇太子出會者，則在三恪下，王公上。正旦元會〔一二〕，設白獸樽於殿庭〔一三〕，若有能獻直言者，則發此樽飲酒。（樽蓋施以白獸形似名焉。按禮，白獸樽乃杜舉之遺式，白獸蓋，示後世所爲有忌憚也。）

東晉王侯不之國，其有受任居外，則同方伯刺史二千石之禮，亦無朝聘之制。

宋因晉制，無所改易。唯朝至十刻乃受朝賀，升皇太子在三恪之上。

齊因之。

梁元會之禮：未明，庭燎設，文物充庭。臺門闢，禁衛皆嚴，有司各從其事。太階東置白獸樽。群臣及諸蕃客並集，各從其班而拜。侍中奏「中嚴」，王公卿尹各執珪璧入拜。侍中乃奏「外辦」，皇帝服衮冕，乘輿以出〔一一四〕。侍中扶左，常侍扶右，黄門侍郎一人，執曲直華蓋從。至階，降輿，納舄，升御座。前施奉珪藉。王公以下，至阼階，脱舄劍，升殿，席南奉贄珪璧，禮畢下殿，納舄佩劍，詣本位。主客郎徙珪璧於東廂。帝興，入，徙御座於西壁下，東向。設皇太子王公以下位。又奏中嚴，皇帝服通天冠，升御座。王公上壽禮畢，食。食畢，樂伎奏。太官進御酒，主書賦黄甘〔一一五〕，逮二品以上。尚書騶騎引計吏，郡國各一人，皆跪受詔。侍中讀五條詔，計吏更應諾，令陳便宜者，聽詣白獸樽，以次還座。宴樂罷，皇帝乘輿以入。皇太子朝，則遠遊冠服〔一一六〕，乘金輅，鹵簿以行。與會則劍履升座。會訖，先興。

天監六年，詔曰：「頃代以來，元日朝畢，次會群臣，則移就西壁下，東向坐。求之古義，王者讌萬國，唯應南面，何更居東面。」於是御座南向〔一一七〕，以西方爲上。皇太子以下，在北壁坐者，悉西邊東向。尚書令以下在南方坐者，悉東邊西向。舊元日，御座東向，酒壺在東壁下。御座既南向，乃詔壺於南欄下。又詔：「元日受五等贄，珪璧並量付所司〔一一八〕。」周捨按：「周禮冢宰，大朝覲，贊玉幣。尚書，古之冢宰。頃王者不親撫玉，則不復須冢宰贊助。尋尚書主客曹郎，既冢宰隸職，今元日五等奠玉既竟，請以主客郎受。鄭玄注覲禮云：『既受之後，出付玉人於外。』漢時少府，職掌珪璧，請主客受玉，付少府掌。」帝從之。又尚書僕射沈約議：「正會儀注，御出，乘輿至太極殿前，納舄升階。尋路寢之設，本是人君居處，不容自敬宫室。按漢氏，則以小車升殿。請自今元正及大公事，御宜乘小輿至太極階，仍乘板輿升殿。」制可。

陳制：先元會十日，百官並習儀注，令僕以下，悉公服監之。設庭燎，街闕、城上、殿前，皆嚴兵，百官各設部伍而朝〔一一九〕。宮人皆於東堂〔一二〇〕，隔綺疏而觀。宮門既無籍，外人但絳衣者，亦得入觀。是日，上事人發白獸樽。自餘多依梁禮云。

北齊元正大享，百官一品以下，流外九品以上與會。一品以下、正三品以上，開國公侯伯、散品公侯及特命之官，刺史並升殿。從三品以下、從九品以上及奉正使人比流外官者〔一二一〕，在階下。勳品以下端門外。侍中宣詔慰勞州郡國使〔一二二〕。詔牘長一尺三寸，廣一尺，雌黄塗飾，上寫詔書三。計會日，侍中依儀勞郡國計吏，問刺史、太守安不及穀價麥苗善惡，人間疾苦。又班五條詔書於諸州郡國使人。寫以詔牘一枚〔一二三〕，長二尺五寸，廣一尺三寸，亦以雌黄塗飾，上寫詔書。正會日，依儀宣示使人，歸以告刺史二千石。一曰，政在正身，在愛人，去殘賊，擇良吏，正決獄，平徭賦。二曰，人生在勤，勤則不匱。其勸率田桑，無或煩擾。三曰，六極之人，務加寬養，必使生有以自救，没有以自給。四曰，長吏華浮，奉客以求小譽，逐末捨本，政之所疾，宜謹察之。五曰，人事意氣，干亂奉公。外内溷淆，綱紀不設，所宜糾劾。正會日，侍中黄門宣詔勞諸郡上計。勞訖付紙，遣陳土宜。字有脱誤者，呼起席後立。書迹濫劣者，飲墨水一升。文理孟浪無可取者，奪容刀及席。既而本曹郎中考其文迹才辭可取者，録牒吏部，簡同流外三品敍。

隋制：正朝及冬至〔一二四〕，文物充庭。皇帝出西房，即御座。皇太子鹵簿至顯陽門外〔一二五〕，入賀。復詣皇后御殿，拜賀訖，還宮。皇太子朝訖，群官客使入就位〔一二六〕，再拜。上公一人，詣西階，解劍，升賀；降階，帶劍，復位而拜。有司奏諸州表〔一二七〕，群官在位者又拜而出。皇帝入東房，有司奏行事訖，乃出西房。坐定，群官入就位，上壽訖，上下俱拜。皇帝舉酒，上下舞蹈，三稱萬歲。皇太子與會，則設座於御東南，西向。群臣上壽畢，入位，解劍以升，會訖，先興。

開皇四年正月，梁王蕭巋朝於京師，次於郊外。詔廣平王楊雄、吏部尚書韋世康，持節以迎。衛尉設次於驛館。雄等降就便幕。巋服通天冠，絳紗袍，端珽，立於東階下，西面。文武陪侍如其國。雄等立於門右，東面。巋攝内史令柳顧言出門請事。世康曰：「奉詔勞於梁王。」顧言入告〔二八〕，巋出，迎於館門之外，西面，再拜。持節者導雄與巋俱入，至於庭下。巋北面再拜受詔訖。雄等乃出，立於館門外道右東向，巋送於門外，西面再拜。及奉見，高祖冠通天冠，服絳紗袍，御大興殿，如朝儀。巋服遠遊冠，朝服以入，君臣並拜，禮畢而出。

自秦兼天下，朝覲之禮遂廢。及周封蕭詧爲梁王，訖於隋，恒稱藩國，始有朝見之儀。梁王之朝周，入畿，大冢宰命有司致積：其饔五牢，米九十筥，醯、醢各三十五甕，酒十八壺，米、禾各五十車，薪、芻各百車。既至，大司空設九儐以致館。梁王束帛乘馬，設九介以待之。禮成而出。明日，王朝，受享於廟。既致享，大冢宰又命公一人，玄冕乘車，陳九儐，以束帛乘馬，致食於賓及賓之從各有差。致食訖，又命公一人，弁服乘車，執贄，設九儐以勞賓。王設九介，迎於門外。明日，朝服乘車，還贄於公。公皮弁迎於大門，授贄受贄，並於堂之中楹。又明日，王朝服，設九介，乘車，備儀衛，以見於公。事畢，公致享。明日，三孤一人，又執贄勞於梁王。明日，王還贄。又明日，王見三孤，如見三公。明日，卿一人執贄勞王。王見卿，又如三孤。於是三公、三孤、六卿，又各饗賓，並屬官之長爲使，牢米束帛同三公。

唐舊制：元日，大陳設。皇太子獻壽。次上公獻壽，次中書令奏諸州表。黃門侍郎奏祥瑞，户部尚書奏諸州貢獻，禮部尚書奏諸蕃貢獻，太史奏雲物。侍中奏禮畢，然後中書令又與供奉官獻壽。時殿上皆呼萬歲。冬至亦然。

太宗貞觀元年十一月，梁州都督竇軌請入朝。上曰：「君臣共事，情猶父子。外官久不入朝，情或疑懼。朕亦須數見之，問以人間風俗。」許令入朝。

至十五年正月，上謂侍臣曰：「古者諸侯入朝，有湯沐邑，蒭禾百車，待以客禮。漢家故事，爲諸州刺史、郡守創立邸舍於京城。頃聞都督、刺史充考使至京師，皆賃房，與商人雜居。既復禮之不足，必是人多怨嘆。」至十七年十月一日，下詔，令就京城閒房，爲諸州朝集使造邸第三百餘所。上親觀幸焉〔二九〕。至永淳中，關中饑乏，諸州邸舍漸漸殘毁。至神龍元年，司農卿趙履温希權要，奏請出賣並盡。至建中元年十月二十九日，敕每州邸舍，各令本州量事依舊營置。至二年五月十四日，户部奏：「若令州府自買，事又煩費。伏請以官宅二十所，分配共住，過事却收。」敕旨「宜依」。

四年，詔所司於外廊置食一頓。

十三年十月，尚書左僕射房玄齡奏：「天下太平，萬機事簡，請三日一臨朝。」許之。

二十三年九月，太尉長孫無忌等奏，請視朝坐日。上報曰：「朕初登大位〔三〇〕，日夕孜孜，猶恐擁滯衆務。自今已後，每日常坐。」又令百寮朔望日服袴褶以朝〔三一〕。

高宗永徽二年八月，下詔來月一日太極殿受朝。此後每五日一度太極殿視事，朔望朝，即永爲常式。京官文武五品依舊五日一參。

顯慶二年，太尉長孫無忌等奏，以天下無虞，請隔日視事。許之。

中宗神龍元年初，令文武官五品以上每朔望參日，升殿食。四月，上以時屬炎暑，制令每隔日不坐。右拾遺靳恒上疏諫曰：「臣聞昔漢制反支日亦通奏事。又光武在軍，躬自覽疏。明帝撫運，夜必讀書。豈以四氣炎寒，妨於政理？竊爲陛下不取。」

玄宗先天二年，敕文武官朝參，應著袴褶珂繖者。其有不著入班者，各奪一月俸。若無故不到者，奪一季禄。其行香拜表不到，亦准此。頻犯者，量事貶降。其衣冠珂繖，仍許著到曹司。十月，敕諸蕃使都府管羈縻州，其數極廣，每州遣使朝集，頗成勞擾，應須朝賀，委當蕃都督與上佐及管内刺史自相通融，明爲次第。每年一蕃，令一人入朝，給左右不得過二人，仍各分領諸州貢物於都府點檢，一時録奏。

校勘記

〔一〕公侯伯子男位焉　「侯」原作「卿」，據通典卷七五禮三五改。

〔二〕右肺石　「肺」原作「胏」，據周禮朝士、通典卷七五禮三五改。注文同。

〔三〕槐之言懷也　「懷也」原脱，據通典卷七五禮三五補。

〔四〕文石也　「文」原作「丈」，據元本、慎本、馮本及通典卷七五禮三五改。

〔五〕夫人之窮無告者　「夫人」原作「天民」，據通典卷七五禮三五改。

〔六〕府吏也　原脱，據周禮朝士、通典卷七五禮三五補。下注文同。
〔七〕王揖之乃就位　「王」原作「三」，「之乃」原脱，據周禮司士鄭注及通典卷七五禮三五改補。
〔八〕發在其位　「發」原作「登」，據周禮司士鄭注改。
〔九〕群士東面　「士」原作「位」，據周禮司士鄭注改。
〔一〇〕王西南面而揖之　「南」字原脱，據周禮司士鄭注補。
〔一一〕士有上中下　「士」字原脱，據周禮司士鄭注補。
〔一二〕此王日視朝事於路門外之位　「日」、「外」原脱，「朝」下原衍「之」字，據周禮司士鄭注補删。
〔一三〕故爲士　「故」字原脱，據周禮司士鄭注補。
〔一四〕晚退留宿衛者　「晚」原作「免」，據周禮司士鄭注改。
〔一五〕使人視大夫　「人」字原脱，據禮記玉藻補。
〔一六〕以致萬民而詢焉　「民」原作「人」，據周禮小司寇鄭注改。
〔一七〕國危謂有兵寇　「有」字原脱，據通典卷七五禮三五補。
〔一八〕鄉大夫在公後　「鄉」原作「卿」，據元本及周禮小司寇鄭注改。
〔一九〕儐謂揖之使前　「謂」原作「謀」，據周禮小司寇鄭注改。
〔二〇〕三公則階前北面東上　「階」原作「皆」，據通典卷七五禮三五改。
〔二一〕皆以地道尊右　「右」原作「君」，據通典卷七五禮三五改。
〔二二〕此六服相距方七千里　「千」原作「十」，據元本、馮本及周禮大行人鄭注改。

〔二三〕則蕃國之君無執玉瑞者也　「君」原作「臣」，據周禮大行人鄭注改。

〔二四〕天子之朝朝服　原脱一「朝」字，據儀禮覲禮鄭注補。

〔二五〕天子之玉尊也　「之」字原脱，「玉」原作「主」，據儀禮覲禮鄭注補改。

〔二六〕王則服皮弁於路門外　「於」上原衍「登」字，據通典卷七四禮三四删。

〔二七〕告於天子天子曰　下「天子」二字原脱，據通典卷七四禮三四補。

〔二八〕王受之玉　「玉」原作「王」，據通典卷七四禮三四改。

〔二九〕司几筵設黼扆於廟扆前　「廟」原作「朝」，據通典卷七四禮三四改。

〔三〇〕斧謂之黼　「斧」、「黼」原互倒置，據周禮司几筵鄭注乙正。

〔三一〕以絳帛爲質　「絳帛」原作「綵白」，據周禮司几筵鄭注改。

〔三二〕削蒲蒻　「削」原作「則」，據周禮司几筵鄭注改。

〔三三〕畫爲雲氣也　「畫」上原衍「畫純」，據周禮司几筵及通典卷七四禮三四删。

〔三四〕將覲　「覲」原作「近」，據通典卷七四禮三四改。

〔三五〕以事尊卑服之而諸侯亦服焉　「服之而」三字原脱，據通典卷七四禮三四補。

〔三六〕遂入門左　「左」原作「右」，據儀禮覲禮改。

〔三七〕有時會殷同之法　「之法」原脱，據通典卷七四禮三四補。

〔三八〕已具巡狩篇　「巡」上原有「於」，據通典卷七四禮三四删。

〔三九〕容祀也　「容」原作「祭」，據儀禮覲禮鄭注改。

〔四〇〕陰則祭於陰方　「方」，通典卷七四禮三四作「位」。檢上文有「陽則祭於陽方」句，似通典義較長。

〔四一〕六玉以禮之　「玉以」二字原倒，據通典卷七四禮三四乙正。

〔四二〕非天地之至貴也　「地」原作「下」，據通典卷七四禮三四改。

〔四三〕敘下儀法　「法」原作「注」，據漢書卷四三叔孫通傳師古注改。

〔四四〕每陛皆數百人　「皆」原作「者」，據漢書卷四三叔孫通傳師古注改。

〔四五〕上傳語告下爲臚　原脱「語」，據漢書卷四三叔孫通傳蘇林注補。

〔四六〕今之鴻臚也　「也」字原脱，據漢書卷四三叔孫通傳韋昭注補。

〔四七〕九賓則九儀也　「儀」原作「卿」，據漢書卷四三叔孫通傳韋昭注及通典卷七〇禮三〇改。

〔四八〕引諸侯王以下至吏六百石以次奉賀　「賀」下原衍「自諸侯王以下至吏六百石以次奉賀」句，據漢書卷四三叔孫通傳删。

〔四九〕法酒者　「者」字原脱，據漢書卷四三叔孫通傳師古注補。

〔五〇〕群臣飲酒争功　「酒」字原脱，據史記卷九九叔孫通傳補。

〔五一〕立竹及茅索營之　「竹」原作「祈」，據漢書卷四三叔孫通傳應劭注改。

〔五二〕上使行禮　「行」原作「習」，據史記卷九九叔孫通傳、漢書卷四三叔孫通傳改。

〔五三〕吾乃今日知爲皇帝之貴也　「之」字原脱，「貴」原作「尊」，據史記卷九九叔孫通傳、漢書卷四三叔孫通傳補改。

〔五四〕四百石以下雉　「雉」字原脱，據晉書卷二一禮下、通典卷七〇禮三〇補。

〔五五〕故用皮帛爲幣　「故」原作「皆」，據通典卷七〇禮三〇改。

〔五六〕皇帝爲君興　「君」字原脱，據馮本及後漢書禮儀志中注引蔡邕獨斷補。
〔五七〕御坐則起　「坐」原作「座」，據後漢書禮儀志中注引蔡邕獨斷、通典卷七〇禮三〇改。
〔五八〕舉觴御坐前　「坐」原作「食」，據後漢書禮儀志中改。
〔五九〕吉凶不相干　「干」原作「子」，據馮本及白虎通德論卷一〇喪服改。
〔六〇〕舉觴御坐前　「坐」原作「食」，據後漢書禮儀志中改。
〔六一〕其每朔　「朔」原作「朝」，據後漢書禮儀志中改。
〔六二〕唯六月十月朔朝　「十月」原作「十日」，據後漢書禮儀志中改。
〔六三〕公卿將大夫百官各陪位朝賀　「位」字原脱，據通典卷七〇禮三〇補。
〔六四〕宗室諸劉親會　「親」原作「雜」，據後漢書禮儀志中注引蔡質漢儀改。
〔六五〕位既定　「位」下原衍「公納薦大官賜食酒西入東出」十二字，據後漢書禮儀志中删。
〔六六〕群計吏中庭北面立　「群」字原脱，據後漢書禮儀志中補。
〔六七〕西入東出　原舛在「既定」上，據後漢書禮儀志中、通典卷七〇禮三〇乙正。
〔六八〕御史四人執法殿下　「御」上原衍「貢事」，據通典卷七〇禮三〇删。
〔六九〕虎賁羽林張弓挾矢　「張」原作「弧」，「挾」原作「撮」，據通典卷七〇禮三〇改。
〔七〇〕左右中郎將位東南　「位」原作「住」，「南」原作「西」，據通典卷七〇禮三〇改。
〔七一〕羽林虎賁將位東北　「位」原作「住」，據元本、馮本及通典卷七〇禮三〇改。
〔七二〕五官將位中央　「位」原作「住」，據通典卷七〇禮三〇改。

〔七三〕作九賓徹樂　「徹樂」，通典卷七〇禮三〇作「散樂」。

〔七四〕舍利獸從西方來　「獸」字原脱，據通典卷七〇禮三〇補。

〔七五〕以兩大絲繩繫兩柱間　「柱」下原衍「中頭」，據通典卷七〇禮三〇删。

〔七六〕又蹋局出身　「局」原作「踘」，據元本、愼本、馮本及後漢書禮儀志中注引蔡質漢儀改。又，「出身」原脱，據通典卷七〇禮三〇補。

〔七七〕倡樂畢　「倡」字原脱，據後漢書禮儀志中注引蔡質漢儀補。

〔七八〕陛高一丈　「一」，後漢書禮儀志中注作「二」。

〔七九〕爾乃盛禮興樂　「爾」、「興」原脱，據班固東都賦補。

〔八〇〕鐘鼓鏗鎗　「鎗」原作「鎗」，據班固東都賦改。

〔八一〕尚書大傳曰　「大」字原脱，據班固東都賦注補。

〔八二〕三公以下月朝　「下」原作「後」，據獨斷稱次改。

〔八三〕冬至陽氣始動夏至陰氣始起　「始動夏至陰氣」六字原脱，據後漢書禮儀志中注引蔡邕獨斷補。

〔八四〕麋鹿角解　「角解」原作「解角」，據後漢書禮儀志中注引蔡邕獨斷乙正。

〔八五〕志欲静　「静」原作「寧」，據後漢書禮儀志中注引蔡邕獨斷改。

〔八六〕故不聽事　「故」字原脱，據後漢書禮儀志中注引蔡邕獨斷補。

〔八七〕送迎五日臘者　「送」上原衍「可」，據後漢書禮儀志中注引蔡邕獨斷删。

〔八八〕故夜漏盡鼓鳴則起晝漏盡鐘鳴則息　原脱「故夜漏盡鼓鳴則起」句，「晝」原作「夜」，「鐘」原作「鼓」，據後漢書禮儀志中注引蔡邕獨斷補改。

〔八九〕安帝永初四年春正月元日 「四」原作「元」，據後漢書卷五安帝紀改。

〔九〇〕又設百華燈 「燈」上原衍「香花」，據晉書卷二一禮下删。

〔九一〕群臣集到 「到」字原脱，據晉書卷二一禮下補。

〔九二〕庭燎起火 「火」字原脱，據晉書卷二一禮下補。

〔九三〕還從雲龍東中華門入謁 「還」、「東」原脱，據晉書卷二一禮下、宋書卷一四禮一補。

〔九四〕群司乘車輿百官及受贄郎 「車輿」原倒，據宋書卷一四禮一乙正。

〔九五〕跪置璧御座前復再拜 原脱，據通典卷七〇禮三〇補。

〔九六〕理禮郎引公 「郎」原作「等」，據宋書卷一四禮一、通典卷七〇禮三〇改。

〔九七〕二千石 原涉上而脱，據晉書卷二一禮志下、宋書卷一四禮一補。

〔九八〕皆北面伏 「皆」原作「階」，據晉書卷二一禮下、宋書卷一四禮一改。

〔九九〕中二千石以下同 「中」字原脱，據晉書卷二一禮下、宋書卷一四禮一補。

〔一〇〇〕太官 「官」原作「常」，據晉書卷二一禮下、宋書卷一四禮一改。

〔一〇一〕太樂令跪請奏雅樂 「請」字原脱，據晉書卷二一禮下補。

〔一〇二〕樂以次作 「樂」字原脱，據元本及晉書卷二一禮下補。

〔一〇三〕晝漏上水六刻 「上」字原脱，據晉書卷二一禮下補。

〔一〇四〕諸蠻夷朝客以次入 「朝」，晉書卷二一禮下、宋書卷一四禮一作「胡」。

〔一〇五〕又再拜　「又」原作「入」，據晉書卷二一禮下、宋書卷一四禮一改。

〔一〇六〕太樂令跪奏奏登歌　原脱一「奏」字，據晉書卷二一禮下、宋書卷一四禮一補。

〔一〇七〕尚食持案並授侍郎　「食」原作「書」，「侍郎」原作「持節」，據宋書卷一四禮一、通典卷七〇禮三〇改。

〔一〇八〕侍郎跪進御座前　「侍郎」原作「持節」，據宋書卷一四禮一、通典卷七〇禮三〇改。

〔一〇九〕太樂令跪奏奏食舉樂　原脱一「奏」字，據晉書二一禮下補。

〔一一〇〕太樂令跪奏請進舞樂以次作　「舞」，晉書卷二一禮下作「樂」。「樂」，宋書卷一四禮一作「儛」。

〔一一一〕更滿三歲乃復朝　「復」字原脱，據晉書卷二一禮下補。

〔一一二〕正旦元會　「旦」原作「朝」，據晉書卷二一禮下、宋書卷一四禮一改。

〔一一三〕設白獸樽於殿庭　晉書卷二一禮下「庭」下有「樽蓋上施白獸」六字。宋書卷一四禮一「獸」作「虎」。

〔一一四〕侍中奏中嚴王公卿尹各執珪璧入拜侍中乃奏外辦皇帝服衮冕乘輿以出　原脱「王公卿尹各執珪璧入拜侍中乃奏外辦皇帝服衮冕乘輿以出」二十五字，據隋書卷九禮儀四、通典卷七〇禮三〇補。

〔一一五〕主書賦黄甘　「賦」原作「副」，據隋書卷九禮儀四、通典卷七〇禮三〇改。

〔一一六〕則遠遊冠服　「服」字原脱，據隋書卷九禮儀四補。

〔一一七〕於是御座南向　「是」字原脱，據隋書卷九禮儀四、通典卷七〇禮三〇補。

〔一一八〕珪璧並量付所司　原作「珪璧並量所付」，據隋書卷九禮儀四補改。

〔一一九〕百官各設部伍而朝　「伍」，隋書卷九禮儀四作「位」。

〔一二〇〕宫人皆於東堂　「堂」原作「廊」，據隋書卷九禮儀四改。

〔二二〕從九品以上及奉正使人比流外官者　通典卷七〇禮三〇同原刊。隋書卷九禮儀四無「外」字。

〔二三〕侍中宣詔慰勞州郡國使　「州」字原脱，據隋書卷九禮儀四補。

〔二三〕寫以詔牘一枚　「枚」，通典卷七〇禮三〇作「板」。

〔二四〕正朝及冬至　通典卷七〇禮三〇同原刊。「朝」，隋書卷九禮儀四作「旦」。

〔二五〕皇太子鹵簿至顯陽門外　「顯」原作「明」，據隋書卷九禮儀四改。

〔二六〕群官客使入就位　「群」原作「郡」，據元本、慎本、馮本及隋書卷九禮儀四改。

〔二七〕有司奏諸州表　「奏」原作「奉」，據隋書卷九禮儀四改。

〔二八〕顧言入告　「顧」原作「願」，據元本、慎本、馮本及隋書卷九禮儀四改。

〔二九〕上親觀幸焉　「幸」字原脱，據通典卷七四禮三四補。

〔三〇〕朕初登大位　「初」字原脱，據通典卷七四禮三四補。

〔三一〕又令百寮朔望日服袴褶以朝　「百」下原衍「官」，據唐會要卷二四朔望朝參删。

卷一百七　王禮考二

朝儀

開元中，蕭嵩奏：「每月朔望，皇帝受朝於宣政殿，先列仗衛及文武四品以下於庭，侍中奏『外辦』，上乃步自西序門出，升御座，朝罷，入。自御座起〔一〕，步入東序門，然後放仗散。臣以爲宸儀肅穆，升降俯仰，衆人不合得而見之。乃請備羽扇於殿兩廂，上將出，所司承旨索扇，扇合，上坐定，乃去扇。給事中奏無事，上將退，又索扇如初。今以爲常。」

八年，中書門下奏曰：「冬至一陽初生〔二〕，萬物潛動，所以自古聖帝明王，皆此日朝萬國，觀雲物。禮之大者，莫逾是時。其日亦祀圜丘，皆令得攝官行事。質明既畢，日出視朝。國家以來，更無改易。緣脩新格，將其日祀圜丘，遂改用小冬至日受朝〔三〕。若親拜南郊，受朝須改。既令攝祭，理不可移〔四〕，伏請改正。」從之。因敕：「自今已後，冬至日受朝，永爲常式。」至天寶三載十一月五日甲子冬至，敕：「伏以昊天上帝，義在尊嚴，恭惟祀典，每用冬至。既於是日有事圜丘，更受朝賀，實深兢惕。自今已後，冬至宜取以次日受朝，仍永爲常式。」至永泰二年十一月三日，詔：「以十三日甲子冬至，令有司祭南郊，於含元殿受朝賀。」至建中二年十一月二十日，敕：「宜以冬至日受朝賀。」

二十五年，御史大夫李適之奏〔五〕：「每至冬至，及緣大禮應朝參官并六品清官，並服朱衣；餘六品以下官〔六〕，許通著袴褶。如有慘故〔七〕，准式不合著朱衣袴褶者，其日聽不入朝。自餘應合著而不著者，請奪一月俸，以懲不恪。」制曰：「可。」

天寶六載，敕：「中書門下奏：承前諸道差使賀正，十二月早到，或有先見，或有不見。其所賀正表，但送省司，又不通進，因循日久，於禮全乖。望自今已後，應賀正使並取元日隨京官例序立便見。通事舍人奏知，其表直送四方館。元日仗下後一日同進。」敕旨：「依。」

肅宗乾元三年，敕：「員外郎五品以上常參官，自今已後，非朔望日，許不入。賊平之後，依舊常參。」時安史據河洛。

代宗廣德二年，敕：「常參官遇泥雨，准儀制令，停朝參。今軍國事殷，若准式停，恐有廢闕。泥既深阻，許延三刻傳點，待道路通，依常式。」

德宗建中元年十一月朔，御宣政殿，朝集使及貢使見〔八〕。自兵興以來，典禮廢墜，州郡不上計，内外不朝會者二十五年〔九〕，至此始復舊典。州府計吏至者一百七十有三。

二年正月朔，御含元殿。四方貢獻，列爲庭實。復舊例也。御史中丞竇參奏：「准儀制令，泥雨合停朝參，伏以軍國事殷，恐有廢缺，請令每司長官一人入朝。有兩員併副貳亦許分日。其夜甚雨，至明不止，許令仗下到廊食訖入中書。其餘官及王府長官，並請停朝，任於本司勾當公事。泥雨經旬，亦望准此。」是年舉故事，置武班朝參，其廊下食等，亦宜加給。

貞元七年，詔：「常參官入閤，不得奔走。其有周以下喪者禁襂服〔一〇〕，朝會服衣綾袍金玉帶〔一一〕。」

初，金吾將軍沈房有弟喪，公服不衣，襂服入門。上問宰臣，董晉對曰：「准式，朝官有周以下喪者，許服絁縵衣，不合淺色。」上曰：「南班何得有之？」對曰：「因循而然。」又曰：「在式，朝官皆以綾爲袍，五品以上服金玉帶，取其文綵華飾，以奉上也。昔尚書郎含香，此意也。」

十五年，膳部郎中歸崇敬以百官朔望朝服袴褶〔一二〕，非古禮，上疏云：「按三代典禮，兩漢史籍，並無袴褶之制，亦未詳所起之由。隋代以來，始有服者。事不師古，請罷之！」奏可。

憲宗元和元年三月，准吏部、兵部尚書侍郎郎官並禮部侍郎，御史中丞武元衡奏：「前件等司，近起十月至來年三月，稱在選舉限內，不奉朝參，令式無文，禮敬斯闕。一年之內，半歲不朝，去貞元十二年中丞王顔奉敕釐革，載在明文。尋又因循，輒自更改。若以兵、吏、禮部舉選限內事繁，即中書、門下、御史臺、度支、京兆府，公事至重，朝請如常。又況旬節，已賜歸休，常參又許分日，一月之内，纔奉十日朝參，其間甚熱甚寒，皆蒙頒放。臣以爲王顔舉奏甚詳，當時敕文，處分甚備〔一三〕。請准貞元十一年四月敕旨〔一四〕，自今以後，永爲常式。他年妄改前條〔一五〕，請委臺司彈奏，庶使班行式叙，典法無虧。」依奏。

二年，御史臺奏：「文武常參官准乾元元年敕，如有朝堂相弔慰及跪拜，待漏行立不序，談笑喧嘩，入衙門，執笏不端，行立遲慢，至班列立不正，趨拜失儀，言語微喧，穿班仗，出閤門，不即就班，無故離位，廊下食行坐失儀，語鬧，入朝及退朝不從正衙出入，非公事入中書，每犯奪一月俸。今商量舊條，每罰各減半。有犯必舉,不敢寬容。如所由指揮,尚抵拒飾非,即請准舊例,録奏貶官。」從之。

十年三月壬申朔,御延英殿,召對宰臣。故事,朔望日御宣政殿見群臣,謂之大朝。玄宗始以朔望陵寢薦食,不聽政,其後遂以爲常。今之見宰臣,特以事召也。

武宗會昌二年,中書門下奏:「元日御含元殿,百官就列,惟宰相及兩省官皆未開扇前立於欄檻之內〔一六〕,及扇開,便侍立於御前。三朝大慶,萬邦稱賀,惟宰相侍臣同介冑武夫,竟不拜至尊而退,酌於禮意,事未得中。臣等商量請御殿日昧爽〔一七〕,宰相、兩省官對班於香案前〔一八〕,俟扇開,通事贊兩省再拜,拜訖,升殿侍立。」從之。

昭宗天佑二年,敕:「漢宣帝中興,五日一聽朝。歷代通觀,永爲常式〔一九〕。今後每月只許一、五、九日開延英,計九度。其入閤日,仍於延英日一度指揮;如有大段公事,中書門下具榜子奏請開延英,不計日數。」

唐開元禮

皇帝正至受群臣朝賀儀

前一日,尚舍奉御設御幄於太極殿北壁下,南向,鋪御座如常。守宮設群官客使等次於東西朝堂。太樂令展宮懸於殿庭,設麾於殿上西階之西,東向,一位於樂懸東南,西向。鼓吹令分置十二案於建鼓之外〔二〇〕。乘黃令陳車輅，尚輦奉御陳輿輦，尚舍奉御設解劍席於懸西北橫街之南，並如常儀。

典儀設文官三品以上位於橫街之南道東。褒聖侯於三品之下。介公、酅公於道西。武官三品以上於介公、酅公之西〔二一〕，少南。每等異位，重行，北面，相對爲首。設文官四品、五品位於懸東；六品以下於橫街南，每等異位，重行，西面北上。設諸州朝集使位：都督、刺史及三品以上，東方、南方於文官三品之東，重行，北面西上；西方、北方於武官三品之西，重行，北面東上。四品以下皆分方位於文武官當品之下。諸州使人分方位於朝集使下亦如之。設諸親位於四品五品之南。皇宗親在東，異姓親在西。設諸方客位：三等以上，東方、南方於東方朝集使之東，每國異位，重行，北面西上。西方、北方於西方朝集使之西，每國異位，重行，北面東上。四等以下，分方位於朝集使六品之下，重行，每等異位。設典儀位於懸之東北。贊者二人在南，少退，俱西面。

奉禮設門外位：文官於東朝堂，每等異位，重行，西面。褒聖侯於三品之下。介公、酅公於西朝堂之前。武官於介公、酅公之南，少退。每等異位，重行東面。諸親位於文武官四品、五品之南〔二二〕。皇宗親在東，異姓親在西。設諸州朝集使位：東方、南方於宗親之南，每等異位，重行，西面。西方、北方於異姓親之南，每等異位，重行，東面。諸州使人分方位於朝集使之下，亦如之。諸方客位，東方、南方於東方朝集使之南，每國異位，重行，西面北上。西方、北方於西方朝集使之南，東面北上。

其日，依時刻將士填街，諸衛勒所部列黃麾大仗屯門及陳於殿庭如常儀。群官、諸親、客使集朝堂，皆就次各服其服。侍中版奏「請中嚴」。太樂令帥工人入就位。協律郎入就舉麾位。諸侍衛之官，各服其器服。符寶郎奉寶俱詣閤奉迎。典儀帥贊者先入就位。吏部〔二三〕、兵部、主客、户部贊群官客使俱出次，通事舍人各引就朝堂前位。又通事舍人引四品以下及諸親客使等應先置者入就位。侍中版奏「外辦」。皇帝服衮冕，冬至則服通天冠、絳紗袍。御輿以出，曲直華蓋，警蹕侍衛如常儀。皇帝將出，仗動，太樂令令撞黄鍾之鐘。右五鐘皆應。協律郎俛伏，舉麾，鼓柷，奏太和之樂，以姑洗之均鼓吹振作〔二四〕。皇帝出自西房，即御座南向。坐符寶郎奉寶置於御座如常。協律郎偃麾，戛敔，樂止。通事舍人引公王以下及諸方客使等以次入就位〔二五〕。皇太子若來朝，則皇太子朝出訖，典謁引公王以下入。公初入門，舒和之樂作，公至位〔二六〕，樂止。群官、客使等立定。典儀曰「再拜」〔二七〕。贊者承傳，群官客使等皆拜訖。通事舍人引上公一人詣西階，公初行樂作，至解劍席，樂止。公就席，脱舄，跪解劍，置於席。俛伏，興。通事舍人引升陛〔二八〕，進當御座前，北面跪賀，稱某官臣言。賀詞與太子同，唯稱尊號爲異。賀訖，俛伏，興。通事舍人引降階，詣席後，上公跪著劍，俛伏，興。納舄，樂作，復横街南位，樂止。群官客使等俱再拜。侍中前承詔，降詣群官東北，西面，稱：「有制。」群官客使等皆再拜。宣制曰：「履新之慶，與公等同之。」冬至云：「履長之慶，與公等同之。」宣訖，群官客使等皆再拜訖，舞蹈，三稱「萬歲」訖，又再拜。侍中還侍位。

初，群官將朝，中書侍郎以諸州鎮表别爲一案，俟於右延明門外；給事中以祥瑞案俟於左延明門外，俱令史絳公服對舉案。侍中、給事中俱就侍臣班。於客使初入〔二九〕，户部以諸州貢物陳於太極門東西廂。禮部以諸藩貢物量可執者〔三〇〕，蕃客手執入就内位。其重大者陳於朝堂前。初，上公將入門，中書侍郎降，引表案入詣西階下，東面立；給事中降，引祥瑞案入詣東階下，西面立。上公將升賀，中書令、黄門侍郎俱降，各立階下。初，上公升階，中書令、黄門侍郎各取所奏之文以次升。上公賀訖，中書令前跪奏諸方表訖，黄門侍郎又進跪奏祥瑞訖，俱降，置所奏之文於案，各還侍立。侍郎與給事中引案退至東、西階前，案遂出。侍郎、給事還侍立。初，侍中宣制訖，朝集使及蕃客皆再拜訖。户部尚書進詣階間，北面跪奏，其尚書奏仍待黄門侍郎奏祥瑞訖。稱：「户部尚書臣某言：諸州貢物請付所司。」俛伏，興。侍中前承制，退，稱：「制曰可！」尚書退，復位。禮部尚書以次進詣階間，北面跪奏，稱：「禮部尚書臣某言：諸蕃貢物請付所司。」俛伏，興。侍中前承制，退，稱：「制曰可！」尚書退，復位。侍中還侍位。太府率其屬受諸州及諸蕃貢物出歸仁、納義門。執物者隨之。典儀曰：「再拜！」通事舍人以次引北面位者出。公初行，樂作；出門，樂止。

侍中前跪奏稱：「侍中臣某言〔三一〕，禮畢。」俛伏，興。還侍位。皇帝興，太樂令令撞蕤賓之鐘，左右五鐘皆應。奏太和之樂，鼓吹振作。皇帝降座，御輿入自東房，侍衛警蹕如來儀。侍臣從至閤，樂止。通事舍人引東西面位者以次出。蕃客先出。其冬至受朝則不奏祥瑞、貢物，又無諸方表。

會

朝訖，太樂令設登歌於殿上，引二舞入立於懸南〔三二〕。尚舍奉御鋪群官升殿者座：文官三品以上於御座東南，西向；褒聖侯於三品之下。介公、酅公於御座西南，東向；武官三品以上於介公、酅公之後〔三三〕，朝集使、都督、刺史及三品以上，東方、南方於文官三品之後；西方、北方於武官三品之後，蕃客三等以上，東方、南方於東方朝集使之後，西方、北方於西方朝集使之後。俱重行，每等異位，以北爲上。設不升殿者座各於其位。又設群官解劍席於懸之西北，横街之南，並如常儀。尚食奉御設壽樽於殿上東序之端，西向；設坫於樽南，加爵一。太官令設升殿者酒樽於東西廂近北，設殿庭群官酒樽各於其座之南，皆有坫冪，俱幃以帷。施設訖，吏部、兵部、户部、主客贊群官客使俱出次，通事舍人各引就朝堂前位。典儀帥贊者先入就位。通事舍人各引升陛者次入就位。

侍中版奏「外辦」。皇帝服通天冠，絳紗袍，冬至則不改服。御輿以出。曲直華蓋警蹕侍衛如常儀。皇帝將出，仗動，太樂令撞黄鍾之鐘，右五鐘皆應，奏太和之樂，鼓吹振作。皇帝出自西房，即御座南向坐。符寶郎奉寶置於座如常，樂止。

典儀一人，升就東階上，西面立。通事舍人引王公以下及諸客使以次入就位。公王初入門，樂作；至位，樂止。群官客使立定，若朝會日，別設位贊拜陳引如朝禮。其日二舞與工人俱入就位。侍中進當御座前，北面跪奏稱：「侍中臣某言，請延諸公王等升。」俛伏，興。又侍中稱：「制曰可！」侍中詣東階上，西面稱：「制延公王等升殿上。」典儀承傳，階下贊者又承傳，群官客使皆再拜。侍中還位。群官拜訖，通事舍人引應升殿者詣東西階。公初行，樂作；至解劍席，樂止。公王以下各脱舄，跪解劍，置於席上。俛伏，興。通事舍人接引上公一人升階，少東，西面立定。以下各立於座後立定。

光禄卿進詣階間，跪奏稱：「臣某言，請賜群臣上壽。」俛伏，興。侍中稱：「制曰可！」光禄卿退詣酒樽所，西面立。通事舍人引上公詣酒樽所，北面立。尚食奉御酌酒一爵授上公，上公搢笏受爵。通事舍人引上公進到御座前，北面授殿中監。殿中監受爵，進置御前。上公執笏，通事舍人引上公退，北面跪稱：「某官臣某等稽首言，元正首祚，冬至云「天正長至」。臣等不勝大慶，謹上千萬歲壽。」俛伏，興，再拜，群官客使等上下俱再拜，立於席後。侍中前承制，退稱：「敬舉公等之觴。」群官客使等上下又再拜。殿中監取爵奉進，近臣遞進。皇帝舉酒，休和之樂作，群官、客使等上下皆舞蹈，三稱萬歲。皇帝舉酒訖，殿中監進受虛爵以授尚食奉御，奉御受爵復於坫，樂止。初殿中監受虛爵，殿上典儀唱：「再拜。」階下贊者承傳，群官、客使等上下皆再拜。

通事舍人引上公就座後立。殿上典儀唱：「就座。」階下贊者承傳，群官、客使等上下俱就座，俛伏，坐。太樂令引歌者及琴瑟至階，脱履於下，升，就位坐。其笙管者進詣西階間，北面立。尚食奉御進酒，至階。殿上典儀唱：「酒至，興。」階下贊者承傳，群官、客使等上下皆俛伏，起，立於席後。殿中監到階，省酒。尚食奉御奉酒進，皇帝舉酒。太官令又行群官酒，酒至。殿上典儀唱：「再拜。」階下贊者承傳，群官、客使等皆再拜，搢笏受觶。殿上典儀唱：「就座。」階下贊者承傳，群官、客使等上下皆就座，俛伏，坐，飲。皇帝初舉酒，登歌作昭和之樂三終，尚食奉御進受虛觶，復於坫，登歌訖，降復位。

觴行三周，尚食奉御進御食，食升階，殿上典儀唱：「食至，興。」階下贊者承傳，群官、客使等上下皆執笏，俛伏，起，立座後。殿中監到階，省案。尚食奉御品嘗食訖，以次進置御前。太官令又行群官案，御若不食，及群官案先下訖〔三〕，不須興。設食訖，殿上典儀唱：「就坐。」階下贊者承傳，群官、客使等上下皆就座，俛伏，坐。皇帝乃飯，休和之樂作，群官、客使等上下俱飯。御飯畢，樂止。

仍行酒，遂設庶羞。太樂令引二舞以次入作。若賜酒，侍中承詔，詣東階〔三五〕，西面稱：「賜酒。」殿上典儀承傳，階下贊者又承傳。群官、客使等上下皆執笏，俛伏，起，再拜。搢笏，立受觶。就席，俛伏，坐，飲訖，俛伏，起，立授虛爵，執笏，又再拜，就坐。

酒行十二徧，會畢，殿上典儀唱：「可起。」階下贊者承傳，群官、客使等上下皆俛伏，起，立席後。通事舍人引降階，俱詣席後跪著劍，俛伏，興，納舄，樂作，復橫街南位，樂止。位於殿庭者仍立於席後。立定，典儀曰：「再拜。」贊者承傳，群官、客使等在位者皆再拜。位於殿庭者拜於席後。若有敕賜物，侍中前承制，降詣群官東北，西面稱：「有制。」群官、客使等又再拜。通事舍人引群官、客使以次出，公初行，樂作，出門，樂止。侍中前跪奏稱〔三六〕：「侍中臣某言，禮畢。」俛伏，興，還侍位。皇帝興，太樂令令撞蕤賓之鐘，左右五鐘皆應，奏太和之樂，鼓吹振作。皇帝降座，御輿，入自東房。侍衛警蹕如來儀，侍臣從至閤，樂止。通事舍人引東西面位者以次出。蕃客先出。

皇帝若服翼善冠，袴褶，則京官著袴褶，朝集使著公服。升座者服履如式。若設九部樂，則去樂懸。無警蹕。太樂令帥九部伎立於左右延明門外，群官初唱萬歲，太樂令即引九部伎聲作而入，各就座，以次如式。

貞元二年敕應文武百官朝謁班序

中書門下，侍中、中書令、同中書門下平章事，各以本官序〔三七〕。供奉官，左右散騎常侍、門下中書侍郎、諫議大夫、給事中、中書舍人、起居郎及舍人、左右補闕、左右拾遺、通事舍人，在横班序。若入閤，即各隨左右省主〔三八〕。其御史大夫、中丞、侍御史，在左。殿中侍御史，在右。通事舍人，分左右立。若横行參賀辭見，御史大夫在散騎常侍之上，中丞在諫議大夫之下。御史臺，御史大夫在三品官之上，别立；中丞在五品官之上，别立。留守、副元帥、都統、節度使、觀察使、都團練、都防禦使，並大都督大都護持節兼者，即入班，在正官之次；餘官兼者，各從本官班序。御史在六品班之後。諸使下無本官，唯授内供奉裏行者，即入班，亦在正官之次。有本官兼者，各從本官班序。如本官不是常參官，並憲官是攝者，唯聽於御史班中辭見。殿中省官監、少監、尚衣、尚舍、尚輦奉御，分左右隨繖扇立，若入閤，亦如之。

一品班。三太、三公、太子三太，嗣王〔三九〕、郡王，散官開府儀同三司，爵開國公等同班〔四〇〕。

二品班。尚書左右僕射，太子三少、京兆河南牧、大都督、大都護，散官特進、光禄大夫，爵開國郡公、開國縣公，並勳官上柱國、柱國同〔四一〕。

三品班。六司尚書、太子賓客、九寺卿、國子祭酒、三監、京兆等七府尹、詹事、親王傅、中都督、上都護、下都督〔四二〕、上州刺史、五大都督府長史、上都督府副都護〔四三〕，散官金紫光禄大夫，爵開國侯，勳上護軍、護軍〔四四〕。

四品班。尚書左右丞、六司侍郎、太常少卿、宗正少卿〔四五〕，左右庶子、祕書少監、左右七寺少卿〔四六〕、國子司業、少府、將作少監〔四七〕、京兆河南太原少尹、少詹事、左右諭德、家令、率更令僕、親王府長史司馬〔四八〕、鳳翔等少尹、中州刺史、下州刺史、大都督大都護司馬，散官正議大夫、通議大夫、太中大夫、中大夫，爵開國伯，勳官上輕車都尉、輕車都尉〔四九〕。

五品班。　尚書諸司郎中、國子博士、都水使者、萬年等六縣令〔五〇〕、太常宗正祕書丞、著作郎、殿中丞、尚食尚藥尚舍尚輦奉御、大理正、中允、左右贊善、中書舍人〔五一〕、洗馬、親王諮議友〔五二〕、散官中散大夫、朝請大夫、朝散大夫〔五三〕，爵開國子、開國男，勳官上騎都尉、騎都尉〔五四〕。

武班供奉，宣政殿前立位。　從北，千牛連行立，次千牛中郎將，次千牛將軍一人，次過狀中郎將一人，次接狀中郎將一人，次押柱中郎將一人，次後又押柱中郎將一人〔五五〕，次排階中郎將一人，次又押散手仗中郎將一人。已上在橫階北次南，金吾左右大將軍〔五六〕。

入閤升殿。　夾階座左右。從南，千牛將軍一人，次千牛郎將一人〔五七〕，次千牛將軍一人，次千牛連行立柱外，過狀中郎將一人，次接狀中郎將一人〔五八〕，次押柱中郎將一人，次又押柱中郎將一人，次後又押柱中郎將一人〔五九〕，排階中郎將一人，階下押散手仗中郎將一人。金吾將軍分左右立。

應當上合入閤人〔六〇〕，各依前件立。其不入閤人，各依本職事立。非當上人，遇合參日，並從本官品第班序。其入閤日升殿〔六一〕，除千牛衞將軍、中郎將外，餘並以左右衞中郎將充。其諸衞及率府中郎將，不得升殿。

一品班。　郡王，散官驃騎大將軍，爵國公。

二品班。　散官輔國大將軍、鎮國大將軍，爵開國郡公、開國縣公，勳官上柱國、柱國。

三品班。　左右衞、左右金吾衞、左右驍衞、左右武衞、左右威衞、左右領軍衞、左右監門衞、左右千牛衛大將軍、諸衛將軍，散官冠軍大將軍、雲麾將軍，爵開國侯，勳官上護軍、護軍。

四品班。　左右千牛衛、左右監門衛中郎將，親勳翊位中郎將〔六二〕，太子左右衛、太子左右衛司率〔六三〕、清道内率、監門副率、太子親勳翊衛中郎將、上府折衝都尉、中府折衝都尉，散官忠武將軍、壯武將軍、宣威將軍、明威將軍，爵開國伯，勳官上輕車都尉、輕車都尉。

五品班。　親勳翊衛郎將、太子親勳翊衛郎將，親王府典軍、親王府副典軍〔六四〕，下府折衝都尉、上府果毅都尉，散官定遠將軍、寧遠將軍、游騎將軍、游擊將軍〔六五〕，爵開國子、開國男，勳官上騎都尉、騎都尉。

尚書省官。　據周禮，先叙六官；准六典，尚書爲百官之本，今每班請以尚書省官爲首。

東宫官、王府官、外官。　東宫官既爲宫臣，請在上臺官之次，王府官又次之。三太、三少、賓客、右庶子〔六六〕、王傅既爲師傅賓相，不同官屬，請仍舊。

太常宗正丞。　並隨寺望，合在祕書丞上。

尚食奉御、尚藥奉御。　本局既隸殿中省，合在殿中丞之下。

諸王府官。　行列合以王長幼爲序。

檢校官、兼官及攝試知判等官。　並在同類正官之次，其有行所檢校兼試攝判等官職事者〔六七〕，即依正官班序。除留守、副元帥、都統、節度使、觀察使〔六八〕、都團練、都防禦使並大都督大都護持節兼外，餘應帶武職事者，位在西班，仍各以本官品第爲班序。

含元殿前龍尾道下序班。　舊無此儀，唯令於通乾觀象門南序班〔六九〕。自李若水任通事舍人，奏更於龍尾道下序班，既非典故，今請停廢〔七〇〕。

文武官行立班序。　通乾觀象門外序班，武次於文〔七一〕。至宣政門，文由東門而入，武由西門而入。至閤門亦如之。其退朝，並從宣政西門出〔七二〕。

文官充翰林學士、皇太子侍讀、諸王侍讀〔七三〕，武官充禁軍職事。　准舊例，並不常朝參。其翰林學士，大朝會日，准興元元年十二月二十九日敕，朝服班序，宜准諸司官知制誥例〔七四〕。在集賢、史館等諸職事者，並請朝參訖，各歸所務。

辭見宴集，班列先後。　請依天寶三載七月二十八日禮部詳定所奏敕。

公式令。　諸文武官朝參行立二王後，位在諸侯王上，餘各依職事官品爲序。職事同者，以齒。致仕官各居本色之上。若職事與散官勳官合班，則文散官在當階職事者之下〔七五〕。武散官次之，勳官又次之。官同者，異姓爲後。若以爵爲班，爵同者亦准此。其男已上任文武官者，從之文武班。若親王、嗣王任卑者職事，仍依本品。郡王任三品已下職事官〔七六〕，在同階品上。自外無文武官者，嗣王在太子太保下，郡王次之，國公在正三品下，郡公在從三品下，縣公在正四品下，侯在從四品下，伯在正五品下，子在從五品上，男在從五品下。即前資官被召見及赴朝參〔七七〕，致仕者在本品見任上，以理解者在同品下。其在本司參集者，各依職事。諸散官三品已上在京者，正冬朝會依百官例，自餘朝集及須別使〔七八〕，臨時聽敕進止〔七九〕。

儀制令。　諸在京文武官職事九品已上，朔望日朝。其文官五品已上〔八〇〕，及監察御史、員外郎、太常博士，每日常參。武官五品已上，仍每月五日、十一日、二十一日、二十五日參。三品已上九日、十九日、二十九日又參。當上日，不在此例。其上折衝果毅，若文武散官五品以上〔八一〕，直諸司及長上者，各准職事參。其弘文館、崇文館及國子監學生，每季參。若雨霑失容及泥潦，並停。諸文武九品已上應朔望朝參者，十月一日已後，二月二十日已前，並服袴褶。五品已上者著珂繖〔八二〕。周喪未練，大功未葬，非供奉及宿衛官，皆聽不趨。

常參文武官，准令每日參。自艱難已來，人馬劣弱，遂許分日。望許依前分日參，待戎事稍平，加其俸禄，即依常式。其武官，准令，五品已上每月六參，三品已上更加三參。頃並停廢。今請准令，却復舊儀。其朔望朝參，及弘文館、崇文館、國子監學生每季參等，請續商量聞奏。以前御史中丞竇等奏：伏奉今年四月三日敕，宜付所司與御史臺，以近日體例，參校禮文，務從簡正，詳定訖聞奏者。臣等准敕，詳定如前，敕旨：「二品武班，宜以左右金吾等十六衛上將軍，依次爲班首。其檢校官、兼及攝、試、知、判等本官，二品以上者，位望崇重，禮異群僚，宜依本班朝會。餘依。」

開延英儀

内中有公事商量，即降宣頭付閤門開延英，閤門翻宣申中書，並榜正衙門。如中書有公事敷奏，即宰臣入榜子，奏請開延英。祇是宰臣赴對，閤門使奏：「宰臣某已下延英候對。」宣徽使殿上宣「通」。次閤門使奏：「中書門下到。」次宣徽使喚，次閤門使傳聲喚，次通事舍人引宰臣當殿立班〔八三〕，贊兩拜，搢笏舞蹈，又三拜，奏：「聖躬萬福！」又兩拜。金口宣：「上來！」又兩拜。通事舍人引上殿，至御座前，又兩拜。問聖體，皇帝宣：「安。」又兩拜，三呼「萬歲」。各分班案前立定。兩樞密使在御榻兩面祗候，其餘臣僚並約赴外次。奏事訖，宣：「賜茶！」又兩拜，三呼「萬歲」，賜坐喫茶。對訖，下殿，兩拜。宣：「賜酒食！」舞蹈，謝恩訖。宣徽使喝：「好去。」就中書喫食。延英畢，次兩省官轉對。閤門使當殿奏：「某已下轉對。」宣徽使殿上宣：「通。」次閤門使奏：「某已下到。」次宣徽使喚。次閤門使傳聲喚。次通事舍人引當殿立定，贊兩拜，搢笏舞蹈，又三拜。奏：「聖躬萬福。」又兩拜，殿下奏事訖。宣：「賜酒食。」又兩拜，舞蹈，謝訖。閤門使喝：「好去。」南班揖殿出，於客省就食〔八四〕。次對官御史中丞、三司使、京兆尹並各奏所司公事。次閤門使奏：「某祗候次對。」宣徽使殿上宣：「通。」次閤門使奏：「某到。」次宣徽使喚。次閤門使傳聲喚。次通事舍人引當殿立定，贊兩拜，搢笏舞蹈，三呼「萬歲」，又三拜訖。奏：「聖躬萬福。」又兩拜，奏所司公事訖。宣：「賜酒食。」又兩拜，舞蹈，謝訖。閤門使喝：「好去。」南班揖殿出，於客省就食。合赴延英中謝官〔八五〕，文武兩班三品，及御史中丞、左右丞、諸行侍郎、諫議、給事、中書舍人，並諸道節度觀察防禦團練使、刺史、兩縣令皆入謝，並通喚。

文武四品以下，及諸道行軍司馬、節度副使、兩使判官、書記、支使、推巡令録等，舊例並不對敭申謝，祗於正衙朝謝。

後唐同光元年十二月，中書門下奏：「每日常朝，百官皆拜，獨兩省官不拜。准本朝故事，朝退於廊下賜食，謂之『廊餐』。百官遂有謝食拜，唯兩省官本省有厨，不赴廊餐，故不拜。伏自僖宗幸蜀迴，以多事之後，遂廢廊餐。百官拜儀，至今未改，將四十載〔八六〕，禮恐難停。唯兩省官獨尚不拜，豈可終日趨朝，曾不一拜，獨於班列有所異同。若言官是近臣，於禮尤宜肅謹。起今後逐日常朝，宣『不坐』。除職事官押班不拜外，其兩省官與東西班並齊拜。」從之。

天成元年五月十九日敕：「本朝舊日趨朝官置待漏院，候子城門開，便入立班。如遇不坐，前一日晚便宣『來日兩衙不坐』。其日纔明，閤門立班，便宣『不坐』。百官各退歸司。近年以來，雖遇不坐正殿，或是延英對宰臣，或是内殿親決機務，所司不循舊制，往往及辰巳之時，尚未放班。既日色已高，人心咸倦，今後若遇不坐日，未御内殿前，便令閤門使宣『不坐』，放朝班退。」

五月，詔：「每月朔望日，賜百官廊下餐。」

唐室升平日，常參官每日朝退賜食，謂之「廊餐」。自乾符亂離之後，祇遇月旦入閤日賜食。上初即位，命百官五日一起居。李琪以爲非故事，請罷之。唯每月朔望日入閤賜食。至是宣旨，朔望入閤外，依舊五日一起居。遂爲定式。

五代史李琪傳曰：「唐末喪亂，朝廷之禮壞，天子未嘗視朝，而入閤之制亦廢。常參之官日至正衙者，傳聞不坐即退，獨大臣奏事，日一見便殿，而侍從内諸司，日再朝而已。明宗初即位，乃詔群臣，五日一隨宰相入見内殿，謂之起居。琪以謂非唐故事，請罷五日起居，而復朔望入閤。明宗曰：『五日起居，吾思所以數見群臣也，不可罷。而朔望入閤可復。』然唐故事，天子日御殿見群臣，曰常參；

朔望薦食諸陵寢，有思慕之心，不能臨前殿，則御便殿見群臣，曰入閤。宣政，前殿也，謂之衙，衙有仗。紫宸，便殿也，謂之閤。其不御前殿而御紫宸也，乃自正衙喚仗，由閤門而入，百官俟朝於衙者〔八七〕，因隨以入見，故謂之入閤。然衙，朝也，其禮尊；閤，宴見也，其事殺。自乾符已後，因亂禮闕。天子不能日見群臣而見朔望，故正衙常日廢仗，而朔望入閤有仗，其後習見，遂以入閤爲重。至出御前殿，猶謂之入閤，其後亦廢，至是而復。然有司不能講正其事。凡群臣五日一入見中興殿，便殿也，此入閤之遺制，而謂之起居。朔望一出御文明殿，前殿也，反謂之入閤，琪皆不能正也。琪又建言：『入閤有待制、次對官論事，而内殿起居，一見而退，欲有言者，無由自陳，非所以數見群臣之意也。』明宗乃詔起居日有言事者，許出行自陳。又詔百官以次轉對。」

三年，中書門下奏：「逐日常朝，宣『奉敕不坐』，兩省官與東西兩班並拜，押班宰臣不拜。或聞班行所論，承前日有廊餐〔八八〕，百官謝食。兩省即各有常厨，從來不拜。或云：『有侍臣不拜〔八九〕。』檢尋故實，不見明規。百官拜爲有廊餐〔九〇〕，即承旨合宣『有敕賜食』，供奉官不拜，亦恐非儀。且左右前後之臣，日面天顔，豈可不拜。臣等商量，今後常朝，押班宰臣亦拜，通事舍人亦拜，閤門外放仗亦拜。」從之。

晉開運元年十一月，尚書吏部侍郎張昭遠奏：「文武常參官日於正衙立班，閤門使宣『不坐』後，百僚俱拜。舊制唯押班宰相、押樓御史、通事舍人，各緣提舉贊揚，所以不隨庶官俱拜。自唐天成末，議者不悉朝儀，遽違舊典，遂令押班之職，一例折腰，此則深忽禮文，殊乖故實。且宰相居庶僚之首，御史持百職之綱，嚴肅禁庭，糾繩班列，慮於拜揖之際，或爽進退之宜，於是凝立静觀，檢其去就。若令旅拜旅揖，實恐非儀。况事要酌中，恭須近禮。人臣愛主，不在於斯。其通事舍人，職司贊導，比者兩班進退，皆相其儀〔九一〕。今則在文班、武班之前，居一品、二品之上，端笏齊拜〔九二〕，禮實未聞。其押班宰相、押樓御史、通事舍人，並請依天成三年已前禮例施行。」殿中侍御史賈玄珪奏：「除押樓御史、通事舍人，請依張昭遠奏，其宰臣押班，請依舊設拜。」從之。

石林葉氏曰：「唐以宣政殿爲前殿，謂之『正衙』，即古之内朝也；以紫宸殿爲便殿，謂之上閤，即古之燕朝也；而外别有含元殿。古者，天子三朝：外朝、内朝、燕朝。外朝在王宫庫門外，有非常之事，以詢萬民於宫中。内朝在路門外，燕朝在路門内。蓋内朝以見群臣，或謂之路朝；燕朝以聽政，猶今之奏事，或謂之燕寢。鄭氏小宗伯注，以漢司徒府有天子以下大會殿，爲周之外朝。而蕭何造未央宫言前殿，則宜有後殿。大會殿設於司徒府，則爲外朝；而宫中有前後，則爲内朝、燕朝，蓋去周猶未遠也。唐含元殿，宜如漢之大會殿，宣政、紫宸乃前、後殿，其沿習有自來矣。方其盛時，宣政蓋常朝，日見群臣，遇朔望陵寢薦食，然後御紫宸；旋傳宣喚仗入閤，宰相押之，由閤門進，百官隨之入，謂之『唤仗入閤』。紫宸殿言『閤』，猶古之言『寢』。此御朝之常制也。中世亂離，宣政不復御正衙，立仗之禮遂廢；惟以隻日常朝，御紫宸而不設仗。敬宗始復修之，因以朔望陳仗紫宸以爲盛禮，亦謂之『入閤』。誤矣。」

又曰：「唐正衙日見群臣，百官皆在，謂之『常參』；唤仗入閤，百官亦隨以入，則唐制天子未嘗不日見百官也。其後不御正衙，紫宸所見惟大臣及内諸司。百官俟朝於正衙者，傳聞不坐即退，則百官無復見天子矣。敬宗再舉入閤禮之後，百官復存朔望兩朝，至五代又廢。故後唐明宗始詔群臣，每五日一隨宰相入見，謂之『起居』。時李琪爲中丞，以爲非禮，請復朔望入閤之禮。明宗曰：『五日起居，吾思見群臣，不可罷，朔望入閤可復。』遂以五日群臣一入見中興便殿，爲起居；朔望天子一出御文明前殿，爲入閤，訖於宋朝不改。元豐官制行，始詔侍從官而上，日朝垂拱，謂之『常參官』；百司朝官以上，每五日一朝紫宸，爲『六參官』；在京朝官以上，朔望一朝紫宸，爲『朔參官』。遂爲定制。」

宋朝因唐與五代之制，文武官每日赴文明殿正衙曰常參〔九三〕，宰相一人押班。五日起居即崇德、長春二殿，中書、門下爲班首。其長春殿常朝，則内侍省都知、押班，率内供奉官以下並寄班等先起居；次客省、閤門使以下〔九四〕，次三班使臣，節度、觀察、防禦、團練、刺史等子弟充供奉官、侍禁、殿直，有旨令預内朝起居者。次内殿當直諸班，殿前指揮使、左右班都虞候以下、内殿直、散員〔九五〕、散指揮、散都頭、金槍班等。次長入祗候、東西班殿侍，次御前忠佐，次殿前都指揮使率軍校至副指揮使，次駙馬都尉，任刺史以上者綴本班。次諸王府僚，次殿前諸軍使〔九六〕、都頭，次皇親將軍以下至殿直，次行門指揮使率行門起居。以上並内侍贊謁。如傳宣前殿不坐，即宰相與樞密使、文明殿學士、三司使、翰林樞密直學士、中書舍人、三司副使、知起居注、皇城内監庫藏朝官、諸司使副、内殿崇班、供奉官、侍禁、殿直、翰林醫官、待詔等同班入；中書舍人，乾德後始令赴内朝。三司判官，太平興國前赴内殿，其後罷之，止隨百官五日起居。中書舍人、知起居注遇五日起居之時，亦各赴外朝。次親王，次侍衛親軍馬步軍都指揮使率軍校至副指揮使，次使相，次節度使，次統軍，次兩使留後、觀察使，次防禦、團練使、刺史，次侍衛馬軍步軍使、都頭，起居畢，見、謝班入。如御崇德殿，即樞密使以下先就班，俟升坐，諸司使副以下至殿直，分東西對立，餘皆北向。長春殿皆北向〔九七〕。宰相、參知政事最後入。以上並閤門贊謁。曰止，再拜，朔望及三日假，即樞密使以下皆舞蹈。國初，近侍執事之臣，皆赴晚朝，後罷之。凡早朝：宰相、樞密、宣徽使起居畢，同升殿問聖體。宰相奏事，樞密、宣徽使退候。宰相對畢，樞密使復入奏事。次三司、開封府、審刑院遇百官起居，即樞密、宣徽使侍立，俟左右巡使出即退。其崇德殿三司使，文明樞密直學士、內客省使仍侍立。舊三司使奏事，副使、判官同對。其後止副使司之。大中祥符九年詔，自今有大事，許判官同上之。及群臣以次升殿。自兩省以上領務京師者有公事，許即請對。自餘受使出入要切者，欲面議奏事，則先聽進止。其見、謝、辭官，以次入於庭。出使閑慢及未升朝官，或止拜於殿門外，自祕書監、上將軍、觀察使、內客省使以上得拜殿前階上〔九八〕，及升殿止拜御座前，餘皆庭中也。凡見者先之，謝次之，辭又次之。其班次：先宰相，次親王，次樞密副使、參知政事，次內職內臣，次使、三司、學士、兩省、御史臺、文武班、節使以下，次將軍校，次雜班。惟宰相、親王、使相赴崇德殿，即宣徽使通喚，餘皆側立候通，再拜，舞蹈。致辭〔九九〕，即不舞蹈。見，即將相升殿問聖體，其賜分物酒食及收進奉物，皆舞蹈稱謝。凡收進奉物皆入謝。幕職、州縣官謝、辭，即判銓官引對，兼於殿門外宣辭戒勵。凡國有大慶瑞，出師勝捷，樞密使率內職軍校入賀致詞，閤門使宣答。訖，當侍立者升殿，次百官入〔一〇〇〕。宰相致詞，宣徽使宣答。賜酒，即預坐官後入。作樂，送酒，如曲宴之儀。

凡視朝，退進食訖，易服，御崇政殿或承明殿，先群臣告謝。自諫、舍、知、雜、御史以上及帶三司、館、王府僚屬，曆官、醫官、刺史以上，上將軍並發運使、轉運使並許焉。自非宣制並捧官告敕敘謝，其貴近者或賜坐賜茶，餘或改章服，即謝訖易服，又告謝再拜。次軍頭引見司奏事於殿陛下〔一〇一〕，次三班、審官院、流内銓、刑部及諸司引見官吏。後詔審官院引對京朝官奏課不得過三人，差遣不得過五人，三使部選人差遣各不得過十人。如假日起居辭見畢，即移御坐，臨軒視事。既退，復有群司奏事〔一〇二〕，或閱器物之式者〔一〇三〕，謂之後殿再坐。

御賜宴之儀。宋朝常以春秋之季仲月及誕聖節，擇日大宴群臣於廣德殿，有司預於殿庭設山樓排場，爲群仙隊仗，六蕃進貢九龍五鳳之狀。司天鷄唱樓於側，殿上陳錦綉幃帟，垂香毬，設銀香爐於楹内，藉以文茵。御設茶酒器於殿東北楹間，群官醆斝於殿下幕屋。分設宰相、使相、三師、三公、參知政事、東宫三師、僕射、學士大夫、中丞、三少、尚書、常侍、賓客、太常、宗正、卿、丞、郎、給事、諫、舍、節度兩使、留後、觀察、防禦、團練、刺史、上將軍、統軍、廂都指揮使坐於殿上，文武四品以上知雜、御史、郎中、郎將、禁軍都虞候坐於朵殿，餘升朝官、諸軍副都頭以上、諸蕃進奉使、諸道進奉軍將以上，分坐於兩廊，宰相、使相坐以綉墪，曲宴行幸用几。參知政事以下用二蒲墪花毯，曲宴樞密副使並同。軍都指揮以上用一蒲墪。自朵樓而下，皆緋張氈條席。殿下器，上以金，餘以銀。其日，樞密使以下先起居，訖，當侍立者升殿，宰相率百官入宣徽門，通唤，致詞，訖，宰相升殿進酒，各就坐，酒九行。曲宴酒七行，或至五行。每上舉酒，群臣立侍，次宰相，次百官舉酒，或傳旨命釂，即皆搢笏，起，飲，再拜。曲宴多令不拜。或上壽朝會，止令滿酌，不勸，中飲，更衣賜花有差。宴訖，舞蹈拜謝而出。其郊祀、籍田，禮畢，皆設大宴。上元觀燈，設燈山、靈臺、音樂、百戲於明德門前。召三公、僕射、尚書、丞郎、東宫三師、三少、賓客、太常、宗正卿、大兩省、御史大夫、中丞、知雜、御史。中元、下元，升東華門，唯近臣預焉。苑囿池御及觀稼、校獵、遊幸所至，但宴從官。太平興國以後，大宴於大明殿。親王、樞密使副、宣徽三司使、駙馬、都尉皆侍立。軍校自龍神衛四廂都指揮使立庭。其宴契丹使，亦於崇政殿。但近臣及刺史、郎中而上預焉。巡幸還京，亦設大宴於崇德殿。雍熙三年後，常以暮春召近臣賞花釣魚於苑中，三館之職皆預。中書、樞密院、節度使出使赴鎮，宰相還朝，咸賜宴於外苑，以親王或樞密、宣徽使主其席。掌兵觀察以上有特賜者，皆開封府樂營支應，又别賜酒果細食餅餌。中書、樞密院、節度使見、辭日，長春殿賜酒五行，見仍設食，當直翰林學士以上、皇親、觀察以上預坐。太祖、太宗朝，藩鎮沿五代舊制，時或來朝，自後非詔命不得擅離治所。牧伯入覲及被召、使迴，客省齎籤賜酒食。節度使十日，留後七日，觀察使五日。代還，節度使五日〔一〇四〕，留後三日，觀察使一日，防禦使〔一〇五〕、團練使、刺史並賜生料。節度使以私故到闕下，及步軍都虞候以上出使迴者，亦賜酒食、熟羊。群官出使迴朝〔一〇六〕，見日，面賜酒食。中書、樞密、宣徽使、使相並樞密使伴〔一〇七〕；三司使〔一〇八〕、學士、東宮三師、僕射、御史大夫〔一〇九〕、節度使内客省使並宣徽使伴〔一一〇〕；兩省五品已上、待制〔一一一〕、中丞、三司副使、東宮三少、尚書丞郎、卿監、上將軍、統軍〔一一二〕、留後、觀察、防禦、團練使、刺史、宣慶、宣政、昭宣使並客省使伴；少卿監、大將軍、諸司使以下任發運轉運提點刑獄〔一一三〕、知軍州〔一一四〕、通判、縣令〔一一五〕、都監、巡檢迴者朝見〔一一六〕，並通事舍人伴；客省、引進、四方館、閤門使並本廳就食也。群臣稱賀，賜衣，奉尉，並特賜茶酒，或賜食。外任遣人進奉，亦賜酒食，或生料。十一月一日後盡正月〔一一七〕，每五日起居，百官皆賜茶酒，諸軍小校三日一賜〔一一八〕。冬至〔一一九〕、二社、重陽、寒食，樞宰近臣，禁軍大校或賜宴其第及府署中，率以爲常。淳化四年，令京官兼館職者，並預大宴。

先是，輔臣宴集於尚書省或都亭驛，誕聖節齋會則就相國寺。大中祥符間，上以佛舍中烹飪優笑，有虧恭潔，乃令內侍臣度館宇顯敞者易之，遂以南衙爲錫慶院，以備宴令焉。

太祖皇帝建隆二年春正月朔，帝御崇元殿受朝賀，服衮冕，設宫懸，仗衛如儀。仗退，群臣詣皇太后宫門奉賀。上常服，御廣德殿，群臣上壽，用教坊樂。

宋承前代之制，以元日、五月朔、冬至行大朝會之禮。太祖建隆元年五月朔，有司請受朝，時司天上言日當食，故罷。是年十一月冬至，上親征揚州，不受朝，宰臣率百官詣行宫拜表稱賀。至二年正月朔，始行其禮。自是凡正、冬及五月朔，皆太常禮院奏請，其無事而罷會者下敕，但云「不御殿」。至日，宰臣文武百官詣閤門拜表稱賀，五月朔，亦無拜表之禮。

宋因唐開元之制，每正、冬不受朝，及邦國大慶瑞、奉上尊號，則宰相率文武群臣並諸軍將校〔二〇〕、蕃夷酋長、道、釋、耆老等詣東上閤門拜表，進表官跪授表於宰相〔二一〕，宰相又跪授閤門使，乃以奉御〔二二〕。凡有答詔，亦拜受於閤門，獲可，奏者奉表稱謝。其正、冬，樞密使率內職廷臣拜表於長春殿門外，亦閤門使受之。西京留守拜表儀制〔二三〕，留司百官五日一上表起居〔二四〕，質明，並集長壽寺立班〔二五〕，置表於案，再拜以遣。其春秋賜及國大慶瑞並同之。

御殿儀仗及宫中導從之制

御殿儀仗者，本充庭之制。唐禮：殿庭、屯門，皆列諸衛黄麾大仗。宋朝太祖增創錯繡諸旗並旛氅等，著於通禮。正、至、正月一日，御正殿則陳之。青龍、白虎旗各一人，分左右。五岳旗五，在左；

五星旗五，在右。　五方龍旗二十五，在左；　五方鳳旗二十五，在右。　紅門神旗二十八，分左右。　朱雀、真武旗各一〔一二六〕，分左右。　皂纛十二，分左右。以上金吾。　天一、泰一旗各一，分左右。　攝提旗二，分左右。　五神旗五，木、火在左，金、水、土在右。　北斗旗一，在左〔一二七〕。　二十八宿旗各一〔一二八〕，角宿至壁宿，在左；奎宿至軫宿，在右。　風伯、雨師旗各一，分左右。　白澤、馴象、仙鹿、玉兔、馴犀、

金鸚鵡、瑞麥、孔雀、野馬、犛牛旗各二，分左右。　日月合璧旗一，在左；五星連珠旗一，在右。　雷公、雷母旗各一，分左右。　軍分旗六，分左右。　黃鹿、飛麟、兕、騶牙、白狼、蒼烏、辟邪、綱子、貔旗各二，分左右。　信旛二十二，分左右。　傳教、告止旛各十二，分左右。　黃麾二，分左右。以上兵部。

日旗，月旗各一，分左右。　君王萬歲旗一，在左；　天下太平旗一，在右。　獅子旗二，分左右。　金鸞、金鳳旗各一，分左右。　五方龍旗各一，青、赤在左，黃、白、黑在右。以上龍墀。　龍君、虎君旗各五〔一二九〕，分左右。　赤豹、黃熊旗各五〔一三〇〕，分左右。　小黃龍旗一，在左；　天馬旗一，在右。　吏兵、力士旗各五，分左右。　天王旗四，分左右。　太歲旗十二，分左右。　天馬旗六，分左右。　排闌旗六十，分左右。　左右旛氅各五行，行七十五。　大黃龍旗二，分左右。　大神旗六，分左右。以上六軍。

宮中導從之制，唐以前無聞焉。五代漢乾祐中，始置主輦十六人，捧足一人，掌扇四人，持踏床一人，並服文綾袍，銀葉弓脚幞頭。　尚宮一人，寶省一人，高鬟、紫衣。　書省二人，紫衣、弓脚幞頭。　新婦二人，高鬟、青袍。　大將二人，紫衣、弓脚幞頭。　童子執紅絲拂二人，高鬟髻、青衣。　執犀盤二人，帶䯼頭、黃衫。　執翟尾二人，帶䯼頭、黃衫。　鷄冠二人，紫衣，執香爐、香盤，分左右以次奉引〔一三一〕。宋太平興國

初，增主輦二十四人，改服高脚幞頭，輦頭一人〔一三二〕，衣紫綉袍，持金塗銀杖以督領之。捧真珠、七寶、翠毛華樹二人，衣緋袍；捧金寶山二人，衣綠繡袍；捧龍腦榼二人，衣緋銷金袍，並高脚幞頭。執拂翟四人，鬅頭、衣黃繡袍。舊衣綾袍、紫衣者，悉易以銷金及繡。復增司簿一人，內省一人，司儀一人，司給一人，皆分左右前導，凡一十七行。每冬、正御殿〔一三三〕，祀郊廟，步輦出入至長春殿即用之。其乘輦，則屈右足、垂左足而憑几，蓋唐制也。真宗時，又加四面內官周衛。

八月朔，上御崇元殿行入閤儀。置待制、候對官，賜廊下食。

入閤，唐制起於天寶，明皇以無爲守成，詔宴朝喚仗，百官從容至閤門入。蓋唐前含元殿非正、至大朝會不御，次宣政殿謂之正衙，每坐朝必立仗於正衙，或御紫宸殿，即喚正衙仗自宣政殿兩門入，是謂東西上閤門，故謂之入閤。其後遂爲常朝之儀。自五代以來，既廢正衙立仗，而入閤亦希闊不講，至是復行之。然御前殿非唐舊制矣。崇元殿即大慶殿前殿也。待制、候對者，亦唐制也。每正衙置待制官兩員，正衙退後，又令六品以下官於延英候對，皆所以備顧問。其後每入閤，即有待制，次對官。後唐天成中廢，至是復行之。廊下食起唐貞觀，其後常參官每日朝退賜食，謂之廊餐。唐末浸廢，但於入閤起居日賜食，今循其制。

三年三月，詔內殿起居日，令百官以次轉對，限三人爲定，其封章於閤門通進，復鞠躬自奏，宣徽使承旨宣答，拜舞而出。

乾德三年，冬至，受朝賀於文明殿，帝服通天冠〔一三四〕、絳紗袍，設宮懸，仗衛如元會。

四年，冬至，乾元殿受朝畢〔一三五〕，常服御大明殿，群臣上壽，始用雅樂登歌、二舞，群臣酒五行而罷。每行酒，太官令奏巡周饋食，稱食徧。

六年九月，始以旬假日御講武殿，近臣但赴早參。宰相以下皆具靴笏，諸司使以下悉係鞵。其節假及太祠，並如令式處分。

開寶九年，旬休日不視事。太宗即位，旬休日復視事講武殿。其後又詔：「自今内外百司，除舊制給假外，每月旬假、上巳、社、重午、重陽並休務一日。三司、開封府事關急速，不在此限。遇初寒、盛暑、大雨、雷、雪，當議放朝。」

太宗淳化三年正月朔，服袞冕，御朝元殿受朝賀，禮畢，改通天冠、絳紗袍升座，受群臣等上壽。

帝即位以來，每朝賀畢，退御大明殿，常服上壽，奏教坊樂。至是始命有司約開元禮，定上壽儀，皆以法服行禮，設宮懸萬舞，酒三行而罷，復舊制也。又取嗣位以來祥瑞，作祥麟、丹鳳、白龜、河清、瑞麥五曲用之。

是歲，令有司復舉十五條：一，朝堂行私禮；二，跪拜；三，待漏行立失序；四，談笑喧嘩；五，入正衙門執笏不端；六，行立遲緩；七，至班列行立不正；八，趨拜失儀；九，言語微喧；十，穿班仗；十一，出閤門不即就班〔一三六〕；十二，無故離位；十三，廊下食、行坐失儀；語喧；十四，不從正衙門出入；十五，非公事入中書。犯者罰一月俸；有司振舉，拒不伏者，録奏乞行貶降。其後每罰減半。

仁宗天聖四年，帝詔輔臣曰：「朕欲元日率百官先上太后壽，然後御天安殿，可令禮院草具其儀。」

太后曰：「豈可爲吾故後元會禮哉？」宰相王曾因言：「陛下以孝奉母儀，太后以謙全國體，請如太后命。」不聽，詔中書門下具儀注。

五年正月壬寅朔〔一三七〕，曉漏未盡三刻，百官常服與契丹使班會慶殿〔一三八〕。內侍請皇太后出殿後幄，鳴鞭，升座。又自殿後皇帝幄贊引。皇帝服靴袍，於簾內皇太后北向褥位再拜，跪稱：「臣某言〔一三九〕：元正啓祚，萬物惟新。伏惟尊號皇太后陛下，膺時納祐，與天同休〔一四〇〕。」內常侍承旨答曰：「履新之祐，與皇帝同之。」帝再拜，詣皇太后御座稍東。內給事酌御酒盞授內謁者監進，皇帝執盞盤前跪進訖，以盤興，內謁者監承接之〔一四一〕。皇帝却就褥位，跪奏曰：「臣名稽首言：元正令節，不勝大慶，謹上千萬歲壽。」再拜，內常侍宣答曰：「恭舉皇帝壽酒。」皇帝再拜，執盤侍立，教坊樂止，皇帝受虛盞還幄。通事舍人引百官橫行，典儀贊再拜，舞蹈，起居。太尉升自西階，稱賀簾外，降，還位，皆再拜、舞蹈。侍中承旨曰：「有制。」皆再拜，宣曰：「履新之吉，與公等同之。」皆再拜〔一四二〕、舞蹈。閤門使簾外奏：「宰臣某以下進壽酒。」皆再拜。太尉升自東階，翰林使酌御酒盞授太尉，執盞盤跪進簾外，內謁者監跪接以進，太尉跪奏曰：「元正令節，臣等不勝慶忭，謹上千萬歲壽。」降，還位，皆再拜。宣徽使承旨曰：「舉公等觴。」皆再拜，分班序立〔一四三〕。太尉升，立簾外，樂止。內謁者監出簾授虛盞。太尉降階，横行，皆再拜、舞蹈。宣徽使承旨宣群臣升殿，再拜，乃升，及東西廂坐，酒三行，侍中奏禮畢退〔一四四〕。樞密使已下迎乘輿於長春殿，起居稱賀〔一四五〕。百官就朝堂易朝服，班天安殿朝賀〔一四六〕，皇帝衮冕受朝。禮官、通事舍人引中書令、門下侍郎各於案取所奏文，詣褥位，脱劍舄，以次升，分東西立。諸方鎮表、祥瑞案並先置殿門外，左右令史絳衣對舉，給事押祥瑞，中書侍郎押表案入，分詣東西階下對立。既賀，更服承天冠、絳紗袍，稱觴上壽，止舉四爵。乘輿還内，恭謝太后如常禮。

英宗治平四年，詔御史臺，每遇起居日，令百僚轉對。御史臺請依閤門儀制，諭兩省及文班秩高者二員，於百官起居日轉對。若兩省官有充學士待制，則綴樞密班起居，内朝臣僚不與。詔從之。又詔遇轉對日，增二員。

校勘記

〔一〕朝罷入自御座起　「入」，唐會要卷二四朔望朝參作「又」。

〔二〕冬至一陽初生　原脱「初」，據册府元龜卷一〇七朝會一補。

〔三〕遂改用小冬至日受朝　「至」字原脱，據册府元龜卷一〇七朝會一補。

〔四〕既令攝祭理不可移　「理」，册府元龜卷一〇七朝會一作「禮」。

〔五〕御史大夫李適之奏　「適」原作「通」，據通典卷七四禮三四、舊唐書卷九九李適之傳改。

〔六〕餘六品以下官　「官」字原脱，據通典卷七四禮三四補。

〔七〕如有慘故　「慘」原作「襂」，據通典卷七四禮三四改。

〔八〕御宣政殿朝集使及貢使見　「貢使」原作「貢士」，據舊唐書卷一二德宗紀上改。
〔九〕内外不朝會者二十五年　「朝會」原訛作「會同」，據舊唐書卷一二德宗紀上改乙。
〔一〇〕其有周以下喪者禁襂服　「周」原作「司」，據唐會要卷二四朔望朝參、舊唐書卷一三德宗紀下改。下同。
〔一一〕朝會服衣綾袍金玉帶　「服」原作「復」，據唐會要卷二四朔望朝參、舊唐書卷一三德宗紀下改。
〔一二〕以百官朔望朝服袴褶　原脱「朔望」，據唐會要卷二四朔望朝參補。
〔一三〕處分甚備　原脱「處分」，據唐會要卷二四朔望朝參補。
〔一四〕請准貞元十一年四月敕旨　「請」字原脱，據唐會要卷二四朔望朝參補。
〔一五〕他年妄改前條　「前」字原脱，據唐會要卷二四朔望朝參補。
〔一六〕惟宰相及兩省官皆未開扇前立於欄檻之内　「開」原作「索」，據舊唐書卷一八上武宗紀改。
〔一七〕臣等商量請御殿日昧爽　「等」字原脱，據舊唐書卷一八上武宗紀補。
〔一八〕宰相兩省官對班於香案前　「香」原作「黄」，據舊唐書卷一八上武宗紀改。
〔一九〕永爲常式　「永」原作「宜」，據舊唐書卷二〇下哀帝紀改。
〔二〇〕鼓吹令分置十二案於建鼓之外　「案」原作「按」，據通典卷一二三禮八三改。
〔二一〕武官三品以上於介公酅公之西　「酅公」原脱，據開元禮卷九七補。下同。
〔二二〕諸親位於文武官四品五品之南　「於」字原脱，據元本、慎本、馮本及開元禮卷九七補。
〔二三〕吏部　「部」字原脱，據馮本及開元禮卷九七補。
〔二四〕以姑洗之均鼓吹振作　原「鼓吹振作」在「以姑洗之均」上，據開元禮九七移改。

〔二五〕通事舍人引公王以下及諸方客使等以次入就位　「公王」原作「王公」，據開元禮卷九七乙正。下注同。
〔二六〕公至位　「公」字原脱，據開元禮卷九七補。
〔二七〕典儀曰再拜　「曰」原作「唱」，據開元禮卷九七改。
〔二八〕通事舍人引升陛　「陛」原作「階」，據開元禮卷九七改。
〔二九〕於客使初入　「初」字原脱，據局本及開元禮卷九七補。
〔三〇〕禮部以諸藩貢物量可執者　「量」原作「最」，據開元禮卷九七改。
〔三一〕侍中臣某言　「言」字原脱，據開元禮卷九七補。
〔三二〕引二舞入立於懸南　「南」下原衍「面」，據開元禮卷九七删。
〔三三〕武官三品以上於介公酅公之後　「上」原作「下」，據開元禮卷九七改。
〔三四〕及群官案先下訖　「及」字原脱，「下」又訛「上」，據開元禮卷九七補改。
〔三五〕詣東階　「階」原作「陛」，據開元禮卷九七改。
〔三六〕侍中前跪奏稱　「跪」字原脱，據開元禮卷九七補。
〔三七〕各以本官序　唐會要卷二五文武百官朝謁班序同，通典卷七五禮三五作「各以官爲序」。
〔三八〕即各隨左右省主　「主」字原脱，據通典卷七五禮三五補。
〔三九〕嗣王　「王」字原脱，據通典卷七五禮三五補。
〔四〇〕爵開國公等同班　「爵開」原脱，據唐會要卷二五文武百官朝謁班序補。
〔四一〕並勳官上柱國柱國同　「勳官」原脱，原脱一「柱國」，據唐會要卷二五文武百官朝謁班序補。

〔四二〕上都護下都督　「下都督」上原衍「下都護」三字，據通典卷七五禮三五删。按通典卷四〇大唐官品無「下都護」。

〔四三〕上都督府副都護　「副」字原脱，據通典卷七五禮三五補。

〔四四〕勳上護軍護軍　通典卷七五禮三五作「勳官上護軍護軍」，唐會要卷二五文武百官朝謁班序作「勳上護軍上護軍」。

〔四五〕宗正少卿　原脱，據通典卷七五禮三五、唐會要卷二五文武百官朝謁班序補。

〔四六〕左右七寺少卿　「左右」原作「餘」，據唐會要卷二五文武百官朝謁班序改。

〔四七〕將作少監　通典卷七五禮三五作「殿中少監」。

〔四八〕親王府長史司馬　「府」字原脱，據元本、慎本、馮本及唐會要卷二五文武百官朝謁班序補。

〔四九〕輕車都尉　原脱，據唐會要卷二五文武百官朝謁班序補。

〔五〇〕萬年等六縣令　「縣」字原脱，據唐會要卷二五文武百官朝謁班序補。

〔五一〕中書舍人　「書」字原脱，據馮本及唐會要卷二五文武百官朝謁班序補。

〔五二〕親王諮議友　「友」字原脱，據唐會要卷二五文武百官朝謁班序補。

〔五三〕散官中散大夫朝請大夫朝散大夫　通典卷七五禮三五「朝散大夫」置在「朝請大夫」上。

〔五四〕騎都尉　原脱，據唐會要卷二五文武百官朝謁班序補。

〔五五〕次後又押柱中郎將一人　「後」、「郎」二字原脱，據通典卷七五禮三五及唐會要卷二五文武百官朝謁班序補。

〔五六〕金吾左右大將軍　通典卷七五禮三五作「金吾將軍分左右立」。

〔五七〕次千牛郎將一人　「郎」上原衍「中」，據唐會要卷二五文武百官朝謁班序刪。

〔五八〕次接狀中郎將一人　「次」字原脱，據唐會要卷二五文武百官朝謁班序補。

〔五九〕次後又押柱中郎將一人　此句原脱，據通典卷七五禮三五補。

〔六〇〕應當上合入閤人　「上合」原作「本日」，據通典卷七五禮三五改。

〔六一〕其入閤日升殿　「日」字原脱，據通典卷七五禮三五補。

〔六二〕親勳翊位中郎將　「位」原作「衛」，據通典卷七五禮三五改。

〔六三〕太子左右衛太子左右衛司率　唐會要卷二五文武百官朝謁班序同，通典卷七五禮三五「太子左右衛」五字不重。

〔六四〕親王府典軍親王府副典軍　二「府」字原脱，據唐會要卷二五文武百官朝謁班序補。

〔六五〕游騎將軍游擊將軍　通典卷七五禮三五「游擊」在「游騎」上。

〔六六〕右庶子　通典卷七五禮三五作「庶子」。

〔六七〕其有行所檢校兼試攝判等官職事者　「所」原作「守」，據唐會要卷二五文武百官朝謁班序改。

〔六八〕節度使觀察使　原脱二「使」字，據唐會要卷二五文武百官朝謁班序補。

〔六九〕唯令於通乾觀象門南序班　「令」原作「合」，據唐會要卷二五文武百官朝謁班序改。

〔七〇〕今請停廢　「廢」字原脱，據唐會要卷二五文武百官朝謁班序補。

〔七一〕武次於文　「於」字原脱，據通典卷七五禮三五補。

〔七二〕並從宣政西門出　「並」上原衍「即」，「西」原作「兩」，據唐會要卷二五文武百官朝謁班序刪改。

〔七三〕諸王侍讀　通典卷七五禮三五無此四字。

〔七四〕宜准諸司官知制誥例　通典卷七五禮三五無「官」字。

〔七五〕則文散官在當階職事者之下　「則」原作「列」，據元本、慎本、馮本及通典卷七五禮三五改。

〔七六〕郡王任三品已下職事官　「任」原作「班」，「官」原作「者」，據通典卷七五禮三五改。

〔七七〕即前資官被召見及赴朝參　「資」字原脱，據唐會要卷二五文武百官朝謁班序補。

〔七八〕自餘朝集及須别使　「須」字原脱，據唐會要卷二五文武百官朝謁班序補。

〔七九〕臨時聽敕進止　「敕進止」三字原脱，據唐會要卷二五文武百官朝謁班序補。

〔八〇〕其文官五品已上　原「官」上有「武」，據通典卷七五禮三五删。

〔八一〕三品已上九日十九日二十九日又參當上日不在此例其上折衝果毅若文武散官五品以上　「三品已上」句下文字原脱，據通典卷七五禮三五、唐會要卷二五文武百官朝謁班序補。

〔八二〕五品已上者著珂繖　「者」字原脱，據唐會要卷二五文武百官朝謁班序補。

〔八三〕次通事舍人引宰臣當殿立班　「班」字原脱，據五代會要卷六開延英儀補。

〔八四〕於客省就食　「客」字原脱，據五代會要卷六開延英儀補。

〔八五〕合赴延英中謝官　「赴」原作「起」，據五代會要卷六開延英儀改。

〔八六〕將四十載　「四」，五代會要卷六開延英儀作「五」。

〔八七〕百官俟朝於衙者　「百」原作「閤」，據新五代史卷五四李琪傳改。

〔八八〕承前日有廊餐　「日」字原脱，據五代會要卷六常朝補。

〔八九〕或云有侍臣不拜　五代會要卷六常朝無「有」字。

〔九〇〕百官拜爲有廊餐　「有」字原脱，據五代會要卷六常朝補。

〔九一〕皆相其儀　「皆」原作「贊」，「儀」原作「宜」，據五代會要卷六常朝改。

〔九二〕端笏齊拜　「端」原作「押」，據五代會要卷六常朝改。

〔九三〕文武官每日赴文明殿正衙曰常參　「曰」字原脱，據宋史卷一一六禮一九補。

〔九四〕次客省閤門使以下　原脱「客省」、「以下」，據宋史卷一一六禮一九補。

〔九五〕散員　「員」原作「直」，據宋會要儀制二之一改。

〔九六〕次殿前諸軍使　「前」下原衍「司」，據宋會要儀制二之一、宋史卷一一六禮一九删。

〔九七〕長春殿皆北向　「向」，宋史卷一一六禮一九作「面」。

〔九八〕内客省使以上得拜殿前階上　「殿前」，宋會要儀制九之七、宋史卷一一六禮一九作「殿門」。

〔九九〕致辭　「致」下原衍「詞」，據宋史卷一一六禮一九删。

〔一〇〇〕訖當侍立者升殿次百官入　宋史卷一一六禮一九無此十一字。

〔一〇一〕次軍頭引見司奏事於殿陛下　「陛」，宋史卷一一六禮一九無此字，揣文意，似是。

〔一〇二〕復有群司奏事　「事」字原脱，據宋史卷一一六禮一九補。

〔一〇三〕或閲器物之式者　「者」字原脱，據局本及宋史卷一一六禮一九補。

〔一〇四〕代還節度使五日　原脱此七字，據宋史卷一一九禮二二補。

〔一〇五〕防禦使　「使」字原脱，據宋史卷一一九禮二二補。

〔一〇六〕群官出使迴朝　「官」，宋史卷一一九禮二二作「臣」。
〔一〇七〕中書樞密宣徽使使相並樞密使伴　原脱「使相並樞密使」六字，據宋史卷一一九禮二二補。
〔一〇八〕三司使　三字原脱，據宋史卷一一九禮二二補。
〔一〇九〕御史大夫　「御」原作「刺」，據馮本及宋史卷一一九禮二二改。
〔一一〇〕節度使内客省使並宣徽使伴　宋史卷一一九禮二二無「内客省使」句。
〔一一一〕待制　宋史卷一一九禮二二作「待御史」。
〔一一二〕統軍　宋史卷一一九禮二二無此二字。
〔一一三〕大將軍諸司使以下任發運轉運提點刑獄　原「諸」在「大」字下，據宋史卷一一九禮二二乙正。
〔一一四〕知軍州　「軍」字原脱，據宋史卷一一九禮二二補。
〔一一五〕縣令　宋史卷一一九禮二二無此二字。
〔一一六〕巡檢迴者朝見　「朝見」，宋史卷一一九禮二二作「即賜」。
〔一一七〕十一月一日後盡正月　宋史卷一一九禮二二作「十月」。
〔一一八〕諸軍小校三日一賜　「小校」，宋史卷一一九禮二二作「分校」。
〔一一九〕冬至　「至」原作「正」，據宋史卷一一九禮二二改。
〔一二〇〕則宰相率文武群臣並諸軍將校　「將」字原脱，據宋史卷一二〇禮二三補。
〔一二一〕進表官跪授表於宰相　「進」，宋史卷一二〇禮二三作「知」。
〔一二二〕乃以奉御　宋史卷一二〇禮二三作「乃由通進司奏御」，似是。

〔一二三〕西京留守拜表儀制　「拜表儀制」原作「率」，據宋史卷一一〇禮一三改補。

〔一二四〕留司百官五日一上表起居　「司」原作「守」，「五」原作「正」，據宋史卷一一〇禮一三改。

〔一二五〕並集長壽寺立班　「立」原作「之」，據宋史卷一一〇禮一三改。

〔一二六〕真武旗各一　「真」原作「元」，避宋真宗諱，今據宋史卷一四三儀衛一改回。

〔一二七〕五神旗五木火在左金水土在右北斗旗一在左　宋史卷一四三儀衛一作「五辰旗五，北斗旗一，分左右：木、火、北斗在左，金、水、土在右」。恐此處注文誤置。

〔一二八〕二十八宿旗各一　宋史卷一四三儀衛一無「旗」字。

〔一二九〕龍君虎君旗各五　「各」字原脱，據元本、慎本、馮本及宋史卷一四三儀衛一補。

〔一三〇〕黄熊旗各五　「黄熊旗」，宋史卷一四三儀衛一作「黄羆旗」。

〔一三一〕鷄冠二人紫衣執香爐香盤分左右以次奉引　宋史卷一四四儀衛二作「鷄冠二人，紫衣，分執金灌器、唾壺。女冠二人，紫衣，執香爐、香盤。分左右以次奉引」。此處疑有脱文。

〔一三二〕輦頭一人　「輦」字上原衍「一」，據宋史卷一四四儀衛二删。

〔一三三〕每冬正御殿　「殿」原作「脚」，據宋史卷一四四儀衛二改。又，「冬正」，同書作「正至」。

〔一三四〕帝服通天冠　「帝」原作「皆」，據長編卷六太祖乾德三年十一月戊子條改。

〔一三五〕乾元殿受朝畢　「乾」原作「朝」，據宋會要禮五六之四、長編卷七太祖乾德四年十一月癸巳條改。下同。

〔一三六〕出閤門不即就班　「出」字原脱，據宋史卷一一六禮一九補。

〔一三七〕五年正月壬寅朔　「五年」原脱，據宋史卷一一六禮一九補。

〔一三八〕班會慶殿　「殿」下原有「廷」，據宋史卷一一六禮一九刪。
〔一三九〕臣某言　「某」原作「名」，據局本及宋史卷一一六禮一九改。下同。
〔一四〇〕與天同休　「與」，宋史卷一一六禮一九作「於」。
〔一四一〕内謁者監承接之　「之」字原脱，據宋史卷一一六禮一九補。
〔一四二〕皆再拜　「皆」字原脱，據宋史卷一一六禮一九補。
〔一四三〕分班序立　按宋史卷一一六禮一九無此句。
〔一四四〕侍中奏禮畢退　「退」字原脱，據宋史卷一一六禮一九補。
〔一四五〕起居稱賀　「居」原作「止」，據宋史卷一一六禮一九改。
〔一四六〕班天安殿朝賀　「朝賀」原脱，據宋史卷一一六禮一九補。

卷一百八　王禮考三

朝儀

神宗初即位，御史中丞王陶奏劾宰相韓琦不押常朝班，陶坐黜知陳州。

陶疏略曰：「忽千官瞻視之庭，蔑如房闥；鄙再拜表儀之禮，重若邱山。」琦與曾公亮皆待罪。故事，朝廷以宰相日奏事垂拱，退，詣文德殿押常朝班，或已過辰正，緣中書聚廳見客，有急速公事商量，若必須輪宰臣赴文德殿押班，必於常朝事務太有妨滯，故御史臺放班，行之數十年，非始於琦等。陶以論事不行，疑琦沮之，故以此劾琦。上不直陶，黜之。

熙寧元年詔：「自今授外任者，許令轉訖朝辭。」

二年，監察御史裏行張戩、程顥言：「每欲奏事，必俟朝旨，或朝政有闕及聞外事而機速後時，則已無所及；況往復待報，必由中書，萬一事干政府，則或致沮格。請依諫官例，牒閤門求對，或有急奏，即許越次登對，庶幾遇事入告，毋憂失時。」詔依所請。

三年，知制誥宋敏求等言：「文德殿入閤儀制，考之國朝會要，與今儀制所載，頗或異同。按今文德殿，唐宣政殿也；紫宸殿，唐紫宸殿也。然祖宗視朝〔一〕，皆嘗御文德殿入閤。唐制，常設仗衛於宣政殿，或遇上坐紫宸，即喚仗入閤。如此，則當御紫宸殿入閤，方協舊制。請下兩制及太常禮院詳定。」詔學士院議。翰林學士承旨王珪等言：「按入閤者，乃唐隻日紫宸殿受常朝之儀也。唐宣政殿，即今文德殿。唐紫宸殿，今紫宸殿也。唐制：天子坐朝，必立仗於正衙。若止御紫宸，即喚正衙仗自宣政殿東西閤門入，故爲入閤。五代以來，遂廢正衙立仗之制。今閤門所載入閤儀者，止是唐常朝之儀，非爲盛禮，不可遵行。」從之。自是入閤之禮遂罷之。敏求又言：「本朝以來，惟入閤乃御文德殿視朝，今既不用入閤儀，即文德殿遂闕視朝之禮。請下兩制及太常禮院，約唐制御宣政殿，裁定朔望御文德殿儀〔二〕，以備正衙視朝之制。」詔學士院詳定儀注。

學士韓維等以入閤圖增損裁定上儀曰：「朔日不值假，前五日閤門關諸司排辦，前一日，有司供帳於文德殿。其日，左右金吾將軍常服押本衛仗〔三〕，判殿中省官押細仗，先入殿庭，東西對列；文武官等分東西序立；諸軍將校分入，北向立；朝堂引贊官引彈奏御史二員入殿門踏道〔四〕，當下殿北向立；次催文武班分入，並東西相向對立；諸軍將校即於殿庭北向立班。其班次並御史臺祇應。皇帝服靴袍，垂拱殿坐〔五〕，鳴鞭，內侍、閤門、管軍依朔望常例起居；次引樞密、宣徽使、三司使副、樞密直學士、內客省使以下至醫官、待詔及修起居注官二員並大起居諸司使以下，退排立〔六〕。皇帝乘輦至文德殿後，閤門奏班齊，皇帝自後閤出，殿上索扇，升榻，鳴鞭；扇開、簾捲，儀鸞使焚香，喝文武官就位，四拜起居；鷄人唱時，舍人於彈奏御史班前西向喝大起居。御史由文武班後至對立位，次引左右金吾將軍合班於宣制石南大起居，班首出班躬奏軍國內外平安，歸位再拜，各歸東西押仗位。通喝舍人於宣制石南北向對立。舍人退於西階，次揖宰臣、親王以下，躬奏文武百僚、宰臣某姓名以下起居，分引宰臣以下橫行，諸軍將校仍舊立。閤門使喝大起居，舍人引宰臣至儀石北，俛伏跪致詞祝月訖〔七〕，其詞曰：「文武百僚、宰臣全銜臣某姓名等言：孟春之吉，伏惟皇帝陛下膺受時祉，與天無窮。臣等無任歡呼忭蹈之至。」歸位五拜。閤門使揖中書由東階升殿，樞密使帶平章事以上由西階升殿侍立；並依圖。給事中一員以知門下封駁事官充。歸左省位立；轉對立於給事中之南；如罷轉對官，每遇御史臺前期牒請；文官二員並依轉對官例，先於閤門投進奏狀。吏部侍郎及刑法官立於轉對官之南；兵部侍郎於右省班南，與吏部侍郎東西相向立定，搢笏，各出班籍置笏上；吏部、兵部侍郎以知審官東、西院官充，刑法官以知審刑、大理寺官充。親王、使相以下分班出；引轉對官於宣制石南，宣徽使殿上承旨宣荅如儀；次吏部、兵部侍郎及刑法官對揖出；見謝辭班自從別儀。次彈奏御史無彈奏對揖出；如有彈奏，並如儀。引給事中至宣制石南揖，躬奏殿中無事；喝祗候，揖，西出；次引修起居注官，次引排立供奉官以下各合班於宣制石南躬〔八〕；喝祗候，揖，分班出，喝天武官等門外祗候〔九〕，出。索扇，垂簾，皇帝降座，鳴鞭；舍人當殿承旨放仗，四色官厳韡急趍至宣制石南，稱奉敕放仗。金吾將軍並判殿中省官對拜訖，隨仗出；親王、使相、節度使至刺史、學士、臺省官、文武百僚、諸軍將校等並序班朝堂，謝賜茶酒。皇帝御垂拱殿座，中書、樞密及請對官奏事；不引見、謝、辭班。後殿座，臨時取旨。其日遇有德音、制書、御札，仍候退御垂拱殿座，制箱出外。應正衙見、謝、辭文武臣僚，並依御史臺儀制喚班，依序分入於文武班後，以北爲首，分東西相向，重行異位，依見、謝、辭班序位。餘押班臣僚於班稍前押班，候刑法官對揖出，分引近前揖躬。舍人當殿宣班，引轉對班見、謝、辭，並如紫宸殿儀。樞密使不帶平章事、參知政事至同簽書樞密院事、宣徽使並立於宣制石稍北，宰臣、親王樞密帶平章事、使相繫押班者，立於儀石南，餘官並立於宣制石南，並合贊喝，閤門使。引並如儀。贊喝訖，係中書、樞密並揖升殿見、謝、辭〔一〇〕，揖，西出。其合問聖體者，並如儀；餘官分班出。彈奏御史候見、謝、辭班絶，對揖出。其朝見，如謝都城門外御筵，及詔赴闕謝茶藥撫問之類，不可合班者，各依別班中謝。對賜酒食等並門賜。其係正衙見門謝辭，亦門外喝放。應正衙見、謝、辭臣僚，前一日於閤門投詣正衙牓子，閤門上奏目〔一一〕；又投正衙狀於御史臺、四方館。應朔日或得旨罷文德殿視朝，止御紫宸殿起居，其已上奏目，正衙見、謝、辭班並放免，依官品隨赴紫宸殿引，或值改，依常朝文德殿，自有百官班日，並如舊儀。應外國蕃客見、辭，候喚班先引赴殿庭東邊，依本國職次重行異位立，候見、謝、辭班絶，西向躬。舍人當殿通班轉於宣制石南，北向立，贊喝如儀，西出。其酒食分物並門賜，如有進奉，候彈奏御史出，進奉入〔一二〕。惟御馬及擔床自殿西偏門入，東偏門出。其進奉出入，天武官起居〔一三〕，舍人通某國進奉，宣徽使喝進奉出，節次如紫宸殿儀式。候進奉出，給事中奏殿中無事，出。其後殿再坐，合引出者，從別儀。其日，賜茶酒，宰臣、樞密於閤子，親王於本廳，使相、宣徽使、觀文殿大學士至寶文閣直學士、兩省官、待制、三司副使、文武百官、皇親使相以下至率府副率，及四廂都指揮使以下至副都頭，並於朝堂。如朝堂位次不足，即於朝堂門外設次〔一四〕。管軍節度使至四廂都指揮使、節度使、兩使留後至刺史，並於客省廳。」詔依所定。合班圖載卷末。

元豐元年，詔右諫議大夫宋敏求、權御史中丞蔡確、樞密副都承旨張誠一〔一五〕、直舍人院同判太常寺李清臣〔一六〕詳定正旦御殿儀注，敏求等遂上朝會儀二篇、令式四十卷。詔頒行。

元正冬至大朝會儀注

前期，有司設御座於大慶殿，東西房於御座之左右少北，東西閤於殿後，百官、宗室、客使次於朝堂之內外。五輅先陳於庭，兵部設黃麾仗於殿之內外。太樂令展宮架之樂於橫街南。鼓吹令分置十二案於宮架外。協律郎二人，一位於殿上西階之前楹，一位於宮架西北，俱東向。陳輿輦、御馬於龍墀，繖扇於沙墀，貢物於宮架之南，東西相向，餘則列於大慶門之外。冬至不設貢物。扶持執事侍立官及諸司使副立於左右，樞密院諸房副承旨承制以下立於殿下，東西相向，重行異位，北上。典儀設三師、三公、侍中、中書令、左右僕射、開府儀同三司位於丹墀香案之南，少東；次尚書左丞位於其後，皆面北，西上。親王位於香案之南，少西，北面東上。上壽，則知同知樞密院事位於親王之後。門下侍郎位於其東；次左散騎常侍、次給事中、左諫議大夫，次左司諫、正言皆重行，位於其後。觀文、資政殿大學士、學士、端明殿學士位於次南，並西南，北上。中書侍郎位於其西，次右散騎常侍，次中書舍人，右諫議大夫，次右司諫，正言，皆重行，位於其後。翰林學士承旨至寶文閣學士位於次南，次樞密直學士以下，次待制，皆重行，位於其後，並東面北上。起居郎、舍人夾香案東西相向。契丹使位於龍墀上，少西，北面東上。宗姓、節度使以下至率府副率，位於橫街南，分東西相對，班各重行異位，北上。左右巡使位於次南，東西相向。宮架前少東，則特進以下至未升朝官班，各重行異位，北面西上。夏國使在宮架之東，軍員位於其後，夏國人從次之。宮架前少西，則御史臺班。節度以下，又位於西，並重行，北面東上，皆視特進退一列外。高麗國使在宮架之西，軍員位於其後，高麗人從次之。諸蕃客位於次西陪位，進奏官位於宮架之南。諸道貢舉解首位於其後，皆北面。而設叙班位於大慶門外，東西相對，以北爲上。中書侍郎諸方鎮表案於右，給事中祥瑞案於左，冬至不設給事中位、祥瑞案。下同。其日，闢大慶門，列黄麾仗，張旗幟，群官宗室使各服其服以俟。太樂令帥樂工入，太常卿立於宮架前，協律郎就舉麾位，中書侍郎以諸方鎮表、給事中以祥瑞案，令史、對舉、侍衛官各就列。

輦出，至西閤降輦，符寶郎奉寶俱詣閤奉迎，有司引祕書監以下，次御史知雜以下，次宗姓及外任防禦使以下就位。侍中版奏中嚴，復位，少頃奏外辦。閤簾捲，殿上鳴鞭〔一七〕。太樂令令撞黄鐘之鐘，右五鐘皆應。内侍承旨索扇，扇合，皇帝服通天冠、絳紗袍。御輿出西閤，協律郎俛伏，舉麾，興，奏乾安之樂，鼓吹振作。皇帝出自西房，降輿即御座南向，扇開，殿下鳴鞭。協律郎偃麾戞敔樂止，爐烟升。符寶郎奉寶置御座前，尚書左右丞以上、門下中書省官及待制以上至大學士正議大夫以上、御史中丞以上、宗姓及外正任觀察使以上、契丹使班分東西，各以次入，奏正安之樂，就位。樂止，中書侍郎押表案入詣西階下，東向立。給事中押祥瑞案入詣東階下，西向立。押樂官歸本班，起居畢，復案位。三師以下至尚書左右丞，親王以下至百官及御史臺官、外正任〔一八〕、契丹使，俱就北向位。贊者曰拜，在位者皆再拜，舞蹈，三稱萬歲。再拜訖，又再拜。太尉將升，中書令、門下侍郎俱降至兩階下立。冬至，門下侍郎不奏。下同。太尉詣西階下，行則樂作，至位樂止。升階，中書令、門下侍郎各於案取所奏以次升，中書令取方鎮官最高一表分東西立，太尉詣御座前，北向，俛伏跪奏：「文武百僚、太尉具官臣某等言：元正起祚〔一九〕，萬物咸新。冬至云「晷運推移，日南長至」。伏惟皇帝陛下膺乾納祜，與天同休。」俛伏，興，降階。侍中詣東階升殿立，俟太尉還位，贊者曰「拜」，在位者皆再拜，舞蹈，三稱萬歲。再拜，引侍中進當御座前承旨，退臨階，西向，稱有制，贊者曰「拜」，在位者皆再拜，宣曰：「履新之慶，冬至云「履長之慶」。與公等同之。」贊者曰「拜」，在位者皆再拜，舞蹈，三稱萬歲。再拜，侍中少退引，北向，班各分東西序立。中書令進當御座前，北向，俛伏跪奏：「中書令具官臣某奏諸方鎮表。」搢笏，讀訖，執笏，俛伏，興，少退，東向立。門下侍郎詣御座前奏：「祥瑞如諸方鎮表儀。」奏畢，置所奏於案南。中書侍郎、給事中俱還本班，案退。户部尚書詣横街南承制位，俛伏跪奏：「具官臣某言〔二〇〕：諸州貢物，請付所司。」俛伏，興。侍中前承旨退，西向曰：「制可。」侍中少退。舍人曰：「拜！」户部尚書再拜，還本班。次引禮部尚書就位，俛伏跪奏：「具官臣某言：諸蕃貢物，請付所司。」俛伏，興。侍中前承旨退，西向曰：「拜！」禮部尚書再拜，還本班。冬至不奏祥瑞貢物。太史令就位，俛伏跪奏：「具官臣某年某月日雲物祥瑞，請付史館。」俛伏，興。侍中前承旨退，西向曰：「制可。」侍中少退。舍人曰：「拜！」太史令再拜，還本班。侍中進當御座前，俛伏跪奏：「侍中具官臣某言。」禮畢，俛伏，興，還位。内侍承旨索扇，扇合，殿下鳴鞭。太樂令令撞蕤賓之鐘，左五鐘皆應。協律郎跪，俛伏，舉麾，興。太樂令令奏乾安之樂，鼓吹振作，皇帝降座，御輿入自東房，還東閤，扇開，偃麾，戛敔，樂止。侍中奏解嚴，百官退還次。

有司設食案，太樂令設登歌於殿上，二舞入，立於架南〔二一〕。預坐當升殿者位於御座之前，文武相向，異位重行，以北爲上，非升殿者位於東西廊下。尚食奉御設壽尊於殿上之東楹少南，南向，設坫於尊南，加爵一。尊，奠酒爵，以金玉器充。有司設上下群官酒尊於殿下東西廂。侍衛官及執事者各立於其位，百官入就位。

侍中版奏中嚴，復位，少頃奏外辦，閤簾捲，殿上鳴鞭。太樂令令撞黄鐘之鐘，右五鐘皆應。内侍承旨索扇，扇合，皇帝服通天冠、絳紗袍，御輿出東閤。協律郎俛伏舉麾，興，奏乾安之樂，鼓吹振作，皇帝出自東房，降輿，即御座，南向，扇開，殿下鳴鞭。協律郎偃麾，戛敔，樂止。爐烟升，三師以下至尚書左右丞，親王以下至同知樞密院事及百官御史臺官外正任、契丹使俱就北向位，贊者曰「拜」，在位者皆再拜，三稱萬歲，北向，班分東西立。光禄卿詣横街南，北向，俛伏跪奏：「具官臣某言：請允群臣上壽。」俛伏，興，侍中詣東階升進御座前，承旨，臨退階西向，曰「制可」，侍中少退。舍人曰「拜」，光禄卿再拜訖，復位。三師以下就北向位，贊者曰「拜」，在位者皆再拜，三稱萬歲。太尉自東階升，詣酒尊所，北向。尚食奉御酌酒一爵授太尉，太尉搢笏執爵詣御座前跪進，皇帝執爵，太尉執笏，俛伏，興，少退，當御座前俛伏跪奏：「文武百官、太尉具官臣某等稽首言：元正首祚，冬至云「天正長至」。臣等不勝大慶，謹上千萬歲壽。」俛伏，興，退，降階復位。贊者曰「拜」，在位者皆再拜，三稱萬歲。侍中承旨退，臨階西向，宣曰：「舉公等觴。」贊者曰「拜」，在位者皆再拜，三稱萬歲，北向，班分東西序立〔三〕。太尉自東階升侍立，皇帝舉第一爵，作和安之樂，飲訖，樂止。太尉受虚爵復於坫，降階。三師以下復北向位，贊者曰「拜」，在位皆再拜，舞蹈，三稱萬歲。又再拜，侍中自東階升進御座前，俛伏跪奏：「侍中具官臣某言：請延公王等升殿。」俛伏，興，降階復位。侍中承旨退稱有制，贊者曰「拜」，在位者皆再拜，宣曰：「延公王等升殿。」贊者曰「拜」，在位者皆再拜，舞蹈，三稱萬歲。再拜，公王等詣東西階，升於席後立。尚食奉御進酒，殿中監省酒以進，皇帝舉第一爵〔二三〕，登歌作甘露之曲〔二四〕。升殿，群官就横行位。舍人曰：「各賜酒。」贊者曰「拜」，上下群官皆再拜，三稱萬歲。舍人曰：「就坐。」太官令行酒，群官搢笏受觶，作正安之樂，文舞入，立宮架北，觴行一周。太官令奏樂止〔二五〕，尚食奉御進食，置御座前。又設群官食〔二六〕，太官令奏食徧〔二七〕，作盛德升聞之舞曲，舞作三成，止，出。殿中監進皇帝第二爵，群官立於席後〔二八〕，登歌作嘉禾之曲〔二九〕。飲訖，樂止。殿中監受虚爵，舍人曰：「就坐。」〔三〇〕群官皆坐。太官令行酒，作正安之樂，武舞進，觴又行一周，樂止。尚食奉御進食，置御座前，又設群官食，太官令奏酒，周巡食遍，如前儀。作天下大定之舞曲，舞作三成，止，出。殿中監進皇帝第四爵酒，登歌作靈芝之曲〔三一〕，其禮如第三爵。太官令行酒如第二爵，又一周，樂止，舍人曰：「可起。」百僚立於席後，侍中進當御座前，俛伏跪奏：「侍中具官臣某言。」禮畢，俛伏，興，與群官俱降復位。贊者曰「拜」，群官皆再拜，舞蹈，三稱萬歲。再拜，起，分東西序立。内侍承旨索扇，扇合，殿下鳴鞭，太樂令令撞蕤賓之鐘，左五鐘皆應。協律郎跪俛伏，舉麾，興，太樂令令奏乾安之樂，鼓吹振作。皇帝降座，御輿入自東房，還閤，扇開，戛敔，樂止。侍中奏解嚴，有司承旨放仗。群官再拜，乃退。

宋敏求又言：「考工記，天子執冒四寸以朝諸侯，未有臨臣子而執鎮珪者〔三二〕，唐六典元正、冬至大朝會，止有進爵之禮。開寶通禮始著元會執珪出自西房。淳化中又以上壽進酒，以内侍捧珪。臣等遠稽周制，近考唐禮，皆爲未合。其元會受朝賀，伏請不執鎮珪上壽〔三三〕。」准此。

宋朝正冬行大朝會禮。立班圖四，載卷末。

太祖十一

建隆二年，乾德四年、五年、六年，開寶九年，並元會。乾德三年〔三四〕、四年、五年，開寶二年、三年，並冬會。建隆二年五月受朝。

太宗十一

太平興國五年、六年、八年，雍熙三年，淳化元年、三年，並元會。太平興國二年，端拱元年，淳化四年，並冬會。太平興國三年、九年，並五月受朝。

真宗八

咸平五年，景德元年、四年，大中祥符六年，並元會。咸平三年，景德四年，大中祥符八年，並冬會。咸平四年五月受朝。

仁宗十

天聖五年，慶曆元年、三年、七年，皇祐五年，嘉祐元年、七年，並元會。天聖七年，明道元年冬會。天聖八年五月受朝。

神宗三

熙寧五年，元豐六年，並元會。熙寧二年冬會。

哲宗三

元祐五年，紹聖三年，並元會。　元符元年五月受朝。

徽宗四

大觀二年，政和八年，宣和六年，並元會。　政和二年冬會。

熙寧六年九月〔三五〕，引進使李端愨言：「近朔望御文德殿視朝，祁寒盛暑，數煩清蹕，而紫宸之朝歲中罕御。請朔日御文德，既望坐紫宸，庶幾正衙、内殿朝儀並舉。」從之。　元豐四年十一月〔三六〕，侍御史知雜事滿中行言：「文德正衙之制，尚存常朝之虛名，襲横行之謬例，有司失於申請，未能釐正。兩省、臺官、文武百官赴文德殿，東西相向對立，宰臣一員押班，聞傳不坐，則再拜而退，謂之常朝。遇休假併三日以上，應内殿起居官畢集，謂之横行。自宰臣、親王以下應見、謝、辭者，皆先赴文德殿，謂之過正衙。然在京釐務之官例以別敕免參，宰臣押班近年已罷，而武班諸衛本朝又不常置。故今之赴常朝者，獨御史臺官與審官、待次階官而已。今垂拱内殿宰臣以下既已日參，而文德常朝仍復不廢，舛謬倒置，莫此爲甚。至於横行參假，與夫見、謝、辭官先過正衙，雖沿唐之故事，然必俟天子御殿之日行之可也。」

入一圖，在後。

哲宗即位，禮部言：「冬至、正旦在諒闇，當罷朝賀，欲令群臣於東上閤門内東門表賀。」從之。

元祐七年五月，吏部尚書王存言：「自今文德殿侍朝，特免侍從官轉對，專責以朝夕論思之效，於體爲得。」從之。

紹聖四年，臣僚言：「文德殿侍朝輪官轉對，蓋襲唐制，其來久矣。祖宗以來，每遇轉對，侍從之臣皆預。元祐臣僚請免侍從轉對，續詔執事官權侍郎以上並免，自此轉對止於卿、監郎官而已。請自今視朝轉對依元豐以前條制。」從之。

元符元年，令諸路監司朝辭日，令閤門取旨上殿。

徽宗重和元年，臣僚言：「比年以來，二三大臣奏對留身，讒疏善良，請求相繼，甚非朝廷至公之體。」詔：「自今惟蔡京五日一朝許留身，餘非除拜、遷秩、因謝及陳乞罷免，並不許獨班奏事，令閤門報御史臺彈劾。」

政和七年，明堂成，聽朝，頒常視朔，禮制局列上明堂七議。見明堂門。

宣和四年，臣僚言：「祖宗舊制，有五日一轉對者，今惟月朔行之，有許朝官轉對者，今唯待制以上預焉。比年以來，緣明堂行視朔之禮〔三七〕，歲不過一再而已，則是畢歲而論思者無幾矣。請遇不視朔〔三八〕，即令具章投進，以備乙夜之觀。」從之。

高宗紹興十二年十月，臣僚言：「正旦一歲之首，冬至一陽之復，聖人重之，制爲朝賀之禮。上世以來，未之有改。主上臨御十有六年，正、至朝賀，初未嘗講，豈艱難之際不遑暇歟？茲者太母還宫，國家大慶，四方來賀，亶維其時。欲望自今元正、冬至，舉行朝賀之禮〔三九〕，以明天子之尊，庶幾舊典不至廢墜。」

建炎之初，鑾輿南幸，庶事未備，而朝會之儀未暇舉焉，正、至但循例宰臣率文武百官拜表稱賀而已。紹興改元，以道君皇帝、淵聖皇帝北狩，權宜皇帝躬率百僚遥拜畢，次御常御殿朝參官起居，至是臣僚建言。詔命有司舉行之。

臣僚又奏：「乞明詔有司講求祖宗故實，常朝視朝正衙便殿朝會之儀，舉而行之，以隆帝業，用稱萬邦百辟尊君之心，天下幸甚！」詔令禮部太常寺、閤門同共討論。尋討論在京月、朔、日文德殿視朝，紫宸殿日參、望參，垂拱殿日參、四參、假日，崇政殿坐聖節，垂拱殿上壽。今乞先次宰臣率百僚拜表，奏請皇帝御正殿視朝，若降指揮，許允其合行事務，續令逐處條具申請。詔從之。十一月三日，權禮部侍郎王賞等言：「契勘朝會之制，正旦、冬至及大慶賀受朝〔四〇〕，係御大慶殿。其文德、紫宸、垂拱殿禮制不同，月朔視朝則御文德殿，謂之前殿正衙，仍設黄麾半仗；其餘紫宸垂拱皆係側殿，不設儀仗。今來已降指揮依臣僚所請乞降朝會之儀。緣元正在近，大慶殿之禮事務至多，欲乞先舉行文德殿視朝之制，其朝會合服朝服，並設樂上壽，間飲三周，設祥瑞表案等，並乞候來年冬至前，别行取旨。」詔依從之。

十三年，閤門言：「依汴京遇大禮年分〔四一〕，冬至大朝會及次年正旦朝會，權罷。」

十四年九月，有司言：「來年正旦大朝會，請權以文德殿爲大慶殿〔四二〕，合設黄麾大仗五千二十七人，欲權減三分之一；合設八寶於御座之東西，及登歌、宫架、樂舞、五輅、輿輦、法物、繖扇、諸州諸蕃貢物〔四三〕。行在致仕官、諸路貢士舉人〔四四〕、在京先生法師、左右街道官等，並令趁赴立班，合差太史令一員奏雲物祥瑞。」詔從之。

建炎以來朝野雜記：「大朝會者，紹興十二年十月詔來歲舉行之。王望之爲禮部侍郎，言：『排辦不及，請自來年冬至。』既而不果。十五年正月朔旦乃克行，用黄仗三千三百五十人，視東都舊儀損三之一。時無大慶殿，遂權於崇政殿行之，以殿狹，輦出房，不鳴鞭。他如故事。是日，設宫架樂，百官朝服上壽如儀。自是一行而止。」

紹興三十二年九月，時孝宗已即位。閤門言：「太上皇帝巡幸以來，上御後殿。繼朝廷復興舊典，於紹興十三年二月四日初御前殿，特令四參官起居。伏自皇帝登寶位，止係後殿日分，今已降旨九月十二日初御前殿，欲乞是日皇帝御垂拱殿，四參官起居。」從之。

隆興二年九月，閤門言：「在京及行在，舊例御前殿。日分值雨雪及泥濘，得旨放朝參。即改後殿坐，今後乞依例取旨。」從之。

建炎以來朝野雜記：「舊群臣朝殿，遇雨開隔門起居，紹興中，申行之。又詔從駕遇雨，賜雨具。景靈宫遇雨或地濕，分東西廂立班，皆特恩也。」

乾道七年四月，詔：「爲暑熱依年例，自五月十三日並後殿坐，並放見、謝、辭及參假官，候秋凉日取旨。今後准此。」

合班圖

行禮卽綴倍加
除上諸號諸處

京官

宣徽南院使在北院使之上
知樞密院使在參政副使同知院事之上餘並以先後爲次序
至副都頭
廂部指揮使以下

僉書同僉書
宣徽使
同知樞密院事
樞密副使
參知政事
知樞密院事

左正言
左司諫
起居郎
左諫議大夫
給事中
左散騎常侍
門下侍郎
御史大夫

常侍立
次散騎
大中丞
如闕丞
御史中丞

防禦團練
監察侍御史
殿中侍御史
侍御史
知雜御史

刺史
防禦團練使
觀察使
兩使留後

師以下
一品太

射以下
二品僕

書以下
三品尚

丞以下
四品左

中以下
五品郎

郎以下
官員外

使相
宰相樞密使

殿

親王
觀文殿大學士
三司使　中書侍郎　鹽鐵使　二品諸衞　三品大將　四品率府　五品郎
觀文殿學士　右散騎常侍　度支副使　上將軍以下　軍以下　率以下　將以下
資政殿大學士　右諫議大夫　戶部副使
翰林學士承旨　中書舍人　廂都指揮使以下
翰林學士　知制誥　至副都頭
資政殿學士　龍圖閣待制
端明殿學士　天章閣待制
翰林侍講學士　龍圖閣直學士
龍圖閣學士　天章閣直學士
天章閣學士　寶文閣直學士　樞密承旨　樞密副承旨　諸州刺史　內殿承制　東頭供奉官
寶文閣學士　延福宮使　樞密諸房副承旨
樞密直學士　景福殿使　樞密逐房副承旨　直翰林醫官院
節度使　客省使　客省副使以下　如帶升朝官歸本班立
內客省使　引進使
留後觀察使如特恩令綴節度使班於此立如無官即附本品仍立在同官之前　宣慶使　通事舍人　翰林醫官
四方館使　閤門祗候　翰林待詔
宣政使
東西閤門使　翰林天文
樞密都承旨

朔日視朝儀注圖

排立供奉官

修起居注

彈奏御史

吏部侍郎

給事中

刑法官

轉對官

文武官五十八

左金吾衛將軍

左金吾細仗

引駕官一名

閤宣二人各帶儀劍

帶金甬武官二名

判殿中省官

排列官一名

扇一柄

方繖一柄

扇一柄

以上殿中省設

兵部隊仗

排列職長一名

押隊員僚二人

黃麾幡八口

告止幡八口

傳教幡八口

信幡八口

龍頭竿五十條

戟五十條

左金吾細仗

青龍旗一口

東岳旗一口

赤龍旗一口

南岳旗一口

金龍旗一口

中岳旗一口

黃龍旗一口

西岳旗一口

黑龍旗一口

北岳旗一口

青龍旗一口

御馬五疋

碧襴十二人各執儀刀

係金吾仗

朝堂門

御馬五疋
金鳳旗一口
金星旗一口
赤鳳旗一口
火星旗一口
黃鳳旗一口
土星旗一口
青鳳旗一口
木星旗一口
黑鳳旗一口
水星旗一口
白虎旗一口
右金吾細仗

碧襴十三人各執儀仗

宣制石 文德殿門

以上殿中省細仗
扇一柄
方繖一柄
扇一柄
排列官一名
殿中省
帶金帶天武二名
閤門宣二人各執儀劍
引駕官二名
右金吾細仗
右金吾衛將軍

戟五十條
龍頭竿五十條
信幡八口
傳教幡八口
告止幡八口
黃麾幡八口
押隊員僚二人
排列職掌二名
兵部儀仗

殿 香案儀石

兵部侍郎

右二圖見元豐間畢仲衍所進中書備對後圖同

正冬大慶殿朝會立班圖

起居郎

宰相

使相

參知政事

御史大夫　御史中丞　知雜御史

門下侍郎　如缺大夫　侍御史

左散騎常侍　即中丞次

給事中　散騎常侍

左諫議

起居郎

左司諫

左正言

節度使

左金吾衛上將軍

左金吾衛大將軍

左金吾衛將軍

左金吾衛將軍

文班

觀察留後以下　五品郎中以下　六品郎中以下　七品監察御史

左巡使

一品太師以下　二品僕射以下　三品尚書以下　四品左右丞以下

大慶殿門

二品諸衛上將軍以下

三品諸衛大將軍以下

沙墀

右巡使

四品率府率以下

五品以下金吾衛郎將

右金吾衛將軍

右金吾衛將軍

右金吾衛大將軍

右金吾衛上將軍

武班

兩使留後至團練使如特恩令綴節度使即於此處立如無旨即歸本品仍立在同官之前

觀察使

兩使留後

節度使

龍墀

龍圖閣直學士

樞密直學士

龍圖閣學士

侍讀學士

侍講學士

資政殿學士

翰林學士

資政殿大學士

文明殿學士

右正言

右司諫

起居舍人

待制

中書舍人

右諫議

右散騎常侍

中書侍郎

殿中侍御史

丹墀

香案

親王

殿

大慶殿再坐上壽立班圖

知雜御史

侍御史

御史中丞 如闕大夫中丞亦左散騎常侍立

御史大夫

門下侍郎

左散騎常侍

給事中

左諫議大夫

起居郎

左司諫

左正言

參知政事

宰臣

使相

[illegible]

文班

一品以下太師 二品以下僕射 三品以下尚書 四品以下左右丞 五品以下郎中 六品員外 七品以下監察御史

殿　香案　丹墀　龍墀　沙墀

武班

二品軍以下諸衛大將　三品軍以下諸衛大將　四品以下率府　五品將以下金吾衛

契丹副使

管伴副使

契丹大使

防禦團練使

觀察使

兩使留後

節度使

龍圖閣直學士

樞密直學士　右正言　戶部副使

龍圖閣學士　右司諫　度支副使

侍讀學士　起居舍人　鹽鐵副使

侍講學士　待制

資政殿學士　中書舍人

翰林學士　右諫議大夫

資政殿大學士　右散騎常侍

文明殿學士　中書侍郎　殿中侍御史

親王

正冬御殿朝賀上壽垂拱殿樞密以下稱賀班圖

宣答閤門使此一位起居退後於此立

內殿承制供奉官以下

皇城副使以下

皇城使以下

延福宮使以下

內殿省使　客省使以下　客省副使以下　通事舍人　翰林醫官以下

殿

儀石

樞密使

知樞密院事

樞密副使

同知樞密院事

宣徽使

僉書同僉書樞密院事　三司使　樞密都承旨　樞密承旨　樞密副都承旨

翰林天文畫書

棊待詔以下

宣徽使以下　宣徽副使以下　內殿崇班以下　供奉官以下

紫宸殿上壽賜酒圖

朵殿

起居郎　起居舍人　知雜御史　侍御史　諸行郎

諸軍都虞候

左右庶子　太常宗正卿　少卿　七寺少卿　司業　四少監　少詹事　諭德　家令　京監　司天少監

祕書監　七寺大卿　國子祭酒　殿中監　少府監　詹事　三監　司天監

王　主　節度使　防禦使　團練使　刺史

指揮使　副指揮

太子三少　六尚書　左右常侍　左右丞　侍郎　太子賓客　左右諫議大夫　給事中　中書舍人　龍圖閣直學士　天章閣直學士　寶文閣待制

左右僕射　觀文殿大學士　資政殿大學士　翰林學士承旨　翰林學士　侍讀學士　侍講學士　龍圖閣學士　天章閣學士　樞密直學士　文明殿學士

宰臣使相　參知政事　太子三師

御史大夫　御史中丞　殿中侍御史　左右司諫　正言　諸行員外郎　左右司郎中　監察御史　太常博士　五府少尹

國子博士　四赤令　太常宗正丞　祕書丞　著作郎　殿中丞　六尚奉御　大理正　太子中允　贊善　中舍　洗馬　王府官　館閣

御

通事舍人侍立　客省使以下侍立樞密宣徽　三司使內客省使　應遇宴會合侍上並初升
通事舍人侍立　時於
御座之左稍南向西侍立羣臣升殿即移近北向南侍立羣臣下殿即復
歸初侍立位

親王節度使廂主

諸衛上將軍
六統軍
左右衛上將軍
金吾上將軍
諸衛大將軍
金吾大將軍

○廊下

諸衛將軍

朶殿

中郎將
郎將
副率
率府率

諸軍都虞候

進奉押衙軍將
副兵馬使
都頭
軍頭

都虞候
進奉衙內指揮使
諸蕃進奉使

橫行日參知政事
初至位與宰臣於
此行立候轉班
北向郎重行

御史大夫　六曹尚書　太子賓客　太常卿　宗正卿　祕書監　光祿卿　衛尉卿　太僕卿　大理卿　鴻臚卿　司農卿　太府卿　國子祭酒　殿中監　少府監　將作監　開封尹　河南尹　應天尹　詹事　三傅　司天監　五府尹　國公　郡王　上都督　中都督　下都督

御史右丞　左右丞　諸行侍郎　左右庶子　五大都督　五府長史　中都護　副都護　太常少卿　宗正少卿　祕書監　光祿衛尉太僕大理鴻臚司農太府等少卿　司業　殿中少監　少府少監　將作少監　開封河南應天三少尹　少詹事　諭德　家令

兩省侍郎　左右常侍　給事中　左右諫議　中書舍人　起居郎　起居舍人　司諫　正言　左右司郎中　諸行郎中　國子博士　五經博士　都水使　赤縣令　太常丞　宗正丞　祕書丞　著作郎　殿中丞　六尚奉御　大理正　太子中允　左右贊善　太子中舍　太子洗馬　王府友　王府諮議　司天五官正

左右司員外郎　諸行員外郎　太常博士

知雜御史　侍御史　殿中侍御史　監察御史

文德殿常朝立班圖

左巡使　鼓樓

常朝日宰相押班位

殿

宰臣使相正衙位

四色官放班位

太師 太尉 太傅 太保 司徒 太子太師 太子太傅 太子太保

左右僕射 太子少師 太子少傅 太子少保 三京牧 大都督 大都護

六軍統軍 諸衛上將軍 [illegible]

宣麻位

正衙位

正衙位

右巡使

鐘樓

校勘記

〔一〕然祖宗視朝　「視」字原脱，據宋史卷一一七禮二〇補。

〔二〕裁定朔望御文德殿儀　「文德」原脱，據宋史卷一一七禮二〇補。

〔三〕左右金吾將軍常服押本衛仗　「服」字原脱，據宋會要儀制一之三〇、宋史卷一一七禮二〇補。

〔四〕朝堂引贊官引彈奏御史二員入殿門踏道　「踏道」，宋史卷一一七禮二〇同，宋會要儀制一之三一作「路道」。

〔五〕皇帝服靴袍垂拱殿坐　宋會要儀制一之三一同，宋史卷一一七禮二〇「袍」下有「御」字。

〔六〕諸司使以下退排立　以上八字原脱，據宋會要儀制一之三一及宋史卷一一七禮二〇補。

〔七〕俛伏跪致詞祝月訖　「月」原作「曰」，據宋會要儀制一之三一及宋史卷一一七禮二〇改。

〔八〕次引排立供奉官以下各合班於宣制石南躬　「引」原作「立」，據宋會要儀制一之三二、宋史卷一一七禮二〇改。

〔九〕喝天武官等門外祗候　「天武」原作「文武」，據宋會要儀制一之三二及龐元英文昌雜録卷三所記文德殿視朝儀改。

〔一〇〕係中書樞密並揖升殿見謝辭　「見」字原脱，據宋會要儀制一之三三補。

〔一一〕閤門上奏目　「上」原作「下」，據宋會要儀制一之三三、宋史卷一一七禮二〇改。

〔一二〕進奉入　「進」上原衍「入」，據宋會要儀制一之三三、宋史卷一一七禮二〇删。

〔一三〕天武官起居　「天武」原作「文武」，據宋會要儀制一之三四，並參照宋史卷一一九禮二二、太常因革禮卷八三改。

〔一四〕即於朝堂門外設次　「設」原作「序」，據宋會要儀制一之三四、宋史一一七禮二〇改。

〔一五〕樞密副都承旨張誠一 「都」下原衍「使」字，據宋會要禮五六之八、長編卷二九四神宗元豐元年十一月己丑條删。

〔一六〕直舍人院同判太常寺李清臣 「人」字原脱，據宋會要禮五六之八、長編卷二九四神宗元豐元年十一月己丑條補。

〔一七〕殿上鳴鞭 「鞭」原作「蹕」，據宋會要禮五六之一、宋史卷一一六禮一九改。下同。

〔一八〕御史臺官外正任 宋史卷一一六禮一九無「官」字。

〔一九〕元正起祚 「起」，宋史卷一一六禮一九作「啓」。

〔二〇〕具官臣某言 「臣」字原脱，據宋史卷一一六禮一九補。

〔二一〕立於架南 「立」原作「架」，據宋史卷一一六禮一九改。

〔二二〕班分東西序立 「立」原作「位」，據元本、慎本、馮本及宋史卷一一六禮一九改。

〔二三〕皇帝舉第二爵 「舉」字原脱，據宋會要禮五六之三、宋史卷一一六禮一九補。

〔二四〕登歌作甘露之曲 原脱此七字，據宋會要禮五六之三、宋史卷一一六禮一九補。

〔二五〕太官令奏樂止 「令」字原脱，據宋史卷一一六禮一九補。

〔二六〕又設群官食 「設」原作「詔」，據宋會要禮五六之三、宋史卷一一六禮一九改。

〔二七〕太官令奏食徧 「食徧」原脱，據宋會要禮五六之三、宋史卷一一六禮一九補。

〔二八〕群官立於席後 「群」上原衍「酒」，據宋會要禮五六之三、宋史卷一一六禮一九删。

〔二九〕登歌作嘉禾之曲 宋會要禮五六之三、宋史卷一一六禮一九均作「登歌作瑞木成文之曲」。應是。

〔三〇〕舍人曰就坐　「曰」字原脱，據愼本、局本及宋史卷一一六禮一九補。

〔三一〕登歌作靈芝之曲　宋會要禮五六之三、宋史卷一一六禮一九作「登歌奏嘉禾之曲」。

〔三二〕未有臨臣子而執鎮珪者　「者」字原脱，據元本、愼本、馮本及宋會要禮五六之九補。

〔三三〕伏請不執鎮珪上壽　「伏」字原脱，據宋會要禮五六之九補。

〔三四〕乾德三年　「三」，玉海卷七一作「二」。

〔三五〕熙寧六年九月　「熙寧」原脱，「六」原作「三」，據長編卷二四七神宗熙寧六年九月丙辰條、宋史卷一一六禮一九補改。

〔三六〕元豐四年十一月　「元豐四年」原脱，據宋會要儀制四之七、宋史卷一一六禮一九補。

〔三七〕緣明堂行視朔之禮　「朔」原作「朝」，據馮本、局本及宋史卷一一八禮二一改。

〔三八〕請遇不視朔　「遇」原作「過」，據元本、愼本、馮本及宋史卷一一八禮二一改。

〔三九〕欲望自今元正冬至舉行朝賀之禮　「元正」原在「冬至」之下，據上文及宋史卷一一六禮一九乙正。

〔四〇〕正旦冬至及大慶賀受朝　「大」字原脱，據宋會要禮五七之四、宋史卷一一六禮一九補。

〔四一〕依汴京遇大禮年分　「汴京」原作「在京」，據宋史卷一一六禮一九改。

〔四二〕請權以文德殿爲大慶殿　原脱「爲大慶殿」四字，據宋史卷一一六禮一九補。

〔四三〕及登歌宮架樂舞五輅輿輦法物繖扇諸州諸蕃貢物　「及」字原脱。又，「諸州」上原有「及」，據宋史卷一一六禮一九補删。

〔四四〕諸路貢士舉人　「人」，宋史卷一一六禮一九作「首」。

卷一百九　王禮考四

巡狩

唐虞天子五載一巡狩。晏子對齊景公曰：「天子適諸侯曰巡狩。」白虎通曰：「巡者，循也。狩者，牧也。爲天下循行守牧民也。道德太平，恐遠近不同化〔一〕，又恐幽隱有不得所者〔二〕，故親行之。行禮謹敬，重人之至也。」鄭玄云：「諸侯爲天子守土，時一巡省之〔三〕。」書曰：「五載一巡狩〔四〕。」所以必五年者，因天道時有所生，歲有所成，三歲一閏，天道小備，五歲再閏，天道大備也。群后四朝〔五〕，孔安國曰：「各會朝於方嶽之下，凡四處，故曰四朝也。堯、舜同道，舜攝則然，堯又可知也。」歲二月，東巡狩，至於岱宗，柴，岱宗，東嶽也。特謂泰山爲岱宗者，以其處東北，居寅丑之間，萬物始終之地，陰陽交泰之所，爲衆山之所宗主，此其所以謂之岱宗是也。望秩於山川。張守節云：「乃以秩望祭東方諸侯境内名山大川也〔六〕。言秩者〔七〕，五嶽視三公，四瀆視諸侯也。」肆覲東后，遂見東方之諸侯。協時月正日，同律度量衡，時，四時也。月，十二月也。日，三百六十日也。律，法制也。度，丈尺也。量，斗斛也。衡，斤兩也。鄭玄曰：「協正四時之月數日名，備其失誤。」具節氣晦朔，恐諸侯有不同，故因巡狩而合正之也。修五禮、吉、凶、賓、軍、嘉禮〔八〕。五玉、五等諸侯之瑞也，執之曰瑞，陳列之曰玉。三帛、二生、一死贄〔九〕。三帛，纁、玄、黃，三孤所執也。二生，羔、鴈，卿大夫所執也。一死者雉，士所贄爲禮。五月，巡狩至南嶽，衡山也。八月，巡狩至西嶽。華山也。十一月，巡狩至北嶽，恒山也。皆如岱宗之禮。白虎通曰：「二月、八月，晝夜分；五月、十一月，陰陽終也。」歸，格於藝祖，用特。孔安國曰：「巡狩四嶽，然後歸，告至文祖廟。藝，文也〔一〇〕。言祖則考亦著。特，謂一牛也〔一一〕。」

夏后氏因之。王肅云：「天子五年一巡狩。」鄭玄云：「五年者，虞夏之制也。」

太康尸位，以逸豫，滅厥德，黎民咸貳，乃盤遊無度，畋於有洛之表，十旬弗反。有窮后羿，因民弗忍，距於河，由此失國。

周制，十二年一巡狩。大行人云：「十有二歲，王巡狩殷國。」殷，衆也，謂當方諸侯。周以木德王，歲星是木王之星，十二歲一周，以木象之。故梁崔靈恩云：「取歲星一周天道之備數。」鄭玄注尚書云：「每歸用特者，明每一嶽即歸也。」因明四嶽禮同，使其文相次，是以終巡狩之後乃始云歸耳。天子將巡狩，類乎上帝，宜乎社，造乎禰。帝謂五精之帝所配祭南郊者〔一二〕，謂靈威仰也。類、宜、造，皆祭名也。按曾子問「諸侯適天子，告祖禰」。此不言祖者，白虎通曰：「七廟皆告之，獨言禰者，辭時先從禰，後至祖以上，遂行，不敢留尊者之命故也。」職方氏先戒四方諸侯曰：「各修平乃守，考乃職事，無敢不敬戒，國有大刑。」乃猶汝也。守謂國境之內。職事，所當供具。及王之所行，先道，帥其屬而巡戒令。先道，先由王所從道，居前，巡其前曰所戒之令。太馭掌犯軷之禮。謂祖道也。土訓氏夾王車而行，以待王問九州形勢，所謂以道地圖。山川所宜。所謂以詔地事。誦訓氏亦夾王車，以所識久遠之事以告王〔一三〕；誦訓所謂掌道方志以詔觀事。若魯有大庭氏之庫，殽之二陵也。又掌道方慝，方慝，四方言語所惡。以詔辟忌，以知地俗。辟音避。

乘金輅，建大旂，巾車云：「金輅，鉤，樊纓九就，建大旂以賓。」歲二月，東巡狩，至於岱宗，柴而望祀山川，燔柴告感生之天帝。覲諸侯。覲，見也。其方之諸侯，先於境首待之。祭義云：「天子巡狩，諸侯待於境。」所過山川，則使祝宗先以三等璋瓚，皆以黃金爲鼻流，酌鬱鬯以禮神。次乃校人殺黃駒以祭之。玉人云：「大璋中璋九寸，邊璋七寸，射四寸，厚寸。黃金勺，青金外，朱中，鼻寸，衡四寸，有繅。天子以巡狩，宗祝以前馬。」鄭玄云：「鼻，勺流也。衡，謂勺徑也。於大山川則用大璋，加文飾也。於中山川用中璋，殺文飾也。於小山川用邊璋，半文飾也。」又校人云：「凡將事於四海山川，則殺黃駒〔一四〕。」鄭玄曰：「謂王巡狩過大山川也。」每宿舍，掌舍設梐枑再重，謂行馬。再重者，以周衛有外內列。枑，音互。其外，則土方氏又設蕃籬。土方氏云：「王巡狩則樹王舍。」鄭玄云：「爲之蕃籬。」既至方嶽，先問百年，就見之。若未滿百年，八十九十者，路經其門則見之，不然則否。祭義所謂「東行西行弗敢過」。天子乃令太師採人歌謠賦詩〔一五〕，以樂播而陳之，以觀人風俗，以審其善惡。所謂命大師陳詩以觀人風也。命典市納賈〔一六〕，陳百物之貴賤，以觀人之所好惡。所謂「命市納賈以觀人之所好惡，志淫好辟」。故鄭云「淫則侈物貴，人之志若淫邪，則所好者必不得其正者也」。又命典禮之官，考校四時節氣，月之晦朔，甲乙等日，及候氣之律呂，所用禮樂、宮室、車旗等制度，君臣上下之衣服，皆以王者所頒制度考校之。所謂「命典禮考時月定日，同律禮樂，制度衣服，正之」。註云：「同，陰律也。」諸侯封內有名山大川，不舉而祭之者，爲不敬；不敬者，君削其地。有祭宗廟不順昭穆者，爲不孝；不孝者，君絀以爵。不順，謂若逆昭穆者〔一七〕。以宗廟可以表官爵，故絀之。變禮易樂者，爲不從；不從者，君流。流，放也。革制度衣服者，爲畔；畔者，君討。有功德於人者，加地進律。律，法度也。其諸侯待王之牢禮以一犢。掌客云：「王巡狩殷國，則國君膳以牲犢。」又郊特牲云：「天子適諸侯，諸侯膳用犢，貴誠之義也。天子牲孕弗食也。」

既黜陟諸侯，乃與之相見於方嶽之下，築壇，與覲禮壇制同〔一八〕。鄭玄注司儀職引覲禮制，「王巡狩殷國而同，則其爲宮亦如此歟」是也。其壝外爲土埒，方三百步，開四門。壇方九十六尺，高四尺，上爲堂，下爲三等，謂之三成，成每等高一尺。其堂上置司盟之神位〔一九〕，謂之方明。覲禮云：「諸侯覲於天子，爲宮方三百步，開四門。壇十有二尋，深四尺，加方明於其上。」鄭玄云：「宮謂壝土爲埒，以象墻壁〔二〇〕。八尺曰尋，十二尋則方九十六尺也。深謂高也，從上向下曰深。方明者，上下四方神明之象也。會同而盟，明神監之〔二一〕。天之司盟有象者，猶宗廟之有主乎。」其方明狀，具朝覲篇。司儀職云：「其壇三成，宮旁一門。」鄭玄云：「成，猶重也。三重者，下差之爲三等，每面丈二尺也。」見諸侯之時，據鄭注司儀及覲禮，諸侯之上介，各以其君之旗，置於宮內，以表立位之處。乃詔三升壇，訖，諸侯皆就其旗而立其位。鄭按明堂位，諸公中階之前，北面東上；諸侯阼階之東，西面北上；諸伯西階之西，東面北上；諸子門東，北面東上〔二二〕；諸男門西，北面東上。王乃於壇上揖之，以定其位。其揖之節有三儀：與王無親者，推手小下之；司儀所謂土揖庶姓。與王婚姻之親者，平推手揖之；所謂時揖異姓。與王同姓者，推手小舉之。所謂天揖同姓。王既揖定其位，諸侯乃進，升壇奠玉。又按司儀職及鄭注云：公於上等奠桓珪玉，陳擯者五人禮之。侯、伯於中等奠信珪、躬珪玉，陳擯者四人禮之。子、男於下等奠穀璧、蒲璧玉，陳擯者三人禮之。諸侯各奠玉訖，降拜，又升，成拜。訖，擯者乃延諸侯升堂，授王玉。訖，乃以璧琮行享禮，謂之將幣。玉人云「璧琮九寸，諸侯以享天子」是也〔二三〕。諸侯既朝見王訖，乃退而自相與盟，王官之伯臨之，其神主於月，必因以祭之。覲禮云：「祭天燔柴，祭山邱陵升，祭川沉，祭地瘞。」鄭注云：「升沉必就祭者也。就祭則是謂王巡狩〔二四〕，諸侯之盟祭也。」其餘：五月，南巡狩，至於南嶽，如東巡狩之禮；八月，西巡狩，至於西嶽，如南巡狩之禮；十有一月，北巡狩，至於北嶽，如西巡狩之禮。巡狩之月皆用正歲之仲月者，以王者考禮正刑，當得其中，春秋分，晝夜均，冬夏之至，陰陽終〔二五〕，蓋欲取中平之義，故唐虞以還，皆用仲月者此也。巡狩訖，却歸，每廟用一牛以告至，謂之「歸格於祖禰用特」。特，一牛。

昭王德衰，南巡，濟於漢，船人惡之，以膠船進王，王御船至中流，膠液船解，王及祭公俱没於水中而崩〔二六〕。其右辛餘靡長臂且多力，游得王，周人諱之。

穆王得驥温驪，温音盗，或作騑，淺青色。驪，黑色。騄耳之駟，郭璞曰：紀年，北唐之君來見，獻一驪馬〔二七〕，是生騄耳。八駿皆因其毛色以爲名號。索隱曰：按穆天子傳曰：「赤驥、盗驪、白義渠、黄騑騮、騟騟、騄耳、山子。」西巡狩，樂而忘歸。徐偃王作亂，造父爲穆王御，長驅歸周以救亂。

孟子：「昔者齊景公問於晏子曰：『吾欲觀於轉附、朝儛，皆山名。遵海而南，放於琅邪。齊東境上邑。吾何修而可以比於先王觀也？』言何修治而可以比先王之游觀。晏子對曰：『善哉問也！天子適諸侯曰巡狩。巡狩者，巡所守也。諸侯朝於天子曰述職。述職者，述所職也。無非事者。春省耕而補不足，秋省斂而助不給。夏諺曰，吾王不游，吾何以休？吾王不豫，吾何以助？一游一豫，爲諸侯度。今也不然，師行而糧食，言人君興師行軍，皆遠轉糧食而食之。飢者弗食，勞者弗息，睊睊胥讒，民乃作慝。言在位者。又睊睊，側目相視，更相讒慝，民因化之而作慝惡也。方命虐民，飲食若流。方，猶放也。放棄不用先王之命，但爲虐民之政，恣意飲食，若水流之無窮極，謂湎沈於酒。流連荒亡，爲諸侯憂。從流下而忘反謂之流，從流上而忘反謂之連，從獸無厭謂之荒，樂酒無厭謂之亡。先王無流連之樂，荒亡之行，惟君所行也。』景公説，大戒於國，出舍於郊。於是始興發補不足。戒，備也。大修戒備於國，出舍於郊，示憂民困，始興惠政，發倉廩以賑貧民。召太師曰：『爲我作君臣相悦之樂！』蓋徵招、角招是也。太師，樂師。徵招、角招，其所作樂章名。其詩曰：『畜君何尤？』畜君者，好君也。」

秦始皇二十七年，巡隴西、今隴右。北地，今寧州。出鷄頭山在成州上禄縣東北二十里。過回中焉。回中在安定高平。賜爵一級。治馳道。應劭曰：「馳道，天子道也，若今之中道然。」漢書賈山傳曰〔二八〕：「秦爲馳道於天下，東窮燕齊，南極吴楚，江湖之上，濱海之觀畢至。道廣五十步，三丈而樹，厚築其外，隱以金椎，樹以青松。」

二十八年，始皇東行郡縣，上鄒嶧山。鄒魯縣，山在其北。立石，與魯諸儒生議，刻石頌秦功德，議封禪望祭山川之事。乃遂上泰山，立石，封，祠祀。下，風雨暴至，休於樹下，因封其樹爲五大夫。禪梁父。刻所立石。乃並渤海以東，過黄、腄，東萊有黄縣、腄縣。窮成山，登之罘。之罘山在腄縣，成山在文登縣北一百九十里〔二九〕。立石，頌秦德焉而去。南登琅琊，今兖州東，沂州、密州即古琅琊。大樂之，留三月。乃徙黔首三萬户琅琊臺下，復十二歲。作琅琊臺，立石，頌德。遣徐市發童男女入海求仙人。還，過彭城，齋戒禱祠，欲出周鼎泗水。使千人没水求之，不得。乃西南渡淮水，之衡山、南郡。今荆州。浮江，至湘山祠。黄陵廟在岳州湘陰縣北。自南郡由武關歸。

二十九年，始皇東遊。至陽武博浪沙中，河南陽武縣有博浪沙。爲盗所驚。求弗得，令天下大索十日。登之罘，刻石之琅琊，道上黨入。

三十二年，始皇之碣石。刻碣石門。巡北邊，從上郡入。

三十七年，始皇出遊。行至雲夢，望祀虞舜於九疑山。山在永州唐興縣。虞舜冢在九疑山。浮江下，觀藉柯，渡海渚。括地志云：「在舒州同安縣東〔三〇〕。」過丹陽，至錢塘。臨浙江，水波惡，乃西百二十里從狹中渡。在餘杭。上會稽，祭大禹，望於南海，而立石刻頌秦德。還過吴，從江乘渡。丹陽有江乘縣。並海上，北至琅琊。自琅琊北至榮成山，在萊州。至之罘，並海西。至平原津而病，渡河西。德州平原縣。崩於沙邱平臺。沙邱去長安二千餘里。趙有沙邱宮，在鉅鹿，趙武靈王死處。

二世元年，東行郡縣，到碣石，並海，南至會稽，盡刻始皇所立刻石，遂至遼東而還。

漢高祖六年，人告楚王信謀反，上僞游雲夢，會諸侯於陳，信迎謁，因執之。

時有上書告信反者。上問諸將，争欲擊之。陳平曰：「今兵不如楚精，而將不能及，舉兵攻之，是趣之戰也。古者天子有巡狩，會諸侯。陛下第出，僞游雲夢，會諸侯於陳。陳，楚之西界，信聞天子以好出游，其勢必無事而郊迎謁。而陛下因禽之〔三〕，此特一力士之事耳。」上從之。

武帝元封元年，帝親征匈奴，行自雲陽，北歷上郡、西河、五原，出長城，北登單于臺，至朔方，臨北河。還，祠黄帝於橋山，迺歸甘泉。是年，復冬巡海上，還，登封泰山，至於梁父，禪肅然。山名，在梁父。行所巡至，博、奉高、蛇邱、歷城、梁父，民田租逋賦貸，已除。加年七十以上孤寡帛，人二疋。四縣無出今年算。行自泰山，復東巡海上，至碣石。自遼西歷北邊九原，歸於甘泉，周萬八千里云。

王莽天鳳元年，欲行巡狩之禮，令太官齎糒乾肉，内者行張坐卧，所過毋得有所給。群臣奏：「一歲四巡，道路萬里，帝春秋尊，非糒乾肉之所能堪。」乃止。

後漢世祖建武十七年四月，南巡狩，皇太子及右翊公輔、楚公英、東海公陽、濟南公康、東平公蒼從，幸潁川，進幸葉、章陵。五月還宫。

漢祀令：「天子行有所之，出河，沈用白馬珪璧各一，衣以繒緹五尺，祠用脯二束，酒六斗，鹽一升。涉渭、灞、涇、洛佗名水如此者〔三二〕，沈珪璧各一。律，在所給祠具；及行，沈祠川佗水〔三三〕，先驅投石，少府給珪璧。不滿百里者不沈。」

十八年二月甲寅，西巡狩，幸長安。三月壬午，祠高廟，遂有事於十一陵。歷馮翊界，進幸蒲坂，祠后土。夏四月甲戌，車駕還宫。

十九年九月，南巡狩。壬申，幸南陽，進幸汝南南頓縣舍，置酒會，賜吏人，復南頓田租一歲。父老前叩頭言：「皇考居此日久，陛下識知寺舍，每來輒加厚恩，願賜復十年。」帝曰：「天下重器，常恐不任，日復一日，安敢遠期十歲乎？」吏人又言：「陛下實惜之，何言謙也？」帝大笑，復增一歲。進幸淮陽。

二十年二月戊子，車駕還宫。

二十年十月，東巡狩。甲午，幸魯，進幸東海〔三四〕、楚沛國。十二月壬寅，車駕還宫。

三十年二月，東巡狩。甲子，進幸魯、濟南。閏月癸丑，車駕還宫。

中元元年正月丁卯，東巡狩。二月己卯，幸魯，進幸泰山。北海王興、齊王石朝於東嶽。辛卯，柴望岱宗，登封泰山；甲午，禪於梁父。四月癸酉，車駕還宫。

明帝永平二年十月甲子，西巡狩。幸長安，祠高廟，遂有事於十一陵。歷覽館邑，會郡縣吏，勞賜作樂。十一月癸卯，車駕還宫〔三五〕。

十年閏月甲午，南巡狩。幸南陽，祠章陵。日北至，又祠舊宅。禮畢，召校官弟子作雅樂，奏鹿鳴，帝自御塤篪和之，以娱嘉賓。還，幸南頓，勞享三老、官屬。十二月甲午，車駕還宫。

十五年二月庚子，東巡狩。辛丑，幸偃師，進幸彭城。三月，遂幸孔子宅〔三六〕，祠仲尼及七十二弟子。親御講堂，命皇太子、諸王説經。又幸東平。辛卯，進幸大梁。至定陶。四月庚子，車駕還宮。

章帝建初七年十月，西巡狩，幸長安。丙辰，祠高廟，遂有事十一陵。進幸槐里，又幸長平，御池陽宮，東至高陵，造舟於涇而還。每所到幸，輒會郡縣吏人，勞賜作樂。十一月，詔勞賜河東守、令、掾以下。十二月丁亥，車駕還宮。

元和元年八月丁酉〔三七〕，南巡狩。詔所經道上，郡縣無得設儲峙。命司空自將徒支柱橋梁。有遣使奉迎，探知起居，二千石當坐。其賜鰥、寡、孤、獨、不能自存者粟，人五斛。十一月己丑，車駕還宮，賜從者各有差。

二年二月丙辰，東巡狩〔三八〕。幸泰山，柴告岱宗。進幸奉高。宗祀五帝於汶上明堂。幸魯，祠孔子於闕里。四月乙卯，車駕還宮。

三年春正月丙申，北巡狩，濟南王康、中山王焉、西平王羨、六安王恭、樂成王黨、淮陽王昞、任城王尚、沛王定皆從。辛丑，帝耕於懷。二月壬寅，告常山、魏郡、清河、鉅鹿、平原、東平郡太守、相曰：「朕惟巡狩之制，以宣聲教，考同遐邇，解釋怨結也。今『四國無政，不用其良』，四方之國無政者，由天子不用善人者也。駕言出游，欲親知其劇易。前祠園陵，遂望祀華、霍，華、霍，山名也。今在廬江灊縣西南，亦名天柱山。爾雅曰：華山爲西嶽，霍山爲南嶽。東柴岱宗，爲人祈福。今將禮常山，遂徂北土，歷魏郡，經平原，升踐隄防，詢訪耆老，咸曰『往者汴門未作，深者成淵，淺則泥塗』。追惟先帝勤人之德，謂永平十二年修汴渠。底績遠圖，復禹弘業，聖迹滂流，至於海表。不克堂構，朕甚慚焉。月令，孟春善相邱陵土地所宜。今肥田尚多，未有墾闢。其悉以賦貧民，給與糧種，務盡地力，勿令游手。所過縣邑，聽半入今年田租，以勸農民之勞。」乙丑，敕侍御史、司空曰：「方春，所過無得有所伐殺。車可以引避，引避之；騑馬可輟解，輟解之。夾轅者爲服馬，服馬外爲騑馬。詩云：『敦彼行葦，牛羊勿踐履。』詩大雅云。鄭玄注曰：「敦敦然道旁之葦，牧牛羊者無使踐履折傷之，况於人乎！」禮，人君伐一草木不時，謂之不孝。禮記孔子曰：「伐一樹，殺一獸，不以其時，非孝也。」俗知順人，莫知順天。其明稱朕意。」戊辰，進幸中山，遣使者祠北嶽。出長城。史記，蒙恬爲秦築長城，西自臨洮，東至海。癸酉，還，幸元氏，祠光武、顯宗於縣舍正堂；明日，又祠顯宗於始生堂，皆奏樂。明帝生於常山元氏傳舍也。三月丙子，詔高邑令祠光武於即位壇。復元氏七年徭役。己卯，進幸趙。庚辰，祠房山於靈壽。靈壽，縣名，屬常山郡，今恒州縣。房山，今在恒州房山縣西北，俗名王母山，上有王母之祠。辛卯，車駕還宮，賜從行者各有差。

章和元年八月癸酉，南巡狩。戊子，幸梁。乙未，幸沛。九月庚子，幸彭城〔三九〕。辛亥，幸壽春。十月丙子，車駕還宮。

和帝永元十五年九月壬午〔四〇〕，南巡狩，賜所過二千石長吏以下、三老、官屬及民高年者錢布，各有差。幸章陵，祠舊宅。十一月，車駕還宮。

安帝延光三年二月丙子，東巡狩。辛卯，幸泰山，柴告岱宗。祀五帝於汶上明堂。三月幸東平、東郡〔四一〕，歷魏郡河內。壬戌，車駕還京師。

魏明帝凡三東巡狩，所過存問高年，恤疾苦，或賜穀帛。

晉初新禮，巡狩方嶽，柴望告，設壝宮如禮。諸侯之覲者，賓及執贄皆如朝儀，而不建旗。摯虞以「覲禮，諸侯各建其旗章〔四二〕，所以殊爵命，示等威。詩稱『君子至止，言觀其旂』。宜定新禮，建旗如舊禮」〔四三〕。詔可其議〔四四〕，然終晉代，不行其禮。

宋文帝元嘉四年二月，東巡狩，至於丹徒，告覲園陵。三月，享會父老舊勳於行宮，加賜衣裳幣帛，蠲租原刑。戰亡之家、單孤，並隨宜隱恤。

二十六年二月，東巡，幸至京城，並謁二陵，會舊京故老萬餘人〔四五〕，享勞賚發，赦蠲徭役〔四六〕。

後魏文成帝和平元年正月，東巡狩，歷橋山，祀黃帝；幸遼西〔四七〕，遥祀醫無閭山。遂緣海，幸冀州，北至中山，過恒嶽，禮其神而反。明年，南巡，過石門，遣使者用玉璧牲牢，禮衡嶽。

隋煬帝大業元年三月，詔曰：「聽採輿頌，謀及庶民，故能審刑政之得失。今將巡歷淮海，觀省風俗。」

是歲，命尚書右丞皇甫議發河南淮北諸郡民，前後百餘萬，開通濟渠。自西苑引穀、洛水達於河，復自板渚引河歷滎澤入汴；又自大梁之東引汴入泗，達於淮；又發淮南民十餘萬開邗溝，自山陽至楊子入江。渠廣四十步，渠旁皆築御道，樹以柳，自長安至江都，置離宮四十餘所。又遣黃門侍郎王弘等往江南造龍舟及雜船數萬艘，督役嚴急，役丁死者什四五。

八月壬寅，帝行幸江都，發顯仁宮，王弘遣龍舟奉迎。乙巳，上御小朱航〔四八〕，自漕渠出洛口，御龍舟。龍舟四重，高四十五尺，長二百尺。上重有正殿、内殿、東西朝堂，中二重有百二十房，皆飾以金玉，下重内侍處之。皇后乘翔螭舟，制度差小，而裝飾無異。别有浮景九艘，三重，皆水殿也。又有漾彩、朱鳥、蒼螭、白虎、玄武、飛羽、青鳧、淩波、五樓、道場、玄壇、樓船板、艙、黄篾等數千艘〔四九〕，後宫、諸王、公主、百官、僧、尼、道士、蕃客乘之，及載内外百司供奉之物，共用挽船士八萬餘人，其挽漾彩以上者九千餘人，謂之殿脚，皆以錦綵爲袍。又有平乘、青龍、艨艟、艚艭、八擢、艇舸等數千艘，並十二衛兵乘之，並載兵器帳幙，兵士自引，不給夫。舳艫相接二百餘里，照耀川陸，騎兵翊兩岸而行，旌旗蔽野。所過州縣，五百里内皆令獻食〔五〇〕，多者一州至百轝，極水陸珍奇；後宫厭飫，將發之際，多棄埋之。

二年三月庚午，上發江都。四月庚戌，自伊闕陳法駕，備千乘萬騎入東京。辛亥，御端門〔五一〕，大赦。

三年三月，帝還長安。四月庚辰，下詔欲安輯河北，巡省趙魏。丙寅〔五二〕，車駕北巡。六月，至鴈門，頓榆林郡。諭突厥啓民可汗，召所部諸國朝於行宫。八月，發榆林，歷雲中，泝金河。九月己巳，至東都。

時天下承平，百物豐實，甲士五十餘萬，馬十萬匹，旌旆輜重，千里不絶。令宇文愷等造觀風行殿〔五三〕，上容侍衛者數百人，離合爲之，下施輪軸，倏忽推移。又作行城，周二千步，以板爲幹，衣之以布，飾以丹青，樓櫓悉備，胡人驚以爲神。

四年三月，車駕幸五原，因出塞巡長城。八月，親祭恒嶽，河北道郡守畢至〔五四〕。

行宫設六合板城，載以槍車。每頓舍，則外其轅以爲外圍，内布鐵菱；次施弩床，床皆插鋼錐，外向；上施旋機弩，以繩連機，人來觸繩，則弩機旋轉，所處而發〔五五〕。其外又以矰周圍，施鈴柱。

五年三月，西巡河右。四月，出臨津關〔五六〕，渡黄河。六月，至張掖〔五七〕，命裴矩説高昌王及伊吾吐屯設等〔五八〕，啗以厚利，召使入朝。帝至燕支山，高昌王及西域二十七國謁於道左〔五九〕，皆令佩金玉，被錦罽，焚香奏樂，歌舞喧嘩。帝復令武威、張掖士女盛服縱觀，衣服車馬不鮮者，郡縣督課之。騎乘填咽，周亘數十里，以示中國之盛。七月，車駕東還。九月，至西京〔六〇〕。十一月，復幸東京。

自河西東還，行經大斗拔谷，山路隘險，魚貫而出，風雪晦冥，文武飢餒沾濕，夜久不逮前營，士卒凍死者大半，馬驢什八九，後宫妃、主或狼狽相失，與軍士雜宿山間。

六年三月，帝幸江都宫。詔：「以百官從駕皆服袴褶〔六一〕，於軍旅間不便。令從駕涉遠者，文武官皆戎衣，五品以上，通著紫袍，六品以下，要用緋緑〔六二〕，胥吏以青，庶人以白，屠商以皂，士卒以黄。」

敕穿江南河，自京口至餘杭，八百餘里，廣十餘丈，使可通龍舟，並置驛宫、草頓，欲東巡會稽。

七年二月，帝自江都幸涿郡，御龍舟，渡河入永濟渠，仍敕選部、門下、内史、御史四司之官於船前選補〔六三〕，其受選者三千餘人，或徒步隨船三千餘里〔六四〕，不得處分，凍餒疲頓，因而致死者十一二三〔六五〕。是歲，征高麗，車駕駐涿郡。

八年，車駕在涿郡，征高麗，不克。九月，還東都。

九年四月，車駕渡遼，征高麗。楊玄感反，乃班師。

十年三月，復幸涿郡，征高麗。八月，班師。十月，還西京〔六六〕。十二月，幸東都。

十一年四月，帝幸太原汾陽宫避暑〔六七〕。宫城迫隘，百官士卒布散山谷間，結草爲營而居之。八月，巡北塞，入鴈門，突厥可汗帥騎數十萬圍鴈門。九月，解圍去。車駕還太原。十月，至東都。

十二年七月，帝自東都幸江都。

通典曰：「梁崔靈恩三禮義宗〔六八〕云：『唐虞五載巡狩一嶽，二十年方遍四嶽，周則四十八年矣。若一出四嶽皆遍，且闕四時祭享。唐虞衡山爲南嶽，周氏霍山爲南嶽。其制，吉行五十里，若以二月到東嶽，五月到南嶽，八月到西嶽，十一月到北嶽，路程遼遠，固必不及〔六九〕。以此知每至一嶽即歸，斯義爲長也〔七〇〕。』按尚書周官篇云：『六年五服一朝，又六年王乃時巡，考制度，諸侯各朝於方嶽，大明黜陟。』孔安國注云：「周制十二年一巡狩，春東，夏南，秋西，冬北，故曰時巡。考制度，正禮法如虞帝然。其四方諸侯，各觀於方嶽之下，大明考績，黜陟幽明。」又按堯舜簡儉，常稱茆茨土階，巡狩四方，羽儀導從必少。一年四嶽，五載復往，宗廟享祭，暫委有司。展義省方，觀風察俗之大政，如或二十年方遍，乃於民物，不亦乖疏？詳周官本文與孔氏註解，既改制十有二載，比唐虞已甚遐闊，如四十八年乃遍，豈非益爲曠邈乎！且周雖尚文，天子諸侯，降殺以兩，穆王巡歷天下，萬姓不甚告勞〔七一〕。始皇遊幸四方，屬車八十一乘，二漢以降，至於有隋，或東封告成，或觀省風俗，百辟悉至，群司畢從，不下十餘萬人，何止千乘萬騎！所以曠代多闕斯禮。崔生謂堯舜及周帝王行幸車徒禮數，與秦漢以後無異。斯不達古今豐約之别，復不詳周官之文，輒肆臆度説耳！按舜典、王制，明言二月東巡，五月南巡，八月西巡，十二月北巡，而崔靈恩乃以爲一年巡一嶽，虞五載則二十年而遍，周十二載則四十八年而遍，何所據邪？」文中子言，舜一歲而巡五嶽，國不費而民不勞，何也？」兵衛少而徵求寡也。古帝王之巡狩，所以省方觀民，初非游適，然舜之時，五載僅能一行，至周成王，則又不能如舜，至於十二年乃一行之。又必止以四嶽爲底止之地，蓋雖一本於憂民之心，而尚恐有煩民之事，故出必有期，而行必有方如此。至穆王始欲肆其心，周行天下，必使有車轍馬迹而幾以喪邦。秦始皇、隋煬帝假望秩省方之説，以濟其流連荒亡之舉。千乘萬騎，無歲不出；遐方下國，無地不到。至於民怨盜起，覆祚殞身，曾不旋踵。雖秦隋所以召亡者固非一端，然倘非游蕩無度，則河決魚爛之勢，亦未應如是其促也。」

唐太宗貞觀六年三月〔七二〕，幸九成宮。去京三百里。冬，幸洛陽。

七年幸九成宮。

十一年二月，幸洛陽。

十二年二月，還京。二月，幸河北縣，觀砥柱〔七三〕，因令勒石於上，以陳盛德。

高宗顯慶二年閏正月，幸洛陽。

麟德二年，幸東都，遂幸東嶽。

總章二年，將幸涼州，群臣諫，不果行。

調露元年九月，幸并州。

玄宗開元五年正月，幸東都。

十一年正月，發東都，北巡至并州。

十二年十一月，幸東都，至華州，命勒石華嶽祠南之通衢〔七四〕。

十三年十月，發東都，赴東岱。

二十年十月，自東都幸太原。

二十四年十月，敕兩京行幸，緣頓所須，應出百姓者，宜令每頓取官錢一百千文，作本取利充，仍令所由長官專勾當，不得抑配百姓。

唐開元禮

皇帝巡狩儀

鑾駕出宮

將巡狩，所司承制先頒告於東方諸州曰：「皇帝二月東巡狩，各修平乃守，考乃職事，無敢不敬戒，國有大刑。」駕將發，告圜丘、宗廟、社稷，皆如別儀。皇帝出宮大備鹵簿皆如常儀。軷於國門，祭所過山川，如親征之禮。所經州縣，刺史縣令先待於境。通事舍人承制問百年。古先帝王、名臣、烈士，皆州縣致祭。

將告，將作先於泰山下修圜壇，四出陛。若舊有封禪祀天壇，即不須別築。前告三日，尚舍直長施大次於外壝東門之內。又設文武侍臣次〔七五〕，陳饌位。設宮懸樂、燎壇之制。一如圜丘之儀。前一日，皇帝清齋於行宮。諸應告之官皆於告所清齋一日。近侍之官應從升者及從告群官、諸方客使，皆於其所俱清齋一宿。諸衛令其屬晡後一刻各以其方器服守衛壝門，與太樂工人俱清齋一宿〔七六〕。奉禮設御位於壇之東南，西向。設告官司徒、執事者、御史、奉禮、贊者、協律郎、太樂令、望燎位、東方諸州刺史縣令、介公、酅公、文武九品以上官、西方北方蕃客等位，並如上幸圜丘儀。其褒聖侯等亦如之。設告官以下門外位於東西壝門之外道南，皆如設次之式。郊社令帥府史一人及齋郎以樽坫罍洗篚冪入設於位，並如常儀，執樽罍篚冪者各位於樽罍篚冪之後。告日未明十五刻，太官令帥宰人烹牲於廚。蒼牲一，騂牲一。未明四刻，太史令、郊社令各服其服，升設昊天上帝神座於壇上北方，南向，席以藁秸；設高祖神堯皇帝神座於東方，西向，席以莞。設神位各於座首。未明三刻，諸告官以下各服其服。郊社令、良醞令各帥其屬入實樽罍及玉幣〔七七〕，天帝大樽二，配帝著樽二，俱實以汎齊。其明水各實於上樽。玉以蒼碧。幣一丈八尺〔七八〕。太官令帥進饌者實諸籩豆簠簋等，皆設於饌幔內。未明二刻，奉禮帥贊者先入就位，贊引引御史、太祝以下入行掃除如常儀訖，各就位。皇帝服衮冕，乘輅發行宮〔七九〕，奏請進發，內外器服如常儀。駕將至，謁者贊引各引告官，通事舍人引從告群官、東方刺史縣令、諸方客使，俱就門外位。駕至大次門外，迴輅南向。其降輅之大次，謁者引告官及從告群官入就位、皇帝奠玉帛等儀，並如圜丘。初皇帝既升奠玉幣，太官令帥進饌者，其奉饌奏樂之儀，並如圜丘。天帝之饌升自南陛，配帝之饌升自東陛。諸太祝迎引於壇上，各設於神座前。設訖，謁者引司徒以下降自東陛，復位，諸太祝各還樽所。太常卿引皇帝詣罍洗，樂作〔八〇〕。其盥洗、酌獻、奏樂、讀祝之儀，並如圜丘。其祝文臨時撰。訖，興，皇帝再拜。初讀祝文訖，樂作，太祝進，奠版於神座，還樽所，其酌獻配帝、奏樂、讀祝之儀，並如圜丘。皇帝拜訖，樂止。太常卿引皇帝進天帝神座前，北向立，樂作，太祝各以爵酌福酒。其飲福、受胙、奏樂、皇帝還版位之儀，並如圜丘。謁者引司徒降復位。太祝各進徹豆，還樽所。奉禮曰「賜胙」。其衆官受胙、皇帝望燎及太祝燎牲體玉幣、皇帝還大次、禮官工人次出等儀〔八一〕，並如圜丘。

鑾駕還行宮

皇帝既還大次，侍中版奏：「請解嚴。」將士不得輒離部伍。皇帝改服通天冠，絳紗袍，乘輅、奏請、還宮如常儀。

望秩於山川

柴之明日，望秩祀於嶽鎮、海瀆、山川、林澤、邱陵、墳衍、原隰。將祭，所司先爲壇於祭所，其神皆以尊卑爲叙，重行南向。前三日，守宮設祭官以下次於東壝之外道南，北向，以西爲上。設陳饌幔於内壝東門之外道北，南向。前二日，太樂令設宫懸之樂於壇南，設登歌於壇上，皆如常儀。右校掃除壇内外，又爲瘞埳於壇北之壬地外壝之内，方深取足容物。前一日，諸祭官清齋於祭所。諸衛令其屬晡後一刻各以其方器服守衛壝門，與太樂工人俱清齋一宿。奉禮設祭官位於内壝東門之内道北，執事位於道南，俱西向北上。設御史位於壇下，一位於東南，西向；一位於西南，東向，令史各陪其後。設奉禮位於樂懸東北，贊者二人在南差退，俱西向。協律郎位於壇上，在南陛之西〔八二〕，東向。設太樂令位於北懸之間。設望瘞位於瘞埳之東，西向。設祭官以下門外位於外壝東門之外道南，每等異位，北向西上。設酒樽之位：嶽鎮海瀆各山樽二〔八三〕，山川林澤俱蜃樽二，邱陵墳衍原隰俱散樽二，各於壇上南陛之東，北向西上。其嶽壇上加山罍二〔八四〕，罍置於山樽東，北向。皆加白冪。設玉篚於樽坫之所，設洗於壇南陛東南如常，執樽罍篚冪各位於樽罍篚冪之後。郊社令帥齋郎以樽坫罍洗篚冪入設於位。祭日未明十五刻，太官令帥宰人以鸞刀割牲，齋郎以豆取毛血置於饌所〔八五〕，遂烹牲。未明二刻，太史令、郊社令各服其服，入設神座，各於壇上北方，南向，席皆以莞，設神位各於座首。未明一刻，祭官以下各服其服，郊社令、良醞令入實樽罍及玉，山樽實以醍齊〔八六〕，蜃樽實以沈齊，散樽及山罍皆實以清酒。齊加明水，酒加玄酒，各實於上樽。祭神之玉以兩珪有邸。太祝以幣置於篚，太官令帥進饌者實諸籩豆簠簋等。奉禮帥贊者先入就位。贊引引御史、太祝與執樽罍篚冪者入自東門，當壇南重行，北向西上。立定，奉禮曰：「再拜。」贊者承傳，御史以下皆再拜。訖，執樽罍篚冪者各就位。贊引引御史詣壇東陛升，行掃除於上，令史祝史行掃除於下，訖，引就位。質明，謁者引獻官，贊引引執事者，俱就東門外位。太樂令帥工人次入就位。謁者、贊引各引獻官以下入就位。立定，奉禮曰：「再拜。」在位者皆再拜。謁者進獻官之左，白：「有司謹具，請行事。」退復位。協律郎跪，俛伏，舉麾，鼓柷，奏順和之樂，以蕤賓之均，自後壇下之樂皆奏姑洗。樂三成，偃麾，戛敔，樂止。奉禮曰：「再拜。」獻官以下皆再拜。太祝取玉於篚，立於樽所。謁者引獻官詣嶽壇，升自南陛，北向。太祝以玉幣東向授，獻官受。登歌作肅和之樂，以函鐘之均。謁者引獻官進，北面跪奠於嶽神之座，俛伏，興。謁者引退，北面再拜訖，登歌止。謁者引獻官降自南陛，還本位。初獻官升奠玉幣，太官令帥進饌者奉饌陳於東門外；登歌止，太官令引饌入。俎初入門，雍和之樂作，饌至陛，樂止。饌升南陛，太祝迎引於壇上，設於神座前。籩豆蓋冪徹之如式。設訖，太官令以下降自東陛以出，太祝還樽所。其鎮海以下之饌，皆祝史迎於壇上，設於神座前，相次而畢。訖，謁者引獻官詣罍洗，盥手洗爵訖，謁者引升自南陛，詣酒樽所，執樽者舉冪，獻官酌醍齊訖，樂作，謁者引詣嶽神座前〔八七〕，北向跪奠爵，興，謁者引獻官少退，北向立，樂止。初獻官進奠爵，祝史各以爵酌酒助奠鎮海以下〔八八〕，還樽所。太祝持版於神座之右，東面跪讀祝文。祝文臨時撰。訖，興，獻官再拜。初讀祝文訖，樂作，太祝進奠版於神座，還樽所，獻官拜訖，樂止。太祝酌罍福酒進獻官之右，西面立。獻官再拜受爵，跪祭酒，啐酒，奠爵〔八九〕，興。太祝帥齋郎進俎，太祝減神前三牲胙肉皆取前脚第二骨。加於俎，西向授，獻官受以授齋郎。獻官跪取爵，遂飲卒爵，太祝受爵覆於坫。獻官興，再拜。謁者引獻官降，復位。諸祝各徹豆如常，訖，還樽所。奉禮曰：「賜胙。」贊者唱：「再拜。」在位者皆再拜。獻官不拜。順和之樂作，奉禮又曰：「再拜。」獻官以下皆再拜。樂一成止。謁者進獻官之左，白：「請就望瘞位。」贊者引獻官就望瘞位〔九〇〕，西向立。於衆官將拜，諸太祝各執篚進神座前〔九一〕，跪取玉幣，齋郎以俎載毛血等，各由其陛降壇詣瘞埳，以物置於埳。訖，奉禮曰：

「可瘞。」埳東西各四人寘土。半埳，謁者進獻官之左，白：「禮畢。」遂引出。贊引引執事者以次出。又贊引引御史、太祝以下俱復執事位。奉禮曰：「再拜。」御史以下皆再拜訖，出。贊引引工人以次出。其祝版燔於齋所。

肆覲東后

望秩之明日，肆覲東后。於告至之前，刺史縣令皆先奉見如常。將作先於行宮之南爲壝宮，方三百步，面一門，爲壇於壝內，三分壝，二在南，壝方九丈六尺，高四尺，四出陛。南面兩陛，餘三面各一陛〔九二〕。前二日，太樂令設宮懸之樂於壇南，如殿庭之儀。前一日，尚舍鋪御座於壇上近北，南向。又設解劍席於南陛之西南。守宮於門外量設百官次，文東武西，以北爲上。東方刺史縣令次於文官之南，蕃客次於武官之南。所司陳輦輅於壇南如常〔九三〕。典儀設群官版位〔九四〕：文官一品以下、九品以上位於壇東南，每等異位，重行西面，以北爲上；武官一品以下、九品以上位於壇西南，當文官，每等異位，重行東面，以北爲上；東方刺史縣令於壇南三分庭一在南，每等異位，重行北面，以西爲上；若有蕃客則位於刺史之西，每國異位，重行北面，以東爲上。設典儀位於南陛之東，贊者二人在南差退，俱西面北上。奉禮設門外位：文官一品以下、九品以上位於門東，每等異位，重行西面；武官一品以下、九品以上位於門西，每等異位，重行東面：俱以北爲上。設東方刺史縣令位於文官之南，每等異位，重行西面，以北爲上。蕃客位於武官之南，每國異位，重行東面，以北爲上。其日未明三刻，諸衛各以其方器服量設牙旗於壝外四面。未明一刻，諸衛各勒所部，列黄麾大仗屯門及鈒戟陳於壝内，如殿庭之儀。群官及刺史以下各集就次〔九五〕，服其朝服。蕃客集次，各服其國服〔九六〕。侍中版奏：「請中嚴。」近仗陳於行宫門外，諸侍衛之官各服其器服，符寶郎奉寶，俱詣行宫門外奉迎。典儀帥贊者先入就位。吏部、兵部、主客、户部及群官客使俱出次，通事舍人各引就門外位。刺史縣令俱執贄，通事舍人引就門外位。贄各以其土所有。錦綺、繒布、葛布之屬〔九七〕，具五兩爲一束而執之，仍飾以黄帊。其餘當土常貢之物並盛以篚，其屬執之，列於縣令位後。通事舍人引文武一品以下、九品以上先入就位。侍中版奏：「外辦。」皇帝將出，仗動，太樂令令撞黄鍾之鐘，右五鐘皆應〔九八〕，協律郎舉麾，工鼓柷，奏太和之樂。皇帝服衮冕，乘輿以出，曲直華蓋警蹕侍衛如常儀。皇帝入自北壝門，由北陛升壇即御座，樂止。腰輿退，其羽儀華蓋仍侍於御側。通事舍人引東方刺史以下入就位，鴻臚引蕃客次入就位。初刺史入壝門，懸下舉麾，舒和之樂作，至位立定，樂止。典儀曰：「再拜。」贊者承傳，執贄者俱跪奠贄，興，在位者皆再拜訖，跪取贄，興。凡拜奠贄皆如之。侍中前承制，降詣刺史東北，西面立，稱有制。蕃客則舍人承旨宣敕。刺史以下皆再拜。宣制訖，又再拜。户部引諸州貢物兩行各入於刺史位前，東西陳之。龜爲前列，金次之，丹漆絲纊，四海九州美物，重行量陳於後訖，執物者各退立於東西厢文武前側立。通事舍人引刺史爲首者一人執贄詣解劍席，跪，解劍脱舄，執贄興。舍人接引升壇詣御座前，北面跪奏稱：「具官臣某姓名等，敢獻壤奠。」遂奠贄，俛伏，興。又舍人跪奉以東授所司。舍人引刺史降詣解劍席，跪，佩劍納舄，興。通事舍人引復北面位。初爲首者奠贄，通事舍人引在庭者以次奠贄於位前訖，各俛伏，興。引退復位訖，刺史以下俱再拜。户部尚書進詣階間，北面跪奏稱：「户部尚書臣某言，諸州貢物，請付所司。」俛伏，興。侍中前承詔，退稱：「制曰可。」尚書退復位。所司受贄，其執貢物人各進執物〔九九〕，所司引退，俱出東門。初刺史將朝，中書侍郎以諸州鎮表方別爲一案，俟於西門外，給事中以祥瑞案俟於東門外，俱令史絳公服對舉案，侍郎、給事中俱就侍臣班。初刺史將入門，中書侍郎降，引表案入，詣西階下，東面立；給事中降，引祥瑞案詣東階下，西面立。刺史將升奠，中書令、黄門侍郎俱降立於階下。刺史執贄升階〔一〇〇〕，中書令、黄門侍郎各執所奏之文以次升。初户部尚書令退復位訖，中書令前跪奏諸方表訖〔一〇一〕，黄門侍郎又進跪奏祥瑞，各還侍位，侍郎與給事中引案退。司儀曰：「再拜。」贊者承傳，文武群官、刺史以下及諸國客俱再拜〔一〇二〕。訖，通事舍人以次引北面位者出就門外位。侍中前奏稱：「侍中臣某言，禮畢。」俛伏，興，還侍位。皇帝興，太樂令令撞蕤賓之鐘，左五鐘皆應〔一〇三〕，太和之樂作，皇帝乘輿降自北陛，警蹕侍衛如來儀，入行宫，樂止。通事舍人引東西面位者以次出，設會如元會之儀。

考制度

朝覲之明日，左右丞相以考制度事奏聞。命太常卿採詩陳之，以觀百姓之風俗。命市納賈，以觀百姓之所好惡。命典禮者考時月、定日、同律，觀禮樂、制度、衣服，正之。山川神祇有不舉者爲不敬，宗廟有不順者爲不孝，不孝不敬者則長官黜以爵。革制度、衣服者爲叛，叛者長官有討。有功德於百姓者加爵賞。五月，南巡狩至於南嶽，如東巡狩之禮。八月西巡狩至於西嶽，如南巡狩之禮。十有一月北巡狩至於北嶽，如西巡狩之禮。歸格於宗禰，用特，如別禮。若告封禪，如別儀。

宋太祖皇帝建隆初，平潞揚二叛。開寶二年，至太原，皆以師行，供頓從儉約，故不備巡幸之儀。九年，幸西京。先命重修宫室，極其壯麗，所過賜夏秋田租之半。

太宗太平興國四年〔一〇四〕，平太原。五年，次大名，皆如太祖勞軍之制。

真宗咸平二年，幸大名。景德元年，駐澶淵，勞軍之禮如祖宗。

四年正月，幸西京，朝諸侯。命知雜御史王濟等籍所過父老及繫囚逋負官物人，仍察民間疾苦，每日引逋欠人及禁囚等對於行在，多蠲免原釋，父老賜茶帛綾袍，其貢香藥名馬者，召對撫慰，賜之金帛。

大中祥符元年三月，詔許群臣請封禪，令泰山路葺行宫，不得侵民户田苗及人馬損踐苗稼。有司言：「準禮，巡狩有燔柴告至，皇帝親行事，即不載有司攝事之儀〔一〇五〕。車駕至泰山下〔一〇六〕，合行告至，望令太尉以酒脯幣帛於山下壇告至。」奏可。又詔給事中張秉等管勾所經州縣，父老詣行在者，送閤門引對〔一〇七〕，賜以酒食；州縣見禁囚，具所犯以聞。又詔〔一〇八〕，以御史中丞王嗣宗攝御史大夫，爲考制度使；右正言、知制誥周起攝中丞〔一〇九〕，爲副使，所經州縣採訪民間不便事並市物之價。車服、權衡、度量不如法者〔一一〇〕，舉儀制禁之；有奇才、異行隱淪不仕者，與所屬長吏詢求論薦，鰥寡惸獨不能自存者，重加賑恤；官吏政迹尤異、民受其惠及不守廉隅、昧於政理者，孝子、順孫、義夫、節婦爲鄉里所稱者，並條析以聞；官吏知民間利病者，亦爲録奏。有司言澶州城門卑下，不容大輦，請徹門而出。上慮煩勞，不許，詔由城外而過，他所皆然。又詔扈從人宿頓所，無得壞民舍、什物、樹木，違者重寘其罪。爲朝覲壇於奉高宮之南，方九丈六尺，高九尺，四出陛，其南兩陛。設衛仗宮懸於壇。中書門下文武百官、皇親、諸軍將校、四方朝貢使、舉人〔一一一〕、蕃客、父老、僧道皆在列。設襲文宣公位於文官三品之下，鄰州長吏悉集。上服衮，御壽昌幄殿受朝賀，大赦天下，遂幸兖州，賜從官待制以上、宗室、將軍辟寒丸、紫花茸綿紬窄袍，三畢記祀汾陰〔一一二〕，悉如東封之制。八月，有司言〔一一三〕：「祠宇之旁，難行覲禮，望俟至河中府朝覲經度。」制置使陳堯叟等言：「寶鼎行宮之前，可以設壇。」詔如堯叟等言。

七年，幸亳州，一如西京禮。

舊制：省方，上與群官皆窄絳袍帽還京，具鑾駕，儀仗預遣官與留司同排，設禮官具儀以奏。真宗朝諸陵及舉大禮〔一一四〕，塗中皆服折上巾、窄袍，出京，過京城，至禮所，上服靴袍，具鑾駕。群臣公服穿靴〔一一五〕，供奉官班及内朝官前導。過州府，上寬袍，群臣公服。凡從官自親王、中書、樞密、宣徽、三司使副、翰林學士、待制、節度兩使、留後、觀察、防禦、團練、刺史，並赴行宮，全班起居，晚朝視事，群臣不赴〔一一六〕。中頓侍食，百官就宿頓迎駕訖〔一一七〕，先發，或道塗隘遠，則放迎駕。將進發〔一一八〕，近臣、諸軍賜裝錢。出京，留司馬、步諸軍夾道左右，至新城門外奉辭，留守辭於門内，百官、父老辭於苑前，召留守等賜飲苑中〔一一九〕，州縣長吏、留司官待於境。所過賜巡警兵、守津梁行郵治道卒時服錢履〔一二〇〕，父老綾袍、茶帛，中塗賜衛士緡錢。所幸寺、觀，賜釋、道茶帛，或加紫服、師號。凡經州關鎮及比州吏民有以饔餼、酒果、方物爲獻者，計直答之。州、府綵樓，陳音樂百戲。洎道、釋威儀奉迎者，悉有賜與。東京留守遺官奉表請還京，凡數上，優詔以答。皇親、諸道、釋、市民至近境貢物迎請，留司官以次奉入京師大陳，留司兵衛過還京綵樓，駐蹕觀樂，御乾元樓，召從官坐閱扈駕兵仗，還營，許群臣休暇三日，近臣一日。

凡京城車駕出，太祖、太宗行幸〔三二〕，不常其數。真宗嘗以正月謁啓聖院太宗神御殿。望日，謁玉清昭應宫、會靈祥源觀。又或六月，至玉津園觀麥。八月，瑞聖園觀穀。十月望日，謁景靈宫，因禮慶祈禱。又詣太一宫，並謁奉先院宣祖昭憲太后影殿，普安殿元德太后真容。自餘臨幸，則親王、公主第，外苑、馬監，頗有定制。親王、宗室、中書、樞密、宣徽使、三司使副、知開封府、學士、節度使至刺史、常侍，學士初皆候得旨，咸平五年詔：行幸即從，不須奏稟。詣宫觀及游宴。閤門仍奏，知制誥、待制、統軍士、上將軍，特召三品祕書監以上、兩省、御史、知雜御史以上、金吾將軍。自咸平中每出，令親從官卒二百，執檛周繞輿駕，謂之禁圍，春、夏緋衣，秋冬以紫。郊祀、省方並增二百，服錦襖，出京師加以執劍。親王、中書、樞密、宣徽行圍内〔三三〕，餘官圍外。大禮備儀衛，則有司先布土爲黄道，自宫至祀所〔三三〕，左右設香臺、畫甕、青繩欄干。巡省在塗則不設。東封歲，殿中侍御史趙湘請詔群臣不得行黄道上，及閱習路馬不得穿過。郊祀巡省，東京舊城門、西京皇城司〔三四〕並契勘，其内城、外宫廟門並勘箭，出入皆然。入蕃鎮外城、子城門，亦勘箭。

高宗建炎元年九月，詔：「據群臣章疏，請幸東南〔三五〕，金賊狡詐，難以便憑探報遠去中原，專備一方，可暫駐蹕淮甸，庶四方有警，皆易應接，應合行事務，令三省、樞密院共同措置施行。令來巡幸，即非遷都，捍禦稍定，即還京闕，以待二聖之復。駐蹕之地，不爲久計，仰先次行下，不得輒有興修改易〔三六〕，以致勞費。」十月，車駕巡淮甸。十四日，次泗州。二十七日，至揚州駐蹕。

三年二月三日，詔宰執百官諸軍，並扈衛車駕渡楊子江。是日，至鎮江府。十三日，至杭州。三月一日，詔移蹕江寧府。三日，命尚書右丞葉夢得專一提領户部財用充車駕巡幸頓遞使。四月，車駕進發自杭州，幸江寧府。五月，至江寧府，改爲建康府。閏八月〔二七〕，詔巡幸浙西。九月，至平江府。十月，自平江幸浙東，次越州。十一月，車駕至明州。

詔只帶親兵輦官長入祗候共三千餘人，隨駕百官並減一半，其餘候見駐蹕去處起發前來。

四年正月一日，次台州章安鎮。二月，次温州。三月，車駕登舟回鑾，幸浙西。四月，次越州。

紹興元年十一月，詔以紹興駐蹕日久，漕運艱梗，兵軍薪水不便，可移蹕臨安府。

二年正月，車駕至臨安府駐蹕。

閤門言：以車駕省方儀，令參酌修立儀注。詔從之。車駕巡幸請還，及期，出城百里外奉迎，主當物務並監臨官免赴。臨京，再於五里外起居。次日，入問聖體。儀制：車駕臨京，請城外奉迎，起居，依閤門儀。內執政及兩省、御史臺司並尚書侍郎以上侍從官、節度使，俟迎駕訖，分左右前導入內。一，太常寺檢會因革禮，太平興國五年，太宗北征回，禮院狀鑾駕還京。是日早，留守文武百官並出城奉迎，再拜，起居如常儀，退，中書門下、兩省常侍以下舍人以上；御史中丞並引駕至昇龍門下馬，分班序立。駕至，中書門下橫行，餘官不橫行。俱再拜，三呼萬歲，俟駕過。其不引駕官，先至丹鳳門外立班，俟駕至，橫行，起居，再拜，隨拜三呼萬歲，分班，俟駕過，退。次日，中書門下文武百官內殿起居如常儀。

一，今來前項儀令故事，比附參酌，若依儀起居訖〔二八〕，前導官前導，緣今來車駕係乘御舟進發。竊恐難以前導，兼員數止有三兩員。若依令除主當物務並監臨官不赴外，餘官出城百里外奉迎，其合赴官數目亦是不多，兼俟迎駕班退，合赴近城五里外起居，其經由道路窄隘，或至日值雨，慮難以趁赴及百里外即非程頓去處。若行創造侍班幕次〔二九〕，顯是勞費。欲乞止依儀制應見任文武臣僚並寄居待闕京官小使臣以上，出城五里外立班奉迎起居，更合取自朝廷指揮。一，今擬定將來奉迎車駕節次，其日留守率應見任文武臣僚並寄居待闕京官小使臣以上並履、笏，內將校止窄衣執杖子。詣餘杭門五里外分立定，俟御舟將至，舍人揖躬喝拜，兩拜，起，且躬，留守奏聖躬萬福，再喝拜，兩拜，訖，各祗候御舟過，並退。內留守先入門赴章亭驛御幄下側立定，俟車駕降御舟，入御幄坐。管軍、臣僚並合從駕，祗應官欲乞免奏萬福。留守自赴幄殿下立定。舍人揖躬宣名奏萬福〔三〇〕。喝祗候，留守升幄殿，當頭問聖體，訖，兩拜。如有宣諭，又再拜。訖，詣御座左側，奏事如儀。俟奏事畢，降階，退。皇帝升輦還內，如宣馬，臨時聽旨。沿路官局並履笏迎駕起居，應合從駕官並管軍、臣僚、祗應官等，並從駕還內，如儀。

四年十月，車駕幸平江府。

五年二月，車駕回臨安。

六年九月，車駕幸平江府。

先時，詔將來進發，三省、樞密院百司以紹興四年隨從人數三分爲率，差發二分前去應軍旅，非泛支降錢穀差除並隨行在所處分外，其餘百司常程事務，並留臨安府依舊行遣，聽行宮留守司與决內事。有不決者，即申奏行在所。

七年二月，車駕自平江進發，次鎮江。三月，至建康府駐蹕。

八年二月，車駕自建康府進發，至臨安府還宫。

三十一年，車駕自臨安進發，視師，次臨平鎮。

三十二年正月，車駕次建康府。二月，車駕自建康府回臨安。

校勘記

〔一〕恐遠近不同化　「化」字原脱，據白虎通卷三補。

〔二〕又恐幽隱有不得所者　「又恐」，白虎通卷三無此二字。

〔三〕時一巡省之　「之」字原脱，據白虎通卷三補。

〔四〕書曰五載一巡狩　以上六字原脱，據白虎通卷三補。

〔五〕群后四朝　此四字及注文孔安國曰，通典卷五四禮一四繫於「望於山川」及張守節云之下。

〔六〕乃以秩望祭東方諸侯境内名山大川也　「乃以秩望祭」原訛作「乃望秩遥祭」，從通典考證，據史記五帝本紀正義改。

〔七〕言秩者　「者」字原脱，據馮本及史記五帝本紀正義改。

〔八〕吉凶賓軍嘉禮　「賓軍」原倒，據通典卷五四禮一四乙正。

〔九〕一死贄　史記五帝本紀「贄」上有「爲」字。

〔一〇〕藝文也　「文」上原有「言」字，據尚書舜典孔傳删。

〔一一〕特謂一牛也　通典卷五四禮一四無「謂」字。

〔一二〕帝謂五精之帝所配祭南郊者　「精」，禮記王制鄭注作「德」。

〔一三〕以所識久遠之事以告王　「所識」原作「上古」，從通典考證説，據周禮誦訓鄭注改。

〔一四〕則殺黄駒　「殺」原作「飾」，據通典卷五四禮一四改。

〔一五〕天子乃令太師採人歌謡賦詩　「賦」，通典卷五四禮一四作「之」。

〔一六〕命典市納賈　通典卷五四禮一四作「命典市之官」。

〔一七〕不順謂若逆昭穆者　「謂」原作「爲」，據禮記王制鄭注改。

〔一八〕與覲禮壇制同　「制同」原脱，據通典卷五四禮一四補。

〔一九〕其堂上置司盟之神位　「上」字原脱，據元本、慎本、馮本及通典卷五四禮一四補。

〔二〇〕宫謂壝土爲埒以象墻壁　「謂壝」原作「爲壇」，據儀禮覲禮鄭注改。

〔二一〕明神監之　「明神」原脱，據儀禮覲禮鄭注補。

〔二二〕諸子門東北面東上　下「東」原作「西」，據禮記明堂位、儀禮覲禮鄭注、周禮司儀鄭注改。

〔二三〕諸侯以享天子是也　此句原脱，據通典卷五四禮一四補。

〔二四〕就祭則是謂王巡狩　「祭」下原衍「者」，據儀禮覲禮鄭注删。

〔二五〕陰陽終　「終」原作「中」，據通典卷五四禮一四改。
〔二六〕王及祭公俱没於水中而崩　「中」字原脱，據局本及史記卷四周本紀補。
〔二七〕獻一驪馬　「獻」字原脱，據竹書紀年卷下、穆天子傳卷一補。
〔二八〕漢書賈山傳曰　「書」字原脱，據史記卷六秦始皇本紀六應劭曰補。
〔二九〕成山在文登縣北一百九十里　史記卷六秦始皇本紀注引括地志作「西北」。
〔三〇〕在舒州同安縣東　「同」原作「周」，據史記卷六秦始皇本紀注引括地志改。
〔三一〕而陛下因禽之　「而」上原有「謁」，涉上句而衍，據漢書卷四〇陳平傳删。
〔三二〕涉渭灞涇洛佗名水如此者　「佗」原作「他」，據後漢書志七祭祀上注引漢祀令改。下同。
〔三三〕沈祠川佗水　「川」字原脱，據後漢書志七祭祀上注引漢祀令補。
〔三四〕幸魯進幸東海　原脱「魯」、「進幸」，據後漢書卷一下光武帝紀下補。
〔三五〕十一月癸卯車駕還宫　「十一月」原脱，據後漢書卷二孝明帝紀二補。
〔三六〕三月遂幸孔子宅　「三月」原脱，據後漢書卷二孝明帝紀二補。
〔三七〕元和元年八月丁酉　「八」原作「七」，據後漢書卷三孝章帝紀三改。
〔三八〕二年二月丙辰東巡狩　「二」原作「正」，據後漢書卷三孝章帝紀三改。
〔三九〕九月庚子幸彭城　「九月」原脱，據後漢書卷三孝章帝紀三補。
〔四〇〕和帝永元十五年九年壬午　「元」原作「和」，據後漢書卷四孝殤帝紀四改。
〔四一〕三月幸東平東郡　「三月」原脱，據後漢書卷五孝安帝紀五補。

〔四二〕諸侯各建其旗章　「建」原作「楚」，據晉書卷二一禮志下改。
〔四三〕建旗如舊禮　「禮」字原脱，據晉書卷二一禮志下補。
〔四四〕詔可其議　「其議」原脱，據通典卷五四禮一四補。
〔四五〕會舊京故老萬餘人　「餘」字原脱，據宋書卷一七禮志二補。
〔四六〕享勞賚發赦蠲徭役　按宋書卷一七禮志二作「往還饗勞，孤疾勤勞之家，咸蒙恤賚，發赦令，蠲徭役」。通考删留八字。
〔四七〕幸遼西　「幸」字原脱，據魏書卷一〇八禮志一補。
〔四八〕乙巳上御小朱航　「乙巳」原脱，據通鑑卷一八〇煬帝大業元年八月條補。
〔四九〕樓船板艙黃篋等數千艘　通鑑卷一八〇煬帝大業元年八月條無「樓船」二字。
〔五〇〕所過州縣五百里内皆令獻食　「五」字原脱，據通鑑卷一八〇煬帝大業元年八月條補。
〔五一〕辛亥御端門　「辛亥」原脱，據隋書卷三煬帝紀補。
〔五二〕丙寅　隋書卷三煬帝紀作「丙申」。
〔五三〕令宇文愷等造觀風行殿　「等」字原脱，據通鑑卷一八〇煬帝大業三年九月條補。
〔五四〕河北道郡守畢至　「至」，隋書卷三煬帝紀、通鑑卷一八〇煬帝大業三年八月條作「集」。
〔五五〕所處而發　通鑑卷一八〇煬帝大業元年八月條作「向所觸而發」。
〔五六〕四月出臨津關　「四月」原脱，據隋書卷三煬帝紀補。
〔五七〕六月至張掖　「六」原作「五」，據隋書卷三煬帝紀、通鑑卷一八〇煬帝大業五年六月條改。

〔五八〕伊吾吐屯設等　「設」字原脱，據隋書卷三煬帝紀補。

〔五九〕西域　原訛作「西城」，據元本、慎本、馮本及隋書卷三煬帝紀改。

〔六〇〕九月至西京　「九月」原脱，據隋書卷三煬帝紀補。

〔六一〕六年三月帝幸江都宫詔以百官從駕皆服袴褶　按通鑑卷一八一煬帝大業六年繫此詔於十二月。

〔六二〕要用緋緑　「要」，通鑑卷一八一煬帝大業六年十二月條作「兼」。

〔六三〕御史四司之官於船前選補　「船前」原作「前船」，據通鑑卷一八二煬帝大業七年二月條乙正。

〔六四〕三千餘里　原脱此四字，據通鑑卷一八二煬帝大業七年二月條補。

〔六五〕死者十二三　通鑑卷一八二煬帝大業七年二月條作「死者什一二」。

〔六六〕還西京　「西」字原脱，據通鑑卷一八二煬帝大業十年十月條補。

〔六七〕十一年四月帝幸太原汾陽宫避暑　「四」原作「三」，據通鑑卷一八二煬帝大業十一年四月條改。

〔六八〕梁崔靈恩三禮義宗　「三禮義宗」原脱，據通典卷五四禮一四補。

〔六九〕固必不及　「及」原作「能」，據通典卷五四禮一四改。

〔七〇〕斯義爲長也　「斯」字原脱，據通典卷五四禮一四補。

〔七一〕萬姓不甚告勞　「告」原作「苦」，據通典卷五四禮一四改。

〔七二〕貞觀六年三月　「六」原作「元」，據舊唐書卷三太宗紀、唐會要卷二七行幸改。

〔七三〕二月幸河北縣觀砥柱　「二」上原衍「十」，「縣」字原脱，「砥」原作「底」，據唐會要卷二七行幸删改。

〔七四〕命勒石華嶽祠南之通衢　「之」字原脱，「通」原作「道」，據唐會要卷二七行幸補改。

〔七五〕又設文武侍臣次　「又」原作「其」，據通典卷一一八禮七八改。

〔七六〕與太樂工人俱清齋一宿　「與」原作「盥」，據開元禮卷六二改。

〔七七〕良醖令各帥其屬入實樽罍及玉幣　「幣」字原脱，據開元禮卷六二補。

〔七八〕幣一丈八尺　「一」原作「二」，據開元禮卷六二改。

〔七九〕乘輅發行宫　「發」字原脱，據開元禮卷六二補。

〔八〇〕樂作　「作」原作「止」，據開元禮卷六二改。

〔八一〕禮官工人次出等儀　「工」原作「二」，據馮本、局本及開元禮卷六二改。

〔八二〕在南陛之西　「南」原作「西」，據開元禮卷六二改。

〔八三〕嶽鎮海瀆各山樽二　「樽」原作「罍」，據開元禮卷六二改。

〔八四〕其嶽壇上加山罍二　「壇」原作「靈」，據開元禮卷六二改。

〔八五〕以豆取毛血置於饌所　「毛」原作「牲」，據開元禮卷六二改。

〔八六〕山樽實以醍齊　「樽」原作「罍」，據開元禮卷六二改。

〔八七〕謁者引詣嶽神座前　「前」字原脱，據開元禮卷六二補。

〔八八〕祝史各以爵酌酒助奠鎮海以下　「酌酒助」三字原脱，據開元禮卷六二補。

〔八九〕奠爵　「爵」字原脱，據開元禮卷六二補。

〔九〇〕贊者引獻官就望瘞位　此九字原脱，據開元禮卷六二補。

〔九一〕諸太祝各執篚進神座前　「各」原作「外」，據開元禮卷六二改。

〔九二〕餘三面各一陛　「一」原作「二」，據開元禮卷六二改。

〔九三〕所司陳輦輅於壇南如常　「輦輅」原作「路」，據開元禮卷六二改。

〔九四〕典儀設群官版位　「版」原作「拜」，據開元禮卷六二改。

〔九五〕群官及刺史以下各集就次　「各集」原倒，據開元禮卷六二乙正。

〔九六〕各服其國服　「國」字原脱，據開元禮卷六二補。

〔九七〕葛布之屬　開元禮卷六二作「葛越之屬」。

〔九八〕右五鐘皆應　「右」上原有「左」，據開元禮卷六二删。

〔九九〕其執貢物人各進執物　「人」字原脱，據開元禮卷六二補。

〔一〇〇〕刺史執贄升階　「階」原作「陛」，據開元禮卷六二改。

〔一〇一〕中書令前跪奏諸方表訖　「訖」原作「記」，據開元禮卷六二改。

〔一〇二〕諸國客俱再拜　通典卷一一八禮七八作「諸國蕃客」，開元禮卷六二作「諸州客使」。

〔一〇三〕左五鐘皆應　「五」原作「右」，據開元禮卷六二改。

〔一〇四〕太平興國四年　「四」原作「二」，據長編卷二〇太宗太平興國四年五月條改。

〔一〇五〕即不載有司攝事之儀　「儀」原作「文」，據長編卷六八真宗大中祥符元年三月條、通鑑長編紀事本末卷一七封泰山改。

〔一〇六〕車駕至泰山下　「下」字原脱，據長編卷六八真宗大中祥符元年三月條補。

〔一〇七〕送閤門引對　「閤」字原脱，據長編卷七〇真宗大中祥符元年九月條補。按「又詔給事中張秉等管勾所經州縣，父老詣行在者，送閤門引對」事，繫於九月下，原刊繫「三月」下，恐誤。

〔一〇八〕又詔　按此事繫於真宗大中祥符元年冬十月下，原刊繫「三月」下，恐誤。

〔一〇九〕右正言知制誥周起攝中丞　「右」原作「左」，據長編卷七〇真宗大中祥符元年十月條、宋史卷二八八周起傳改。

〔一一〇〕車服權衡度量不如法者　「者」上原有「則」，據通鑑長編紀事本末卷一七封泰山、宋史全文卷六刪。

〔一一一〕諸軍將校四方朝貢使舉人　長編卷七〇真宗大中祥符元年十月條、太平治迹統類卷四真宗祥符均作「諸軍校、四方朝賀使、貢舉人」。

〔一一二〕紫花茸綿紬窄袍三畢記祀汾陰　按此句文理不通，恐有舛誤。通鑑長編紀事本末卷一七封泰山無「三畢記」，恐衍。

〔一一三〕八月有司言　按長編卷七〇真宗大中祥符元年記事繫於「十月」，此處書「八月」，恐誤。

〔一一四〕真宗朝諸陵及舉大禮　「諸」字原脱，據宋史卷一一四禮一七補。

〔一一五〕群臣公服穿靴　宋史卷一一四禮一七作「群臣公服繫鞋」。

〔一一六〕晚朝視事群臣不赴　此八字原脱，據宋史卷一一四禮一七補。

〔一一七〕百官就宿頓迎駕訖　「訖」字原脱，據宋史卷一一四禮一七補。

〔一一八〕將進發　「將」原作「特」，據馮本及宋史卷一一四禮一七改。

〔一一九〕百官父老辭於苑前召留守等賜飲苑中　原脱「前召留守等賜飲」七字，據宋史卷一一四禮一七補。

〔一二〇〕治道卒時服錢履　「履」原作「屨」，據宋史卷一一四禮一七改。

〔一二二〕太祖太宗行幸　「行」原作「豫」，據宋史卷一一四禮一七改。
〔一二三〕宣徽行圍内　「宣徽」原脱，據宋史卷一一四禮一七補。
〔一二三〕自宫至祀所　「宫」字原脱，據宋史卷一一四禮一七補。
〔一二四〕西京皇城司　以上五字原脱，據宋史卷一一四禮一七補。
〔一二五〕請幸東南　「南」原作「西」，據繫年要録卷九高宗建炎元年九月條改。
〔一二六〕不得輒有興修改易　「興」原作「陳」，據宋會要禮五二之一二改。
〔一二七〕閏八月　宋會要禮五二之一三作「六月」。
〔一二八〕若依儀起居訖　「訖」字原脱，據宋會要禮五二之一五補。
〔一二九〕若行創造侍班幕次　「侍」原作「待」，據元本、慎本、馮本及宋會要禮五二之一五改。
〔一三〇〕舍人揖躬宣名奏萬福　宋會要禮五二之一五無「躬」字。

卷一百十　王禮考五

田獵

商湯見祝網者置四面，其祝曰：「從天墜者，從地出者，從四方來者，皆離吾網。」湯曰：「嘻，盡之矣！非桀其孰爲此？」湯乃解其三面，置其一面，更教云。祝曰：「昔蛛蝥作網，蛛音朱。蝥，莫侯反。今之人循序，欲左者左，欲右者右，欲高者高，欲下者下，吾取其犯命者，其憚害物也。」如是漢南之國聞之，曰：「湯之德及鳥獸矣。」四十國歸之。

周制，天子諸侯無事，則歲行蒐苗獮狩之禮。仲春教振旅，司馬以旗致民，平列陣，如戰之陣。以旗者，立旗期民於其下也〔一〕。兵者凶事，不可空設，因蒐狩而習之。凡師，出曰治兵，入曰振旅，皆習戰也。四時各教民以其一焉。春習振旅，兵入收衆，專於農。平猶正也。王執路鼓，諸侯執鼖鼓，軍將執晉鼓，師帥執提，旅帥執鼙，卒長執鐃，兩司馬執鐸，公司馬執鐲，鼓人職曰：「以路鼓鼓鬼享，以鼖鼓鼓軍事，以晉鼓鼓金奏，以金鐃止鼓，以金鐸通鼓，以金鐲節鼓。」提謂馬上鼓，有曲木提持鼓立馬髦上者，故謂之提。杜子春云：「公司馬謂五人爲伍，伍之司馬也。」鄭玄謂：「王不執鼖鼓，尚之於諸侯也。伍長，謂之公司馬者，雖卑，亦同其號。」鼖音墳〔二〕。以教坐作進退疾徐疏數之節。習戰法〔三〕。遂以蒐田，有司表貉，誓民，鼓，遂圍禁。火弊，獻禽以祭社。春田爲蒐。有司，大司徒也，掌大田役〔四〕，治徒庶之政令。表貉，立表而貉祭也。誓民，誓以犯田法之罰也。誓曰：「無干車，無自後射。」立旌遂圍禁。火弊，火止也。春田主用火，因焚萊除陳草〔五〕，皆殺而火止。獻猶致也。田止，虞人植旌，衆皆獻其所獲獸焉。詩云：「言私其豵，獻肩於公〔六〕。」春田主祭祀者，土方施生也。貉讀爲禡。

仲夏教茇舍，如振旅之陣。群吏撰車徒，讀書契，辨號名之用。帥以門名，縣鄙各以其名，家以號名，鄉以州名，野以邑名，百官各象其事，以辨軍之夜事。其他皆如振旅。茇舍，草止之也，軍有草止之法。讀書契，以簿書校録軍實之凡要。號名者，徽識所以相別也。鄉遂之屬謂之名，家之屬謂之號，百官之屬謂之事。在國以表朝位，在軍又象其制而爲之，以備死事。帥謂軍將，及師帥至伍長也，以門名者，所被徽識如其在門所樹者也。凡此言以也，象也，皆謂其制同耳。軍將皆命卿，古者軍將蓋爲營治於國門，魯有東門襄仲，宋有桐門右師，皆上卿爲軍將者也。縣鄙謂縣正、鄙師至鄰長也〔七〕。家謂食采地者之臣也。鄉以州名，亦謂州長至比長也。野謂公邑大夫百官各以其職從王者，此六者皆書其官與名氏焉。門則襄仲、右師明矣，鄉則南鄉甄、東鄉爲人是也。其他象此云某某之名，某某之事而已，未盡聞也。夜事，戒夜守之事。遂以苗田，如蒐之法。車弊，獻禽以享礿。夏田爲苗，擇取不孕任者，若治苗去不秀實者云。車弊，驅獸之車止也。夏田主用車，示所取物希，皆殺而車止。礿，宗廟之夏祭也。冬夏田主於祭宗廟者，陰陽始起，象神之在内也。

仲秋教治兵，如振旅之陣。王載太常，諸侯載旂，軍吏載旗，師都載旜，鄉遂載物，郊野載旐，百官載旟，各書其事與其號焉。其他皆如振旅。軍吏，諸軍帥也。師都，遂大夫也。鄉遂，鄉大夫也。或載旜，或載物，衆屬軍吏，無所將也。郊謂鄉遂之州長、縣正以下。野謂公邑大夫。載旐者，以其將羨卒也。百官，卿大夫。載旟者以其屬衛王也。凡旌旗，有軍衆者畫異物，無者帛而已。書當爲畫，皆畫以雲氣。遂以獮田，如蒐田之法。羅弊，致禽以祀祊。秋田爲獮。獮，殺也。羅弊，網止也。秋田主用網，中殺者多，皆殺而網止。祊當爲方。秋田主祭四方，報成萬物。詩云：「以社以方。」

仲冬教大閲。春辨鼓鐸，夏辨號名，秋辨旗物，至冬大閲，簡軍實。虞人萊所田之野，爲表，百步則一，爲三表；又五十步爲一表。田之日，司馬建旗於後表之中，群吏以旗物鼓鐸鐲鐃，各帥其民而致。質明弊旗，誅後至者。乃陳車徒如戰之陳，皆坐。虞人萊所田之野，芟除其草萊爲可陳之處。後表之中，五十步表之中央。表，所以識正行列也。四表積二百五十步，左右之廣當容三軍，步數未聞。致，致之司馬。質，正也。弊，仆也。皆坐，當聽誓。群吏聽誓於陳前。斬牲以左右徇陳曰：「不用命者斬之。」群吏，諸軍帥也。陳前，南面鄉表也。月令：「季秋，天子教於田獵，以習五戎。」司徒搢扑，北面以誓之。此大閱禮，實正歲之仲冬，而說季秋之政，於周爲仲冬，爲月令者失之矣。斬牲者，小子也。凡誓之大略，甘誓、湯誓之屬是也。中軍以鼙令鼓，鼓人皆三鼓，司馬振鐸，群吏作旗，車徒皆作。鼓行鳴鐲，車徒皆行，及表乃止。三鼓摝鐸，群吏弊旗，車徒皆坐。中軍，中軍之將也。天子六軍，三三而居一偏。群吏既聽誓，各復其部曲。中軍之將令鼓鼓，以作其士衆之氣。鼓人者，中軍之將、師帥、旅師也。司馬振鐸以作衆。作，起也。既起，鼓人擊鼓以行之，伍長鳴鐲以節之。伍長一曰公司馬。及表，自後表前至第二表。三鼓者，鼓人也。摝讀如涿鹿之鹿。掩上振之爲摝。摝者，止行息氣也。司馬法曰：「鼓聲不過闛，鼙聲不過闒，鐸聲不過琅。」闛音吐剛反。闒音吐答反。又三鼓，振鐸作旗，車徒皆作。鼓進鳴鐲，車驟徒趨，及表乃止，坐作如初。趨者，赴敵尚疾之漸[八]。春秋傳曰：「先人有奪人之心。」及表，自第二前至第三表。乃鼓，車馳徒走，及表乃止。及表，自第三前至前表。鼓戒三闋，車三發，徒三刺。鼓戒，戒攻敵也。鼓一闋，車一轉，徒一刺，三而止，象服敵。乃鼓退，鳴鐃且卻，及表乃止，坐作如初。鐃所以止鼓也。軍退，卒長鳴鐃以和衆，鼓人爲止之。退，自前表至後表。鼓鐸則同，習戰之禮，出入一也。異者，廢鐲而鳴鐃。遂以狩田，以旌爲左右和之門，群吏各帥其車徒以敘和出，左右陳車徒，有司平之。旗居卒間以分地[九]，前後有屯百步，有司巡其前後。險野，人爲主；易野，車爲主。冬田爲狩，言守取之無所擇也。軍門曰和，今謂之壘門，立兩旌以爲之。敘和出，用次第出和門也。左右，或出而左，或出而右，有司平之，鄉師居門，正其出入之行列也。旗，軍吏所載也。分地，調其部曲疏數〔一〇〕。前後有屯百步，車徒異群相去之數也。車徒畢出於和門，鄉師又巡其行陣。鄭衆云：「險野，人爲主，人居前。易野，車爲主，車居前。」既陣，乃設驅逆之車，有司表貉於陣前。驅，驅出禽獸，使趨田者也。逆，逆要不得令走。設此車者，田僕也。中軍以鼙令鼓，鼓人皆三鼓，群司馬振鐸，車徒皆作。遂鼓行，徒銜枚而進。群司馬，兩司馬也。枚狀如箸，銜之，有繣結項中。軍法止語，爲相疑惑也。天子殺則下大綏，諸侯殺則下小綏。綏，有虞氏之旌旗也。下謂弊之。大夫殺則止佐車，佐車止則百姓田獵。佐車，驅逆之事。大獸公之，小獸私之〔一一〕，獲者取左耳。鄭衆云：「大獸公之，輸之於公；小獸私之，以自畀也。」獲得禽獸者，取其左耳，當以計功多少者也。畀音必二反。及所弊，鼓皆駴，車徒皆譟。及所弊，至所弊之處。田所當於止也。天子諸侯蒐狩有常，至其常處，吏士鼓譟，象攻敵剋勝而喜也。疾雷擊鼓曰駴〔一二〕。譟，讙也。書曰「前師乃鼓𡔷譟」，亦謂喜也。駴音駭，𡔷音符。徒乃弊。命致禽饁獸於郊〔一三〕，入獻禽以享烝。徒乃弊，徒止也。冬田主用衆，物多，衆得取也。致禽饁獸於郊，聚所獲禽，因以祭四方之神於郊。月令季秋「天子既田，命主祠祭禽於四方」是也。入又以禽祭宗廟。

巾車：木路，前樊鵠纓，建大麾以田。前音翦。樊，步干反。木路不輓，以革漆之而已。前讀爲緇翦之翦，翦，淺黑也〔一四〕。木路無龍勒，以淺黑飾韋爲樊，鵠色飾韋爲纓，不言就數。飾與革路同。大麾不在九旗中。以正色言之，則黑，夏后氏所建，用四時田獵。

田僕：掌馭田路，以田以鄙。田路，木路也。田，田獵是也。鄙，巡行縣鄙〔一五〕。掌佐車之政，佐亦副。設驅逆之車，驅，驅禽使前趨獲。逆，銜還之使不出圍也〔一六〕。令獲者植旌，以告獲也，植，樹也。及獻比禽。田弊，獲者各獻其禽。比，種物相從次數之〔一七〕。凡田，王提馬而走，諸侯晉，大夫馳。提，猶舉也。晉，猶抑也。使人扣而舉之，抑而止之，皆止奔也。馳，放而不扣。

司几筵：甸役則設熊席，右漆几。甸音田。謂王甸，有司祭。表貉所設席。

迹人：掌邦田之地政，爲之厲禁而守之。田之地，若今苑也。凡田獵者受令焉。令，謂時與處也。禁麛卵者，與其毒矢射者。謂其夭物，且害處必多也。麛，麋鹿子〔一八〕。肆師：凡師甸，用牲於社宗，則爲位。甸音田。社，軍社也。宗，遷主也〔一九〕。甸祝：掌四時之田表〔二〇〕。師田〔二一〕，致禽於虞中，乃屬禽。及郊，饁獸。舍，奠於祖禰，乃斂禽。禂牲、禂馬，皆掌其祝號。屬音燭。舍音釋。禂音誅。祝，之秀反。師田，謂起大衆以田也。致禽於虞中，使獲者各以其禽來致於所表之處。屬禽，別其種類。饁，饋也，以所獲禽饋於郊，薦於四方群兆，入又以奠於祖禰。薦，且告反。斂禽，謂取三十入腊人也。

天子、諸侯無事，則歲三田。三田者，夏不田，蓋夏時也。周禮：「春曰蒐，夏曰苗，秋曰獮，冬曰狩。」一爲乾豆，二爲賓客，三爲充君之庖。君尊宗廟，敬賓客，故先人而後己，取其下也。又分別殺之三等，故自左膘而射之，達過於右肩髃爲上，殺以其貫心死疾，肉最潔美，故以爲乾豆也。射右耳本，箋云：射當爲達，亦自左射之，達右耳本而死者爲次。殺以其遠心，死稍遲，肉已微惡，故以爲賓客也。不言自左者，蒙上文可知。射左股髀而過於右脅者爲下，殺以其中脅，死最遲，肉又益惡，充君之庖也。凡射獸，皆逐後從左厢而射之，達於右髃者，獨言射左髀，則上殺達於右腢，當自左脅也。次殺右耳本，當自左肩腢也。不言自左，舉下殺之，射左髀可推而知也。無事而不田曰不敬，田不以禮曰暴天物。不敬者，簡祭祀，略賓客。天子不合圍，諸侯不掩群；爲盡物也。天子殺，則下大綏；諸侯殺，則下小綏；綏，耳隹反。綏當爲緌。緌，有虞氏之旌旗也。下謂弊之。大夫殺，則止佐車；佐車止，則百姓田獵。佐車，驅逆之車。國君春田不圍澤，大夫不掩群，士不取麛卵。生乳之時，重傷其類。獺祭魚，然後虞人入澤梁；豺祭獸，然後田獵；鳩化爲鷹，然後設罻羅；草木零落，然後入山林；昆蟲未蟄，不以火田。罻音尉。取物必順時候也。梁，絶水取魚者。罻，小網也。昆，明也。明蟲者，得陽而生，得陰而滅。不麛，不卵，不殺胎，不殀夭，殀，於表反。夭，烏老反。重傷未成物殀，斷殺少長曰夭也。不覆巢。覆，敗也。王制。　田者大艾草以爲防，艾音乂。　言田獵者必大芟殺草木以爲防，限作田獵之場，擬殺圍之處。　或舍其中，舍音赦。　或復止舍其中〔二二〕，謂未田之前，誓士戒衆，故教示戰法，當在其間止舍。　其舍防之廣狹無文。　褐纏旃以爲門，旃，諸延反。　既爲防院，當設周衞而立門焉。　乃以織毛褐布纏通帛旃之竿，以爲門之兩旁。　其門蓋南開，並爲二門，用四旃四褐也。　裘纏質以爲槷，槷，魚列反。　又以裘纏椹質以爲門中之闑〔二三〕，闑車軌之裏，兩邊約車輪者〔二四〕。　間容握。　驅而入，擊則不得入。　其門之廣狹，兩軸頭去旃竿之間，各容一握，握人四指爲四寸〔二五〕。　是門廣於軸八寸也。　入此門當馳走而入，不得徐也，以教戰試其能否，故令驅焉。　若驅之其軸頭擊著門傍旃竿，則不得入也，所以罰不一也。　左者之左，右者之右，然後焚而射焉。　以天子六軍分爲左右，雖同舍防內，令三軍各在一方，取左右相應。　其屬左者之左門，屬右者之右門，不得越離部位〔二六〕，以此故有二門也。　教戰既畢，士卒出和〔二七〕，乃分地爲屯〔二八〕。　既陳，車驅卒奔，驅禽内之防，然後焚燒此防草，在其中而射之〔二九〕。　天子發，然後諸侯發；諸侯發，然後士大夫發。　天子發，抗大綏；諸侯發，抗小綏，獻禽於其下。　抗，苦浪反。　綏，耳佳反。　發，謂發矢射之也。　其天子發，則先抗舉其大綏；諸侯發，則舉其小綏，必舉此綏爲表。　天子、諸侯殺時，因獻其禽於其下也。　抗綏謂既射舉之因置虞旗於其中受而置禽焉。　受禽獵止則弊之，故王制曰：「天子殺，則下大綏；諸侯殺，則下小綏。」注云：下謂弊之。　是役禽已訖，田止而弊綏也。　名舉始終之一，故與此不同也。　故戰不出頃，田不出防，不逐奔走，古之道也。　戰不出所期之頃，田不出所芟之防，不逐奔走，謂出於頃防不逐之，古之道也。　詩車攻「東有甫草」注疏云。　傳曰：已有三牲，必田狩者，孝子之意，以爲己之所養，不如天地自然之牲，逸豫肥美，禽獸多則傷五穀，因習兵事，又不空設，故因以捕禽獸，所以共承宗廟，示不忘武備，又因以爲田除害。　鮮者何也？秋取嘗也。　鮮，音仙，取禽嘗祭。　秋取嘗何以也？習鬭也。　習鬭也者，男子之事也。　然而戰鬭不可不習，故於搜狩，閑之也。閑之者，貫之也。貫之也者，習之也。已祭取餘，獲陳於澤。搜，所留反。狩，手又反。澤，射宫也。然後卿大夫相與射，命中者雖不中取也，命不中者雖中不取，中，丁仲反。何以也？所以貴揖讓之取，而賤勇力之取也。嚮之取於國中，勇力之取也；今之取於澤，揖讓之取也。魯隱公將如棠觀魚者，臧僖伯諫曰：「凡物不足以講大事，臧僖伯，公子彄也，僖謚也。大事，祀與戎。其材不足以備器用，則君不舉焉。材，謂皮革、齒牙、骨角、毛羽也。器用，軍國之器。君將納民於軌物者也！」故講事以度軌量謂之軌，取材以章物采謂之物。不軌不物謂之亂政。亂政亟行，所以敗也。度，徒各反。亟，欺冀反。言器用衆物不入法度，則爲不軌不物，亂敗之所致。故春蒐、夏苗、秋獮、冬狩，獮，息典反。狩，手又反。蒐，索，擇取不孕者。苗，爲苗除害也。獮，殺也，以殺爲名，順秋氣也。狩，圍守也。冬物畢成，獲取之則無所擇也。皆於農隙以講事也。各隨時事之間。三年而治兵，入而振旅，雖四時講武，猶復三年而大習。出曰治兵，始治其事；入曰振旅，治兵禮畢，整衆而還。振，整也。旅，衆也。歸而飲至，以數軍實。數，色主反。飲於廟以數車徒器械及所獲也。昭文章，車服旌旗。明貴賤，辨等列，等列，行伍。順少長，少，詩照反。長，丁丈反。出則少者在前，還則在後，所謂順也。習威儀也。鳥獸之肉，不登於俎，俎，祭宗廟器。皮革、齒牙、骨角、毛羽，不登於器，謂以飾法度之器。則公不射，古之制也。若夫山林、川澤之實，器用之資，皁隸之事，官司之守，非君所及也。射，食亦反。夫，音扶。皁，才早反。士臣皁，皁臣輿，輿臣隸，言取此雜猥之物以資器備，是小臣有司之職，非諸侯之所親也。隱五年。昔周辛甲之爲大史也，命百官，官箴王闕。大音泰。箴音針。下同。辛甲，周武王大史。闕，過也。使百官各爲箴辭戒王過。於虞人之箴，虞人掌田獵。曰：「茫茫禹迹，畫爲九州，畫，胡麥反。茫茫，遠貌。畫，分也。經啓九道，啓開九州之道。民有寢廟，獸有茂草，各有攸處，德用不擾。人神各有所歸，故德不亂。在帝夷羿，冒於原獸，羿，五計反。冒，貪也。亡其國恤，而思其麀牡，麀音憂。言但念獵。武不可重，重，猶數也。用不恢於夏家，恢，祜回反。羿以好武雖有夏家，而不能恢大之。獸臣司原，敢告僕夫。」獸臣，虞人。告僕夫，不敢斥尊。左襄四年。宣王料民於太原。料，數也。太原，地名。仲山甫諫曰：「民不可料也！夫古者不料民而知其少多，司民協孤終，甫音父。夫音扶。司民掌登萬民之數，自生齒以上皆書於版。協，合也。無父曰孤。終，死也。合其民籍，以登於王也。司商協名姓，司商，掌賜族受姓之官。商，金聲清。謂人始生，吹律合之，定其姓名。司徒協旅，司徒掌合師旅之衆也。司寇協姦，司寇，刑官，掌合姦民，以知死刑之數。牧協職，工協革〔三〇〕，場協入，場人掌場圃，委積珍物，斂而藏之也。廩協出，廩，力錦反。廩人掌凡穀出用之數也。是則少多、死生、出入、往來者皆可知也。於是乎又審之以事，事謂因籍田與蒐狩以簡知其數也。王治農於籍，籍，籍於千畝田也。搜於農隙，搜，所留反。春田曰搜。搜，擇也。禽獸懷妊未著，搜而取之也。農隙，仲春既耕之後。隙，間也。耨獲亦於籍，耨，奴遘反。獲，户郭反。言王亦至，於籍考課之。獮於既蒸，獮，息典反。秋田曰獮。獮，殺也。順時始殺也。蒸，升也。月令：「孟秋乃升穀，天子嘗新。」既升，謂仲秋也〔三一〕。狩於畢時，狩，手又反。冬田曰狩，狩，圍守而取之〔三二〕，畢時，時務畢也。是皆習民數者也。又何料焉？習，簡習也。不謂其少而大料之，是示少而惡事也。惡，烏路反，下同。言王不謂其衆少而大料數也，是示以寡少，又厭惡政事，不能修之意也。臨政示少，諸侯避之。示天下寡弱，諸侯將避遠王室，不親附也。治民惡事，無以賦令。言厭惡政事，無以賦令也。治周語〔三三〕。

傳曰：春曰蒐，蒐，所留反。下並同。夏曰苗，秋曰獮，獮，息典反。下同。冬曰狩。狩，手又反。下同。苗者謂何？曰：苗者，毛也。取之不圍澤，不掩群，取大禽不麛，音迷。下同。不卵，不殺孕重者。春蒐者不殺小麛及孕重者，冬狩皆取之，百姓皆出，不失其時，不抵禽，不詭遇，詭，古委反。逐不出防，此苗、獮、蒐、狩之義也。故苗獮蒐狩之禮，簡其戎事也。故苗者毛取之，蒐者搜索之，狩者守留之。夏不田何？曰：天地、陰陽盛長之時，猛獸不攫，鷙鳥不搏，鷙音至。搏音博。蝮蠆不螫，螫音釋。鳥、獸、蟲、蛇，且知應天，而況乎人哉！是以古者必有豢牢。豢音患。其謂之畋何？聖人舉事必反本，五穀者以奉宗廟養萬民也，去禽獸害稼穡者，故以田言之，聖人作名號而事義可知也。禮：聖主之於禽獸也，見其生不食其死，聞其聲不嘗其肉，隱弗忍也；故遠庖厨，仁之至也。不合圍，不掩群，不射宿，不涸澤，豺不祭獸，不田獵；獺不祭魚，不設網罟。鷹隼不鷙，眭而不逮，不出罻羅；草木不零落，斧斤不入山林，昆蟲不蟄，不以火田。不麛不卵，不刳胎，不夭，夭，烏老反。魚肉不入廟門，鳥獸不成毫毛不登庖厨，取之有時，用之有節，則物莫不多。

漢武帝建元三年，南獵長楊。

帝召見司馬相如，請爲天子游獵之賦。上令尚書給筆札，相如以爲「子虛」，虛言也，爲楚稱；「烏有先生」者，烏有此事也，爲齊難；「亡是公」者，亡是人也。欲明天子之義，故藉此三人爲辭。其卒章歸之於節儉，因以諷諫。相如嘗從上至長楊獵，是時天子方好自擊熊豕〔三四〕，馳逐野獸，相如因上疏諫。其辭曰：「臣聞物有同類而殊能者，故力稱烏獲，捷言慶忌，勇期賁育。臣之愚，竊以爲人誠有之，獸亦宜然。今陛下好陵阻險，射猛獸，卒然遇逸材之獸，駭不存之地，犯屬車之清塵，輿不及還轅，人不暇施巧，雖有烏獲、羿蒙之技不得用〔三五〕，枯木朽株盡爲難矣。是胡越起於轂下，而羌夷接軫也，豈不殆哉！雖萬全而無患，然本非天子之所宜近也。且夫清道而後行，中路而馳，猶時有銜橛之變。

況乎涉豐草，騁邱墟，前有利獸之樂，而内無存變之意，其爲害也不難矣！　夫輕萬乘之重不以爲安，樂出萬有一危之塗以爲娱，臣竊爲陛下不取也。　蓋明者遠見於未萌，而知者避危於無形，既固多藏於隱微而發於人之所忽者也。　故鄙諺曰：『家纍千金，坐不垂堂。』此言雖小，可以喻大。　臣願陛下留意幸察。」上善之。

元鼎中，天子行獵新秦中〔三六〕，以勒邊兵而歸。　新秦中或千里無亭徼，於是誅北地太守以下。

元帝永光元年正月，行幸甘泉，郊泰畤〔三七〕。　禮畢，因留射獵。　五年，上幸長楊射熊館，布車騎大獵〔三八〕。

成帝元延二年冬，行幸長楊宮，從胡客大校獵，宿萯陽宮，萯音倍。　賜從官。

其十二月，羽獵，揚雄從。　以爲昔在二帝三王，宮室〔三九〕、臺榭、沼池、苑囿、林麓、藪澤財足以奉郊廟，御賓客，充庖厨而已，不奪百姓膏腴穀土桑柘之地。　女有餘布，男有餘粟，國家殷富，上下交足，故甘露零其庭，醴泉流其塘，鳳凰巢其樹〔四〇〕，黄龍遊其沼，麒麟臻其囿，神爵棲其林。　昔者禹任益虞而上下和，草木茂；成湯好田而天下用足；文王囿百里，民以爲尚小；齊宣王囿四十里，民以爲大；裕民之與奪民也。　武帝廣開上林，南至宜春、鼎湖〔四一〕，御宿、昆吾，旁南山而西，至長楊、五柞，北繞黄山，瀕渭而東，周袤數百里。　穿昆明池象滇河，營建章、鳳闕、神明、馺娑，漸臺、泰液象海水周流方丈、瀛州、蓬萊。　游觀侈靡，窮妙極麗。　雖頗割其三垂以贍齊民，然至羽獵田車戎馬器械儲峙禁禦所營，尚泰奢麗誇詡，非堯、舜、成湯、文王三驅之意也。　又恐後世復修前好，不折中以泉臺，故因校獵賦以風。

明年，上將大誇胡人以多禽獸。秋，命右扶風發民入南山，西自褒斜，東至弘農，南敺漢中，張羅網罝罘，捕熊羆豪豬虎豹狖玃狐兔麋鹿，載以檻車，輸長楊射熊館。以網爲周阹，縱禽獸其中，令胡人手搏之，自取其獲，上親臨觀焉。是時，農民不得收斂。雄從至射熊館，還，上長楊賦，聊因筆墨之成文章，故藉翰林以爲主人，子墨爲客卿以風。

後漢明帝永平十六年冬，車駕校獵上林苑。

安帝延光二年十一月，校獵上林苑。

順帝永和四年十月，校獵上林苑，歷函谷關而還。

桓帝延熹元年，校獵廣成，遂幸上林苑。

靈帝光和五年，校獵上林苑、函谷關，遂巡狩於廣成苑。

宋文帝元嘉二十五年閏二月，大蒐於宣武場。主司列奏申攝，剋日校獵，百官備辦〔四二〕。設行宫殿便座武帳於幕府山南岡〔四三〕，設王公百官便座幔省如常儀〔四四〕，設南北左右四行旌門。建獲旗以表獲車〔四五〕。殿中郎一人典獲車。主者二人收禽。吏二十四人配獲車十二兩。校獵之官著袴褶，有帶。二品以上擁刀〔四六〕，備稍麾幡〔四七〕，三品以下帶刀，皆騎乘。將領部曲先獵一日〔四八〕，布圍。領軍將軍一人督右甄，護軍將軍一人督左甄；大司馬一人居中迴董正諸將，悉受節度。殿中郎率護軍部曲，在大司馬之後〔四九〕。尚書僕射以下諸官曹令史等，至日，會於宣武場，列爲重圍。設留守填街位於雲龍門之外，內官道北〔五〇〕，外官道南，以西爲上。設從官位於雲龍門內大官階北，小官階南，以西爲上。設先置官位於行上車門外，內官道西，外官道東，以北爲上。設先置官還位於廣莫門外道之東西，以南爲上。校獵日平旦，正直侍中奏中嚴。上水一刻，奏「槌一鼓」〔五一〕，爲一嚴。上水二刻，奏「槌二鼓」，爲再嚴。殿中侍御史奏開東中華雲龍門，引仗爲小駕鹵簿。百官非校獵之官，著朱服，集到廣莫門外〔五二〕。留守填街後部從官就位；前部從官依鹵簿；先置官先行。上水三刻，奏「槌三鼓」，爲三嚴。上水四刻，奏「外辦」。次正直侍中〔五三〕、散騎常侍、給事黃門侍郎、散騎侍郎〔五四〕、軍校，劍履進夾上閤〔五五〕。正直侍中負璽〔五六〕，通事令史帶龜印中書之印。上水五刻，皇帝出。著黑介幘單衣，乘輦。正直侍中負璽陪乘，不帶劍。殿中侍御史督攝黃麾以內。次正直侍中、次直黃門侍郎護駕在前〔五七〕。又次正直侍中佩信璽、行璽，與正直黃門侍郎從護駕在後。不鳴鼓角，不得喧嘩，以次引出，警蹕如常儀。車駕出，讚陛者再拜〔五八〕。皇太子入守。車駕將至，威儀唱引先置前部從官就位，再拜。車駕行至殿前迴輦，正直侍中跪奏：「降輦。」次正直侍中稱制曰：「可。」正直侍中俛伏起。皇帝降輦登御座，侍臣升殿。直衛鈒所立反。戟虎賁，毛頭文衣鶡尾，以次到正階〔五九〕。正直侍中奏：「解嚴。」先置從駕百官還便座幔省。皇帝若親射禽，變服戎服，如校獵儀。內外從官及虎賁悉變服，鈒戟抽鞘，以備武衛。黃麾內官，從入圍裏。列置部曲，廣張甄圍，旗鼓相見，銜枚而進。甄周圍會，督甄令史奔騎號法施令曰：「春禽懷孕，蒐而不射；鳥獸之肉不登於俎，不射；皮革齒牙骨角毛羽不登於器，不射。」甄會。大司馬鳴鼓蹴圍，衆軍鼓譟警角，至宣武場止。大司馬屯北旌門，二甄師屯左右旌門，殿中中郎率獲車部曲入次北旌門內之右〔六〇〕。皇帝從南旌門入射禽。謁者以獲車收載，還陳於獲旗之北。王公以下以次射禽，各送詣獲旗下，付收禽主者〔六一〕。事畢，大司馬鳴鼓解圍復屯，殿中郎率其屬收禽，以實獲車，奉車奉充庖厨。正厨置樽酒俎肉於中逵，以犒饗校獵衆軍。至晡，正直侍中量宜奏嚴，從官還著朱服，鈒戟復鞘。再嚴，先置官先還。三嚴後二刻，正直侍中奏：「外辦。」皇帝著黑單介幘單衣。次直侍中、散騎常侍、給事黄門侍郎、軍校進夾御座〔六二〕。正直侍中跪奏：「還宫。」次直侍郎稱制曰：「可。」正直侍郎俛伏起。乘輿登輦還，衛從如常儀。大司馬鳴鼓散屯，以次就舍。車駕將至，威儀唱引留守填街先置前部從官就位，再拜。車駕至殿前迴輦，正直侍中跪奏：「降輦。」次直侍中稱制曰：「可。」正直侍中俛伏起。乘輿降入。正直次直侍中〔六三〕、散騎常侍等從至閤。正直侍中奏：「解嚴。」内外百官拜表問訊訖，罷。

梁陳並依宋儀。其異者，置行殿於幕府山南岡，並設王公百官幕。先獵一日，遣馬騎布圍。左領軍將軍督左，右領軍將軍督右〔六四〕，大司馬董正諸軍。獵日，侍中三奏，一奏搥一鼓，爲一嚴，三嚴訖，引仗爲小駕鹵簿。皇帝乘馬戎服，從者悉絳衫幘，黄麾警蹕，鼓吹如常儀。獵訖，宴會享勞，比校多少，戮一人以懲亂法。會畢，還宫。

北齊春蒐禮：有司規大防，建獲旗，以表獲車。前一日〔六五〕，命布圍。領軍將軍一人，督左甄；護軍將軍一人，督右甄；大司馬一人，居中，節制諸軍。天子陳小駕，服通天冠，乘木輅，詣行宫。將親禽，服戎服〔六六〕，鈒戟者皆嚴。武衛張甄圍，旗鼓相見，銜枚而進。甄常開一方，以令三驅。圍合，吏奔騎令曰：「鳥獸之肉不登於俎者，不射；皮革齒牙骨角毛羽不登於器者，不射。」甄合，大司馬鳴鼓促圍，衆軍鼓譟鳴角，至期處而止。大司馬爲屯北旌門〔六七〕，二甄帥屯左右旌門。天子乘馬，從南旌門入，親射禽。謁者以獲車收禽，載還，陳於獲旗之北。王公以下以次射禽，皆送旗下〔六八〕。事畢，大司馬鳴鼓解圍，復屯。殿中郎中率其屬收禽，以實獲車。天子還行宮〔六九〕，命有司每禽擇取三十〔七〇〕，一曰乾豆，二曰賓客，三曰充君之庖。其餘即於圍下量犒將士。禮畢，改服，鈒者韜刃而還。夏苗、秋獮、冬狩，禮皆同。

後周仲春教振旅，大司馬建大麾於萊田之所。鄉稍之官，以旗物鼓鐸鉦鐃，各帥其人而致。誅其後至者。建麾於後表之軍中〔七一〕，以集衆庶。質明，偃麾，誅其不及者。乃陳徒騎，如戰之陣。大司馬北面誓之。軍中皆聽鼓角，以爲進止之節。田之日，於萊之北〔七二〕，建旗爲和門。諸將帥徒騎序入其門，有司居門，以平其人。既入而分其地，險野則徒前而騎後，易野則騎前而徒後。既陣，皆坐，乃設驅逆騎，有司表禡於前〔七三〕。以太牢祭黃帝軒轅氏，於狩地爲壝〔七四〕，建二旗，列五兵於座側，行三獻禮。遂蒐田，致禽以祭社。仲夏教茇舍，遂苗田。仲秋練兵獮田。仲冬大閱，遂狩。其致禽享礿教習之儀，並如古周法。

隋大業三年，煬帝在榆林，突厥啓人及西域、東胡君長並來朝貢。帝欲示以兵甲之盛，乃命有司陳冬狩之禮。詔虞部量拔延山南北周二百里，並立表記。前狩二日，兵部建旗於表所。五里一旗，分爲四十軍，軍萬人，騎五千匹。前一日，諸將各率其軍，集於旗下。鳴鼓，後至者斬。詔四十道使，並揚旗建節，分中佃令〔七五〕，即留軍所監獵。布圍，圍闕南面〔七六〕，方行而前。帝服紫袴褶、黑介幘，乘闟猪車，車飾如木輅〔七七〕，重輞縵輪，虬龍繞轂〔七八〕，漢東京鹵簿所謂獵車。駕六黑騮。太常陳鼓笳鐃簫角於帝左右，各百二十。百官戎服騎從〔七九〕，鼓行入圍，諸將並鼓行赴圍〔八〇〕。乃設驅逆騎千有二百。闟猪停軔〔八一〕，有司斂大綏；王公以下，皆整弓矢〔八二〕，陳於駕前，有司又斂小綏。乃驅獸出，過於帝前。初驅過，有司整御弓矢以前〔八三〕。待詔，再驅過，備身將軍奏進弓矢〔八四〕。三驅過，帝乃從禽，鼓吹皆振，左而射之。每驅必三獸以上。帝發，抗大綏。次王公發，抗小綏。次諸將發射〔八五〕，則無鼓，驅逆之騎乃止。然後三軍四夷百姓皆獵〔八六〕。凡射獸，自左膘而射〔八七〕，達於右腢，五回反〔八八〕。爲上等。達右耳本，爲次等。自左髀達於右䯚，爲下等。群獸相從，不得盡殺。已傷之獸〔八九〕，不得重射。又逆向人者，不射其面。出表者不逐之。田將止，虞部建旗於圍内。從駕之鼓及諸軍鼓俱振，卒徒皆譟。諸獲禽者，獻於旗所，致其左耳。大獸公之，以供宗廟，使歸臘於京師〔九〇〕。小獸私之。

唐高祖武德五年十二月，上幸涇陽之華池校獵。

上謂朝臣曰：「今日畋樂乎？」諫議大夫蘇世長對曰：「陛下游獵，薄廢萬機，不滿十旬，未見大樂〔九一〕。」上色變，既而笑曰：「狂發耶〔九二〕。」世長曰：「爲臣私計，則狂；爲陛下國計，則忠。」

八年十月，校獵於周氏陂。

上謂侍臣曰：「獵以供宗廟，朕當躬其事，以伸孝享之誠。」

太宗貞觀五年，大蒐於昆明池，夷落君長從。

十一年，狩於濟源之陵山。上曰：「古者先驅以供宗廟，今所獲鹿，宜令所司造脯醢以充薦享。」

十六年十二月，狩於驪山。

時陰寒晦冥，圍兵斷絶。上登山望見之，顧謂左右曰：「吾見其不整而不刑，則墮軍法；刑之，則是吾登高臨下以求人之過也。」乃託以道險引轡入谷以避之。

高宗龍朔元年十月，狩於陸渾縣。六日，至飛山頓。帝親御弧矢，獲四鹿及兔數十頭。

總章二年，車駕自九成宮還京，仍西狩校習。自麟遊西北遶岐梁，歷普潤至雍，爲兩圍〔九三〕。

殿中侍御史杜易簡、賈言忠監圍。山阜懸危，躡蹻杖策，不得暫停，凡五日而合。劾奏將軍劉玄意，黃河上等處斷圍，玄意竟抵罪。黃河上圍日，軍容齊整，詔特原之。

玄宗先天元年十月，幸新豐，獵於驪山之下。

開元三年，大蒐於鳳泉〔九四〕。

右補闕崔向上疏曰：「臣聞天子三田，前古有訓〔九五〕，豈惟爲乾豆賓客庖厨者哉？亦將以閱兵講武，誠不虞也。詩美宣王之田，徒御不驚，有聞無聲，謂畋獵時，人皆銜枚，有善聞而無讙嘩也〔九六〕。又曰：悉率左右，以燕天子，爲悉驅禽，順其左右之宜〔九七〕，以安待王射也。則知大綏將下，亦有禮焉。側聞獵於渭濱，有異於是，六飛馳騁，萬騎騰躍，衝翳薈，蹴蒙籠，越嶃險，靡榛蓁，紅塵坐昏，白日將暗，毛群擾攘，羽族繽紛，左右戎夷，並伸驍勇，攢鏑亂下，交刃霜飛，而降尊亂卑，爭捷於其間，豈不殆哉！夫環衛而居，暴客攸待，清道而出，行人尚驚，如有墜駕之虞，流矢之變，獸窮則搏，鳥窮則攫，陛下復何以當之哉？惟深思後慮，以誡後圖，天下幸甚！」

德宗貞元十一年十二月臘日，畋於苑中，止其多殺，行三驅之禮。

武宗會昌元年十月，車駕幸咸陽校獵。

二年十月，校獵於太白原。

唐開元禮

皇帝田狩儀

仲冬狩田之禮。前期十日，兵部徵衆庶，循田法，虞部量地廣狹，表所田之野。前狩三日，本司建旗於所田之後，隨地之宜。前一日未明，諸將各帥士徒集旗下，不得誼嘩。質明，弊旗，後至者罰之。兵部分申田令，遂圍田。其兩翼之將皆建旗，及夜布圍訖，若圍廣，或先期二日、三日。圍闕其南面。且據南面。及狩，隨地所向。駕出以剛日。其發引、次舍如常。將至田所，皇帝鼓行入圍。鼓吹令鼓六十陳於皇帝東南，西向；六十陳於皇帝西南，東向，皆乘馬。各備簫角〔九八〕。諸將皆鼓行赴圍，乃設驅逆之騎百有二十。既設驅逆，皇帝乘馬南向，有司斂大綏以從。諸公王以下皆乘馬帶弓矢陳駕前後，所司之屬又斂小綏以從。乃驅獸出皇帝之前。初一驅過，有司整飭弓矢以前；再驅過，本司奉進弓矢；三驅過，皇帝乃從禽左而射之。每驅必三獸以上。皇帝發，抗大綏。皇帝既發，然後公王發。王著抗小綏〔九九〕。諸公既發，以次射之訖，驅逆之騎止，然後百姓獵。凡射獸，自左而射之，達於右腢，爲上射；達右耳本爲次射，左髀達於右髃，爲下射〔一〇〇〕。群獸相從，不盡殺，已被射者，不射；又不射其面，不翦其毛。其出表者不逐。將止，虞部建旗於田内，乃擂擊駕鼓及諸將之鼓，士徒譟呼。諸得禽者，獻於旗下，致其左耳。大獸公之，小獸私之。其上者以供宗廟，次者以供賓客，下者以充庖厨。乃命有司饁獸於四郊，以獸告至於廟社。其因講武以狩，則先設圍亦如之也。

宋太祖皇帝建隆二年十一月，始狩於近郊，賜宰相、樞密使、節度觀察防禦團練使、統軍、侍衛諸軍都校〔一〇一〕，皆錦袍。其後從臣皆賜窄袍並靴。自是多以秋冬或正月畋於四郊，先出禁軍爲圍去聲。場。五方以鷙禽細犬從出城，每行數里，或召從官飲，至頓賜食。上每中禽，諸從官貢馬稱賀，親王以下射中者，賜馬。

太宗太平興國五年十二月，畋於近郊。

雍熙二年十一月，詔曰：「三田之制，其一曰乾豆，謂腊之以供祀也。近以率遵時令，薄狩郊畿，既親射以獲禽，宜奉先而登俎，其以畋獵親獲獸，付所司薦享太廟，仍著於令。」

端拱元年十月，自今非特朕不於近甸游獵，其五方所畜鷹犬並放之，仍令諸州不得以鷹犬來獻。

淳化五年臘日，命諸王田獵近郊。

真宗咸平三年十二月，以獵獲狐、兔薦廟之餘，賜中書、樞密院。

大中祥符三年，詔令教駿所養鷹鶻除量留十餘，以備諸王從時展拜禮外，自餘並去其羈紲，縱之山林。

自景德四年後，上不復出獵。天僖初，又詔禁圍草地，許民耕墾。

仁宗慶曆五年，兵部員外郎、直集賢院李柬之言：「祖宗校獵之制，所以順時令而訓戎事也。陛下臨御以來，未嘗講修此禮，願詔有司草儀注，擇日命殿前馬步軍司互出兵馬，以從獵於近郊。」詔樞密院討詳先朝校獵制度。十月，御内東門，賜從官酒三行，奏鈞容樂，幸瓊林苑門，賜從官食。遂獵於楊村，燕於幄殿〔一〇二〕，奏教坊樂。遣使以所獲麞兔馳薦太廟。既而召父老臨問，賜以飲食茶絹，及五坊軍士銀絹有差〔一〇三〕。

六年十一月，復獵於城南東韓村。自玉津園去輦乘馬，分騎士數千爲左右翼，節以鼓旗〔一〇四〕。合圍場徑十餘里，部隊相應。天子按轡中道，親挾弓矢，而屢獲禽。是時，道傍居民或畜狐兔鳧雉驅於場中。因謂輔臣曰：「畋獵所以訓武事，非專所獲也。」悉令縱之。至棘店，御帳殿，召問所過父老子孫供養之數，土地種植所宜，且嘆其衣食麤糲而能享壽，人加恩勞。還次近郊，遣衛士更奏技駕前，兩兩相當，掉鞅挾槊以決勝。又謂輔臣曰：「此亦可觀士之才勇。」免所過民田在圍内租税一年。時交趾李德政適遣使獻馴象，未見，特召預觀，賜紫袍塗金帶。

七年三月，詔罷出獵，以諫者多故也。

校勘記

〔一〕立旗期民於其下也　「其」、「也」二字原脱，據通典卷七六禮三六補。

〔二〕蕤音壙　此三字原脱，據周禮大司馬鄭注補。

〔三〕習戰法　「習」原作「晉」，據通典卷七六禮三六改。

〔四〕掌大田役　「大」原作「火」，據元本、慎本、馮本、局本及周禮大司馬鄭注改。
〔五〕因焚萊除陳草　「因」字原脱，據周禮大司馬鄭注補。
〔六〕獻肩於公　「肩」原作「豣」，據周禮大司馬鄭注改。
〔七〕縣鄙謂縣正鄙師至鄰長也　「謂縣正鄙」原脱，據周禮大司馬鄭注補。
〔八〕赴敵尚疾之漸　「赴」原作「趨」，據通典卷七六禮三六改。
〔九〕旗居卒間以分地　「以」字原脱，據周禮大司馬補。
〔一〇〕分地調其部曲疏數　「疏數」原倒，據周禮大司馬鄭注乙正。
〔一一〕小獸私之　通典卷七六禮三六作「小禽私之」。
〔一二〕疾雷擊鼓曰駴　「鼓」字原脱，據通典卷七六禮三六補。
〔一三〕命致禽饁獸於郊　「命」字原脱，據通典卷七六禮三六補。
〔一四〕翦淺黑也　「翦」字原脱，據周禮巾車鄭注補。
〔一五〕巡行縣鄙　「縣」原作「都」，據周禮田僕賈疏改。
〔一六〕銜還之使不出圍也　「銜」原作「御」，據元本及周禮田僕賈疏改。
〔一七〕種物相從次數之　「相」原作「也」，據周禮田僕鄭注改。
〔一八〕麛鹿子　「麛」原作「鹿」，據慎本、馮本及周禮迹人鄭注改。
〔一九〕宗遷主也　「遷」原作「近」，「主」原作「字」，據周禮肆師賈疏改。
〔二〇〕甸祝掌四時之田表　「田表」原脱，據周禮甸祝補。

〔二一〕師田　周禮甸祝作「師甸」。
〔二二〕或復止舍其中　「或」原作「民」，據毛詩正義車攻賈疏改。
〔二三〕又以裘纏椹質以爲門中之闑　「裘」原作「喪」，據毛詩正義車攻賈疏改。
〔二四〕两邊約車輪者　「約」原作「鈎」，據毛詩正義車攻賈疏改。
〔二五〕各容一握握人四指爲四寸　原脱一「握」字，據毛詩正義車攻賈疏補。
〔二六〕不得越離部位　「位」原作「伍」，據慎本、馮本、局本及毛詩正義車攻賈疏改。
〔二七〕士卒出和　原此句上有「士卒出」三字，據毛詩正義車攻賈疏删。
〔二八〕乃分地爲屯　「乃」原作「户」，據毛詩正義車攻賈疏改。
〔二九〕在其中而射之　「在」原作「右」，又脱「其」，據毛詩正義車攻賈疏改補。
〔三〇〕司寇協姦牧協職工協革　「牧協職工協革」六字原脱，據國語周語上補。
〔三一〕謂仲秋也　「謂」原作「於」，據國語周語改。
〔三二〕狩圍守而取之　「狩」字原脱，據國語周語補。
〔三三〕治周語　「治」字不詞，元本、慎本、馮本均無「治」，疑衍。
〔三四〕是時天子方好自擊熊豕　「好」字原脱，據漢書卷五七下司馬相如傳補。
〔三五〕雖有烏獲羿蒙之技不得用　「有」字原脱，據漢書卷五七下司馬相如傳補。又，「羿蒙」，司馬相如傳作「逢蒙」。
〔三六〕新秦中　「秦」原作「泰」，據元本、慎本、馮本、局本及通鑑卷二〇漢武帝元鼎四年十月條改。下同。
〔三七〕郊泰畤　「郊」原作「禮」，據漢書卷七一薛廣德傳改。

〔三八〕布車騎大獵 「獵」原作「獲」，據漢書卷九元帝紀改。

〔三九〕宫室 漢書卷八七上揚雄傳上作「宫館」。

〔四〇〕鳳凰巢其樹 「樹」原作「木」，據漢書卷八七上揚雄傳上改。

〔四一〕鼎湖 漢書卷八七上揚雄傳上作「鼎胡」。

〔四二〕百官備辦 「辦」字原脱，據宋書卷一四禮一補。

〔四三〕設行宫殿便座武帳於幕府山南岡 「於」原在「武帳」上，原脱「幕府山南岡」，據宋書卷一四禮一乙補。

〔四四〕設王公百官便座幔省如常儀 「設」字原脱，「王」上原有「國」，據宋書卷一四禮一補删。

〔四五〕建獲旗以表獲車 原脱上「獲」字，下「獲」字原作「護」，據宋書卷一四禮一補改。下同。

〔四六〕二品以上擁刀 「擁刀」原作「權乃」，據宋書卷一四禮一改。

〔四七〕備矟麾幡 「矟」原作「鞘」，據元本、慎本、馮本及宋書卷一四禮一改。

〔四八〕先獵一日 「一日」原作「百」，據宋書卷一四禮一改。

〔四九〕在大司馬之後 宋書卷一四禮一無「大」字。

〔五〇〕内官道北 「内」上原有「在」字，據宋書卷一四禮一删。

〔五一〕奏槌一鼓 「奏」字原脱，據宋書卷一四禮一補。

〔五二〕集到廣莫門外 「到」，慎本及宋書卷一四禮一作「列」。

〔五三〕次正直侍中 「次正」，宋書卷一四禮一作「正次」。下同。

〔五四〕散騎侍郎 宋書卷一四禮一無此四字。

〔五五〕劍履進夾上閤　「夾」原作「來」，據局本及宋書卷一四禮一改。

〔五六〕正直侍中負璽　通典卷六七禮二六同原刊，宋書卷一四禮一「侍中」作「侍郎」。

〔五七〕次直黄门侍郎護駕在前　「次」下原有「正」，據宋書卷一四禮一删。下同。

〔五八〕讚陛者再拜　宋書卷一四禮一「贊」上有「騶」字。

〔五九〕以次到正階　通典古本同原刊，宋書卷一四禮一作「以次列階」。

〔六〇〕殿中中郎率獲車部曲入次北旌門内之右　「獲」原作「候」，據宋書卷一四禮一改。

〔六一〕付收禽主者　「收」字原脱，據宋書卷一四禮一補。

〔六二〕軍校進夾御座　「坐」字原脱，據宋書卷一四禮一補。

〔六三〕正直次直侍中　下「直」字原脱，據宋書卷一四禮一補。

〔六四〕左領軍將軍督左右領軍將軍督右　原作「領軍督左右軍將軍督右」，據隋書卷八禮儀三補。

〔六五〕前一日　「日」字原脱，據隋書卷八禮儀三補。

〔六六〕服戎服　「戎服」原脱，據隋書卷八禮儀三補。

〔六七〕大司馬爲屯北旌門　「旌」原作「旗」，據馮本及隋書卷八禮儀三改。

〔六八〕皆送旗下　「旗」原作「於」，據隋書卷八禮儀三改。

〔六九〕天子還行宫　「天」原作「壬」，據馮本及隋書卷八禮儀三改。

〔七〇〕命有司每禽擇取三十　「禽」原作「會」，「十」原作「田」，據隋書卷八禮儀三改。

〔七一〕建麾於後表之軍中　隋書卷八禮儀三無「軍」字。

〔七二〕於萊之北　隋書卷八禮儀三「萊」上有「所」。
〔七三〕有司表禡於前　隋書卷八禮儀三「前」上有「陣」。
〔七四〕於狩地爲墠　「墠」原作「撣」，據隋書卷八禮儀三改。
〔七五〕詔四十道使並揚旗建節分中佃令　「使」、「建」二字原脱，「佃」原作「回」，據隋書卷八禮儀三補改。
〔七六〕圍闕南面　「闕」字原脱，「面」原作「西」，據隋書卷八禮儀三補改。
〔七七〕車飾如木輅　「輅」原作「各」，據慎本、馮本及隋書卷八禮儀三改。
〔七八〕重輞縵輪虬龍繞轂　「縵」原作「繰」，「虬」原作「縀」，據隋書卷八禮儀三改。
〔七九〕百官戎服騎從　「百」字原脱，據隋書卷八禮儀三補。
〔八〇〕諸將並鼓行赴圍　「將」原作「軍」，據隋書卷八禮儀三改。
〔八一〕闔猪停軔　「停」字原脱，據隋書卷八禮儀三補。
〔八二〕皆整弓矢　「矢」字原脱，據隋書卷八禮儀三補。
〔八三〕初驅過有司整御弓矢以前　此十一字原涉上而脱，據隋書卷八禮儀三補。
〔八四〕備身將軍奏進弓矢　「備」上原有「至」，據隋書卷八禮儀三删。
〔八五〕次諸將發射　「將」原作「侯」，據隋書卷八禮儀三改。
〔八六〕然後三軍四夷百姓皆獵　「三軍」原脱，據隋書卷八禮儀三補。
〔八七〕自左膘而射　「膘」字原脱，據隋書卷八禮儀三補。
〔八八〕五回反　「回」，通典卷七六禮三六作「口」。

〔八九〕已傷之獸　「之」字原脱，據隋書卷八禮儀三補。

〔九〇〕使歸臘於京師　隋書卷八禮儀三「歸」下有「薦」。

〔九一〕未見大樂　「見」，舊唐書卷七五蘇世長傳作「爲」。

〔九二〕狂發耶　「耶」原作「也」，據舊唐書卷七五蘇世長傳改。

〔九三〕歷普潤至雍爲兩圍　「至雍」原脱，「圍」原作「頭」，據唐會要卷二八蒐狩補改。

〔九四〕鳳泉　唐會要卷二八蒐狩作「鳳泉湯」。

〔九五〕前古有訓　「前」原作「若」，據唐會要卷二八蒐狩改。

〔九六〕有善聞而無讙嘩也　「善」原作「若」，據唐會要卷二八蒐狩改。

〔九七〕爲悉驅禽順其左右之宜　「爲」原作「謂」，「其」原作「有」，據唐會要卷二八蒐狩改。

〔九八〕各備箙角　「備」原作「犕」，「箙」原作「蕭」，據開元禮卷八五改。

〔九九〕王著抗小綏　「王著」原作「王發」，據開元禮卷八五改。

〔一〇〇〕凡射獸自左而射之達於右腢爲上射達右耳本爲次射左髀達於右䯚爲下射　原訛作「凡射獸自左而射之達於左腢爲上射達左耳本爲上射達右耳本爲次射左髀達於右䯚爲下射」，共錯衍多次。今據開元禮卷八五删改。

〔一〇一〕侍衛諸軍都校　「都」字原脱，據宋會要禮九之一、長編卷二太祖建隆二年十一月條補。

〔一〇二〕燕於幄殿　「於」字原脱，據宋史卷一二一禮二四補。

〔一〇三〕及五坊軍士銀絹有差　「及」下原有「賜」字，據宋史卷一二一禮二四删。

〔一〇四〕節以鼓旗　「鼓旗」二字原倒，據局本及宋史卷一二一禮二四乙正。